MICHAIL
OSSORGIN
ZEUGEN
DER ZEIT

MICHAIL
OSSORGIN

Die Andere
Bibliothek

Begründet von
Hans Magnus Enzensberger

ZEUGE DER GESCHICHTE
und
BUCH VOM ENDE
Romane

Aus dem Russischen
übersetzt, mit Anmerkungen
und einem Nachwort
versehen von **Ursula Keller**
unter Mitarbeit
von Natalja Sharandak

Erster Roman

ZEUGE DER GESCHICHTE

Möglicherweise begehe ich einen Fehler, wenn ich
Fiktionales in historische Begebenheiten einbette.
Ich muss daher voranstellen, dass lediglich eine
der Figuren dieses Romans als Porträt betrachtet
werden kann; alle anderen Figuren sind, ebenso wie
die beschriebenen Ereignisse, mit Mischfarben gemalt
und erinnern nur zufällig und im Ausnahmefall an reale
Personen und Ereignisse der ersten russischen Revolution.

Der Autor

ERSTER TEIL

Muschkas Tod

An dem Morgen, als die Welt noch klein, behaglich und klar war, nur aus dem von einem Garten umgebenen Haus der Familie und dem nahe gelegenen Dorf Fjodorowka bestand und an Waldrand und Fluss aufhörte, als Gut und Böse noch nicht voneinander geschieden waren, sondern übereinzukommen und in Harmonie miteinander zu leben suchten, ging der Kutscher Pachom, riesengroß und in riesengroßen Stiefeln, zerzaust, übellaunig und verkatert, die Küchentreppe hinunter und trat den Hundewelpen Muschka zu Tode.

Muschka konnte nicht einmal mehr winseln – sein Leben war zu Ende. Als er mit dem ganzen Gewicht seines schweren Körpers auf etwas Weiches trat, rutschte Pachom aus und hob zu einem derben Fluch an, doch sogleich hielt er inne und war am Boden zerstört:

»Ach, du, nein, nicht der kleine Hund vom gnädigen Fräulein!«

Betreten säuberte der riesengroße Pachom seinen riesengroßen Stiefel im Gras, das neben der Küchentreppe wuchs, während die Köchin ihm wegen seiner trunkenen Augen und der Bluttat, die er begangen hatte, Vorwürfe machte. Als Natascha herbeigerannt kam, zuckte Muschka nicht mehr mit der Pfote. Das Mädchen kniete nieder, wollte Muschka aufheben, doch ihre Hand schreckte zurück: Das war nicht mehr ihr kleiner Hund, sondern ein zermalmter Haufen mit Fell und zerdrücktem Kopf und einem blutunterlaufenen Auge, das böse und vorwurfsvoll blickte. Natascha stand auf, schaute Pachom und die Köchin voller Entsetzen an und rannte ohne Tränen in den Garten. Während sie lief und den Atem anhielt, schien ihr, sie höre das leise Trappeln von Muschkas Pfoten, der hinter ihr herrannte. Im Garten sprang sie auf die Bank und kauerte sich zusammen. Niemand war bei ihr – weder Muschka noch jemand von den Erwachsenen. Und immer noch weinte sie nicht, sondern zog sich ganz in das erste Entsetzen ihres Lebens zurück.

Die Welt, die eben noch so klar gewesen war, hatte sich

verdunkelt, all ihre einfache Gewissheit war unter Pachoms Stiefel zerdrückt worden wie eine Walnuss. Nun verbarg sich hinter dem Stamm der Birke, die zuvor bemerkenswert freundlich gewesen war, Schreckliches, vom klaren Himmel konnte jederzeit ein Felsbrocken niederfallen, in den Blumen sich eine Schlange verstecken. Vorsichtig kletterte das Mädchen von der Bank, bemüht, nicht auf etwas Lebendiges oder Weiches zu treten, und rannte aus dem Garten zum Haus, zur Küchentreppe, stolperte über die Stufe und schlug sich das Knie auf, schrie auf vor Schreck – und erst in diesem Moment begannen die Tränen aus ihren blauen Augen zu laufen. Es gelang nicht, sie zu besänftigen. Jemanden zu besänftigen ist möglich, wenn ihm etwas Trauriges widerfahren ist, aber hier lag eine furchtbare Entdeckung vor und etwas, das ein unlösbares Rätsel aufgab. Die Entdeckung war der Tod und das Rätsel war – Warum? Wenn es möglich ist, Muschka zu töten, dann ist alles möglich! Nichts kann man nun noch glauben, nicht den teilnehmenden Worten noch dem freundlichen Lächeln! Vom warmen, seidenweichen und glücklichen Muschka war nur ein böse blickendes Auge geblieben, das das Haus und den Garten und alle, auch Natascha, verfluchte. Pachom hatte seinen riesengroßen Stiefel im Gras gesäubert, und nun konnte es kein Glück mehr geben.

Die dumme Njanja flüsterte ihr ins Ohr, wir finden ein neues Hündchen, das wird noch hübscher als Muschka sein, und die dumme Mama machte Pachom Vorwürfe: »Schämen Sie sich, da sehen Sie, wozu es führt, wenn man zu viel trinkt!«, Pachom rechtfertigte sich träge: »Wer kann denn auch damit rechnen, dass der Kleine mitten im Weg liegt?«, und die Njanja schäumte: »Irgendwann wirst du noch einmal einen Menschen umlegen!« – aber all dies war vergebliches Reden, Natascha hörte dem nicht zu. Es ist alles gleich, denn die Welt war auseinandergebrochen, und nichts würde je wieder sein wie früher! Sie weinte jetzt nicht mehr, sondern dachte nach, aber sie konnte keine Lösung finden – alles war in Unordnung geraten. Muschka existierte nicht mehr, und alles, was früher war, existierte auch nicht mehr.

Der Kutscher Pachom fegte schuldbewusst den Weg vor

der Küchentreppe, damit keine Spur des Geschehenen mehr bliebe, und streute sogar Sand auf den Fleck. Er konnte sich nicht dazu durchringen, Muschkas toten Körper mit den Händen aufzuheben, und trug ihn auf dem Spaten hinter den Gartenzaun, begrub ihn dort und schüttete einen kleinen Grabhügel aus Erde auf. Nun achtete er darauf, wohin er mit seinem beschlagenen Stiefeln trat, und auf dem Weg im Garten hob er gar einen kleinen Spielzeugeimer auf und stellte ihn mit beiden Händen vorsichtig auf die Bank. Eine Seele kann ein kleiner Hund ja nicht haben, statt einer Seele ist da nur Nebel, und doch war ein kleines Leben ausgelöscht, das fühlte selbst Pachom. Wäre er nicht wie ein Tölpel aus der Tür herausgefallen und nicht so verschlafen gewesen – dies alles wäre nicht geschehen und Muschka wäre ein großer Hund geworden, dem Fräulein Natalotschka zur Freude. Pachom tat es leid, auch seiner selbst wegen, und an diesem Abend trank er mehr als gewöhnlich – um sich zu trösten und aus Kummer. Als er genug getrunken hatte, hätte er sich gern mit jemandem geprügelt, aber im ganzen Dorf fand sich niemand, der sich mit einem so starken Mann wie ihm geprügelt hätte, es war ja ein ganz gewöhnlicher Tag. Pachom kam spät und mürrisch nach Hause, hob seine Füße beim Gehen in der Dunkelheit sehr hoch und ließ sie langsam nieder, um nicht auf etwas zu treten.

»Setzt die Segel!«

D as Dorf Fjodorowka liegt in der Nähe von Rjasan, das heißt, nach russischem Verständnis liegt es in der Nähe, tatsächlich aber ist es mehr als einen halben Tagesritt entfernt. Im Sommer kann man auch mit dem Schiff dorthin gelangen, denn das Dorf liegt unweit des Flusses Oka, und das Landgut der Kalymows ist direkt am Ufer gelegen. Wenn ein Boot ablegt, verringert das Schiff seine Geschwindigkeit, dann legt es den Rückwärtsgang ein, das Wasser unter den Rädern beginnt zu wallen, jemand fängt das Anlegeseil des Bootes auf, der Passagier kommt während der Fahrt an Bord, und sein leichtes Gepäck wird ihm hinterhergeworfen.

Die Menschen in Rjasan sind unverwüstlich und gründlich. Wie über die Menschen anderer Landstriche gibt es auch über sie eine Vielzahl von Anekdoten und Redensarten. Die Bewohner von Rjasan haben »die Sonne in einem Sack gefangen« und »die Mauerfugen ihrer Festung mit Pfannkuchen abgedichtet«. Es war einmal, da kämpften die Menschen aus Rjasan gegen die Moskauer. Die aus Moskau trieben die Sonne mit ihren Mützen in die Richtung von Rjasan, damit dessen Einwohner blind würden. Und in Rjasan versuchte man da, die Sonne mit einem Sack zu fangen: Sie brachten sich mit einem Sack in Stellung, fingen sie, banden den Sack zu – und doch sprang die Sonne wieder heraus. Und die Menschen aus Rjasan beschlossen: »Wir haben Pech, es wird uns schlecht ergehen! Lasst uns die Moskauer um Frieden bitten.« Der Humor der Menschen in Rjasan ist schwerfällig, deftig, sagenhaft, sie selbst sind kernig, wuchtig, ihre Frauen stattlich und rotwangig, die Kinder mutig und draufgängerisch. Jene, die im Landesinneren leben, sind Träumer, jene, die in der Nähe des Flusses leben, lieben die Beschaulichkeit.

Natascha lebte in ihrer Kindheit in der Stadt und auf dem Land. Sie besuchte das Gymnasium in Rjasan, las viel, aber sie sang auch sehr schön und tanzte wie ein echtes Mädchen vom Lande: Ihre Absätze trommelten rhythmisch und schnell, sie hielt die Schultern, wie es sich gehörte, und sang Tschastuschki. Mit siebzehn Jahren trug sie immer noch zwei dunkle Zöpfe – sie waren sehr dick und reichten bis zum Boden –, sie hatte schwere Knochen, war gut gebaut und kräftig. Ihre Erfolge in der Schule waren weder gut noch schlecht, im Kreis der Freundinnen und Freunde war sie stets die Anführerin, hatte die besten Ideen und war voll fröhlichem Übermut. Sie liebte es, im Frühling mit einer Gruppe von Freunden auf der Oka Boot zu fahren, sie sangen, spritzten einander gegenseitig nass und kreischten, legten am gegenüberliegenden Ufer an und saßen am Lagerfeuer. Wenn es mit der Familie im Sommer aufs Land ging, war ihr nicht langweilig, ein leichtes Boot vermochte sie auch allein zu rudern. Das größte Vergnügen bereitete es ihr, gegen die Strömung so weit wie möglich vom Ufer weg zu rudern und, wenn die Flussmitte erreicht war, die Ruder einzuziehen, sich auf den Boden des Bootes zu legen und sich zurücktreiben zu lassen, dabei in den schaukelnden Himmel zu blicken, ohne zu denken, einfach nur zu schauen.

Lange schon waren Muschkas Knochen, die hinter dem Gartenzaun begraben lagen, zerfallen, und auf dem Grab des Hündchens wuchs ebensolches Gras wie überall, aber es war ein wenig grüner und dichter als anderswo. Und lange schon hatte Natascha begriffen, dass der Tod nur eine Erscheinungsform des Lebens sei, dass er tatsächlich gar nicht existierte, sondern dass Muschka lediglich eine andere Gestalt angenommen hatte und zu Gras geworden war, dass die Vergangenheit zur Gegenwart und die Gegenwart zur Zukunft würde. Darin lag keinerlei Entsetzen mehr. Wenn beispielsweise in diesem Augenblick das Boot kenterte und sie nicht ans Ufer schwimmen könnte – verschwände Natascha, die Welt jedoch bliebe, vielleicht verschwände aber auch die Welt zusammen mit ihr, doch das war ganz gleich. Vielleicht würde sie zu einem Fisch, zu einer Wasserpflanze, zu einem Kräuseln auf den Wellen und erhöbe sich dann nebelgleich über den Fluss, vereinigte sich mit einem Schwarm von Schäfchenwolken und vergösse sich als Regen über dem Garten mit den Gemüsebeeten, würde zum Saft der Birke oder eines Apfels – und ein winzig kleiner Teil von ihr kehrte zurück ins menschliche Leben eines jungen Mädchens aus Rjasan, das sänge:

Bei der Ernte auf dem Feld
band ich goldene Garben ...

Und ebenso wie bei ihr trommelten bei einem Tanzabend deren Absätze rhythmisch und schnell auf den Boden, und ebenso wie sie knabberte sie Sonnenblumenkerne.

Schon eine ganze Weile spürte Natascha, wie die Wellen der Schiffsschraube schnell und regelmäßig gegen das Boot schlugen. Sie dachte bei sich: »Solange das Schiffshorn kein Signal gibt, bleibe ich liegen!« Das Schiff kam näher, der Steuermann sah das Boot, aber niemand schien darin zu sein. Erst als das

Schiff ganz nah war, zog er am Griff des Horns und auf dem Fluss ertönte ein tiefes Signal. Natascha erhob sich und griff ohne Eile nach den Rudern, schaute, in welche Richtung sie am besten ausweichen sollte, und mit zwei Schlägen machte sie unwillig den Weg frei. Die Bugwellen, die von den seitlichen Schaufelrädern ausgingen, bewegten sich auf das Boot zu. Natascha drehte rasch das Boot mit dem Bug in Richtung der Wogen und ließ die Ruder wieder los. Das weit entfernte Ufer mit den Wiesen und Bäumen verschwand hinter einer Wand aus Wasser, dann erhob es sich in den Himmel, verschwand erneut, wurde wieder groß, vom Kamm einer kleinen Welle ergoss sich Wasser ins Boot. Es war wie auf dem Karussell – unheimlich und vergnüglich. Vom Schiff blickten die Passagiere herüber: »Welch ein tollkühnes Mädchen! Gleich wird eine Welle das Boot zum Kentern bringen, dann kann das freche Ding mal wieder so richtig schwimmen.« Woher sollten sie denn auch wissen, dass das alles wohldurchdacht war und dass der Tod ja überhaupt nicht existierte, sondern nur Verwandlung in andere Gestalt war – wie bei Muschka!

Der Fluss und der Wald sind untrennbare Freunde. Der Fluss ist breit und unverwehrt, der Wald ein echter Nadelwald, an dessen Rand Birken, Espen und Haselnusssträucher wachsen. Im Fluss gibt es riesige Fische, im Wald sind Wölfe, Hasen und Beeren und Pilze. Nach dem Gymnasium heißt es nach Moskau ziehen, eine immens große Stadt, in der es Frauenkurse gibt, Theater, neue Menschen und natürlich das Leben ein ganz besonderes ist. Dann heißt es viele Bücher lesen und schließlich »etwas werden«; es ist schon merkwürdig, dass sie »etwas werden muss«, kann sie denn nicht einfach Natascha Kalymowa bleiben? Aber natürlich wäre es unmöglich, auf immer in Rjasan zu bleiben, wo doch die Welt so groß ist und es noch andere Länder, den Nordpol, Vulkane, Paris und Australien gibt! Man muss so viel sehen und seine Lebenskraft, die man langsam zu spüren beginnt, für irgendetwas hingeben und für irgendetwas einsetzen.

Ein Ruderschlag. Die Ruder knarrten in der Dolle und das Boot schoss vorwärts. Das Wasser brauste und teilte sich. Noch ein Schlag, und auf geht's!

Und sie begann zu singen:

Setzt die Segel,
Und dann volle Kraft voraus!
Geliebt hab ich ihn
Für sein lockiges Haupt!

Es gab noch niemanden, den sie liebgehabt hätte. Doch mit der Zeit würde ganz sicher jemand, den sie lieben würde, in ihr Leben treten.

Bis dahin labte sich ihr Körper an der frischen Milch, und ihre Seele saugte die reine Natur der Landschaft um Rjasan auf – das Harz des Waldes, die Weite des Flusses, die ohne Unterlass scheinende Sonne und die Luft, die die Lungen ganz durchströmte.

Tag um Tag

Ebenso wie die weißen Schäfchenwolken am Himmel dahinziehen – niemand treibt sie – und im Ungewissen verschwinden – niemand sieht sie je noch einmal –, verschwinden auch die Tage im bunten Schwarm, und ihnen im Gedächtnis nachzujagen ist schwer. Ein jeder weiß, wann sein Leben zur Blüte gelangte oder wann es an einen Wendepunkt kam, aber in der Hast und im Durcheinander erinnert man sich nur mehr an den gestrigen Tag, und nur der nächste ist überaus wichtig, was aber vor allem zählt, ist das Heute.

Die Jahre vier und fünf des zwanzigsten Jahrhunderts liegen lange zurück. Die Männer, die in jenen Tagen jung waren, steigen nunmehr vorsichtig den Berg herunter, die damals Erwachsenen werden alt und geringer an Zahl. Vergangenheit nennt man heute den Großen Krieg und die letzte Revolution, und alles, was davor sich ereignet hat, ist schon Geschichte.

Natascha Kalymowas Jugendzeit fiel in die Tage des russischen Heldentums, als dieses ein erstes Mal aufflammte. Aber jener Frühling war allzu kurz, allzu rasch kam der Frost zurück, und gerade die jungen Pflanzen waren es, die den größten Schaden nahmen. Das Jahr vier war das Jahr der »heiligen Empörung«, das Jahr fünf jenes des leidenschaftlichen Heldentums und der unerfüllten Hoffnungen. Und als all jene, die nicht gekämpft hatten, auf den Marktplatz der politischen Freiheit aus dem Hinterland ganz außer Atem angerannt kamen, blieb ihnen nichts anderes übrig, als die Menge, die den Friedhof verließ, als »Duma des Volkszorns« zu bezeichnen. Aber der Zorn verrauchte, das Volk beruhigte sich wieder. Unter der zerbrochenen Glocke schwang der mit einem Bastfaden hastig festgebundene Glockenklöppel hin und her.

Den Sommer des Jahres fünf verbrachte Natascha wie immer auf dem Land. Im vergangenen Herbst und Winter hatte sie in Moskau so viele Vorlesungen, Vorträge und Diskussionen gehört, dass ihr schwindelig wurde und es ihr unmöglich geworden war, sich in alldem zurechtzufinden. In der ländlichen Ruhe erholte sie sich, wurde erwachsener und lichtete den Nebel. Das Heroische zog sie an, aber sie konnte es in ihrem Innern keineswegs mit den Wahrheiten und Programmen ihrer Bücher vereinbaren. Jene, die man Anführer nannte, waren so anders als die Bogatyren aus den russischen Heldensagen, sie waren abgezehrt, zerzaust, geschwätzig und ihre Muskeln schlaff. Das Wort »Volk« klang sehr schön und laut, aber warum musste man diesen neuen Gott bemitleiden wie ein schwaches und hungriges Kind? Das konnte Natascha wirklich nicht begreifen. Im Dorf Fjodorowka ging es den Bauern gut, die Dächer ihrer Häuser waren mit Holzdielen und nicht mit Stroh gedeckt, es gab niemanden, dessen Bauch der Hunger aufblähte, alle besaßen Kühe, und bei Anbruch des Frühlings und im Spätherbst verdienten sich die Bauern mit der Fischerei etwas hinzu. Wenn sie den Rednern in Moskau zuhörte, die ihr Programm einer Agrarreform darlegten, sah Natascha die goldenen Roggenfelder und die Flussauen vor sich, und dann konnte sie den sich aneinanderfügenden Gedanken der erhabenen und nutzlosen Rede nicht mehr folgen. Einmal, bei einem Vortrag der Koryphäe der Sozialrevolutionären Partei, des schwarzgelockten und schwarzäugigen »Unbesiegbaren«, dachte sie plötzlich unwillkürlich: »Ist er denn überhaupt in der Lage,

Roggen von Hafer zu unterscheiden und Hafer von Buchweizen? Oder kennt er nur Bücherschränke?« Wenn jedoch die Rede auf die Großtaten der Revolution kam, auf den bewaffneten Widerstand gegen die Staatsgewalt, dann begriff sie dies und verstand die Schönheit des ungleichen Kampfes.

Im Studium beschäftigte sie sich vor allem mit Philosophie, überanstrengte ihren Geist und geriet mit den Termini durcheinander. Ihr mit zwei dicken Zöpfen beschwerter Kopf strebte nicht danach, Ausgewogenheit und Logik eines philosophischen Systems zu durchdringen, sondern brauchte einfache Antworten auf einfache Fragen: nach Leben und Tod, Vernunft und Glaube, nach dem Rätsel des Weltengebäudes, nach Vergänglichkeit und Ewigkeit; sobald sie zwei Seiten mit den Augen der Studierenden gelesen hatte, begann sie auf der dritten Seite eigene Gedanken zu entwickeln. Die Existenz Gottes leugnete sie ohne jegliche Mühe, machte aber voreilig die »blonde Bestie« zum Gott. Und da sie ihn einmal gefunden hatte, trennte sie sich auch nicht mehr von Zarathustra. Sie war, wie die gesamte Jugend jener Jahre, natürlich nicht in erster Linie von der Kraft des Denkens jenes deutschen Modephilosophen gefesselt als vielmehr von der Poesie seines erhabenen Übermuts.

Vor dem Herbst mussten einige lebenswichtige Fragen geklärt werden. Wenn man glauben möchte, so muss gehandelt werden, sobald eine Entscheidung gefallen ist. Und wenn man handelt, so muss man bis zum Ende gehen. Aber nicht aus Pflichtgefühl, das ist zweitrangig, sondern weil man ja seine Kraft irgendwo ausleben muss. Sich in Reden und Diskussionen zu ergehen, bei denen alle rauchen und gleichzeitig sprechen, das ist etwas für Menschen anderen Schlages: Unter ihnen langweilt man sich und fühlt sich müßig! Und wenn man den Weg beschreitet, dann mit jenen, die wissen, was zu tun ist. Aber solchen Menschen war Natascha noch nicht begegnet, wenngleich sie begierig nach ihnen suchte. Wo waren sie, die wahren »blonden Bestien«, die voller Mut zum Angriff übergehen, Granaten werfen und sich, nachdem sie die Hand des Henkers zurückgestoßen haben, selbst die Schlinge um den Hals legen? Für wen war die Revolution nicht Streit um Programmatik und nicht Trauerlied, sondern freies und glückliches Leben? Dass es solche Menschen gab, konnte man lesen und hören, aber wie sollte man sie finden?

Und sie dachte:

»Sie sind Helden, aber ich bin nur eine ganz gewöhnliche junge Frau. Sie dienen höheren Zielen, aber mein Verstand ist nicht einmal in der Lage, hochtrabende Ideen zu begreifen. Aber ich will ja auch gar keine Heldin sein, sondern nur ein Leben führen, das mich zufriedenstellt. Das Leben ist einem schließlich nicht gegeben, damit man damit geizt und es nur in kleinen Portionen verbraucht. Alles oder nichts, sonst kann ich ja auch gleich Nonne werden und Gebete vor mich hinflüstern. Aber das ist nichts für mich!«

Sie, mit ihren blauen Augen, hochgewachsen und voller Energie, hätte tatsächlich keine Nonne abgegeben. Vom Teufel war sie ebenso weit entfernt wie vom Weihrauch. Die Mädchen aus Rjasan sind üppig und solide: Sie rollen nicht mit den Augen und werfen sich niemandem an den Hals. Aber mit belanglosen und berechnenden Menschen wird ihnen rasch unbehaglich, und sie können und wollen nicht lange auf der Stelle treten. Sie sehen auf den ersten Blick, wer etwas taugt und wer nicht, und von jenen, auf die Letzteres zutrifft, trennen sie sich bald.

Gute Freundinnen oder Freunde hatte Natascha nicht, obgleich sie niemandem aus dem Weg ging. Aber wenn sie nur lange genug wartete und sich umschaute, könnte sie jemandem Freundschaft und Liebe schenken. Jemandem, der wirklich etwas taugte. Bis jetzt jedoch hatte sie diesen Menschen noch nicht gefunden – dafür war es ja auch noch viel zu früh!

In jenen Jahren nahm die neue russische Geschichte ihren Anfang. Das Jahr war fruchtbar im Blick auf die Geburt junger Helden. Aber diese wurden nicht im sinnlosen und ruhmlosen Krieg gegen Japan geboren, sondern in den Weiten des russischen Landes, einzeln oder zu mehreren. Sie wurden geboren, um kurz darauf unterzugehen, in der Geschichte eine rote Spur des Heroismus zu hinterlassen und die Zukunft vorzubereiten.

Alles vergeht, was bleibt, sind Bücher. In den Büchern ist Zeile um Zeile niedergeschrieben, was sich zugetragen und nicht zugetragen hat. Für tausend Menschen denkt ein einziger, und aus seiner Feder fließt naheliegende Weisheit und unwillkürliche Erfindung auf das Papier. Und dann scheint es, als hätten in jenen Jahren in Russland alle so gedacht oder zumindest die besten. Aber dem ist gar nicht so: Der Kutscher und Trinker Pachom hatte seine Vorstellungen von der Welt, der Schäfer des Dorfes Fjodorowka, ein großer Denker und Meister in der Herstellung von Bastschuhen, hatte ganz andere, ganz und gar andere wiederum der Stadtmensch. Und die alte Linde im Garten der Kalymows blühte in jenen Jahren, bis heute gibt sie Blüten, und es ist unmöglich, sie davon zu überzeugen, dass sich etwas Wichtiges vollzogen habe, das in Büchern in hochtönenden Worten geschrieben steht.

Als der Frühling sich dem Ende neigte, packte Natascha, bevor sie von Moskau aufs väterliche Landgut fuhr, ganze Stapel von Büchern in den Koffer, die sie in ihrer freien Zeit zu lesen gedachte. In der Stadt führten diese Bücher nur zu Verwirrung. Auf der Fahrt stellte sie einen Studienplan für ihren Sommerurlaub auf und legte die Sachgebiete fest, die sie bearbeiten wollte. Erstens: Die Aufgabe der Philosophie, zweitens: Griechische Philosophie, drittens: Erkenntnistheorie. Am Morgen schwimmen, danach bis zum Essen Lektüre. Aber als sie die Oka erblickte und die frische Luft atmete, war ihr sofort klar, dass ihr schönes Programm Hals über Kopf in sich zusammenfallen würde.

Am Fluss gibt es die Morgendämmerung und die Abenddämmerung, es gibt keine Uhren. Oh, es wird schwierig werden, sich in die Gewalt zu bekommen!

Da legt schon das Boot ab. Und am Ufer steht ja auch noch das wohlbekannte Cabriolet, auf dessen Kutschbock schwer die Last eines menschlichen Körpers hängt – der Kutscher Pachom, alt und weiß geworden.

Vielleicht ist dieser Sommer ja der letzte, wer weiß?

Zenon

Wie schön ist doch die Welt, wenn man sie nicht aus einem Fenster eines Hauses in der Stadt, nicht auf einer Straße voller Pferdemist erblickt, sondern auf einer Wiese oder am Ufer eines Flusses! Schön und voller Wunder. Von der Pusteblume bis zu den Wolkenschwärmen, vom niedrigen Flug des Buchfinken bis zum Plätschern eines unsichtbaren großen Fisches – wunderschön ist die Welt, in der alles lebt, die ohne Unterlass vor sich hinmurmelt, im Schatten ist sie kühl, in der Sonne atmen die Haare deren heißen Odem. Die Welt scheint so einfach, aber sie ist es nicht und enthüllt nicht jedem ihre Weisheit.

Über die Seiten laufen kleine Lichtflecke. Der Kuckuck zählt die Jahre und stört die moderne junge Frau Natascha Kalymowa in ihrem Zwiegespräch mit dem Philosophen Zenon, der im fünften Jahrhundert vor Christus gelebt hat.

Zenon hat die Geschichte vom Wettlauf der Schildkröte mit Achilles erdacht. Wie sehr sich Achilles auch abkämpfte, es gelang ihm nicht, die Schildkröte zu überholen. Sobald er sie einholte, war sie ihm schon wieder um einen Schritt voraus, erneut holte er sie ein, und wieder war sie ihm um einen Schritt voraus. In diesem Augenblick flog über Nataschas Kopf eine große Libelle, und mit einem kraftvollen Schwung erreichte sie eine Mücke und schnappte sie. Zenon sagt: Dies kann nicht sein, denn es existiert keine Bewegung in der Welt, alles ist lediglich Schein! Aber wenn man den Blick vom Buch hebt, sieht man den Flusslauf und wie sich auf ihm die Wellen kräuseln, und unweit des Ufers fängt eine silberne Ukelei mit ihren Lippen eine Fliege, und man kann zusehen, wie dabei ein kleiner Kreis entsteht und wieder verschwindet. Der Name des Flusses ist Oka. Zenon ist dieser Fluss unbekannt, Natascha aber ist er so vertraut, dass sie für ihn ihre Seele verkauft hätte – aber auch dies wäre noch viel zu wenig gewesen. Sie zug die Brauen zusammen, blickte wieder ins Buch und versuchte zu verstehen, wie es denn sein könne, dass Bewegung lediglich Illusion sei. Alles in der Natur, also ein Stein, das Gras, die Libelle, das Sonnenlicht und auch sie, Natascha, all dies ist nur real als Verkörperung des Göttlichen, wie die erstarrte Erhabenheit eines unerklärlichen und allmächtigen Willens, der außerhalb von uns existiert? Das ist mit dem Verstand nicht zu begreifen, aber das Gefühl ist erfreut, dieses Weltbeben zu einem zusammenfließen zu lassen, ganz ohne irgendwelche Verweise auf die Mathematik. Ich bin in dieser Libelle, und die Libelle ist in mir, und die Stimme des Kuckucks ist die meine, und in mir ist die Kühle des Flusslaufs der Oka.

Und da erhob sich Natascha, blickte sich voll mädchenhafter Scham aufmerksam um, streifte rasch Kleid und Leibhemd ab und lief über das weiche Gras des Abhangs, zuckte zusammen, als sie auf einen spitzen Stein trat, und schon war sie im Wasser, zum Entsetzen der Ukeleien und Plötzen und des blitzschnell in seinen Gang schlüpfenden Krebses.

Vielleicht gibt es ja tatsächlich keine Bewegung in der Realität, aber das Wasser trägt den Körper, die Arme helfen ihm dabei, sie schieben ihn mit Kraulbewegungen voran. Und wäre die Oka nicht gar so breit, könnte man ans andere Ufer schwimmen und den allzu klugen und widersinnigen Zenon zurücklassen, der nicht schwimmen kann und die Oka nicht kennt und überhaupt ein komischer Alter ist, der sich mit seinem Bart im Einband des Buches verfangen hat, wenn er denn einen Bart hatte. Und ohne sich vor ihm, diesem blinden Weisen, zu genieren, versuchte Natascha sich auf den Rücken zu legen, was in der schnellen Strömung des Flusses gar nicht so einfach war. Der Fluss trug sie fort, und als sie viel weiter unten wieder ans Ufer kam, lief sie leicht hinuntergebeugt zu ihren Kleidern, denn wenn auch Zenon möglicherweise blind war, so waren es doch die Grashüpfer und die Schäfchenwolken nicht, und überhaupt – für alle Fälle.

»Nun denn also«, spricht Zenon, »fahren wir fort. Nehmen wir an, der schnelle Läufer Achilles läuft zehn Fuß, die ihm die Schildkröte voraus ist …«

Der schnelle Läufer Achilles hat im Lauf seinen Chiton von sich geworfen und fliegt dahin, seine nackten Fußsohlen glänzen in der Sonne, die verwundbare und die unverwundbare. Er ist ganz Spannung und Bewegung, seine Locken fliegen, von weitem ist sein heftiger Atem zu vernehmen. Auf die Schildkröte macht dies nicht den geringsten Eindruck: Sie kriecht ohne Eile dahin, denn sie weiß, dass ihr der Sieg sicher ist. Selbstverständlich fühlt Natascha mit Achilles, aber ihr gefällt auch die Sicherheit der Schildkröte. Im Wettstreit der beiden liegt eine gewisse Misslichkeit. Durch die Kraft seines zweiflerischen Denkens lässt Zenon es nicht geschehen, dass Achilles die Schildkröte überholt und den Fluss entlang bis zum kleinen Wäldchen läuft. Für all dies gibt es eine mathematische Erklärung, aber diese ist Natascha ebenso unbekannt wie dem beklagenswerten Läufer.

Der Sommer verging schnell – schon begann die Heuernte. Kaum hatte Natascha es sich versehen, war es Zeit, nach Moskau zurückzukehren. Aber die Frage nach dem Sinn des Lebens war in der Zwischenzeit immer noch nicht beantwortet, die Zukunft immer noch unklar! Wieder würden Reden über das leidende Volk und die Despotie der autokratischen Staatsmacht gehalten werden. Und über das Verhältnis von Individuum und Gesellschaft, über die Wege von Evolution und Revolution, über die Methoden des Kampfes und vor allem über Taktik. Sowie über gesellschaftliche Verpflichtung und das persönliche Opfer. Das mit der Verpflichtung war Unsinn, und sein Leben hinzugeben für etwas, das man will – war das denn wirklich ein Opfer? Das bedeutete doch vielmehr, dass man sein Leben gewinnt! Trotzdem wäre es aber viel interessanter zu erfahren, ob Perowskaja Sheljabow geliebt hat. Und welche Rolle diese Liebe womöglich in ihrem Leben gespielt hatte.

Nach dem Schwimmen war Natascha hungrig und hätte am liebsten einen ganzen Krug Milch getrunken. Aber da tagsüber nicht frisch gemolken wurde, musste sie warten, bis die Kühe von der Weide in den Stall getrieben waren. Bis dahin genügte ihr auch ein Stück Schwarzbrot mit grobem Salz! Und einer frischen Gurke. Zenon, der sich mit dem Gesicht ins Gras vergraben hatte und ein wenig zu schlafen versuchte, wurde plötzlich umgedreht, zugeschlagen, unter einen warmen Ellbogen geklemmt und in schnellem Lauf nach Hause getragen – über Felder, auf denen der Roggen hoch stand, fast reif und golden. Die Ähren schlugen gegen den Einband, und Zenon und alle seine Verbündeten und Feinde wurden beunruhigt, denn Nataschas Arme waren in steter Bewegung: Sie brach Ähren ab, holte mit den Fingern die noch unreifen Körner heraus und steckte sie in den Mund mit den weißen Zähnen.

Sie hatte hellblaue, sehr klare Augen, denn sie waren noch jung. Sie war kerngesund, weil sie auf dem Lande aufgewachsen war, und das Leben in der Stadt hatte sie noch nicht niedergedrückt. Ihre Haut glänzte golden, den Füßen wurde kalt im Schatten der hohen Ähren. Die Welt roch nach Wiese, die wunderschöne Welt, die jenen unbekannt ist, die auf sie aus den Fenstern in der Stadt blicken, denen scheint, es gäbe nichts als das Straßenpflaster, das sie sehen, und dass man so leben müsse – im Staub und Rauch und Stimmengewirr. Wer kennt nicht dieses große Glück – von der Natur umarmt zu werden und über Wiesen und durch Wälder im heißen Licht der Sonne durch die Luft zu fliegen, als sei sie eine kleine Mücke, ein Schmetterling oder ein Habicht im Flüstern der Gräser, in der gewaltigen Musik eines Sommertages und im Gefühl der Jugend, das man mit keinen Worten abbilden und beschreiben kann.

Da waren auch schon der Zaun des alten Gartens, die Pforte, die Lindenallee und die Veranda des Hauses. Zenon fühlte, wie ihn eine junge, unvernünftige Kraft die knarrende Treppe hochtrug und bäuchlings auf die harte Tischplatte warf. Es brauchte seinen ganzen Stoizismus, um auch nun noch die Mannigfaltigkeit der Gegenstände zu negieren und darauf zu beharren, dass jegliche Bewegung lediglich Illusion sei – aber was sollte ein Weiser, der seit zweitausend Jahren ein und dasselbe geistreiche Märchen von Achilles und der Schildkröte bekräftigt, auch sonst tun? Sarkastisch lächelnd lauschte er den sich entfernenden Schritten.

Der Zeuge der Geschichte

Um sieben Uhr erwachte Vater Jakow erfrischt und bereit, sich wieder auf den Weg zu machen. Er wusch und kleidete sich leise an, um seine zuvorkommenden Gastgeber nicht zu stören, kämmte sich sorgfältig und prüfte ausgiebig sein Priestergewand. Die Stiefel zog er erst vor seinem Aufbruch im Flur an. Dann verließ Vater Jakow mit seinem dicken Portefeuille unterm Arm leise das Haus, schloss vorsichtig hinter sich die Tür und ging, trotz seines schwergewichtigen Körpers, leichtfüßig die Treppe hinunter. Um acht Uhr war er bereits mitten im menschlichen Leben, das er so sehr liebte und das er in jeglicher Daseinsform studierte.

Vater Jakow war ein Pope ohne Gemeinde und stammte aus einem Gouvernement in der Nähe des Ural. Seine Gemeinde hatte er aufgrund verschiedener komplizierter Verwicklungen und Unannehmlichkeiten familiärer, gesellschaftlicher und finanzieller Art verloren. Worum genau es sich gehandelt hatte, wusste niemand mehr so genau, aber in die heimatlichen Gefilde zog es Vater Jakow seitdem nicht mehr. Es hatte irgendetwas mit einer Kollekte in einer Hungersnot und mit einem Waisenhaus für Mädchen zu tun – eine uralte Geschichte. Er verfügte über ein geringes regelmäßiges Einkommen, das für die Fahrt dritter Klasse und das Essen in Garküchen ausreichend war. Er wohnte meist bei Bekannten, jedoch ohne sich aufzudrängen, meist aus Freundlichkeit und voller Bescheidenheit. Er war wohlbeleibt und etwas rotwangig, Hochprozentigem und Völlerei aber nicht zugeneigt. Schlichtweg alles, was das Leben ihm brachte, und jegliche Mahlzeit gereichten ihm zum Nutzen. Heute war er in Moskau, morgen schon in Piter, in einer Woche in Wologda, Ufa, Rjasan, im Winter reiste er in Städte, im Sommer auf der Wolga oder der Kama, dritter Klasse von Rybinsk bis Astrachan, von Nishny Nowgorod nach Perm. Und allerorten hatte er Freunde und Bekannte, die ihn freundlich willkommen hießen, und fand für kurze Zeit Obdach.

Niemand wusste genau, warum Vater Jakow auf Reisen war, und niemand wunderte sich über die weiten Strecken.

»Woher des Wegs, Vater Jakow?«

»Ich komme gerade aus Tula. Ein hübsches Städtchen mit freundlichen Menschen.«

»Und was haben Sie dort getan?«

»Habe mich umgeschaut, mich vertraut gemacht. Die Stadt der Samoware und Lebkuchen. Und großartige Gesellschaft.«

Vater Jakow lobte alles und alle. Das Schlechte weigerte er sich zu sehen und darüber zu sprechen ebenso. An jedem Ort schloss er gute Bekanntschaften, vor allem mit den örtlichen Bildungsbürgern, den Doktoren und Advokaten, weniger mit den Geistlichen, obgleich er sich nicht von ihnen fernhielt. Auch gegen die Vorsteher der Kreispolizei empfand er keine Abneigung, und er interessierte sich sehr für Revolutionäre, aber über Begegnungen und Bekanntschaften mit ihnen plauderte er nicht, denn er wusste sehr wohl, dass man dies nicht tat.

Vater Jakows Portefeuille war gefüllt mit Empfehlungsschreiben, Papieren mit Stempeln und Broschüren weltlicher und episkopaler Verlage, mit seinen eigenen Schriften und Visitenkarten mit Adressen. An verschiedenen Orten befand sich bei vertrauensvollen und verschwiegenen Menschen sein Archiv, in dem er von ihm verfasste dünne Bücher und die Hefte seiner Tagebücher bewahrte, die er akkurat in Papier geschlagen, mit einem Faden zusammengeheftet und mit seinem Stempel versehen hatte. Vater Jakow verfasste vor allem kurze Studien über die örtlichen Gebräuche und die Sehenswürdigkeiten aus alten Zeiten, über das Gewerbe, das getrieben wurde, und die Jahrmärkte, und zwar vor allem für Zeitungen, aber auch für nicht sehr umfangreiche Bücher, die er selbst in ihm bekannten Druckereien setzen ließ und verlegte. Er schrieb in verworrener und verschnörkelter Handschrift, in der Diktion mittlerer Bildung und in kirchlichem Stil mit vielerlei blumigen Adjektiven, aber durchaus klug und nicht belanglos. Es waren dies eben jene ein- oder zwei-, seltener mehrseitigen Schriftstücke, die aus der Feder eines unbekannten Autors stammten und in entlegenen Druckereien gesetzt worden waren, die später dann als bibliographische Raritäten von solchen Menschen wie Vater Jakow und anderen verschrobenen und vielseitig interessierten Menschen gesammelt wurden. Vater Jakow kannte alle Druckereien und kleinen Verlage und hatte nicht weniger als zwanzig Bücher und unzählige Artikel veröffentlicht. Er freute sich auch über das Honorar, das selbstverständlich aufgrund seines Stils und seines geringen Bekanntheitsgrads nicht allzu hoch war.

Die höchste Leidenschaft von Vater Jakow war es, im Kreise aufgeklärter Leute zu sitzen und deren Gesprächen zu lauschen; er selbst trug aber gemeinhin nichts zur Unterhaltung bei. Sobald er bemerkte, dass man sich seiner Anwesenheit wegen nicht ganz frei fühlte, zog er sich zurück oder verließ die Gesellschaft ganz. Meist jedoch gewöhnte man sich rasch an ihn, und niemand konnte Vater Jakow je Indiskretion vorwerfen: Er hörte zwar aufmerksam zu, aber niemals hätte er sich andernorts über das Gehörte verbreitet.

»Und Sie, Vater Jakow, wie denken Sie darüber?«

»Ich? Ich muss darüber nicht nachdenken, das ist meine Sache nicht, eine weltliche Frage, die Sie betrifft!«

Bisweilen rutschte ihm wie unabsichtlich etwas heraus:

»Ich war eben in Piter und habe dort dem bekannten Vater Gapon einen Besuch abgestattet.«

»Was Sie nicht sagen, Vater Jakow! Wie haben Sie denn das geschafft?«

»Ein paar Freunde haben rekommandiert. Ein wirklich interessanter Mann. Ich hab ihn mir angeschaut und angehört, was er zu sagen hat.«

»Aber haben Sie denn keine Angst, Vater Jakow? Wegen einer solchen Bekanntschaft kann man zur Rechenschaft gezogen werden.«

»Was habe ich denn schon getan? Ich war nur neugierig. Er ist schließlich ein Mitbruder im Priestergewand und seine sonstigen Aktivitäten interessieren mich nicht, das ist meine Sache nicht. Im letzten Jahr war ich beim Minister Plewe höchstselbst, den man nun umgebracht hat.«

»Und wie sind Sie bis zu ihm vorgedrungen und warum?«

»Jemand hat ein Wort für mich eingelegt. Ich habe bei ihm in Sachen der Waisen vorgesprochen und um kleine Subsidien gebeten. Ich hatte natürlich eine Empfehlung bei mir von meiner Gönnerin, einer durchlauchtigsten Gräfin.«

»Und, wie war es?«

»Ach, nichts Besonderes. Interessant. Er war ein bedeutender Mann und gewissenhaft. Man muss sie sich anschauen, die Menschen mit Einfluss und Lenker der Staatsgeschäfte.«

»Haben Sie sich mit ihm unterhalten?«

»Das Gespräch war sehr kurz, ich war nur eine Minute bei ihm. Und doch war es aufschlussreich, einmal einen Blick auf ihn zu werfen. Er war ja eine bekannte Persönlichkeit, von historischer Bedeutung.«

»Wie das, Sie schauen sich beide Seiten an, sowohl Plewe als auch Gapon?«

»Was heißt denn Seiten? Für mich gibt es keine Seiten, das ist meine Sache nicht. Für mich sind alle Menschen gleich. Sie urteilen und vergleichen, für mich aber ist alles gleichermaßen interessant.«

Für Vater Jakow war alles gleichermaßen interessant! Russland brodelte und Vater Jakow stand mit seinem Löffel, den er aus seinem Portefeuille holte, in dem er alles sammelte, am Kessel. Er drängte sich nicht vor, aber sobald es ihm möglich war, nahm er mit seinem Löffel vorsichtig und leidenschaftslos ein wenig von der Wassersuppe. In-te-ressant! Aber er hielt sich grundsätzlich abseits, er war lediglich jemand, der unvoreingenommen das Leben beobachtete, ein ehrfürchtiger Zeuge der Geschichte. In seinen Memoiren würde selbstverständlich alles seinen Platz finden, das alles aber war für die Nachwelt bestimmt, nicht für ein oberflächliches Gespräch.

Im Jahr neunzehnhundertfünf, in den Tagen, als dem Volk die Freiheit geschenkt wurde, brannte Vater Jakow vor Neugier. Er, der sonst stets vorsichtig und umsichtig war, erlaubte sich nun, einen Blick auf Orte und in Wohnungen zu werfen, die er zuvor niemals betreten hätte. In einem Sommerhaus unweit Moskaus schlief er einige Nächte in einem Zimmer mit einem undurchsichtigen Menschen, vermutlich einem, der in den Untergrund gegangen, vielleicht sogar ein Terrorist war – so waren damals die Zeiten. Es war im Übrigen das Sommerhaus eines angesehenen Mannes, eines alten Bekannten von ihm, eines überzeugten Liberalen, der die Revolutionäre unterstützte. Der undurchsichtige Mensch hieß Nikolaj

Iwanowitsch, er schlief, ohne sich auszukleiden, selbst die Stiefel behielt er an, bei geöffnetem Fenster, das in den Gemüsegarten hinausging, hinter dem Garten lag ein offenes Feld, dann begann der Wald. Nachdem sie sich schlafen gelegt hatten, pflegten sie lange Gespräche zu führen. Vater Jakow erzählte in kurzen Worten und ohne bunte Ausfärbungen von den Wäldern des Ural und den Landstrichen am Fluss Kama, und dass er dort eine Volksgruppe gefunden habe, die noch nie von Gott gehört hatte und sogar die Ehe nicht kannte. So lebten die Menschen dort zusammen, mit wem es ihnen gerade gefiel, und beteten zu niemandem. Und es erwies sich, dass sein Gesprächspartner diesen Landstrich ebenfalls kannte, sowie noch viele andere, sogar die sibirische Taiga, warum er sie aber kannte, erzählte er nicht und Vater Jakow fragte selbstverständlich nicht nach.

Mitunter zog Nikolaj Iwanowitsch Vater Jakow auf.

»Eines Nachts wird Sie die Polizei festnehmen, ehrwürdiger Vater, und wir werden gemeinsam im Gefängnis sitzen. Dort ist der Borschtsch bisweilen gar nicht so schlecht.«

»Mich festzunehmen gibt es gar keinen Grund, ich bin ein Geistlicher und nicht mit weltlichen Dingen befasst. Und aus welchem Grund sollte man Sie anrühren? Sie sind doch ein respektabler und geschätzter Mann.«

»Und warum sind Sie stets auf Reisen, Vater Jakow? Was treibt Sie?«

»Ich bin unterwegs, um in verschiedenen unbedeutenden Angelegenheiten Fürsprache einzulegen. Und schaue mir dabei alles an. Das Leben, Nikolaj Iwanitsch, ist doch so interessant! Alle sind so geschäftig, und alle wollen, dass die Dinge so gehen, wie sie es wollen.«

»Das heißt, Sie betrachten alles als Außenstehender?«

»Ich schaue es mir an und störe dabei niemanden. Für mich ist alles durchaus aufschlussreich.«

»Vielleicht sind Sie ja ein ganz gefährlicher Mann, Vater Jakow? Was Sie in Wirklichkeit machen, weiß ja kein Mensch.«

Vater Jakow antwortete etwas beleidigt, aber voller Würde:

»Ich tue absolut nichts Verbotenes, und viele Leute kennen mich. Es gibt nichts, das ich ausplaudern könnte, da ich

nichts zu verbergen habe. Wenn jemand mir nicht vertraut –
er muss sich mit mir, einem Popen, ja nicht abgeben. Wer mir
vertraut, der vertraut mir, ich suche die Freundschaft mit den
Menschen nicht zu erzwingen.«

»Ich glaube Ihnen ja, Vater Jakow, seien Sie nicht gekränkt,
das war doch nur ein Scherz. Ich kenne die Menschen, habe
mich viel unter ihnen herumgetrieben. Aber auch ich halte ja
über meine Geschäfte die Zunge im Zaum.«

»Dann ist doch alles in Ordnung.«

In den drei Tagen ihres Zusammenlebens unter einem gastfreundlichen Dach wurden die beiden so gute Freunde, dass
sie gar ihr Schuhwerk tauschten. Vater Jakow kamen zu Beginn des Sommers die neuen leichten Schuhe Nikolaj Iwanowitschs zupass, und jenem waren die priesterlichen Halbstiefel wie auf den Fuß geschnitten.

Des Abends, wenn sie lange beim Tee zusammensaßen, rezitierte Nikolaj Iwanowitsch Gedichte von Puschkin, Nekrassow und Alexej Tolstoj, und Vater Jakow lauschte voller Be-
wunderung. Und er lauschte den kirchlichen Liedern und Gebeten, die Nikolaj Iwanowitsch außergewöhnlich schön sang,
manchmal stimmte er sogar ein. Bei den Zigeunerromanzen
errötete der pietätvolle Pope ein wenig, äußerte jedoch kein
Missfallen. Und jeder, der beim Tee zugegen war, empfand ob
ihrer Freundschaft Freude und lächelte leise.

Als Nikolaj Iwanowitsch abgereist war, unerwartet, ohne
sich zu verabschieden und ohne zu sagen, wohin, las Vater Jakow, ohne ein Wort zu sagen, in der Zeitung die Beschreibung
eines nicht identifizierten Terroristen, der einen Stadtkommandanten erschossen hatte, und fragte mit verlegenem Blick
seinen Gastgeber:

»Wie es scheint, wird mein Freund Nikolaj Iwanowitsch für
längere Zeit nicht zurückerwartet?«

Der Hausherr, der selbst bereits erraten hatte, wem er seine Gastfreundschaft angeboten hatte, antwortete mit gespiel-
ter Gleichgültigkeit:

»Ich weiß es nicht, Vater Jakow, er hat nichts gesagt. Wissen Sie, ich kenne ihn ja kaum, ein zufälliger Bekannter. Man
bat mich, ihm Bleibe zu geben, und ich gab sie ihm.«

Vater Jakow sann weiter nach:

»Nun, offenbar bleibt er länger weg. Und er hat bei der Abreise auch noch meine Halbstiefel angehabt. Er war ein netter Mensch, fröhlich, aber in seinem Innern schien er an etwas zu leiden. In-te-ressant!«

Bald schon packte auch er seine Sachen zusammen, dankte für die Gastfreundschaft und reiste auch weiter – vielleicht aus Vorsicht, vielleicht, weil er die Welt, die Menschen und die Ereignisse betrachten wollte.

Im Übrigen blieb Vater Jakow niemals allzu lange an einem Ort.

»Wir«

Das menschliche Gedächtnis ist wie ein Sieb, durch das zu historisch wichtigen Zeiten lange Zurückliegendes ebenso hindurchfällt wie das, was gestern geschah.

Der Historiker aus heutiger Zeit, grau geworden, abgezehrt, vom Leben gezeichnet, vergisst, dass die Vergangenheit, die er gerührt beweint, nicht besser war als die Gegenwart, sondern dass lediglich derselbe Kartenstapel neu gemischt wurde und der Korb menschlichen Leids immer noch gefüllt ist, es nur anders hineingepresst wurde, dass der nichtexistente Fortschritt allein sein weltfernes und banales Hirngespinst ist.

Er vergisst, niedergedrückt von der Unmenge zerstörter Hoffnungen, wie er sich, ehrfürchtig seine Dankbarkeit bezeugend, vor der Opferbereitschaft der unvernünftigen und leidenschaftlichen jungen Männer verneigte, die er selbst verführt hatte, die ihr kindlich unbeschwertes Spiel, Lachen und Studium aufgaben und sich aufmachten zu töten und getötet zu werden für ein Versprechen, das sich als Trugbild erwies – das Glück der kommenden Generationen.

Es ist sein furchtbares Scheitern, dass er nun voller Empörung fragt: Ja, wie konnten sie denn nur die Hoffnung hegen, dass aus Blut Wohlergehen erstehen wird und aus Unrecht statthaftes Gesetz? Er verflucht ihre Jugend und ihre Handlungen und sieht in ihnen den Quell des heutigen Übels. Aber während er sie streng verurteilt, träumt er insgeheim von neuen jungen Rächern, die mit ebensolcher Opferbereitschaft die gegenwärtigen Verhältnisse angreifen, wenn schon nicht im Namen der Zukunft, so doch wenigstens mit dem Traum, das Alte wiederherzustellen, denn hinter dem Vorhang des Rauchs vom heutigen Feuer zeichnen sich für ihn die Umrisse der Vergangenheit bereits als wunderschönes verlorenes Paradies ab.

In jenen Tagen in Russland, die vom Großen Krieg und der gewaltigsten aller Revolutionen in die Geschichte verdrängt wurden, fragte niemand, wie es sein kann, dass eine gewöhnliche und normale junge Frau, die keine schlechtere Bildung als andere erhalten hatte und nicht weniger als andere dem Guten zugänglich war, ihr Elternhaus verließ, ihr Studium abbrach und sich den Reihen jener anschloss, die von den einen Verbrecher, von den anderen Heilige genannt wurden. Dies war damals ganz selbstverständlich, geradeso wie man einem Bettler eine Kopeke gibt oder sich in die Fluten stürzt, um einen Ertrinkenden zu retten. Es war nicht einmal eine Großtat, sondern lediglich ein Anzeichen innerer Empfindsamkeit und des Bewusstseins, dass es unmöglich sei, anders zu handeln.

Im Schnee – Blut, wie damals auf dem Weg vor der Küchentreppe, als Pachom den Hund zertreten hatte. Am Abend kam Nataschas Studienkollegin vorbei.

»Weißt du, was in Presnja vor sich geht?«

»Wird geschossen?«

»Presnja brennt! In Brand gesetzt von Geschossen. Wir halten gerade so die Stellung!«

»Wir« – durch dieses Wort gehörte Natascha zur Partei der Aufständischen. Sie beide fühlten, dass sie irgendetwas tun mussten, um den Ihren zu helfen, vielleicht schießen, vielleicht den Kugeln ihre Brust bieten. Man kann doch nicht lesen, Tee trinken oder schlafen, wenn nicht weit entfernt andere kämpfen und untergehen. Aber wohin?

Verloren in der Nacht und den verlassenen Straßen, eng aneinandergeschmiegt wie zwei Zwillingsnüsse, schafften sie es auf Umwegen, durch kleine Gassen und über das Eis der Moskwa bis nach Presnja, wo Feuer leuchtete und vereinzelte Schüsse zu hören waren. Sie hatten sich vorgestellt, auf hohe Barrikaden mit roten Fahnen zu treffen, Berge von Leichnamen zu Gesicht zu bekommen und Silhouetten von wenigen tapferen Kämpfern, die sich gegen ganze Einheiten von Soldaten zur Wehr setzten. Aber auch im Bezirk Presnja, wohin sie es schließlich geschafft hatten, waren die Straßen leer, die Häuser dunkel, und nur in den Fenstern der oberen Stockwerke spiegelte sich der Schein eines Feuers, das in der Nähe brannte.

Einmal trafen sie auf einen rennenden jungen Mann mit Studentenmütze, hielten ihn an und fragten, wo gekämpft würde. Er begriff zunächst nicht und zeigte dann in eine Richtung und rief ihnen beim Weggehen zu: »Aber geht nicht dorthin, da ist der Teufel los, und ihr werdet noch erschossen!« Sie gingen mit klopfenden Herzen in die Richtung, in die er gezeigt hatte, und standen, als sie um eine Ecke gebogen waren, plötzlich vor einer Absperrung, an der ein paar dunkle Figuren Schnee in aufgestapelte leere Kisten füllten und mit Wasser übergossen. Das war also eine der Barrikaden, die sie so sehnsuchtsvoll hatten anschauen wollen und die sie sich ganz anders vorgestellt hatten.

Der Student, den sie zuvor getroffen hatten, kehrte zurück. Er schrie sie erst einmal im Befehlston an, warum sie hier einfach so herumliefen und ihr Leben riskierten – aber tatsächlich war die Gefahr überhaupt nicht groß, die Barrikade lag nicht unter Beschuss, sie wurde nur für den Fall errichtet, dass die Soldaten sich dorthin durchschlugen.

»Bis jetzt können wir uns an verschiedenen Stellungen halten, wir haben nur zu wenig Gewehre.«

Wieder – »Wir«! Den beiden jungen Frauen schienen jene, die die Stellungen hielten, Riesen, die mit großen Körpern den Bezirk vor dem Sturm durch eine übermächtige Masse von Soldaten verteidigten. Könnten sie sich doch nur bis zu ihnen durchschlagen und wenigstens ihre Gewehre nachladen!

»Gibt es denn keinen Beistand aus der Stadt?«

»Beistand? Wir haben kaum Unterstützer, und Presnja ist umzingelt.«

»Wir sind durchgekommen.«

»Dort weiß man ja auch noch nicht alles.«

»Wir können zurückgehen und dort berichten. Aber wem?«

»Das ist richtig, ihr müsst ohnehin zurück! Hier könnt ihr nicht bleiben.«

Er erklärte ihnen, wie sie zur Fabrik von Prochorow kamen und dort einen gewissen Nikodim Iwanowitsch oder den Kampfgenossen Olen ausfindig machen sollten.

»Aber dort ist es gefährlich! Ich weiß nicht, ob ihr wirklich dorthin solltet …«

»Wir haben keine Angst.«

»Sie sollen euch sagen, was gebraucht wird, und eine Adresse geben. Das Wichtigste ist, dass wir nur wenige Revolver und gar keine Patronen mehr haben.«

Nun machten sie sich im Bewusstsein der Wichtigkeit ihres Auftrags freudig auf den Weg. Nun waren sie am Kampf beteiligt!

Was weiter geschah, prägte sich für den Rest ihres Lebens in ihrem Gedächtnis ein: Schatten von Menschen vor dem Hintergrund eines brennenden Gebäudes, das Pfeifen eines fliegenden Geschosses, das Durcheinander im revolutionären Stabsquartier, wo sich lange Zeit niemand fand, der ihnen den Weg zu den gesuchten Personen weisen konnte. Alles, was ihnen zuvor furchterregend und großartig schien, erwies sich als lebendig, geschäftig, ja geradezu fröhlich. Und es mutete sie seltsam an, als Antwort auf ihre Fragen zu hören:

»Gehen Sie am besten in die Küche, dort tagt gerade das Komitee.«

Alles schien ihnen wie ein märchenhafter Traum, sie konnten sich später sogar kaum mehr an das Gesicht des Genossen Olen erinnern, den sie schließlich doch fanden und der ihnen nach nur einer Minute des Nachdenkens zuwarf:

»Das ist gut. Sagen Sie dort, dass wir uns hier nur schwer halten können und dass sie uns, wenn sie können, Leute und Waffen schicken sollen. Vor allem Waffen. Und wir brauchen Bomben. Sagen Sie genau das.«

Er sagte ihnen eine Adresse, verbot aber, sie aufzuschreiben.

»Halten Sie sich nicht lange auf, gehen Sie.«

Ein zweites Mal gingen sie durch kleine, dunkle Gassen, ohne den Weg genau zu kennen, und überwanden einen »Kreis der Kampftruppen«, den es gar nicht gab. Es wurde bereits hell, als sie den zugefrorenen Fluss überquerten. Sie sprachen kaum und gestanden einander nicht ein, wie müde sie waren. Etwas Entsetzliches sahen sie auf ihrem Weg: den Leichnam eines Menschen im Schnee. Vielleicht jemand, der erfroren war, vielleicht jemand, der von einer verirrten Kugel getötet worden war. Sie scheuten wie Pferde und machten einen großen Bogen. Aber sie behielten den Anblick auf immer im Gedächtnis.

Früh am Morgen erreichten sie die genannte Adresse, übermittelten, was ihnen aufgetragen worden war, und waren unangenehm überrascht, als der, zu dem man sie geschickt hatte, abwinkte und misstrauisch antwortete:

»Was für ein Unsinn, woher sollen wir die nehmen! Und selbst wenn, wie sollten wir die dorthin bringen?«

Sie blieben vehement bei dem, was sie sagten, und boten an, sie selbst könnten sie überbringen, ja, auch die Bomben. Er erkundigte sich:

»Haben Sie eine sichere Wohnung in der Stadt?«

Natascha bot ihr Zimmer an. Er fragte nach der Adresse und beschied, sie solle dort bis zum Abend warten. Die beiden verließen ihn mit dem Gefühl, ihre Pflicht getan zu haben.

Zu Hause angekommen, legte Natascha sich angekleidet aufs Bett. Sie schlief bis zum Mittag und wartete dann aufgeregt den ganzen Tag, aber niemand erschien. Doch das war ganz gleich, denn nun war sie Teil dieser Sache – Akteurin des bewaffneten Widerstands! Wenn nicht heute, so könnte ihr doch morgen ein ganzer Karton voll mit Sprengstoffgranaten gebracht werden, die sie dann in der folgenden Nacht, über die vereisten Straßen rutschend, in den besetzten Bezirk oder dorthin, wo auch immer sie benötigt wurden, bringen würde.

Erst am nächsten Tag kam eine ebenso junge Frau, wie sie es war, mit einer dreifach fest mit einem Faden verschnürten Konfektschachtel.

»Sind Sie Natascha?«

»Ja.«

»Mich schickt Pawel Iljitsch. Er bittet Sie, die Schachtel aufzubewahren. Wo soll ich sie hinstellen?«

»Wohin Sie wollen, das ist egal.«

»Nein, das geht nicht, man muss mit ihr sehr vorsichtig umgehen.«

Sie stellten die Schachtel auf die Fensterbank und deckten sie mit einer Zeitung zu.

»Und was soll ich mit ihr tun?«

»Jemand wird sie abholen oder Ihnen eine Nachricht überbringen. Wichtig ist, dass sie nicht irgendwie erschüttert wird. Sie verstehen?«

»Ich verstehe. Aber sollte sie nicht nach Presnja gebracht werden?«

Die junge Frau sagte, mehr wisse sie auch nicht, ihr sei lediglich aufgetragen worden, die Schachtel zu überbringen. Presnja, so hieß es, sei gestern von der Armee eingenommen und viele Arbeiter seien festgenommen worden, es habe auch Tote gegeben und mittlerweile käme man nicht mehr dorthin durch.

»Ich war dort vergangene Nacht.«

»Ja, aber jetzt sind alle Barrikaden beseitigt und die Fabrik von Prochorow ist besetzt.«

Natascha war also nun Aufpasserin einer Bonbonnière, deren Inhalt niemand mehr brauchte. Das also ist die Revolution? Ja, das ist die Revolution!

Wie ein Kindermädchen saß sie und beaufsichtigte, was man ihr anvertraut hatte. Einige Tage lang verließ sie ihr Zimmer nicht, berührte die Schachtel nicht einmal. Es gab keine Schusswechsel mehr, die Gefängnisse waren überfüllt und es erschienen wieder Zeitungen. Weihnachten rückte näher.

Sie beschloss, noch einmal zu jener Adresse zu gehen und sich zu erkundigen. Bevor sie das Zimmer verließ, nahm sie mit zitternden Händen die Schachtel von der Fensterbank, trug sie, fest an die Brust gedrückt und vorsichtig und unsicher auftretend, zur Kommode und versteckte sie in der Schublade, in der die Briefe ihrer Freundinnen vom Gymnasium lagen sowie ein verbotenes Buch und ein Bündel getrockneter Ähren, Erinnerung an den vergangenen Sommer auf dem Land.

Die Chronik Vater Jakows

Vater Jakows dickliche weiße Hand – an jedem Fingerglied ein Pölsterchen – schrieb die Worte mit vielen Schnörkeln. Sollte das von ihm Geschriebene je einem wissbegierigen Historiker von Nutzen sein, so würde dieser mit der Schrift seine liebe Not haben! Und einen Nutzen können derartige Aufzeichnungen durchaus haben, besonders »Die Chronik von Vater Jakow Kampinski«, ein Haufen dünner Schulhefte, auf deren Umschläge vorn »Schulheft von … der … Klasse« gedruckt war und auf deren letzten Seiten sich Multiplikationstabellen, Maßeinheitentabellen für flüssige und streufähige Volumen und die Chronologie der Staatsoberhäupter von der Herrschaft der Waräger bis in unsere Tage fanden.

In diesen Heften notierte Vater Jakow auf beiden Seiten der linierten Blätter von ihm höchstselbst gewahrte denkwürdige Ereignisse sowie ihm zuverlässig scheinende Gerüchte, vor allem jene, die es nicht in Zeitungen zu lesen gab. Die Hefte trug er bis auf das jeweils letzte nicht bei sich, sondern händigte sie, wenn sie vollgeschrieben waren, vertrauenswürdigen Menschen an jenen Orten aus, an denen er sich zu jener Zeit gerade befand – in Moskau, in Rjasan, in Ufa, in Saratow, in Twer, auch in Sankt Petersburg. Er hatte immer vor, all diese Hefte irgendwann einmal zusammenzubinden und dann dem vertrauenswürdigsten seiner Freunde zu übergeben, aber er war bisher nie dazu gekommen.

Im Dezember des Jahres neunzehnhundertfünf notierte er nach den Weihnachtsfeiertagen, vor Anbruch des neuen Jahres:

»Am heutigen Tage waren in den Straßen von Moskau keine Schüsse mehr zu hören, und es ist anzunehmen, dass die außergewöhnlichen Unruhen ihr Ende gefunden haben. Es heißt, es seien mehr als tausend, wenn nicht gar zweitausend Menschen zu Tode gekommen, vornehmlich in Presnja, wo die Arbeiterschaft im Verbund mit Studenten Absperrungen errichtet hatte, die in der Folge in Feuer aufgingen und unter Blutvergießen zerstört wurden.

Die Ereignisse selbst begannen in diesen Dezembertagen mit der Besetzung der Realschule des Herrn Iwan Iwanowitsch Fidler, in der sich Schüler sowie außenstehende Personen aus den Reihen der Streikenden und Revolutionsführer verschanzten. Und zum ersten Mal wurde mit Kanonen auf ein Haus in der einstigen Hauptstadt geschossen! Aber jene gaben nicht auf, sondern warfen Bomben mit Dynamit von ungeheuerlicher Sprengkraft aus den Fenstern, wessen ich mit eigenen Augen und Ohren Zeuge war, denn ich befand mich in einem der nächstgelegenen Häuser. Die Bomben explodierten in den Abendstunden mit bläulichem Feuerschein und erschütterndem Donner. Ein schrecklicher und unvergesslicher Anblick! Und als die bereits erwähnten Jugendlichen die Waffen niedergelegt und das Gebäude verlassen hatten, weil man ihnen ein Ehrenwort gegeben hatte, wurden sie am Ende doch verprügelt und zahlreich arretiert, einige sogar auf der Straße erschlagen. Die Frauen, welche sich unter ihnen im Schulgebäude befanden, rieten, man möge sich nicht ergeben und bis zum Ende Widerstand leisten; die Männer, genauer gesagt fast Knaben noch und Jünglinge, meinten, sie könnten die Wachsamkeit der Gegner überlisten und herauskommen, was aber nur wenigen gelang. Zur Warnung schossen Iwan Iwanowitsch, welcher mir persönlich bekannt ist, seine eigenen Schüler mit einem Revolver ins Bein, als er die weiße Flagge hisste und sich im Namen aller ergeben wollte, da es ihm um sein Haus leidtat.

Hernach wurde jener Teil des Gebäudes der Moskauer Sicherheitsabteilung, der sich an der Gnesdikowski-Gasse befindet, zur Explosion gebracht. Und zwar gingen zwei Burschen zum Gebäude, bis sie unter den Fenstern waren, und warfen mit Dynamit gefüllte Blechdosen hinein, deren Lunten sie zuvor an ihren Papirossy zündeten. Dann flüchteten sie. Alle Berichte also, ein Kampftrupp habe diesen Gewaltstreich begangen, entsprechen nicht der Wahrheit, wie ich zuverlässig weiß.

Die Absperrungen und Barrikaden habe ich mit eigenen Augen allerorten gesehen. Im Schutze des Priestergewandes, aber ohne sonstige notwendige Vorsichtsmaßnahmen beobachtete ich auf der Sadowaja, wie ein Dutzend wagemutiger junger

Männer mit unbeschreiblicher Frechheit Soldaten eines Geschützes beraubten, aber nicht wussten, was sie damit anfangen sollten, weshalb sie einen der ihren schickten, damit er in der Enzyklopädie von Brokgaus-Efron nachschlage, wie das Schloss aufzudrehen sei, eine Antwort aber erhielten sie nicht, sie suchten rechtzeitig das Weite. Am nächsten Tag hatten sie die notwendigen Skizzen anscheinend auffinden können, aber es bot sich nicht noch einmal die Gelegenheit zur Erbeutung einer solchen Waffe.

Ebenso hörte ich, kann aber keine Gewähr dafür übernehmen, dass man zwei in Betttücher gehüllte Gestalten über den Twerskoj Boulevard rollen sah, weil sie in dieser Aufmachung schlechter zu bemerken seien, um so bis zum Haus des Stadtkommandanten zu gelangen und dies in die Luft zu sprengen. Allein, sie schafften es nicht, denn sie hatten ihren Weg am falschen Ende begonnen und mussten bergauf rollen.

Auf dem Arbat, etwa auf der Höhe der Serebranny-Gasse, bei der Kirche des Heiligen Nikolaj, des Wundertäters, begegnete mir eine Kavallerie-Einheit, deren Soldaten mit dem Gewehr im Anschlag auf ihren Pferden saßen und auf die vorbeigehenden Menschen zielten, um zu verhindern, dass Bomben auf sie geworfen würden. Ich konnte ungehindert passieren, weil ich beide Hände über den Kopf nahm, wie es befohlen war, und mein Portefeuille unter den Bart klemmte. Auch hier war augenscheinlich das Priestertum meine Rettung. Der Offizier rief: ›Sie, mein Bester, sollten besser zu Hause sitzen, am Ende wird man Sie gar noch erschießen!‹ Ich beeilte mich, weiterzukommen und die Gefahr hinter mir zu lassen.

Nach Presnja zu gelangen war mir in jenen Tagen nicht möglich, aber auch andernorts in der Stadt sah ich Leichname, die nicht weggebracht worden waren, unter anderem den einer alten Frau, die offensichtlich mit den Unruhen nichts zu tun gehabt hatte, aber die Soldaten schossen vorsorglich auf alle ohne Rücksicht auf Geschlecht oder Alter.

Die Gefängnisse, so ist zu hören, sind übervoll, ebenso die Arrestzellen der Polizeistationen in den Bezirken. Aus anderen Städten gab es keine Nachrichten über besondere Vorkommnisse, also setzte die Aufregung vor allem unserem Mütterchen Moskau zu. Zum Feiertag der Geburt Christi beruhigte es sich, obwohl weniger Menschen als üblicherweise in die Kirchen kamen, nicht aufgrund fehlenden Glaubens, sondern allein aus Angst.«

Als er das Geschriebene durchgelesen und unterschrieben hatte, endete Vater Jakow wie folgt:

»Dieses entfesselte und an unglücklichen Ereignissen reiche Jahr endete mit massenhaftem Blutvergießen. Und es ist nicht an mir, dem bescheidenen Beobachter der Ereignisse, die Gründe dafür herauszufinden. Vom Misserfolg des Krieges erschüttert, krankt und leidet unsere geliebte Heimat. Und unbekannt ist, was sie erwartet! Wird die Vernunft die Oberhand gewinnen oder werden Unordnung und Unruhe noch länger walten? Eines sage ich: Wir wünschen dem russischen Volke inneren Frieden und Rückkehr zu einträchtigem Leben und Arbeit, welche die Grundfesten sind für Wohlhabenheit! Und mögen aus den denkwürdigen Ereignissen die Herrschenden ebenso wie die Untertanen ihre Lehren ziehen!«

An dieser Stelle hielt Vater Jakow, der Zeuge der Geschichte, erneut inne und dachte nach. Auf seinen Wegen hatte er Mächtige gesehen und im Volk gelebt, und die Lebenserfahrung sagte ihm, dass nicht die einen noch die anderen geneigt waren, aus dem Geschehenen Lehren zu ziehen. Und des Weiteren wusste er, dass in den entfernten Landkreisen Russlands die Angelegenheiten der Hauptstadt keinen Niederschlag fanden und dass die Reden über die Freiheit, eine Regierung des Volkes und Minister, die sich ihrer Verantwortung bewusst sind, dem russischen Bauernvolk fremd und unverständlich waren und von ihm auf ganz eigene Weise aufgefasst wurden: »Ist es denn wahr, dass der Zar den Herren ihr Land wegnimmt und es den Bauern schenkt?« Alles andere stieß beim Bauern auf taube Ohren und setzte sich nicht in seinem Kopf fest.

Deshalb endete Vater Jakow seine Aufzeichnung des Monats mit einer allgemeinen Betrachtung und einem poetischen Bild:

»Gerade sitze ich am Fenster und betrachte den Schnee, der in dicken Flocken fällt, während der Winter bisher allerorten wenig schneereich war. Ich vermag es nicht, mich am weißen

Flaum zu erfreuen, der die kommende Ernte begünstigt. Ist dies denn nicht wichtiger als alles Gerede und aller Zwist über die hohe Politik? In meiner Erinnerung erscheinen die weiß zugedeckten Landstriche an der Kama im Ural, wo ich geboren wurde und von wo aus ich mich auf die Reise durch die russischen Lande begab, nicht als geistlicher Diener Gottes, sondern als ewiger Pilger, der wissbegierig ist, etwas über das Leben seiner geliebten Heimat zu erfahren! Hiermit also ende ich, der lyrischen Aufwallung erlegen, welche die Einsamkeit, die ich heute empfinde, und die Bedeutsamkeit der vergangenen Tage erklären mag!«

Die letzten Zeilen der Aufzeichnungen Vater Jakow Kampinskis waren von der Seite des Schulhefts auf den rosafarbenen Umschlag gerutscht und besetzten dort die Zwischenräume der bedruckten Zeilen, die angaben, dass eine Werst 500 Sashen seien und ein Sashen drei Arschin.

Als er zu Ende gekommen war, lächelte Vater Jakow zufrieden und verschmitzt, setzte in großer Schrift Tag, Monat und Jahr darunter und schrieb auf den Umschlag mit Tinte die Nummer.

Vater Jakow war akkurat und mochte in allem System und Ordnung.

Neujahr

In der Neujahrsnacht versammelten sich im Dorf Tscherkissow unweit von Moskau im Haus des Lehrers ein paar junge Leute. Das Gelage anlässlich des bevorstehenden neuen Jahres war nicht eben üppig: Es gab Sülze mit Meerrettich, Kartoffeln mit Schmand und statt Champagner zwei Flaschen roten Landwein.

Der Gastgeber, ein älterer Lehrer, sagte:

»Heute, meine Freunde, braucht ihr keine Vorsicht walten zu lassen. Vor dem neuen Jahr wird es keine Haussuchungen geben, auch die Ochranka feiert ja.«

Es waren sechs Gäste, darunter zwei junge Frauen. Alle waren so gekleidet, dass sie sich nicht allzu sehr von den Arbeitern, die im Dorf lebten, abhoben – aber an ihren Gesichtern sah man, dass sie keine Arbeiter waren. Am meisten Ähnlichkeit mit einem Arbeiter hatte jener junge Mann, den die anderen einmal Aljoscha, einmal Olen nannten. Er war hochgewachsen, gutaussehend und hatte blondes Haar, sein Gesicht strahlte Mut aus und schien nervös. Der Spitzname Olen passte sehr gut zu ihm, der groß und breitschultrig war, und offenbar hatte er sich bereits an ihn gewöhnt. Ein schmächtiger Bursche mit jüdischem Aussehen und unansehnlich verstümmelten Händen schien am wenigsten von allen dem Proletariat zu entstammen. Er hatte große, leicht hervortretende und erstaunt blickende Augen, einen kümmerlichen Bart, ein schwaches Stimmchen und eine spitze Zunge. Seine Freunde nannten ihn Nikodim Iwanowitsch, er war seit langem Mitglied der Partei, und alle wussten, dass seine Hände bei einer Explosion verbrannt waren, die im Labor der Sozialrevolutionäre stattgefunden hatte, das er geleitet hatte. Der dritte Gast des Lehrers war ein niedergedrückter und nachdenklicher Student namens Maurice, der schon vor den Ereignissen in Moskau zwei Mal im Gefängnis gewesen und in den Tagen, in denen dem Volk die Freiheit geschenkt worden war, entlassen worden war. Der vierte Gast war Petrus, ein Student der Forstwirtschaft, rotwangig, angenehm, fröhlich, bei allen beliebt. In den Novembertagen hatte er ganz allein mit Papacha auf dem Kopf und einem Revolver in der Hand Demonstranten der Schwarzhundertschaft auseinandergetrieben. Er hatte sich unter die Menge gemischt und geschrien: »Freunde, auseinander, ich werde alle Gauner erschießen!« Schießen musste er jedoch nicht, denn die Menge stob in alle Richtungen und ließ die mitgetragenen Porträts des Zaren und die Ikonen mit Serafim Sarowski im Schnee zurück. Seine derartigen Heldentaten betrachtete Petrus als Sport und lustigen Zeitvertreib. Und während der Unruhen im Dezember fällte er gut gelaunt Laternenmaste, um den Semjonow-Leibgardisten den Weg zu versperren, und lieferte sich, nur schlecht geschützt, Feuergefechte mit ihnen.

Eine der Frauen, die ältere von beiden, hieß Jewgenija Konstantinowna. Sie war nicht eben hübsch, aber ihr Gesicht zeigte ihre Geburt von Stand derart deutlich, dass kein Kopftuch sie in eine Fabrikarbeiterin verwandeln konnte. Ihrer Aussprache nach stammte sie nicht aus Moskau, sondern sie war wohl Petersburgerin, die offensichtlich auch Fremdsprachen beherrschte. Die zweite hingegen sah aus wie ein junges Bauernmädchen, stämmig, lebhaft, und sie strahlte eine würdevolle Gesetztheit aus, wie sie den Frauen aus Rjasan eigen war. Dies war Natascha. Ihr gegenüber waren alle ganz besonders aufmerksam und teilnahmsvoll, vielleicht, weil sie die jüngste von allen war, vielleicht aber auch, weil sie von allen am wenigsten von einer Verschwörerin hatte.

»Es ist eigentlich gar nicht notwendig, Natascha, dass Sie dieses Risiko eingehen«, sagte Olen. »Es bringt Ihnen nichts und Sie müssten sich nicht in die Illegalität begeben.«

»Wenn ich in meiner Wohnung bleibe, riskiere ich noch viel mehr. Sie wissen doch, was in meinem Zimmer aufbewahrt wird?«

»Das muss gleich morgen weggeschafft werden. Jemand wird kommen und es abholen.«

Jewgenija Konstantinowna sagte ruhig:

»Ich bringe es morgen woanders hin. Nur wohin? Wir haben keine sicheren Wohnungen mehr, und bei mir geht es nicht.«

»Wir werden schon etwas finden. Ich sage Ihnen dann, wohin. Aber seien Sie vorsichtig, Jewgenija Konstantinowna!«

Sie hob die Augenbrauen: Musste er ihr denn wirklich Ratschläge erteilen?

In den größten Tumulten des Dezember hatte sie, bestens gekleidet in kostbare Pelze, mehrmals »Konfekt« überbracht – hübsche Schachteln gefüllt mit Sprengbomben. Die Rolle der Botin wurde ihre Hauptaufgabe. Einmal begegnete sie vor dem Eingang eines großen Hauses einem jungen Gendarmerieoffizier, der sogleich zur Tür eilte, sie öffnete und der eleganten Dame aufhielt. Er war die Verkörperung soldatischer Liebenswürdigkeit, und sie schenkte ihm dafür ein bezauberndes Lächeln. Auf der Straße folgte er ihr eine Weile bedachtsam und respektvoll. Sie nahm eine Droschke und fuhr mit ihr weiter, wobei sie die Schachtel vorsichtig hielt – um nicht in die Luft zu fliegen, wenn das Pferd strauchelte oder die Räder über der Fahrspur im Schnee ins Holpern gerieten. Als der Kutscher die Sadowaja überquert hatte, unweit des Roten Tores, schossen Soldaten in die Luft – einfach so, für alle Fälle. Das Pferd riss an den Zügeln, der Kutscher zog ihm vor Schreck noch einen mit der Peitsche über, und die Droschke flog rumpelnd über die in jenen Tagen nur schlecht geräumte Straße. Die Dame wurde zurückgeworfen, ihre Hände aber hielten die Schachtel im Gleichgewicht auf der Kniedecke der Droschke, und die Finger ließen die festgezurrte Schnur nicht los. Als sie sich ein Stück entfernt hatten, drehte sich der Kutscher zu ihr um und sagte:

»Junge Frau, da hab ich mich aber gehörig erschrocken! Da wird hier in unserem Mütterchen Moskau doch wirklich geschossen.«

Sie fragte gleichmütig:

»Aber warum wird denn geschossen?«

»Wer weiß das schon? Die Obrigkeit wird es schon wissen. Die Leute aber sagen: Revulution!«

»Und was ist das: Revulution?«

»Die gnädigen Herren begehren auf. Und sagen, die Arbeiter wären unzufrieden. Aber das ist nicht unsere Sache, wir sind nur Fuhrleute.«

Nachdem sie die Schachtel an den Bestimmungsort gebracht hatte, war sie nach Hause zurückgekehrt, wo ihr Onkel, ein General, sie aufs Schlimmste dafür schalt, dass sie in diesen unruhigen Zeiten durch Moskau spazierte.

»Du könntest auch versehentlich erschossen werden!«

»Aber Onkel, ich bin doch vorsichtig. Aber warum sind Sie denn zu Hause? Müssen Sie nicht die Aufrührer zur Räson bringen?«

»Der Herrgott war mir gnädig! Es ist mir nicht beschieden, auf meine alten Tage noch gegen das Volk kämpfen zu müssen. Wir sind glücklicherweise davon befreit. Für diesen Zweck gibt es die Semjonow-Garde.«

»Aber haben Sie denn gar kein Verständnis für die Aufrührer?«

Ihr, die erst jüngst das Institut für Höhere Töchter abgeschlossen hatte, sah der Onkel jegliches unvernünftige Wort nach. Und deshalb streichelte er ihr nur die Wange:

»Ich diene dem Zaren, meine Liebe! Ich hoffe, dass auch du kein Verständnis für sie hast.«

Und er lachte gutherzig.

Olen sagte:

»Natascha, wir müssen Ihre Wohnung als Treffpunkt erst einmal beibehalten. Aber bewahren Sie absolut nichts zu Hause auf, keinerlei Dokumente oder Zettel mit Adressen, und laden Sie niemanden zu sich ein. Seien Sie so vorsichtig wie irgend möglich! Und ihr anderen müsst eine Zeit lang aus Moskau verschwinden. Wenn es irgendetwas gibt, übermittelt es über Natascha.«

»Und du, Aljoscha?«

»Ich bleibe.«

»Sie werden dich kriegen, seit den Vorfällen in Presnja bist du ihnen bekannt.«

»Ob sie mich kriegen oder nicht, ich kann im Moment nirgendwohin, darüber brauchen wir gar nicht zu reden. Aber lebend bekommen sie mich nicht.«

Der Lehrer bemerkte:

»In drei Minuten beginnt das neue Jahr. Lasst uns erst einmal mit Wein anstoßen und dann alles besprechen.«

Sie schenkten Wein in dicke Gläser, und als sie anstießen und auf das neue Jahr tranken, waren mit einem Mal die Verschwörer und gejagten Revolutionäre verschwunden, und sie waren nur noch junge Menschen, glücklich, dass sie noch in Freiheit und in ihrem Kreise zwei reizende junge Frauen waren, frostig und ein wenig spröde die eine, die andere noch ganz unbedarfter Neuling in Sachen Revolution, ein Mädchen noch, schlicht und mit klarem Blick.

»Natascha, können Sie singen?«

»Ein paar Lieder, wie sie die Bauern bei uns in Fjodorowka singen. Wollen Sie hören?«

»Ja, singen Sie, Natascha.«

Sie stand auf, stemmte die Arme in die Seite und trommelte mit ihren Absätzen auf den Boden.

Alle sagen über mich
Ich sei wie ein verwöhntes Kind.
Aber wie soll ich das sein,
Papa ist doch so streng mit mir.

»Nein, es will mir nichts Lustiges gelingen. Lasst uns alle zusammen singen, ich stimme etwas an.«

Sie sangen zuerst Stenka Rasin und dann noch ein anderes Lied, aber es wurde kein schöner Chorgesang. Nur Petrus hob mit seinem schönen Tenor den Klang, aber Natascha war die einzige Frauenstimme.

»Singen Sie nicht mit, Jewgenija Konstantinowna?«

»Ich kenne keine russischen Lieder, sondern nur Romanzen, und auch da nur französische.«

Der Lehrer blickte erstaunt. Er kannte Jewgenija Konstantinowna als Mitglied der Sozialrevolutionären Partei und hatte von ihrer ungewöhnlichen Selbstkontrolle und Disziplin gehört – so kannten sie alle. Er wusste auch, dass die Partei von ihr über die Stimmung in den Kreisen der Militärs Kenntnis erhielt und über die Truppenstärke der Moskauer Garnison, die in den Tagen der Revolution klein und nicht verteidigungsbereit war, weshalb auch das Semjonow-Leibgarderegiment nach Moskau verlegt worden war. Aber ebenso wenig wie andere wusste er über ihr Leben, nicht einmal ihren wirklichen Familiennamen kannte er. Nur Olen kannte sie näher.

Um drei Uhr morgens erhob sie sich vom Tisch.

»Also ich gehe nun.«

»Aber wohin? So spät ist das unmöglich, Sie werden nicht in die Stadt kommen.«

Sie lachte:

»Ich schaffe das schon. Und ich habe nicht einmal große Angst. Ich habe nämlich etwas, das mich verteidigt!«

Sie zog aus ihrer unauffälligen Handtasche einen Revolver, einen kleinen »Velo-dog« hervor, dessen Griff mit Perlmutt besetzt war.

Der Lehrer beharrte:

»Bleiben Sie lieber alle, bis es hell wird. Und dann gehen Sie auseinander. Jetzt ist es zu gefährlich.«

Olen traf die Entscheidung. Die anderen waren daran gewöhnt, sich ihm zu fügen:

»Wir brechen alle auf. Bis zur Stadt gehen wir gemeinsam, dann jeder allein. Es ist Neujahr, eine wundervolle Nacht, es schneit – lasst uns ein bisschen spazieren gehen.«

Die Männer trugen Stiefel, die Frauen hohe Überschuhe. Die fröhliche Gruppe marschierte los, bis zum Dorfrand begleitet vom Lehrer.

Natascha zupfte Olen am Ärmel.

»Lassen Sie uns ein wenig langsamer gehen.«

»Ich bin ganz Ohr, Natascha, was gibt es?«

»Genosse Olen, ich möchte Ihnen sagen, dass ich beschlossen habe, nicht nach Hause zu meinem Vater nach Rjasan zurückzukehren. Er möchte, dass ich komme, aber ich werde nicht fahren. Und wenn Sie mich nehmen, trete ich in die Kampforganisation ein.«

»Das ist viel zu früh für Sie, Natascha! Und außerdem – töten und getötet werden ist nicht eben leicht.«

»Töten – ja, aber getötet werden ist leicht. Also, ich habe es Ihnen gesagt. Lassen Sie uns zu den anderen aufschließen.«

Er hielt sie noch zurück:

»Wie alt sind Sie, Natascha?«

»Ich? Zwanzig, bald einundzwanzig. Soll das heißen, dass die Alten die Revolution machen? Sie sind doch auch noch jung und Petrus auch, die meisten. Ich habe alles gesagt. Wenn Sie mich brauchen, erinnern Sie sich daran.«

Jungvermählt

Vor der Eingangstür erinnerte er sie noch einmal mit gesenkter Stimme:

»Vergessen Sie nicht, Natascha, dass Sie Vera heißen, und duzen Sie mich. Und ich bin natürlich Anatoli.«

»Ja, ja.«

»Dann gehen wir jetzt also hinauf. Die Wohnung ist im ersten Stock? Erinnerst du dich?«

»Erster Stock rechts.«

Das Dienstmädchen öffnete:

»Bitte, treten Sie ein. Ich habe alles so vorbereitet wie von Ihnen gewünscht.«

Sie gingen in den Salon, der überladen und geschmacklos möbliert war. Der hohe Spiegel zeigte hochgewachsene Figuren: eine Frau, dunkelblond, mit hübschem Gesicht, Spitzentuch über der Schulter und modischem Hut, und ihr Mann, jung, breitschultrig, blond, kernig, in frischgeschneidertem Anzug.

»Sie heißen Mascha?«

»Ja, gnädige Frau.«

»Sind Sie schon lange in Diensten, Mascha?«

»Seit drei Jahren. Wenn meine Herrschaft auf Reisen ist, bleibe ich stets hier in der Wohnung.«

»Wir ziehen heute Abend ein, Mascha. Essen werden wir heute im Restaurant, ab morgen dann zu Hause.«

»Sehr wohl.«

Sie besichtigten das Speisezimmer, das ordentlich aufgeräumt war. Das gute Geschirr war auf dem Buffet aufgestellt. Dann warfen sie einen Blick ins Schlafzimmer mit Ehebett, einer hohen Kommode mit geschwungenen Seiten und einem riesigen Spiegelschrank. Auch hier zeigte der Spiegel die Gesichter: das sehr ernste und geschäftig wirkende des Mannes und das leicht beschämte der Frau.

»Gut, Mascha, vielen Dank. Das ein oder andere muss noch eingekauft werden, aber darum kümmern wir uns später.«

In Grunde genommen musste aber nichts mehr eingekauft werden, sondern viele überflüssige Dinge hätten entfernt werden können: Bänkchen, Puffs, Väschen und geschmacklose Bilder.

»Soll ich Ihnen das Bett machen, gnädige Frau? Ich habe noch kein Laken aufgezogen.«

Sie hätte sagen sollen: »Mein Mann schläft gern auf dem Diwan«, aber das Mädchen blickte sie derart neugierig und aufmerksam an, dass Natascha es nicht wagte.

»Ja, natürlich, machen Sie alles bis zum Abend fertig.«

Auf dem Schreibtisch im Kabinett stand eine wuchtige und

überflüssige Schreibgarnitur: ein großes Tintenfass und eine Sandstreubüchse, ein Papiermesser, ein Glas für die Federn, ein schwerer Löscher, ein Aschenbecher – alles aus grauem Stein mit klotziger Bronze. Eine Stiftablage in Form einer geneigten Leier und ein allzu sehr nach Handelskontor aussehender Briefständer. Eine niedrige Etagere für Bücher, auf der das Telefonbuch und »Das ganze Petersburg« lagen.

»Erinnere mich daran, Anatoli, Tinte zu kaufen! Und Papier und Briefkuverts.«

Olen blickte Natascha voller Hochachtung an: »Was ist sie doch tüchtig, wie gut sie das macht! Wie gut das doch klingt aus ihrem Mund: ›Erinnere mich daran, Anatoli …‹«

Er setzte sich für einen Augenblick in den weichen Sessel, schlug sich mit den Händen auf die Oberschenkel und wusste nicht, was er sagen sollte.

»Meinst du, du kannst hier gut arbeiten?«

»Das geht schon. Gehen wir?«

»Ja, lass uns gehen. Also, Mascha, auf Wiedersehen, bis heute Abend. Wir werden so gegen acht Uhr wieder hier sein.«

»Sehr wohl, gnädige Frau.«

Sie verließen das Haus. Bis zur Straßenecke schwiegen sie, dann sagte er:

»Es ist wirklich kurios. Aber etwas sehr überladen. Kommen Sie zurecht, Natascha?«

»Ja, das geht schon. Ich darf nur nicht vergessen, Tee, Zucker und Gebäck zu kaufen. Was brauchen wir noch? Warenje? Mögen Sie Warenje?«

»Sicher, ja. Und Tinte.«

»Ja, und Tinte. Sollen wir gemeinsam einkaufen? Wenn Sie möchten, gleich jetzt?«

»Warum nicht? Aber lassen Sie uns ganz zum Du übergehen. Wir müssen uns daran gewöhnen. Sie sind Vera und ich Anatoli. Meine Schuhe drücken etwas. Und warum trage ich eigentlich einen Mantel? Auch ohne den ist es schon warm genug. Es ist wirklich erstaunlich, wie Sie das meistern, wissen Sie das?«

»Was weiß ich? Dass wir Zucker brauchen?«

»Ja, und überhaupt: Sie sind eine richtige gnädige Frau.«

»Nein, ich verstehe es überhaupt nicht zu wirtschaften. Ich weiß nicht einmal, wie ich bei Mascha das Essen in Auftrag gebe. Zu Hause musste ich das nie tun. Obwohl, wissen Sie, ich kann einen Baiserkuchen backen. Nun ja, irgendwie werde ich das alles hinbekommen.«

Um acht Uhr abends trafen sie mit großen, neuen und allzu leichten Koffern ein. Einer der Koffer war etwas schwerer, denn er enthielt Bücher. Er hatte nicht gewusst, was er kaufen sollte, und deshalb eine Ausgabe der Gesammelten Werke von Dostojewski, einige Sammelbände der Verlagsgenossenschaft »Wissen« sowie, auf Nataschas Bitte, ein Kochbuch erstanden. Im anderen Koffer war ihre Kleidung, ebenfalls neu – drei Kleider, etwas Leibwäsche ohne Initialen, eine Schachtel mit Briefpapier, Toilettenartikel – viel unnützes Zeug, das sie zuvor nie besessen hatte, aber jetzt unabdingbar war, um als richtige Dame zu wirken: ein Schächtelchen mit Duftseife, edles Eau de Cologne, Puder, Parfum. Pantoffeln mit roten Pompons. Ein leichter Morgenrock. Zwei Hutschachteln mit neuen Hüten – ein hübscher und ein geschmackloser. Für ihn hatten sie einen Panamahut gekauft, einige Krawatten und auch Pantoffeln. Und, am allerkomischsten, einen Morgenrock mit Troddeln. Sich selbst in einem Morgenrock vorzustellen fiel Olen schwer.

»Wie viel Geld wir doch ausgegeben haben!«

»Das war notwendig, Vera.«

»Ich weiß, aber es ist schade drum.«

Kleidungsstücke, Leibwäsche, Krawatten, Schuhe – alles ganz neu, eben erst gekauft. Nichts Zufälliges und oft Benutztes, das einen jeden begleitet, das man liebgewonnen und an das man sich gewöhnt hat. Alles ungetragen, ungemütlich und unnütz.

Als er nach den Koffern greifen wollte, um sie aus der Droschke zu heben, die sie gebracht hatte, hielt Natascha ihn zurück:

»Warte. Wir schicken Mascha nach den Sachen, der Hauswart wird ihr helfen.« – Sie wusste es besser, und er hörte auf sie. Der Hauswart bekam ein gutes Trinkgeld und war fortan der Ansicht, dass die Herrschaften durchaus interessant seien.

Ihren Passeports entnahm er, dass sie dem Kaufmannsstand angehörten und aus Tambow stammten und Eheleute mit dem Familiennamen Schljapkin seien.

Sie tranken Tee mit Warenje und sprachen nur wenig, sobald Mascha ins Zimmer kam. Olen fühlte sich weniger als Herr denn als Gast des Hauses. Nach zehn Uhr ging Mascha zu Bett, nachdem sie für den nächsten Tag zwar nicht ganz eindeutige, aber doch einigermaßen vernünftige Weisungen erhalten hatte. Offensichtlich pflegten die Herrschaften einfach zu speisen – Suppe, Kalbfleisch, Kompott. Für die kleinen Mahlzeiten hatten sie Kochwurst und Sardinen einzukaufen aufgetragen und Vorräte an Butter, Nudeln, Essig, Kartoffeln – nichts Besonderes. Mascha erinnerte daran, dass auch Salz, Pfeffer, Senf und Wurzelgemüse benötigt würde, und die gnädige Frau hatte darauf »Aber natürlich!« geantwortet und ihr Geld für die Einkäufe ausgehändigt. Weder Wodka noch Wein. Der Herr pflegte also nicht zu trinken, und sie erwarteten keine Gäste. Vielleicht kauften sie das ja auch später selbst ein.

Als sie alleine waren, schien das Gespräch noch schwerer. Aber so vieles musste doch noch entschieden werden.

Sie waren Vera und Anatolij Schljapkin, ein junges Ehepaar, ihrem Passeport zufolge schon im zweiten Jahr verheiratet.

»Es scheint alles so weit in Ordnung?«

»Sie sind großartig, Natascha. Eine Hausfrau, wie sie im Buche steht!«

»Aber nicht ›Natascha‹ und auch nicht ›Sie‹.«

»Ja, richtig. Vera, du bist wirklich wunderbar.«

»Nein, ganz und gar nicht. Ich bin immer noch nicht ganz in meine Rolle geschlüpft und habe zum Beispiel ganz vergessen, dass es für die Suppe Wurzelgemüse braucht.«

»Wie, Wurzelgemüse?«

»Nun, Möhren und Sellerie. Der Haushalt ist doch wirklich belanglos, obwohl ich nicht vermag, auf großem Fuß zu leben. In Rjasan schwelgen wir durchaus nicht im Luxus.«

»Das alles braucht es aber, besonders vor dem Mädchen. Sie haben Kalb bestellt, aber Pute, Fisch oder Haselhuhn oder was weiß ich wäre wohl besser gewesen.«

»Ach was. Ich habe Mascha gesagt, dass wir gerne einfach speisen und an den Freitagen stets den Fastentag beachten.«

»So? Richtig gemacht! Das ist gut so. Das ist geradezu großartig!«

»Aber wie geht es jetzt weiter?«

»Wie soll es schon weitergehen? Wir gehen zu Bett, und der Morgen ist stets weiser als der Abend.«

»Sehen Sie …, siehst du, Anatolij, aber wie sollen wir denn zu Bett gehen?«

»Ja, wie?«

»Wir werden wohl im Schlafzimmer schlafen müssen?«

»Natürlich. Ach, jetzt …«

»Mir ist nicht ganz wohl, mich vor Ihnen auszukleiden.«

»Das ist doch Unsinn, lächerlich. Stehen Sie doch über solchen Dingen, Natascha!«

»Unsinn oder nicht, es ist mir nicht wohl. Wir müssen uns etwas ausdenken. Sie können wohl nicht im Arbeitszimmer schlafen?«

»Mir ist das ganz gleich. Aber es wird vermutlich etwas seltsam auf das Mädchen wirken. Außerdem ist dort kein Bett gemacht.«

Sie dachten nach, und ihrer beider Gedanken waren die gleichen. Sie mussten ihre Rollen ganz spielen – aber was hieße das? Natürlich nur zum Schein!

»Hören Sie, Natascha …«

»Nicht Natascha, sondern Vera, wir müssen uns daran gewöhnen.«

»Ja, natürlich, Vera. Also, geh du zu Bett. Mach alles ganz wie immer. Und ich kann im Arbeitszimmer schlafen, ich brauche mich noch nicht einmal auszuziehen. Das macht mir überhaupt nichts aus, ich bin das gewöhnt.«

»Aber das geht doch nicht immer! Und außerdem steht das Mädchen, Mascha, sehr früh auf. Sie muss ja in den Zimmern Ordnung machen. Und es kann auch sein, dass sie in der Nacht aufwacht und kommt.«

»Das ist wohl wahr.«

Sie unterhielten sich leise, fast flüsternd, und saßen ganz

nah beieinander. Als sie sah, wie ratlos er war, musste Natascha plötzlich lachen.

»Haben wir denn nicht langsam genug über solche Kleinigkeiten gesprochen? Da haben wir ja wirklich etwas gefunden, das uns das Leben schwer macht!«

»Für mich ist es das nicht, aber ich denke ja an dich …«

»Wir machen es so: Ich lege mich ins Bett. Was sein muss, muss sein. Und Sie kommen dann später, machen das Licht aus und legen sich wie auch immer hin. Wenn uns nicht wohl dabei ist, brauchen wir uns ja nicht ganz auszukleiden. Und morgen früh werde ich das Bett zerwühlen, damit es aussieht, als ob wir richtig darin geschlafen hätten.«

»Ja, das klingt gut.«

»Das wäre dann also alles, und darüber mussten wir uns so lange den Kopf zerbrechen.«

Ein weiteres Mal zeigte der Schlafzimmerspiegel ihr Abbild. Sie war zwanzig Jahre alt, und seit ihrer Kindheit liebte sie frisch gemolkene Milch. Sie war nicht schön, aber eine ansehnliche junge Frau voller Lebenskraft.

Sie setzte sich auf den Bettrand, streifte die Schuhe von den Füßen und schlüpfte in die neuen Pantoffeln. Dann dachte sie kurz nach und legte Kleid und Strümpfe ab. Die Bettdecke hatte Mascha zurückgeschlagen und das Nachthemd aufs Bett gelegt. Natascha zog es an und ihr fiel ein, dass sie auch Bettjäckchen gekauft hatte, die sie zuvor nie getragen hatte. In dem Jäckchen war ihr warm, und damit noch unter die Bettdecke. Aber was sollte sie tun? Dann kämmte sie ihr schönes Haar und nahm es zu zwei Zöpfen zusammen. Nun war sie hübsch anzusehen und anziehend – das alles war doch so dumm und absolut nicht notwendig. Sie legte sich ins Bett und strich über die leichte Decke, damit diese nicht allzu eng am Körper anlag. Später, des Nachts, könnte sie sie ein wenig zurücklegen und sie am Morgen, wenn es hell wurde, wieder ganz hinaufziehen. Wie dumm das alles doch war!

Der Tag war anstrengend und Natascha müde. Der Lichtschalter war auf ihrer Seite, sie löschte das Licht jedoch nicht. Das konnte er tun, sobald er kam. Sie rief:

»Du kannst kommen, Anatoli!«

Er trat ein, blond und peinlich berührt. Natascha dachte: »So kommt wohl auch der Bräutigam in der Hochzeitsnacht ins Zimmer, aber nein, das ist bestimmt ganz anders.«

Olen warf einen flüchtigen Blick auf sie und lächelte sanft: »So ist es gut. Sie können das Licht löschen, ich lege mich so hin, wie ich bin.«

Sie löschte das Licht. Hörte, wie er die Schuhe und sein Jackett auszog. Dann legte er sich auf die Decke.

»Ach, ich habe ja ganz vergessen, die Tür abzuschließen.«

Leise auftretend ging er zur Tür, drehte den Schlüssel im Schloss um, kam wieder zurück und ließ sich schwerfällig in das ausladende, weiche Doppelbett nieder.

Sie wollte ihm sagen, dass es doch Pantoffeln für ihn gab und dass er sich auskleiden und den Morgenrock anlegen könne, denn das sei ja etwas bequemer, doch sie schwieg.

Heute würde das schon irgendwie gehen, und für die Zukunft würde ihnen schon etwas anderes einfallen.

Etwa eine Minute lagen sie schweigend da. Dann fragte er:

»Sind Sie sehr müde, Natascha?«

»Nein.«

»Dann lassen Sie uns noch ein bisschen reden. Sie, meine Liebe, sollten etwas ungezwungener sein und sich wegen Kleinigkeiten nicht beunruhigen. Wir haben sehr viel Ernsthafteres zu tun. Ich erzähle Ihnen, worüber ich mit Petrus gesprochen habe. Wissen Sie, dass er bereits eine Stelle bei einer Zeitung gefunden hat?«

»Eine gute?«

»Ich meine, ja. Er ist ein gewandter Bursche, ein wahrer Künstler. Und wissen Sie …«

»Nicht so laut. Wer weiß schon, was diese Mascha für eine ist.«

»Ja, da haben Sie recht.«

Sie drehten sich zueinander um und flüsterten lange.

Der Schlaf schlich sich unbemerkt an, und die schweigsame, unschuldige Nacht senkte sich über sie.

Allein

Natascha war allein zu Hause. Aber sie war jetzt nicht mehr Natascha, sondern die junge Kaufmannsgattin Vera Schljapkina, die mit ihrem Ehemann nach Petersburg gezogen war.

Es war ein regnerischer Petersburger Abend. Der Herbst war noch nicht angebrochen, aber das Ende des Sommers bereits spürbar. Natascha saß im Salon ihrer ungemütlich möblierten neuen Wohnung und las *Finsternis* von Leonid Andrejew.

In dieser seltsamen Erzählung gerät ein Revolutionär, der nicht weiß, wo er übernachten soll, in ein Bordell. Er, ein Diener und Gläubiger hoher Ideale, will nicht »sündigen«. Seine Züchtigkeit und sein Widerwille beleidigen und demütigen die junge Frau, eine jener Unglücklichen, für die sich die Revolutionäre, ebenso wie für alle anderen Unglücklichen und Entrechteten, opfern.

Mit anderen Worten: »Man kann nicht gut sein«, es ist schändlich, sich über jene Masse der Zwielichtigen, Sündigen, Armseligen zu stellen! Es ist niederträchtig, in ihrer Mitte ein Engel im hellen Priestergewand bleiben zu wollen!

Was aber soll das bedeuten? Heißt das, dass man selbst ganz herunterkommen muss, um dann als Ebenbürtiger das Leben zu verändern und das menschliche Elend auszulöschen suchen darf? Und dass andernfalls das geschieht, was dem Helden aus Andrejews Erzählung geschah? Die Gosse, beleidigt vom Hochmut des Retters, lieferte ihn an die Feinde aus, wies die Hand im weißen Handschuh, die sich ihr entgegenstreckte, zurück.

Dass hierin eine gewisse Wahrheit lag, begriff Natascha intuitiv. In weißen Handschuhen macht man keine Revolution. Das vergangene Jahr hatte dies zur Genüge klargemacht. Aber es gab ja auch eine andere Wahrheit, der bereits viele ihr Leben gegeben haben: die Wahrheit der reinen, erhabenen Idealisten, die sich um des allgemeinen Wohles willen von der Behaglichkeit des eigenen Lebens losgesagt und damit der Idee von der Revolution den Glorienschein von Heiligkeit und Schönheit verliehen haben.

Sich darin zurechtzufinden war schwierig, aber es war unabdingbar. Während die einen die Antwort auf diese Frage zu finden suchen, handeln andere. Wie Olen. Er verschwendet keine Zeit – Stunden und Tage – mit theoretischen Diskussionen und Betrachtungen, sondern bereitet einen verheerenden Schlag gegen die Staatsgewalt vor, obwohl er in jeder Minute sein Leben riskiert und sich dessen bewusst ist, dass dabei auch Menschen zu Tode kommen können, die sich in nichts schuldig gemacht haben. Er tut, was sein Gewissen ihm gebietet, und erlaubt sich keine müßigen Erwägungen. Und er hat das Recht hierzu, denn er ist bereit, jederzeit das erste Opfer zu sein und für alles die Verantwortung zu übernehmen.

Heute trifft Olen sich mit den Mitgliedern seiner Kampfgruppe, und es wäre unvorsichtig gewesen, wenn sie in diese Wohnung gekommen wären. Es ist durchaus möglich, dass Olen nicht zurückkehrt, dass irgendeine Fahrlässigkeit, ja auch Verrat ihn und die gesamte Sache vernichten wird. Und sogleich wird auch dieses auf Zeit eingerichtete Leben hier zunichtegemacht und anstelle des weichen Sessels wird die Gefängnispritsche stehen, dann Katorga oder Todesstrafe.

Den zweiten Monat lebte Natascha nun schon zusammen mit Olen – aber kannte sie ihn? Sie meinte, ihn doch ein wenig zu kennen. Wer war er für sie? Kampfgefährte? Gatte? Seit sie ganz in ihre Rollen geschlüpft waren, und dies hatte sich wie von selbst, ohne viele Überlegungen oder Erklärungen ergeben, als sei es so einfacher und bequemer, hatte sich der Ablauf ihrer Tage nicht verändert. Es war einfacher dem Mädchen Mascha gegenüber geworden, aber das war auch alles. Es blieb ihnen gar keine Zeit, ihre Gefühle zu leben – ihr merkwürdiger Alltag war mit anderen Dingen ausgefüllt. Olen trug die gesamte Last der revolutionären Tätigkeit auf seinen Schultern, die technischen Fragen, das Risiko, und sie unterstützte ihn. Er war ein wahrhafter Anführer. Einen zweiten wie ihn gab es nicht, so entschlossen, stark, ohne Zweifel, jemand, der es vermochte, andere zu beflügeln und für sie zu denken. Wenn er zugrunde ginge, wäre auch ihr Kampf am Ende, und Natascha und alle anderen wussten dies.

Der politische Anführer und zuverlässige Kampfgenosse

war es auch, den sie liebte, obgleich er auch sanft und zärtlich sein konnte. Sie war ihm damals in Moskau, während der Tage des Aufstands begegnet. Am Neujahrsabend damals auf dem Land hatte sie ihm gesagt, dass sie bereit sei, gemeinsam mit ihm in den terroristischen Kampf zu ziehen. Bis zum Frühling hatten sie sich danach kaum gesehen, da Olen sich versteckt hielt und einen neuen Angriff vorbereitete. Dann kam es zu dieser weithin bekannten »Expropriation«, dem bewaffneten Überfall auf eine Moskauer Bank. Einzig Olen hatte diesen Schritt wagen können, der die Verurteilung durch die Moralisten der Partei nach sich zog, die es gleichwohl nicht verschmäht hatten, einen Teil des erbeuteten Geldes anzunehmen. Das Geld wandte man für die Gefangenenunterstützung auf, für die Organisation zur Flucht aus der Verbannung und für vorbereitende Maßnahmen für den weiteren Kampf. Als Olen im Frühjahr nach dem Überfall intensiv von der Polizei gesucht wurde, war er einmal bei Natascha aufgetaucht, fast gänzlich ohne Tarnung, lediglich seine Haare waren dunkler gefärbt und er trug einen Pincenez. Sie hatte für ihn eine Übernachtungsmöglichkeit im Sommerhaus von zwei Bekannten in der Nähe Moskaus organisiert. Ein letztes Mal waren sie sich am 1. Mai in einem Wald begegnet – es war ein Frühlingstag, der ihr in furchtbarer Erinnerung war.

Damals war eine Versammlung der Reste ihrer Kampfgruppen geplant, die verbliebenen Kämpfer sollten gezählt und zugleich der Maifeiertag der Arbeiter begangen werden. Sie versammelten sich in einem Wald. Der genaue Ort war unbekannt, aber man hatte eine Parole ausgegeben, auf die ein Mann mit einem Strauß Schneeglöckchen, der auf einer Wiese am Waldrand saß, den Weg zu einer entlegenen Lichtung wies. Etwa dreißig Personen kamen zusammen, unter ihnen auch Olen. Als die Reden begannen, fiel jemandem auf, dass unter den Arbeitern zwei waren, die niemand kannte. Sie wurden befragt, und sie gaben an, ganz zufällig in diese Versammlung geraten zu sein, als sie im Wald spazieren gingen. »Wir haben gesehen, dass da eine Versammlung stattfindet, und dann sind wir eben dahin gegangen, um uns anzuhören, was die Redner so sagen.« Sie wurden durchsucht, und dann war sicher, dass sie Agenten der Moskauer Ochranka waren. Was sollte man mit ihnen machen? Sie hatten schon zu viel gehört und alle gesehen. Hätte man sie laufen lassen, bedeutete das das Ende aller, die anwesend waren. Revolutionäre verfügen nicht über Gefängnisse.

Und nun begann das, was Olen Schwäche der Bildungsbürger nannte. Revolutionäre werfen Bomben und sterben auf den Barrikaden, aber Gefangene erschießen ist ihnen unmöglich. Der Angriff ist das eine, Bestrafung etwas anderes. Scharfrichter zu sein und einen Gefesselten zu töten – dafür reicht es nicht.

Olen sagte:

»Genossen, über solche Fragen sollte man nicht streiten. Ich bitte Euch alle, so schnell wie möglich auseinanderzugehen, aber nicht alle zusammen, sondern besser allein. Ich bleibe hier. Vielleicht finden sich aber auch zwei, die bei mir bleiben, damit wir die Frage gemeinsam entscheiden ...«

Natascha bemerkte eine allgemeine Ratlosigkeit. Niemand meldete sich, alle beeilten sich, schweigend zu verschwinden, manche über den kleinen Weg, andere gingen in den Wald. Dann trat sie zu Olen:

»Ich kann bleiben.«

Er blickte sie an und sagte schroff:

»Gehen Sie! Gehen Sie fort von hier!«

Natascha sah, dass seine Wange zuckte, und spürte die Verachtung in seinem Blick. Sollte denn wirklich keiner mit ihm zurückbleiben? Und noch einmal schrie er sie an:

»Hören Sie? Sie sollen gehen. Sie haben hier nichts mehr verloren!«

Sie wagte nicht, sich dem zu widersetzen, und ging den anderen hinterher. Nachdem sie wohl hundert Schritte in den Wald gegangen war, blickte sie sich um. Durch die Baumstämme hindurch konnte sie sehen, dass Olen unbewegt dastand und neben ihm die beiden Gefesselten lagen. Es war, als hätte Olen darauf gewartet, dass sie sich umdrehte. Ungehalten machte er ihr mit der Hand Zeichen und bedeutete ihr, sie möge weitergehen.

Niemand war mehr zu sehen, alle waren verschwunden.

Sie ging ihres Weges, verlangsamte aber immer wieder ihren Schritt und horchte. Nach etwa zehn Minuten hörte sie zwei Revolverschüsse. Da hielt sie es nicht mehr aus und begann zu rennen.

Am nächsten Tag las sie in der Zeitung, dass in einem Wald unweit von Moskau zwei Gefesselte aufgefunden worden seien. Einer der beiden sei tot, der andere schwer verletzt, es bestünde aber Hoffnung, dass er überlebe.

Wie die meisten derer, die am 1. Mai an der Versammlung teilgenommen hatten, gab sie ihre Unterkunft auf und verschwand von der Bildfläche. Unter großen Schwierigkeiten gelang es ihr, Kontakt zu Olen aufzunehmen. Sie ließ ihm eine kurze Nachricht zukommen: »Ich bin bereit mich einzufinden, wo immer Sie es sagen. Natascha.«

Über ein Mitglied der Gruppe erhielt sie seine mündliche Antwort. Olen bat sie, nach Petersburg zu kommen und sich dort an einer von ihm angegebenen Adresse einzufinden. Man händigte ihr eine große Summe des Geldes aus, das bei dem Überfall auf die Moskauer Bank erbeutet worden war, das sie nach Petersburg bringen sollte. Natascha machte sich unverzüglich auf den Weg.

Seit jenem Tag, dem furchtbaren 1. Mai, war das Leben unwirklich geworden. Die Tage gingen dahin, auf die schwarzen Nächte in Moskau folgten die weißen Nächte in Petersburg, aber alles kam lediglich undeutlich in ihr Bewusstsein.

In Petersburg traf sie Olen in niedergedrückter Stimmung an. Er konnte sich seinen Fehler nicht vergeben – »der andere schwer verletzt«. Er hatte die gesamte Verantwortung und Bürde dieser schrecklichen Sache auf sich genommen, und schließlich hatte sich herausgestellt, dass seine Hand nicht hart genug gewesen war. Mittlerweile war dieser zweite so weit genesen, dass er bereits befragt werden konnte. Wozu musste dann einer getötet und ein anderer versehrt werden? Aber über all dies sprach Olen nicht mit Natascha. Er brachte das Gespräch überhaupt nicht auf die Ereignisse in Moskau. Lediglich das Zucken auf seinen Wangenknochen war etwas heftiger geworden und er vermochte es kaum mehr zu beherrschen.

Nach und nach zogen alle Mitglieder der von Olen geführten Moskauer Kampfgruppe nach Petersburg. Auch Petersburger Kämpfer stießen dazu. Noch wurde dort nicht nach ihnen gefahndet und sie hatten sich bisher keine Fehler erlaubt, deshalb mussten sie nun schnell handeln. Ihr wichtigstes Ziel war es, das ganze Land mit Terror zu überziehen. Sollte dies nicht möglich sein, so wollten sie zumindest einen aufsehenerregenden Anschlag durchführen, der die Reihen der Regierung erschüttern und ganz Russland in Aufruhr versetzen sollte. Und dieser sollte schnellstmöglich geschehen, solange sie genügend Kämpfer hatten und über ausreichend Geld verfügten.

Die Verfahren der Konspiration, die zuvor einfältig und naiv gewesen waren, wurden von Grund auf geändert. Nunmehr trafen sich die Verschwörer in Separees eleganter Restaurants, kleideten sich bei erstklassigen Schneidern ein und geizten nicht bei den Ausgaben für falsche Papiere. In Finnland wurde eine Sprengstoffwerkstatt eingerichtet, in Petersburg hatten sie einige große und nobel möblierte Wohnungen angemietet. Eine von diesen Unterkünften bezogen Olen und Natascha, ihren Papieren zufolge ein junges Ehepaar.

Das Leben war nun eine nicht enden wollende spektakuläre Darbietung, in der die Akrobaten in jeder Minute in der mathematischen Berechnung ihres Fluges fehlen und zu Tode kommen konnten. Es gab kein Netz, das ihren Fall aufhielte, und wenn sie auch nur um einen Zoll danebengriffen, bedeutete dies das Ende.

In diesem leidenschaftlichen Kampf wurde Moskau vergessen und die gesamte Vergangenheit verschwand. Sie lebten von Tag zu Tag. Eine freie Minute war wie ein großer Gewinn. Liebe ereignete sich in einem Dämmerzustand – so es denn Liebe war. Es war schon seltsam, jeden Tag Suppe, Fisch, Salat und Obst zu essen – vielleicht eine Stunde nur vor dem Tod –, aber ihre gesunden Körper brauchten Kraft. Und sie brauchten Liebe, so dies denn Liebe war.

Natascha dachte:

»Wäre all dies auf dem Land, am Ufer der Oka, in der vom Duft des reifen Roggens gesättigten Luft oder einer warmen Nacht, und all der Regen hier und die Aufregung des Wartens nur ein Traum. Man müsste nur den Kopf schütteln und alles wäre vorbei. Und Olen wäre bei mir, stark und unbesiegbar …«

Dann wäre all dies, vermutlich, wahre Liebe.

»Illusion«

Eine nicht eben hübsche junge Frau mit sommersprossigem Gesicht und langem, ungewaschenem Haar stieg in den Wagen zweiter Klasse. Sie hätte auch dritter Klasse fahren können, wäre sie nicht wie üblich in wichtiger Mission unterwegs gewesen, die sie mit Komfort zu reisen zwang. Ihren kleinen Koffer ließ sie keine Minute aus den Händen, obwohl sich darin nur Seife in einer Blechdose, eine Zahnbürste, ein Handtuch, ein sauberer Spitzenkragen und ein kleines Ohrenkissen mit weißem Bezug befanden sowie eine Schachtel mit Pfefferminzkonfekt und – Tribut an die Weiblichkeit – ein winziger Flakon mit Parfum der Marke »Illusion«.

Kaum hatte sie im Abteil Platz genommen, nahm sie den Flakon aus dem Koffer, zog den Verschluss mit dem Röhrchen aus Glas heraus, träufelte ein wenig Parfum auf ihr Tuch und legte den Flakon in den Koffer zurück. Die ihr gegenübersitzende Dame rümpfte die Nase und wandte sich ungnädig ab. Die Dame dachte: »Wem will sie gefallen? So wie die aussieht!«

Als der Zug sich in Bewegung setzte, waren sie zu dritt im Abteil: Es war noch ein Herr dazugekommen, offensichtlich ein Handelsvertreter. Er zwängte sich auf seinen Platz, dann rümpfte auch er die Nase: Ein strenger, übler Geruch stand in der Luft, der überdeckt wurde von Parfum.

Sie fuhren über Nacht. Die Dame nahm ein leichtes Plaid und ein großes Daunenkissen aus ihrem Koffer und belegte die ganze Bank. Der Herr klappte die obere Liege herunter, kletterte schwerfällig hinauf und zeigte dabei seine Strümpfe aus dickem Zwirn. Er streckte sich bequem aus und hustete dabei. Die junge Frau, die nun die ganze untere Bank für sich hatte, nahm nun auch das kleine Ohrenkissen aus dem Koffer, nachdem sie sich davon überzeugt hatte, dass die Dame ihr den Rücken zuwandte, auch noch einmal den Flakon, und beträufelte den Bezug ihres Kissens. Von neuem erfüllte der unangenehme Geruch des Parfums der Marke »Illusion« das Abteil. Der Herr auf der oberen Liege wälzte sich herum und vergrub seine Nase im Jackett, das er unter den Kopf gelegt hatte. Dann legte sich auch die junge Frau hin, zog die Knie an und bedeckte die Beine mit dem Rock.

Alle drei dösten nur, und alle drei litten unter der drückenden Hitze und dem süßlichen Geruch. In der Nacht rauchte der Herr ein paar Mal, und ihm schien, vom Tabakrauch werde ihm besser. Jedes Mal, wenn ein Zündholz aufflammte, schreckte die junge Frau hoch und schob das kleine Kissen tiefer unter ihren Kopf.

Sie fand von allen am schlechtesten Schlaf: Ihr war schwindelig. Darüber hinaus lag sie unbequem, und ständig zog sie die schlecht sitzende Bluse zurecht, die immer wieder nach oben rutschte und sich ausbeulte. Die junge Frau bekam der Hitze und der unbequemen Kleidung wegen nur schlecht Luft, hustete immer wieder in die Hand, trat einige Male in den Gang hinaus, um etwas Luft zu schnappen, und versuchte danach wieder zu schlafen.

An der finnischen Grenze, in Beloostrow, ging ein Gendarm durch den Wagen und nach ihm kamen einige Beamte in Zivil. Als ihre Schritte sich dem Abteil näherten, schloss die junge Frau die Augen und stellte sich schlafend.

Der Zug kam störungsfrei und pünktlich in Petersburg an. Beim Ausstieg wurde die Dame zur Durchsuchung ihres Gepäcks in ein Dienstzimmer gebeten, der jungen Frau hingegen schenkte niemand Beachtung.

Ein weiteres Mal also hatte sie ihre übliche Mission erfüllt. Sie nahm eine Droschke und ließ sich auf die Wassili-Insel fahren. An der Ecke der 10. Linie stieg sie aus und ging zu Fuß zwei Straßen weiter, und nachdem sie die Geranie am Fenster mit der zur linken Seite gedrehten Blüte gesehen hatte, betrat sie das Haus und klingelte.

»Haben Sie uns auch niemanden mitgebracht, Fanja?«

»Nein, niemanden. Die Straße ist menschenleer. Guten Tag.«

»Haben Sie viel herüberbringen können?«

Sie übergab ihr kleines Kissen, das sich als ziemlich schwer erwies, wandte sich ab und begann, ihre Bluse aufzuknöpfen.

»Schauen Sie weg.«

»Seien Sie beruhigt, ich schaue doch nicht.«

Verschämt zog sie eine dicke, schwere, schlecht sitzende Weste aus. An der Seite, die dem Körper auflag, hatte sie eine Fütterung aus Gummi, an der Außenseite war sie mit dicken Schnüren fest zusammengebunden. Während sie sich von ihr befreite und sie unter ihrer Bluse hervorzog, stieg ihr ein stechender Geruch ins Gesicht, etwas zwischen Äther und Karbolsäure. Als sie sich von der Weste freigemacht hatte, streckte sie selig ihre Glieder.

»Genug eingeatmet?«

»Ja, furchtbar! Besonders schlimm war es in der Nacht. Ich hatte die ganze Zeit den Eindruck, dass es auf der Haut brennt.«

»Wie kann das denn sein? Davor schützt doch das Gummifutter.«

»Und trotzdem schien es mir so. Aber am schlimmsten ist, dass man sich überhaupt nicht bewegen kann, wie in einer Rüstung.«

»Der Kopf schmerzt aber nicht?«

»Er schmerzt immer ein wenig, aber das bin ich gewohnt. Es ist mir aber leicht übel.«

»Sie müssen ein wenig spazieren gehen und sich auslüften. Oder in der Banja schmoren – das wäre nicht schlecht. Melinit ist der Gesundheit nicht zuträglich! Dass Sie immer noch husten!«

»Das ist nichts. Ich habe oft Husten. Und im Abteil zog es.«

»Nein, so geht das nicht weiter. Sie müssen abgelöst werden.«

»Es gibt niemanden. Und das braucht es auch gar nicht. Ich bin das schon gewohnt, einem anderen fiele das schwer. Außerdem falle ich nicht auf.«

Und tatsächlich fiel sie nicht auf: klein, unscheinbar, schmales Gesicht. Als sie sich der schweren Weste entledigt hatte, war sie ganz mager und ihre zerknitterte Bluse warf Falten.

»Bleiben Sie über Nacht in Petersburg?«

»Nein, ich fahre um zwölf wieder zurück. Ich würde mich zwar gern etwas hinlegen, aber ich gehe wohl doch lieber an die Luft, es bleiben mir nur zwei Stunden.«

»Wie Sie meinen. Und seien Sie vorsichtig!«

Als sei sie unvorsichtig! Zum fünften Mal bereits hatte sie nun Melinit und Dynamit aus Finnland mit dem Zug nach Petersburg gebracht, die ganze Nacht deren Geruch eingeatmet und ihren mageren Körper damit vergiftet – und bisher war man ihr nicht auf die Spur gekommen. Sie leistete ihren kleinen Beitrag, der gleichwohl nicht unbedeutend und ziemlich verantwortungsvoll war. Außer zwei Kameraden – jenen, der ihr die Lieferung in Helsingfors übergab, und diesen, der sie in Petersburg in Empfang nahm – bekam sie niemanden zu Gesicht. Mit niemandem sonst musste sie in Kontakt treten. Sie kannte auch fast niemanden sonst und wollte auch niemanden sonst kennen, obwohl sie Möglichkeit dazu gehabt hätte. Die echten Helden traf sie nicht, hatte nur ein paar Namen gehört. Und so würde das auch in Zukunft sein, wenn ihr nur ihre Gesundheit erlaubte, ihren kleinen Beitrag zur großen Sache zu leisten.

Schüchtern fragte sie:

»Brauchen Sie noch weitere Lieferungen?«

»Noch zwei vom gleichen Umfang. Geben Sie dort Bescheid, Fanja. Schnellstmöglich, obwohl es misslich ist, wenn Sie so oft hin- und herfahren.«

»Gut, ich gebe Bescheid. Auf Wiedersehen, Genosse Maxim.«

»Auf Wiedersehen, Fanja. Richten Sie Grüße aus und sagen Sie, dass alles bisher unproblematisch verläuft.«

»Ich richte es aus.«

Er war wohl einer wie sie, einer der Unbedeutenden, Unscheinbaren, obgleich sie ihm nicht das Wasser reichen konnte. Er musste mehr wissen als sie. Sie hätte sich gern ein wenig mit ihm unterhalten, aber das durfte sie nicht. Selbst wenn auch er das gewollt hätte – es durfte nicht sein.

Als sie das Haus verließ, blickte sie sich vorsichtig um und bog in die nächste kleine Seitenstraße ein. Dann machte sie vorsichtshalber noch einige Schlenker, bevor sie zur Brücke ging, die auf die Petersburger Seite führte. Von der Tutschkow-Brücke blickte sie lange aufs Wasser der Malaja Newa, erfreute sich an der kühlen Erfrischung und atmete pflichteifrig – weil es gut tat und weil es angeraten war – die klare Luft. Dann fiel ihr ein, dass sie seit dem Morgen weder gegessen noch getrunken hatte. Sie musste also noch an einer Konditorei vorbei, wo sie sich eine Tasse Kaffee mit Schlagsahne und zwei, drei oder vier süße Törtchen erlauben konnte.

Man hatte ihr aufgetragen, gut zu essen und sich gut zu kleiden und insgesamt den Eindruck zu erwecken, als habe sie ihr Auskommen: Wirken wie eine Bürgerliche! Die anderen taten es auch so, bisweilen lebten sie geradezu aus dem Vollem. Für sie war das notwendig aus Gründen der Konspiration, aber sie fühlte sich damit unwohl, und sie brauchte es nicht.

Trotzdem betrachtete sie, als sie aus der Konditorei kam, die Schaufenster der anliegenden Geschäfte. Eine neue Bluse müsste sie sich einmal kaufen oder zumindest einen neuen gestärkten Kragen. Und bereits vor längerem hatte sie beschlossen, einen neuen Hut mit breiter Krempe zu kaufen, unter dem sie ihr Gesicht verstecken konnte, und auch, um sich ein wenig zu verändern – das war schon längst einmal an der Zeit! Der alte Hut könnte bei ihren häufigen Fahrten von den Schnüfflern erkannt werden. Sie erschauerte bei dem Gedanken derart, dass sie sogleich ins nächste Geschäft ging und den teuren blauen Hut erstehen wollte, mit Bändern, die in den Rücken fielen. Man hatte ihr ziemlich viel Geld gegeben, aber war es denn recht, es für Luxus auszugeben? Sie widerstand der Versuchung: Einmal tat es der alte Hut durchaus noch, und in Finnland würde sie vor der nächsten Fahrt einen günstigeren kaufen.

Bis zur Stunde der Abfahrt des Zuges streifte sie müde und unausgeschlafen mit ihrem kleinen Koffer durch die Stadt. Ihr begegneten junge Menschen mit heiteren Gesichtern, Damen in edlen hellen Kleidern, Männer mit dreistem Blick. Und Kinder, die sie so sehr liebte – aber sie würde weder Ehemann noch Kinder haben. Sie erwartete, ebenso wie die anderen, Verhaftung, Arrest und vielleicht sogar ein früher Tod. Und dann würde ihr Name weithin bekannt, und ihr kleiner Beitrag in einer großen Sache würde in der Geschichte der Revolution Eintrag finden. Das war er – der Sinn des Lebens!

Am Bahnhof kaufte sie sich eine Tüte Johannisbeeren für die Fahrt. Wenn man tagsüber fuhr, war es noch heißer als nachts, und nun konnte sie dritter Klasse reisen. Nun musste sie ja auch nicht mehr das Parfum aus dem Flakon benutzen.

Als sie den Bahnhof durchquerte, stieß ein Mann in einem braunen Jackett mit speckigem Kragen einen anderen in die Rippen:

»Dieses jüdische Mädchen dort, das ich gerade sehe. Die fährt ständig hin und her.«

»Die da, mit dem kleinen Koffer?«

»Genau. Das ist eine Jüdin.«

»Vielleicht hat sie sich irgendwo für den Sommer eingemietet?«

»Nein, sie nimmt immer den Fernzug.«

»Dann hab ein Auge auf sie. Aber sie ist schlecht angezogen, und die kleiden sich ja jetzt eher bürgerlich.«

»Man sollte ihr Gepäck durchsuchen, wenn sie das nächste Mal ankommt.«

»Melde es.«

Ein hochgewachsener Herr ging vorbei, seinen seidengefütterten Mantel trug er über dem Arm. Das braune Jackett stieß seinem Nebenmann erneut in die Rippen:

»Hast du den gesehen?«

»Ich sehe ihn. Los, melde ihn dem Wachhabenden, damit er ihn filzt.«

»Ist der auf dem Gleis?«

»Das ist er. Mach schnell!«

Und der Mann im braunen Jackett stieß die Menge auseinander und rannte los zum Gleis.

Im Staatsrat

Ihr Portefeuille wollen Sie bitte hier abgeben.«

Vater Jakow war unentschlossen:

»Aber da sind meine ganzen Papiere drin. Wird es denn beaufsichtigt?«

»Ich bitte Sie, mein Herr, es wird absolute Gewähr dafür übernommen! Das ist hier so geregelt, damit niemand einen Stock, einen Schirm oder irgendwelche Pakete mit hineinnimmt.«

Der junge Mann, der Vater Jakows Portefeuille entgegennahm, offensichtlich ein Gehilfe des Pförtners, zwinkerte ihm zu und sagte leise:

»Sie, Batjuschka, sind ja Geistlicher und haben sicher nichts bei sich, aber jemand anders könnte wer weiß was mitnehmen. Und dann haben wir Unannehmlichkeiten!«

»Das ist vernünftig, ich verstehe«, sagte Vater Jakow und trat vor den Spiegel, um den Bart zu kämmen. Während er mit dem Kamm durch den Bart fuhr, dachte er: »Vielleicht fürchten sie ja Revolver oder Ähnliches. Und diese Furcht ist berechtigt.«

Sogleich fand er dies alles ungeheuer in-te-ressant! In der Staatlichen Duma gab es solche Vorsichtsnahmen nicht, dort war alles einfacher. Die Menschen dort hatten große Erfahrung, und es waren ziemlich viele. Hier war alles voller Prunk und Pracht, und da war man übervorsichtig. Hoheitsvolle Menschen – der Staatsrat! Minister, ehemalige Minister, zukünftige Minister, so Gott ihren Weg in dieses Amt führen und sie als würdig erachten würde.

Er ging noch einmal zum Pförtner:

»Ich habe dort in meinem Portefeuille mein Zugangsbillett, meinen Passierschein vergessen.«

»Den haben Sie doch unten schon vorgezeigt, hochwürdiger Herr, den brauchen Sie nicht mehr. Aber wenn Sie meinen, nehmen Sie ihn selbst heraus.«

Vater Jakow klappte das Portefeuille weit auf, damit man sehen konnte, dass nichts Verderbenbringendes sich darin befand, nahm sein »Billett« heraus und gab das Portefeuille wieder ab.

»Vorsichtshalber nehme ich es doch besser mit.«

»Wie Sie wünschen.«

Über eine herrschaftliche Treppe stieg er zu den Publikums-plätzen hinauf. Es waren nicht viele Plätze besetzt, nur ein paar vorzüglich gekleidete Damen und ältere Herren saßen dort, und in Vater Jakows Nähe ein junges Paar, ein hochge-wachsener blonder junger Mann, in einem Auge ein Monokel, und eine ihm ebenbürtige Frau, sehr jung, dunkelblond, in ei-nem schwarzen Kleid, mit ernstem und zurückhaltendem Blick.

Vater Jakow musterte sie aufmerksam: »Irgendwo habe ich dieses Mädchen schon einmal gesehen. Aber den Burschen, der bei ihr ist, habe ich zuvor nicht bemerkt. Ein schönes Paar, jung und solide.«

Er blickte sich um – alle schienen respektabel, aber auch ein paar verwegene Schnurrbärte waren darunter. Wohl Mili-tärs in Zivil oder vielleicht Wachen. Es war klar, dass sie zum Schutz da waren. Wieder wanderte sein Blick zu der jungen Frau.

»Ist das nicht die Tochter des Arztes aus Rjasan? Das Ge-sicht erkenne ich wieder, aber sie hat sich schon sehr heraus-geputzt.«

Er dachte nach und setzte sich etwas näher zu ihnen, zog die Falten seines violettfarbenen Gewands glatt, strich mit der Hand über den Bart und wandte seinen Blick dem Paar zu. Er hüstelte und die junge Dame drehte sich zu ihm. Vater Jakow hüstelte noch einmal und sagte dann:

»Es ist schon ein prunkvolles Gebäude. Sie haben auch vor, sich das hier anzuhören? Natürlich, es ist ja wirklich sehr in-te-ressant!«

Der Herr mit dem Monokel blickte scheel, die Dame aber antwortete ruhig:

»Ja, es ist durchaus interessant.«

»Haben Sie Verwandte im Staatsrat? Verzeihen Sie, dass ich frage, aber ich habe einen Bekannten, ein Arzt aus Rjasan, der gewähltes Mitglied ist, und Sie erinnern mich an seine Toch-ter.«

Im Gesicht des blonden Herrn zuckte es, und das Monokel

fiel an der Schnur herunter. Die Dame errötete und wandte sich dann entschieden zu dem Geistlichen:

»Aus Rjasan? Aber nein, Batjuschka, da täuschen Sie sich. Wie heißt denn dieser Arzt?«

»Kalymow, Sergej Pawlowitsch. Ein sehr guter Arzt ist er, bei allen hoch angesehen, ein respektierter Mann. Dann habe ich mich also getäuscht, ich bitte zu entschuldigen. Es kommt häufig vor, dass jemand einem anderen täuschend ähnlich sieht. Ich war Gast in seinem Hause. Nicht oft, aber immer mal wieder auf der Durchreise.«

»Ich kenne ihn nicht. Und Sie sind also nicht von hier, Batjuschka?«

»Ich bin ein russländischer Pope und reise durch das Land. In diesem hohen Hause bin ich zum ersten Mal, habe mir ein Zugangsbillett erwirkt.«

»Wir sind auch zum ersten Mal hier und auch nicht aus Petersburg.«

»Aus welchem Gouvernement sind Sie gebürtig?«

Einen Moment lang war sie unsicher, dann antwortete sie:

»Aus Moskau.«

»Wunderbar, wunderbar. Die erste Hauptstadt der Zaren, die Stadt der Städte. Obgleich Sankt Petersburg auch eine schöne Stadt ist.«

Von unten, aus dem Saal, drang Füßeschurren und Klopfen auf Pulte herauf. Der Herr mit dem Monokel beugte sich zur Dame und flüsterte ihr ins Ohr:

»Wer ist das?«

»Ich glaube, ich kenne ihn. Ein Geistlicher, ungefährlich. Kennt meinen Vater.«

»Ein dummer Zufall. Sollten wir nicht besser gehen?«

»Nein, das macht nichts. Aber unangenehm ist es. Zumindest ist mein Vater nicht in Petersburg.«

»Nun ja, dann wären wir auch nicht hier.«

Sie begannen, den Reden zu lauschen. Es war keine interessante Versammlung. Manchen, den sie zuvor auf Fotografien gesehen hatten, erkannten sie wieder. Drei der Ministerplätze waren besetzt.

Während eines der Ratsmitglieder monoton eine langweilige Rede verlas, vermaß Olen mit den Augen die Größe des Saales. »Etwas von einem ans andere Ende zu werfen ist nicht zu schaffen«, dachte er, »das ist ja wirklich ein Riesensaal! Wenn man an der anderen Seite sitzt, wird es jedenfalls schwierig, die Ministerloge zu treffen.«

Mehrmals blieb sein Blick an der schwerfälligen Statur des bekannten liberalen Professors hängen. »Dass er stirbt, ist eigentlich nicht notwendig – aber was soll man machen!«

Sein Verstand arbeitete schnell und zuverlässig. Am besten wäre es, wenn es unten zur Explosion käme. Aber eine solch große Menge hineinzubringen war unmöglich. Warum musste man denn am Eingang Portefeuilles und sonstige Taschen abgeben. Sogar Schirme! Ob sie etwas ahnten? Aber es war schon vielsagend, dass sich überall, wo Sozialrevolutionäre zugegen waren, ein Fiasko ankündigte. Besser wäre es, ganz auf die Unterstützung der Parteigranden zu verzichten und sie gar nicht in die Planungen einzuweihen. Aber dafür war es nun zu spät. An Granaten war also absolut nicht zu denken. Blieben mithin nur Sprengstoffwesten. Aber wer? Natascha?

Olen blickte finster. Das rechte Auge zuckte, da half auch das Monokel nicht. Olen fürchtete dieses Zucken, es war etwas, woran man ihn erkennen konnte. Vorsichtig schaute er sich unter den Zuhörern um, aber aller Blicke waren nach unten, auf den Redner gerichtet.

Blieben also die Westen. Natascha würde natürlich darauf bestehen, dass nur sie geschickt würde. Die Wucht wird fürchterlich sein, vermutlich wird die Decke zum Einsturz kommen. Tatsächlich war es unerheblich, ob jener, auf den sie es abgesehen hatten, auch umkäme, wichtig war allein die Tatsache einer Explosion im Staatsratsgebäude. Das würde tatsächlich alles erschüttern und wäre eine große Sache. Natascha bestünde darauf, und das wäre ihr gutes Recht!

Er stellte sich Natascha vor – nicht als die Dame in Schwarz, wie sie neben ihm saß, sondern als bezaubernde, fröhliche, ihm sehr nahe, zärtliche Frau. Natascha als Frau, die er vielleicht sogar liebte. Er erstarrte und sagte sich mit all seiner Willenskraft: »Wag nicht einmal daran zu denken! Sie wird morgen schon tot sein, und du am Tag darauf.« Und weiter dachte er: »Warum eigentlich erst am Tag darauf, wenn wir auch zusammen sterben könnten und das leichter wäre?« Er spürte, wie schwer auf ihm das Wissen lastete, dass die Tage gezählt waren und dass nur eines zählte, nämlich sein Leben so teuer wie möglich zu verkaufen. So oder so – das alles allzu lange hinzuziehen, dazu reichte seine Kraft nicht.

Also Natascha. Und ich gemeinsam mit ihr, so wie wir auch heute hier hereingekommen sind. Sie würde es nicht wollen, aber sie musste einverstanden sein.

Der Redner verlas immer noch seinen langatmigen Vortrag. Olen dachte: »Es ist Wahnsinn! Dass er und alle hier, auch ich und wir beide – einfach verrückt! All das soll zugrunde gehen und wird zugrunde gehen. Jetzt nur nicht die Nerven verlieren.«

Weitere zwei Minister nahmen ihre Plätze in der Loge ein. Zuerst ein Mann in schwarzem Gehrock, mit einem großen Kopf, Glatze, schwarzem Bart, den Schnurrbart gezwirbelt. Als er die Ministerloge betrat, erhoben sich die anderen und verneigten sich ehrerbietig. Hinter ihm ein Mann mit militärischer Haltung, der seinen Sitznachbarn mit Händedruck begrüßte und den anderen zunickte. Ihr Erscheinen rief im Saal Bewegung hervor: Der Vorsitzende strich seinen Backenbart glatt, die Ratsmitglieder flüsterten untereinander, die Aufseher nahmen Haltung an.

Der Redner warf einen kurzen Blick auf die beiden, geriet für einen Moment aus dem Konzept und setzte seinen Vortrag dann mit noch lauterer Stimme fort.

Der Herr mit dem Monokel beugte sich zu seiner Nachbarin:

»Das ist er!«

»Welcher? Der mit dem Bart?«

»Ja.«

Vater Jakow hatte die Aufregung bemerkt und den Hereinkommenden auch erkannt. Sein Gesicht leuchtete – es war schon etwas Besonderes, des wichtigsten Mannes im Staate ansichtig zu werden! Vielleicht war es ihm ja auch beschert, ihn noch etwas näher zu Gesicht zu bekommen und sogar ein Wörtchen mit ihm zu wechseln, wenn seine Gönnerin, der er ein Zugangsbillett verdankte, ihr Wort hielte.

Kaum hatte der Ministerpräsident den Saal betreten, erschienen auf der Tribüne für das Publikum einige weitere Personen in Uniform, angespannt und aufmerksam. Ihr Interesse galt augenscheinlich nicht so sehr dem Saal als den Publikumsplätzen. Einer betrachtete lange das dort sitzende Paar, dann den Geistlichen, der neben ihnen saß, und wandte dann seinen forschenden Blick auf die anderen.

Olen flüsterte, ohne den Kopf zu wenden:

»Wie du willst.«

Und dann, etwas lauter:

»Irgendwie ist der Rat heute nicht besonders interessant. Gehen wir?«

Als die junge Dame sich erhoben hatte, nickte sie dem Geistlichen freundlich, aber ein wenig gekünstelt zu. Vater Jakow verneigte sich ehrerbietig und begleitete das Paar mit seinem Blick hinaus. Noch einmal dachte er kurz, wie erstaunlich diese Ähnlichkeit doch sei, dann lauschte er wieder mit regem Interesse den Reden und beobachtete, was im Saal geschah. Ihm, dem Zeugen der Geschichte, schien alles gleichermaßen in-te-ressant! Und er würde, selbstverständlich, bis zum Ende bleiben und nichts versäumen!

Eine Familienszene

Die Zugangsbilletts erhielten sie, wie beim ersten Mal, durch Jewgenija Konstantinowna, die sie ihnen auch aushändigte. Diese lauteten aber auf andere Namen. Olen erkundigte sich, ob es nicht sein könne, dass die Personen dieses Namens in die Sache hineingezogen würden? Jewgenija Konstantinowna antwortete seelenruhig:

»Erstens befinden diese sich nicht in Petersburg, und zweitens können derartige Personen nicht zu Schaden kommen. Handelte es sich um jemand anderen, könnte das durchaus passieren.«

»Um wen handelt es sich denn?«

»Um eines der Ratsmitglieder, einen überaus liebenswürdigen Mann, wenngleich nicht von der besten Reputation. Er hat mir die Billetts verschafft.«

»Wird er Sie verraten?«

»Vermutlich. Aber die Sache ist die, dass er selbst an der Versammlung teilnehmen wird, sodass ihm der Sinn sicher nicht danach steht. Obwohl … *ça dépend* …«

Natascha und Olen blickten Jewgenija Konstantinowna erstaunt an. Wie gleichmütig sie schien! Aber trotzdem bemerkten beide, dass Jewgenija Konstantinowna ungeachtet des gelassenen Tonfalls, der französischen Redensart und des vermeintlichen Zynismus doch beunruhigt und sogar traurig war, sich aber absolut in der Gewalt hatte.

Das Dienstmädchen Mascha musterte aufmerksam das raffinierte Sommerkostüm, den exquisiten weißen, mit Spitze besetzten Schirm, das kleine, modische Hütchen und das leichte Täschchen des Fräuleins, als sie die Besucherin zur Tür begleitete. Die Hausherrin gefiel Mascha in ihrer Unkompliziertheit und mit ihrer gesunden Gesichtsfarbe, aber diese Besucherin war eine wirkliche Dame.

»Die Herrschaften sind Kaufleute, diese ist sicher von Stande. Und hat so einen blassen Teint und bedeutsamen Blick.«

Olen sagte zu Natascha:

»Wenn ich vor etwas Angst habe, dann davor, dass Sozialrevolutionäre bei der Sache dabei sind. Das wird sofort den Verdacht auf uns lenken. Alles, was in der letzten Zeit von ihnen geplant worden ist, ging schief. Und es fällt doch ins Auge, dass man seine Taschen am Eingang abgeben muss, seit wir zusammen mit ihnen etwas planen.«

»Aber wir können doch Jewgenija Konstantinowna nicht verdächtigen!«

»Sie selbst nicht, aber sie handelt mit Wissen der sozialrevolutionären Führung.«

»Anders wäre das doch gar nicht möglich.«

»Ich weiß. Ohne die Führung wäre es unmöglich. Aber ich werde nicht erstaunt sein, wenn irgendetwas dazwischenkommt. Unter ihnen gibt es auch Agents Provocateurs.«

»So können wir doch nicht weitermachen, Olen! Wenn du derartige Zweifel hegst.«

»Aber wir müssen es. Es ist zu spät, einen Rückzieher zu machen.«

Der ganze Tag verging wie im Nebel. Sie sprachen über Unbedeutendes, über Zufälle, die möglicherweise dazwischenkommen könnten. Und während sie über all das sprachen, war jeder in Gedanken nur mit sich beschäftigt, mit Belastendem und Kompliziertem, das sie nicht auszusprechen wagten. Beide lebten ein Doppelleben, fürchteten jedes unvorsichtige Wort, das den Trancezustand der äußerlichen Geschäftigkeit durchbrechen und Fragen heraufbeschwören könnte, mit denen sie nicht mehr fertigwerden könnten.

Sie retteten sich in Belanglosigkeiten: Sortierten die Dinge, die in der Wohnung zurückbleiben sollten, sahen sie noch einmal durch, ob nicht an der Kleidung oder Leibwäsche Zeichen von Firmen oder Geschäften geblieben waren oder eine flüchtige Notiz in eines der Bücher hineingeraten war. Sie taten beschäftigt, ohne dass es besondere Erfordernis dazu gegeben hätte. Natascha blickte Olen immer wieder verstohlen an, er schien nervös, nachdenklich und bedrückt, versuchte aber, dies zu verbergen. Je nervöser Olen wurde, desto ruhiger fühlte sich Natascha. In ihr vollzog sich das, was Gläubige kurz vor ihrem Tod ereilt: Die bedeutungsvolle und ernste Ruhe, das innere Leuchten des Hoffnungslosen war in ihr erglüht.

Als sie am Abend zu Bett zu gehen beschlossen, sagte Olen:

»Natascha, wir haben zwei Zugangsbilletts.«

»Das zweite müssen wir vernichten.«

»Nein, wir werden beide brauchen. Ich gehe mit dir.«

Sie war fassungslos.

»Was heißt, du gehst mit mir? Was redest du da?«

»Ich werde mit dir gehen, es ist besser so.«

»Glaubst du denn, ich schaffe das nicht allein?«

»Es ist einfach so, dass ich nicht anders kann. Wir haben zusammen gelebt und werden auch zusammen sterben.«

Sie hatte vergessen, dass Mascha sie hören konnte, wurde rot, griff sich an die Schläfen und schrie:

»Was soll das heißen?«

Er, der große, entschiedene, unerschütterliche, unerschrockene Mann schien ihr plötzlich klein und bemitleidenswert. Sie spürte, wie die Wut in ihr aufwallte. Wo war der Heldenmut? Sollte das alles nur eine kleinbürgerliche Liebesgeschichte sein? Ihr allseits respektierter Anführer war nicht in der Lage, sein Mitleid für sie niederzuringen und sich über das mit ihr geteilte Lager zu erheben!

Sie hätte heulen können. Alles Bezaubernde war verflogen, und durch den berauschenden Nebel, in dem sie gelebt hatten, blickte tränenerfüllt der Mann, der nicht imstande war, ein Opfer zu bringen.

»Wage es nicht! Du hast mir versprochen, dass ich gehen werde! Wage es nicht, Mitleid mit mir zu haben!«

Olen antwortete leise:

»Ich habe Mitleid mit mir selbst, Natascha.«

Sie lachte ihm wüst entgegen, mit einer Unerbittlichkeit, die sie selbst an sich nicht kannte.

»Bist du etwa in mich verliebt? Oder meinst du, irgendwelche Rechte als Ehemann zu haben? Du bist aber nicht mein Ehemann, und ich liebe dich nicht. Du bist nichts als mein Gefährte in der Konspiration, der Kaufmann Schljapkin!«

Er war nicht gekränkt und antwortete nüchtern:

»Warum sagst du das, Natascha? Und selbst wenn ich dich liebte, warum musst du das sagen?«

Sie hätte ihm um den Hals fallen können. Doch dann wäre ihre gesamte Auffassung von der Welt, die sie sich erschaffen hatte und ohne die sie nun nicht mehr leben konnte, in sich zusammengebrochen. Wenn sie dies gebilligt hätte, hätten sie beide Verrat an der Sache begangen, hätten fliehen müssen, ihr kleines, privates Leben einrichten müssen, das sie nicht wollte und das erbärmlich war. Alles, was war, wäre dann eine Lüge gewesen, und sie beide nichts weiter als ein junges Ehepaar, das seinen Lebensunterhalt mit geraubtem Geld bestritt! Zusammen im Bett, also auch zusammen sterben. Einen Geliebten gewinnen, aber Olen verlieren. Und sich selbst verlieren.

Natascha lief ins Schlafzimmer und warf sich aufs Bett. Selbstverständlich würde sie jetzt nicht weinen. Sie löschte das Licht nicht und blickte an die Decke, an der die Schatten der gläsernen Gehänge des Kronleuchters flackerten, ihre Gedanken waren unentwirrbar. In den Zimmerecken lachten leise Zenon, die griechischen Stoiker und Nietzsche. Im Inneren fühlte sie Kälte: Die Fluten der Oka durchwogten Nataschas Herz. Tatsächlich war dies schon der Tod ..., aber der Tod existierte doch gar nicht?

Sie schloss die Augen. Die Wogen der Oka wurden wärmer und vermischten sich mit ihrem heißen Blut. Sie konnte wieder leichter atmen und ihr fiel ein, dass Olen, der gestern noch unbezwingbar und heute schwach war, ja im Nebenzimmer war. Und beide waren ihr gleichermaßen nah: Dieser schickte sie in den Tod, jener ging mit ihr. Sie rief Olen, nannte ihn bei seinem richtigen Namen, was sie so gut wie nie tat:

»Aljoscha, komm zu mir!«

Er kam ins Zimmer, ganz und gar nicht schüchtern und ohne jeglichen Anschein von Verlegenheit, und trat ganz nah zum Bett:

»Wie es aussieht, habe ich dir eine Familienszene gemacht?«

Er lächelte und strich ihr über den Kopf.

»Du hast mich erstaunt. Ich hatte nicht gedacht, dass du manchmal auch schwach bist.«

»Natürlich bin auch ich manchmal schwach. Aber das ist nicht Schwäche, sondern eine wohldurchdachte Entscheidung.«

»Aber du wirst doch nicht mit mir gehen? Du kannst den Plan nicht ändern!«

»Ich werde mit dir gehen, Natascha, weil ich es für notwendig erachte. Zu zweit ist man doppelt so stark. Und du hast dich damit abzufinden, denn sonst gehe ich allein.«

Und da war sie wieder ganz kleines Mädchen und er jener Olen, der er immer gewesen war, und es war unmöglich, sich seinen Anordnungen zu widersetzen. Der Anführer, der alles vermochte und alles mit seiner Gegenwart erleuchtete. Und ebendies war seine erhabene Hingabe, hierin lag seine gewaltige Kraft.

Wieder blitzte bei beiden der Gedanke auf, dass dies nicht das reale Leben sei, sondern ein Schauermärchen, das durch nichts zu rechtfertigen sei, ein beharrlicher Traum, der irgendwann verschwände. Es konnte doch nicht sein, dass sie morgen schon nicht mehr seien? Das konnte ganz und gar nicht sein! Und doch würde es geschehen, aber eben in einem anderen, nicht realen Leben. Und der Traum, den sie beide sahen, verschwände nicht, sie konnten aus ihm nicht mehr erwachen, da die Stunde des Erwachens bereits vorübergegangen war.

Sie sprachen nicht mehr über das, was morgen geschehen sollte. Sie wurden ruhig, und bis zum Morgengrauen erzählte Natascha Olen von ihrer Kindheit, von dem Dorf Fjodorowka, dem Kutscher Pachom, vom Eisgang auf der Oka und lauschte glücklich seinen Erzählungen. Sie wusste immer noch so wenig von seinem Leben, und alles, was sie neu erfuhr, jedes noch so kleine Detail entzückte und beschäftigte sie. Bisweilen, von der Erzählung mitgerissen, unterbrachen sie einander, weil jeder zuerst das Seinige berichten wollte. Ihre letzte Nacht war ebenso lauter wie die erste, und sie bemerkten gar nicht, wie sie in den Schlaf fielen und ganz vergessen hatten, was sie am nächsten Tag erwartete.

Olen erwachte zuerst. Es war schon spät am Morgen, im Speisezimmer lagen die Zeitungen, und Mascha hatte den Samowar bereits mehrmals wieder angeheizt. Als er Natascha weckte, öffnete sie nur unwillig die Augen, kniff sie wegen des hellen Lichts gleich wieder zusammen, streckte sich und sagte, noch gar nicht zu sich gekommen:

»Wie spät ist es denn?«

»Schon bald neun. Hör zu, Natascha, etwas Seltsames ist geschehen …«

Da erinnerte sie sich an alles und sprang auf:

»Was ist geschehen, Olen?«

Er hielt ihr die Zeitung hin und deutete auf den Artikel. Es war die Veröffentlichung eines kurzen Dekrets, dass der Staatsrat vorzeitig aufgelöst worden war, ohne jegliche Erklärung zu den Beweggründen.

Der Staatsrat war am Vorabend einer wichtigen Sitzung und vor der eigentlichen Frist in den Sommerurlaub entlassen worden.

Die Tage gehen dahin

Vater Jakow strahlte vor Freude. Als einer der Ersten hatte er erfahren, dass die Mitglieder der aufgelösten Staatsduma nach Wyborg fahren würden. Vater Jakow ging das Wagnis ein und zwängte sich mit seinem Portefeuille in einen Waggon dritter Klasse und war zur Eröffnung der Versammlung bereits in Wyborg im preisgünstigsten Zimmer des preisgünstigsten Hotels untergekommen. Der Schweiß lief ihm in Strömen herunter, als er mit seinem breitkrempigen Popenhut in der Julihitze in der Menge der Neugierigen stand und die Ankunft der Abgeordneten beobachtete. Selbst war er nicht besonders mutig, aber er konnte mit seinem ungezügelten und leidenschaftlichen Interesse die Gemütsverfassung der Abgeordneten absolut nachvollziehen.

»Sie lächeln zwar, aber sie fürchten sich doch ein wenig. Sie sind ja nicht mehr die Jüngsten, respektabel, die meisten Familienväter, und dann müssen sie plötzlich Revolution spielen. Andererseits ist es für sie natürlich schon eine Ehrverletzung, dass man sie nach Hause geschickt hat wie Schuljungen, während sie meinten, sie seien doch tatsächlich echte Volksvertreter.«

Trotz seiner guten Beziehungen gelang es Vater Jakow nicht, bei den Versammlungen dabei zu sein, und das bekümmerte ihn sehr. Gleichwohl beobachtete er in diesen überaus bemerkenswerten Tagen die historischen Ereignisse aus nächster Nähe und wurde gar auf einer Fotografie zusammen mit einigen der »Wyborger« festgehalten, als diese über die Hauptstraße der finnischen Stadt flanierten. Vater Jakows Priestergewand war klar und deutlich zu erkennen, sein Gesicht hatte er vorsichtshalber versteckt, indem er seinen breitkrempigen Hut tief in die Augen zog. Später, als er im berühmten »Aufruf von Wyborg« die zornigen Worte »Keine Steuern, keinen Kriegsdienst, keine Unterordnung unter die Macht« las, war er über seine Vorsicht froh und lachte in seinen Bart, als die so überaus mutigen radikalen Provokateure am Fenster des Kassenhäuschens standen und gewissenhaft ihre Rückbilletts lösten, bestrebt, immer in Gruppen aufzutreten, und sich schon bald nach ihrer Rückkehr nach Piter ganz zahm der Macht unterordneten und der Bewährungsprobe im Gefängnis unterzogen.

Der Juli des Jahres 1906 war reich an Ereignissen. Zu Beginn des Monats kam es zu einem Pogrom an den Juden in Belostok, das sich über ganze vier Tage hinzog. Vater Jakow, der einem Gouvernement im Uralgebiet entstammte, wo es kaum Juden und auch keine Feindschaft gegen sie gab, litt nicht unter der Krankheit des Antisemitismus. »Wir alle sind Menschen.« »Es gibt keine Griechen oder Juden, sondern Christus ist alles und in allen.« Sicher, es waren die Juden, die Jesus gekreuzigt hatten, aber das war sehr lange her, und bereits im Priesterseminar war ihm klar geworden, dass ja Jesus selbst ein Jude gewesen war. In Kasan lebte ein enger Freund von Vater Jakow, der als Jude sogar gerichtsbestellter Advokat war, ein Mensch von ungewöhnlichem Charakter, und in Petersburg war er befreundet mit dem Parlamentsjournalisten Salkind, der ihm einige Mal einen Platz in der Presseloge verschafft hatte, von der aus alle und alles bestens zu sehen und zu hören war. Auch unter ihnen waren also durchaus höchst respektable Männer, und sich an einem Armseligen zu vergreifen war eine große Sünde und gegen die christlichen Gebote. So ließ Vater Jakow es auch in die Hefte seiner Chronik einfließen. Trotzdem war er, in seinem schlaffen Leib ganz Russe, nicht besonders entrüstet. Die Geschehnisse rund um die Duma, ihre Auflösung, der »Aufruf von Wyborg« wühlten ihn bis zum Äußersten auf. Noch mehr erregte er sich über die Gerüchte über Bauernaufstände und Brandstiftungen auf den Landgütern, zudem über die Aufstände in Sveaborg und Kronstadt – die Woge dieser Gerüchte und Ereignisse verschlang Vater Jakow und riss ihn mit sich. Hätte er über ausreichende Mittel verfügt, so wäre er an all diese Orte gefahren und hätte sich höchstpersönlich angeschaut, was die Menschen derart in Aufregung versetzte, denn es war alles ja so »in-te-ressant!«

Aber um seine finanziellen Mittel war es schlecht bestellt, es stand nicht einmal das geringste Honorar für einen Zeitungsartikel aus, denn in jenen Zeiten interessierte sich niemand für das Leben der Syrjänen oder Funde im Gouvernement Perm aus Zeiten der Sasaniden-Dynastie, für Waisenhäuser oder die Erfolge der Gewerbetreibenden in Poschechonje, für Sprichwörter und Redensarten, die Vater Jakow im jüngst vergangenen Frühjahr in der Kreisstadt Malojaroslawez im Gouvernement Kaluga gesammelt hatte. Über Politik schrieb er niemals: Das war ihm zu heikel, und er hatte darin keinerlei Übung. Gleichwohl verfasste er etwas über die Ereignisse in Wyborg für eine kleine Zeitung mit der bescheidenen Unterschrift »Ein Augenzeuge«. Sein Text wurde stark geändert, doch so etwas nahm er stets hin, ohne sich gekränkt zu fühlen.

Es gärte, kochte und brodelte weiter. Ein jeder erregte sich auf seine Weise und einem jedem missfiel etwas anderes, aber man aß und trank weiterhin und tauschte zwischen dem Tee und den Mahlzeiten Neuigkeiten und Anekdoten aus. Was besonders interessant war, notierte Vater Jakow. In den Tagen des Ministerpräsidenten Goremykin hielt er auf dem Rand des Schulhefts folgende Redensart fest:

Kummer quälte uns früher,
Kummer quält uns auch heut.

Das gefiel ihm ganz außerordentlich! Als jedoch der alte Ministerpräsident durch einen neuen ersetzt wurde, beschloss Vater Jakow, sogleich um Audienz bei ihm zu bitten, um den neuen Gebieter Russlands höchstpersönlich in Augenschein zu nehmen. »Ich hatte die Ehre, dem nunmehr ums Leben gebrachten von Plewe höchstselbst gegenüberstehen zu dürfen, und auch auf diesen werde ich einen Blick werfen.« Ein Grund fand sich immer: ein Bittgang für das Waisenhaus. Und der Weg zum Unerreichbaren würde über seine hochwohlgeborene Gönnerin Anna Arkadjewna führen, der Vater Jakow gewissenhaft seine Bücher und Fotografien von breitwangigen Mädchen mit weißen Schürzen schickte, in deren Mitte auch seine imposante Statur im weißen Priestergewand zu sehen war. Die mit Tinte der Marke »Rondo« niedergeschriebene Widmung auf der Fotografie lautete: »Eurer Erlaucht Anna Arkadjewna, Patronin und Gönnerin des Kampinski-Waisenhauses für Mädchen.«

Vater Jakow war jedoch keineswegs sicher, ob das von ihm einst gegründete Waisenhaus, dessen Leitung man ihm vor langer Zeit entzogen hatte, überhaupt noch existierte, und die breitwangigen Mädchen waren in den vergangenen zehn Jahren, seit dem einigermaßen aufsehenerregenden Ausscheiden Vater Jakows, nicht herangewachsen. Sein Ausscheiden hatte einen Skandal verursacht, aber die Briefbogen und den großen Stempel des Waisenhauses hatte Vater Jakow denen, die ihn verjagt hatten, nicht überlassen. Ohne weiteren materiellen Vorteil daraus zu ziehen, bediente Vater Jakow sich in bestimmten Fällen auch weiterhin der Briefbogen und des Stempels, um darauf Dankesadressen oder Bitten um Empfehlungsschreiben von hochgestellten Persönlichkeiten zu verfassen.

Der August brach an, er war klar, noch warm, neigte sich jedoch bereits dem Herbst zu. Der Aufruhr schien sich gelegt zu haben, die starke Hand der neuen Regierung war deutlich zu spüren.

In zwei Zeitungen, einer rechtsgerichteten und einer linksgerichteten, konnte Vater Jakow zwei kleine, in Petit gesetzte Artikel über die Märchenerzähler von Archangelsk unterbringen, eine unbedeutende Zeitschrift hatte er für einen kurzen Aufsatz über Silberteller der Sasaniden-Dynastie gewinnen können, eine dritte wiederum hatte freudig »Neues über den Starez Kusmitsch« veröffentlicht. Vielleicht war dies die Ruhe vor dem nächsten Sturm, vielleicht aber hatte auch das Volk dem »Aufruf von Wyborg« kein Gehör geschenkt und bezahlte anständig seine Steuern, stellte der Armee Soldaten und verneigte sich vor den Machthabern. Seine erlauchte Gönnerin versprach Vater Jakow, eine Audienz beim neuen Herrn über das Schicksal Russlands zu arrangieren, zu dem vorgelassen zu werden überaus schwierig war.

Von dieser hoffnungsvollen Nachricht erfreut, spazierte Vater Jakow vom Litejnyj-Prospekt zu Fuß bis an die Newa, um die frische Luft der Natur zu atmen. Der Fluss war ruhig und die Meeresbrise leicht und erfrischend. Aber schon eine halbe Stunde später zog vom Meer ein starker Wind auf, und das Wasser wurde grau und schäumte.

Da dachte Vater Jakow, dass die Newa nun wirklich kein russischer Fluss sei, keine Schwester der Wolga, der Kama oder Belaja, die zärtliche und nachdenkliche Flüsse sind. Ihr war viel Unruhe eigen, keine stille Weisheit und Beschaulichkeit. Vielleicht war es ja nicht richtig, dass Petersburg die Hauptstadt Russlands war, eine zweifellos unbeschreiblich schöne, aber kalte und ungemütliche Stadt, deren Namen kaum ein russischer Bauer richtig auszusprechen vermochte. Hier waren der Zar, die Duma, die Minister – all dies aber derart entlegen und für das echte Russland, das der Mitte, unbegreiflich und unnötig. Unser verschlafenes Reich, das in Maßen nur arbeitet und träge betet, und zwar zu Gott gleichermaßen wie zu den heidnischen Gottheiten, schenkt solchen Dingen wie dem »Aufruf von Wyborg« keine Beachtung, kennt keine Namen, und der Lärm der beiden Hauptstädte erreicht seine Weiten nur als das Summen einer Mücke. Aber seine Größe ist fast grenzenlos, die Städte sind wie Fliegendreck auf einem gewebten Leintuch – eine kaum sichtbare ärgerliche Unreinheit. Für die Bewohner des Landes war es wichtig, dass es im Frühjahr ausreichend regnet und am Tag des Heiligen Petrus die Sonne scheint und im Herbst Pilze wachsen – Milchlinge, Steinpilze, Herbstlinge, und für alle Fälle noch Täublinge und Schwefelporlinge, schmackhaft eingelegt schmecken die in der Fastenzeit auch ganz gut. Und der Winter möge reichlich Schnee bringen, welcher der Ernährer der großen Flüsse ist, und in ihm ist die Spur des Hasen zu sehen, obgleich ja nicht jeder Bauer Hase isst, weil man ihn für unrein hält. Was braucht es denn mehr? Bast für Bastschuhe und Tannen für den Bau eines neuen Hauses. Wenn nur der Pope für Taufe und Beerdigung nicht bei den Armen die Hand aufhielte, sondern beim Kulak, und die Obrigkeit und Volksaufklärer sich nicht so oft sehen ließen, dann würde man sich schon irgendwie durchschlagen. Das Volk ist tumb, das ist wahr, aber wen interessiert das? Der Tumbe hat ein leichteres Leben, er ist näher am Tier und fordert weniger! Hauptsache, es gibt nicht so viele Läuse und Wanzen, und wir wünschen keineswegs, mit Europa Hasch-mich zu spielen.

Und hier, an der Newa mit den weißen Schaumkronen, riecht es nach einem Meer, das nicht unseres ist, die Menschen kleiden sich albern und sprechen eine unverständliche Sprache, und die Zeitungen lügen aus eigenem Antrieb. Es gibt keine richtige Arbeit, und des Nachts schläft man schlecht. Wer durch wen ersetzt wird, wer wen ermordet – all diese Fragen sind Russlands Sache nicht. Wer kennt Russland denn schon? Niemand kennt es! Russland kennt sich selbst nicht, das braucht es auch gar nicht.

Und weiter dachte Vater Jakow:

»Eigentlich müsste man sich langsam auf den Nachhauseweg machen, es ist kühl, und es sieht so aus, als ob ein großes Unwetter heraufzieht.«

Er tastete nach den Münzen im Untergewand – er könnte sich den Luxus erlauben und mit der Straßenbahn fahren. Warum nur hat er, Vater Jakow, in Petersburg Station gemacht und siedet hier im Kessel, und warum malt er mit seiner Popenhandschrift Kringel in die Schulhefte? Wann würde endlich seine Begeisterung, alles zu sehen, zu hören und zu erhaschen, abkühlen?

Er war über sich selbst verwundert, fuhr sich durch das vom Wind zerzauste Haar, strich das angejahrte und altgediente, aber immer noch gute Gewand glatt und beschloss endgültig:

»Ein Sturm kommt auf! Beeile dich, Vater Jakow, Pope ohne Pfarre, das ganze aufregende Russland zu bereisen.«

Und er lenkte seinen Schritt auf den schnellsten Weg Richtung Straßenbahn.

Der Angler

Die Kaufmannsleute Schljapkin waren von einem fünftägigen Aufenthalt am Ladoga-See zurückgekehrt. Tatsächlich aber war Natascha auf die finnischen Schären gefahren, und Olen war in Petersburg geblieben, wo er sich in den Arbeitervierteln versteckt hielt, denn es galt herauszufinden, ob die Wohnung weiterhin sicher war, und ob die Polizei von dem Plan zu dem Bombenanschlag auf den Staatsrat Kenntnis erlangt hatte. Niemand derer, die in den Plan eingeweiht waren, war verhaftet worden. Jewgenija Konstantinowna, die auch für eine Weile untergetaucht war, erklärte entschieden, dass sie die Adresse der Wohnung niemandem verraten habe, obgleich Olens Beteiligung der Parteiführung der Sozialrevolutionäre selbstverständlich bekannt war. Möglicherweise war die Entlassung des Rates in den Sommerurlaub eine Woche vor der Frist ja ein Zufall und stand im Zusammenhang mit den allgemeinen politischen Entwicklungen. War sie indes eine Folge von Intrigen aus dem Zentrum der Partei, so wäre es durchaus nicht im Interesse der Polizei gewesen, die Quelle ihrer Erkenntnisse durch vorschnelle Verhaftungen zu verraten. All dies musste geklärt werden, und Olen hatte das übernommen.

Nach fünf Tagen kehrte erst Natascha und etwas später auch Olen zurück. Mascha hieß sie willkommen und heizte den Samowar an. Am Verhalten des Hauswarts war nichts Verdächtiges zu bemerken, auf der Straße waren keine Beobachtungsposten zu sehen, und die Nacht verlief ruhig. Angesichts des neuen Sturmes der Ereignisse in Russland war Olen angespannt und geschäftig. Nunmehr konnten keinerlei Zweifel mehr daran bestehen, dass die friedliche Veränderung der politischen Verhältnisse in Russland unmöglich war. Dies war durch die Auflösung der Duma, die Verhaftung einiger Abgeordneter, allerorten aufflammende Aufstände und die Ausrufung des Ausnahmezustands fast im gesamten Land bewiesen. Der Vollzug der Todesstrafe war nicht ausgesetzt worden, sogar während die Duma noch tagte; nun hatten sich die Zahlen verzehnfacht. Die Gefängnisse waren überfüllt, Zeitschriften und Zeitungen wurden mit Strafen überzogen und geschlossen. Selbst die liberalen Abgeordneten der Duma riefen zum »Ungehorsam gegenüber den Machthabern« auf. Aber Aufrufe als Instrument der Politik waren lachhaft, wie auch jegliches sonstige Geschwätz in Reden und Presse. Der einzig gangbare Weg des Kampfes war und blieb der Terror. Die Kampfgruppe von Olen verfügte weder über ausreichende Mittel noch über entsprechende Verbindungen für den »zentralen Terror«, für die Ermordung des Zaren. Deshalb musste ein Plan für die Ermordung des Staatsoberhaupts ausgearbeitet und umgesetzt werden, und daran arbeitete Olen nunmehr.

Der Plan musste einfach sein. Erkundigungen auf der Straße und Ausforschung der Zeiten, zu denen der Minister auf der Fahrt zu einer Rede oder zur Versammlung an einem bestimmten Ort vorbeikam, waren längst nicht mehr zeitgemäß. Die Ochrana hatte unvergleichlich viel mehr Mittel und Kräfte, sie verfügte über Automobile, zahlreiche Fuhrleute arbeiteten für sie und viele andere Zuträger, die als Warenausträger, Bettler, Passanten getarnt waren. Diese Vorgehensweise hatte die Polizei von den Terroristen übernommen und vervollkommnet. Und sie verfügte über eine weitere schreckliche Kraft, die den Revolutionären nicht zur Verfügung stand, nämlich eine ganze Armee von Informanten und Agents Provocateurs, die die Reihen der Revolutionäre durchsetzt hatten und dort eine zerstörerische Arbeit leisteten. Das Einzige, worüber sie nicht verfügte, waren Menschen, die bereit waren, selbstlos und uneigennützig ihr Leben zu opfern, ohne jegliche Hoffnung auf Rettung, lediglich in dem unerschütterlichen und naiven Glauben, durch dieses Opfer den kommenden Generationen Glück zu bescheren.

Die Überlegenheit dieser Kraft musste man nutzen, und Olens Pläne stützten sich auf sie. Er selbst würde in den Tod gehen, und seinem Vorbild würden andere folgen. Dafür brauchte es keine lange Vorbereitung, sondern lediglich Dynamit. Gegen seine schreckliche Erfindung, die Sprengstoffwesten, waren alle Schutzmaßnahmen der Ochrana machtlos.

Lediglich drei Personen hatten Zugang zur Wohnung, in der Natascha und Olen wohnten: Jewgenija Konstantinowna und die »Brüder Gracchus«, zwei junge Burschen, einer Student, der andere Arbeiter, die durch ihre Teilnahme an früheren Aktionen fest mit Olen zusammengeschweißt waren.

Der Student war ebenjener Petrus aus Moskau, der sich daran belustigt hatte, dass er allein einen Aufzug der Schwarzhundertschaft auseinandergetrieben hatte, ein fröhlicher Mensch, rotwangig und kerngesund, für den das Leben eine Abfolge kurzweiliger und waghalsiger Abenteuer war. Der andere, Senja, aus einer Arbeiterfamilie und selbst Arbeiter, war so etwas wie ein Mystiker, stets in Traumwelten und sich in schönen Worten ergehend, die er nicht beherrschte und die aus seinem Mund lachhaft und naiv klangen wie Kinderreime.

Vor anderthalb Jahren, am 9. Januar, war sein älterer Bruder erschossen worden, der sich dem Marsch des berühmten Priesters Gapon zum Winterpalais in der Menge unbewaffneter Arbeiter angeschlossen hatte. Dieser Bruder war in Senjas Augen ein Held, bis die zwielichtige Rolle, die Gapon gespielt hatte, aufgedeckt worden war. Danach betrachtete er das Opfer des Bruders als sinnlos und sah sich selbst als Rächer, der ebenfalls ums Leben kommen würde, allerdings nicht als verängstigtes Schaf, sondern als Kämpfer für die Revolution.

Diese beiden jungen Burschen nannte Natascha die Brüder Gracchus. Aus der ganzen Gruppe waren sie die Einzigen, mit denen die beiden sich richtig angefreundet hatten, mit denen sie über alles sprachen, denn weder an ihrer Verlässlichkeit noch an ihrer Vorsicht bestanden irgendwelche Zweifel.

Es gab noch einen weiteren alten Weggefährten Olens aus den Zeiten der Kämpfe auf den Moskauer Barrikaden, der später verhaftet worden und aus der Haft geflohen und gerade erst nach Petersburg gekommen war. Olen musste sich mit ihm treffen, um herauszufinden, ob seine Rückkehr in die Kampfgruppe möglich sei. Er hieß Maurice, und über seine Flucht aus dem Gefängnis gab es nebulöse Gerüchte, es hieß sogar, sie sei von der Ochrana organisiert gewesen. Für Olen, der Maurice gut kannte, klang dies ungeheuerlich, aber da nicht nur sein Schicksal, sondern das vieler anderer und ihrer gesamten Sache auf dem Spiel stand, beschloss er, äußerste Vorsicht walten zu lassen. Ihr Treffen war außerhalb von Petersburg am Ufer der Newa vereinbart, an einem einsamen Ort, an dem Maurice auf Olen warten sollte.

Kurz vor Sonnenuntergang saß am Ufer ein bärtiger alter Arbeiter in hohen Stiefeln, ziemlich heruntergekommenem Jackett und Schiebermütze, die er wegen der Sonne tief in die Augen gezogen hatte. Unerschütterlich warf er immer wieder die Angel aus, beobachtete den Flug des Schwimmers, warf sie noch einmal aus und ließ den Mut nicht sinken, weil nichts anbeißen wollte. Neben ihm standen eine Dose mit Würmern und ein kleiner Eimer, der mit einem Lappen zugedeckt war.

Der Lärm der Stadt drang nicht bis hierher vor. Ein heißer Tag wurde zu einem warmen Abend.

Maurice, der ein wenig vor der verabredeten Stunde am Ort des Treffens erschienen war, stellte vergnügt fest, dass dieser gut gewählt war: Außer dem einsamen Angler war niemand zu sehen. Er ging direkt am Wasser ein wenig am Ufer entlang, ließ sich in der Nähe des Anglers nieder und beobachtete dessen Tun.

Eher hing er aber seinen Gedanken nach, als dass er den Angler beobachtete. Das Treffen mit Olen war für Maurice überaus wichtig. Olen war ein sehr guter Freund, dem man sich absolut anvertrauen konnte, sein Wort genoss bei allen Autorität. Olen etwas vorzumachen war nicht möglich, aber er brauchte ihm auch gar nichts vorzumachen. Olen war keiner von denen, die einen Menschen aufgrund lebensferner Prinzipien verurteilten, ohne dessen Innerstes erforscht zu haben. Die meisten können und wollen das nicht.

Maurice wusste, dass über seine Flucht düstere – und nicht ganz unzutreffende – Gerüchte in Umlauf waren. Er war tatsächlich mit Unterstützung der Ochrana aus dem Gefängnis gekommen, der er seine Dienste zugesagt hatte. Seine Flucht war nicht ohne Risiko und ziemlich theatralisch inszeniert worden: Man hatte auf ihn geschossen und er hätte durchaus versehentlich erschossen werden können. Der Soldat des Wachschutzes, der ihn aus dem Gefängnis zum Verhör bringen sollte und hatte entkommen lassen, wurde zum Dienst in einem Strafbataillon verurteilt. Diese ganze Komödie war aufgeführt worden, weil man hoffte, eine wichtige Figur der Revolutionäre als Spionageagenten ködern zu können, und Maurice hatte sich seinerseits den unbändigen Wunsch der Ochrana zunutze machen können, einen Zuträger in den Reihen der schwer zu fassenden Maximalisten zu haben. So entging er der Katorga und vielleicht sogar der Todesstrafe.

Aber da er sich die Freiheit für einen solchen Preis erkauft hatte, gab es für ihn nur einen Weg, in die Reihen der einstigen Gefährten zurückzukehren, nämlich indem er seine Schuld durch eine besondere Leistung oder ein besonderes Opfer wiedergutmachte, die zeigten, dass sein Handeln nicht von persönlichen, sondern von den Interessen für die gemeinsame Sache geleitet war. Gleichwohl hatte er trotz allem auch an sich selbst gedacht, als er sich damit einverstanden erklärte, seine Freiheit mit einem derart haarsträubenden Schritt zu er-kaufen, wie ihn die revolutionäre Ethik vor langem schon ent-schieden verurteilt hatte. Von diesem schwer auf ihm lasten-den Bewusstsein seiner Schuld konnte nur Olen ihn freispre-chen.

Die von Olen bestimmte Uhrzeit war bereits verstrichen, aber er war immer noch nicht erschienen. Und wenn er nun überhaupt nicht käme?

Maurice spazierte ein wenig am Ufer entlang, ging dann wieder zum Angler und beobachtete den Schwimmer an der Angel. Das Wasser war ruhig, und plötzlich war zu sehen, wie der Schwimmer unter Wasser gezogen wurde. Der Angler zog wenig gewandt und linkisch die Angel aus dem Wasser, und zu seinen Füßen wand sich auf dem Sand ein kleiner Fisch. Dann sah Maurice mit Erstaunen, wie der Angler sich entgeistert über den Fisch beugte, ihn vorsichtig vom Haken löste und wieder zurück ins Wasser warf. Maurice rief ihm zu:

»Sie angeln wohl nur zum Vergnügen?«

Der Angler drehte sich ruhig um und antwortete ruhig:

»So scheint es wohl. Kommen Sie rüber, Maurice, ich war-te auf Sie.«

Maurice erkannte Olen und ging zu ihm.

»Sie sind es! Ich bin zwei Mal an Ihnen vorbeigegangen und habe Sie nicht erkannt.«

»Seien Sie gegrüßt, Maurice. Meine Hand kann ich Ihnen nicht geben, sie ist schmutzig. Ich habe Sie schon lange gese-hen, aber lieber noch etwas abgewartet.«

»Sie vertrauen mir also nicht, Olen?«

»Ich habe nicht das Recht, Ihnen zu vertrauen, Maurice.«

»Ich bin gekommen, um Ihnen alles zu erzählen.«

Olen warf noch einmal die Angel aus.

»Nun, dann setzen Sie sich zu mir und erzählen Sie.«

Obgleich sie von Einsamkeit umgeben waren, flüsterten sie, denn sie wussten, dass auch sehr leise Worte weithin über das Wasser zu hören waren. Olen fragte, Maurice antwortete.

»Wie kam es, dass die Ochrana beschlossen hat, Sie ent-kommen zu lassen? Wen haben Sie verraten, Maurice?«

»Sie wollten unbedingt einen Agent Provocateur in unseren Reihen. Und ich habe tatsächlich jemanden verraten.«

»Wen?«

»Sie, Olen. Ich habe von der Sache im Wald erzählt und dem Banküberfall und habe Ihren Namen genannt.«

»Meinen richtigen Namen?«

»Ja, aber sie kannten ihn bereits.«

»Sie kennen ihn. Was noch?«

»Sie wollten Adressen wissen. Ich habe eine genannt.«

»Die von Natascha?«

»Ja. Ich wusste, dass sie nicht mehr dort zu finden ist.«

»Wen oder was noch?«

»Nichts und niemanden. Ich habe nur gesagt, dass ein großer Anschlag vorbereitet wird, möglicherweise ein zentraler Terrorakt, und dass ich alle Einzelheiten in Erfahrung bringen könnte, wenn man mich fliehen ließe.«

»Wussten Sie denn, ob wir so etwas planen?«

»Ich wusste von nichts. Ich habe einfach gelogen, und sie haben mir geglaubt. Sie wollten mir einfach glauben.«

»Und ist Ihnen nach der Flucht jemand gefolgt?«

»Natürlich. Bis nach Petersburg. Ich bin ja selbst im Polizeidepartement vorstellig geworden. Mir scheint, dass man mir mittlerweile vertraut.«

»Sagen Sie, Maurice: Ging es Ihnen darum, sich selbst zu retten?«

»Ich gestehe Ihnen: Ja, ich habe mich auch selbst retten wollen. Das ist Schwäche, aber ich habe es vor mir gerechtfertigt, indem ich mir sagte, ich könnte für sie arbeiten und dadurch unserer Sache behilflich sein. Wie Sie wissen, ist in den Reihen der Parteiführung der Sozialrevolutionäre ein Agent Provocateur. Ich habe beschlossen, seinen Namen in Erfahrung zu bringen.«

»Nun?«

»Ich bin soeben erst angekommen, Olen. Wenn Sie mir vertrauen, werde ich das Spiel fortsetzen. Und dann werde ich den Namen vielleicht erfahren.«

»Die Genossen werden Ihnen nicht glauben, Maurice.«

»Die Hauptsache ist, dass Sie mir glauben!«

»Und wenn ich Ihnen nicht glaube?«

Maurice schwieg und antwortete dann:

»Sie glauben mir, Olen. Ich habe gesagt, es sei Schwäche gewesen. Aber vielleicht habe ich auch schlecht von mir selbst gesprochen. Mich hat nicht so sehr die Hoffnung, mich selbst zu retten, angezogen als vielmehr das furchtbare Spiel mit der Gegenseite. Die erste Runde habe ich gewonnen. Wenn Sie zu mir halten, werde ich weiterspielen.«

Sie schwiegen lange. Schließlich sagte Olen:

»Maurice, ich glaube Ihnen, obwohl ich es nicht sollte. Aber wir haben zu viel zusammen durchgemacht. Wenn Sie ein Verräter sind, so bedeutet das, dass ich ein Narr und Wahnsinniger bin. Aber ich bin kein Narr und absolut bei Verstand. Und sollte ich mich in Ihnen täuschen, so soll doch alles zum Teufel gehen. Das ist dann besser so.«

»Danke, Olen.«

»Sie brauchen mir nicht zu danken. Ich hätte Sie heute ums Leben bringen können. Was also entscheiden wir?«

»Entscheiden Sie.«

»Und ich habe entschieden. Maurice, bleiben Sie mit der Gegenseite in Kontakt und führen Sie sie einstweilen an der Nase herum. Wenn Sie etwas verraten müssen, gebe ich Ihnen entsprechendes Material. Das wird natürlich Unwichtiges sein, das sie nicht zufriedenstellen wird. Versuchen Sie, alles, was uns zunutze sein könnte, in Erfahrung zu bringen. Sie werden nur mit mir in Kontakt kommen, und zwar an Orten, die ich festlege. Den Genossen sage ich, dass ich Ihnen weiterhin vertraue und dass Sie zu uns gehören. Sagt Ihnen das zu?«

»Danke, Olen.«

»Und dann können Sie Ihren Fehler wiedergutmachen, denn es war tatsächlich ein schrecklicher Fehler.«

»Ich weiß. Ich werde ihn wiedergutmachen.«

»Und noch etwas, Maurice. Beschaffen Sie sich ein Pferd und eine Kutscheruniform, ich gebe Ihnen Geld. Aber so, dass die andere Seite es nicht bemerkt. Können Sie das?«

»Ich glaube, das schaffe ich. Natürlich beschatten sie mich, aber ich bekomme es hin. Haben Sie neue Pläne?«

»Es gibt viele Pläne. Wollen Sie sie wissen?«

»Nein, das will ich nicht. Aber ich werde zur Stelle sein, wenn Sie es befehlen.«

»In einer Woche um dieselbe Zeit hier. Einverstanden?«

»Danke, Olen.«

»Lassen Sie das mit dem Danke. Wir werden nicht mehr lange da sein, da lohnt es nicht, Rechnungen zu begleichen.«

»Für Ihr Vertrauen. Mich hätte auch Schlimmeres erwarten können.«

»Schlimmer hätte nur eines sein können. Ich gehe jetzt, Sie aber bleiben noch hier.«

Der Fischer wischte die Hand am Futter seines Jacketts ab und reichte sie seinem Gegenüber, sammelte seine Ausrüstung zusammen und schlenderte in Richtung der Arbeitersiedlung.

Maurice blieb noch ein wenig und betrachtete das Kräuseln auf dem Wasser und die aufsteigenden Luftbläschen.

Es dunkelte bereits, die Wolken waren nicht mehr zu sehen, und wer konnte schon sagen, ob der Gewinn des Lebens das wert war, was Maurice in den letzten Monaten durchgemacht hatte? Und das, was er noch durchmachen musste, und das Ende war doch immer das gleiche!

Als er sich erhob und fortging, war der Angler lange schon nicht mehr zu sehen.

Das Ziel

Um viertel nach sechs klopfte der Finger des alten Kammerdieners mit schüchterner Nachdrücklichkeit an die Tür des Schlafzimmers. Dort schlief, zusammengerollt und die Nase ungemütlich in das Daunenkissen vergraben, der Ministerpräsident.

»Ja, ja, gleich.«

Der Kammerdiener trat zwei, drei Schritte von der Tür zurück und lauschte wohl fünf Minuten. Hinter der Tür bewegte sich nichts. Wieder klopfte der Finger mit derselben Nachdrücklichkeit. Eine heisere Stimme antwortete gereizt:

»Ja doch, ich bin nicht taub, verziehen Sie sich!«

Der Diener trat ab und wartete auf die Klingel.

Der Vorsitzende des Ministerrats war noch nicht alt, aber sein Kopf war kahl. In den geöffneten Kragen des Nachthemds hing ein ziemlich langer schwarzer, mit Grau durchsetzter Bart. Die erste bewusste Bewegung des Ministers war der Griff nach dem Kamm, mit dem er seinen Bart kämmte. Dann warf er die Decke zurück, streckte das magere und behaarte Bein mit dem knorrigen Knie heraus, beschrieb den üblichen Halbkreis und fand schließlich den Hausschuh.

Er streifte das Nachthemd ab und schlurfte in den Hausschuhen zehn Schritte zum Badezimmer. Für gewöhnlich nahm er des Morgens kein Bad, sondern überwand sich, sich mit kaltem Wasser zu waschen. Das allerdings war kein inneres Bedürfnis, sondern gewissermaßen die Eitelkeit des Ministers, denn so steht es entschiedenen und markigen Menschen an.

Im Badezimmer gab es einen großen Spiegel und dieser zeigte das nackte Profil des wichtigsten und mächtigsten Mannes in jenem Staate, der ein Sechstel der Erdoberfläche einnimmt und von einhundertsiebzig Millionen Menschen bevölkert ist, die ständig umsorgt werden müssen. Der nackte Körper war nicht muskulös und verfügte, bei aller Magerkeit, über einen hervorstehenden, lustigen, runden Bauch. Auf der Brust ein Haarbeet, das sich auf beiden Seiten des Brustkorbs erstreckte. Während er seine Glatze mit dem weichen Handtuch abrieb, warf der Vorsitzende des Ministerrats einen flüchtigen Blick in den Spiegel und zog den Bauch ein. Er nahm Haltung an, und es schien ihm, dass er, wenn schon keine schlanke, so doch immerhin eine einigermaßen anständige Figur machte.

Da der Minister rauchte, hustete er jeden Morgen ziemlich lange. Während er sich wusch, schnaufte er und machte mit den Lippen br-br-r. Nach dem Waschen benetzte er den Bart mit Blumenduftwasser und trocknete ihn mit einem frischen Handtuch, bereits das dritte an der Zahl. Dann machte er eine leichte Gymnastik und schwang je fünf Mal die Arme nach vorne und zurück, kreiste zwei Mal mit der Taille und machte drei angedeutete Kniebeugen, bei denen es in den Knien knackte. Als er seinen Körper zum dritten Mal in die Höhe stemmte, hielt sich der Minister mit den Händen am Rand der Badewanne fest.

In diesem Moment schwand aus dem Gesicht des Ministers die letzte Spur des nicht lange zurückliegenden kurzen Schlafes und es strahlte plötzlich selbstsichere Geschäftigkeit aus. Im Schlafzimmer legte er das von seinem Kammerdiener am Vorabend vorbereitete saubere Hemd mit gestärkter Brust an, eng an den Beinen anliegende Jägerleibwäsche und seidene Strümpfe. Dann, und keine Minute früher, klingelte er nach seinem Diener, nachdem er zuvor den Schlüssel im Schloss umgedreht hatte. Der Minister schlief nämlich stets bei verschlossener Tür.

Um viertel vor sieben war seine Toilette wie üblich beendet. Bis sieben Uhr trank er Kaffee im kleinen Speisezimmer und aß ziemlich viel Warenje dazu. In die je zu Vierteln gefalteten Nummern der »Neuen Zeit« und der »Regierungsnachrichten« warf er nur einen kurzen Blick, nämlich auf die Liste der Verstorbenen auf der ersten Seite und auf die Liste der Rangbeförderungen und Denominationen auf der letzten. Alles andere fasste sein Sekretär für ihn zusammen.

Bevor er sich in sein Kabinett begab, trat der Minister zum Fenster und blickte durch die Tüllgardinen auf die Straße. Gegenüber seinem Haus war ein weitläufiger Garten, in dessen Tiefe ein kleines Haus stand. In diesem Haus hatte früher irgendjemand gewohnt, nun war das Haus – und dies war dem Minister bekannt – von jemandem im Auftrag des Polizeidepartements angemietet worden und wurde von vorgeblich einfachen Leuten bewohnt, ein Ehepaar und der Bruder der Gattin, die aber tatsächlich Mitarbeiter der Ochrana waren. Direkt gegenüber den Fenstern des Palais des Ministers befand sich auf der anderen Straßenseite ein Zeitungskiosk, und dort arbeitete ein Mann, der schon ziemlich suspekt anmutete – auch er selbstverständlich ein Agent der Ochrana. Der Fuhrmann, der an der rechten Seite der Gärten vorgeblich auf Kundschaft wartete, war vermutlich ebenfalls ein Mitarbeiter des Außendienstes zur Beobachtung. In der untersten Etage des Wohnhauses des Ministers waren drei Zimmer mit dienst-habenden Mitarbeitern der Ochrana besetzt. Eine kleine Ka-serne. Es war angeordnet, dass dieses ganze Pack sich nur im Hause aufhalten und sich im Außenbereich nicht zeigen solle. Im Vestibül saßen zwei, ein Portier und noch jemand, der wer weiß was darstellen sollte. Man wählte sie danach aus, dass sie einigermaßen anständig aussahen. Auch auf der Etage, wo der Minister arbeitete, waren welche zugegen, im Vorzimmer und im Empfangszimmer. Lediglich auf der Etage, wo die Familie des Ministers wohnte, waren keine anwesend.

Traurige Notwendigkeit! Der Minister wusste besser als alle anderen, dass diese unausweichlichen Schutzmaßnahmen unzureichend und unnötig waren, solange es keinen brauch-baren Zuträger in den Reihen der Revolutionäre gab. Glück-licherweise aber waren diese Anarchisten – der Minister nann-te sie alle Anarchisten, obgleich er sich der Unterschiede zwi-schen ihnen und in ihren Parteiprogrammen bestens bewusst war – bei all ihrer Dreistigkeit doch erstaunlich naiv und ver-trauensselig. Und nicht sehr klug, ja geradezu begriffsstutzig. Die aufgescheuchte Polizei hielt Tausende von Widerlingen aus, denen sie bisweilen blind vertraute. Ohne jegliche Schwie-rigkeit hätten Dutzende Revolutionäre sich unter diese Tau-sende schleichen können, und dann wären jegliche Schutz-maßnahmen sinnlos gewesen. Gleichwohl – woher sollte man das wissen? Vielleicht erwies sich ja gerade dieser Achtgro-schenjunge, der im Zeitungskiosk saß, wenn der Minister das nächste Mal auf die Straße trat, als jener, vor dem man sich zu schützen suchte.

Der Ministerpräsident war noch nie ein Feigling gewesen. Als Mensch von Verstand zweifelte er absolut nicht daran, dass man ihn umbringen würde. Vielleicht heute, vielleicht in einem Jahr, vielleicht … Die Explosion der Bombe würde nicht einmal in sein Bewusstsein vordringen, und sein Körper, wenngleich er ja auch nicht besonders schön war (ihm fiel sein Abbild im Spiegel ein), der aber immerhin sein eigener und ihm vertrauter Körper war, würde in Stücke gerissen. Würde sein Name in die Geschichte eingehen? Zum Teufel mit der Geschichte! In der langen Liste der Opfer standen Bogolepow,

Sipjagin, Plewe – selbst der allgewaltige Plewe! Und wie viele gab es noch, man konnte sie gar nicht alle aufzählen! Und diesen Namen würde dann eben noch seiner hinzugefügt. Ein Knall, und ein Kopf mit schwarzem Bart flöge zur Seite, die Manschetten, die Füße in den Stiefeln, Stücke der Jägerleibwäsche, an denen Fleisch hing.

Die Tür des Nebenzimmers flog vom Durchzug zu. Der Minister zuckte zusammen, streckte die Hände wie ein Kind nach vorne, wie zur Abwehr, dann nahm er wieder Haltung an und ging mit leicht zusammengezogenen Augenbrauen weiter in sein Ministerzimmer.

Das schien ihm nicht einfach, absolut nicht einfach, aber doch sehr verständlich. Eine riesige Fläche des Erdballs war genauestens auf das Papier gezeichnet. Der einzelne Mensch verschwand. Die Masse der Menschen war eingeteilt in Bürger und Bauern. Die früheren, kurzsichtigen Politiker hatten lediglich an den Bürger und an die furchterregende Gegenwart gedacht. Er hingegen berücksichtigte auch die Zukunft und die reale Kraft der Bauernschaft. Er verfügte über einen aufgeklärten Geist und europäische Bildung. Dort, in Europa, waren es die Vorstellungen und die massenhafte Kraft des Kleinbürgertums, die den wahnwitzigen Träumereien der Utopisten gegenüberstanden. Hier, in Russland, wäre dies ebenso, wenn auf jedem Hügel der sicher zu bewirtschaftende Hof des Kleinbauern stehen würde. Die Verhältnisse dort waren über viele Jahre gewachsen, hier würden sie aufgrund der Klugheit der Machthaber, die grenzenlos war, eingeführt. Der bombenwerfende Einfaltspinsel bildete sich ein, der Bauer akzeptiere das Eigentum an Land nicht, denn es sei schließlich alles Gottes Erde. Aber ebendieser Bauer würde sich mit Zähnen und Krallen an seinem Eigentum festhalten und niemanden sein Land betreten lassen. Ein gesunder Instinkt! Selbstverständlich brauchte das alles einige Zeit. Aber der Hof des Kleinbauern sollte Russlands Rettung sein!

Als Russe liebte der Minister Russland sehr – ebenjenes Land, das so vortrefflich auf der Karte verzeichnet war, mit seinen Unterteilungen in Gouvernements, Kreis- und Gemeindebezirke. In seiner Vorstellung war das Land entsprechend schraffiert und mit unterschiedlichen Farben versehen, alles überaus weise organisiert. Zu schraffieren, zu organisieren und zu retten vermochte nur er es, und dafür brauchte er Macht. Ein Mann mit kahlem Kopf und schwarzem Bart konnte mit ungeheurer Willensanstrengung unter einem Zaren, der ein Dummkopf war, unter einer Bande von Beamtenpack (Gott! Was für Schurken!), unter der ständigen Bedrohung, zusammen mit seinen Projekten und klugen Reformen in die Luft zu fliegen, eine große Mission erfüllen. Das Spiel lohnte den Einsatz!

Wenn Zeit bliebe für Läppereien, für Zweitrangiges, würde er auf der Karte den sommersprossigen Kusma mit dem Leistenbruch ausfindig machen und den saufenden Arbeiter der Putilow-Werke und die liberal gesinnte dümmliche Dame, in deren Salon sich Doktoren, gerichtsbestellte Advokaten, liederliche Literaten, von der Lektüre übergeschnappte Studenten und sich in ihrer Ehre beleidigte Schwadroneure aus der Duma zusammenfanden – all diese Parasiten des Volkskörpers, der zukünftigen kräftigen und wohlhabenden Kleinbauern, würde er auf die zukünftigen Höfe schicken, in blauen Kaftanen und mit üppigen Bärten, mit einer vielköpfigen Familie und ungewöhnlich wohlgenährten Kühen. Aber der Erbauer des Staates hatte keine Zeit, mit der Lupe nach diesem Abschaum zu suchen. Ihrer könnte sich dann der kleine Sekretär, der ihm des Morgens den Inhalt der Zeitungen referierte und zu Hoffnungen Anlass gab, annehmen.

Der Minister fragte ungeduldig:

»Was schreiben die Moskauer Zeitungen? Dasselbe? Ja, ich weiß, das ist unwichtig. Und wer bittet, in persönlichen Angelegenheiten vorgelassen zu werden?«

»Bis jetzt stehen zwei auf der Liste, die bei Ihnen persönlich vorsprechen wollen, eine Dame mit einer Rekommandation vom Bezirkskommandanten und ein Priester.«

»Weshalb ein Priester? Auf wessen Empfehlung?«

»Von Anna Arkadjewna.«

»Ah ja, sie hat irgendetwas erwähnt. In welcher Angelegenheit?«

»In der Angelegenheit des Waisenhauses in Wjatka.«

»Warum will er zu mir? Niemand sonst?«

»Die anderen kann der Leiter der Kanzlei empfangen.«

»Gut. Er soll sich auch mit der Dame befassen. Bitten Sie den … wie heißt er doch gleich … diesen auf Empfehlung von Anna Arkadjewna herein.«

»Sehr wohl.«

Sich durch die Tür quetschend, obwohl er seitlich eintrat, ohne Speichelleckerei, aber mit der gebotenen Ehrerbietigkeit, trat in violettfarbenem Festtagsgewand und mit dem Portefeuille unterm Arm (das Portefeuille hatte im Vorzimmer eine gewisse Aufregung verursacht) Vater Jakow Kampinski, der Zeuge der Geschichte, ins Kabinett des Ministers.

Die Brüder Gracchus

Die Brüder Gracchus erschienen wie gewohnt pünktlich, fünf Minuten nacheinander. Sie aßen zusammen, es gab Spinat mit Ei, Huhn an weißer Sauce und Zitronencreme. Senja sagte ganz im Ernst, er habe ein solches Mahl noch nie in seinem Leben genossen.

»Was ich noch mag, ist Erbsensuppe mit einem Knochen vom Schinken. Das haben wir immer zu Ostern gegessen, die mochte ich sehr!«

Natascha wollte antworten, dass sie demnächst einmal Erbsensuppe von Mascha kochen lassen könne, aber dann fiel ihr ein, dass es ja kein nächstes Mal gebe.

Sie sprachen über Unwichtiges. Petrus erzählte, wie er einmal zu Hause im Gouvernement Tula mit einem Spinner einen Hecht von gut sechs Pfund gefangen hatte. Wenn er früher von dieser Begebenheit des Anglerglücks berichtet hatte, sprach er immer von »gut fünf Pfund«, aber heute war der Hecht gewachsen. Natascha erzählte, wie man einmal im Flachwasser der Oka einen Beluga-Stör gefangen hatte, der so groß war, dass man ihn nur auf zwei zusammengebundenen Handkarren transportieren konnte. Dann tranken sie Kaffee, alles so, wie es in gutem Hause üblich war. Nach dem Essen gaben sie Mascha bis zum Abend frei, dann schloss Natascha die Kommode auf und nahm vorsichtig zwei schwere und plumpe gesteppte Westen heraus.

Als sie damit ankam, wurden die Brüder Gracchus ganz blass und versuchten zu lächeln. Der Student Petrus sagte: »Für mich bitte die hübschere der beiden!«, aber keiner lachte über seinen Scherz.

Olen verließ sie und versprach, in einer Stunde zurückzukehren.

»Natascha, denken Sie an den Vorhang am Fenster.«

»Ja, an einer Seite zurückgeschlagen.«

Als Olen fort war, erklärte Natascha, wie der Knopf an dem Kästchen zu drücken sei, mithilfe dessen das Glasröhrchen zerbrochen würde.

»Man muss den Finger tief in diese Öffnung hier stecken und sehr fest drücken. Aber tun Sie das nicht, wenn es nicht notwendig ist. Wenn man ihn nicht berührt und nicht irgendwo gegenstößt, ist es nicht gefährlich.«

Petrus, dessen Lippen ganz weiß geworden waren, sagte:

»Der Geruch ist aber wirklich ziemlich streng, da wird einem ja ganz schwindelig.«

»Ja, das kommt vom Melinit. Man kann den Geruch mit Parfum überdecken.«

»Das geht schon, wir werden uns schon daran gewöhnen.«

Natascha ließ sie vorsichtig die Westen anprobieren. Beide saßen nicht eben gut und trugen ziemlich auf.

»Nun ja, unter der Kleidung wird das nicht allzu sehr auffallen. Ist Ihre Uniform fertig, Petrus?«

»Ja.«

»Und ist sie in Ordnung?«

»Von einem Militärschneider. Ich bin Rittmeister der Gendarmerie, da wird nichts zu sehen sein. Sie ist ziemlich weit geschnitten, mit der Weste darunter wird sie gut passen. Und auch die Uniformmütze ist neu, passt genau.«

»Dann ziehen Sie sie jetzt wieder aus und nehmen Sie sie nachher mit.«

Sie streiften vorsichtig die Westen wieder ab und atmeten

erleichtert auf. Aber sie waren immer noch blass. Petrus' Lippen zitterten und er trank oft einen Schluck Wasser.

»Wie warm es heute doch ist.«

Natascha konnte nachempfinden, wie die beiden sich fühlten. Sie fragte:

»Glauben Sie, Sie schaffen es? Denn es ist besser, rechtzeitig aufzugeben, als in der letzten Minute einen Rückzieher zu machen. Es wäre nichts, dessen man sich schämen müsste, niemand ist verpflichtet, ein Held zu sein. Seid ihr fest entschlossen?«

Der Arbeiter Senja antwortete als Erster:

»Ja, wenn man es denn einmal zugesagt hat. Ich mache es, ich bin entschlossen. Zwei Tode kann man nicht sterben!«

Natascha drückte ihm die Hand. Und auch Petrus sagte:

»Auch ich, Natascha, bleibe dabei. Wir gehen beide.«

Sie küsste die beiden und sagte:

»Setzen wir uns ein bisschen. Nach Ihnen ist die Reihe an Olen, und auch ich werde bald mit Ihnen gleichziehen.«

»Tatsächlich auch Sie, Natascha?«

»Nicht morgen, aber bald dann auch ich, ja. Schon sehr bald tue ich es Ihnen nach.«

»Vielleicht wird es ja nicht mehr nötig sein. Vielleicht wird sich morgen, nach unserer Tat, alles ändern. Und Sie leben weiter und werden, so Gott will, glücklich.«

Als er dies ausgesprochen hatte, wurde Senja rot. Das Wort »Gott« hatte sich nur versehentlich eingeschlichen, denn erstens existierte er nicht und zweitens war er hier absolut nicht von Belang. Senja setzte hinzu:

»Nun gut, dort werden wir es erfahren. Aber so oder so kann man nicht zwei Tode sterben.«

Natascha sah, dass beiden fürchterlich zumute war, aber von ihrem Wort zurückzutreten, das wäre nicht ihre Art. Auch sie hatte Angst, aber sie musste ihnen Kraft geben.

»Der Tod, Senja, existiert nicht. Weder der Körper noch die Seele verschwinden. Heute sind wir als Menschen hier auf dieser Welt, morgen nehmen wir eine andere Gestalt an als Erde, Baum, Wolke oder ein anderer Mensch und werden wieder leben.«

Senja war diese Philosophie nicht begreiflich, und Petrus lächelte. Natascha fuhr fort:

»Und selbst wenn der Tod existierte … Damit, dass man das Leben bis zu Alter und Krankheit hinzieht, hat man doch nichts gewonnen. Sie zum Beispiel, Sie haben in der Fabrik gearbeitet, dann hätten Sie geheiratet, eine Frau, die auch Arbeiterin ist, hätten Kinder bekommen und in ewiger Plackerei und Armut gelebt, und am Ende wären Sie so oder so gestorben. Jetzt sind Sie Herr Ihrer Entscheidungen, ansonsten aber werden Alter und Krankheit über Ihr Leben bestimmen. Oder Sie werden verhaftet, mit Schmutz beworfen, verprügelt und letzten Endes auch umgebracht. Das kann jeden Tag passieren. Und jetzt müssen Sie einfach nur auf einen Knopf drücken, und vielleicht wird dadurch ganz Russland ein anderes Land werden!«

Petrus sagte nachdenklich:

»Ich glaube nicht an das ewige Leben, aber das Leben auf dieser Welt liebe ich sehr. Und das, was ich liebe, will ich hingeben.«

»Ich verstehe Sie. Ich liebe das Leben auf dieser Welt auch sehr, und ich glaube an das ewige Leben. Soll heißen, ich glaube nicht, dass der Tod existiert, sondern Verwandlung. Denn auch ein Baum lebt ja, ein Stein, alles lebt. Nichts kann zur Gänze verschwinden.«

Sie fühlten sich sehr behaglich, wie sie da mit Natascha zusammensaßen und sich unterhielten. Olen war ein aufrichtiger Kamerad, mit ihm würde man überallhin gehen, aber so wie mit Natascha konnte man mit ihm nicht reden. Natascha hörte zu und sagte, was sie dachte, ihr konnte man alles gestehen, und sie verstünde es. Petrus hörte ihr zu und dachte zugleich, dass das alles vielleicht tatsächlich gar nicht so sei und dass er, Petrus, eigentlich nicht gerne zu einem Baum oder einem Stein würde, sondern dass er eigentlich viel lieber Petrus bleiben würde, ein junger Mann, dessen Bart gerade erst zu sprießen begann, Student und später ein gestandener Mann, ein rechtschaffener Arbeiter. Wenn das Leben einen anderen Weg genommen hätte, wäre dem vielleicht so gewesen, ganz sicher wäre es so gewesen. Aber jetzt konnte man sich mit dem nicht zufriedengeben, das wäre eine Schande! Wie viele Kampfgefährten waren schon ums Leben gekommen, und wie viele würden noch vergeblich ihr Leben lassen! Die anderen hatten nicht die Kraft dazu, aber er, Petrus, war bereit, es zu tun, und hatte absolut keine Angst vor dem Tod. Und auch Senja hörte Natascha zu und schenkte ihr Glauben. Er schenkte ihr Glauben, weil man einer wie ihr einfach Glauben schenken musste. Sie hatte blaue Augen, sprach ruhig und einfühlsam, und wenn auch sie, eine Frau, dazu fähig war, in den Tod zu gehen, und keine Furcht davor hatte, dann konnte er doch keinen Rückzieher machen! Wenn sie etwas sagte, bedeutete das, dass sie etwas wusste, das andere nicht wissen. Und ihre Worte waren für Senja wie eine wunderschöne, noch nie gehörte Musik.

Die ganzen Monate über hatten die beiden nicht im normalen Leben, sondern in einer Traumwelt gelebt, ohne sich umzublicken, ohne sich zu besinnen, in jeder Minute bereit zu etwas, das ihrer Natur eigentlich widersprach, das aber absolut unvermeidlich und von grenzenloser Erhabenheit war. Als der Tag näherrückte, wurde es im Inneren kälter, aber das vertrieb den Nebel nicht. Und nun war es so süß, die beruhigenden Worte zu hören, denen man ohne nachzudenken glauben wollte.

Natascha verstand dies und sprach zu den beiden ebenso wie zu sich selbst. Sie fühlte ein tiefes Glück in sich, da es genau das war, was es in diesem Augenblick brauchte, nämlich Vernunft und Willen mit einem weichen Netz von Märchenhaftem zu umhüllen. Sie sprach lange, sagte all das, was sie sich für sich selbst erdacht hatte, vor langer Zeit bereits, am Flussufer, als neben ihr der griechische Philosoph Zenon gelegen hatte und die Sonne sie gewärmt, aber nicht gebrannt hatte. Vielleicht aber auch schon früher, als Pachom Muschka totgetreten und Muschka die Gestalt von blaugrünem Gras angenommen hatte. All dies, was sie anderen zu sagen niemals gewagt hätte, sagte sie ihnen, wie eine Mutter ihren Kindern, wie eine ältere Schwester, die das Leben kennt, ihren Brüdern.

Eine derartige Vereinigung mit der Seele anderer hatte Natascha noch nie zuvor erlebt, und sie fühlte etwas, das der

Dichter in einem Augenblick höchsten Schöpfertums fühlt, wenn er sich selbst und andere mit aller Kraft seiner Leidenschaft und Aufrichtigkeit belügt.

Olen kehrte zurück. Auch er war an diesem Tag in erregter und gehobener Stimmung. Alles war bereits zuvor ausführlich besprochen und erörtert worden, jeder Schritt war geplant. Maurice würde die Brüder Gracchus zum Palais fahren, sie würden es betreten und darum bitten, unverzüglich vom Minister empfangen zu werden. Sie würden andeuten, dass ein Attentat zu erwarten sei und keine Minute verloren werden dürfe. Wenn der Minister herauskäme oder sie zu ihm geführt würden … Aber wenn der Minister sie nicht empfinge? Wenn sie nicht einmal ins Empfangszimmer vorgelassen würden? Dann wäre die Reihe an Olen. Sollte lange keine Explosion erfolgen, würde Olen ins Palais hineinrennen, und nichts und niemand könnte ihn aufhalten. Dann kommen sie alle drei um und mit ihnen alles andere Leben dort.

Sein Plan war furchterregend. Aber Olen war dem Tod bereits mehrmals begegnet, und nur die erste Begegnung flößt Furcht ein. Dass sie nur nicht zu spät zur Audienz kämen oder die Sache durch eine sonstige Fahrlässigkeit verdarben.

Beim Abschied umarmte er die Brüder Gracchus und sagte:

»Genossen, Ihr wisst, morgen nicht später als ein Uhr, besser sogar noch genau um eins. Ich werde dort auf die Minute genau warten.«

Sie nickten schweigend. Als sie fortgingen, küssten sie Natascha, und Senja flüsterte ihr verlegen zu:

»Ich danke Ihnen für alles! Mit Ihnen ist es, als ob wir uns sehr nahestehen. Und wir stehen uns ja auch sehr nahe!«

Als die Tür hinter ihnen zuschlug, wandte Olen sich ab und seine Wange zuckte heftig.

Wiegenlied

ls sie allein waren, sagte Natascha:

»Olen, zwischen deinen Augenbrauen ist eine tiefe Falte!«

Er zeigte sein einnehmendes Lächeln, kindlich und gutherzig bei strenger Miene.

»Jetzt ist die Falte verschwunden.«

»Hast du mit den Brüdern Gracchus geredet?«

»Ja, wir hatten ein sehr gutes Gespräch. Die beiden sind sehr feine Kerle, so aufrichtig und anständig. Es ist so gut, dass es solche Menschen gibt wie dich und sie!«

»Ja, Petrus und Senja sind großartige Burschen, solche wie sie haben wir nur wenige unter uns. Leute, die Mut besitzen, gibt es oft, aber auch Draufgänger sind ja mutig. Aber diese beiden sind ja nicht von dieser Welt. Haben sie dir Briefe gegeben?«

»Nein. Senja hat gesagt, dass er seinen Schwestern und seiner Mutter heute Abend schreibt. Und Petrus bittet nur darum, allen Freunden Grüße auszurichten, seine Eltern sind schon tot und andere Verwandte hat er nicht. Worüber denkst du nach, Olen? Denk doch heute nicht an unseren Kampf.«

»Ich mache mir Gedanken über Maurice. Nicht alle vertrauen ihm.«

»Und du?«

»Ich habe keinerlei Zweifel in Bezug auf ihn. Aber er fühlt sich tief elend. Er spielt weiterhin sein Spiel mit der Ochranka, aber so, wie es aussieht, kommt nichts dabei heraus. Auch dort traut man ihm nicht so ganz über den Weg und fordert von ihm etwas Grundlegendes, dass er ihnen jemanden ausliefert.«

»Dann soll er doch mich verraten, Olen, das wird seine Stellung dort verbessern.«

»Was für ein Unsinn, Natascha.«

»Nein, das ist kein Unsinn. Ich werde aussagen, dass ich mit euch zusammengearbeitet habe.«

»Damit man dich aufhängt?«

»Ja, und? Wir haben zusammen gelebt und wir gehen zusammen in den Tod. Erinnerst du dich, wie du mir das gesagt hast? Ich habe keine Angst davor.«

»Nein, Natascha, so billig darf man sich nicht verkaufen. Auch Maurice wird damit nicht einverstanden sein. Und ob er das morgen heil übersteht …«

»Ihr beide müsst das überstehen. Morgen ist der Tag der Brüder Gracchus.«

Sie besprachen ruhig den morgigen Tag, als ginge es um etwas ganz Alltägliches und nicht den möglichen eigenen Tod und den vieler anderer. Seit einem Monat nun spielten sie mit dem Gedanken an den Tod, und sie hatten sich daran gewöhnt, Worte des Grauens und Wahnwitzes auszusprechen. Sie wähnten sich im Krieg. An einem Tag trifft man Vorbereitungen, am nächsten Tag geht man zum Angriff über, es ist unmöglich, in ständiger Anspannung zu leben, immer wieder seinen Puls zu fühlen und nach dem Flug der Kugel zu horchen. Das Wesentliche, die Frage nach dem Wert des Lebens, dem eigenen und dem der anderen, war längst entschieden, und die Einzelheiten konnten deshalb Gegenstand einer gleichmütigen Unterredung sein. Doch diese Ruhe ist trügerisch, hinter ihr verbirgt sich das Brodeln eines nie verlöschenden Vulkans von Gedanken und Gefühlen. Aber leben denn nicht auch Menschen freiwillig in der Nähe des Kraters eines Vulkans, erfreuen sich der Sonnenuntergänge, bauen Weinstöcke an und denken beharrlich über das Morgen nach? Sie waren allzu jung für diese Art von Fatalismus, aber sie lebten in einem Land, dessen Schicksal von Astrologen nicht vorhergesagt war, dessen Wege niemandem bekannt waren, in einem Land, in dem die Erwachsenen große Kinder waren und die Jugend altersweise war.

»Heute habe ich den Brüdern Gracchus ein Märchen erzählt, denn sie sind ja wirklich noch wie Kinder, und sie haben das gebraucht. Wenn du magst, erzähle ich dir auch eines, aber ein anderes.«

Sie setzte sich in die Ecke des Diwans, Olen streckte sich aus und legte seinen Kopf in ihren Schoß.

»Was für ein Unglück, dass ich so wenig Begabung habe. Ich habe unendlich viele Märchen im Kopf, aber wenn ich beginne, sie zu erzählen, ist das nicht Poesie, sondern ein Kopftuch mit folkloristischen Mustern oder ein mit Kreuzstich besticktes Handtuch. Sag mal, warum nennt man dich eigentlich Olen?«

»Das hat sich zufällig ergeben. Irgendjemand fand einmal, jeder Mensch habe Ähnlichkeit mit einem bestimmten Raub- oder Haustier. Wir sind alle durchgegangen, und mich hat man Olen genannt. Weil ich groß bin und schnell.«

»Du bist nicht nur großgewachsen, sondern auch ein großer Mensch, stark, gewandt und mutig! Du bist wirklich wie ein Hirsch mit einem großen Geweih. Nun also, hör zu, ich erzähle ein Märchen, aber schließ die Augen. Es ist aber gar kein Märchen, sondern eher eine Art Ballett, ein ganz und gar russisches. Da liegt also ein riesiges Land, weit, verloren, vergessen, verschlafen, mit Waldgeistern, Wassernixen und Zauberern. Die Nixen führen Reigentänze auf, und alle sind in echte Sarafane gekleidet, nicht in überladene wie auf dem Theater. Zwischen den Reigentänzen läuft ein Waldgeist umher, ungelenk, behaart, aber bei mir ist er nicht abstoßend, nicht so ein Brekkerekekex, sondern ein lustiger, ein wenig trauriger, sehr kluger, sehr begabter Poet. Und dann etwas wie ein Kampf zwischen Schlafen und Erwachen, ein Mädchen, das die Blume in der Johannisnacht sucht und sie auch findet, denn der Waldgeist hilft ihr. Sie beide kommen dann um, das heißt, sie verschwinden nur in dieser Gestalt, aber sie schaffen es, mit der von ihnen gefundenen Blume dieses weite Land aus dem Schlaf zu erwecken, und es beginnt ein neues Leben, alles verändert sich, erblüht, und … – mit einem Wort, alles wird hell, glänzt, glitzert, schillert. Ich weiß nicht, wie ich es genau beschreiben soll, aber ich sehe es ganz klar vor mir. Es gibt dort zwei Welten, die einander entgegengesetzt sind, und beide sind dennoch wunderschön, jede auf ihre Art, und sie gehen ineinander über. Das Wichtigste ist, dass das Märchen heiter ist, und alles, was Furcht erregen könnte, nicht furchterregend, sondern ganz natürlich ist, so etwas in dieser Art, verstehst du?«

»Ja, das wäre schön.«

»Was wäre schön?«

»Wenn alles heiter und natürlich wäre.«

»Aber sicher, Olen. Ich habe mich heute ein wenig der

Träumerei hingegeben. Ich erinnere mich so genau an die Sommer auf dem Land. Den Duft der Linden. Kennst du den Duft der Linden?«

»Aber ja!«

»Wenn die Linden blühen. Auch der Flieder duftet schön, aber der Duft der Linde ist schöner. Er ist so süß und die Bienen summen.«

Olens Wange zuckte nicht mehr, und er sah vor seinem inneren Auge die Linde, die herumsurrenden Bienen und Natascha, so wie sie dort auf dem Land war. Und als er sie sich so vorstellte, sann er darüber nach, dass sie zu bezaubern vermochte und dass sie womöglich mehr innere Stärke besäße als er und die anderen. Ihre Philosophie war natürlich schlicht, naiv und verworren wie auch ihr gesamtes Märchen, aber ihre innere Stärke war hart wie Stahl – sie war biegsam, aber sie brach nicht. Und es gefiel ihm, dass Natascha kein zerbrechliches Mädchen, sondern eine richtige, starke Frau war.

Ohne sich zu rühren und ohne die Augen zu öffnen, fragte Olen:

»Hegst du denn niemals Zweifel, Natascha? Bist du ganz sicher, dass es so richtig ist?«

»Wie denn soll ich keine Zweifel hegen? Ich zweifle oft und an vielem! Fast an allem. Aber das quält mich nicht, denn die Wahrheit kennt ja niemand, und ich habe vor nichts Furcht.«

»Auch nicht vor dem Tod?«

»Absolut nicht. Und das ist wirklich wahr, Olen. Wie soll man sich vor etwas fürchten, das man sich nicht einmal vorstellen kann? Vielleicht fürchtet man sich vor Leiden. Aber weißt du, wovon ich seit meiner Kindheit überzeugt war? Ich war überzeugt, dass das Leben von ganz allein ein immerwährendes schöpferisches Glück ist und das Leiden nur etwas zeitlich Begrenztes, Äußerliches. Wie bei einem Fluss mit Uferabbruch und Steinen, mit so vielen Steinen und niemand, der sagt, ›Das ist ein Stein mit Fluss!‹, sondern immer: ›Das ist ein Fluss mit Steinen‹. Und wenn man an den Tod denkt, dann verschwinden die Uferabbrüche und die Steine, und was bleibt, ist der unverwehrte und breite Strom des Flusses, also unseres Lebens und unseres schöpferischen Glücks. Und das bedeutet, dass all unser Leiden nichtig ist und dass man es nicht zu fürchten braucht, wenn man nur das Leben tatsächlich, mit allem, das ihm inne ist, liebt. Deshalb habe ich auch vor nichts Furcht.«

»Und der anderen wegen?«

»Das ist ganz gleich. Auch sie werden dies im letzten Augenblick begreifen, und sei es im allerletzten.«

»Das meinte ich nicht. Ich meinte das Recht, jemanden umzubringen.«

»Was heißt denn Recht? Hier geht es nicht um Recht, sondern um ein Naturgesetz. Es gibt kein Leben ohne Gewalt. Man macht einen Schritt und zertritt einen kleinen Käfer. Allein schon, wenn man atmet. Es ist kein Recht, die Welt ist nun einmal so. Gewalt ist etwas ganz Natürliches und Unabdingbares.«

»Aber wir sagen doch, wir kämpfen gegen Gewalt im Namen der Freiheit.«

»Ja, tatsächlich, aber gegen die Gewalt der anderen und für unsere Freiheit. Alle kämpfen. So muss es auch sein. Ich glaube ja auch nicht an so etwas wie den Sozialismus oder an einen Rechtsstaat. Das sind alles nur Chimären.«

Olen lauschte eher Nataschas angenehmer Stimme und ihrer guten russischen Aussprache als dem Sinn ihrer Worte. Sie sprach von »Recht«, »Freiheit«, »Sozialismus«, verstand aber selbst kaum den Sinn dieser Begriffe. Sie hatte das Gymnasium und höhere Kurse besucht, aber von Natur aus war sie von nicht allzu klugem, von schlichtem Verstand. Aber ihr Glaube war aufrichtig und echt. Vielleicht hatte sie sich das alles selbst ausgedacht, vielleicht aber auch irgendwo gelesen und sich davon überzeugt, um es schließlich auf ihr Leben anzuwenden und nie wieder davon abzurücken. Nietzscheanismus vermengte sich bei ihr mit russischem Aberglauben, ähnlich einem Kleidungsstück nach der neuesten europäischen Mode mit einem weißen Kopftuch oder einem Band, wie man es in der Provinz trägt. Und bei all dieser äußeren Verworrenheit war ihr doch eine erstaunliche innerliche Einheit, ein Zustand echter, vitaler Lebenskraft zu eigen. Sollte ihr zu leben beschieden sein, so würde das Gefühl ihr den rechten Weg weisen.

Er sann über sie nach, nicht über sich noch über das, was ihn morgen erwartete. Er hörte, wie Natascha von den »gelehrten« Worten zu ihren geliebten Erzählungen über Sonnenaufgänge überging, darüber, wie die Sonne sich versteckt und dahinstirbt, an ihrer Statt mit flimmerndem Leuchten die Wolken entbrennen und statt der erwarteten Dunkelheit von neuem leuchtende Schönheit erstrahlt. Und darüber, wie des Abends, über der Oka, ganz nah über dem Wasser, kleine Eintagsfliegen fliegen, wie weißer Nebel. Sie leben wenige Stunden nur, werden nur für die Liebe geboren und sterben sogleich wieder, das Wasser ist ganz mit ihnen bedeckt, und die kleinen Fische schnappen und fressen sie.

Ein heißer Tag im August

In einem erbärmlichen kleinen möblierten Zimmer saß ein junger Mann an einem mit dickem, blauem Wachspapier bezogenen Tisch und schrieb einen Brief. Er war im Schreiben nicht eben gewandt, feuchtete den Stift immer wieder mit Spucke an und malte Buchstaben um Buchstaben unter großer Mühe und Anstrengung. Oben auf dem Papierbogen stand:

Teure Mutter und liebenswürdige Schwestern!!

Und im Weiteren wurde in ungelenken und liebevollen Worten ausgeführt, dass ihr Sohn und Bruder in den Tod gehe für die Freiheit und das ganze russische Volk und dass er, wenn sie diesen Brief erhielten, schon nicht mehr am Leben sein werde. Und dass sie ihm alle Kümmernis, die er ihnen damit bereite, vergeben mögen. Und dass sie ihm glauben mögen, dass er nicht anders konnte und sie immer geliebt und Mitleid mit ihnen gehabt habe.

Von den fest aufgedrückten Buchstaben wellte sich das Papier, und ein Abdruck des Geschriebenen blieb im blauen Wachspapierbezug zurück. Als er geendet und als liebender Sohn und Bruder, Senja, unterschrieben hatte, wusste der junge Mann nicht, was mit dem Brief anzufangen sei, denn mit der Post konnte er ihn nicht schicken, und er beschloss, ihn dem Kameraden zu geben, der sie fahren werde, damit er dann, wann immer es möglich wäre, an die Mutter weitergeleitet werde.

Um halb eins am Mittag war Senja, wie verabredet, bereit: Er hatte den neuen Zweiteiler über die schwere und übel ausdünstende Weste gezogen, betrachtete sich im stumpfen und mit Fliegendreck beschmutzten Spiegel und lachte auf: Was war er doch für ein stattlicher junger Herr! Zugleich dachte er, wie schade es um den neuen Anzug sei, der viel Geld gekostet hatte. Könnte er ihn doch einem seiner einstigen Freunde aus der Fabrik schenken, der würde sich so sehr darüber freuen! Am meisten amüsierte ihn der Bowler mit steifer Krempe, dessen Rand in die Stirn drückte: Wenn er ihn über die Brauen zog, sah er aus wie eine dubiose Gestalt, schob er ihn ins Genick, wie ein Zechbruder. Dann setzte er sich ans Fenster und wartete.

Das Warten war ermüdend, denn er wollte nicht noch einmal über all jenes nachdenken, über das er bereits nachgedacht hatte, sondern alles nur so schnell wie möglich hinter sich bringen. Angst – nein, die hatte er nicht, aber sein Mund war trocken, und vor den Augen war ein leichter Nebel. Das kam daher, dass er in der Nacht schlecht geschlafen hatte, denn in der Nacht kommen die Gedanken.

Er wartete eine halbe Stunde länger als verabredet und litt sehr – war etwas dazwischengekommen? Und da stahl sich durch den Nebel hindurch die klägliche Hoffnung, der Plan könne sich zerschlagen haben, ohne dass er, Senja, die Schuld daran trage, und dass er die dicke und unangenehm den Körper erdrückende Weste mit dem furchteinflößenden Kästchen ablegen könne.

Als er sah, wie ein Landauer auf das Haus zufuhr, in dem ein junger Rittmeister der Gendarmerie saß, erschauerte er zunächst, aber dann fiel ihm ein, dass das ja Petrus war. Er ergriff den Bowler und eilte zur Treppe, den Abschiedsbrief hatte er auf dem Tisch vergessen.

Bemüht, den Schweiß auf der Stirn unbemerkt abzuwischen, legte der Leiter der geheimdienstlichen Abteilung seinen Bericht ab:

»Es sind keinerlei unvorhergesehene Vorkommnisse zu erwarten, und alle Maßnahmen sind getroffen. Nur eines ist unliebsam, und zwar müssen wir ein gewisses Defizit in der inneren Aufklärung zur Kenntnis nehmen. Die Kampforganisation der Sozialrevolutionären Partei ist unschädlich gemacht durch einen pflichteifrigen Verbindungsmann, aber bei den Maximalisten stehen die Dinge schlechter.«

»Soll heißen?«

»Dort haben wir Verbindungsleute in Finnland, aber sie sind nicht der Rede wert. Wir kennen die Adressen einiger konspirativer Wohnungen und der Sprengstoffwerkstatt.«

»Sogar das?«

»Sehr wohl. Aber das reicht nicht.«

»Und warum liquidieren Sie die nicht?«

»Damit erreichen wir nur für eine Weile etwas, aber die führenden Köpfe können wir so nicht dingfest machen.«

»Wer sind die führenden Köpfe?«

»An der Spitze steht ein gewisser Olen, was natürlich ein Pseudonym ist, er war beteiligt an den revolutionären Ausschreitungen in Moskau, ein Mensch von hoher Autorität, der einen ungeheuren Einfluss in ihren Reihen hat.«

»Und ihn können Sie nicht auffinden?«

»Er hält sich auf überaus geschickte Weise versteckt, aber er befindet sich in Petersburg. Einmal wurde er in Helsingfors gesichtet, aber aufgrund der dortigen Gesetze …«

»Ja, ich weiß. Und weiter?«

»Es gibt eine ganze Zahl weiterer gemeiner Verbrecher, unter ihnen auch Frauen. Eine kennen wir. Sie ist die Tochter des Staatsrats Kalymow.«

»Wie pikant. Gewähltes Mitglied? Wohl ein Linker?«

»Sehr wohl. Das heißt, eigentlich ist er Oktobrist.«

»Aha. Und?«

»Die Rädelsführer sind außerordentlich konspirativ, sogar gegenüber den eigenen Leuten. Es ist absolut notwendig, die innere Aufklärung zu verstärken.«

»Nun?«

»Es gibt Hoffnung. Ein sehr enger Freund dieses Olen, der beteiligt war an einem bewaffneten Banküberfall in Moskau, war in unseren Händen und hat Zusammenarbeit mit uns zugesagt.«

»Was heißt, ›war‹? Wo ist er jetzt?«

»Zeitweise auf freien Fuß gesetzt, nämlich damit er uns unterstützt, aber er steht natürlich unter Observation. Allerdings hat er noch keinen Kontakt aufgenommen.«

»Wie ist sein Name?«

Der Leiter der Abteilung geriet ins Stocken. Die Namen der Mitarbeiter zu nennen entsprach nicht den Gewohnheiten des Polizeidepartements, auch nicht, wenn der Minister fragte.

»Er ist bekannt unter dem Namen Maurice.«

»So. Nun, und hinsichtlich … Also in Bezug auf die aktuell geplante Sache … Sie sagten, wenn ich mich recht erinnere …«

»Das geplante Attentat auf Eure Exzellenz? Es hat sich herausgestellt, dass dies nur ein unbestätigtes Gerücht war. Es gab Erkenntnisse über zwei Automobile, die mit Dynamit bestückt werden sollten, aber das ist absolut unmöglich.«

»Meinen Sie? Und wenn wir jetzt in die Luft fliegen?«

»Es ist unmöglich. Über eine solche Menge an Sprengstoff, auch nur für ein Automobil, verfügen sie nicht, können sie gar nicht verfügen, das wissen wir sicher. Ja, und es ist auch psychologisch gesehen, sozusagen, unwahrscheinlich, dass die Attentäter sich selbst in die Luft sprengen.«

»Nun, das sind ja Verbrecher ganz besonderer Art.«

»Maßnahmen sind aber für alle Fälle ergriffen worden, die Einfahrt ist mit Katapulten gesichert. Aber, ich wiederhole, das Gerücht ist absolut nicht gesichert.«

»So. Nun denn also, an die Arbeit. Was ist es heute doch heiß!«

Auf der Stirn des Ministers standen Schweißperlen.

Der Rittmeister und der Herr mit dem Bowler fuhren schweigend. Senja blickte sich nach allen Seiten um und betastete durch die Kleidung vorsichtig die scharfen Kanten des kleinen Kästchens. Petrus, dem die Uniform des Gendarmerie-Rittmeisters sehr gut zu Gesicht stand, erinnerte sich verschwommen daran, wie er, als er jung war, von seiner Mutter zur Aufnahmeprüfung gebracht wurde, auch damals war es heiß, und auch damals hatte sich sein Kopf matschig angefühlt, sein Mund war trocken und es war ihm ein wenig ängstlich zumute gewesen. Aber das war damals ja schon September, ganz so heiß kann es also nicht gewesen sein. Auf der Straße gingen die Menschen mit ihren Bündeln ihren alltäglichen Angelegenheiten nach, die Hufe der Pferde schlugen auf das Pflaster, alles war ganz gewöhnlich und wohlbekannt.

Der bärtige Kutscher kam mit dem Zweiergespann gut zurande, umfuhr, wenn nötig, die Posten der Verkehrspolizei und führte die Zügel mit leichter Hand. Das Einzige, das ihn etwas beunruhigte, war, dass die Browning nicht in seiner Hosentasche steckte – eine Tasche war bei der Hose der Kutscheruniform nicht üblich –, sondern unter dem Sitz. Um an sie heranzukommen, musste man sich ein wenig erheben. Als er den Pferden die Zügel angelegt hatte, hatte er gedacht: »Olen wird schon unruhig sein, wir kommen eine halbe Stunde zu spät.« Ihn selbst hingegen beunruhigte die Frage, ob dieser Patzer bei Olen vielleicht Verdacht erregen könnte. Glaubte er vielleicht, es sei ein Irrtum gewesen, dem alten Kampfgenossen, der die Kontrolle über seine revolutionäre Konduite verloren hatte, sein Vertrauen zu schenken? Die Teilnahme an der heutigen Aktion würde die endgültige Rehabilitation in den Augen aller Genossen sein, wenn sie erfuhren, wer der Kutscher gewesen war. Und dann könnte er das furchtbare und widerwärtige Spiel endgültig lassen!

Auf der Uferstraße an der Newka rief der Kutscher den Pferden gar »Ho-ho-o!« zu, obgleich sich so etwas für einen anständigen Kutscher absolut nicht gebührte.

Ein dreijähriger Junge und ein Mädchen von etwa zwölf Jahren blickten vom Balkon in den Garten hinunter. Der Junge fragte die Schwester:

»Warum spielen wir nicht im Garten?«

»Mama sagt, es ist zu heiß.«

»Und warum ist es heiß?«

»Weil die Sonne scheint.«

Der Junge schaute nach oben, aber die Sonne sah er nicht, denn sie stand hinter dem Haus. Er steckte den Kopf zwischen den Gitterstäben des Balkons hindurch und sah unten im Garten einen Mann, der auf der Bank saß und den Pudel streichelte. Der Pudel hieß Dek, und der Mann saß meistens hier auf der Bank. Hinter dem Gitter, auf der Straße, ging stets ein Mann auf und ab, manchmal waren es auch zwei Männer. Der Junge fragte:

»Wer läuft da hin und her?«

»Ich weiß nicht. Das ist sicher der Wachmann.«

»Warum gehen sie da hin und her?«

Die Schwester wusste es nicht und antwortete nicht. Auch sie wollte im Garten spielen, denn in der Wohnung war es stickig und auf dem Balkon langweilig. Dann kam sie auf den Gedanken, dass es vergnüglich sein könnte, wenn man schmale Papierstreifen vom Balkon hinuntersegeln ließe und dann beobachtete, wie sie im Flug herumwirbeln, bevor sie sich in den Ästen des Baumes verfingen oder auf dem Weg landeten. Und manchmal fliegen sie sogar bis in den Garten. Das Mädchen holte einen Bogen Papier und eine Schere, und die beiden machten sich ans Werk.

Der erste Papierstreifen flog geradewegs auf den Boden und fiel direkt neben die Bank. Der Pudel lief hin und beschnupperte ihn, und der auf der Bank sitzende Mann blickte nach oben, sah die Kinder des Ministers und zeigte ehrerbietig ein breites Lächeln. Dann blickte er auf die Uhr und dachte:

»Schon nach eins. Heute zieht sich die Audienz aber in die Länge. Das wird sicher noch eine Stunde dauern. Also Ablösung wird wohl keine mehr kommen.«

Und er gähnte so lange und ausgiebig, dass sogar die Zähne klapperten. Der Pudel ließ das Papier und betrachtete interessiert den auf der Bank sitzenden Mann.

Der Landauer fuhr am Palais des Ministers vor und hielt auf ein Zeichen des wachhabenden Polizisten in einiger Entfernung von der Einfahrt, die mit einem Katapult gesichert war. Der Rittmeister und der Herr in Zivil stiegen aus und eilten schnellen Schrittes Richtung Eingang. Der Landauer fuhr sogleich weiter, der Kutscher gab den Pferden die Peitsche. Einen Block weiter bog er in eine kleine Seitenstraße ein. Ein Unteroffizier der Gendarmerie mit einem Briefzustellbuch ging langsam die Straße entlang und beschleunigte plötzlich seinen Schritt in Richtung des Palais. Der Kutscher und der Unteroffizier der Gendarmerie tauschten weder Blick noch Wort.

Ungefähr zehn Minuten später kam derselbe schnauzbärtige Unteroffizier der Gendarmerie, jetzt aber ohne Uniformmütze und Briefzustellbuch, in die Apotheke an der Ecke unweit des Ministerpalais gerannt. Alle Angestellten der Apotheke drängten sich am Eingang. Das große Spiegelglas war zerbrochen, und seine Scherben knirschten unter den Schritten des Unteroffiziers. Auch die Fensterscheiben der benachbarten Häuser waren zerbrochen, in der gesamten Straße herrschte Chaos. Menschen standen in den Hauseingängen, in den Einfahrten und an den Fenstern, erschreckte Gesichter, Rufe von Fuhrmännern, Klingeln von Fahrrädern, Hupen der damals noch seltenen Automobile.

Der Unteroffizier bat, man möge ihm schnell den Arm verbinden, der über dem Handgelenk verletzt war. Sein Ärmel war voller Blut. Auf Fragen antwortete er stockend, dass er bei der Explosion zu Schaden gekommen sei, dass man ihn geschickt habe, damit er Ärzte zur Hilfe der Verwundeten herbeiriefe, dass viele verletzt worden seien, obwohl er nichts Genaues sagen könne, da er selbst nichts wisse.

»Ich stand an der Einfahrt, wie es gekracht hat, und es hat mich umgerissen und gegen eine Wand geschleudert.«

»Was war da los?«

»Ich weiß es nicht, es gab eine Explosion im Palais des Ministers, und es heißt, der Minister selbst ist unter den Toten.«

Man wusch ihm schnell die Wunde aus und verband seinen Arm, die Verletzung war nicht schwer. Der Apotheker, der den Verband anlegte, fragte:

»Tut es weh?«

»Nein, ich hatte schon größere Schmerzen und auch da habe ich nicht geweint.«

Aber offensichtlich war der Schmerz doch recht stark, denn die Wange des Unteroffiziers zuckte.

Er wiederholte noch einmal, dass sie schnell Ärzte benachrichtigen und selbst zum Ort des Geschehens eilen sollten, und verließ rasch die Apotheke. Auf der Straße wurde der Unteroffizier vom atemlosen Reviervorsteher angehalten, dem er heftig gestikulierend etwas erklärte und in Richtung des Palais deutete. Neben ihm herlaufend und seinen Säbel festhaltend, hörte der Reviervorsteher ihm zu und rannte dann in die Richtung, in die der Unteroffizier gezeigt hatte. Noch zwei oder drei andere hielten den Unteroffizier an, und auch ihnen erklärte er aufgeregt, eilig und gestikulierend etwas. Er lief noch zwei Straßen weiter und verschwand dann im Eingang eines großen Hauses.

Wenig später trat ein bartloser blonder Mann, in Panamahut und langem, trotz der Hitze bis obenhin zugeknöpftem Mantel aus dem Haus. Er rief einen Wagen und nannte die Adresse eines großen Hotels. Als er losgefahren war, drehte sich der Kutscher zu seinem Fahrgast und sagte:

»Haben Sie gehört, gnädiger Herr, dass dort ein Haus in die Luft gejagt wurde?«

Der Fahrgast antwortete unwirsch:

»Die Explosion habe ich gehört. Ich habe gedacht, es würde geschossen.«

»Angeblich beim Minister.«

»Keine Ahnung.«

Als sie auf eine große, belebte Straße kamen, ließ der Fahrgast den Kutscher anhalten.

»Was ist das nur für ein Gaul, den du da hast! Ich hab es eilig, so werden wir ja nie ankommen.«

»Was soll das heißen, gnädiger Herr, dass wir nicht ankommen? Das Pferd ist gut, aber bei dieser Hitze!«

»Nein, mein Bester, hier, nimm das Geld, ich habe es eilig. Ich nehme den da vorne, mit den Gummireifen.«

Und er stieg in eine Expressdroschke um.

Trotz der Hitze waren kaum Spaziergänger im Park. Auf einer Bank am Hauptweg saß eine Dame und las in einem Buch. Als am Ende der Allee ein Mann in einem langen Mantel zu sehen war, sprang die Dame rasch auf, hielt aber sogleich inne und ging dann gemessenen Schrittes dem Herrn entgegen. Ohne einander zu grüßen und ohne sich zu unterhalten, gingen die beiden ein Stück nebeneinander, bis die Kinderfrau mit den Kindern vorbeigegangen und in einen Seitenweg eingebogen war.

»Und?«

»Ich weiß selbst noch nichts.«

»Aber wie ist es gewesen?«

»Ich hätte nicht gedacht, dass alles so schnell geht. Sie haben sich verspätet, aber dann kam Maurice angefahren, und ich habe mich auf den Weg dorthin gemacht. Und kaum, dass ich den Seitenflügel des Palais erreicht hatte, wurde ich von der Explosion zurückgeschleudert. Und deshalb bin ich am Leben.«

»Und die Brüder Gracchus?«

»Sie waren dort. Die Explosion war fürchterlich. Ich bin immer noch ganz taub. Das halbe Haus ist zerstört, es gibt natürlich viele Tote. Auf der Straße lagen tote Pferde!«

»Und er?«

»Vielleicht, ich weiß es noch nicht. Es ging alles so schnell. Aber das ist doch ganz gleich, Natascha!«

Er schwieg, denn ein anderes junges Paar kam ihnen entgegen. Diese beiden schwiegen ebenfalls, vermutlich war auch das, worüber sie sprachen, geheim und nicht für fremde Ohren bestimmt.

Es war der letzte warme Monat und deshalb nur allzu verständlich, dass junge Leute Sonne und Schatten für innige Treffen und heimliche Gespräche nutzten.

Die Rollen sind gespielt

Das junge Kaufmannsehepaar Schljapkin war verschwunden. Das Dienstmädchen Mascha musste deshalb nicht die Polizei benachrichtigen, denn diese erschien selbst. Das Haus wurde von einer ganzen Einheit umstellt, und die als Erste das Haus betraten, zitterten vor Angst und hielten die Revolver fest in ihren Händen. Der Hauswart klingelte, und auf die Frage »Wer dort?« antwortete er: »Ich, der Hauswart Wassili, mach auf.« Mascha öffnete und konnte nicht einmal aufschreien, denn sofort wurde sie ergriffen und ihr der Mund zugehalten. Aber die Wohnung war leer, und der Polizeihauptmann, dessen breiten Rücken bereits die Kälte des Todes hinaufgekrochen war, atmete erleichtert auf: Die Vögel waren ausgeflogen!

Als Mascha auf dem Polizeirevier befragt wurde, dachte sie immer noch, es müsse sich um einen Fehler handeln: Sie hatte an den Mietern nichts Schlechtes bemerken können. Sie haben friedlich zusammengelebt, nur selten kamen Gäste, alles anständige Leute, Wodka kam nicht auf den Tisch, vom gnädigen Herrn hat sie nie ein böses Wort gehört, er war höflich, den Lohn hatte sie stets pünktlich erhalten und war auch mit Geschenken bedacht worden. Und als sie erfuhr, dass ihre jungen Herrschaften ein Haus zur Explosion gebracht und zwanzig oder dreißig Menschen umgebracht hatten und noch einmal ebenso viele verletzt worden waren, wollte Mascha es nicht glauben: »Können sie denn wirklich solche Unholde sein?«

Mascha wurde mit einer modischen Mantille eingekleidet, man lief mit ihr tagelang durch die Stadt und hielt sich mit ihr am Bahnhof auf, aber sie konnte weder ihre ehemaligen Herrschaften noch jemanden von deren Gästen irgendwo finden. Man zeigte ihr Fotografien, sie erkannte sie wieder. Nur dass die gnädige Frau auf dem Foto jünger war, ein Mädchen noch, und es aussah, als ob der gnädige Herr schwarzes und nicht blondes Haar hatte, und das Haar war länger, so trug der gnädige Herr es nicht.

Aus der Wohnung wurden Leibwäsche, Bücher und eine Schachtel Revolverpatronen mitgenommen, es gab weder Briefe noch irgendwelche Dokumente. Lediglich Rechnungen der Wäscherei, des Milch- und des Gemüseladens hatten sie zurückgelassen. Die Wäsche hatte keine Initialen. Nein, Mascha konnte nicht glauben, dass sie drei Monate lang bei Verbrechern und Mördern in Diensten gestanden hatte!

Der Hauswart, der die Zeitungen las und auf dem Polizeirevier vorbeischaute, berichtete:

»Ihn selbst haben sie wie durch ein Wunder nicht umgebracht, er hat sie nicht empfangen und sein Kabinett liegt weiter hinten. Aber seine Kinder, einen Jungen und ein Mädchen, haben sie zu Krüppeln gemacht. Der Balkon ist unter ihnen zusammengebrochen. Der zweite Stock ist auf den ersten Stock gestürzt und beide dann aufs Erdgeschoss. Alle Wände, die auf den Garten hinausgehen, sind zusammengestürzt. Unzählige Menschen sind tot. Und sie selbst auch.«

»Der gnädige Herr und die gnädige Frau?«

»Deine Herrschaft war nicht dort, aber ihre Freunde sind tot, aus ihrer Bande.«

»Doch nicht die beiden Jungen, die sie besucht haben?«

»Das weiß ich nun wirklich nicht. Über das Alter von denen ist nichts bekannt, es hat sie in winzige Fetzen zerrissen.«

Ebendies las auch Natascha in den Zeitungen. Sie befand sich irgendwo auf dem Land und beobachtete, wie von den Bäumen gelbes Laub auf die Erde fiel. Mitleid mit den Getöteten empfand sie nicht, schließlich waren auch die Brüder Gracchus ums Leben gekommen. Der Tod der anderen war nur die Vergeltung für den Tod der beiden Jungen. Aber als sie las, dass die zwölfjährige Tochter des Ministers ebenfalls Natascha hieß, erschauerte sie, und es lief ihr kalt den Rücken herunter. Sollte sie ins Krankenhaus gehen und nach ihr sehen? Oder als Krankenwärterin dort anfangen und bei dem verletzten Mädchen sitzen, ihr zu trinken geben, vorsichtig ihr Kopfkissen glattstreichen und des Nachts ihrem mitleiderregenden Stöhnen lauschen? Dann würden die Behörden davon Kenntnis erlangen und sie verhaften – das wäre dann ihre Sühne.

An einem zuvor verabredeten Ort im Wald traf sie Olen. Er war blass, sehr mager geworden, konnte das nervöse Zucken seiner Wange nicht kontrollieren, aber er war immer noch derselbe, ganz entflammt für den schreckenerregenden Kampf. Von ihm erfuhr sie, dass die Sozialrevolutionäre am Tag nach dem Anschlag bei einem Attentat den Kommandanten des Semjonow-Leibgarderegiments getötet hatten, der den Moskauer Aufstand niedergeschlagen hatte. Also verübten auch die Sozialrevolutionäre erfolgreiche Attentate! Aber Jewgenija Konstantinowna war von ihnen abgerückt und jetzt ganz auf der Seite von Olen und Natascha.

Olen sprach weder von der grauenerregenden Explosion noch von den verletzten Kindern oder vom Minister, der am Leben geblieben war, sondern nur über neue Pläne, die nunmehr auf den zentralen Terror zielten, für den sie sehr große finanzielle Mittel benötigten, die man auftreiben müsse, koste es, was es wolle. Dann berichtete er noch von den Massenerschießungen der Matrosen in Kronstadt, darüber, wie neunzehn von ihnen an einem Seil festgebunden wurden, das zwischen zwei Pfählen gespannt war, und wie man ihre Kameraden gezwungen hatte, sie zu erschießen. Und wie diese, nachdem sie beim ersten Mal danebenschossen, gezwungen wurden, den Verletzten mit ihren Bajonetten und den Gewehrkolben den Rest zu geben. Und wie dabei das Seil nicht standhielt und sich ein Haufen von Verletzten auf dem Boden wand und krümmte, und wie die Schergen, von Grauen ergriffen, die Gewehre wegwarfen oder im Gegenteil versuchten, das Leiden der anderen und ihr eigenes so schnell wie möglich zu beenden. Und wie danach Säcke auf ein Schiff geladen wurden, das dann in See stach, um die Säcke mit dem in Stücke gehackten menschlichen Fleisch im Meer zu versenken.

Olen, dieser furchtlose Mensch, zitterte und seine Wange zuckte, als er Natascha diesen Bericht von Augenzeugen schilderte. Und sie beide wussten tief in ihrem Innern, dass es nun kein Leben in Frieden mehr geben konnte, da sie umgeben waren von Tod und Toten, und dass das Mädchen mit den verkrüppelten Beinen und der schwerverletzte dreijährige Sohn des Ministers nur unbedeutende Episoden im erbarmungslosen Kampf zweier Welten gegeneinander war und dass dies alles erst in dem Augenblick beendet sein würde, in dem sie beide sich, nachdem sie den Henker zurückgestoßen hatten, den geseiften Strick um den Hals gelegt haben. Zeugen gäbe es dabei nicht, aber trotzdem sei es mutig und außerordentlich!

Bei einer Versammlung war entschieden worden, dass alle, die an der Vorbereitung zum Attentat teilgenommen hatten und unversehrt geblieben waren, sich in kleinen Städten und in Sommerhäusern verstecken sollten, um zur Ruhe zu kommen und alle Spuren zu verwischen. Nur die Sprengstoffwerkstatt durfte nicht zur Ruhe kommen, man hatte es geschafft, sie an einen anderen Ort zu verbringen. Während dieser Zeit sollte Olen einen genauen Plan für eine Expropriation ausarbeiten, und nach dieser Aktion sollten, so sie erfolgreich war, alle Kräfte auf den zentralen Terror gelenkt werden.

»Das heißt, du bleibst in Petersburg?«

»Ja, ich bleibe. Ich kann nirgendwo hin, hier kann ich besser untertauchen. Ich werde wahrscheinlich in einer Fabrik anfangen, ich habe einen echten Pass, der keinem Zweifel unterliegt.«

Natascha musterte den Mann aufmerksam, mit dem sie im bürgerlichen Speisezimmer Tee getrunken und die Bettstatt im gemeinsamen, geschmacklos eingerichteten Schlafgemach geteilt hatte.

Nun stand ein unauffälliger Beamter des Telegraphenamts vor ihr, mit kleinem schwarzem Schnurrbärtchen und einer Uniformmütze mit Abzeichen, in ungepflegter Uniform, mit rauchgrauem Kneifer an schwarzer Schnur. Ja, er war kaum wiederzuerkennen, nur sie vermochte es, Olen unter jeglicher Tarnung auszumachen.

Sie gingen auseinander, nachdem sie Ort und Zeit für das nächste Treffen verabredet und alle Eventualitäten besprochen hatten. Zum Abschied reichten sie einander die Hand. Die Rollen, die sie zuvor gespielt hatten, waren abgelegt, und von dem Verhältnis, das sie zuvor verbunden hatte, schien nichts geblieben zu sein.

Die Expropriation

Der Infanteriesoldat, der ruhig an der Ecke stand und den vorübergehenden Offizieren den militärischen Gruß erwies, pfiff plötzlich, rannte mitten auf die Straße und griff die Pferde des passierenden staatlichen Geldtransportwagens am Zügel. Der ncben dem Kutscher auf dem Wagen sitzende Mann mit Beamtenmütze versetzte dem Kutscher mit der Faust einen Hieb in den Rücken und brüllte:

»Gib die Peitsche, zum Teufel!«

Der Kutscher peitschte auf die Pferde ein, die Pferde rissen an den Zügeln, und der Wagen geriet aus der Spur. Der Soldat, der zur Seite gerannt war, schleuderte etwas auf den Wagen und warf sich mit dem Gesicht nach unten auf den Boden. Die schreckliche Explosion riss die Pferde in die Höhe und den Kutscher und den Soldaten des Geleitschutzes vom Kutschbock. Zwei weitere Geleitschutzsoldaten und der Mann mit der Beamtenmütze flogen wie Knäuel verletzt auf die Straße.

Im selben Augenblick stürzten einige Männer auf den Wagen zu, einer in Matrosenuniform, ein weiterer im feinen Anzug, die anderen in Arbeiterkitteln, alle mit einem Revolver in Händen. Zwei rissen die Persenning herunter und rannten davon, die anderen entwaffneten die Geleitsoldaten, die nicht wussten, wie ihnen geschah, und drängten sie vom Wagen zurück. Eine große Ledertasche flog auf die Straße, ihr hinterher eine mit Eisen beschlagene Kiste, die mit einer langen Eisenkette gesichert war.

Es herrschte Chaos. Die Fensterscheiben der Häuser zu beiden Seiten der Straße waren zu Bruch gegangen. Passanten, die zufällig des Weges kamen, rannten in alle Richtungen auseinander, einige Verletzte krochen über den Bürgersteig. Die Schar der Flüchtenden stieß mit jenen zusammen, die an den Ort des Geschehens eilten, von ferne waren die Trillerpfeifen der Polizisten zu hören.

Einer derer, die sich am Wagen zu schaffen machten, rief:

»Olen! Die Kiste ist festgemacht!«

Der Soldat, der sich ganz zu Anfang auf die Pferde gestürzt hatte, gab das Kommando:

»Schafft die Tasche weg! Dann zur Seite! Wer hat eine Granate? In den Wagen!«

Die zweite Explosion warf den Wagen um, ein Rad wurde abgerissen und flog weit durch die Luft. Durch herumfliegende Bruchstücke von Holz und Eisen wurde ein Geleitsoldat getötet und zwei der Angreifer verletzt. Der Beamte konnte sich retten und rannte schreiend über die Straße. Als die Angreifer von neuem an die Kiste gingen, bemerkten sie, dass die Kette weiterhin am Eisenbeschlag des Kutschbocks befestigt war.

Die Tasche verschwand, nachdem der Befehl gegeben worden war, sie wegzuschaffen. Einer der Angreifer rannte mit ihr bis zur Ecke, stürzte in eine kleine Konditorei, warf sie einer fein gekleideten Dame hin und rannte zurück.

Bevor er hereingerannt kam, hatte die Dame an einem Tisch gesessen, ein Glas Milch getrunken, ein Törtchen gegessen und in einem Buch gelesen. Als die erste Explosion zu hören war, hatte sie ihr Portemonnaie hervorgeholt, eine Münze auf den Tisch gelegt und keinerlei Fassungslosigkeit erkennen lassen, während die Besitzerin und ihre Angestellte angsterfüllt durch die Konditorei hasteten. Die Dame hob die Tasche auf, die der junge Mann ihr hingeworfen hatte, wickelte mürrisch einen breiten Schal um sie und verließ die Konditorei rasch durch den Hinterausgang. Sie ging über den Hof durch das Tor hinaus, wo sie gegen einen am Tor stehenden Mann stieß und mit »Pardon« um Verzeihung bat. Direkt vor dem Tor wartete eine Expressdroschke auf sie, dessen Kutscher die von der Explosion erschreckten Pferde kaum halten konnte. Die Dame nahm in der Droschke Platz, und der Kutscher fuhr los, ohne ein Ziel zu erfragen.

An der ersten Kreuzung musste die Droschke anhalten, da ihr eine Einheit berittener Gendarmerie entgegenstürmte. Während sie näher kamen, holte die Dame einen kleinen Revolver mit Perlmuttgriff aus ihrer Handtasche und verbarg ihn unter dem Handschuh, den sie abgestreift hatte. Die Gendarmen jagten vorbei, und die Droschke setzte sich wieder in Bewegung. Einen Augenblick später war erneut eine Explosion zu hören, wenig später aus der Ferne eine vierte. Die Dame legte ihr glitzerndes Spielzeug wieder in die Handtasche zurück.

Das Dröhnen der herannahenden Pferdehufe zwang die Angreifer, die Kiste zurückzulassen. Es war der Befehl ergangen zu fliehen, aber dies war nun nicht mehr leicht zu bewerkstelligen. Von der einen Seite der Straße näherten sich Polizei und Hauswarte, von der anderen eine berittene Einheit der Gendarmerie. Von insgesamt fünfzehn Angreifern gelang nur sechs die Flucht.

Die anderen begannen einen Schusswechsel mit der Polizei. Auf der Straße lagen einige Tote und Verletzte. In der allgemeinen Panik war es nicht möglich, zu unterscheiden, wer an dem Überfall beteiligt gewesen und wer als zufällig vorbeikommender Passant in die Menge geraten war und nun nirgendwohin fliehen konnte, da die Hauswarte der anliegenden Häuser alle Tore und Türen geschlossen hatten.

Als die berittenen Gendarmen um die Ecke bogen, drehte die Menge plötzlich um und rannte in die entgegengesetzte Richtung. Olen hielt einen seiner Kameraden am Ärmel fest und zog ihn in Richtung der Berittenen.

»Hast du noch Granaten?«

»Zwei.«

»Gib mir eine. Wir gehen ihnen entgegen. Vielleicht halten wir sie auf.«

Sie trennten sich und gingen von zwei Seiten der Straße auf die Einheit zu. Der Kamerad warf die erste Bombe, und Olen sah, wie die Pferde in der vorderen Reihe scheuten und sich aufbäumten. Drei von ihnen kamen zu Fall und begruben die verletzten Reiter unter sich. Die Reihen lösten sich auf und die Pferde gingen durch. Die Reiter saßen ab und versuchten, sich hinter der Kruppe ihrer Pferde zu verstecken. Die letzte Reihe der Einheit machte kehrt und stürmte zurück in die Seitenstraße.

»Feiglinge!«, dachte Olen.

Er näherte sich langsam, die Granate hinter dem Rücken versteckt. Aufgrund seiner Soldatenuniform schenkte man ihm nicht allzu große Beachtung. Er sah, wie zwei Gendarmen sich auf seinen Kameraden stürzten, der die Granate geworfen hatte, und ihn mit ihren Säbeln niedermetzelten. Er hörte die Schüsse und Schreie aus der anderen Richtung, wo seine anderen Kameraden zurückgeblieben waren, denen er nun nicht mehr helfen konnte. Als der verbliebene Rest der berittenen Einheit auf ihn zukam, griff er sich an die Brust und stürzte direkt neben einer Hauswand nieder, wobei ihm die Granate fast aus der Hand fiel. Die Gendarmen hielten mit Mühe ihre Pferde im Zaum, blickten voller Angst nach allen Seiten und ritten vorüber. Da sprang Olen auf und begann zu fliehen. Er war bereits ziemlich weit, als er hinter sich Pferdehufe hörte. Man hatte ihn bemerkt. Wenn es nur gelänge, bis zur nächsten Ecke zu gelangen, da gab es einen Hof, der einen Durchgang zur anderen Straße hatte, vielleicht war das Tor ja nicht geschlossen.

Da peitschten einige Schüsse durch die Luft. Die galten ihm. Olen rannte zu einem Laternenpfahl und suchte hinter ihm Deckung. Zwei Gendarmen kamen auf ihn zu, die Gewehre im Anschlag. Da hob er seine rechte Hand und warf den Pferden die Granate entgegen.

Er blickte sich nicht mehr um und hörte nichts mehr von dem, was hinter ihm geschah, seine Ohren waren taub von den Explosionen. Er rannte jetzt mit dem Revolver in der Hand und rief: »Haltet ihn, haltet ihn!«Einige Entgegenkommende sprangen zur Seite, andere liefen weg. Olen bemerkte einen Mann ohne Hut, der schnell floh, rannte ihm hinterher und rief weiterhin: »Haltet ihn, haltet ihn!«. Er sah, wie ein Fahrradfahrer kehrtmachte, offensichtlich ein Polizeispitzel, und dem vermeintlich Fliehenden hinterherfuhr. Der Mann ohne Hut stürzte. Der Fahrradfahrer schleuderte sein Fahrrad hin und warf sich auf den am Boden Liegenden. Olen kam angerannt und rief: »Halt ihn fest!« Dann ergriff er das Fahrrad, sprang auf und raste wild klingelnd davon. Der Polizeispitzel und der gestürzte Passant waren schnell weit weg.

Die Droschke hielt vor dem Eingang. Die Dame holte eine Münze aus dem Portemonnaie, gab sie dem Kutscher und sagte leise zu ihm:

»Maurice, wenn Olen noch am Leben ist, sagen Sie ihm, dass ich die Tasche nur bis neun Uhr heute Abend hier behalten kann. Sollte bis dahin niemand bei mir erschienen sein, bringe ich sie selbst auf die Wassili-Insel.«

Der bärtige Kutscher lüftete die Mütze.

Die Dame öffnete mit dem Schlüssel die Tür. Sie trat in ein Zimmer, öffnete die Kamintür und schob die in den Schal gehüllte Tasche hinein. Es klopfte.

»Herein! Sind Sie es, Onkel?«

»Ich habe dich kommen sehen.«

»Ich bin sehr müde. Wenn Sie mögen, können wir gemeinsam den Tee oder Kaffee nehmen. Ich habe die Karten für das Konzert morgen abgeholt. Sie kommen doch mit?«

»Wenn du mich mitnimmst.«

»Aber sicher, mit Vergnügen. Es verlangt mich so sehr nach schöner Musik. Petersburg ist laut, staubig und entsetzlich langweilig.«

»Du langweilst dich wohl überall.«

»Ich? Im Gegenteil, ich kann mich sehr gut unterhalten. Aber heute bin ich tatsächlich vom Lärm der Straße erschöpft. Nun, Onkel, also Tee oder Kaffee? Ach, Sie sind ja noch gar nicht rasiert! Sie lassen sich gehen, Eure Exzellenz!«

Das Mäuschen

Eine junge Frau mit blauem Hut zog zurückhaltend an der Klingel.

»Könnte ich Jewgenija Konstantinowna sprechen?«

»Wen darf ich melden?«

Auf diese Frage war sie nicht vorbereitet. An den Orten, an denen sie normalerweise verkehrte, wurden solche Fragen nicht gestellt. Was sollte sie sagen? Einfach nur Fanja? Oder auch ihren Nachnamen? Oder musste sie dem Dienstmädchen die Parole nennen?

»Sagen Sie, es ist dienstlich, aus dem Ladengeschäft ...«

»Aus welchem Geschäft?«

»Aus dem Hutgeschäft.«

Etwas Besseres hatte sie sich nicht ausdenken können. Sie

hatte etwas von einer Modistin und trug eine Schachtel bei sich. Man bat sie, in der Eingangshalle zu warten, und führte sie dann zu Jewgenija Konstantinownas Zimmer.

Das Interieur war nicht prunkvoll oder mondän, aber Fanja schien, dass sie in ein außergewöhnlich glanzvolles Haus gekommen war – die Spiegel, die Teppiche, die Gemälde. Hatte sie sich auch nicht geirrt? Aber die Adresse und der Name stimmten.

Sie waren einander nicht bekannt, und Jewgenija Konstantinowna reichte ihr nicht die Hand und bot ihr nicht an, Platz zu nehmen.

»Man hat Sie zu mir geschickt? Aus welchem Geschäft?«

»Nein, das habe ich nur so gesagt, ich komme, um die Tasche abzuholen.«

Fragend hoben sich die Augenbrauen:

»Welche Tasche?«

Fanja geriet in Verlegenheit. Das hätte sie nicht sagen sollen, man hatte sie doch instruiert.

»Ich komme mit einem Gruß und soll den Brief abholen.«

Jewgenija Konstantinowna reichte ihr die Hand.

»Wir sind einander noch nicht begegnet. Sie sind vermutlich Fanja?«

»Ja.«

»Nun, dann weiß ich, wer Sie sind. Sie sind eine wahre Heldin!«

Die junge Frau war verwundert.

»Sie verwechseln mich sicher. Ich habe doch nichts Besonderes getan.«

»Sie haben in Finnland gelebt?«

»Ja.«

»Dann habe ich Sie nicht verwechselt. Sie haben viel getan. Wie steht es um Ihre Gesundheit, Fanja? Waren Sie krank?«

»Es geht, vielen Dank. Ich habe ein wenig gekränkelt, aber nun bin ich wieder gesund. Meine Lungen sind schwach.«

Sie waren derart verschieden, dass es schien, sie verbinde nichts. Gleichwohl waren ihre Schicksale eng miteinander verbunden, und ihnen konnte dasselbe Los beschieden sein.

Jewgenija Konstantinowna nahm die Tasche aus dem Kamin und half Fanja, sie in die große Hutschachtel zu packen.

»Wird sie das aushalten?«

»Ja, sie ist stabil. Ich habe in ihr schon andere schwere Sachen transportiert. Sie ist solide gefertigt.«

»Es wäre besser, es ohne die Tasche mitzunehmen, aber ich weiß nicht, wie man sie öffnet. Vermutlich muss man das Schloss aufbrechen. Und darüber hinaus habe ich keine Möglichkeit, die Tasche irgendwie fortzuschaffen. Sie wissen sicher, was in der Tasche ist?«

»Nein. Mir wurde nur gesagt, ich solle sie bei Ihnen abholen und überbringen. Vermutlich etwas in der Art, wie ich es immer transportiert habe?«

Jewgenija Konstantinowna lachte auf:

»Nein, das glaube ich nicht. Hier handelt es sich wohl um Papier, das entweder gefährlich oder sehr angenehm sein kann, je nachdem, was man mit ihm anzustellen gedenkt. Es ist nicht empfindlich gegen Erschütterung, aber gehen Sie sorgsam damit um, denn es hat bereits jetzt einen hohen Preis gefordert.«

»Oh, ich bin stets vorsichtig! Sonst noch etwas?«

»Nein, nichts.«

Sie verabschiedeten sich voneinander, und Fanja nahm die schwere Schachtel mit. Aus Gewohnheit trug sie sie mit Vorsicht, ganz genau so, wie sie zuvor den Sprengstoff transportiert hatte. Sie wusste nicht, dass sie eine halbe Stunde lang ein reicher Mensch war und dass man diese Tasche nicht gegen drei Stück süßer Torte eintauschen konnte, sondern gegen einen ganzen Berg von Brillanten, prachtvolle Roben, extravagante Hüte oder gegen ein herrschaftliches Haus am Newski-Prospekt, ja gar gegen einige große Mietshäuser. Sie trug die Schachtel ganz bedächtig und betastete von Zeit zu Zeit den mit Leintuch verstärkten Boden der Schachtel: Wird er es auch aushalten?

Auf den Rat von Jewgenija Konstantinowna hin nahm sie eine Droschke und stieg zwei Querstraßen vor der ihr genannten Adresse aus. Beizeiten bemerkte sie, dass der Boden trotz allem offensichtlich nicht zu halten schien, wie gut, dass sie derartige Vorsicht walten ließ! Mit Mühe nur trug sie die Schachtel in das dritte Stockwerk hinauf und übergab sie jenem, von dem sie den Auftrag erhalten hatte, sie abzuholen. Er bat sie nicht hinein, damit sie ein wenig verschnaufen könne, sondern fragte nur, ob ihr jemand gefolgt sei. Nein, alles sei ohne Probleme verlaufen. »Sie sind einfach fabelhaft, Genossin Fanja!« Fanja errötete vor Freude, verabschiedete sich und fuhr, um rasch einen weiteren kleinen Auftrag zu erledigen, den sie noch erhalten hatte, ans andere Ende der Stadt.

Über Jewgenija Konstantinownas Worte: »Sie sind eine wahre Heldin!« hatte sie sich auch sehr gefreut. Warum mochte und lobte man sie eigentlich so? Selbstverständlich war sie keine Heldin, aber sie war doch Teil einer großen Sache. Bis jetzt hatte sie noch immer alles, womit man sie beauftragt hatte, bestens erledigt. Das bedeutete, dass sie gebraucht wurde und dass auch sie etwas zu der gemeinsamen Sache beitragen konnte, und sei es auch nur ein kleiner Teil!

Dieses Mal musste sie weit mit der Straßenbahn fahren, mehrmals umsteigen, eine ihr noch nicht bekannte Wohnung in einem Arbeiterviertel finden, dort nach Natascha fragen und ihr ausrichten: »Um neun Uhr abends am üblichen Ort.« Diese Nachricht sollte sie nur persönlich überbringen. Offenbar war dies ebenjene berühmte Natascha, von der so viel erzählt wurde und der Fanja selbst noch nicht begegnet war. Eine außerordentliche Frau, eine wirkliche Heldin. Sie hatte an allen wichtigen Aktionen teilgenommen und war eine enge Freundin jenes aufsehenerregenden Genossen, den die Polizei in ganz Petersburg suchte, aber nicht zu fassen bekam. »Nur ihr persönlich« – das hieß, sie bekäme sie selbst zu Gesicht.

Das Haus fand sie ohne Schwierigkeiten. Im Eingang sah sie einen unwirsch dreinblickenden Mann, stieg aber trotzdem die Treppe hoch und klingelte.

Die Tür wurde geöffnet, und Fanja schreckte zurück, als sie eines Mannes in Polizeiuniform ansichtig wurde. Sie schaffte es gerade noch zu sagen:

»Oh, da habe ich mich wohl geirrt. Ist hier der Zahnarzt?«

»Treten Sie ein, treten Sie ein.«

»Aber das hier ist nicht der Zahnarzt?«

Sie drehte sich zum Gehen um, aber der Mann, den sie unten bereits gesehen hatte, war hinter ihr die Treppe hinaufgestiegen und versperrte ihr nun den Weg.

»Ob das hier der Zahnarzt ist oder nicht, kommen Sie rein. Wir haben Zahnärzte, so viele Sie nur wollen! Da werden Sie ganz schnell gesund!«

Mit einem kraftvollen Stoß beförderte man sie in die Wohnung. Der Polizist sagte zu dem Mann in Zivil:

»Wer hier auch auftaucht, alle fragen sie nach dem Zahnarzt. Sie haben wohl alle Probleme mit den Zähnen. Und dabei gibt es in diesem Aufgang gar keinen Arzt.«

Hinter dem kleinen unsichtbaren Mäuschen, das leichtsinnig seine Nase in die Falle gesteckt hatte, fiel die Tür zu.

Und das Herz des kleinen Mäuschens begann zu klopfen, aus Furcht und aus Freude. Es empfand Furcht, weil es von ungeschlachten Menschen mit Säbeln und Revolverholstern umgeben war und weil das Glück es verlassen hatte und es den ihr erteilten Auftrag nicht hatte ausführen können, zugleich aber verspürte es große und echte Freude: Auch ihm, dem Mäuschen, war es beschieden, gemeinsam mit den wahren und starken Kämpfern, mit denen es an der großen Sache arbeitete, für das Ideal zu leiden, und es würde in die Reihe der Märtyrer aufgenommen werden. Nun also begann es! Nun müsste das Mäuschen bis zum Ende standhaft und unerschütterlich bleiben wie eine wahre Heldin! Ohne Mitleid mit sich selbst, um nur nicht mit einem Wort oder einer Andeutung jemanden zu verraten. Sollen sie mich auch schlagen und foltern. Nicht mit einem Wort oder einer Andeutung!

Sie wurde in ein Zimmer geführt, in dem ein dicker, fast ergrauter, schläfrig und gleichgültig wirkender Mann an einem Tisch saß und Papiere durchsah. Man durchsuchte sie auf grobe und zynische Art und Weise und brachte sie fast zum Weinen. Aber sie hielt die Tränen zurück und versuchte, die Männerhände mit ihren mageren Fingern von sich zu drängen.

Verschlafen fragte sie der Dicke:

»Nun, zu wem also wollten Sie?«

Sie schwieg.

»Ich frage Sie, zu wem Sie wollten? Sie haben zu antworten. Wie heißen Sie?«

Da rief sie, und ihre ausdruckslosen und allzu gutmütig blickenden Augen funkelten, recht schrill und allzu enthusiastisch:

»Ich wünsche nicht zu antworten!«

Auf den Dicken machte dies absolut keinen Eindruck.

»Na, wenn du nicht zu antworten wünschst, dann sitze ein bisschen mit deiner anständigen Sippschaft zusammen.«

Man brachte sie in ein Eckzimmer, in dem einige Menschen saßen, offensichtlich Verhaftete, Männer und Frauen. Zwei erkannte sie, aber sie ließ es sich nicht anmerken, sie nickte ihnen nicht einmal zu. Sie nahm Platz, ihr Gesicht glühte immer noch, und sie kauerte sich auf dem Stuhl zusammen.

Als sie eintrat, begannen alle zu schweigen, aber nachdem der Polizist, der sie hereingeführt hatte, die Tür wieder hinter sich verschlossen hatte, fragte einer der ihr bekannten Genossen sie leise:

»Fanja, wie sind Sie hierhergeraten?«

Sie blickte sich furchtsam um.

»Hier sind keine Spitzel, haben Sie keine Angst. Weshalb sind Sie hierhergekommen?«

»Man hat mich geschickt.«

»Zu Natascha?«

Er schüttelte den Kopf.

»Man hat sie weggebracht. Auch uns wird man wegbringen. Was haben Sie ihnen gesagt?«

»Ich habe mich geweigert zu antworten.«

Der Genosse blickte sie mit leichtem Unverständnis an.

»So. Nun, das heißt, dass man auch Sie wegbringen wird. Das ist unser Ende, Fanja.«

Die Wiege

Im Nebenzimmer begann ein Kind zu weinen, Olen schreckte auf, sprang aus dem Bett und griff ins Leere.

Sein Alptraum war unterbrochen und entschwand rasch aus dem Gedächtnis. Sein Kopf schmerzte und der Hals begann steif zu werden, sicher von dem dünnen, harten Kissen. Er rieb sich mit der Hand den Nacken und tastete dann nach den Papirossa auf dem kleinen Hocker, riss ein Zündholz an und die einfache Ausstattung des kleinen Zimmers wurde kurz erleuchtet: ein Bett, ein Tisch und ein gespannter Draht als Garderobe, an der ein Hut und ein Handtuch hingen.

In dieser Nacht schlief er bei einem ihm bekannten Arbeiter am Stadtrand von Petersburg, die Nacht zuvor hatte er bei einem wohlhabenden Rechtsanwalt übernachtet, der stolz war, dass er die Kühnheit besaß, einem Illegalen Obdach zu bieten, aber nicht wusste, dass dieser Illegale ein gefährlicher Terrorist war, der von der Polizei mit allen Kräften gesucht wurde. Wo ihm die nächste Nacht zu verbringen beschieden war, wusste er noch nicht. Absolut töricht wäre es, zufällig in eine Razzia zu geraten, wie es bereits einigen aus seiner Gruppe in den vergangenen Wochen widerfahren war.

Welch grauenvolle Niederlage gerade in dem Augenblick, in dem alle Kräfte hätten gebündelt werden müssen und man wieder ausreichend finanzielle Mittel in Händen hatte. Diese Mittel hatten mit einem hohen Preis bezahlt werden müssen: Drei seiner Männer waren getötet, sieben verhaftet und standgerichtlich erschossen worden. Sie hatten die Sprengstoffwerkstatt aufgeben müssen, die Druckerei war aufgeflogen, der Kontakt zu der Gruppe in Finnland unsäglich schwierig. Die Versammlung war eine große Dummheit gewesen, dort waren zweifellos einige Agents Provocateurs zugegen. Dann einige zufällige Festnahmen, die Nachricht von der Festnahme von Maurice, der in den Süden geflohen und dort aufgegriffen worden war, und seine Verurteilung zum Tode, und zuletzt auch noch die Festnahme von Natascha. Das war das Schlimmste und Unerträglichste für ihn. Seit dem Tag ihrer Festnahme gab es keinerlei Nachricht von ihr, was zugleich jedoch Gutes bedeutete: Das hieß, ihr würde der Prozess vor einem Militär- und nicht vor einem Standgericht gemacht. Am Ende aber bedeutete es ein und dasselbe – man würde ihrem Leben nicht gnädig sein. Vielleicht könnte man sie mit einem verzweifelt entschlossenen Angriff befreien, viele der Genossen kämen ihm dabei zur Hilfe. Oder man könnte die Wachleute mit einer großen Summe bestechen – aber das waren selbstverständlich alles nur Träume. Doch er musste alles, was nur möglich war, über Nataschas Schicksal in Erfahrung bringen.

Er empfand große Zuneigung für Natascha – als Kampfgefährtin und als Frau. Sie war ihm stets eine treue Kameradin gewesen, Frau war sie ihm nur in jenen vergleichsweise ruhigen Tagen, als sie zusammengelebt hatten und gezwungen waren, ihre »Rollen zu spielen«. Diese Tage waren nun so weit entfernt und vom Heute durch einen Abgrund von Ereignissen und Aufregungen geschieden, dass Olen sich an Natascha nur noch als wertvolle und vertraute Kameradin im revolutionären Kampf erinnerte. Und nun erwartete sie ebenso wie viele andere nur noch der Tod.

»Der Tod existiert nicht, Olen, es existiert nur das Wort, aber was bedeutet es? Es existiert auch das Wort ›Verstand‹, und dieses Wort verstehe ich, kann mir vorstellen, was es bedeuten soll. Das Wort ›Tod‹ hingegen verstehe ich nicht und kann mir nicht vorstellen, was es bedeutet. Ich kann mir das Gefühl vorstellen, wie es ist, einen Strick um den Hals zu haben, der den Hals zudrückt, und wie man rote und dunkle Kreise vor den Augen sieht – aber das ist noch nicht der Tod. Das Herz hört zu schlagen auf, und ich, die ich heute bin, verschwinde, aber ich werde in etwas anderem existieren, mein Körper und meine Seele. Vielleicht werde ich die Gestalt des grünen Grases im Frühling des Jahres 1907 annehmen, oder die des Lichts einer elektrischen Lampe.«

Arme Natascha! All dies sind doch lediglich Worte, ist lediglich naive Philosophie. Arme Natascha, die du so kurz nur gelebt hast!

Der Tod existiert und Olen war vollständig von ihm umgeben. Seit einem Jahr schon zog jeder seiner Schritte Blut und Tod nach sich. Der Aufstand in Moskau war mit dem Tod von

Hunderten seiner Kampfgefährten verbunden, die jung und idealistisch waren wie er, aber auch andere, die mit ihnen kämpften, alte Männer, Familienväter, ehrliche Arbeiter. Und dann diese furchtbaren Minuten im Wald bei Moskau, die vielleicht die furchtbarsten Minuten seines Lebens waren, als er gezwungen war, die gefesselten Spitzel zu erschießen und zum Scharfrichter zu werden. Dann die Dutzenden Toten bei der Explosion des Palais des Ministers, unter denen auch die beiden grundanständigen Burschen waren, die er in den Tod geschickt hatte und denen Natascha am Vorabend des Todes ihre kindliche Theorie von der Nichtexistenz des Todes eingeflüstert hatte. Und wieder eine Unzahl Toter auf den Straßen und in den Gefängnissen Erschossene. Und darüber hinaus noch eine Vielzahl von Toden, über die er nichts Genaues wusste, die er nicht zählen konnte. Und Maurice mit seinem merkwürdigen Schicksal? Maurice, den viele der Gefährten verurteilt hatten und den selbst sein Tod nicht zu rehabilitieren vermochte. Vermutlich wurde er von jenen gefoltert, die ihn zu Recht hassten, deren Hoffnungen er nicht erfüllt und deren Karrieren er zerstört hatte.

Um ihn herum war Leere. Die Tapferen hatten bereits mit dem Leben abgeschlossen, die Schwachen waren geflohen, in der Hoffnung, sich irgendwo verstecken zu können und ihr Leben zu retten. Das wichtigste Ziel, für das so viele Opfer gebracht wurden und das allein Rechtfertigung des revolutionären Kampfes ist, war weit überschritten. Nun gab es zwar finanzielle Mittel, aber es gab keine Kampfgefährten mehr, und alles musste von neuem begonnen werden. Und zugleich fühlte Olen, dass Verrat in seine Gruppe Einzug gehalten und jemand sich in ihre Reihen geschlichen hatte, der einige preisgegeben hatte, vermutlich auch Natascha, und auch ihn verraten konnte. Der Kreis um ihn herum wurde enger, und aus welcher Richtung der Schlag erfolgen würde, war nicht vorherzusehen. Mehrmals bereits war es Olen nur durch ein Wunder oder sein außergewöhnliches Geschick gelungen, der zufällig scheinenden Verhaftung zu entgehen. Jeden Tag änderte er seine Tarnung und seinen Aufenthaltsort, er spürte, dass man ihm auf der Spur war und dass die kleinste Fahrlässigkeit, das kleinste Versehen auch ihn und die gesamte Sache in den Untergang führen würde.

Wieder begann das Kind zu weinen. Das Bett quietschte und dann hörte man, wie die Mutter das Kind in der Wiege wiegte. Kaum schaukelte die Wiege nicht mehr, begann es erneut zu weinen. Und wieder knarrten die Kufen der Wiege auf dem Dielenboden. Es war sehr kalt im Zimmer, bis zum Morgengrauen war es noch lang.

Eine Männerstimme fragte:

»Was machst du? Schläft er nicht?«

»Er schläft nicht. Vielleicht plagen ihn die Flöhe.«

»Du musst ihm die Brust geben.«

»Das habe ich schon. Er schläft nicht. So kann man die ganze Nacht dasitzen und selbst auch nicht schlafen. Du könntest ihn auch mal schaukeln.«

Olen dachte: »Ja, warum hilft er ihr eigentlich nicht?« Dann fiel ihm ein, dass beide, Vater und Mutter, in der Fabrik arbeiteten und vor dem Morgengrauen schon aufstehen mussten. Was machten sie denn dann mit dem Kind? Lassen sie es allein? Wie soll man unter solchen Bedingungen ein Kind aufziehen? Er könnte ihnen Geld geben …

Er dachte darüber nach und ihm wurde klar, dass dies ein schmählicher Gedanke war. Ihnen Geld geben, dann auch anderen, von Haus zu Haus gehen, wie eine wohltätige Dame. Und dann wieder ein Überfall, jemanden töten, und erneut Geld verschenken. Wie ein edelmütiger Räuber aus einem alten Märchen!

Um zur Flucht beim ersten Alarmzeichen bereit zu sein, schlief Olen stets angekleidet. Er zündete sich noch eine Papirossa an, stand dann auf und ging ins Nebenzimmer.

»Gehen Sie schlafen, ich kann ihn schaukeln.«

Die Frau war nicht besonders erstaunt, sie antwortete nur:

»Warum sollen Sie das machen, ich mach das schon selbst.«

»Aber Sie müssen schlafen und dann zur Arbeit, ich kann sowieso nicht schlafen.«

»Und mein Mann schläft wie ein Stein. Er könnte ihn ja auch einmal schaukeln.«

»Er muss doch auch früh zur Arbeit. Es braucht Ihnen nicht

peinlich zu sein, legen Sie sich hin. Ich sage doch, dass ich sowieso nicht schlafen kann.«

Sie widersprach nicht und ging zu Bett. Olen setzte sich auf den Hocker neben der Wiege und begann das Kind zu schaukeln. Es war ihm ungewohnt, ja geradezu lachhaft. Er zog an der Papirossa und dachte: »Es ist doch tatsächlich die Wahrheit, dass alle Terroristen irgendwie auch sentimental sind. Zum Beispiel Kaljajew: Hat das erste Mal die Bombe nicht geworfen, weil Sergej mit seiner Frau vorbeifuhr. Und die Kinder des Ministers? Es heißt, dem Mädchen musste ein Bein amputiert werden, aber vielleicht sagen sie das auch nur. Nein, ich habe nicht allzu viel Mitleid.«

Die Papirossa war zu Ende geraucht, das Kind schlief. In der Dunkelheit und Kälte schien es Olen, dass es keine Wiege sei, die neben ihm schaukelte, sondern ein Boot auf einem Fluss, in einem Unwetter im Herbst, und dass er ein alter und müder Schiffer sei. Und dass keine Zeit existiere, kein Anfang und kein Ende, keine Vergangenheit und keine Zukunft. Im Bett hatte er nicht schlafen können, aber hier überfiel ihn der Schlummer und eine unbekannte Ruhe. Bisweilen ruhte auch seine Hand, aber sogleich ermahnte ihn das Kind durch Weinen, und dann begann Olen wieder, gleichmäßig die Wiege zu schaukeln, ohne an irgendetwas zu denken, umgeben von verschwommenen, unklaren, friedlichen Bildern, vielleicht der Kindheit, vielleicht der Grabesruhe, die mit dem sorgenfreien Nichts lockte. Nur einmal veränderte er die Stellung seines Beines, das eingeschlafen war, und bemerkte nicht, wie seine Hand plötzlich ruhig wurde und er eindämmerte. Auch das Kind schlief. Neben ihm schliefen die beiden Menschen, die ihm Obdach gewährt hatten, ohne ihn zu kennen, sie wussten lediglich, dass sie einen »Genossen« beherbergten.

Vor fünf Uhr wurden sie alle von der Fabriksirene geweckt. Es war noch dunkel. Aus seinem tiefen Dämmern erwachend, stieß Olen an die Wiege, erinnerte sich jäh, wo er sich befand, und ging leise zurück ins Nebenzimmer.

Autodafé

Wie es dazu kommen konnte, dass sich Alexander Nikolajewitsch Gladkow, ein bekannter politischer Anwalt, wohlhabender Herr und Mensch mit »extrem linken Überzeugungen«, damit einverstanden erklärt hatte, eine große Summe Geldes bei sich aufzubewahren, begriff er selbst nicht. Er hatte sich damit einverstanden erklärt, weil dies eine kühne und schöne Geste war, und er liebte kühne und schöne Gesten.

Tatsächlich bestand ja keinerlei Gefahr. Das Geld hatte ein tadellos gekleideter junger Mann gebracht, der Gladkow persönlich bekannt war, da die Maximalisten über ihn bereits mehrmals die Verteidigung von Genossen vor Zivil- oder Militärgerichten in Auftrag gegeben hatten. Ein Klient hatte ihn aufgesucht, das war alles. Darüber hinaus war dieser junge Mann offensichtlich durchaus vorsichtig und umsichtig, andernfalls hätte man ihn ja nicht mit einem derartigen Auftrag betraut. Und Gladkow hatte ihm ja entschieden mitgeteilt:

»Seien Sie versichert, mein Herr, dass ich absolut nicht wissen möchte, was das für Geld ist. Ich kenne Sie und nehme es von Ihnen in Aufbewahrung. Aber lediglich für eine Woche. Sind Sie damit einverstanden?«

»Es braucht gar nicht so lange zu sein, drei Tage nur. Dann bringen wir das Geld in eine andere Stadt.«

»Das ist Ihre Angelegenheit. Ich weiß davon nichts! Um wie viel handelt es sich?«

»Wir haben es nicht genau gezählt, aber es sind nicht weniger als dreihunderttausend.«

»Oho! Ein richtiges Vermögen! Eine Quittung kann ich Ihnen, wie Sie verstehen werden, natürlich nicht ausstellen.«

»Die würde ich auch nicht annehmen. Wir vertrauen Ihnen.«

»Ich hoffe!«

Als der junge Mann gegangen war, fiel Gladkow ein, dass sie nicht besprochen hatten, wie sie verfahren, wenn das Geld nicht abgeholt werden könne oder wenn die Gefahr einer Haussuchung drohe. Obgleich er weit davon entfernt war, arm zu sein, war es kaum glaubhaft, dass er über eine solche Summe verfügte, noch dazu in bar.

Und was, wenn die Nummern der Kreditscheine irgendwo vermerkt sind? Woher das Geld stammte, war doch eindeutig! Er hatte nicht gefragt, aber es war nicht schwer zu erraten. Ganz Petersburg sprach doch über die dreiste »Expropriation«, die Dutzende Menschen das Leben gekostet hatte!

Gladkow hatte den Revolutionären etliche Male bereits Hilfe erwiesen, indem er verbotene Literatur aufbewahrt oder ihm Unbekannte aufgenommen hatte. Auch dies war stets mit einem gewissen Risiko verbunden gewesen, wenngleich auch keinem besonders großen angesichts seiner respektablen Stellung und seiner Beziehungen.

Zumindest war er kein Feigling! Er selbst war kein Mitglied einer Partei, sein Wohlwollen und seine Unterstützung für die Revolution zeigte er, indem er die Verteidigung in politischen Prozessen übernahm. Zahlreiche Angeklagte hatte er vor der Todesstrafe gerettet, zahlreiche hatte er aber auch nicht retten können. Man kannte ihn, schätzte ihn, dieser Besuch bei ihm war der beste Beweis für unbegrenztes Vertrauen, das man ihm schenkte. Niemand hätte sich mit so etwas einverstanden erklärt, er aber tat es.

Wie aber hatte er dies mit solcher Leichtigkeit tun können? Schließlich war das im Grunde genommen Mittäterschaft bei einem Verbrechen, auf das die Todesstrafe stand! Und wenn nun die Nummern der Kreditscheine vermerkt waren? Aber auch ohne dies war die Sachlage klar!

Aber ich bitte Sie! Ein Klient hat mich aufgesucht und gebeten, sein Geld bei mir zu hinterlegen. Und ich hinterlege es in meinem Stahlschrank, um es dann später auf seinen Namen auf die Bank zu bringen.

Aber warum hat dieser seltsame Klient das Geld nicht selbst auf die Bank gebracht? Und was ist das überhaupt für ein zweifelhafter Klient, der einfach so mit dreihunderttausend Rubeln hier erscheint? Das ist doch genau die Summe, die in der letzten Woche bei dem bewaffneten Raubüberfall in der Kamennoostrowskaja-Straße erbeutet wurde. Wem wollte er solche Märchen erzählen!

Bevor er zu Bett ging, begab er sich in sein Arbeitszimmer, verschloss die Tür und holte die schweren, unachtsam zusammengebundenen Geldbündel aus dem Stahlschrank. Es waren ziemlich viele »Peter« und nicht wenige »Katjas«, in einem kleinen Bündel, aus dem eine Ecke eines gelben Ein-Rubel-scheins hervorlugte, sogar kleine Scheine. Die Geldbündel lagen kompakt beieinander, und doch ergaben sie einen recht großen Haufen, der den ganzen Schreibtisch bedeckte. Trotz seines guten Auskommens hatte Gladkow noch nie eine solch große Summe Geld auf einmal gesehen. Der Großteil der Scheine war gebraucht, ihre Nummern nicht aufeinanderfolgend. Der junge Mann, der sie gebracht hatte, hatte sie aus einem geräumigen Portefeuille und einige auch noch aus seinen Manteltaschen hervorgezogen.

Plötzlich blickte Gladkow erschrocken zum Fenster – es war ja nur die Gardine zugezogen. Auf der anderen Straßenseite wohnten ja auch Leute, und vielleicht beobachtete ihn jemand durch ein Fernglas. Er verdeckte den Schreibtisch mit seinem Körper, legte rasch die auseinandergefallenen Bündel wieder zusammen und brachte sie zurück in den Schrank. Es war ein gefährliches Spiel, und die geringste Unvorsichtigkeit …

Es war selbstverständlich dumm, nervös zu werden. Er hätte das Geld nicht nehmen sollen, aber jetzt war es zu spät. Vor allem, da in den heutigen Tagen jeder ganz unabhängig von seiner gesellschaftlichen Stellung und besonders jemand wie er mit bekanntermaßen linken Einstellungen jederzeit mit einer allgemeinen nächtlichen Hausdurchsuchung zu rechnen hatte. Aber warum sollten sie gerade zu ihm kommen? Das ist doch blanker Unsinn! Jetzt nur keine Nerven zeigen.

Er ging zu Bett, dann fiel ihm der noch nicht gelesene Artikel aus der Zeitung von heute ein, er las ihn, überflog danach noch ein paar Aktenblätter und Dokumente des Falles, der morgen bei Gericht zur Verhandlung kam, rauchte die Papirossa zu Ende und löschte das Licht. Der Schlaf schwankte, zog sich zurück und legte sich schließlich doch über den liberalen Anwalt, der eine kühne und schöne Geste getan hatte. Den Raum erfüllten nur das Ticken der Uhr und ein ruhiges Atmen.

Plötzlich, mitten in der Nacht, erwachte er, vielleicht weil es geklopft hatte, vielleicht aber auch aufgrund nervlicher Anspannung, und entzündete mit zitternder Hand das Licht. Die Helligkeit schlug ihm ins Gesicht und blendete ihn. Und mit noch nie dagewesener Klarheit wurde Gladkow bewusst, dass er unverzüglich etwas unternehmen und rasch entschiedene Schritte einleiten müsse, da er andernfalls zum Untergang verurteilt wäre.

Er fand kaum die Hausschuhe mit den Füßen, warf den Morgenrock über und ging in sein Arbeitszimmer. Zuerst zog er die dicken Vorhänge zu, sodass kein Spaltbreit offen blieb. Dann ging er noch einmal ins Schlafzimmer, um den Schlüssel zum Stahlschrank zu holen. Als er den Schrank öffnete, sah er die furchtbaren Geldbündel. Ihr Anblick erschreckte ihn jedoch nicht, sondern ernüchterte ihn. Was war denn eigentlich geschehen? Worum ging es hier?

Es war absolut nichts geschehen, aber jeder von noch so geringem Verstand würde begreifen, dass es unmöglich war, nichts zu unternehmen, dass man zumindest für den Fall, dass etwas Unvorhergesehenes einträte, Vorkehrungen treffen müsse. Es ging um Leben und Tod, und in den Tod zu gehen, ohne wenigstens versucht zu haben, sich zu retten, war geringstenfalls dumm.

»Natürlich bin ich nervös, aber ich habe zweifellos recht: Man muss auf alles gefasst sein!«

Er spürte, dass seine Beine zitterten und seine Gedanken sich überschlugen. Sollte das heißen, dass er es mit der Angst bekam?

»Nehmen wir an, ich bekomme es mit der Angst. Das wäre keineswegs schimpflich, sondern durchaus verständlich, schließlich habe ich einen wahnwitzigen Fehler gemacht! Sollte die Polizei auftauchen und eine Haussuchung durchführen, gibt es nichts, was dies rechtfertigen könnte. Mittäterschaft und Standgericht! Um es nicht mit der Angst zu bekommen, muss etwas unternommen werde, das gebietet die Raison. Ohnehin werde ich keinen Schlaf finden.«

Er ging auf Zehenspitzen, um die Bedienstete nicht zu wecken, mit einem entzündeten Streichholz, da er das elektrische Licht nicht einschalten wollte, durch den Korridor bis zur Küche, wo er einen Armvoll Brennholz auftat, der für den russischen Ofen vorbereitet dalag, trug ihn ins Arbeitszimmer und brachte aufgrund seiner Unerfahrenheit in solcherlei Dingen lange damit zu, den Kamin anzuheizen.

»Zur Strafe für meinen Leichtsinn sitze ich nun hier. Wenigstens wird es schön warm an diesem munteren Feuerchen!«

Auch ohnedies war es im Zimmer warm, aber Gladkow fröstelte und war unruhig. Was soll's, dann zeigte er eben Nerven! Das kam allein von der Überanstrengung bei der Arbeit. Das Feuer würde ihn beruhigen. Außerdem war ihm bewusst, warum er den Kamin angeheizt hatte: Es bedeutete, zuverlässige Mittel für den äußersten Fall zu ergreifen.

Als das Holz richtig zu brennen begann, rückte er den Sessel an den Kamin, streckte seine Beine zum Feuer und versuchte, ein wenig zu schlafen. Aber er fand keinen Schlaf, und die nervöse Erregung verging nicht. Um gänzlich beruhigt zu sein, holte er die Geldbündel aus dem Schrank und legte sie vor den Kamin. Im äußersten Fall wäre das Geld sogleich zur Hand.

Er war bemüht, alles mit anwaltlicher Gründlichkeit ruhig und vernünftig zu durchdenken. Selbstverständlich hatte er einen Fehler begangen: Er hätte sich niemals in eine solch abscheuliche und blutige Sache hineinziehen lassen sollen. Das war ja schon nicht mehr Revolution, sondern schlicht und einfach schwerer Raub. Es war das eine, vor Gericht als Verteidiger aufzutreten, etwas ganz anderes war es hingegen, persönlich Beihilfe zu einem Verbrechen zu leisten. Sieben Personen waren wegen dieser Sache gehängt worden! Morgen würde er sie dazu bringen, das Geld zurückzunehmen. Die Adresse des jungen Mannes hatte er wohl, und wenn nicht, könnte er ihn irgendwie ausfindig machen. Das Geld in den Safe zur Bank zu bringen war unmöglich, Wahnsinn geradezu!

Das Feuer im Kamin warf rotes Licht auf die Geldbündel. Das Geld hatte einen hohen Blutzoll gefordert. Soldaten des Geleitschutzes waren ums Leben gekommen, ebenso einige der Angreifer, Polizisten und Passanten, die zufällig vorbeikamen. Sieben waren bereits gehängt worden! Und weitere sollten gehängt werden. Petersburg wurde mit Haussuchungen, Verhaftungen, Razzien überzogen, zahlreiche Wohnungen waren unter Beobachtung gestellt. Gott sei Dank war seine Wohnung nicht verdächtig, obwohl … – alles war möglich, denn die Polizei handelte kopflos und dumm.

Das Holz im Kamin war niedergebrannt, es glühte nur noch, und er hätte etwas nachlegen sollen. Es war ihm zu viel, seine Müdigkeit ließ es nicht zu. Das Feuer hatte ihn aufgewärmt und ein wenig beruhigt, und er dämmerte ein.

Und wie ein Blitz, wie ein im Kamin scheinender Funke durchfuhr ihn zwischen seinen Traumbildern ein absolut klar und logisch scheinender Gedanke:

»Wie kann man denn nur Zweifel daran hegen, dass jemand dem jungen Mann bis zu meinem Haus gefolgt ist! Er kam mit prall gefüllten Portefeuille und Taschen, und als er ging, waren sie leer! Wenn er nun verhaftet wird, und das ist ziemlich sicher, wird es ein Leichtes sein, herauszufinden, wem er das Geld übergeben hat, selbst wenn er es nicht verraten sollte.«

Und kaum war dieser Gedanke aufgetaucht und in seiner Unbestreitbarkeit deutlich geworden, ertönte ein Klopfen. Es war kein Zweifel, dass jemand an der Eingangstür klopfte, obgleich der Eingang einige Zimmer weit entfernt war. Warum klingeln sie nicht? Weil die Klingel nur im Dienstbotenzimmer zu hören ist!

All dies blitzte wie Feuer in ihm auf, wie Funken, die aus dem Kamin stoben, und es war zu spät, klare Überlegungen anzustellen. Das erste Bündel warf er vollständig, besann sich aber rechtzeitig und holte es wieder aus dem Feuer, löste es mit zitternden Händen und verstreute es auf dem glühenden Holz. Wieder klopfte es nachdrücklich. Gott weiß, wo.

Im Kamin flammte das Feuer wieder auf. Die »Peter« krümmten sich, wurden schwarz und golden. Manche kringelten sich zusammen, bevor sie verkohlten, bei anderen schien das gesamte Druckbild, selbst die Seriennummern und -buchstaben durch. Er warf die Bündel ungeschickt, gab dem Feuer keine Zeit, sie zu erhitzen, und schlug mit der Kaminzange auf das schreckliche ihn überführende Papier.

Ein Bündel fiel nicht auseinander, und das Feuer blätterte die Noten buchstäblich durch, als ob es sie absichtlich zählen wollte. Er musste es schaffen! Es klopfte immer noch, das bedeutete, dass seine Bedienstete noch nicht geöffnet hatte. Er durfte keine Minute verlieren.

Fiebernd setzte er sein Werk fort. Die Hitze des Kamins brannte in seinem Gesicht und die Härchen auf seinen Händen kringelten sich. Das Klopfen hatte längst aufgehört, und er hatte nicht bemerkt, dass bereits wohl eine Viertelstunde vergangen war. Am schlimmsten war, dass die Asche das Feuer erstickte und sich zwischen den erloschenen noch Stücke nicht verbrannter Scheine befinden konnten. Russische Kreditscheine wurden in der Staatlichen Wertpapierdruckerei gedruckt! Das Papier ist beständig und nicht leicht brennbar, die Farbe verkohlt und bleibt auf der Asche liegen. Unsere Banknoten gelten als die besten! Jeder Geheimpolizist würde aufgrund eines Stückchens Asche erkennen, was hier verbrannt wurde! Schwer atmend und völlig entkräftet stocherte er mit der Zange und versuchte, das Feuer wieder zu entfachen, indem er sich hinunterbeugte und hineinblies. Ganz zu Anfang waren einige Scheine, fast ganz noch, den Schornstein hinaufgeflogen. Zum Teufel mit ihnen, wenn nur diese hier restlos verbrannten!

Er kam erst wieder zu sich, als sich alles zu einem grauen Haufen Asche verwandelt hatte, der das Feuer erstickte, und es im Zimmer nach kaltem Rauch stank. Er erhob sich und griff sich an den Kopf – hatte er den Verstand verloren? Ringsumher war es ruhig, und es war durchaus möglich, dass das Klopfen nur zufällig von irgendwoher bei den Nachbarn zu hören gewesen war.

Aber jetzt musste er weiter handeln. Gladkow ließ sich in die Hocke nieder und begann, die Asche herauszuscharren und in die Rockschöße des warmen Morgenmantels zu füllen. Er fasste auf etwas Heißes, zog die Hand zurück und griff sogleich wieder in den Kamin. Als er einen ganzen Haufen Asche zusammengesammelt hatte, trug er ihn durch das Schlafzimmer ins Badezimmer und auf dem Weg fiel aufgrund seines Ungeschicks immer wieder etwas auf den Boden. Wenn schon niemand unerwartet auftauchte, sollte wenigstens die Bedienstete nichts bemerken! Auf zwei Mal trug er in den Rockschößen des Morgenrocks fast die gesamte Asche und viele kleine verkohlte Holzstücke hinüber, von denen der Morgenrock zu rauchen begann. Im Badezimmer zog er die Wasserspülung und lehnte sich an die Wand, denn seine Kraft war erschöpft. Doch dann besann er sich, ging noch einmal in die Küche, nahm den Besen und fegte unbeholfen die Asche zwischen Arbeitszimmer und Badezimmer vom Boden. Vielleicht hatte er ja auch schlecht gefegt, aber entscheidend war, dass keine eindeutigen Beweise aufzufinden waren. Es war schließlich sein gutes Recht, die Akten alter Fälle zu verbrennen. Wenn er etwas ruhiger geworden wäre, könnte er noch einmal etwas gründlicher fegen!

Als er fertig war, schaltete er den Leuchter im Arbeitszimmer an und blickte sich um. Über dem Kamin hing ein großer Spiegel, und dieser zeigte einen ihm ganz und gar nicht ähnlich sehenden, entrückten, zerzausten, mit Asche beschmutzten Mann in einem mit Brandflecken übersäten Morgenrock – den bekannten Anwalt Alexander Nikolajewitsch Gladkow. Das war nicht er, und doch war er es. Wenn das alles doch nur ein Traum gewesen wäre!

Mechanisch fuhr Gladkow sich mit den schmutzigen Händen durch die Haare, ließ den Kopf sinken und schloss die Augen. Als er sie wieder öffnete, sah er auf dem Boden neben der achtlos hingeworfenen Kaminzange einen verlorenen gelben Schein, einen von jenen Rubelscheinen, die sich unerlaubterweise zwischen die »Peters« und »Katjas« geschmuggelt hatten. Jene waren vernichtet, dieser aber war herausgeschlüpft und heil geblieben.

Der gelbe Rubelschein klebte an der Kaminzange und blickte nicht höhnisch, sondern eher auf gewisse Weise missbilligend auf die absolute Fassungslosigkeit im Gesicht des Anwalts, der den Kämpfern für die russische Revolution in zahlreichen Fällen eine bedeutsame und gewichtige Hilfe gewesen war, und auf seine unstatthafte, unordentliche Kleidung.

Der Bettler

Es wurde früh dunkel. Üblicherweise war Olen bestrebt, vor dem Einbruch der Dunkelheit seine provisorischen Unterkünfte nicht zu verlassen, aber manchmal musste es sein.

So auch an jenem Tag. Am Morgen hatte man ihn unterrichtet, dass in dem Haus, in dem er übernachtet hatte, der Hauswart alle, die dort wohnten, aufgesucht und gefragt hatte, ob irgendwo im Haus jemand untergekommen sei, der dort nicht angemeldet sei. Das bedeutete, dass er verschwinden musste, da die Polizei nach jemandem fahndete.

Olen dankte seinen Gastgebern für das Nachtlager, setzte sich seine alte und abgetragene Pelzmütze auf und verließ die Wohnung. Den Kragen des Halbpelzes hoch ins Gesicht gezogen, blickte er sich vorsichtig um und ging mit großen Schritten seines Weges.

Sein Weg führte ihn ins Zentrum der Hauptstadt. Es gab zwei wichtige Angelegenheiten: Neues über Natascha in Erfahrung zu bringen und seine Jacke durch einen Pelzmantel zu ersetzen, in dem er um vier Uhr am Nachmittag zur Verabredung mit zwei der verbliebenen Genossen gehen konnte, mit denen er das Schicksal der Kampfgruppe besprechen wollte. Vielleicht war es ja trotz allem möglich, die Kräfte zu bündeln und einen Plan für die Zukunft zu machen.

Olen empfand eine gewisse innere Unruhe. Ihm war bewusst, dass seine Kräfte angegriffen waren und dass seine Aufmerksamkeit, die in seiner Lage eigentlich unabdingbar war, nachgelassen hatte. Er trat einige Mal an ein Schaufenster heran und wandte sich dann um, aber es gab keine Anzeichen dafür, dass ihm jemand folgte, und sein Blick dafür war hinreichend geschult. Ein Stück des Weges legte er mit der Straßenbahn zurück, stieg an einem unbelebten Ort aus, lief noch ein paar Straßen zu Fuß weiter und ging, bevor er das Haus betrat, am Eingang vorbei und kehrte dann erst dorthin zurück. Er dachte bei sich selbst: »Ich bin übervorsichtig, man kann es auch übertreiben!« Im Fenster sah er das verabredet Zeichen: Der Plüschbär saß auf dem Fensterbrett und war trotz der doppelten Fenster gut zu erkennen. Das bedeutete, dass alles in Ordnung war.

Er betrat das Haus, klingelte und hielt in der Manteltasche den Revolver fest. Ihm öffnete der Genosse, der ihn schon lange erwartete.

Es gab keine neuen Nachrichten in Bezug auf Natascha, erst zum Abend würde etwas in Erfahrung zu bringen sein. Offensichtlich bestand kein Zweifel, dass man ihr wegen der Beteiligung am Anschlag auf das Haus des Ministers den Prozess machen würde. Auf jeden Fall war sie identifiziert worden, sie hatte ja auch wohl kaum ihren Namen verschwiegen. Die Untersuchungen konnten sich hinziehen, da in dem Fall auch gegen weitere Kameraden ermittelt wurde, die nur sehr entfernt damit zu tun hatten. In dieser Wohnung sollte Olen besser nicht mehr auftauchen. Obgleich sie nicht unter Beobachtung stand, schien doch irgendetwas in der Luft zu liegen, und so etwas erwies sich häufig als zutreffend.

Als Olen das Haus verließ, nun als nobler Herr, gekleidet mit edlem Pelz und hohen Stiefeln, war er wieder übervorsichtig. Er wies die aufdringlichen Fuhrmänner ab und ging zu Fuß von der Petersburger Seite in Richtung Troizki-Brücke. Nach der Nacht, in der er kaum geschlafen hatte – und dies war nicht die erste Nacht –, brauchte er Bewegung. Es herrschte Frost, unter den Füßen knirschte der Schnee, der gerade erst gefallen und noch nicht geräumt worden war. In der Nähe der Brücke erfasste ihn ein strenger Wind, den er, in seinen Pelz vergraben, als angenehm empfand. Raureif legte sich über den Schnurrbart, der ihm im letzten Monat gewachsen war, verklebte die Wimpern und reizte die Augen. Er beschloss, keine Droschke zu nehmen und zu Fuß bis zur Mochowaja-Straße zu gehen. In diesem Pelz würde man ihn wohl kaum erkennen, und es war wenig wahrscheinlich, dass ihm zufällig irgendjemand begegnete.

Als er die Brücke hinter sich gelassen hatte, empfand er erneut diese innere Unruhe, als folge ihm jemand oder warte weiter vorne auf ihn. Er kannte dieses Gefühl, das man entwickelt, wenn man überall Gefahr sieht. Das waren nur die Nerven! Wenn man sich davon leiten lässt, ist man verloren.

Dann bildet man sich ein, jeder, der zufällig herumsteht, sei ein Geheimpolizist und in jeder Droschke, die hinter einem die Straße entlangjagt, sitze eine Gruppe von Verfolgern. So wird man verleitet, Dummheiten zu begehen und sich durch einen unvorsichtigen Schritt zu verraten.

An der Ecke der Mochowaja- und Sergijewskaja-Straße, unweit des Hauses, zu dem ihn sein Weg führte, überfiel Olen wieder diese Unruhe. An der Kreuzung stand, ihm den Rücken zugewandt, ein Polizist, der sich mit einem Herrn in Zivil unterhielt. Ganz in ihrer Nähe, bei den auf Kunden wartenden Schlitten, hüpfte ein frierender Kutscher von einem Bein auf das andere und schlug seine Hände in den Handschuhen zusammen. Etwas weiter, an einer Hauswand, streckte ein zitternder Bettler mit verbundener Wange den Passanten seine Hand entgegen. Alles schien ganz alltäglich und nicht besorgniserregend. Auch darin, dass hinter dem dort bereits stehenden Schlitten ein weiterer anhielt und zwei Herren ausstiegen, von denen der eine den Fahrer bezahlte, der andere etwas weiter entfernt wartete, war nichts Verdächtiges zu erkennen. Als Olen vorüberging, streckte der Bettler ihm seine Hand entgegen.

»Gnädiger Herr …«

Olen ging vorüber, dann hielt er inne, kramte in seiner Tasche nach einer Münze, kehrte um und trat zu dem Alten. Gleichzeitig näherten sich die beiden Herren, die gerade mit dem Schlitten gekommen waren, schnell dem Bettler. Olen warf ihnen einen kurzen Blick zu und wusste sofort, dass etwas geschehen würde und dass all diese Männer sich nicht zufällig hier aufhielten. Er sah, dass auch der Mann, der sich mit dem Polizist unterhalten hatte, auf ihn zulief. Olen legte die Münze schnell in die linke Hand und streckte sie dem Bettler entgegen, mit der rechten fuhr er in die Tasche, in der der Revolver war.

Ein einziger Augenblick sollte sein Schicksal entscheiden. Die Gesichter der Herbeilaufenden zeigten eine gewisse Unschlüssigkeit – jetzt nur nicht durch die Aufregung sich selbst verraten! Wenn dieser hier die Hand hebt …

Plötzlich wurde Olen zur Seite gerissen: Der Bettler hatte

ihn fest gepackt und zog ihn zu sich. Eine weitere Hand glitt in den rechten Ärmel seines Pelzmantels. Im selben Augenblick umfassten die beiden, die herbeigelaufen waren, ihn mit den Armen und wollten ihm den Revolver entwinden.

Olen versuchte sich zu befreien und drückte dabei auf den Abzug. Er konnte noch sehen, wie von der Hauswand, in die die Kugel eingeschlagen war, der Putz herabbröckelte. Dann raubte ihm ein starker Schlag auf die Schläfe für einen Augenblick das Bewusstsein. Als er wieder erwachte, waren seine Hände gefesselt und er konnte sich nicht mehr bewegen. Der Revolver war fort, seine angespannten Muskeln rissen vergeblich an den eisernen Handschellen hinter dem Rücken. Er hörte die aufgeregten Stimmen der Männer, die ihn verhafteten, sah ihre roten Gesichter und leistete keinen Widerstand mehr. Trotz seines von dem Schlag schmerzenden Kopfes war ihm mit einem Mal vollkommen klar: »Das also ist das Ende!«

Als man Olen in den Schlitten des wartenden Fahrers verfrachtete, lächelte er schmerzlich und suchte mit dem Blick seine Mütze, ohne die er am Kopf fror. Wie aus der Ferne erreichten ihn die Worte eines der Fahnder, der aufgeregt und begeistert daherredete:

»Ich war mir auch nicht sicher! Dachte: Ist er es oder nicht? Aber als er sich umdrehte und seine Wange zuckte, da wusste ich, mein Bester, wir haben dich! Und dann habe ich mich auf ihn gestürzt.«

»Du hast dich auf ihn gestürzt! Wir beide haben uns zum gleichen Zeitpunkt auf ihn gestürzt!«

»Das sage ich ja, wir beide. Und Myschkin hat ihm den Schlag auf den Kopf versetzt. Sonst hätten wir ihn nicht gehabt.«

In dem engen Schlitten drängten die beiden sich irgendwie jeweils zur Seite von Olen und ein dritter neben den Kutscher. Dann stach Olen ein eisiger Fahrtwind ins Gesicht. Der Pelzmantel war auf der Brust geöffnet, und Olen wollte sich über die brennenden Wangen streichen, aber seine Hände waren hinter dem Rücken gefesselt. Der neben dem Kutscher mit ihm zugewandten Gesicht sitzende Polizist blickte geradezu vergnügt. Dieser Blick war Olen zuwider! Aber das alles waren

Lappalien, sicher war nur eines, dass nämlich dies nun wirklich das Ende bedeutete!

Olen drückte mit den Ellbogen die beiden neben ihm sitzenden Fahnder zur Seite und atmete tief die eisige Luft ein.

Die Sitzung

In der Redaktion einer dicken Zeitschrift fand eine Sitzung wegen der regelmäßigen Kolumne statt. Der Artikel sollte die Fakten, auf die er sich bezog, aus der Tagespresse entnehmen und auf die Nummern der Zeitungen, vor allem auf den »Regierungsnachrichten«, die »Neue Zeit« oder andere konservative Presseorgane verweisen. Und über die Frage, wie diese Fakten vorsichtig beleuchtet werden könnten, berieten die wichtigsten Mitarbeiter auf ihrer Redaktionssitzung.

Zu diesen acht Kollegen gehörte Vater Jakow aufgrund seines nur kleinen Anteils an Arbeit für diese Zeitschrift nicht, und er saß bescheiden an einem kleinen, mit Papieren und Zeitungsausschnitten überladenen Tisch an der Seite.

Die Dinge liefen für Vater Jakow nicht eben gut. Wieder einmal war das Interesse an ethnographischen Themen wie das Leben der Altgläubigen, die Architektur der Dorfkirchen im Wolgagebiet und das Kunstgewerbemuseum in Wjatka geschwunden. Wieder einmal wurden die liebevoll verfassten Notizen Vater Jakows zurückgestellt, da die Zeitungen mit politischem Material überhäuft wurden, das unbedingt gedruckt werden musste. In solchen Zeiten nahm Vater Jakow ohne Widerwillen jeden ihm angebotenen Auftrag an und schrieb über Brückensanierungen, Vogelflug, den Brand in einem entlegenen Kloster. Wenn in größeren Zeitschriften statistische Drecksarbeiten anfielen, lehnte Vater Jakow auch diese nicht ab.

Auch hier hatte man ihm wieder einmal das ganze Material an Ausschnitten und Abschriften zur Auswertung und Zusammenfassung übergeben. Und so schrieb er auf einem linierten Blatt Papier spaltenweise Zahlen nieder, bilanzierte und vermerkte gesondert: »Innerhalb eines Jahres, seit dem 17. Oktober 1905: 7331 Tote aus politischen Gründen, 9660 Verletzte; davon einfache Bürger: 13 380, Vertreter der Staatsmacht: 3611 ...«

Der 17. Oktober 1905 war der Tag, an dem in Russland die Freiheit Einzug hielt, der Tag des Manifests. Mit diesem Tag brach eine neue Zeitrechnung an für das einerseits noch nicht gänzlich konstitutionelle, andererseits nicht mehr gänzlich selbstherrschaftliche Russland. Vater Jakow war aufgetragen worden, die Informationen aus den Zeitungen der Hauptstadt und der Provinz über politische Morde und vollzogene Todesstrafen aus politischen Gründen sowie über die von Zensurbehörde und Verwaltung verhängten Schließungen von Zeitungen und Zeitschriften zu sammeln und auszuwerten. Und weil er diesen Auftrag nun einmal erhalten hatte, führte Vater Jakow ihn auch gewissenhaft aus, auch wenn er dafür nicht eben großzügig entlohnt wurde.

Der Kolumnist führte aufgeregt und sich verhaspelnd aus:

»Sie werden verstehen, dass ich die Fakten nicht übergehen kann. Und wenn wir schon eine Statistik anführen, so müssen wir auch unsere Haltung zu den Repressionen der Regierung deutlich machen!«

»Und zum Terror!«

»Nun, sicher, auch zum Terror. Wir sind durchaus geneigt, die politischen Morde zu verurteilen, besonders in dieser aberwitzigen Form ...«

»Nicht nur in dieser Form, sondern insgesamt!«

»Ja, auch insgesamt ...«

»Das heißt also, wir negieren das Recht des Volkes auf Widerstand? Das Recht auf Revolution?«

»Aber nein! Ich sage: Wir behandeln die Handlungen der Terroristen, besonders Raubüberfälle, und sei es auch Raub staatlichen Geldes, aber wir befassen uns auch mit den staatlichen Repressionen, den Feldkriegsgerichten ...«

Der Chefredakteur unterbrach:

»Aber nein, Sie wissen doch, über so etwas zu schreiben ist in den heutigen Zeiten absolut unmöglich. Wenn wir die Feldkriegsgerichte auch nur andeutungsweise erwähnen, wird unsere Zeitschrift auch noch geschlossen.«

»Aber wir müssen uns doch irgendwie äußern.«

»Ja, äußern müssen wir uns, vorsichtig natürlich, und zwar sehr vorsichtig, aber eine eindeutige Verurteilung …«

»Keine Verurteilung, aber Nichtzustimmung!«

»Ihre Zustimmung, mein Bester, wird von niemandem eingeholt.«

Vater Jakow hörte mit einem Ohr zu und fuhr mit seiner Arbeit fort. Gerade war er bei der Zahl der Verurteilten, »von denen 215 erhängt wurden, erschossen nach Urteilen des Militärgerichts: 340, nach Urteilen der Feldkriegsgerichte innerhalb von anderthalb Monaten nach deren Einführung: 221, getötet in Strafbataillonen …«

Die Teilnehmer der Redaktionssitzung kamen letztendlich zu dem Schluss, dass die Kolumne vonnöten sei und dass der Autor die grundsätzliche Verurteilung terroristischer Anschläge unter der Berücksichtigung der Existenz der Volksvertretung in Russland unterstreichen solle.

»Setzen Sie hinzu: Wenngleich unzulänglichen Charakters.«

»Ja, natürlich. Die Verantwortungslosigkeit der Regierung muss zumindest einschränkend erwähnt werden.«

Wieder griff der Chefredakteur ein.

»Nein, nein! Kein Wort über Verantwortungslosigkeit! Diesbezüglich hat man uns vorab informiert.«

»Das Wichtigste ist, sich dem Gegenstand aus der Ferne zu nähern. Zu Beginn des Artikels etwas über das Anwachsen der Zahl der Genossenschaften und Arbeiterorganisationen, und erst dann …«

»Ja, ja, das weiß ich, da können Sie beruhigt sein. Und dann, nachdem wir die Akte revolutionärer Gewalt verurteilt haben, also sie grundsätzlich verurteilt haben, machen wir klar, dass wir jene Ordnung ebenso für anormal halten …«

»Besser: Wir sind der Ansicht, dass ebendie Unrechtmäßigkeit des Handelns der Regierung diese als Reaktion hervorruft …«

»Nicht, dass es allzu scharf klingt.«

»Seien Sie ganz beruhigt! Ich vermag das schon derart auszudrücken, dass daran nichts auszusetzen sein wird.«

Wieder der Chefredakteur:

»Man kann an allem etwas aussetzen. Und Sie beziehen sich vor allem auf Artikel aus Moskauer Zeitungen, dort ist die Zensur nicht so streng. Und weisen Sie unbedingt darauf hin, dass dies nicht unsere Position ist, sondern, ja genau, in Anführungszeichen gesetzt ist ... Also viele Zitate, und wir halten uns quasi zurück. Der Leser wird sich selbst ein Bild machen. Und enden Sie wieder mit etwas Unverfänglichem.«

»Ich denke, vielleicht mit der Frage der Auflösung der bäuerlichen Dorfgemeinschaft und des relativ unkomplizierten Übergangs zur Kleinbauernwirtschaft.«

»Aber natürlich im ordnungsgemäßen Verlauf der natürlichen wirtschaftlichen Entwicklung und nicht eines erzwungenen. Sonst wird das noch als Billigung aufgefasst.«

»Das sage ich doch.«

»Aber, in Gottes Namen, vorsichtig! Ich verstehe natürlich, meine Herren, dass der Artikel vonnöten ist, aber wir müssen uns ja nicht gleich auf ein Wagnis einlassen. Das Wichtigste ist die scharfe Verurteilung des roten Terrors, sodass diesbezüglich keine Beanstandung möglich ist. Und, meine Herren, es geht das Gerücht, dass auch der zweite Verantwortliche für die Niederschlagung ermordet wurde. Also, die Sozialrevolutionäre machen das schon richtig!«

»Aber wie es scheint, haben nicht die Sozialrevolutionäre ihn ermordet.«

»Was soll's. Aber sie geben nicht auf, trotz aller Feldkriegsgerichte.«

Die Sitzung wurde beendet, und Vater Jakow übergab dem Kolumnisten die fertige Aufstellung mit den Zahlen.

»Vielen Dank, Vater Jakow. Ist das alles?«

»Ich muss noch die Zahlen zu den Repressionen gegen die Presse zusammenstellen.«

»Die brauche ich nicht, das wird in einem gesonderten Artikel bearbeitet. Die Zahlen sind ja furchtbar, Vater Jakow!«

»Traurig, traurig.«

»Was denken Sie darüber, Vater Jakow?«

»Ich? Nun, meine Aufgabe ist es, die Zahlen zusammenzustellen. Die Religion aber verurteilt selbstverständlich jegliche Art des Totschlags.«

»Und wenn man einen Verbrecher tötet?«

»Das ist relativ. Für Gott ist auch der Verbrecher ein Mensch.«

»Und glauben Sie denn an Gott, Vater Jakow?«

»Für mich als seinen Diener wäre es unangebracht, täte ich es nicht.«

»Und jetzt einmal ganz ehrlich?«

»Ohne den Glauben kann man nicht leben, Wissen ist uns nur wenig gegeben.«

Raffiniert, dieser Pope, dachte der Kolumnist und sagte mit einem Seufzen:

»Wir leben in schweren Zeiten, Vater Jakow, in blutigen Zeiten!«

»Die Zeiten sind nicht leicht, das ist wahr. Aber alle Zeiten sind schwer. Blut wird immerwährend vergossen, und immerwährend sind die Menschen unzufrieden. So ist es seit jeher bis in unsere Tage. Unsere Tage sind natürlich ernst, zugleich aber überaus interessant. Wir haben schon einen weiten Weg zurückgelegt, und wohin er uns noch führen wird, das wissen wir nicht.«

»Ich mache mich jetzt an die Arbeit, es ist ja ein sehr brenzliges Thema.«

»Ja, das ist ein schwieriger Artikel, den Sie da schreiben müssen. Der Leser erwartet, wartet auf ein ehrliches Wort.«

Der Kolumnist warf einen scheelen Blick auf seinen Gesprächspartner und war sich nicht ganz klar darüber, ob dieser nun raffiniert oder einfach nur etwas dümmlich war.

Die Kladde seiner statistischen Zusammenstellung behielt Vater Jakow: Er könnte sie seiner Chronik der erinnerungswürdigen Ereignisse des laufenden Jahres beilegen. Eine wirklich schwere und aufregende Zeit! Heutzutage konnte man ja nicht einmal einfach auf die Straße gehen, man konnte ja jederzeit in eine irrwitzige Schießerei geraten, wie es jenen Passanten auf der Kamennoostrowskaja-Straße geschehen war. Und in den Städten in der Provinz war es nur um weniges besser, von den Dörfern ganz zu schweigen. Hier war sie ja, die Zahl: »Bauernaufstände: eintausendsechshundertneunundzwanzig«! Und in jedem dieser Fälle wurden rechtgläubige Bürger um der Gerechtigkeit und Ordnung willen geschlagen oder erschossen!

Gleichwohl zog es Vater Jakow weiter, von der Hauptstadt weg, um einen Blick in die Einöde zu werfen und zu erfahren, wie dort die Menschen lcbtcn. Ein kurzer Aufenthalt in Poschchonje, vielleicht in einem Örtchen wie Ust-Sysolski, vielleicht in diesem Winter auch einmal nach Solowki, dort war Vater Jakow noch nie. Wie mochte es wohl in diesen Bärenwinkeln nun sein, das war doch in-te-ressant! Lebten dort auch Träumer oder lebte man dort wie zuvor, das Gute nicht annehmend und sich dem Bösen nicht widersetzend?

Während er die Papiere in sein dickliches Portefeuille legte, sann Vater Jakow auch über die Sitzung nach, der er an der Seite sitzend beigewohnt hatte, und lachte leise in seinen Bart:

»Wir lehnen das prinzipiell ab, so sagt er, im Grundsatz. Jedoch, sagt er, gehen wir davon aus … Das Schreiben von derartigen Artikeln ist eine schwierige und verantwortungsvolle Sache. Man muss darauf achten, alles zu sagen, ohne dass jemand daran etwas auszusetzen hat. Damit alle es verstehen, ich aber keinen Schlag ins Genick dafür bekomme. Das ist etwas ganz anderes als über Silberteller der Sasaniden-Dynastie oder Grabstätten im Kreis Perm zu schreiben. Dafür braucht es Wohlbedachtheit und die hohe Kunst der Feder!«

Es war nicht gerade so, dass Vater Jakow auf diese Kunst neidisch gewesen wäre, aber er empfand doch den Unterschied zwischen Leuten, die sich mit der hohen Politik befassten, und Leuten wie ihm, einem einfachen Beobachter des Lebens, dem unbefangenen Zeugen der Geschichte.

»Im Grundsatz, sagt er, lehnen wir das prinzipiell ab, aber wir können nicht umhin, einzugestehen … In-te-ressant!«

Olens Tod

Der junge Unterstaatsanwalt des Feldkriegsgerichts hatte von seinem Vorgesetzten die Weisung erhalten, im Fall des jüngst an zahlreichen Terrorakten beteiligten Verhafteten das Plädoyer zu halten. Die Verhandlung sollte um vier Uhr am Nachmittag stattfinden, es blieben ihm also fünf Stunden für das Aktenstudium und die Vorbereitung der Anklageschrift.

Der junge Offizier hatte zuvor bereits in zwei ähnlich gelagerten Fällen die Anklage übernommen, und beide Male hatte er gewonnen, die Beschuldigten waren aber nicht von besonderem Interesse gewesen: ein Arbeiter, der andere Jude. Der Unterstaatsanwalt des Feldkriegsgerichts hatte jeweils eilig die Klageschriften vorbereitet, war aber vor den Verhandlungen vom Vorsitzenden darauf aufmerksam gemacht worden, dass die Fälle absolut klar lägen und deshalb auf die Verlesung der Plädoyers verzichtet werden könne. Und tatsächlich hatten die Verhandlungen jeweils nur anderthalb Stunden gedauert. In der Nacht darauf waren die Angeklagten dann erhängt worden.

Dieser Fall war nicht weniger eindeutig, aber der Angeklagte hatte einen wichtigen Stellenwert: Er war der Hauptverantwortliche zweier aufsehenerregender Verbrechen, nämlich des Anschlags auf das Palais des Ministerpräsidenten und des aufsehenerregenden bewaffneten Raubüberfalls. Dass der Militärstaatsanwalt diesen Fall nicht persönlich übernahm, sondern ihm übergeben hatte, lag ganz offensichtlich darin begründet, dass er ihm ganz besonders gewogen war. Möglicherweise war diese Ernennung aber auch das Ergebnis der wirkungsreichen Fürsprache einer Verwandten des Unterstaatsanwalts, die augenscheinlich ihr Versprechen, ein Wort für ihn einzulegen, nicht vergessen hatte. Ab sofort würde sein Name in Kreisen des Militärs mit der Anklage in einem besonders wichtigen Fall verbunden sein.

Der Inhalt der Akte interessierte den jungen Unterstaatsanwalt nicht übermäßig. Die Details waren eindeutig, und die Täter aus den Reihen der sogenannten Revolutionäre erleichterten die Arbeit des Anklägers durch ihr dreistes und zugleich löbliches Verhalten. Das Polizeidepartement stellte stets einen komprimierten, aber gut ausgearbeiteten Bericht bereit, es gab in der Regel nur wenige Zeugen, und wenn, dann waren sie durch die vorhergehenden Polizeibefragungen bestens vorbereitet, die Verteidigung war eine reine Formalität und der Ausgang stand somit bereits fest. Die Rolle des Staatsanwalts bestand also nicht darin, Beweise für die Schuld des Angeklagten ausfindig zu machen, sondern allein darin, die Einfachheit, lakonische Kürze und gleicherweise vernichtende Kraft der korrekten, absolut sachlichen Militärrethorik vorzuführen. Womöglich erwiese der Vorsitzende sich in diesem Fall als großzügig und ließe die Verlesung des Plädoyers zu, gerade deshalb aber war jegliche Gemütswallung zu vermeiden und eine gestochen scharfe und knappe Sprache an den Tag zu legen.

Das Studium des Falles nahm tatsächlich nur wenig Zeit in Anspruch, und der Unterstaatsanwalt hatte, nachdem er sich die wichtigsten Punkte herausgeschrieben und Anmerkungen festgehalten hatte, sogar noch Zeit, nach Hause zu gehen, um zu essen und sein Plädoyer zu überdenken.

Sollte er dort noch einmal die im polizeilichen Ermittlungsverfahren gewonnenen Erkenntnisse wiederholen? Selbstverständlich lag hierin keine Notwendigkeit! Brauchte es etwas Effektvolles wie den Verweis auf die Anzahl der Opfer der Verbrechen des Angeklagten, auf seine außergewöhnliche Dreistigkeit und auf die Gefahr für die Gesellschaft, die von ihm ausgeht? Ja, aber nur in Form einer kurzen und drastischen Charakterisierung des Täters. Was noch? Zweifellos nichts mehr. Bedachtsame und präzise Aufzählung der Paragraphen und Absätze des Gesetzes, sodann – ohne die Stimme zu erheben – Forderung der Todesstrafe. Zehn Minuten, maximal eine Viertelstunde! Absolute Zurückhaltung der Gefühle, keinerlei Erregung, entschiedener Gegensatz zur Gefühlsduselei, die sich mediokre Offiziere erlauben, die nur durch einen Zufall am Gericht tätig sind. Aber trotz aller Einfachheit und Strenge gestochen feine Worte!

Seine ersten Plädoyers hatte der Unterstaatsanwalt immer

gänzlich ausformuliert niedergeschrieben. Für dieses Mal jedoch beschloss er, sich auf eine Gliederung der kurzen Rede zu beschränken:

1. Zweifelsfreiheit der Tat und der Beteiligung des Angeklagten
2. Außergewöhnliche Schwere der Tat
3. Strikte Forderung der Verteidigung der staatlichen Ordnung
4. Auf Grundlage der dargelegten Gründe und ebenso unter Berücksichtigung der Artikel und Paragraphen (hier Ziffern und Absätze)
5. Forderung der Anwendung von (»Aufgabe der Feldkreisgerichte« u. Ä.)

Mit seinem Zettel in der Hand hielt der Unterstaatsanwalt seine Rede vor dem großen Spiegel, in dem seine gesunden weißen Zähne blitzten. Es gab Stellen, an denen er ins Stocken kam, aber beim zweiten Mal ging es problemlos. Selbst die Artikel und Paragraphen zitierte er aus dem Gedächtnis. Den letzten Satz seines Plädoyers wiederholte er einige Male, und zwar so, dass nicht ein einziger Muskel in seinem Gesicht zuckte, die Augenbrauen aber zog er, nachdem er geendet hatte, zusammen. Es war durchaus beeindruckend: »Todesstrafe durch Erhängen«. Punkt. Augenbrauen (aber ohne theatralisch zu wirken!). Der Ankläger nahm, ohne den Rumpf in der Taille vorzubeugen, auf dem Lehnstuhl des Unterstaatsanwalts Platz. Diesen Tag konnte er als den Beginn einer großen Karriere ansehen!

Mit dem Rücken zur Zellentür, den Gewehrkolben am Fuß, überblickte der Wachposten die gesamte Flucht des Gefängnistrakts bis zur gegenüberliegenden Galerie, wo ebenso mit dem Rücken zur Zellentür ein Kamerad aus seiner Einheit stand, der aus derselben Gegend stammte wie er. Bisweilen zwinkerten die beiden sich ohne Grund zu und schnitten, nachdem sie sich vergewissert hatten, dass der Truppführer oder Aufseher nicht schaute, Gesichter, wobei sie mühsam das Lachen zurückhalten mussten. Das Gefängnis stand aufgrund der besonderen Situation unter militärischer Aufsicht.

Olen lag auf der Pritsche, hatte die Augen geschlossen, aber er schlief nicht. Seit jenem Augenblick, in dem ihm klar geworden war, dass dies das Ende war, war er seltsam ruhig. Als läge er im Krankenbett und sei von der Pflicht befreit, nachzudenken und Überlegungen anzustellen, tätig und geschäftig zu sein. Und bald wäre es noch ruhiger und einfacher. Er fühlte keinerlei Ärger, dass er auf derart einfache und dumme Art und Weise in die Falle geraten war, denn früher oder später wäre dies ohnehin passiert. Als die Tür der Einzelzelle im Gefängnis ins Schloss gefallen und der Schlüssel umgedreht war, zuckte Olens Wange nicht mehr, und er verbrachte die gesamte Zeit in einem Zustand des Halbschlafs. Tag und Nacht gingen ineinander über, das Morgengrauen kam unbemerkt. Durch das kleine Fenster in der Tür wurde eine Wassersuppe in die Zelle gereicht, er probierte sie, aber sie schmeckte ihm nicht, und er hatte keinen Appetit. Er aß nur das Brot.

Des Nachts brachte man ihn zwei Mal in die Bürostube des Gefängnisses. Es gab jedoch keine Befragung im eigentlichen Sinne, denn er weigerte sich zu antworten. Zuerst drohte man ihm mit dem Strick, aber er lächelte nur müde, und der die Untersuchung führende Ermittler begriff, dass es lachhaft war, einem Menschen zu drohen, der wusste, dass ihn nichts retten konnte. Beim zweiten Mal führte man ihn einigen Personen vor, die wie Schatten an ihm vorbeigingen. Er erkannte nur das erschrockene Gesicht Maschas, die anderen kannte er nicht oder er konnte sich nicht an sie erinnern.

Während er auf der Pritsche lag, dachte Olen weder über den nahen Tod noch darüber nach, dass die Sache, für die er sein ganzes Leben gegeben hatte, nicht zu Ende geführt war. Ja, konnte sie denn überhaupt je zu Ende geführt werden? Ist nicht das Leben vielmehr der ewige Kampf zweier Elemente, der Kampf der Generationen und Zeitalter? Ein Ende dieses Kampfes konnte es nicht geben. Er dachte auch nicht darüber nach, wie er sich vor Gericht zu verhalten gedachte. Früher, in Freiheit, hatte er oft über diese Fragen nachgedacht. Der Kämpfer für die Revolution muss standhaft, lobenswert und herausfordernd sein und seinen Richtern seine Verachtung und seinen Hass gegen das Gesellschaftssystem, dem sie dienen, entgegenschleudern! Und im Augenblick der Abrechnung mit dem Leben seine Verfluchung der Welt und seinen Gruß dem Morgenrot der Zukunft hinausschreien! So schien es ihm früher. Nun aber verwarf Olen dies ohne Zögern. Wen sollten diese Worte beeindrucken? Wofür eine derart theatralische Geste in den letzten Minuten? Und auch wenn dies notwendig gewesen wäre – er war viel zu müde und hatte mit allem und allen bereits abgerechnet. Aber dies war nicht Ergebnis klarer Überlegungen, sondern lediglich ein schwaches Gefühl, das vorüberzog und undeutlich und grau erschien.

Man holte ihn nach vier Uhr am Nachmittag, es dunkelte bereits. Wieder legte man ihm Handschellen an, und er wurde von vier jungen Soldaten mit dumpfem Gesichtsausdruck begleitet. Als er in den kleinen Raum geführt wurde, in dem das Feldkriegsgericht tagte, erwachte Olen kurz aus seiner Apathie und blickte jene, die ihn gleich zum Tode verurteilen würden, aufmerksam an. Aber der Sekretär verlas die Anklageschrift mit derart ausdrucksloser Stimme, setzte falsche Betonungen und sprach die Familiennamen falsch aus, sodass Olens kurzzeitiges Interesse sogleich wieder versiegte. Ohne sich selbst dessen bewusst zu sein, starrte Olen einen der Richter, einen Oberstleutnant mit grauem Schnurrbart, unverwandt an und ließ bis zum Ende der Verhandlung den Blick nicht mehr von ihm. Auf die Fragen des Vorsitzenden antwortete er leise und einsilbig und hörte nur etwas genauer hin, wenn ihm unbekannte Familiennamen fielen, verlor dann aber sogleich wieder den Faden. Insgesamt war der gesamte Fall so weit zutreffend dargestellt, wenngleich auch durch naive Mutmaßungen der Polizei unnötig verkompliziert. In Wirklichkeit war alles sehr viel einfacher. Olen war allerdings erstaunt, wie wenig tatsächlich bekannt war und wie viel sie hinzuzuerfinden gezwungen waren. Irgendwann hörte er dann gar nicht mehr zu und zeigte auch bei der Befragung einiger Zeugen keinerlei Regung.

Obgleich der junge Unterstaatsanwalt sich sorgfältig auf sein kurzes Plädoyer vorbereitet hatte, konnte er doch der Verführung, einige effektvolle Worte einzustreuen, nicht entsagen. Der Vorsitzende blickte ihn verwundert an, und der Oberstleutnant mit dem grauen Schnurrbart verzog gar das

Gesicht. Aber der Ankläger kam zu jenem Ende, das er zuvor geplant hatte: Er setzte einen Punkt, zog die Augenbrauen zusammen und nahm Platz, ohne den Rumpf in der Taille vorzubeugen. Alles in allem hatte er es nicht schlecht gemeistert.

Dann wurde das Urteil verkündet, das absolut den Forderungen der Anklage entsprach. Es klirrten die Sporen, der Verurteilte wurde abgeführt, und nachdem er seine Papiere zusammengesammelt hatte, erhob sich der Unterstaatsanwalt mit derselben einstudierten gediegenen Gelassenheit und ging zum Sekretär:

»Wohin müssen Sie? Wenn Sie nach Hause gehen, nehme ich Sie gern mit.«

Der Sekretär jedoch musste noch ein wenig bleiben, und der junge Ankläger fuhr allein. Es war dunkel, und keiner derer, die ihm entgegenkamen, konnte die zur Schau gestellte Gelassenheit und das ein ganz klein wenig herablassende, selbstsichere, aber durchaus liebenswürdige Lächeln des Offiziers bestaunen, der nach diesem unkomplizierten und gleichwohl bemerkenswerten Prozess, der in Militärkreisen gewiss Gesprächsstoff bieten würde, auf dem Weg nach Hause war. In den Zeitungen würde sein Name selbstverständlich nicht erwähnt, da Nennung der Mitglieder des Gerichts nicht gestattet war.

Die Urteile des Feldkriegsgerichts wurden für gewöhnlich unverzüglich vollstreckt, allerdings musste die Nacht abgewartet werden, und deshalb brachte man Olen noch einmal zurück in seine Zelle.

Als man ihn erneut abholte, schlief er fest. Dieses Mal wurden ihm keine Handschellen angelegt. Auf dem Gefängnishof war bereits alles vorbereitet. Nur eine kleine Lampe, die an der Gefängnismauer hing, warf Licht auf den Galgen. Einige Personen machten sich emsig im Halbdunkel zu schaffen, etwas weiter entfernt standen Soldaten mit Gewehren und ein kleiner, schmächtiger, frierender diensthabender Offizier.

Es war sehr kalt. Olen wurde in Hemd ohne Kragen und Hosen auf den Hof hinausgeführt. Man zeigte ihm, wo er sich hinstellen solle. Er nahm eine gerade Haltung an, die Fußspitzen nach außen gedreht wie ein Soldat. Dann zeigte sich, dass der Sack vergessen worden war, und man ließ einen holen. All dies geschah mit viel Umstand, aber zugleich fast freundschaftlich gelassen. Von zweien wurde er an den Ellbogen festgehalten, aber nicht fest, als ob sie ihm keinen Schmerz zufügen wollten, und sie blickten ihm nicht ins Gesicht. Es dauerte lange, bis der Sack gebracht wurde, und Olen sagte:

»Geht es nicht ein bisschen schneller, ohne den Sack? Es ist schon sehr kalt.«

Die Soldaten kamen in Bewegung und flüsterten miteinander, dann erwiderte eine Stimme hinter Olens Rücken: »Gut, warum nicht!«, und vor Olens Gesicht baumelte plötzlich der Strick. Als er ihn sah, erschauerte er und seine Wange zuckte. Dann machte er ohne heftige Bewegung, aber sehr bestimmt seinen rechten Arm los und schob die Hand des Henkers zurück. Nur einen Augenblick lang schossen ihm die Worte, die er ihnen allen wohl vor seinem Tod entgegenschreien sollte, durch den Kopf und verloschen dann in seinem Bewusstsein, denn sie waren überflüssig. Er wandte sich zu dem hinter ihm Stehenden um und sagte höflich und entschieden:

»Das muss nicht sein. Lassen Sie es mich selbst tun!«

Der harte Strick brannte kalt auf seinem Hals. Er wusste nicht, ob und wie er den Knoten zuziehen sollte, und fragte mit verlegenem Lächeln:

»Wie geht das? So?«

Dann öffnete sich jäh der schwarze Himmel über ihm und das matte Licht der Lampe loderte auf wie eine blendende Sonne.

ZWEITER TEIL.

DIE FLUCHT

»Ich kann nicht schweigen!«

Ein wenig gebeugt, aber ohne sich am Geländer festzuhalten, stieg ein breit gebauter alter Mann mit langem Bart und wilden Augenbrauen die Verandatreppe hinunter. Er blickte zuerst, ganz Bauer, in den Himmel, der allzu trübe war für einen Sommertag, dann beförderte er, ganz Hausherr, mit einem Schwung seines Spazierstocks einen Knochen, den einer der Hunde angeschleppt hatte, vom Weg, und schließlich öffnete er, ganz gebildeter Herr, ein kleines Buch dort, wo ein Lesezeichen eingelegt war, und schlenderte tiefer in den Park hinein zu der Bank, auf der er so gerne saß.

Es war zu früher Stunde am Morgen, in der noch keine menschlichen Stimmen zu hören sind, die großen und kleinen Vögel indes zeterten wie auf dem Basar. Als er an der Bank angekommen war, ließ sich der Alte schwerfällig nieder, und im selben Moment wurde ihm bewusst, dass es ihm nicht beschieden war, ein wenig für sich zu verweilen, und dass es einen gab, der noch früher aufgestanden war als er. Von sich aus käme dieser andere wohl kaum zu ihm herüber, aber wenn dieser sich hier schon herumtrieb, konnte er schließlich nicht anders, als den anderen zu sich zu rufen und sich mit ihm zu unterhalten.

Schon lange hatte es sich in seinem Leben so ergeben, dass er nur selten allein war, dazu musste er sich in seinem Kabinett einschließen und schreiben, oder zumindest so tun, als schriebe er. Sobald er aber sein Kabinett verließ, war er eine öffentliche Person, und da waren die Gattin, die Kinder, der Sekretär, die Gäste der Familie und andere Besucher, mit denen er sich unterhalten musste, die er anhören musste, denen er einen Rat erteilen musste. Alles, was sie ihm erzählten, hatten ihm Hunderte vor ihnen bereits erzählt, alles, wonach sie ihn fragten, war ihm längst bekannt. Aber es ziemte sich nicht, ihnen nicht zu antworten, schließlich waren sie wegen dieser seiner Antwort von weit her gekommen, manche scheu, andere zudringlich, weil es ihnen ein echtes Anliegen war, oder schlicht aus geradezu beschämender Neugier. Diese

Besucher und die Gespräche mit ihnen waren die Schuldigkeit des großen Lehrers, als der er in der ganzen Welt berühmt war.

Der junge Mann, der sich in seiner Nähe herumtrieb, sich den Anschein gab, er wolle unbemerkt bleiben und nicht stören, aber in Wirklichkeit darauf rechnete, wie zufällig bemerkt zu werden, war der Sekretär des alten Mannes. Ein Sekretär ist jemand, der Briefe schreibt und abschickt und das Gedächtnis des alten Mannes ist. Er hatte jederzeit ein Notizheft zur Hand, und in diesem Notizheft hielt er allerlei Unsinn fest, törichtes Zeug, das niemandem zunutze war. Jeden Schritt und jedes Wort des alten Mannes schrieb er dort nieder. Und an jenem Tag notierte er vermutlich: »Am Mittwoch, dem soundsovielten, stand der große Schriftsteller um halb sieben auf und begab sich in den Garten.« Die fortwährende schmeichelnde, ergebene und dumme Beobachtung, unter der er stand, die fortwährende Biographieschreibung noch zu Lebzeiten war ihm ständige Erinnerung daran, dass er ein alter Mann war und bald sterben musste, und dass man das Andenken an ihn mit diesen persönlichen Erinnerungen ausschmücken werde. Und dagegen konnte er absolut nichts unternehmen, denn wie hätte er, ohne jemanden zu verletzen, erklären können, dass eine solche Liebe (so es denn Liebe war!) grausam war?

Der alte Mann legte seinen Finger in das Buch und rief den Sekretär zu sich. Und nach den ersten Worten der Antwort des jungen Mannes auf die Frage, was dieser zu so früher Stunde im Garten tue, begriff er, dass der Sekretär etwas auf dem Herzen hatte, das er ihm erzählen wollte, aber nicht wusste, wie er anfangen sollte.

Deshalb fragte der alte Mann ihn, was ihn beunruhige, und der Sekretär begann seine vorbereitete Antwort:

»Dieser Brief ist ein wichtiges Dokument, geschrieben von einer jungen Frau im Gefängnis, in Erwartung der Hinrichtung. Ich kenne sie persönlich, aus der Kindheit. Sie stammt auch aus Rjasan.«

»Und hat man sie hingerichtet?«

»Die Todesstrafe wurde in lebenslange Katorga umgewandelt.«

»Geben Sie ihn mir, ich lese ihn später.«

»Und besonders ungewöhnlich ist, dass sie eng beteiligt war an Vorbereitungen zu Mordanschlägen, sogar mehreren, wobei sie selbst – ich kenne sie ja gut, aus der Kindheit! – ein guter, sehr empfindsamer und sogar zartfühlender Mensch ist. Wir haben sie sehr gern gehabt, Natulja haben wir sie genannt. Immer um andere besorgt, nachsichtig gegen die Menschen, streng gegen sich selbst. Wie so etwas kommt – ich weiß es nicht!«

Er bemühte sich, so schnell und so viel als möglich zu erzählen. Der alte Mann hörte ihm zu, blickte ihm in die Augen und sah deutlich, dass sein Gesprächspartner über das Schicksal dieser jungen Frau betrübt, zugleich aber gewissermaßen auch glücklich darüber war, dass er sie kannte, und dass er seine Betrübnis und sein Glück unbedingt mitteilen musste und nicht für sich behalten konnte. Und dass er erwartete, dass der betagte Schriftsteller und Lehrer seine Ansicht zu dieser Frage darlege – wie kann es sein, dass ein Mensch zartfühlend und empfindsam ist und sich hinreißen lässt zu morden? Und wenn er seine Ansicht kundtäte, würde der andere, nachdem er sich ein kleines Stück entfernt hatte, diese notieren, damit sie durch ihn nach dem Tod des alten Mannes, der hier mit ihm auf der Bank saß, der Nachwelt übermittelt werden könne.

»Und wo ist sie nun?«

»In Moskau. Im Zuchthaus.«

»So jung. Ist es ihr dort schwer?«

»Es ist ihr sehr schwer. Die Gefangenen werden schlecht versorgt. Sie schreibt, dass sie bisweilen so großen Hunger leidet, dass ihr ganz übel ist.«

Der alte Mann sagte:

»Das ist das Schlimmste. Aber wenn sie die innere Kraft hat, wird sie diese Prüfung überstehen. Ich werde den Brief später lesen. Gerade heute Morgen, als ich aufgestanden war, habe ich Folgendes im Tagebuch notiert: ›Wenn du auf einen harten Stein triffst und ihn zerschlagen willst, handelst du unvernünftig. Wenn du ihn aber schleifst, handelst du vernünftig.‹«

Und dann setzte er hinzu:

»Im Hause wird es langsam munter. Sie sollten Tee trinken, und ich gehe auch.«

Der junge Sekretär entfernte sich, blieb an der Veranda stehen und notierte in seinem Heft den Satz des großen Lehrers mit dem Stein. Besonders wichtig war, dass niemand zuvor diesen Satz gehört hatte, und wenn das Tagebuch veröffentlicht würde, wäre er derjenige, der diesen Satz, der eigentlich nicht eben bedeutsam schien, aber allein deshalb, weil er vom großen Lehrer stammte, bemerkenswert war, wäre er also derjenige, der ihn besser als alle anderen zu deuten verstünde, da er ihn aus dem Mund des Lehrers vernommen hatte, als er an jenem Mittwochmorgen, während alle anderen noch schliefen, mit ihm im Garten ein langes persönliches Gespräch geführt hatte. Und der junge Mann war sehr glücklich.

Als er allein war, entfaltete der alte Mann bedächtig den Brief. Zunächst überflog er ihn nur, dann las er ihn aufmerksam, manche Stellen gar zwei Mal. Er las ihn und sah die Zuchthauszelle vor sich und in ihr eine junge Frau, die nicht dumm noch klug war und sehr unglücklich. Sie schrieb angesichts eines bevorstehenden schrecklichen Todes, aber in ihr war eine derartige Lebenskraft, dass sie alles möglichst gefällig, gelehrt zu formulieren suchte, um ihre Kameraden mit ihrer tatsächlich außergewöhnlichen Seelenlage zu beeindrucken. Sie schrieb aufrichtig und glaubte, was sie schrieb, es war ihre Wahrheit, aber eine weltliche, diesseitige Wahrheit. Rettete sie nicht der Gedanke, dass andere ihren Brief läsen, müsste sie schreien und ihren Kopf gegen die Gefängnismauern schlagen. Aber sie schrie nicht, sondern suchte in sich selbst Beseligung und fand sie, vielleicht die eine wahre Beseligung. Es machte sie froh, dass sie derart fühlen und derart schreiben konnte kurz vor ihrem Tod und dass die Welt davon erführe und davon spräche.

Als er geendet hatte, versank der alte Mann in Gedanken. Tatsächlich, dies war ein wichtiges Dokument! Es berichtete davon, wozu die Menschen und was sie anderen anzutun imstande sind. Wahrheit und Lüge vermengten sich miteinander, und der Mensch war selbst in der schwersten Stunde des Lebens nicht in der Lage herauszufinden, welches seine Lüge ist und welches seine Wahrheit, die seine Rettung wäre, und ob es überhaupt Rettung gibt. Und gleich würden die Zeitungen mit der Post gebracht – und wieder das Gleiche! Kein Tag ohne Hinrichtungen. Heute erhängt man junge Menschen wie diese junge Frau, morgen erschießt oder erhängt man die Bauern in den Dörfern. Gestern war zu lesen, dass in Cherson auf dem Strelbizki-Feld zwanzig Bauern aufgrund eines Raubüberfalls auf das Gut ihres Herrn erhängt worden seien. Und es fanden sich Bauern, die mit ihren Händen diesen zwanzig Bauern die Stricke um den Hals legten! Und alle lasen dies und schwiegen. Nein, sie schwiegen nicht nur, sondern hatten sich damit abgefunden, sich daran gewöhnt. Sie lasen diese Notizen und gingen mit Leichtigkeit zu den anderen Zeitungsnachrichten über. Und dabei müsste man aus vollem Halse schreien, denn man kann mit diesem Wissen nicht leben!

All dies dachte der alte Mann, und plötzlich ergriff ihn mit aller Stärke jenes Gefühl, wenn die Gedanken bereits zur Gänze in Worte gefasst sind, die aufwallen und fordern, augenblicklich ausgesprochen zu werden, und es dafür, solange in ihnen die Kraft noch brodelt, ihr Stahl schlagend und ihr Feuer nicht verglüht ist, keinen Aufschub mehr geben kann. Wenn er es nicht aussprach – wer könnte es tun? Vielleicht würde es jemand aussprechen, hätte den Mut dazu, aber niemand würde diese Stimme hören, niemand diese noch so flammenden Zeilen drucken. Aber er, der alte Mann, war verpflichtet, laut aufzuschreien, und dass sein Wort nicht gehört würde, war unmöglich!

Was auch immer er sagen würde, ihn ließe man gewähren, und diese Unantastbarkeit belastete ihn. Wenn man doch auch ihn ins Zuchthaus schickte, ohne ihn zu schonen, in ein stinkendes, kaltes Zuchthaus, in dem er Hunger leiden müsste! Das verliehe seinem Wort noch mehr Kraft und Lautstärke! Aber nicht er würde für seine Worte leiden müssen, sondern jene, die sie druckten und lasen, und ihn ließe man in Ruhe. Auch das war eine Art der Folter, und zwar eine besonders ausgefeilte und grausame. Und da er nicht schuldig sein wollte am Unglück anderer, musste er so oft schweigen.

Und da fand sich zu den im Geiste bereits geschriebenen

leidenschaftlichen, gerechten und überzeugenden Worten die mit großen und deutlichen Buchstaben gesetzte Überschrift:

»Ich kann nicht schweigen!«

Im Garten waren keine menschlichen Stimmen mehr zu hören und die großen und kleinen Vögel eröffneten erneut ihren Basar. Die Sonne kam durch die Wolken, drang durch das Laub und auf dem Gartenweg zeigten sich helle Lichtflecken.

Der alte Schriftsteller legte den Brief zwischen die Seiten seines Buches, stützte sich auf den Spazierstock und erhob sich von seiner Bank.

Ein Glas Warenje

Als er in Rjasan war, hielt Vater Jakow es für unerlässlich und durchaus interessant, dem allseits verehrten und respektablen dort ansässigen Arzt Sergej Pawlowitsch Kalymow einen Besuch abzustatten, von dessen Unglück er indes erst nach seiner Ankunft erfahren hatte.

Und sein Unglück war groß: Die Tochter Sergej Pawlowitschs war vor drei Jahren eines politischen Verbrechens überführt und gar zum Tode verurteilt worden, hatte lange Zeit im Zuchthaus auf die Vollstreckung der Hinrichtung gewartet und war dann begnadigt worden – so man denn die lebenslange Katorga als Gnade bezeichnen konnte.

Derlei Unglück gab es in allen Familien in großer Zahl, und die Menschen waren es müde, darüber nachzudenken oder zu sprechen. Man hatte sich an die Zuchthäuser und die Hinrichtungen wie an etwas Alltägliches und Selbstverständliches gewöhnt, niemand erinnerte sich an die Namen der Hingerichteten, das Heldentum war endgültig aus der Mode gekommen.

Während der letzten zwei Jahre seiner Reisen durch Russland hatte Vater Jakow allerorten bemerkenswerte Veränderungen im Vergleich zu früher gefunden. Er war sich nicht ganz sicher, ob die Herzen der Menschen schlicht verroht waren oder ob einfach ein anderer Wind wehte. Zutrauen und

Genügsamkeit, die den Menschen einst zu eigen waren, waren verschwunden, alle waren bestrebt, für sich selbst das Beste zu erreichen, ohne an den Nächsten zu denken. Allerdings hatte es dies auch früher schon gegeben, und es war absolut nichts Erstaunliches daran. Aber früher hatten die Menschen sich voneinander unterschieden, heute waren sie alle wie über denselben Kamm geschoren! Aber nicht aus Schwäche oder Verzweiflung, sondern weil sie überzeugt waren, sich befreit zu haben von jeglichem wohlklingendem Unsinn und albernen Ideen und zu ihrem Vergnügen zu leben, sollten sich doch die anderen zum Narren machen.

Sergej Pawlowitsch, ein nicht sehr guter, aber alter Bekannter, war bereits recht betagt und in letzter Zeit sehr geschwächt. Früher stand er im Ruf, ein Liberaler zu sein, wenngleich nicht eben gefährlich, aber immerhin ein Mensch mit fortschrittlichen Ansichten. Deshalb hatten die Bürger Rjasans ihn in den Staatsrat gewählt. Mittlerweile hatte er sich aus der Politik zurückgezogen, praktizierte nur noch ein wenig als Arzt und lebte die meiste Zeit auf seinem Landgut. Über den Besuch von Vater Jakow freute er sich sehr, wie über den Besuch eines Menschen, mit dem man über alles sprechen kann, der zuhört und keine Dummheiten zum Besten gibt.

»Es ist wohl drei Jahre her, dass Sie nicht mehr in unserer Gegend waren, mein Bester!«

»Der Genauigkeit halber muss ich sagen, dass vier Jahre vergangen sind, seit ich mich das letzte Mal am Anblick Ihrer schönen Stadt erfreut habe.«

»Und Sie sind weiterhin stets auf Reisen? Schauen sich alles an?«

»Ich bin unterwegs in meinen unbedeutenden Angelegenheiten und, ganz recht, schaue mir alles an. Es gibt in den jetzigen Zeiten so einiges in den russischen Städten und Gemeinden, das von Interesse ist. Auch die Hauptstädte habe ich besichtigt und gar eine Zeit lang dort gelebt. Auch dort leben die Menschen.«

»Von meinem Kummer haben Sie gehört, Vater Jakow?«

»Ehrlich gesagt habe ich erst hier davon erfahren, davor hatte ich darüber noch nichts gehört. Eine große Prüfung ist

Ihnen, Sergej Pawlowitsch, auferlegt. Aber Gott wird Ihnen beistehen, alles wird wieder ins Lot kommen.«

»Wie soll das geschehen? Meine Tochter ist in lebenslänglicher Katorga, und auch dies nur aus Barmherzigkeit.«

»Ja, ich weiß, ich weiß und fühle aufrichtig mit Ihnen.«

»Warum dies mir, Vater? Ich selbst habe nie zur Revolution aufgerufen, meinen Kindern habe ich die Erziehung angedeihen lassen, die meine Mittel zuließen, habe sie nicht in ihren Freiheiten eingeschränkt und muss nun auf meine alten Tage mit so etwas fertigwerden. Weswegen sie verurteilt wurde, ist Ihnen bekannt?«

»Soweit ich hörte, aus politischen Gründen?«

»Was heißt, aus politischen Gründen? Wegen Beteiligung an Mord! Sie erinnern sich an den Bombenanschlag in Petersburg, an das Attentat auf den Minister?«

»Wie könnte man sich daran nicht erinnern! Zwei Tage vor diesem Geschehnis war es mir bestimmt, höchstpersönlich zum Minister vorgelassen zu werden.«

»Das heißt also, dass sie auch Sie hätte töten können. Und sogar mich, denn eigentlich wollten sie den gesamten Staatsrat in die Luft sprengen.«

Vater Jakow fiel ein, dass er im Staatsrat dieses junge Paar gesehen hatte und dass die junge Dame ihn an die Tochter des Arztes erinnert hatte. Aber er schwieg.

»Wofür dies mir, Vater Jakow? Als was wird so etwas in Ihren heiligen Schriften bezeichnet?«

»Prüfung.«

»Ergebensten Dank auch. Aber wofür? Als ich es erfuhr, wollte ich es nicht glauben. Sie haben meine Natulja nicht gekannt. Sie wurde in Liebe und Wohlergehen erzogen. War ein zartes und gutherziges Mädchen, konnte keiner Fliege etwas zuleide tun. Als sie klein war, weinte sie einmal drei Tage lang, als ihr kleines Hündchen zu Tode getreten wurde. Als sie dann im Gymnasium war, aß sie kein Fleisch mehr: ›Du sollst nicht töten!‹ Sie war in einer Gruppe von Tolstojanern. Wie konnte das alles nur geschehen? Ich sage es Ihnen, Vater Jakow: Sie wurde verführt, denn ihr selbst ist jegliche Gewalt fremd.«

»Das ist möglich, das ist möglich.«

»Es ist nicht nur möglich, es ist ganz sicher so. Und deshalb sollten jene bestraft werden, die sie in dieses Verbrechen hineingezogen haben!«

»Die Strafe bleibt nicht aus.«

»Ich habe, Vater, in einem Brief alles dargelegt. Und ihn an höchste Stelle gesandt. Und wissen Sie, was sie mir sagte, als mir ein Besuch im Zuchthaus erlaubt wurde? ›Es lastet auf mir‹, sagte sie, ›dass ich dir solches Leid zugefügt habe. Aber‹, so sagte sie, ›ich bereue nichts und bitte dich, meine Ehre als Revolutionärin nicht durch irgendwelche Bittschriften zu besudeln!‹ Verstehen Sie? Ich besudele ihre Ehre!«

»Das ist ihre Jugend, Sergej Pawlowitsch. Aus ihr spricht jugendliche Selbstüberschätzung.«

Plötzlich änderte sich Sergej Pawlowitschs Ton.

»Ich weiß, Vater Jakow. Auch ich war ja einmal jung, ich weiß es. Und wenn ich ganz ehrlich sein soll, so muss ich sagen, dass ich stolz bin auf sie! Ich bin traurig und zugleich stolz, dass niemand meiner Tochter das Wasser reichen kann. Sie übernimmt selbst die Verantwortung für sich und will von niemandem Wohltaten.«

Vater Jakow wusste nicht, ob er auch hier beipflichten oder besser schweigen sollte, und begnügte sich mit den Worten:

»Nun, so Gott will, wird diese schwere Zeit vorübergehen, und auch in der Politik wird es leichter werden. Vielleicht wird es eine Amnestie oder etwas in der Art geben.«

»Nein, bester Vater, hier braucht es keine Amnestie, sondern eine richtige Revolution!«

Vater Jakow hüstelte und antwortete nicht. Das Gespräch mit Menschen in einer solchen Situation, mochten sie auch durchaus respektabel sein, war nicht eben einfach. Es war offenkundig, dass die Trauer aus diesem Menschen sprach! Um die Unterhaltung fortzusetzen, erkundigte er sich:

»Und wo hält man die junge Person fest?«

»Welche Person?«

»Ich meine natürlich Ihre Tochter.«

»Ach, Natulja! Sie sitzt in Moskau ein, im Zuchthaus für Frauen. Bis jetzt ist sie dort, später wird man sie sicher irgendwohin nach Sibirien bringen, in die richtige Katorga, wohin, ist noch unbekannt.«

Vater Jakow kramte ein wenig in seinem Gedächtnis und sagte dann:

»Die Vorsteherin dieses Gefängnisses kenne ich. Eine angesehene Person, von Adel. Früher stand sie einem Mädchenpensionat vor, das ich einmal besichtigt habe, und damals habe ich sie kennengelernt. Das liegt wohl sechs Jahre zurück, jetzt ist sie Gefängnisvorsteherin.«

»Sie haben ja überall Bekannte, Vater Jakow. Wäre es denn nicht vielleicht möglich, über diese Ihre Bekannte meiner Natulja etwas zukommen zu lassen, ein Glas Kirschwarenje? Sie mochte sie immer so sehr, ohne Kerne. Wir schreiben uns nicht, es gibt ja auch nichts, worüber wir schreiben könnten, aber ein Glas Warenje würde ich ihr doch schicken. Reisen Sie von hier aus nach Moskau weiter?«

»Unbedingt. Heute ist Donnerstag, und am Dienstag wollte ich in Moskau sein. Ein Glas Warenje kann ich übergeben, so es gestattet wird.«

»Das wird man ohne Probleme gestatten. Geben Sie es einfach in der Verwaltung ab, da braucht es die Vorsteherin überhaupt nicht. Wenn man es mit der Post schickt, geht es ja zuletzt noch verloren.«

»Das mache ich.«

Er konnte doch einem trauernden Vater eine solche Kleinigkeit nicht abschlagen, obgleich Vater Jakow nicht eben gern mit derart unseligen Institutionen in Kontakt trat. Aber was war schon daran – ein Vater schickte seiner Tochter etwas Süßes über einen Geistlichen. Daran war absolut nichts verdächtig.

Kalymow bot Vater Jakow an, über Nacht bei ihm zu bleiben. Er brachte ihn sehr gut unter, in Nataschas einstigem Zimmer.

»Das also war ihr Reich. Sehen Sie, ihre Bücher stehen noch im Schrank, Kinderbücher und verschiedene Lehrbücher. Pflegen Sie vor dem Schlaf zu lesen, Vater?«

»Dieser Angewohnheit habe ich selbst in Kinderzeiten nie gefrönt.«

»Nun, ich gebe Ihnen trotzdem Natuljas Brief zu lesen. Sie hat ihn an ihre Freunde geschrieben, sie gaben mir eine Abschrift. Sie schrieb ihn in Erwartung auf die Todesstrafe. Sie erforschen die Menschen, deshalb müsste dieser Brief für Sie auch von Interesse sein. Selbst Lew Tolstoj hat ihn gelesen, auch ihm hat man ihn gegeben. Es heißt, er sei in Tränen ausgebrochen, als er ihn gelesen hatte. Und auch ich habe während der Lektüre laut geheult, ich konnte das alles nicht verstehen. Jeder an ihrer Stelle würde den Verstand verlieren, aber sie philosophiert. So eine Tochter habe ich, Vater Jakow! Lesen Sie den Brief unbedingt.«

»Ich lese ihn unbedingt. Und bedanke mich ergebenst für Ihr Vertrauen.«

»Lesen Sie ihn hier, in ihrem Zimmer. Ach, wie schlecht es mir doch ergeht, Vater Jakow! Ich werde alt, und es gibt nichts, das mich trösten könnte. Aber warum in Trauer schwelgen! Ich bringe Ihnen gleich den Brief, und morgen geben Sie ihn mir wieder zurück.«

Vater Jakow dachte voller Zweifel:

»Er ist ein respektabler Mann und leidet wirklich, gleichwohl verstehe ich ihn nicht so recht. Einerseits empfindet er Trauer über den Verlust des geliebten Kindes, andererseits sagt er Merkwürdiges über Stolz. Aber da gibt es doch gar nichts, auf das er stolz sein könnte, eher müsste er doch bedauern, dass trotz seiner Erziehung so etwas geschehen konnte. Ein wirklich großes Unglück.«

Bevor er sich auskleidete und zu Bett ging, nahm Vater Jakow an dem kleinen Schreibtisch Platz, zog seine Brille aus der Tasche, strich die beschriebenen Blätter vor ihm auf dem Tisch glatt, sann darüber nach, dass ebendieses Zimmer, in dem er nun saß, einst das Zimmer der jungen Frau gewesen war, die diesen Brief geschrieben hatte und nun im Gefängnis war, und ganz zermürbt schüttelte er den Kopf und begann den Brief zu lesen.

Brief vor der Hinrichtung

D er in fernem Nebel liegende Tod ist plötzlich zu etwas geworden, das in nur wenigen Tagen eintreten kann, und nimmt Gestalt an als ein um den Hals gelegter Strick. Jene undeutliche Angst, ja bisweilen das Entsetzen gar, das ich vor dem Tod empfand, als er hundert Werst entfernt war, ist nun, da er nurmehr fünf Schritte entfernt ist, vollständig verschwunden, und es hat sich Neugier auf den Tod eingestellt, ja geradezu ein Gefühl der Befriedigung darüber, dass ich alsbald, alsbald des größten aller Geheimnisse gewahr werde.«

Es war gerade erst der einundzwanzigste Sommer ihres Lebens vergangen, als ein Militärgericht den Beschluss fasste, dieses Leben mit dem »Tod durch Erhängen« zu beenden. Aus dem Gerichtssaal brachten die Wachsoldaten Natascha Kalymowa zurück in ihre Zelle in der Peter-und-Paul-Festung, in der sie zuvor einige Monate auf diese Sitzung und auf dieses Urteil des Gerichts gewartet hatte.

Sie empfand äußerste Ermüdung, auf die weder Erholung noch Schlaf folgen konnte. Erholung ließen innere Kälte und ein leichter Schwindel nicht zu. Nicht nachzudenken war unmöglich, obgleich es nichts mehr gab, worüber nachzudenken gewesen wäre. Ebenso unmöglich war es ihr, sich abrupt zu bewegen, denn dies hätte die Anspannung, die sie empfand, zerstören und Furcht, Entsetzen, ein Tränenmeer heraufbeschwören können, etwas, das mit der Bedeutsamkeit des Augenblicks nicht übereinstimmte.

Ihr Ohr, welches das Urteil vernommen hatte, lauschte weiter, so, als erwarte es noch, dass eine ruhige Stimme ertöne, die da sagte: »Genug der Komödie! Geh nach Hause und vergiss all diese Nichtigkeiten!«, als bedeuteten die Schritte hinter der Zellentür: »Warte einen Augenblick, alles wird sich aufklären.« Durch das Gitter vor dem Fenster drang das gewöhnlichste Licht eines Spätnachmittags, bei dem man noch lesen kann, aber viel besser hinausginge, um auf der Petersburger Uferstraße zu promenieren und sich des Sonnenuntergangs und der Schattenrisse der Häuser zu erfreuen. Im zweiundzwanzigsten Lebensjahr zu sterben ist einfach unmöglich! Alte und Kranke sterben, das ist ganz natürlich, und trotzdem dauern sie einen.

Der Schlüssel klapperte im Schloss, alles zog sich in ihr zusammen und sie vermochte kaum den Kopf zu drehen. Man ließ den Verteidiger zu ihr ein, den Menschen, der ihr auf dem Gefängnisschemel gegenübersaß und später auf die Straße hinaustreten und nach Hause gehen würde und unter freien Menschen war und dadurch die Legende von der Undurchdringbarkeit der Gefängnismauern und vom Geschiedensein von der Welt widerlegte. Aus diesem Grunde rief sein Kommen jedes Mal Aufregung hervor. Bei diesem Besuch war der Verteidiger nicht weniger aufgeregt als sie. Er sah aus wie ein Arzt, der einzugestehen gezwungen ist, dass die notwendige Operation lebensgefährlich sei. Der Verteidiger legte ein Papier zur Unterschrift vor – ein an höchste Stelle gerichtetes Gnadengesuch.

Als er zartfühlend den Briefbogen unter ihre Hand schob und ihr seine Feder reichte, entschwand jäh die Bedeutsamkeit des Augenblicks und der Vorhang hob sich erneut: Die Komödie ging weiter! Ein weiteres Mal trat die echte Natascha zurück, die allzu jung und gesund war, um sich auf den Tod vorzubereiten, und die Bühne betrat erneut die bekannte Schauspielerin Natalja Kalymowa, die bereits im ersten Akt gespielt hatte. Der Text der Komödie sah nun vor, dass die zum Tode Verurteilte es ablehne, ein Gnadengesuch zu stellen. Beiden war wohlbekannt, was ihre Rollen von ihnen forderten: Er musste zartfühlend zu überzeugen suchen und sie stolz Gesuch und Feder zurückweisen. Das Publikum im Zuschauersaal erstarrte in Erwartung ihrer Worte. Sie sprach:

»Niemals! Ich werde das nicht unterschreiben!«

»Aber meine Liebe, das ist doch lediglich eine Formalität!«

Im selben Ton wiederholte sie standfest und beharrlich:

»Niemals! Sollen sie mich doch aufhängen!«

Er war überzeugt gewesen, dass sie sich weigern werde, und während er aufrichtiges Mitleid mit ihr empfand, erzählte er in Gedanken schon den Freunden und Bekannten, wie scharf und entschieden sie jegliche Überlegung zurückgewiesen hatte, ein Gnadengesuch an höchste Stelle zu richten. Er war insgesamt gesehen sehr stolz auf seine Klientin.

Als er sich zum Gehen wandte, sagte er, morgen um die Mittagszeit werde er noch einmal kommen und den Text der Kassationsbeschwerde bringen. Es gebe zwar keine dringenden Einwände gegen das Urteil, aber man müsse den Fall in die Länge ziehen, und derweil … Hoffnung gebe es immer, auch entsprechende Präzedenzfälle habe es schon gegeben … Ihr Vater habe eine Eingabe gemacht, und es bestehe durchaus die Möglichkeit, dass das Urteil gemildert werde.

Sie antwortete, sie schreibe einen Brief an Freunde, den sie ihm morgen übergebe. Er überließ ihr einige Bogen weißes und festes Papier von erstklassiger Qualität, und sie machte sich ans Schreiben. Sie ließ nicht zu, dass der Vorhang sich senkte, denn sonst hätte sich die junge, zum Tode verurteilte Frau aus Rjasan in ihrer halbdunklen Zelle vor Verzweiflung angesichts des Todes zermürbt. Über das Papier beugte sich die Hauptdarstellerin der Komödie, die standhafte Terroristin, die ohne Furcht und mit einem Lächeln gar Abschied vom Leben nimmt. Das »größte aller Geheimnisse«, das in ihr Neugierde weckte, war selbstverständlich nur ein heiterer Scherz. Den sie sogleich erklärte.

»Es versteht sich von selbst, dass ich nicht an ein, wie auch immer geartetes, ›ewiges Leben‹ glaube und dass mir bewusst ist, dass mein ›Ich‹, sobald ich aufgrund mangelnden Sauerstoffs erstickt bin und mein Herz zu schlagen aufgehört hat, auf immer verschwunden sein wird. Aber diese Sicherheit hinsichtlich des vollständigen Verschwindens erfüllt mich aus irgendeinem Grunde absolut nicht mit Furcht. Vielleicht, weil ich mir dies nicht deutlich genug vorzustellen imstande bin? Und weil alle meine Vorstellungen vom Tode nicht weiter zu reichen vermögen als bis zur Empfindung des um den Hals gelegten Stricks, des zugeschnürten Halses und dunkler Kreise vor den Augen.«

Sie war nicht nur vollständig ruhig, während sie schrieb, sondern suchte achtsam nach Formulierungen, strich unglücklich gewählte Worte aus und ersetzte sie durch andere, verbesserte undeutlich geschriebene Buchstaben und setzte

Punkte an Stellen, an denen der Gedankenfluss stockte oder etwas nicht zu Ende ausgesprochen wurde. Sie dachte sich die Empfindungen nicht aus, sondern schrieb sie nieder nach jenem Bild, das sie sich von der am kleinen Tisch in der Gefängniszelle sitzenden revolutionären Heldin machte, deren Figur ihr so gut gefiel und sie bezaubert hatte. Sie sah wie von der Seite auf sie und fürchtete, durch ein falsches Wort die Vollkommenheit und Schönheit ihres Konterfeis zu zerstören, ihre Schlichtheit und Anziehungskraft und vor allem – ihre Echtheit. Sie konnte sich der allzu häufigen Wiederholung der Worte »Tod«, »zugeschnürter Hals« und »Strick« nicht enthalten, aber diese Worte, die wie Ameisen unter die Schädeldecke der Natascha krochen, die sich verborgen hielt, klangen gänzlich anders im Brief jener Natascha, die vor ihrem in Erwartung auf die letzte Szene gebannten Publikum auf der Bühne saß. Sie gab diesen entsetzlich furchterregenden Worten ihre Schlichtheit und einfache, alltägliche Bedeutung zurück und erreichte dies durch die mühelose Anstrengung ihres von jeglichen Vorurteilen befreiten Willens. Und dies war ein Gefühl wunderbarer Freiheit, das es umgehend deutlich auszudrücken und mitzuteilen galt, ebenso deutlich und klar, wie sie es in ihrem Innern fühlte.

»Neue, befremdliche und erstaunlich schöne Gefühle durchlebe ich im Halbdunkel dieser Zelle. Das vorherrschende Gefühl ist die überwältigende Empfindung einer besonderen inneren Freiheit. Oh, das zu erklären fällt schwer! Diese Empfindung ist so stark, dass, ihr Beachtung schenkend, jede Zelle meines Körpers frohlockt und ich eine übergroße Lebensfreude in mir fühle. Es ist merkwürdig zu erkennen, dass in der jetzigen Situation die einstige kindliche Lebensfreude zu mir zurückgekehrt ist und mich von neuem erfüllt wie das scharlachrot-heiße Blut meines Herzens, das es lebendig, weich und jauchzen macht!«

Von den Empfindungen ihrer Heldin bezaubert, sprang das arme Mädchen von seinem Hocker auf und lief aufgeregt in der Zelle umher. Ja, ganz genau – Glück und Lebensfreude! Und nicht das mindeste Gefühl von Angst. Sie, ihre Schergen, hatten angenommen, sie werde ihren Kopf auf den Tisch schlagen und hysterisch weinen, sie aber lächelte ihr hellstes Lächeln und ging, das Leben liebend, dem Tod entgegen! Mit einem Lächeln träte sie an den furchterregenden Aufbau heran, schenkte den Henkern und der gesamten Welt, von der sie sich verabschiedete, einen freundlichen Blick und ging mit demselben Lächeln in die Ewigkeit ein, erfüllt von Neugier und Liebe für einen jeden Sonnenstrahl, für jeden noch so weit entfernten Stern und für jede noch so geistig beschränkte Mücke! Ja, das war genau das, was sie vor dem Tod empfand – wie wunderbar und ungewöhnlich dies doch war und wie einfach und mühelos!

Die junge Frau setzte sich wieder und schrieb weiter an ihrem Brief für ihre Freunde, sie schrieb lange, wählte die schönsten Worte und erfreute sich an gelungenen Formulierungen, die einmal klar und entschieden waren, dann wieder gewollt dunkel, bisweilen scherzhaft, ja fast kokett. Und sie sah vor sich, wie ihre Freunde, niedergedrückt durch das Schicksal, das ihr widerfahren war, diesen Brief lasen mit dem Gefühl von Ehrfurcht vor ihr, die sie etwas erkannt, durchlebt und einen Sieg errungen hatte und von geistiger Klarheit erfüllt war.

Sie war aufrichtig bis zum Ende, und während zur gleichen Zeit die echte zum Tode verurteilte Natascha Kalymowa, von Entsetzen und Mitleid gegen sich selbst erfüllt, sich in eine dunkle Ecke der Zelle drückte und das Bewusstsein verloren hatte, schrieb ihre Doppelgängerin, ihre erhabene Heldin, ihr Ideal, mit gleichmäßiger Schrift Zeile um Zeile auf die Briefbögen des Anwalts. Es war längst kein Brief mehr, was sie schrieb, sondern ein philosophisches Poem, ein Dokument, das in die Geschichte eingehen sollte und durch unnötigen Prunk und Leidenschaftlichkeit der Worte, durch den Wahnwitz der unbewussten, monströsen, heiligen und blasphemischen Lüge für die Historiker in späteren Zeiten das Bild der naiven, kerngesunden und ehrlichen jungen Frau aus Rjasan verfälschen sollte, die sich in den Netzen des Lebens verfangen hatte.

Ein Tag von Vater Jakow

Vom Bahnhof machte Vater Jakow sich direkt auf den Weg zur Perwaja Meschtschanskaja, in der Hoffnung, dort für zwei oder drei Tage, vielleicht auch für eine Woche, so es keine Unannehmlichkeiten bereitete, bei einem alten Bekannten, dem Bouquinisten und Kleinverleger Pjotr Chwastunow, unterzukommen, der einen kleinen Laden für Volksbilderbögen am Iljinski-Tor führte. Vater Jakow hatte in Moskau noch andere Bekannte, aber er zog die Gastfreundschaft einfacher und liebenswürdiger Menschen der müßiggängerisch lebender Herrschaften vor, denn mit jenen fiel ihm das Gespräch leichter und ihnen gegenüber in der Schuld zu stehen war ihm nicht ganz so unangenehm. Darüber hinaus musste er sich bei ihnen nicht verstellen, indem er schwieg, wenn sie einen Scherz machten, oder ihre gönnerhaften Bemerkungen mit eincm Lächeln beantwortete.

Vater Jakow kannte Pjotr Petrowitsch Chwastunow schon lange, seit jenen Zeiten, als dieser noch als Wanderkaufmann von Tür zu Tür gezogen war und farbige Bilderbogen von Moskauer Meistern des Holzschnitts feilgeboten hatte. Später hatte Chwastunow sich dann mit einem kleinen Buchhandel niedergelassen und in Moskau zunächst einen Verkaufsstand, später einen kleinen Laden eröffnet, und er hätte in die Gesellschaft aufsteigen können, wenn sein Leben ein wenig besser verlaufen wäre. Aber das Glück war ihm nicht hold, und jedes Mal, wenn es für ihn etwas bergauf ging, brach alles wieder zusammen. Er erlitt einen nicht unerheblichen Verlust aufgrund seines übergroßen Vertrauens oder eines Risikos, das er eingegangen war, indem er auf eigene Kosten ein kleines Büchlein mit widrigem Titel herausgab, das sich weder über den Großhandel noch im Geschäft verkaufte. Auch im privaten Leben war ihm kein Glück beschieden. Kaum hatte er sich verheiratet, wurde er Witwer mit einer kleinen Tochter, um die er sich zu kümmern hatte. Er heiratete nicht noch einmal und schlug sich über zwanzig Jahre mit seinem kleinen Laden durch, kaufte Bücher an und verkaufte sie wieder und unternahm dann und wann einen Versuch als Verleger.

Die Freundschaft mit Vater Jakow war in den Tagen des Japanischen Krieges gewachsen, als Pjotr Chwastunow ein ganz ordentliches Geschäft machte mit der Herausgabe einiger populärer Blätter mit Bezug auf Japan, Korea und die russischen Generäle im Fernen Osten, zu der Vater Jakow ihm geraten hatte und deren Publikation er fleißig unterstützte. Besonderen Erfolg hatte ein farbiger Bilderbogen, der den Titel »Makarow unter Wasser« trug: Er zeigte den Admiral, seine Offiziere, Matrosen, Kanonen auf dem Meeresgrund liegend, und über der aufgewühlten See flogen Engel in weißen Gewändern mit Lilien in der Hand. Dieses Bild gefiel dem Publikum sehr, die Großhändler bestellten in großer Zahl und nannten es den »Chwastunow-Druck«. Es verkauften sich mehrere tausend Exemplare, und selbstverständlich wusste niemand, dass den Text zu diesem Bild, ein verzweifeltes Gedicht, der in Ungnade gefallene Pope Jakow Kampinski geschrieben hatte.

Zu diesem alten Bekannten und Büchermenschen also war Vater Jakow nun unterwegs, nachdem er wohl ein Jahr nicht in Moskau gewesen war. Als er aber zu Fuß vom jüngst erbauten Rjasaner Bahnhof bei ihm ankam, erfuhr er folgende Neuigkeit: Pjotr Petrowitsch Chwastunow hatte im Frühjahr, nach einem nicht eben langen Leben, das Zeitliche gesegnet, seiner Tochter rund fünfzig Rubel Barschaft hinterlassen sowie einige Bücher als Handelsware von geringem Wert und die gute Erinnerung, in der ihn seine Nachbarn in der Perwaja Meschtschanskaja behielten. Das gesamte Vermächtnis wurde für die Beerdigung aufgewendet, aber es blieben wenigstens keine Schulden.

Diese traurige Nachricht wurde Vater Jakow von der Nachbarin Katherina Timofejewna überbracht, welche die Tochter Chwastunows zu sich genommen hatte, Anjuta, ein einfaches, fleißiges Mädchen, das noch keinen festen Platz im Leben gefunden hatte. Das Beste für Anjuta wäre es natürlich, wenn sie heiratete, aber sie war nicht nur ohne Mitgift, sondern stach auch nicht gerade durch Schönheit hervor, sie war eine ganz gewöhnliche junge Frau, ein wenig exaltiert bisweilen, denn sie hatte alle Bücher aus dem Handelslager des Vaters gelesen, die kurzen Erzählungen und Romane über edelmütige Räuber und jene über die französischen Marquis, die in wundervollen Worten über erhabene Gefühle sprachen. Katherina Timofejewna also hatte Anjuta für eine Zeit an Tochters Statt und zugleich als Bedienstete zu sich genommen, und obgleich sie ihrer noch nicht überdrüssig geworden war, wünschte sie ihr, da sie ein gutes Herz besaß, ein besseres Schicksal. Sie selbst lebte von einer kleinen Rente und ihre Mittel für den Unterhalt des Mädchens waren deshalb beschränkt.

Dies alles legte sie, nach ersten Achs und Ohs, dem alten Freund des Verstorbenen und verehrten Gast ausführlichst dar. Vater Jakow betrübte die Neuigkeit gleich in zweifacher Hinsicht: Es tat ihm um den Freund leid und zugleich war nun auch seine Hoffnung auf Erholung nach der langen Reise zunichte. Deshalb versprach er nach einem Stündchen, dass er morgen wiederkomme, und machte sich auf den Weg, um für zwei, drei Tage irgendwo ein gastfreundliches Haus aufzutun.

Tatsächlich erschien er am nächsten Tag. Man rief zwei weitere Nachbarinnen hinzu und hielt eine Art Familienrat ab, auf dem die Frage, wie es mit Anjuta weitergehen solle, erörtert wurde. Es wurde beschlossen, dass man für sie entweder eine feste Anstellung als Kinderfrau oder eine bescheidene Arbeit in irgendeinem Amt finden müsse, solange kein passender Bräutigam in Sicht sei. Vater Jakow versprach, sich umzutun und bei guten Bekannten nachzufragen. Dass Anjuta lesen und schreiben konnte, war durchaus von Vorteil, sie hatte die Zweizügige Elementarschule besucht und darüber hinaus eine Begabung für die Handarbeit, so würde sich sicher etwas ergeben. Zuerst wollte Vater Jakow versuchen, ein Wörtchen für sie bei einer seiner Moskauer Wohltäterinnen in Sachen Waisenhaus einzulegen.

Er wurde mit Tee und Watruschki bewirtet und mit Hoffnungen und Segenswünschen verabschiedet. Er war selbst ganz gerührt:

»Den Dahingeschiedenen Pjotr Petrowitsch habe ich ja seit der Jugend gekannt. Er war ein sehr guter und gerechter Mensch, ein sehr guter Freund, ich habe nicht nur einmal seine Gastfreundschaft in Anspruch nehmen dürfen. Insofern fühle ich mich in gewisser Weise in seinem Angedenken ihm gegenüber verpflichtet, die Welt ist nicht ohne gute Menschen. Wir werden uns also der Sache annehmen, ja, das werden wir.«

Am Abend nahm er sein violettfarbenes Gewand aus dem Koffer und hängte es auf, damit die Falten sich glätteten – sein Ausgehgewand, das er bei Bittgängen anzulegen pflegte. Es war bereits sieben oder gar zehn Jahre alt, aber noch wie neu und leistete bei seinen Gängen nach wie vor gute Dienste. Akkuratesse war doch wirklich eine gute Sache!

Dann ging er seine Liste mit Adressen der ihm bekannten Familien von Reputation durch, die er aufsuchen konnte, ohne Gefahr zu laufen, nicht willkommen zu sein. Wenn er bei den einen nichts erreichen konnte, so doch sicher bei jemand anderem. An Adressen fehlte es nicht, aber etwas Zeit würde er schon brauchen. An fremde Türen zu klopfen war er gewohnt, und es war nichts, wessen man sich schämen müsste.

Dann machte Vater Jakow sich an die Arbeit und begann einen kleinen Artikel über eine alte Märchenerzählerin, die er bei seiner letzten Reise durch die Gouvernements im Osten aufgetan hatte – für den Fall, dass irgendeine kleine Zeitung bereit wäre, ihn gegen harte Währung abzudrucken, was nicht schlecht wäre, da Vater Jakow mittlerweile alles verausgabt hatte und bei fremden Leuten Schulden zu machen ihm gar nicht behagte und peinlich war.

»Die Zeiten haben sich wirklich geändert! Früher waren die Menschen einfacher im Umgang und freundlicher gesinnt. Heutzutage zeigen sie dir zwar ein Lächeln, schauen dich aber doch schief an. Es fehlt ihnen an Arglosigkeit im Herzen. Ein jeder lebt nur noch für sich selbst und denkt nur wenig an seinen Nächsten. Vor allem ist es die einstige Schlichtheit, mit der man früher, wenn jemand an die Tür klopfte, dem anderen Speis und Trank und Obdach angeboten hat, die heute fehlt. In den jetzigen Zeiten empfindet man das als Unannehmlichkeit und diese gute Sitte geht verloren, besonders in der Hauptstadt. Alle wollen auf europäische Art leben und kleiden sich auch schon viel akkurater und vornehmer.«

Diesen Gedanken zur Veränderung des Charakters des russischen Stadtbewohners notierte Vater Jakow in seinen Aufzeichnungen und führte dazu aus:

»Es ist eine Enttäuschung der Menschen bezüglich der Er-
rungenschaften jener hohen Ideale zu beobachten, welchen
sie vor drei Jahren noch huldigten, und die Hoffnungen und
geheimen Träume scheinen vergangen. Vor allem ist auf die
Entwicklung der Jugend beiderlei Geschlechts hinzuweisen,
welche sich den Verführungen des Leiblichen hingibt, wovon
schöne Literatur Zeugnis gibt, was früher in dieser Ausprä-
gung nicht zu beobachten war, ebenso wie Fälle von jugend-
lichem Selbstmord. Manche erklären dies mit der politischen
Reaktion, derer sie die herrschenden Klassen beschuldigen.
Ich selbst maße mir hierzu kein Urteil an, sondern verleihe lediglich meiner Hoffnung Ausdruck, dass dies eine rasch vorübergehende Erscheinung sein möge.«

Zwölf

D ie Zelle Nummer acht des Moskauer Zuchthauses für
Frauen war den wegen politischer Verbrechen Verurteil-
ten zugewiesen. Diese bildeten die Zuchthaus-Aristo-
kratie: zwölf junge Frauen, keine von ihnen älter als dreißig
Jahre. Zu diesen hatte man lediglich eine weitere gewöhnliche
Strafgefangene gesteckt, denn diese hatte zwei Kinder.

Zwölf junge Frauen, die von unermesslicher Gefahr für einen Staat mit siebzig Millionen Einwohnern waren. Diese
Frauen träumten nicht nur vom Wandel des politischen Systems in diesem Staate, sondern hatten durch ihre Beteiligung
an einem Staatsstreich selbst versucht, diesen Wandel herbei-
zuführen. Hielt man einige von ihnen bis zum Greisenalter
und die anderen lebenslang im Zuchthaus gefangen, so konnte der Staat gerettet werden und sein politisches System unverändert bleiben.

Gewiss wäre es einfacher gewesen, sie umzubringen, wie
man es mit zahlreichen anderen getan hatte. Aber die Rechtsprechung des mächtigen und aufgeklärten Staates war fein
nuanciert. Hunderte Rechtswissenschaftler und Weise der
Bürokratie hatten eine Stufenleiter von Verbrechen und Stra-

fe ausgearbeitet und zur Anwendung gebracht. So wurde zum Beispiel Nadja Protasjewa, die, ohne zu treffen, auf den Oberst geschossen hatte, der seinerseits auf hundert aufständische Bauern geschossen und getroffen hatte, für die Frist von zehn Jahren unschädlich gemacht und war danach vielleicht eine andere. Ihre Freundin, Verotschka Ulanowa, mager und nicht sehr hübsch, war verurteilt worden aufgrund des Besitzes von Explosivstoffen, die sie in der Wohnung ihrer Eltern versteckt hatte (derlei Stoffen stand die Aufbewahrung in staatlichen Depots an) und würde sich in acht Jahren gewiss besonnen haben. Dass die zwanzigjährige (nunmehr bereits dreiundzwanzigjährige) Natascha Kalymowa, die beteiligt war am Bombenanschlag auf das Palais des Ministerpräsidenten, sich besinnen würde, stand nicht zu hoffen. Gesetzt den Fall, sie lebte noch ein halbes Jahrhundert und käme als alte Frau von siebzig Jahren in Freiheit, besteht die Möglichkeit, dass der Staat in ebendiesem Moment in der Luft zerrissen wird. Deshalb ist ihre Inhaftierung ohne Frist. Etwas anderes ist es bei der jungen Jelena, deren jugendlicher Überschwang und Opferbereitschaft nach genau fünfzehn Wintern verglüht sein würden. Und die weise Rechtsprechung teilte diese Fristen unter ihnen auf.

Nicht eine einzige der Verurteilten hatte vor Gericht ihre Schuld geleugnet. Im Gegenteil hatte jede von ihnen mit tapferer Offenheit dem Gericht ihre Motive dargelegt und nicht die geringste Reue gezeigt. Aber die weise Rechtsprechung konnte sich nicht nur vom Schuldbewusstsein der Angeklagten leiten lassen. Deshalb arbeiteten sehr viele Leute daran, das Verbrecherische an ihrem Trachten zu begründen. Tausende Beamte der Polizeibehörden haben in ausführlichen Berichten, die mit einer Vielzahl von Dokumenten und Beweisen untermauert waren, die Tätigkeit von Nadja, Natascha, Sonja und ihren Komplizen und Komplizinnen untersucht. Hunderte Assistenten haben Dokumente zur Unterschrift für Dutzende Abteilungsleiter vorbereitet, wichtige Persönlichkeiten, vorgesetzte Institutionen ziviler und militärischer Behörden mussten hinzugezogen werden, eine ganze Brigade von Spezialisten im Bereich der Spionage, von Gendarmen und Geheimagenten der inneren und äußeren Überwachung, ergebenen, käuflichen, gebildeten und halbgebildeten, klugen und dummen, enthaltsamen und dem Trunk ergebenen, ehrlichen, zur Hälfte ehrlichen und notorisch niederträchtigen Mitarbeitern musste Gehalt gezahlt werden. Als dann letztendlich Nadja, Verotschka, Natascha, Olja und die ihnen Gleichaltrigen gefunden, gefasst und ins Zuchthaus gebracht worden waren, wurde die Entscheidung über ihr weiteres Schicksal graubärtigen Beamten und Armeeoffizieren übergeben, die lange Zeit darin ausgebildet worden waren, die Grenzen des Landes mit der Waffe zu sichern und zu verteidigen. Von den Gesetzesartikeln und den ihnen beigegebenen Kommentarbänden sowie vom Karrierestreben in der eigenen Laufbahn und von direkten mündlichen Vorgaben der höheren Vorgesetzten geleitet, verkündete diese gestrenge militärische Meute die Urteile zu Vernichtung oder Unschädlichmachung des Feindes: der Sonjas, Jelenas, Nataschas und Verotschkas. Ganze Abteilungen von Wachsoldaten, geleitet von der Überzeugung, ihncn seien widerwärtige und abnorme Frauen überstellt worden, brachten die furchterregenden Verbrecherinnen ins Zuchthaus zurück und übergaben sie den dort tätigen Einheiten von Aufsehern und Beamten.

Die Steinmauern des Zuchthauses waren nicht aufs Geratewohl errichtet worden, sondern nach den Entwürfen der besten Experten im Bereich des Strafvollzugssystems, das Strenge gegen den Kriminellen mit höchster Mildtätigkeit verbindet und dem Staat Ruhe sowie den zu lebenslanger Haft Verurteilten die Möglichkeit eines langen Lebens garantiert. Wenn die Türen zugeschlagen und die Schlüssel in den Schlössern umgedreht sind, triumphiert die Rechtsprechung, denn das Verbrechen ist überführt und gesühnt, der sechste Teil der Welt kann beruhigt schlafen, denn all dies wurde nicht irgendwie verhandelt, sondern garantiert unter vollster Beachtung von Rechtmäßigkeit und richterlicher Gerechtigkeit.

Der sechste Teil der Welt könnte tatsächlich beruhigt schlafen, würden nicht Nachkommen jenes Oberst, der das Urteil unterzeichnet hatte, und des Arbeiters der Putilow-Werke, der von dem Prozess in der Zeitung gelesen hatte, geboren und wüchsen heran – Knaben und Mädchen, Grischas,

Aljoschas, Petjas, Nadjas, Ljoljas und Nataschas, derer sich die Eltern ebenso wie die Beschützer des Staates und der Justiz anzunehmen hatten. Die Jahre gehen ins Land, andere Personen sitzen auf den hohen Posten und bevölkern die Arenen des Verbrechertums, und die erhöhte Sterblichkeit im Gefängnis wird durch die Geburtenrate im prosperierenden Land ausgeglichen – und der heilige Ort bleibt nicht leer.

Auf Filzsohlen ging die Zuchthausvorsteherin den Flur entlang an den Zellentüren vorbei. Ebenso leise auftretend folgte ihr die diensthabende Aufseherin. Von Zeit zu Zeit war kaum hörbar das Schlagen der Klappe des Türspions zu vernehmen.

In den Tagen, als dem Volk die Freiheit geschenkt wurde, die nunmehr lange schon zurückliegen, als die Presse, mutig geworden und vollständig überzeugt davon, dass ein vorbildliches Strafgefängniswesen einem aufgeklärten Staat zur Ehre gereiche, die Herrschenden für die liederlichen Verhältnisse in den Gefängnissen vernichtend kritisierte, hatte man das Experiment unternommen, die Leitung der herausragenden hauptstädtischen Zuchthäuser Persönlichkeiten von Ansehen und Reputation zu übertragen, denen die Machthaber ebenso Vertrauen schenken können wie die Gesellschaft. Die Bemühungen, diese Persönlichkeiten zu finden, waren indes nicht mit Erfolg gesegnet gewesen, gleichwohl waren die einstigen Gefängnisvorsteher mit der Zeit abgelöst worden. Damals war es gelungen, auch für das Zuchthaus für Frauen eine geeignete Vorsteherin zu finden, eine Frau von fortgeschrittenem Alter, die jedoch noch in keiner Weise hinfällig war, mit sehr zweifelhafter Vergangenheit, aber von bester Abstammung aus polnischem Adel. Die Erfahrung hatte gezeigt, dass Vertreter des polnischen Adels in den Behörden der Polizei und des Staatsschutzes ebenso unersetzbar waren wie die Söhne des baltischen Adels als Friedensstifter und Henker.

Die neue Vorsteherin erwies sich als wirtschaftlich umsichtig und geschickt und war bestens für diese Position geeignet, da sie zuvor ein Mädchenpensionat geleitet hatte. Im Zusammenhang mit diesem Pensionat war es zu kolossalen Unannehmlichkeiten gekommen, für die sich die Polizei interessiert hatte. Nachdem sie sich von der übergroßen Aufmerksamkeit einiger Polizeibeamter freigekauft hatte, stand die Pensionatsvorsteherin fortan unter deren freundschaftlicher Protektion. Gleichwohl musste das Pensionat geschlossen werden, aber ihre guten Verbindungen und der Geist der Zeit eröffneten der tüchtigen Frau eine neue und geruhsame Karriere als Vorsteherin des Zuchthauses für Frauen.

Und sie war eine hervorragende Vorsteherin, maßvoll streng, pedantisch, beherrscht, selbstständig. Über das Dienstgehalt hinaus beschied sie sich mit den unerheblichen wirtschaftlichen Einsparungen, lebte durchaus nicht schlecht und vermied, es so weit zu treiben, dass die ihr Anvertrauten offen ihrem Unmut Ausdruck verliehen. Unter ihrer Führung kam es in diesem Gefängnis weder zu massenhaften Hungerstreiks, noch war man zu skandalträchtigen Revisionen gezwungen. Die Strafgefangenen empfanden vor ihr die nötige Furcht und den gebotenen Respekt, die politischen Häftlinge brachte sie gesondert unter und provozierte sie nicht mit der Anordnung, sich bei ihrem Erscheinen erheben und sie mit »Eure Erlaucht« ansprechen zu müssen.

Das zahlenmäßig überschaubare Dienstpersonal des Gefängnisses wählte sie sorgfältig aus und ließ eine allzu lange Verweildauer der Angestellten nicht zu, damit zwischen ihnen und den Sträflingen keine freundschaftlichen Verbindungen entstehen konnten. Im Zuchthaustrakt selbst erschien sie nur selten, aber immer unerwartet und bevorzugt des Nachts.

Für einen solchen nächtlichen Rundgang erschien sie auch an jenem Tag. Als sie die Tür zur Verwaltung mit dem ihr jeden Abend nach dem Kontrollgang ausgehändigten Schlüssel aufgeschlossen hatte, bedeutete sie der Wachhabenden am Eingang mit einem Zeichen, sie zu begleiten, und ging mit ihr zusammen durch den unteren Korridor und die Treppe hinauf.

Ihre Schritte wurden durch die Filzschuhe gedämpft. Vor manchen Zellen blieb sie stehen, hob die Klappe vor dem Guckloch und blickte in das Halbdunkel der Zelle. Im matten Lichtkreis der von der Decke hängenden Lampe lagen die Körper der Frauen grauen Flecken gleich auf den Pritschen, manche hatten die Decke über das Gesicht gezogen, andere sich im unruhigen Schlaf aufgedeckt. Bisweilen kam es auch vor, dass eine der Insassen nicht schlief, auf der Pritsche saß und dumpf ins Licht schaute oder nach Ungeziefer suchte. Dann klopfte die Vorsteherin mit gekrümmtem Finger leicht gegen die Scheibe des Gucklochs in der Tür und befahl halblaut: »Schlafen!«

Die beiden oberen Korridore trafen an einer Ecke zusammen. Als sie um die Ecke bog, stolperte die Vorsteherin fast über einen an der ersten Tür liegenden Körper. Sie trat einen Schritt zurück und versetzte dem Körper mit dem Fuß einen Stoß in die Rippen. Der Körper begann sich zu bewegen, sprang plötzlich schnell auf und rieb sich die Augen.

»Du schläfst auf deinem Posten?«

Die Wachhabende auf dem Korridor schwieg vor Schreck.

»Reicht es denn nicht, wenn man tagsüber schläft, muss man es wirklich auch im Dienst?«

»Verzeihen Sie meinen Fehler, Eure Erlaucht!«

»Am Morgen nach Dienst in mein Kontor.«

Das bedeutete Entlassung. Die Vorsteherin war unerbittlich, das wussten alle. Auf dem Hocker kurz einzunicken bedeutete außerplanmäßigen Dienst und Streichung des freien Tages, schlafen auf dem Wachposten den Verlust der Anstellung. Jeglicher Versuch der Rechtfertigung war überflüssig.

Das gesamte kurze Gespräch wurde halblaut geführt und dauerte eine halbe Minute. Ohne sich umzublicken ging die Vorsteherin weiter, und wie ein Schatten folgte ihr die verantwortliche diensthabende Aufseherin. Vor der Zelle Nummer acht hielt die Vorsteherin erneut inne. Durch das Guckloch sah sie, dass alle Insassen schliefen, außer einer, die auf ihrer Pritsche liegend etwas schrieb, indem sie ein Buch unter einen langen und schmalen Bogen Papier gelegt hatte.

Das entsprach selbstverständlich nicht der Ordnung. Doch der Vorsteherin war nicht daran gelegen, die politischen Häftlinge durch Rügen zu provozieren. Sie kannte von ihnen nicht nur die Familien-, sondern auch die Vornamen. Die dort saß und schrieb, war eine Lebenslängliche, die bereits das dritte Jahr ihrer Strafe absaß. In der Zelle war sie die Stubenälteste, obgleich auch sie erst dreiundzwanzig Jahre alt war, aber alle der Politischen waren unfassbar jung. Sie hatte sehr schönes Haar und leuchtende Augen, die sie, wenn sie der Zuchthausleitung gegenüberstand, niemals niederschlug. Auch jetzt hob sie den Blick auf und schaute zur Tür, denn sie hatte bemerkt, dass das Guckloch geöffnet worden war. Sie blickte geradeheraus, ohne den Versuch zu unternehmen, zu verstecken, dass sie etwas geschrieben hatte, oder sich schlafend zu stellen. Selbst wenn man sie nun anriefe, veränderte sie ihre Haltung nicht und schlüge den Blick nicht nieder. Gegenüber solchen Häftlingen, wie diese es war, empfand die Vorsteherin unwillentlich Respekt und, mit Verlaub, gar ein wenig Angst. Ihr Verhalten war ihr unbegreiflich und unerreichbar. Eine hübsche junge Frau, die lebenslängliche Katorga als ihr Schicksal erwählt hatte und nicht in Verzweiflung verfiel, noch ihre Lebenskraft und ihre Überzeugungen verlor! Sie wusste etwas, das anderen unbekannt war. Sie glaubte nicht, dass diese Mauern ihr Grab waren. Möglicherweise hatte sie ja recht!

Die Vorsteherin ließ die Klappe wieder herunter und ging zurück, ohne die Aufseherin, die sich eine Nichtbeachtung der Regeln zuschulden hatte kommen lassen, eines Blickes zu würdigen. In ihr Kontor zurückgekehrt, schloss sie eigenhändig die Tür zum Zuchthaustrakt zu, zog den Schlüssel ab und nahm ihn mit. Im Verwaltungsbüro saß eine Wachhabende, die die ganze Nacht beim Telefon zu bleiben hatte. Im Zimmer nebenan schlief der Pförtner. Ihm war dies gestattet. Während der Nacht oblag die Schlüsselhoheit der Tür zu den Verwaltungsbüros, die nach draußen führte, entweder der Wachhabenden im Verwaltungsbüro, oder man ließ ihn einfach im Schloss stecken. Des Nachts gab es keinerlei Kommunikation zwischen dem Zuchthaustrakt und der Verwaltung, ohne dass die Vorsteherin davon Kenntnis gehabt hätte. Bei einem ungewöhnlichen Vorfall wurde die Vorsteherin per Telefon informiert, oder man schickte den Pförtner nach ihr. Sie wohnte nebenan, im direkt neben dem Gefängnis gelegenen Haus.

Die Vorsteherin nickte der im Verwaltungsbüro diensthabenden Aufseherin zu und trat hinaus auf die vom Laternenschein nur schwach beleuchtete Straße.

Ewigkeit

Das dritte Jahr bereits Gefängnis! Drei Jahre schon. Eine lebenslängliche Ewigkeit hatte man ihr in Aussicht gestellt. Sie waren wirklich allzu großzügig – wer glaubte denn an die Ewigkeit!

Die Tage waren so eintönig, dass man mit dem Zählen durcheinandergeriet. An die Zellenwand hatte jemand mit Bleistift Quadrate mit Zahlen gezeichnet – die Tage, Wochen, Monate. Jeden Abend vor dem Schlafengehen strich Natascha im für den ganzen Monat im Voraus gezeichneten Kalender eine Zahl durch. Dies ergäbe keinen Sinn, glaubten sie und die anderen an die Ewigkeit – aber sie glaubten nicht an sie, denn sie waren jung.

Um sieben Uhr morgens wurden nach dem Kontrollgang große Teekessel mit heißem Wasser gebracht. Das Brot musste vom Vorabend aufgehoben werden, frisches gab es erst wieder als Beigabe zum Essen. In den großen kupfernen Teekessel wurden zwei Täfelchen gepresster Tee gegeben und die graubraune Flüssigkeit in ebenfalls kupferne Becher gegossen. Um drei Uhr am Nachmittag wurde durch das Fenster der Zellentür ein Körbchen mit in Scheiben geschnittenem Brot gereicht, danach gab es Essen, die berühmte Gefängniskohlsuppe, deren grau gekochter Kohl wie Kochwäsche roch. In der Suppe schwammen Fleischstücke und -fäden, überdies wurde Buchweizen- oder Dinkelgrütze gereicht. An den Sonntagen gab es einen Nachtisch – ein Stück Wassermelone oder einen Apfel, im Winter gebackene Steck- oder Runkelrübe – das schmeckte gut! An hohen Feiertagen und Ehrentagen des Zaren gab es Weißbrot. Am Abend wieder Tee mit einem Stück Schwarzbrot, von dem man sich bis zum Morgen etwas aufbewahren musste.

Für junge Menschen ist das nur wenig, und sie haben Hunger, aber ein Zuchthaus ist kein Sanatorium, ein Zuchthaus ist ein Zuchthaus! Die Häftlinge arbeiteten nicht und wurden von jenem Staat durchgefüttert, den sie aufgrund ihrer wirren Ideen durch ihre kriminellen Handlungen zerstören wollten. Sie sollten froh sein, dass man ihnen ihr Leben gelassen hatte.

Bisweilen wurden auch Sendungen aus der Freiheit zugestellt, die meist etwas Süßes enthielten, wenngleich in moderater Menge, für eine Person. Die Süßigkeit wurde unter allen geteilt, wobei selbstverständlich die Kinder der Frau, die mit den Politischen einsaß, weil sie ihren Mann umgebracht hatte, nicht vergessen wurden. Sie hieß Maria Petrowna, betete viel und war zurückhaltend und ängstlich. Sie war unter ihnen wohl die Einzige, die an die Ewigkeit glaubte. Es war schwer zu glauben, dass sie jemanden hatte umbringen können, der noch dazu der Vater ihrer Kinder war, doch das hatte sie tatsächlich getan. Ihre Mithäftlinge waren ihr gegenüber sehr anteilnehmend, hatten ihr einen der besseren Plätze in der Zelle zukommen lassen und sprachen zartfühlend und voller Achtung mit ihr. Aber ihr Leben war ein besonderes, so man im Totenhaus von Leben sprechen kann.

Natascha hatte die Rolle der Stubenältesten unbefristet übernommen, oder, wie sie selbst sagtc, lebenslang. Das bedeutete, dass sie in der Zelle nach der Ordnung sah, auf den Sitzungen dort den Vorsitz innehatte, das Brot in Empfang nahm und verteilte, sich mit der Vorsteherin auseinandersetzte, Krankmeldungen machte und die Arbeiten in der Zelle einteilte, wer zu fegen, den Boden zu wischen hatte und wer aufgrund von Schwäche und Krankheit davon befreit war. Ihr oblag ebenso die Führung des Kalenders sowie die Bestellung von Büchern aus der Gefängnisbibliothek.

Dass sie auf diesen Posten gewählt worden war, hatte sich gewissermaßen von selbst ergeben, denn in acht, zehn, fünfzehn Jahren hatten die meisten ihre Strafe abgesessen. Nur sie und eine weitere junge Frau mussten bis an ihr Lebensende sitzen. Wie lachhaft das doch war! Aber der Wandkalender wuchs und wuchs, fast tausend Tage waren darin bereits mit dem Bleistift ausgestrichen. Im Hinblick auf die Ewigkeit ist das allerdings eine Kleinigkeit!

Die Menschen außerhalb der Gefängnisse meinen, das Lebenslicht dort brenne nur schwach. Sie wissen ja nicht, dass dort in Wirklichkeit die schönsten Blüten der Phantasie wachsen und erblühen und der Wille nach Freiheit und erfülltem Leben erstarkt. Es ist doch nur der Umfang der Mauern, der das Lebenslängliche von den kurzweiligen irdischen Freuden trennt. Wenn man die Schulter gegen diese Mauer stemmt, sie aufbricht, eröffnet sich ein Weg bis zu den beiden Polen und zum Äquator. Nur ein paar Ziegelsteine – wie lachhaft! Kann man denn die menschliche Seele tatsächlich in Fesseln legen?

Durch das kleine Fenster in der Wand dringt die Luft von draußen herein. Aus der Freiheit kommt eine Fliege geflogen und eine Ratte angelaufen. Und durch das geschlossene Fenster kann der Lichthase von einem reflektierenden Spiegel an die Wand gleiten. Niemand ist in der Lage, die Kommunikation zwischen den Lebenden und den Toten zu stören, ihre geheimen Briefe, die hin- und herfliegen, von denen die Vorsteherin weiß und eine jede der Aufseherinnen, von der alle wissen. Sollen sie doch die Nähte der Gefängniswäsche auftrennen, das Brot in kleine Krümel brechen, jeden in einem Buch unterstrichenen Buchstaben registrieren, Papier und Bleistift konfiszieren. Sollen sie die Gefängniswachen und die in Freiheit entlassenen Häftlinge durchsuchen und sollen doch die Zusammenkünfte mit den Verwandten nur durch zwei Gitter und unter Aufsicht einer Wache stattfinden – all dies kann absolut nichts daran ändern. Die Aufmerksamkeit der Gefängniswärter ermüdet, der Erfindungsgeist der Arretierten indes ist unermüdlich. Die strengste Wärterin kann ja nicht ahnen, dass sie in den Falten ihres Rockes eine Notiz heraus- oder eine Antwort hineingetragen hat, oder dass im Haar der verdienten und grobschlächtigen vorgesetzten Aufseherin, die stets alle denunziert, ein ganzer Briefkasten sich befindet, oder dass in dem vielstöckigen Haus, das sich recht weit entfernt vom Zuchthaus befindet und von dem lediglich das Dach von dort aus zu sehen ist, in einer Dachluke eine unsichtbare Hand in den Nachtstunden die Flamme einer Kerze von rechts nach links und von oben nach unten bewegt. Bis jetzt ist noch kein Gefängnis erbaut oder erdacht worden – und wozu ist der Mensch in seiner Grausamkeit nicht fähig! –, durch dessen Wände die Freiheit nicht eindringen könnte. Der helle und freie Geist ist erfindungsreicher als der Geist der Dunkelheit, und dies ist sein einziger Trost.

In der Zelle Nummer acht sann man indes über nichts weniger als über die Freiheit nach. Das Interesse jener, die in ihr lebten, galt der nächsten Woche oder allerhöchstens der nahen Zukunft. Nadja Protasjewa beispielsweise hatte einen Bräutigam, der gerade sein Studium beendete. Sie schrieben einander Briefe, die der Staatsanwalt las und am Rand mit seinem Bewilligungsvermerk versah. Die beiden empfanden keine Scham vor dem Staatsanwalt, denn sie verachteten ihn zutiefst und hielten ihn für einen Unmenschen, obgleich sie ihn nie zu Gesicht bekommen hatten oder bekommen würden – aber anständige Menschen würden doch nie die Briefe Fremder lesen! Außer diesen staatlich genehmigten Briefen flogen kleine Schreiben aus dem Gefängnis hinaus, in denen viel mehr über die Liebe als über die Gesundheit gesprochen wurde. Nadjas Strafe betrug zehn Jahre Katorga, danach Verbannung.

Ob ihr Bräutigam denn so lange auf sie warten würde? In der Liebe sind zehn Jahre doch eine Ewigkeit!

Aber das ist es ja, sie glaubten weder an die Ewigkeit noch an zehn Jahre!

Sie lebten heute und dachten an das Morgen!

Die Kursistin Vera Ulanowa hatte Lehrbücher bestellt und studierte höhere Mathematik, um »keine Zeit zu verlieren«. Sie hatte acht Jahre abzusitzen, und auch sie musste danach in die Verbannung nach Sibirien. Aber weil sie das nicht glauben konnte, wollte sie nicht den Anschluss an ihre Kommilitoninnen aus den höheren Kursen verlieren. Zwei »Lebenslängliche«, Marusja Donezkaja, Mittäterin bei einem Attentat auf einen Militärstaatsanwalt, und Natascha, lernten Italienisch, eine Sprache, die selbstverständlich auch in der Ewigkeit nicht ihre Gefängnissprache würde. Sie lernten es aber auch nicht, um Dante und Leopardi im Original lesen zu können (obgleich sie auch davon träumten), sondern weil es erquicklich wäre, diese schöne Sprache zu sprechen, sollte es sie irgendwann einmal nach Italien verschlagen.

Wie konnten sie hinter den Mauern ihres ewigen Gefängnisses nur darauf hoffen, irgendwann einmal auf den Palatin, nach Neapel oder in die Kastanienwälder der Toskana zu kommen?

Ganz einfach: Sie glaubten ja nicht an die Ewigkeit, dazu

waren sie doch viel zu jung! Irgendetwas würde geschehen, so wie es im Jahr neunzehnhundertfünf geschehen war, die Zellentür würde sich öffnen und sie wären frei. Glaubten sie etwas anderes, so wäre ihnen das Leben unmöglich.

Angsteinflößend war nicht die Ewigkeit, sondern der überflüssige Verlust eines weiteren Jahres, noch einiger weiterer Jahre, während dort, in der Freiheit, sich das Leben vollzog. Und schon allein die Betrübnis über Tage und Wochen war Grund zu leiden. Und während sie litten, retteten sie sich allein in die Hoffnung, dass in nur einer Woche, einem Monat oder sei es in einem Jahr sich jenes ereigne, das geschehen müsse, wenn es denn auf der Welt wirklich eine Sonne gebe und auf den Winter tatsächlich der Frühling folge. Für das unbedingte und unentrinnbare Glück konnte man sich ein wenig in Geduld üben, und umso süßer würde die Freiheit sein!

Nur eine der Frauen in der Zelle Nummer acht wusste, dass die Ewigkeit existiert und dass das Leben zu Ende war. Aber sie hatte zwei kleine Kinder, die rasch heranwuchsen. Ihr Leben war zu Ende, das ihrer Kinder begann gerade erst, und es hatte schrecklich begonnen. Sie streichelte ihre Köpfchen, legte sie schlafen und wusste, dass die Kinder am nächsten Tag einen Tag älter sein würden, sie indes wieder einen Tag der Ewigkeit näher war. Wenn sie die Kinder schlafen gelegt hatte, blickte sie dumpf und verständnislos auf ihre Zellengenossinnen, die weder über irgendetwas stritten, noch irgendetwas erwarteten und auf ihre Weise glücklich waren.

Die neue Stellung der Waise

Vater Jakow hatte Glück, und der Grund dafür war das Glas Kirschwarenje, mit dem er in die Gefängnisverwaltung kam.

Bevor er das Verwaltungskontor betrat, raffte er sein Gewand, als wolle er zeigen, dass er ganz und gar unbeteiligt war und nicht einmal die Gefängnismauern berühren wolle, aber aufgrund seines Priesteramts gezwungen sei, auch Orte wie diesen aufzusuchen. Er erkundigte sich beim Pförtner:

»Ist es am heutigen Tage möglich, ein Päckchen für eine hier befindliche Insassin abzugeben?«

Der Pförtner verbeugte sich sehr höflich, antwortete aber entschieden:

»Heute, Batjuschka, ist kein Besuchstag, Sie müssten am Donnerstag oder Sonntag wiederkommen.«

»So. Das ist schlecht, der Sonntag passt mir weniger. Ich habe den Auftrag von einem leidgeprüften Vater, seiner Tochter ein kleines Glas Warenje zu überbringen. Und ob ich am Donnerstag Zeit finde, weiß ich nicht, ich bin sehr beschäftigt.«

»Wie es beliebt. Vielleicht fragen Sie die Vorsteherin selbst, sie ist hier, in ihrem Büro.«

Vater Jakow strich nachdrücklich seinen Bart glatt und sagte:

»Ihre Erlaucht persönlich zu kennen habe ich die Ehre, aber darf man sie denn stören?«

»Selbstverständlich ist sie sehr beschäftigt, aber es wird wohl gestattet sein. Sie sind Geistlicher und ihr dazu auch noch persönlich bekannt.«

Man begleitete Vater Jakow zur Vorsteherin. Sie saß an ihrem Schreibtisch, auf dem Haushaltsbücher, Rechnungen und Papiere lagen. Neben ihr stand die verantwortliche Wachhabende der Verwaltung, eine Aufseherin mit verweinten Augen verließ gerade das Büro und begegnete Vater Jakow in der Tür. Nach geziemender Verbeugung trat Vater Jakow bescheiden und gemessen näher:

»Ich erkühne mich, Sie in der unbedeutenden Angelegenheit der Sendung eines leidgeprüften Vaters an seine Tochter zu stören. Wenn Sie sich zu erinnern geruhen, hatte ich die Ehre, Ihnen bei der Ehrwürdigsten Durchlaucht zu begegnen, welche die Patronage über dieses Gefängnis übernommen hat.«

Die Vorsteherin empfing ihn recht freundlich und erkannte ihn sogar.

»Um welche Angelegenheit handelt es sich, Batjuschka?«

»Eine unbedeutende Kleinigkeit. Als ich in Rjasan war, besuchte ich den dortigen hoch angesehenen und respektierten, alteingesessenen Arzt Kalymow, Sergej Pawlowitsch, der niedergedrückt ist vom Leid, das ihm das Schicksal seiner Tochter beschert hat. Seine Tochter ist hier gefangen gesetzt. Und ich habe den Auftrag, ihr ein Glas Warenje zu überbringen. Mir war nicht bekannt, dass dies an einem Donnerstag oder Sonntag zu erfolgen hat, und ich komme deshalb an einem Tag, an dem dies nicht vorgesehen ist.«

Zur großen Freude von Vater Jakow nahm man seine Sendung entgegen. Die Vorsteherin beliebte zu scherzen:

»In dem Glas, Batjuschka, sind doch keine Nachrichten versteckt?«

»Das entzieht sich meiner Kenntnis, ich habe es ohne Gewähr übernommen, aber ich weigere mich, diesen Gedanken zuzulassen. Der Vater leidet wirklich schwer wegen seines Kindes, was angesichts seines Alters und seiner Stellung vollkommen verständlich ist. Aber geruhen Sie selbst, die Sendung der Kontrolle zu unterziehen.«

Die Vorsteherin klagte über die Unannehmlichkeiten ihrer Arbeit. Auf die Gefangenen musste man ein Auge haben, die Verwaltung ist aufwendig und dann auch noch Verdruss mit dem Personal. So hatte sie gerade eben eine Aufseherin wegen grober Pflichtverletzung entlassen müssen. Was sind das heute nur für Menschen! Auf niemanden kann man sich heute noch verlassen.

Vater Jakow pflichtete ihr bei:

»Es ist mühselig, mühselig. Die Sitten verfallen wirklich zusehends.«

»Die ich entlassen musste, war im Dienst eingeschlafen, und wenn ich eine Neue finde, wird wieder irgendetwas sein. Die Älteren sind der Arbeit bald überdrüssig, und den Jungen kann man nicht vertrauen. Die Arbeit ist nicht leicht, und weil sie schlecht bezahlt ist, will keiner sie machen. Woher soll ich eine Neue nehmen?«

Vater Jakow fiel ein, dass er ja versprochen hatte, eine Anstellung für Anjuta zu finden, die Tochter seines verstorbenen Buchhändler-Freundes. Vielleicht war das ja ein guter Zufall?

»Ich könnte Ihnen eine bescheidene Person, die allerdings noch sehr jung ist, ans Herz legen. Sie ist eine Vollwaise und in großer Not.«

»Aus dem Waisenhaus? Die sind mir nicht geheuer.«

»Nein, sie ist die Tochter eines ehrlichen Kaufmanns, der vor nicht allzu langer Zeit verstarb und ohne Fehl gelebt hat, er war ein guter Mensch.«

»Nun gut, Batjuschka, sie soll sich einmal vorstellen, vielleicht kommt sie ja in Frage. Kennen Sie sie denn gut?«

»Ich kannte sie, als sie noch ein Kind war. Mittlerweile ist sie zwanzig Jahre alt, ist gebildet, scheut keine Arbeit, und weil sie ganz und gar arm ist, hat die Nachbarin sie aus Barmherzigkeit bei sich aufgenommen.«

Es hatte sich durch Zufall ergeben und es hatte sich gut ergeben. Vater Jakow verließ das Gefängnis bester Stimmung und begab sich noch am selben Tag in die Perwaja Meschtschanskaja. Die Nachbarin seufzte laut auf und fragte, ob es denn gut sei für ein so junges Mädchen, als Aufseherin im Gefängnis zu arbeiten. Vater Jakow versicherte, dass jede ehrliche Arbeit respektabel und das einzig Wichtige die Gewissenhaftigkeit der Arbeit gegenüber sei. Anjuta selbst aber war sogar erfreut: Die Menschen in den Gefängnissen sind besondere, Mörder, Räuber, Unglückliche! Ein jeder von ihnen hat in seinem Leben so viele außergewöhnliche Geschichten erlebt. Das ist zwar furchterregend, aber auch interessant. Und selbstverständlich viel besser, als in einem fremden Hause die Wäsche zu waschen oder zu kochen.

Man beschloss, dass Katherina Timofejewna höchstselbst Anjuta am nächsten Tag ins Büro der Vorsteherin begleiten solle. Vater Jakow übergab ihnen ein kurzes Schreiben, auf dessen Umschlag er die Worte »An Eure Erlaucht« besonders groß hervorhob. Und obgleich er an diesem Tag noch eine Kleinigkeit zu erledigen gehabt hätte, erklärte er sich einverstanden, zum Essen zu bleiben. Es tut wohl, guten Menschen zu Hilfe zu kommen, und genauso wohl tut es, wenn die Gefälligkeit, die man jemandem erwiesen hat, ebenso gewürdigt wird wie jener, der ihn erwies.

Und dann trat Anjuta ihren ersten Wachdienst an. Im grauen Uniformkleid und dem weißen Kopftuch sah sie gleich viel älter und gediegener aus. Alle wirkten ernst und auch sie wirkte ernst. Die Oberaufseherin vermittelte ihr das Gefühl von Macht, und in Gegenwart der hochgewachsenen, hochmütigen und vertrockneten Vorsteherin blieb ihr Herz fast stehen. Ihr erster Dienst war ein Nachtdienst, eine Woche lang, danach eine Woche Dienst am Tag, dann wieder nachts. Die Arbeit war nicht kompliziert, aber man musste die Gefängnisregeln kennen und strengstens beachten: Persönliche Gespräche mit den Häftlingen waren untersagt, ebenso Schriftstücke von ihnen anzunehmen und weiterzugeben sowie etwas ins Gefängnis zu überbringen, des Weiteren war darauf zu achten, dass die Häftlinge nicht an die Fenster traten, und über jeglichen Missstand oder Ungehorsam war die Oberaufseherin zu informieren, die wiederum der Vorsteherin Meldung machte. Bei Schichtwechsel gab es bisweilen oberflächliche Kontrollen, das heißt, die Oberaufseherin tastete mit den Händen die Kleidung ab, ob dort nicht etwas Verbotenes versteckt war. Dies erfolgte allerdings lediglich der Form halber, vorschriftsmäßige Durchsuchungen erfolgten nur im Beisein der Vorsteherin, und bei diesen hatten sich die Aufseherinnen bis auf die Unterwäsche auszukleiden. Das alles empfand Anjuta jedoch nicht als unangenehm, sondern als geheimnisumwittert und ungewöhnlich.

Während Anjutas erstem Wachdienst blieb die Oberaufseherin eine ganze Stunde lang dabei und zeigte ihr, wie durch das Guckloch geschaut wurde und wie das Fenster in der Zellentür zu öffnen war. Die Zellentür selbst durfte nicht ohne besondere Erfordernis geöffnet werden, der Schlüssel war am Gürtel zu tragen. Sie belehrte sie, wie man sich im Fall des Alarms zu verhalten habe, und erläuterte, dass in allen Zellen gewöhnliche Verbrecherinnen säßen, in der Zelle Nummer acht indes die Politischen, aber Anjuta war die Unterscheidung nicht ganz einleuchtend.

»Sie werden von den anderen abgesondert?«

»Ja, sie dürfen auch ihre eigene Kleidung tragen.«

Dann ging die Oberaufseherin nach unten, und Anjuta blieb

allein zurück. Sie ging den Korridor entlang und schob leise und ungeübt die Klappen der Gucklöcher zurück. Alle schliefen. Wie seltsam es doch anmutete, einen fremden Menschen beim Schlafen zu beobachten. Es gab Einzelzellen, in anderen lagen mehrere auf an den Wänden und frei im Raum stehenden Pritschen. Dünne Strohsäcke und schlaffe, graue Kopfkissen. Manche hatten eine Decke, andere den Häftlingskittel über sich gebreitet. Mit besonderer Neugierde blickte sie in die Zelle Nummer acht. Dort war es ordentlicher als in den anderen Zellen, die Wäsche war sauberer und auf dem Tisch lagen Bücher. Aber auch sie schliefen und ihre Gesichter waren ebenso grau und ausdruckslos wie die der anderen.

Im Gefängnis zu sein bereitete ihr keine Angst. Was aber sollte sie die ganze Nacht über tun? Sie würde fragen müssen, ob es gestattet sei, ein Buch zum Dienst mitzubringen und im Licht der Lampe im Korridor zu lesen. Die Arbeit war nichts Besonderes, ähnlich wie die einer Krankenwärterin, die am Bett des Patienten sitzt, aber offensichtlich doch ziemlich langweilig.

Irgendwann hörte sie ein Geräusch am Ende des Korridors und sprang von ihrem Hocker auf – vielleicht die Vorsteherin? Aber es war die Aufseherin aus der anderen Abteilung, die sie besuchen kam.

»Gewöhnst du dich ein?«

»Ja.«

»Aber schlafen möchte man schon?«

»Nein, ich nicht. Aber langweilig ist es schon.«

»Wie denn auch nicht! Das ist hier ja wie auf dem Friedhof! Und du bist noch so jung. Wie hat es dich zu uns hierher verschlagen?«

An der Ecke, an der die beiden Korridore sich trafen, standen sie, damit beide ihre Abteilung überblicken und auf ihre Plätze zurückkehren konnten, falls sich die Oberaufseherin oder die Vorsteherin zeigte, und unterhielten sich flüsternd die halbe Nacht. Anjuta erzählte von sich, die andere von der Arbeit. Die Dienstkollegin war älter und erfahrener, arbeitete bereits über ein halbes Jahr dort. Anjuta wurde von ihr nicht nur über alle Feinheiten der Gefängnisregeln unterrichtet, sondern auch darüber, wie man ihre strenge Befolgung umgehen konnte, mit wem man sich gut stellen und vor wem man sich besser in Acht nehmen müsse. Sie erfuhr auch die verschiedensten Geschichten über die Sträflinge, eine von ihnen hatte zwei Menschen umgebracht, eine andere saß vielleicht zu Unrecht ein. Manche stammten aus wohlhabenden Familien, die meisten aber aus zerrütteten Verhältnissen. Auf Anjutas Frage nach den Politischen antwortete die neue Freundin ausweichend:

»Wer weiß schon, was es mit ihnen auf sich hat! Manche sagen, sie waren gegen den Zaren, andere behaupten, sie sitzen, weil sie für eine gerechte Sache gekämpft haben.«

»Was soll das heißen, für eine gerechte Sache?«

»Dass sie auf der Seite des Volkes, der Armen standen. Und sie alle sind noch ganz jung, so wie du und ich. Aber sprich mit ihnen nicht allzu viel. Wenn das rauskommt, wirst du entlassen.«

Die letzten beiden Stunden des Wachdienstes waren die schwersten. Und als Anjuta nach der Arbeit nach Hause ging, erwachte Moskau langsam. Zu Hause konnte sie gar nichts erzählen. Sie schlief erschöpft ein und wachte erst am Mittag wieder auf.

Freundinnen

Eine neue Aufseherin – das war ein großes Ereignis! Es hat lediglich den Anschein, dass das Leben im Gefängnis eintönig ist und unabhängig davon verläuft, wer auf der anderen Seite der Tür Wachdienst tut und ein Auge darauf hat, wie die bei der Essensausgabe beschäftigte Insassin Essen und Teewasser austeilt und wer durch das Guckloch in der Tür blickt. Hier zählt jedes Wort und jede Geste wird beachtet. Durch unsichtbare Fäden ist das Gefängnis mit der Freiheit verbunden. Diese Verbindung spielt sich über Jahre ein und kann an nur einem Tag zerstört werden. Je beständiger der Alltag, desto leichter kann in ihm etwas Verborgenes wie dem

Anschein nach harmlose Verbindungen erwachsen. Je weniger Vorsicht waltet, desto einfacher ist es, die unterschiedlichen anstrengenden und einschränkenden Regeln zu umgehen, desto reicher und aufregender ist das Leben im Gefängnis.

»Sie müssen sich der Neuen annehmen, Natascha!«

»Das werde ich. Sie scheint in Ordnung zu sein. Ganz jung noch, noch ziemlich eingeschüchtert. Gestern fragte ich sie, warum sie Gefängnisaufseherin geworden ist, und sie wurde ganz verlegen, brummte etwas und schlug das Türfenster zu. Sie scheint ein gutes Mädchen zu sein.«

Nach dem Essen wurden die Bücher aus der kleinen Gefängnisbibliothek ausgetragen. Die meisten der Strafgefangenen konnten weder lesen noch schreiben, und Bücherbestellungen kamen vor allem aus der Zelle Nummer acht. Die Bibliothek war allerdings derart schlecht und armselig bestückt, dass alle Bücher daraus bereits gelesen waren und schon zum zweiten Mal bestellt wurden. Die bestellten Bücher gab die Aufseherin durch das Fenster in der Tür in die Zelle.

»Danke! Lesen Sie selbst auch?«

Gespräche mit den Häftlingen waren untersagt, aber Anjuta antwortete:

»Ja, ich lese gern.«

»Wie heißen Sie?«

»Ich? Anna.«

»Und wie nennt ihre Mutter sie?«

Die junge Frau neigte ihr Gesicht zum Fenster herunter, ihr Blick traf die beiden blauen Augen der Insassin, und sie antwortete:

»Meine Mutter ist tot.«

»Und Ihr Vater?«

»Auch er ist vor kurzem gestorben.«

»Das heißt, Sie sind Waise, Anjuta? Sie hatten es sicher nicht leicht und haben deshalb angefangen, hier zu arbeiten?«

Es war zwar untersagt, aber warum sollte sie auf diese einfache und mitfühlende Frage nicht antworten?

Die Stunde nach dem Essen war die Ruhestunde. Die Häftlinge schliefen, und es gab keine Kontrollgänge. Ein Gespräch durch das Fenster in der Zellentür war unbequem, denn man musste sich herunterbeugen. Die blauäugige Sträflingsfrau setzte sich in die Hocke, die Aufseherin blickte sich um und tat es ihr auf der anderen Seite der Zellentür nach. Sie hätte die Tür öffnen und hineingehen können, aber dies war nur in der Zeit des Reinemachens der Zelle und in Ausnahmefällen erlaubt. Es war ihr selbst ein Bedürfnis, Fragen zu stellen und zu erfahren, warum solch höfliche und vermutlich auch gebildete junge Damen im Gefängnis saßen.

»Sind Sie schon lange im Gefängnis, gnädiges Fräulein?«

»Das dritte Jahr bereits.«

»Das ist ja wirklich lange! Und wie lange haben Sie noch?«

»Man hat mich zu lebenslänglicher Katorga verurteilt, Anjuta.«

»Was Sie nicht sagen! Wegen politischer Tätigkeit?«

»Ja.«

»Sie haben sicher Heimweh nach Hause?«

»Ich sehne mich aufs Land zurück, besonders jetzt im Frühjahr.«

Natascha erzählte von Fjodorowka, von den Bootsfahrten und wie wunderbar es dort auf dem Land im Frühling und im Frühsommer war, ja sogar im Herbst, dort war es einfach immer schön, ganz anders als in der Stadt. Die leichte Luft, und alles blühte! Und hier im Gefängnis gab es noch nicht einmal ein Fenster, das man öffnen konnte, sondern ein Gitter. Und so würde sie vielleicht bis ins hohe Alter oder bis zum Tod hier bleiben müssen.

»Auch für Sie ist es nicht gut, hier zu sein! Sie sollten heiraten und diese Arbeit aufgeben.«

Lange durften sie nicht miteinander flüstern, jemand könnte es bemerken. Als sie Schritte hörte, schloss Anjuta rasch das Fenster und erhob sich. Wie gut es war, dass sie mit der anderen gesprochen hatte, in diesem dunklen Korridor mit den schweigsamen Türen fühlte man sich wirklich sehr verlassen. Mit den Kriminellen war es unmöglich, ins Gespräch zu kommen, sie waren allzu grobschlächtig, und es gab auch nichts, worüber man sich mit ihnen hätte unterhalten können. Aber diese waren wirklich zartfühlend.

Eine Woche war vergangen und wieder hatte Anjuta Nachtdienst. Die Arbeit war gar nicht so grausig, wie es ihr zunächst schien. Langsam gewöhnte sie sich an die Regeln und die Geräusche des Zuchthauses. Seine Regeln waren viel zu streng, als dass man sie hätte befolgen können, und wenn sie heute im Kleinen gebrochen wurden, so morgen in noch bedenklicherer Weise. Alle, die dort arbeiteten, brachen sie, selbst die gewissenhaftesten und vorsichtigsten Aufseherinnen, es konnte gar nicht anders sein. Von Zeit zu Zeit wurde das Zuchthaus wieder etwas straffer geführt, dann kehrte erneut der Alltag ein, der für die Aufseherinnen ebenso wie für die Häftlinge Unfreiheit hinter Schloss und Riegel bedeutete.

Es tat wohl, während des langen und ermüdenden Nachtdienstes leise ein wenig zu plaudern, und nur jene, die bisweilen einschlummerten, fürchteten die unangekündigten Kontrollgänge der Vorsteherin, denn das wache Ohr vernahm jedes Geräusch. Welch interessante Geschichten die Sträflinge aus Nummer acht doch erzählen konnten. Sie hatten so vieles gesehen, gelesen und wussten alles. Und sie waren nicht wie die anderen für Gräueltaten verurteilt worden, sondern dafür, dass sie für die Gleichheit in der Welt gekämpft hatten und dafür, dass es allen gleichermaßen wohlergehe. Sie waren bereit, für ihre Überzeugung in den Tod zu gehen oder verurteilt zu werden und ihre Jugend in den Mauern des Zuchthauses zu verlieren. Das sagten sie zumindest, und es war unmöglich, ihnen nicht zu glauben.

Nun war der Dienst der Aufseherin keine Bürde mehr für Anjuta. Die Stunden der Gespräche waren überaus interessant, sie kannte alle Insassinnen aus Zelle Nummer acht beim Namen, am engsten freundete sie sich mit Natascha an. Zuerst nannte sie sie »gnädiges Fräulein«, dann erfuhr sie, dass sie Natalja Sergejewna heiße, und noch etwas später bat diese: »Nennen Sie mich einfach Natascha.« Anjuta vertraute ihr alle Sorgen und Gedanken an, erzählte Natascha von ihrem Leben, beriet sich mit ihr in den Dingen ihres jungen Lebens, vor allem aber war sie bemüht, von ihr all das zu erfahren, was sie von anderen nicht zu wissen bekam: wozu man lebt auf dieser Welt, warum es den einen wohlergeht und den anderen nicht, und wie man es erreichen kann, dass es allen wohlergehe. Von ihr erfuhr sie, dass es Menschen gibt, die sich von ihrer Familie lossagen und von ihrem leichten und gutsituierten Leben und in den Kampf ziehen für etwas, das sie als Wahrheit erkannt haben, und für eine bessere Zukunft der Arbeiter. Selbstverständlich machte man Jagd auf sie, steckte sie ins Gefängnis oder verurteilte sie zum Tode, aber es folgten ihnen andere nach, die das, was jene begonnen hatten, weiterführten und das Volk lehrten, seine Rechte zu verteidigen und gemeinsam zu kämpfen, und so würde es weitergehen, bis sie den Sieg errungen und erreicht hätten, dass alle Menschen ein glückliches Leben führen könnten, wie es allen zustände.

All dies vermochte Anjuta nicht gänzlich zu begreifen, aber es schien ihr überaus geheimnisvoll und großartig. Einem anderen hätte sie wohl auch nicht geglaubt, aber hier standen Märtyrerinnen für die Wahrheit vor ihr, jung, wohlerzogen, liebenswert, heiter gar, ganz ungeachtet der Entbehrungen. Sie waren zwar hinter Schloss und Riegel, glaubten aber nach wie vor daran, dass die Lage sich bald verändern, dass es zur Revolution kommen und das Volk sie befreien werde, wie es bereits im Jahr neunzehnhundertfünf in Moskau geschehen war. Nur dass dieses Mal der vollständige Sieg errungen und das Volk sich seinen Sieg nicht wieder streitig machen lassen würde.

Diese Worte waren neu für Anjuta, unbekannt, unerhört. Ähnliches hatte sie in Romanen über edelmütige Räuber gelesen, aber das war Erdichtetes. Hier jedoch handelte es sich um das richtige Leben. Und dieses war vielleicht nicht weniger geheimnisvoll und rätselhaft. Säßen die jungen Frauen aus Zelle Nummer acht nicht im Zuchthaus, sondern wären in Freiheit, zeigten sie Anjuta, wie die Kämpfer für die Freiheit lebten und handelten, und Anjuta könnte ihr Leben mit ihnen als ebenbürtige Freundin teilen und wäre nicht die unglückselige Gefängnisaufseherin, die sie hinter Schloss und Riegel halten und gegenüber der Oberaufseherin und der Vorsteherin über alles Meldung machen musste. Wobei sie selbstredend nie irgendetwas melden würde.

In einem ihrer Gespräche mit Natascha sagte Anjuta:

»Sie alle tun mir so leid, dass ich alles für Sie täte. Wenn Sie mögen, kann ich Nachrichten nach draußen bringen oder Ihnen alles, was Sie mögen, hereinbringen.«

»Danke, Anjuta. Vielleicht später. Zuerst einmal bitte ich Sie nur um eines: Seien Sie vorsichtig, erzählen Sie niemandem von unseren Gesprächen, sondern tun Sie, als ob Sie gegen uns ganz besonders streng seien. Und wenn Sie sich hier vollständig eingelebt haben, können Sie viel für uns tun. Das Einzige, was es braucht, ist, dass Sie mit der Vorsteherin auf gutem Fuße stehen und sie Ihnen vertraut.«

»Sie vertraut mir schon jetzt. Ich komme mit allen anderen Aufseherinnen gut aus, mit keiner habe ich je gestritten. Sie alle sind gegeneinander misstrauisch, mir aber vertrauen sie, denn ich verpetze niemanden und beschwere mich nicht über sie.«

»Das ist sehr gut.«

»Und die Vorsteherin ist zufrieden mit mir. Als ich einmal abends den Schlüssel gebracht habe, sagte sie zu mir: ›Wenn du gute Arbeit leistest, wirst du befördert, obwohl du noch so jung bist.‹«

»Sie bringen ihr den Schlüssel?«

»Wenn die Schicht zu Ende ist und die Reihe damit an mir ist.«

»Ausgezeichnet, Anjuta. Wenn die Zeit reif ist, werde ich Sie um etwas bitten.«

»Ich werde alles für Sie tun, ich habe keine Angst.«

Und sehr leise flüsternd fügte sie hinzu:

»Ich denke immer wieder bei mir, dass ich Sie alle irgendwann einmal aus diesem Gefängnis befreie, glauben Sie mir! Und dass ich dann mit Ihnen gehe.«

Ebenso leise erwiderte Natascha:

»Das ist nicht so einfach, Anjuta. Wenn Sie uns bei der Flucht helfen, wird man uns wieder einsperren und Sie ebenso. Und dann wird es uns noch schlechter ergehen. Über solche Dinge muss man lange nachdenken, jetzt sollten wir nicht darüber sprechen.«

Sie unterhielten sich, wie immer, in der Hocke sitzend durch das kleine Fenster in der Zellentür, damit ihre Gesichter nah beieinander waren.

Natascha lehnte ihren Kopf nah ans Fenster und flüsterte:

»Lassen Sie mich Ihnen einen Kuss geben, Anjuta. Ich danke Ihnen. Wir werden irgendwann später noch einmal über vieles sprechen. Denn wir sind Freundinnen, nicht wahr?«

Anjuta strahlte vor Glück:

»Ja, das sind wir. Sie sind wie eine Schwester für mich.«

»Nun denn. Auch ich habe Sie liebgewonnen, wir alle hier haben Sie liebgewonnen. Anjuta, wir werden uns schon etwas ausdenken. Aber seien Sie jetzt sehr vorsichtig. Und zu niemandem ein Sterbenswörtchen! Tun Sie, als hassten Sie uns. Verstehen Sie, Anjuta?«

Zeitvertreib im Gefängnis

Des Abends vertrieb man sich in der Zelle Nummer acht die Zeit mit einem neuen Spiel: Zwei oder drei der Insassinnen stürzten sich auf eine, die größer und stärker war als sie, versuchten, sie schnell zu Boden zu werfen und mit Bändern, die sie zuvor aus Bettlaken geschnitten hatten, zu fesseln. Diejenige, auf die sie sich stürzten – meist war dies die hochgewachsene und kräftige Natascha –, sollte sich wehren, aber sie durfte natürlich nicht schreien, weshalb ihr der Mund mit einem Tuch verbunden wurde. Nachdem sie sie gefesselt hatten, legten sie die, auf die sie sich gestürzt hatten, an die Wand und schauten, ob es ihr gelang, sich zu befreien.

»Natürlich kann ich mich losmachen! Marusja, Sie haben schon wieder den Knoten nicht richtig zugezogen! Schauen Sie, ich mache mit den Händen so und, warten Sie, so, und jetzt kann ich die Hand leicht herausziehen. Nicht sofort, aber es geht.«

»Ich wollte Ihnen nicht wehtun.«

»Was für eine Dummheit! Das tut absolut nicht weh. Wir müssen das weiter üben.«

Das Spiel ging weiter, nun mit einem neuen Opfer. Von zwei Seiten warfen sie sich auf sie, ergriffen sie bei den Ellbogen, drehten ihr die Arme auf den Rücken und banden sie rasch mit einem Klammerknoten zusammen. Damit sie niemanden verletzte, wenn sie mit den Beinen strampelte, trug sie keine Schuhe; dann wurden ihre Beine an den Knöcheln und etwas über den Knien auch ihre Beine zusammengebunden. Während drei sich damit vergnügten, erörterten die anderen kritisch die Schnelligkeit und Behändigkeit des Handelns der anderen.

»Das dauert wirklich zu lange, fast sechs Minuten! Wir müssen es in drei Minuten schaffen, länger darf es nicht dauern.«

»Nadja ist wirklich stark, bei ihr ist es schwer. Und sie hat sich sehr gewehrt.«

»So soll es auch sein. Denken Sie denn, jemand anders würde sich nicht zur Wehr setzen? Vielleicht sogar noch viel mehr. Vor allem, wenn es sich um einen Mann handelt.«

Es klopfte leise an der Tür. Sie halfen der Gefesselten, sich auf ihre Pritsche zu legen, deckten sie zu und liefen schnell zu ihren eigenen Pritschen. Die Zelle schlief. Einige Minuten später öffnete sich das kleine Fenster in der Zellentür, und Anjuta sagte mit ruhiger Stimme:

»Es ist nichts! Unten wurde eine Tür zugeschlagen, und ich dachte, die Oberaufseherin kommt. Sie waren wirklich ziemlich laut!«

Das Fenster schloss sich wieder, und das Spiel ging weiter.

»Nadja Protasjewa, Sie haben so fest zugetreten, dass ich fast schreien musste. Da bekomme ich bestimmt einen blauen Fleck am Arm.«

»Sie müssen sich an der Seite halten, damit man Sie nicht treten kann.«

»Man muss das Gesicht nach unten drücken, dann ist es nicht gefährlich.«

»Vielleicht ein Bein stellen …«

Es wurde heiß diskutiert. Die Mehrheit sprach sich dafür aus.

»Ich finde«, sagte Natascha, »man sollte zuerst einen Kissenbezug über das Gesicht werfen, dann ist es schwieriger, sich zur Wehr zu setzen, außerdem sieht man nicht, wer einen fesselt.«

Der Vorschlag mit dem Kissenbezug wurde angenommen.

»Und nun wird geschlafen! Aber vorher noch unsere Leibes-übungen.«

Zwei der jungen Frauen, die jedes Mal unter den Angreife-rinnen waren, weil sie körperlich sehr stark waren, wurden von den Übungen befreit, da sie auch ohne diese schon recht-schaffen müde waren. Am nächsten Morgen sollten sie aber unbedingt wieder mitmachen.

Die Leibesübungen machten allen großen Spaß. Sie waren der Gesundheit förderlich und konnten im Leben noch von Nutzen sein. Obgleich der Platz in der Zelle kaum ausreichte, achtete die Stubenälteste, Natascha Kalymowa, streng auf die genaue Ausführung aller Übungen durch die Zellengenossin-nen: Rumpfbeugen, Kreisen des Oberkörpers, Kniebeugen, al-les nach ihrem Kommando. Morgens und abends! Nach zwei Wochen schon zeigte sich, dass die Muskulatur straffer wur-de und sie beweglicher waren. Sogar die Schwächste von ih-nen, die achtzehnjährige lungenkranke Jelena, die in diesem Jahr erst zur Katorga verurteilt worden war, machte mittler-weile auch alle Übungen der schwedischen Gymnastik mit. Sie versicherte den anderen, dass sie sich dadurch viel besser fühle und dass seitdem des Abends ihre Temperatur sich nicht mehr so stark erhöhe. Sie nahm nur an der Morgengymnastik teil. Das einzig Schlechte an den Leibesübungen war, dass man ihretwegen größeren Appetit hatte, und dies ist im Gefängnis nicht eben von Vorteil.

Sie legten sich schlafen und schliefen bald ein. Nur das »Ko-mitee« war noch wach, das aus den beiden Lebenslänglichen Natascha und Marusja und der lungenkranken Jelena bestand, die nur schlecht schlief. Ihre Pritschen standen nebeneinan-der und sie flüsterten bis tief in die Nacht. Wenn die neue Aufseherin Nachtdienst hatte, kauerten sie sich vor dem Tür-fensterchen zusammen und flüsterten auch mit ihr, erörter-ten etwas oder stritten über etwas, aber so leise, dass die ande-ren es nicht hörten. Dem Komitee waren alle Angelegenhei-ten übertragen, und es war befugt, Entscheidungen zu treffen, ohne eine Versammlung einzuberufen.

Jelena war die Schriftführerin. Sie vermochte in kleinster Schrift zu schreiben und wusste den Code aus dem Gedächtnis. Ihre Notizen konnten, zu einem Röhrchen fest zusammengerollt, leicht im Mund in der Backentasche versteckt und bei Gefahr geschluckt werden. Die Antworten von draußen las nur das Komitee. Nach der Lektüre wurden sie in kleinste Fetzen gerissen und diese verschwanden im Abtritteimer.

Auf der Pritsche, die dem Fenster am nächsten stand, schlief mit ihren beiden Kindern die Mörderin Maria Petrowna, bescheiden und gleichgültig gegenüber allem.

Ihre Geschichte war den Zellengenossinnen im Einzelnen nicht bekannt – da stellt man keine Fragen. Sie war nicht in eines der entlegenen Zuchthäuser gebracht worden, sondern saß ihre Strafe in Moskau ab, in einem Jahr war ihre Haft zu Ende, dann schickte man sie in die Verbannung nach Sibirien. Sie hatte ihre Ruhe in der Zelle mit den zwölf jungen, höflichen und gebildeten Frauen und dankte ihnen für das gute Verhältnis ihr und den Kindern gegenüber damit, dass sie versuchte, so wenig wie möglich zu stören. Ihr war selbstverständlich klar, dass die jungen Frauen seit einem Monat schon von der Idee der Flucht entflammt waren und dass sie die neue Aufseherin auf ihrer Seite hatten. Sie, die Schwerverbrecherin, war nicht daran beteiligt, denn eine Flucht hätte für sie keinen Sinn ergeben, und sie hätte auch gar nicht gewusst, wohin sie hätte fliehen sollen.

Oft schien es ihr, sie sei in einen Kreis von Schülerinnen geraten, die tagsüber in die Schule gehen und ihre Lehrbücher studieren und am Abend auf die Pauke hauen. Sie alle waren auch zur Katorga verurteilt worden, zu sehr langen Strafen, zwei von ihnen sogar zu lebenslänglich, aber das zu glauben fiel schwer, denn es schien, als sei für sie alles nur ein Spiel. Auch sie hatten angeblich Menschen umgebracht, aber auch dies schien nicht real zu sein. Sicher war nur, dass ihr Leben ein ganz besonderes und ihr unbegreifliches war, ebenso, wie das, worüber sie sich unterhielten und diskutierten, ihr kaum begreifbar war – über das Volk, die Ökonomie, Parteien und Komitees. In der letzten Zeit stritten sie nicht mehr über diese Themen, sondern flüsterten nur noch. Und hatten dieser Tage etwas, das wohl die Aufseherin ihnen gegeben hatte, unter dem Strohsack versteckt. Sie wirkten frohgemut und beschwingt. Hatten sie tatsächlich den Plan, aus dem Gefängnis zu fliehen? Wenn jemand das schaffte, dann sie!

Niemand weihte sie ein – warum auch? Würde sie zur Vorsteherin zitiert und von dieser ausgefragt, könnte sie guten Gewissens sagen, sie wisse von nichts. Sie würde doch keine Schuld auf sich laden und die Zellengenossinnen verraten, die immer gut und mitfühlend ihr gegenüber waren. Das alles ging sie nichts an. Sie war hier, um ihre schwere Sünde zu sühnen und ihre beiden kleinen Kinder großzuziehen, die sich in nichts schuldig gemacht hatten und von nichts wussten. Wenn sie groß würden und es erführen, würden sie sie vielleicht verurteilen, ihr vielleicht aber auch vergeben.

Vorbereitungen

Anjuta konnte es nicht mehr erwarten: Was könnte denn einfacher sein? Es brauchte nur einen Nachschlüssel vom Zuchthaustrakt zur Verwaltung, der Pförtner müsste betrunken gemacht werden, dann könnte sie ihre neuen Freundinnen herauslassen und diese könnten fliehen. Zu zehnt mit den Aufseherinnen fertigzuwerden war doch nicht schwierig. Und auch sie würde dann fliehen. Und wenn man sie festnähme und verurteilte – was soll's! Dann würde auch sie für die Freiheit leiden, ein einfaches Mädchen, das nicht studiert und nicht so viele Bücher gelesen hatte und nicht Mitglied irgendwelcher Parteien war. Nur schnell sollte es gehen, bevor die Vorsteherin Wind davon bekommen und ihr jemand von der Freundschaft Anjutas mit den Häftlingen aus der Zelle Nummer acht erzählt hatte.

Natascha indes gebot Anjutas Ungeduld Einhalt:

»So geht es nicht, Anjuta! Alles muss gut vorbereitet werden, damit es gelingt. Wenn wir es nach draußen schaffen, muss es ja irgendwie weitergehen. Wir brauchen Geld, Übernachtungsmöglichkeiten, Kleidung. Ohne dies wird man uns alle gleich wieder festnehmen und auch Sie, und eine zweite Möglichkeit zur Flucht wird es nicht geben.«

Zuverlässige Freunde waren von dem Plan zur Flucht in Kenntnis gesetzt worden. Einen ganzen Monat bereits arbeiteten sie an der Vorbereitung. An den Tagen, an denen Anjuta Aufsichtsdienst auf ihrem Korridor hatte, war der Kontakt mit der Außenwelt einfach und schnell. Aber manchmal mussten sie wochenlang darauf warten.

Viel war bereits geschafft: Ein Abdruck des Schlüssels war angefertigt und nach draußen weitergegeben worden, und sie hatten Adressen von Menschen erhalten, an die sie sich nach der Flucht wenden konnten. Geld gab es ausreichend, weiteres sollte noch organisiert werden. Mit den Transportmitteln sah es weniger gut aus, nur für Natascha und Marusja, die beiden Lebenslänglichen, würde eine Expressdroschke in einer Seitenstraße bereitstehen. Das Wichtigste war, dass der Plan genauestens ausgeführt würde.

Der Plan war folgender: Anjuta hatte den Aufseherinnen bereits erzählt, dass sie bald heiraten werde. Vor der Hochzeit würde sie Dienstkolleginnen in der freien Zeit vor dem Dienst zu einem Umtrunk einladen, bei dem sie Likör, Wodka und Süßigkeiten auftischte. Das sollte am Tag nach der Auszahlung des Lohnes sein. Auch Fjodor Iwanowitsch, der Pförtner, sollte unbedingt dabei sein, wenn ein Mann dabei sei, hätten sie doch mehr Spaß. Um das Geld täte es ihr nicht leid, denn sie würde ja ohnehin nicht weiter im Gefängnis arbeiten, wenn sie verheiratet sei. Wer ihr Bräutigam sei? Der mit dem schwarzen Schnurrbart, mit dem sie sie einmal auf der Straße gesehen hätten. Er komme aber nicht zu dem Umtrunk, denn das sei ihm peinlich. Es sollte also eine Art Junggesellinnenabschied sein mit Fjodor Iwanowitsch als einzigem Mann, mit ihm wäre es lustiger. Und am nächsten Tag würde sie auch mit den anderen feiern, die beim ersten Mal nicht konnten.

In der Nacht, wenn alles im Gefängnis schliefe, öffnete Anjuta die Zelle Nummer acht. Zuerst kämen nur drei heraus, leise, auf Strümpfen, und fesselten die Aufseherinnen auf dem Nachbarkorridor. Zusammen mit der Oberaufseherin sind das insgesamt drei. Dann holten sie die anderen, gingen zum Verwaltungstrakt hinunter, dessen Tür Anjuta und Natascha rasch mit dem Nachschlüssel öffnen würden. Sie würden darauf zu achten haben, dass die Wachhabende in der Verwaltung keinen Alarm machte. Sie trank nicht und deshalb würde es schwer sein, mit ihr zurechtzukommen. Sobald die Tür geöffnet wäre, käme zuerst Natascha herein, in einem schwarzen Kleid, so dass es den Anschein habe, es sei die Oberaufseherin, obgleich diese dort selbstverständlich nichts zu schaffen hatte. Aber die Wachhabende in der Verwaltung würde erschrecken, und dann könnte man sie überwältigen. Der Pförtner würde, wie immer, in seinem Zimmer schlafen und selbstverständlich betrunken sein, dafür würde Anjuta schon sorgen. Wenn er den Schlüssel hat, müsste auch er gefesselt werden, aber er würde sicher nicht aufwachen.

Das Schwerste war bereits geschafft: Anjuta hatte nach und nach die Kleidung, die benötigt wurde, ins Gefängnis gebracht, ein schwarzes Kleid für Natascha und zwei Herrenanzüge für die beiden, die kurze Haare trugen. Mehr hereinzuschaffen war nicht möglich gewesen, denn auch dies hatte sie nur unter Schwierigkeiten bewerkstelligen können. Anjuta hatte die Kleider jeweils unter ihrer eigenen Kleidung getragen und war stets Gefahr gelaufen, einer Kontrolle unterzogen zu werden. In der Nähe des Gefängnisses würden Kameraden sie in Empfang nehmen, und wie es weiterginge, läge in den Händen von Schicksal und Glück.

Und Anjuta? Ihr war es ganz gleich, wie es mit ihr weiterginge. Für eine Nacht käme sie irgendwo unter und dann würde man ihr schon sagen, wo sie sich außerhalb Moskaus verstecken könne. Sehr gern wollte sie Natascha auf der Flucht begleiten, doch das war zu gefährlich. Sie würden sich später, in einer anderen Stadt oder im Ausland, treffen. Durch Natascha hatte sie auch die anderen liebgewonnen, aber nur ihr war sie ihr Leben anzuvertrauen bereit.

»Aber lassen Sie uns nichts überstürzen, Anjuta! Auch draußen muss alles vorbereitet sein. Versuchen Sie, so gut wie möglich Freundschaft zu den anderen Aufseherinnen zu schließen, bis es so weit ist, erzählen Sie von Ihrem Bräutigam und den Geschenken, die er Ihnen macht.«

»Ich habe ihnen schon so viel erzählt! Sie mögen mich, denn ich bin lustig.«

»Es ist unmöglich, Sie nicht zu mögen, Anjuta!«

Solche Worte waren für Anjuta die schönste Belohnung für alles.

Auch außerhalb des Gefängnisses, wo der Fluchtplan der Verurteilten mit Freude aufgenommen wurde, traf man Vorbereitungen. Die tatkräftigen und starken revolutionären Organisationen waren mittlerweile auseinandergefallen, durch Verhaftungen demoralisiert und durch Verrat untergraben. Viele der einstigen Mitglieder saßen im Gefängnis, andere wiederum waren ins Ausland geflohen, und es kamen keine neuen Kämpfer nach. Kaum einer teilte mehr den früheren Glauben, die Jugend hatte sich verändert. Die Studenten waren nicht mehr bereit, Opfer zu bringen, sondern suchten das »schöne Leben«, die süßen Verführungen, die poetische Betäubung. Die Idealisten waren aus der Mode geraten, waren von gestern und erschöpft. Der höchste Wert war nunmehr das eigene Wohlergehen, die Bereitschaft, sich zu opfern, schien töricht, die reinen Ideale schienen dumm und naiv. Die Geschlechterfrage war nunmehr wichtiger als die Frage der Agrarreform, die Ästhetik wichtiger als die Ethik. Hatte die Revolution denn nicht bewiesen, wie unzulänglich sie als Mittel der politischen Veränderung war? Waren denn die »strahlenden Kämpfer« nicht Spielbälle in den Händen der Polizei gewesen, die die Reihen der Revolutionäre mit ihren Spitzeln durchsetzt hatte? Wem sollte man denn noch glauben, wenn man sich selbst kaum mehr glauben mochte?

Die wenigen verbliebenen Altgläubigen waren zu schwach, die Sache weiter voranzutreiben. Für sie war die Zeit der Erinnerungen und Legenden angebrochen, und sie setzten ihre Hoffnungen auf andere Länder, in denen anscheinend neue Weltanschauungen verbreitet und neue Programme ausgearbeitet wurden. Es war unmöglich, noch jemanden für Pläne zu einem kühnen Angriff auf die Macht zu begeistern, etwas anderes hingegen war die Organisation der Flucht – hierzu konnte man nur einer Meinung sein! In dieser Frage konnten die verschiedenen Parteien und Gruppierungen zu einem gemeinsamen Entschluss kommen und selbst in den gemäßigten Kreisen finanzielle Mittel aufgetrieben werden. Die Feindseligkeit gegen das Gefängnis vereinte sie untereinander, und jede Flucht sah man als Glück.

Es mussten zuverlässige Unterkünfte für die Entflohenen organisiert werden, und zwar so viele wie nur irgend möglich, damit nicht alle aufflogen, sobald eine entdeckt war. Es musste daran gearbeitet werden, alle Spuren zu verwischen, die einen sollten in Russland versteckt, die anderen ins Ausland gebracht werden, für alle mussten Pässe und Geld beschafft werden. Die kleinste Ungenauigkeit in der Planung könnte alles verderben. Es war Eile geboten, denn es wussten bereits zu viele davon, dass eine Flucht vorbereitet wurde. Aber auch allzu große Eile konnte zur Katastrophe führen.

Chiffrierte Nachrichten flogen aus dem Gefängnis heraus und ins Gefängnis hinein. Verschiedenste Treffen erschöpften die in solcherlei Angelegenheiten unerfahrene Anjuta. Fristen wurden aufgeschoben, doch viel länger herausschieben konnte man es nicht mehr.

Der Juli bot sich an, denn die Wachsamkeit ließ in den heißen Tagen nach, ganz Moskau fuhr aufs Land und es würde leichter sein, die Geflohenen zu verstecken. Bereits zwei Monate waren mit den Vorbereitungen zugebracht, es war an der Zeit!

Ein junger Mann von stutzerhafter Erscheinung, aber mit schiefgetretenen Absätzen rutschte in den Eingang hinein, ging in den ersten Stock hinauf und klingelte. Ein breitschultriger, hochgewachsener Herr mit glattrasiertem Kinn und Schnurrbart öffnete. Er ließ den anderen schweigend ein und schloss die Tür.

»Warum kommen Sie zu spät?«

»Die Versammlung hat länger gedauert.«

»Welche Versammlung?«

»Nun ja, es war nicht direkt eine Versammlung, es wurde etwas diskutiert.«

»Und?«

»Nun ja, wieder nichts Besonderes, zurzeit gibt es nichts Wichtiges zu besprechen.«

»Irgendetwas gibt es immer, aber wenn Wichtiges besprochen wird, wird man Sie vermutlich nicht dazu einladen. Bei wem waren Sie?«

»Bei Nikolajew.«

»Und wer war da sonst noch anwesend?«

Der junge Mann nannte einige Namen, die sein Gesprächspartner sich notierte, den Namen seines Berichterstatters fügte er ebenfalls hinzu.

»Und außer diesem Unsinn gab es nichts Interessantes zu besprechen?«

»Momentan wird alles sehr geheim behandelt, selbst der enge Kreis erfährt nicht alles.«

»Von der Flucht wurde nicht mehr gesprochen?«

»Direkt nicht, aber beiläufig ging es um die Beschaffung von Pässen. Mit dem Tenor, dass es angeblich zu wenige gibt und dass welche gebraucht werden könnten.«

»Pässe für Frauen?«

»Für Frauen und auch sonstige.«

»Sie wissen absolut nichts, Petrowski! Sie sollten mal bei jemandem nachfragen, der etwas besser informiert ist.«

»Das wäre nicht sehr geschickt. Außerdem weiß auch außer der Troika niemand etwas. Wenn man Fragen stellt, macht man sich nur verdächtig.«

»Das haben Sie natürlich recht. Aber ob das den Tatsachen entspricht, was Sie da über die Pläne im Zuchthaus gehört haben? Vielleicht ist das ja nur dummes Gerede über irgendwelche Mutmaßungen?«

»Nein, es scheint, dass da wirklich etwas vorbereitet wird.«

»Aber wer bereitet da etwas vor? Und wie? Im Gefängnis oder draußen? Wer plant zu fliehen? Dort sitzen einige Politische ein.«

»Ich werde versuchen, das herauszufinden.«

»Sie arbeiten absolut liederlich, Petrowski! Die ganzen politischen Gespräche sind für mich nicht von Interesse, da kenne ich mich besser aus als Sie. Sie müssen mal auf den Punkt kommen und ein paar Fakten ergänzen. Sie haben da etwas gehört, also überprüfen Sie das, versuchen Sie, Details herauszufinden. Natürlich mit der gebotenen Vorsicht, wenn man Ihnen schon nicht gänzlich vertraut.«

»Ich berichte das, was ich weiß, ich werde mir ja nichts ausdenken ...«

»Besser wäre es, Sie dächten sich etwas aus! Nur Ärger hat man mit Ihnen! Ich sage es Ihnen geradeheraus: So kommen wir nicht überein. Ich habe meinem vorgesetzten Oberst Bericht erstattet, er ist nicht zufrieden mit Ihnen. Und Sie wollen auch noch mehr Geld.«

»Ich brauche mehr Geld für meine Spesen.«

»Vergessen Sie das! Wollen Sie mich für dumm verkaufen? Ihre Aufwendungen, so sie wirklich notwendig sind, ersetzen wir natürlich, und seien es Tausende, aber wir haben nicht vor, Ihnen auch nur eine Kopeke zu viel zu bezahlen. Wir bezahlen für die Arbeit und nicht für schöne Augen. Ich sage Ihnen Folgendes, Petrowski: Auch wenn ich der Geschichte mit der Flucht nicht besonders glaube, müssen wir doch Genaues darüber erfahren. Wir werden die Gefängnisleitung darüber selbstverständlich nicht in Kenntnis setzen, damit dort keine Unruhe entsteht und man sich dort keine unnötigen Sorgen macht. Und überhaupt: Diese Angelegenheit muss unter uns bleiben, verstehen Sie? Wenn wir das so hinbekommen, dass das an Ort und Stelle entdeckt und die sofort wieder festgesetzt werden können, und zwar ohne dass Polizei oder Gefängnisleitung davon etwas wussten, das wäre einmal ein richtiges Ding, Petrowski! Und deshalb geruhen Sie bitte, bis zu unserem nächsten Treffen in Erfahrung zu bringen, ob man das ernst nehmen kann oder ob das nur Gefasel ist. Soll heißen: Von welchen Häftlingen ist die Rede, wer stellt den Kontakt nach draußen her, für wann ist die Sache geplant? Das wäre es. Bringen Sie das in Erfahrung, wird es Ihnen nicht zum Nachteil gereichen, dann sind Sie ein gemachter Mann. Vermasseln Sie das, ergeht es Ihnen schlecht. Aber nur Fakten, keine Phantasien.«

»Ich denke mir nie etwas aus.«

»Sei's drum. Und nun zu dem Arbeiterzirkel. Waren Sie dort?«

Sie unterhielten sich wohl noch eine halbe Stunde. Der glattrasierte Herr begleitete seinen Besucher zur Tür und reichte ihm die Hand:

»Nun, Petrowski, geben Sie sich Mühe. Das Wichtigste ist, dass Sie deren Vertrauen erringen. Bieten Sie zum Beispiel an, dass Sie einen Pass beschaffen, da helfe ich Ihnen natürlich, der wird absolut echt sein. Und sonst irgendetwas, damit man Sie für einen der Ihren hält, für jemanden, der etwas draufhat und nicht nur ein Klotz am Bein ist. Nun denn also, bis Dienstag!«

Als er allein war, ging er seine Aufzeichnungen durch und schüttelte den Kopf:

»Das alles ist doch keine Kopeke wert! Wenn er nicht lügt, dann ist das durchaus von Interesse. Aber vermutlich ist das wie so häufig nur Gefasel. Schließlich geht es um Weiber, und die können ihre Zungen nicht im Zaum halten. Nun ja, wir werden sehen.«

Hier vor Ort ist alles in Ordnung!

Die letzte Tür war ins Schloss gefallen, die Vorsteherin hatte ihren Abendrundgang beendet. An jenem Tag war sie missgelaunt, denn die Ochrana hatte sie wissen lassen, dass, laut Kenntnisstand der Agentenführer, die politischen Häftlinge in ständigem Austausch mit der Außenwelt stehen, dass also die Überwachung mangelhaft sei.

Sie würde Maßnahmen dagegen ergreifen müssen. Aber welche? Die Hälfte der Aufseherinnen entlassen und neue einstellen? Auch ohnedies stellte sie ziemlich häufig neue Angestellte ein. Das hatte Vor- und Nachteile. Von Vorteil war, dass die Neuen den Häftlingen gegenüber keine Zugeständnisse machten und Angst hatten, mit ihnen freundschaftliche Beziehungen einzugehen, nachteilig indes war, dass man ja nie wusste, an wen man geriet, und dass die Neuen über absolut keine Erfahrung verfügten.

Dass die politischen Häftlinge Kontakte nach draußen hatten, wusste sie selbst. Das war unvermeidlich, und man musste dem keine besondere Aufmerksamkeit beimessen. Misslich war allerdings, dass nun außer ihr, der Vorsteherin, auch die

Ochrana davon Kenntnis erlangt hatte. Man könnte natürlich eine Durchsuchung der Zellen oder eine Visitation bei allen Aufseherinnen durchführen. Aber so etwas brachte vermutlich nichts, außer dass alle verärgert waren, und im Weiteren würde sich nichts ändern.

Als sie ging, sagte sie zur Oberaufseherin:

»Die Kriminellen werden mit Wodka versorgt, das weiß ich. Wenn mir irgendetwas darüber hinaus zu Ohren kommt, entlasse ich alle. Und die Zelle Nummer acht erhält ständig Nachrichten von draußen. Wenn ich sie dabei erwische, kommen sie alle wieder vor Gericht. Richten Sie das dort aus.«

Die Oberaufseherin schwieg ängstlich. Vor lauter Ärger bemerkte die Vorsteherin nicht, dass die Oberaufseherin und ihre Dienstkolleginnen auf den Korridoren an jenem Tag wie Schatten herumliefen und der Pförtner sich kaum auf den Beinen halten konnte. Nur gut, dass die Vorsteherin höchstselbst den Abendrundgang absolviert hatte, das bedeutete, dass die alte Hexe des Nachts nicht noch einmal auftauchte.

Die Vorsteherin nahm den Schlüssel für gewöhnlich mit, und der Gefängnistrakt war von der Verwaltung abgeschnitten. Der Pförtner bemühte sich, aufrecht zu stehen, und hielt ihr weit die Tür zur Straße auf. Als sie hinaustrat, zwinkerte der Pförtner der Wachhabenden mit betrunkenen Augen zu:

»Das war aber heute ein Gewitter!«

Die Wachhabende in der Verwaltung, die einzige der Kolleginnen, die nicht an Anjutas kleiner Feier teilgenommen hatte, sagte missbilligend:

»Sie legen sich am besten gleich hin, Fjodor Iwanitsch, Sie können sich ja kaum mehr auf den Beinen halten. Wenn sie etwas bemerkt hätte, hätten wir alle etwas abbekommen!«

»Was soll ich denn haben? Alles bestens.«

»Gehen Sie schon. Ich schließe selbst ab!«

Sie setzte sich an den Tisch mit dem Telefon und dachte schwermütig daran, dass sie erst um sechs Uhr am Morgen abgelöst würde und es jetzt erst zehn Uhr war. Sie hatte zwar den Tag über geschlafen, aber in der Stille wurde sie doch wieder schläfrig. Es gab im Verwaltungskontor freilich keine Pritsche und man konnte sich nicht hinlegen, aber dösen konnte man auch, wenn man auf dem Stuhl saß, die Ellbogen auf den Tisch gestützt. Das Licht der Deckenlampe störte und aus der nicht verschlossenen Pförtnerkammer war trunkenes Schnarchen zu vernehmen.

Sie war eine einfache ältere Frau, konnte zwar lesen und schreiben, war es aber nicht gewohnt, sich die Langeweile der Nächte mit Lektüre zu vertreiben. Sie arbeitete bereits das vierte Jahr im Gefängnis, davor hatte sie als Krankenwärterin im Hospital gearbeitet. Sie hatte es gelernt, überall Schlaf zu finden, im Liegen, im Sitzen, im Stehen gar. Der Schlaf war leicht, ihr Bewusstsein erreichbar. Und so verging die Zeit, bis es draußen hell wurde und das Licht der Deckenlampe verblasste, in trautem Gleichmaß.

Im Zustand des Halbschlafs wusste sie, ohne auf die Uhr zu sehen, wie spät es war. Nun war Mitternacht vorbei, und nun war es schon eins. Die üblichen Geräusche der Nacht. Etwas raschelte. Wohl eine Ratte. Davon gab es im Gefängnis reichlich, man wurde ihrer einfach nicht Herr. Aber das war keine Ratte. War das ein Schlüssel? Irgendwo wurde eine Tür geöffnet. Der Schlüssel schepperte lange im Schloss, und plötzlich war ganz in der Nähe ungeduldiges Flüstern zu hören. Sie musste aufwachen, und sie erwachte tatsächlich, aber sie begriff nicht sogleich, woher das Flüstern kam. Erst als hinter ihr die Tür knarrte, sprang sie auf und blickte sich mit verschlafenem Blick um. Sie sah eine hochgewachsene Dame in schwarzem Kleid vor sich – die Vorsteherin? Aber wie hatte sie hereinkommen können? Neben der Vorsteherin stand eine der Aufseherinnen, die auf dem Korridor Dienst hatten, Anna Chwastunowa, und hinter dieser weitere zwei oder drei.

Vollständig erwacht, blickte sie erstaunt, dann erriet sie, dass es sich nicht um die Vorsteherin handelte, sondern um eine verkleidete Person, und in diesem Augenblick schrillte das Telefon. Da sie nicht wusste, was zu tun sei, drehte sie sich zum Telefon um, aber da ergriff man sie, verband ihr den Mund mit einem Tuch, drehte ihre Arme auf den Rücken und fesselte sie, ebenso die Beine. Auf dem Boden liegend hörte sie, wie eine Stimme ruhig und gelassen sagte:

»Hallo, ich höre? Wer spricht? Hier spricht die Wachhabende der Verwaltung. Sie rufen vom Nowinski-Wachabschnitt an? Ich höre. Nein, hier ist alles ruhig, warum? Nein, so etwas ist hier absolut unmöglich. Ja, sehr wohl, ich informiere die Vorsteherin, allerdings ist hier vor Ort alles in Ordnung, alles wie immer. Ich werde umgehend nach ihr schicken.«

Natascha legte den Hörer auf und flüsterte:

»Schnell! Dort hat man etwas mitbekommen, es kann sein, dass sie hier auftauchen! Angeblich gibt es einen Befehl der Ochrana, die Aufsicht zu verstärken.«

Im Verwaltungskontor hatten sich mittlerweile alle versammelt: zwölf Häftlingsfrauen, zur Flucht bereit, und Anjuta. Aus dem Gefängnistrakt war nichts zu hören, der Plan hatte glänzend funktioniert: Die Aufseherinnen waren gefesselt, der Weg war frei. Anjuta winkte ab:

»Ihn brauchen wir nicht zu fesseln! Er schläft wie ein Toter. Hören Sie doch, wie er schnarcht. Schnell jetzt!«

Sie hatten unfassbares Glück: Sogar der Schlüssel der Außentür lag neben dem Telefon. Nun aber ohne überflüssige Eile. In Zweier- oder Dreiergruppen das Gebäude verlassen, wie es abgesprochen war. Natascha gab jeweils das Kommando, und sie verließ das Gefängnis als Letzte, wie der Kapitän das sinkende Schiff. Bei ihr war Anjuta. Aber nicht rennen, langsam gehen, als ob Sie spazieren gehen.

Nach jeder Zweier- oder Dreiergruppe wurde die Tür jeweils wieder geschlossen, und sie warteten einige Minuten. Alle schwiegen, ihre Herzen schlugen im gleichen Takt und ihr Gehör lauschte jedem Geräusch. Zur gefesselten Aufseherin hinuntergebeugt, flüsterte Anjuta ihr ins Ohr:

»Bleib so liegen. Lös die Fesseln nicht! Dir wird es besser ergehen, wenn du gefesselt daliegst, dann kann dich keiner zur Verantwortung ziehen. Halt durch!«

Ihre Dienstkollegin blickte sie angsterfüllt an und atmete schwer.

»Die nächsten. Du und zwei weitere, schnell! Aber geht langsam aus dem Gebäude.«

Wieder Minuten des Wartens. Auf der Straße war es ruhig, der Pförtner brummte im Schlaf in seiner Kammer. Anjuta flüsterte triumphierend:

»Der ist ja absolut betrunken. Ich habe ihm auch immer gut nachgeschenkt.«

Die anderen hörten ihre Worte und lächelten nervös, verstanden aber kaum, was sie sagte. Die letzten drei warteten, dass sie an der Reihe waren, als ob sie auf die Bühne herausträten.

Anjuta lief an die Tür zum Gefängnistrakt – nein, dort war alles in Ordnung, weder Lärm noch Stimmen waren zu hören.

Die Letzten traten auf die Straße hinaus, und die Tür schloss sich leise hinter ihnen. Dann fuhr ein Wagen vorüber, und sie mussten etwas warten. Das Poltern der Räder entfernte sich.

»Jetzt wir!«

Natascha umarmte Anjuta und küsste sie.

»Anjuta, ich danke dir! Wir sehen uns bald.«

Mit Tränen in den Augen flüsterte Anjuta:

»Gebe Gott, dass alles gut wird!«

Sie traten gemeinsam in die Nacht hinaus. Natascha winkte Anjuta zu, und sie gingen in unterschiedliche Richtungen auseinander.

Die Straße war wie ausgestorben und das Licht der Gaslaternen leuchtete nur schwach. Natascha musste die Straße entlanggehen, dann noch durch eine kleine Nebenstraße bis zum Boulevard, dort sollte ein Wagen auf sie warten. Hundert Schritte fühlen sich an wie Hunderte Werst. In ihrem schwarzen Kleid und dem schwarzen Hut war sie in der Dunkelheit kaum zu sehen, aber ihre Beine zitterten und hatten es eilig. Sie musste sich zur Ordnung rufen.

An der Ecke des Boulevards war im Licht der Laterne der sich hin- und herwiegende Kopf eines Pferdes zu sehen. Der Mann auf dem Kutschbock blickte in die Dunkelheit. Natascha rief ihn vorsichtig an:

»Genosse Andrej?«

»Ja, der bin ich. Schnell, steigen Sie ein.«

Das Pferd zog an und Hufgetrappel schallte durch die Julinacht.

Die Furcht des Zeugen
der Geschichte

An jenem Sommermorgen erwachte Moskau, gähnte und streckte die Hand nach den Zeitungen aus, um zu erfahren, ob es Anlass für den Bürger gebe, sich zu erregen oder stille Freude zu empfinden.

Gründe für träge Gereiztheit gab es stets genug. Die liberalen Zeitungen waren überaus bemüht, mit giftigen Worten und äsopischer Rede das glimmende Feuer der bürgerlichen Unzufriedenheit am Leben zu halten. Eine helle Flamme war lange schon nicht mehr aufgelodert, und zuletzt waren die Feuer ganz ausgegangen, aber unter dem alltäglichen Unrat stieg immer ein Rauchzünglein jenes Funkens auf, der aus alter Gewohnheit weiterglomm. Und der Leser, der mit verschlafenem Blick die Nachrichten aus Politik und Gesellschaft überflog, seufzte aus Pflichtgefühl auf.

»Unerhört!«

Plötzlich aber riss er beide Augen weit auf: Es gab Grund für stille Freude! Flucht von zwölf zur Katorga verurteilten jungen Frauen!

Ihre Namen waren unbekannt oder längst vergessen, ihre Schicksale beschäftigten nur jene, die ihnen nahestanden. Aber darum ging es hier nicht. Unter den trägen Gefühlen des russischen Bürgers gibt es eines, das absolut heilig ist, nämlich die aufrichtige Freude über Ungemach der Polizei in jeglicher Art und umfassendes Wohlwollen für jeden, der es vermochte, das Gesetz, die Rechtsprechung oder die exekutive Macht zu überlisten. Der europäische Bürger unterstützt die Beamten der Polizei dabei, einen Taschendieb zu fassen, der Russe indes freut sich, wenn der Polizist stolpert und sich die Nase bricht. Und wenn er erfährt, dass ein Spitzbube – ganz gleich, ob dieser ein Verbrecher oder ein unglückseliges Opfer ist –, der in einem steinernen Kasten hinter sieben Schlössern festgehalten wurde, die Wände zu durchdringen, die Schlösser zu brechen und unversehrt zu fliehen vermochte, empfindet der Russe die größte Freude. Stille, reine und großherzige Freude. Es ist ein prachtvolles Gefühl zu wissen, dass, wenn man schon nicht selbst dazu in der Lage war, wenigstens jemand anders ein großartiges Bubenstück abgeliefert hat.

Und was war das für eine Flucht! Mitten in Moskau, in einer Sommernacht, ohne einen einzigen Schuss, ohne jegliche Gewalt und ohne eine Spur zu hinterlassen! Verschwunden wie unter Wasser! Schlicht und schön, genial geradezu. Zwölf Frauen haben das gesamte System der Polizei ins Wanken gebracht und mit einem Skandal überzogen, dieses ruhmreiche System eines Polizeistaats!

Die stille Freude des Bürgers wurde zu einer lauten, als sich herausstellte, dass die Polizei von der bevorstehenden Flucht vorab informiert war. Jemand hatte gesungen und den Tag der geplanten Flucht verraten, nur die genaue Stunde hatte sich als ungenau erwiesen. Man war davon ausgegangen, dass sie gegen Morgen fliehen würden, aber sie taten es früher. Die Konkurrenz unter den staatlichen Organen kam den Häftlingen bei der Umsetzung ihres Planes zu Hilfe: Die Ochrana wollte ihre Allwissenheit mit einem von niemandem erwarteten Zugriff demonstrieren und informierte deshalb die Gefängnisleitung nicht, um die Verschwörer nicht aufzuscheuchen und plötzlich zuschlagen zu können. Alles war genau kalkuliert, nur eines war nicht berücksichtigt worden: dass am Tag des Heiligen Wladimir der Reviervorsteher des Nowinski-Wachabschnitts seinen Namenstag feierlich beging. Der Beamte des Telefondienstes war nicht ganz nüchtern und die Abschnittsbeamten handelten verlangsamt. Warum sollte man eine Einheit zum Gefängnis schicken, wenn dort überhaupt keine Gefahr bestand, stets alles seine Ordnung hatte und nur Weibsleute einsaßen? Was dachten sich diese Gendarmen, die die Konspiration derart liebten, denn immer wieder aus? Die Feier wäre ihnen verdorben, es wäre ein Affront für die Gäste. War es da nicht besser, einfach mal im Gefängnis anzurufen und nachzufragen?

Dort erhielt man zur Antwort: »Hier vor Ort ist alles in Ordnung!«, und sie waren gar beleidigt: »Nein, so etwas ist hier absolut unmöglich.« Aber Dienst ist Dienst, und der, dessen Namenstag an jenem Tag begangen wurde, der Namensvetter des apostelgleichen Fürsten und Täufers der Rus, verzögerte die dienstliche Pflichterfüllung nur um eine halbe Stunde.

Möglicherweise, ja zweifellos hätte jene stille Freude, die Moskau empfand, auch der alles aufmerksam beobachtende Zeuge der Geschichte in seiner Chronik festgehalten, allerdings stand Vater Jakow dieses Mal nicht der Sinn danach, erinnerungswürdige Ereignisse zu notieren.

Beim Lesen der Morgenzeitung breitete sich in seinem Bart ein Lächeln aus: »In-te-ressant, in-te-ressant!«. Es freute ihn zu lesen, dass unter den Flüchtigen auch die Tochter seines Bekannten aus Rjasan war, der er vor einiger Zeit das Glas Kirschwarenje vom Vater überbracht hatte. Ein wenig schmerzte ihn, dass die verehrte und angesehene Gefängnisvorsteherin, eine absolut liebenswürdige Person, unter alldem zu leiden hatte, aber damit musste man sich abfinden. Die Menschen erheben sich in schnellen Schritten aus der Nichtigkeit hinauf zu Bedeutung und Macht, indes, das menschliche Los ist launisch und selbst der Thron eines Königs kann ins Schwanken geraten.

Als dann in der Abendzeitung mancherlei Einzelheiten über die Flucht veröffentlicht wurden und der Name Anna Chwastunowa, einer jungen Aufseherin, die sich zusammen mit den Flüchtigen abgesetzt hatte, zu lesen war, war Vater Jakow nicht nur bestürzt, sondern erstarrte geradezu.

Das war schlecht! Und wenn man nun herauszufinden geruhte, wer diese kriminelle junge Person empfohlen hatte? Wer für ihre engelsgleiche Unschuld und gute Führung seine Hand ins Feuer gelegt habe? Auf diese Weise erhielte Vater Jakows Besuch im Gefängnis und selbst das Glas Kirschwarenje einen ganz besonderen, wenngleich fälschlichen Beigeschmack.

»Und Sie, mein Verehrter, sind welcherart tätig?«

Zu antworten: »Ich reise durch Russland, da ich zu erfahren suche, wie die Menschen leben« – wer wird das schon glauben? Stand es denn nicht jedem Menschen an, sich an einem bestimmten Ort aufzuhalten und der Gesellschaft und dem Staat in einer bestimmten Weise sowie mit einem gesetzlich festgelegten Lohn zu Diensten zu sein? War ein nutzloses Interesse nicht ebenso verurteilenswert wie das müßige Herumtreiben auf den Straßen und Plätzen Russlands? Und Ihre Vergangenheit, Ehrwürden? Zu welchem Zwecke dienen Ihnen die Briefbögen dieses Waisenhauses, und um welches Waisenhaus handelt es sich da eigentlich? Und aus welchem Grunde hat man Ihnen, ehrwürdiger Vater, das Priesteramt entzogen, wenngleich Sie auch Ihren Titel weiter tragen dürfen? Sind Sie möglicherweise an den Morden, Überfällen und an der Flucht beteiligt gewesen? Mit wem haben Sie damals Ihre Stiefel getauscht? Und warum haben Sie den Premierminister eine Woche vor dem Attentat durch diese Verbrecher, von denen nun eine dem Gefängnis entflohen ist, aufgesucht? Was sind das eigentlich für Hefte mit Beschreibungen von Ereignissen, die doch keineswegs im Sinne der Instruktionen des Heiligen Synods und des herrschenden Senats sind? Und sicherlich wäre es besser, dich niederträchtigen Popen und klandestinen Aufwiegler in Reklusion zu nehmen, wo du die nächsten Jahre zubringen kannst – für dein grenzenloses und nicht den Gesetzen entsprechendes Interesse am Leben!

Vater Jakow fuhr ein gehöriger Schreck in die Glieder! Und es gab niemanden, mit dem er seine Befürchtungen hätte teilen können, er konnte sich ja wohl kaum in die Perwaja Meschtschanskaja begeben, um sich dort über all das das Maul zu zerreißen. Da sei Gott vor, dort wühlte sicher gerade die Polizei in der Truhe der jungen Frau. Das Beste wäre es, das Weite zu suchen. Und zwar so weit weg als möglich von Moskau.

Am Abend ordnete Vater Jakow sein Portefeuille, brachte die letzten Hefte seiner Chronik zu einem Bekannten, packte sein violettfarbenes Festtagsgewand in den Koffer, legte sein Gebetbuch auf den Tisch, so, dass er es nicht vergessen konnte, und bedauerte lange, dass im Hotelzimmer, das er genommen hatte, keine Öllampe vor der Ikone brannte, ja dass es nicht einmal eine Ikone gab. So bereitete er sich zur Nacht vor, aber er schlief unruhig, was für ihn ungewöhnlich war, und freute sich außerordentlich, als der Morgen schließlich anbrach. Er bezahlte für sein Nachtquartier, klemmte das Portefeuille unter den Arm, nahm den Koffer und machte sich auf

einen kleinen Rundgang durch die ihm bekannten Redakti-
onsstuben. Geradeheraus und offen sagte er dort:

»Ich bitte ergebenst, die Honorarzahlungen nicht allzu lange hinauszuzögern, ich würde auch eine kleine Anzahlung
im Voraus nehmen. Ich bin ein wenig in der Bredouille, da ich
in meinen unbedeutenden Angelegenheiten dringend abzurei-
sen gezwungen bin.«

Alles, was er bis zum Abend in der Tasche hatte, wollte er
für die Fahrkarte ausgeben, um so weit als möglich zu kommen. »Wenn es möglich ist, fahre ich bis nach Sibirien, ver-
banne mich selbst! Und einmal dort zu sein ist ja auch nicht
uninteressant, denn dieser Landstrich ist reich und gastfreundlich, und auch dort gibt es ja Zeitungen, die im Übrigen nicht
derart unter Beobachtung der Zensur stehen wie die Zeitungen hier und deshalb sehr viel freier, lebendiger und anregen-
der sind. Irgendwie werde ich das überleben, ich warte einfach
ab, bis diese äußerst unangenehme Geschichte in Vergessen-
heit geraten ist.«

Und so tat er es. In der folgenden Nacht wurde er bereits
in einem Abteilwaggon dritter Klasse durchgerüttelt, in dem
er eine der oberen Liegen eingenommen hatte. Als er beim
Zubettgehen seinen massigen Körper auf die Liege stemmte,
quietschten deren Eisenklemmen, und der Passagier auf der
unteren Liege dachte beim Blick auf das zur Seite geworfene
Bein über ihm: »Hosen tragen die Popen nicht, aber ihre Leibwäsche ist die gleiche wie bei allen Männern.«

Vater Jakow Kampinski war ein unbestechlicher Zeuge der
Geschichte und wollte es auch bleiben. Am Verlauf der Geschichte beteiligt zu sein entsprach absolut nicht seinen Plänen. Mit dem Blick von außen ist manches klarer, und die
Ansichten eines Unbeteiligten sind stets besonnener und un-
voreingenommener.

Bilanz

D ie dritte Woche einer wunderschönen Erholungszeit neigte sich dem Ende zu. Selbst das Einfachste schien Natascha wie ein Märchen: Die Birkenhaine, in denen gerade die Pilze zu sprießen begannen – fest, mit kleinen Hütchen und dicken Beinchen, die abzuschneiden fast zu schade war, aber sie stehen zu lassen war zugleich unmöglich. Die goldroten Blätter am Waldessaum, ein durch die Luft schwebender Faden eines fest gesponnenen Spinnennetzes und die durch nichts gestörte Ruhe auf dem Land.

Früher war all dies wohlbekannt und gewöhnlich, früher, bevor sie das Elternhaus verlassen hatte und die Bühne des Lebens betreten hatte. Dann war alles, was sie in der Kindheit geliebt hatte, jäh und mutmaßlich für immer mit dem Schutt zusammenstürzender Gebäude und Fetzen furchtbarer und nicht zu Ende gesprochener Worte zugeschüttet, mit morastigem Schlamm schlechter Gefühle überzogen und mit der Asche der Opferfeuer bedeckt worden. Dann – die lange Zeit im Gefängnis, wie Schlaf ohne die Hoffnung aufzuwachen. Schließlich – ein Wunder, aber immer noch im Wirbel des rastlosen und schwindelerregenden Tanzes auf dem Vulkan. Und nun, am Ende einer großen Willensanstrengung, plötzlich einsetzende Stille, durch nichts gestörte Ruhe und die feste Überzeugung, dass der Rand des Abgrunds hinter ihr lag und sich das Wunder einer Rückkehr zum schlichten, unverfälschten, echten Leben, zur Natur, der Zärtlichkeit des Waldes, dem zarten Duft der Felder und der Klarheit des Seins vollzogen habe.

Was lag vor ihr?

Wieder ein Weg in Unbekanntes, der aber nicht über die Straßen in den Städten und durch Menschenmengen, sondern durch die weisen Weiten Russlands zu den Märchen fremder Länder führte. Auf diesem Weg konnte keiner sie aufhalten: Erhöbe sich eine Hand, dieses Verbrechen zu begehen, so wäre dieses, das diesseitige Leben zu Ende, und der Weg führte hinunter ins absolute Nichts. Ohne eine Minute zu verlieren! Ohne an einen anderen Ausgang zu denken! Ohne auf ein neues Glück zu hoffen! Und deshalb machte es keine Angst, denn etwas bereits Erlebtes wiederholte sich nicht.

Sie brauchte für nichts zu sorgen und über nichts nachzudenken, denn nun sorgten und dachten ihre Freunde für sie. Natascha wusste, dass sich einige derer, die mit ihr geflohen waren, bereits im Ausland befanden, unter ihnen auch Anjuta. Drei hatten kein Glück gehabt, sie waren in den auf die Flucht folgenden Tagen verhaftet worden, unter ihnen auch die jüngste von ihnen, die kränkelnde Jelena. Dies hatte die Unterstützer derart aufgeschreckt, dass sie für Natascha den weitesten und schwierigsten Weg planten, auf dem nicht mit schicksalhaften Zufällen zu rechnen war. Lediglich eine Person kannte ihren jetzigen Aufenthaltsort. Bis auf Weiteres hatte man sie in einem Dorf im Gouvernement Wladimir untergebracht. Dort wohnte sie bei einer einfachen Familie, die jeglicher Politik fernstand, frische Milch trank, in den Wald ging, um Pilze zu sammeln, und vor allem im Gras lag und sich mit den Himmelsschäfchen unterhielt.

Natascha war sehr erstaunt, als ihr auffiel, dass sie die ganzen drei Jahre, die sie im Gefängnis zugebracht hatte, nicht über sich selbst nachgedacht hatte, noch über ihre Vergangenheit und eine mögliche Zukunft oder ganz allgemein darüber, welches Leben sie für sich gewählt hatte und wie es dazu gekommen war. Lediglich in jenen Tagen, als sie in der Peter-Paul-Festung auf den Vollzug der Todesstrafe wartete, hatte ihr Geist schnell und klar gearbeitet, allzu klar indes, schöngeistig fast, nicht für sie selbst, sondern für die anderen. Die Jahre im Gefängnis waren in undeutlicher Eintönigkeit vergangen, ohne viel nachzudenken, unter Menschen, ohne jeglichen Nutzen. Sie hatte es als unbestreitbar angenommen, dass sie, wie ihre Mitgefangenen und viele andere mehr, Opfer verabscheuenswerter und grausamer Willkür der Machthaber geworden war und dass diese Machthaber irgendwann hinweggefegt würden, woraufhin für sie und alle anderen ein neues und lichtes Leben beginnen würde. Deshalb war es nicht notwendig gewesen, mit sich selbst ins Gericht zu gehen und selbstverständlich ebenso wenig zu bereuen und etwas, das in der Vergangenheit geschehen war, zu bedauern.

Sie war nunmehr im vierundzwanzigsten Lebensjahr, und sie war wieder frei. Niemand konnte ihr diese Freiheit noch einmal nehmen, lieber brächte sie sich selbst ums Leben. Nun gut. Wozu also war ihr das Leben gegeben, und was erwartete sie?

Wieder die Partei, das Leben im Untergrund, Terror, Zuchthaus und Warten auf den Vollzug der Todesstrafe? Das konnte nicht sein! Nicht, weil sie das nicht noch einmal ertragen hätte, sondern weil sie dies alles schon einmal durchlebt hatte und die Wiederholung nichts, nicht einmal den Schatten jener einstigen Empfindungen bringen konnte. Die Flucht hatte ihre Sinne geschärft und aufgewühlt. Sie war etwas Neues und Wunderbares gewesen, geradezu genial in der Schlichtheit, in der sie vollzogen worden war. Das Gefühl des Sieges kam fast dem Vergnügen beim Betrachten eines Kunstwerks gleich. Aber dies war nun auch schon Vergangenheit. Und weiter?

»Wer bin ich und was will ich?«

Es gelang ihr nicht, in sich auch nur einen bestimmten Wunsch zu entdecken. Sie wusste lediglich, was sie nicht wollte und ertragen konnte: noch einmal ihre Freiheit verlieren.

Dann begann sie über die Vergangenheit nachzudenken, aber nicht über sich selbst, sondern über jene, mit denen sie ihr Schicksal verbunden hatte. Zuerst erinnerte sie sich an Olen, und sie empfand tiefe Verbundenheit und Dankbarkeit ihm gegenüber. Vielleicht war er ja allzu einfach, geradlinig und hatte zu wenig Zweifel, aber welch glaubwürdiger, zuverlässiger und wahrhafter Mensch er doch gewesen war! Niemand aus ihrem Kreis reichte auch nur im Entferntesten an ihn heran. Manche waren ihm ergeben gewesen, andere waren ihm blind gefolgt, manche waren für, andere gegen ihn. Revolutionäre, Bürger und Abenteurer, Asketen und Märtyrer, Lebemänner und Spieler. Manche waren in ihrem Glauben und ihrer Ergebenheit fast wie Heilige, so Senja und Petrus, die »Brüder Gracchus«, die ums Leben gekommen waren, andere standen zwischen Heldentum und Verrat, wie Maurice, der ebenfalls nicht mehr am Leben war, oder zechten unter dem Vorwand der Konspiration in Restaurants, warfen mit Geld um sich und versteckten sich hinter den Parolen der Revolution und des Maximalismus ihre Verkommenheit. Die Grenze zwischen dem, was moralisch erlaubt, und dem, was moralisch verwerflich war, verwischte sich. Manche Räuber wurden an der Seite Christi gekreuzigt, andere rutschten ab und wurden zu Verrätern.

Nur sehr wenige der Kampfgefährten Olens waren verschont geblieben, einige von ihnen versuchten nun den letzten Funken des Feuers wieder anzufachen. Ihre Schicksale aber waren vorherbestimmt: Entweder sie würden untergehen, was nun aber sinnlos wäre, oder sie würden zu Spießbürgern. Hinter ihnen standen keine Massen, sie waren nicht einmal mehr eine feste Gruppe, und die Gesellschaft unterstützte sie nicht – die letzten Mohikaner.

Und weiter sann Natascha darüber nach, dass sie selbst wohl kaum lediglich für erhabene Träume in Bezug auf das Glück der Menschheit (was ist denn die Menschheit?) oder das Wohl des russischen Volkes (sie kannte ja nur die Bauern aus Fjodorowka!) entflammt gewesen war, sondern mindestens ebenso sehr für das Spiel auf Leben und Tod und die Schönheit des so ungleichen Kampfes. Abstrakte Diskussionen hatten sie stets gelangweilt, sie wollte handeln. Im Jahr neunzehnhundertfünf hatte sie in Moskau die Barrikaden gesehen, und dies hatte sie beeindruckt wie ein historischer Roman! Und ebenso hatte sie gesehen, wie grausam mit jenen umgegangen worden war, die die Barrikaden verteidigten, mit den jungen und alten Arbeitern und den Bürgern, die zufällig des Weges kamen. Sie hatte auf dem Eis der zugefrorenen Moskwa liegende Leichname gesehen und wie Presnja brannte. All dies gleichgültig mitanzusehen war unmöglich, man musste sich für eine der beiden Seiten entscheiden! Die Frage, für welche der beiden Seiten sie sich entscheiden sollte, stellte sich ihr nicht, sie war zuvor schon durch ihre Jugend und Aufrichtigkeit entschieden: Sie war auf Seiten jener, deren Überzeugungen stark waren, und gegen jene, die durch die Waffen stark waren. Sie war für den Aufstand und gegen jene »Ordnung«, die den Aufstand notwendig machte und ihn so ideologisch rechtfertigte.

Und weiter ging es wie bei einer Schlittenpartie von einem

schneebedeckten Hang hinunter, ohne die Möglichkeit, sich umzublicken oder innezuhalten – Tag um Tag mit vermeintlich klarem Bewusstsein – wie im Halbschlaf jedoch, im Unwirklichen, so lange, bis der Schlitten umkippte und die Welt sich überschlug. Und so kam es. Und dann hing sie über jenem Abgrund, in dem Olen und viele andere bereits zerschmettert lagen.

Sie hatte sich retten können und war am Leben – aber sie war nun eine ganz andere Natascha! Von dem jungen Mädchen aus Rjasan waren nur der dunkle Zopf und die blauen Augen geblieben. Und ihr schien, sie habe nun eine tiefe Falte zwischen den Brauen und trüge einen schwer mit Sand gefüllten Sack auf dem Rücken. Mit der Welt eins zu werden, so wie sie es früher vermochte, war ihr nicht mehr möglich. Nun war sie, Natascha, nicht mehr eins mit der Welt, und sie blickte aus der Ferne und mit Misstrauen auf sie.

Vielleicht begann nun ja ein neues Leben. Aber solange dies nicht der Fall war, hatte sie vorerst Beobachterin zu sein, nicht Akteurin.

Wie wunderbar war es, das neue Leben damit zu beginnen, auf dem Land Kraft zu schöpfen! Dies war nun in wenigen Tagen vorbei. Und dann machte sie sich auf den Weg.

Auf dem Weg

Niemand brachte die schwarz verschleierte Dame, eine junge Witwe, zum Bahnhof. Sie reiste in einem eigenen Schlafwagenabteil und stieg in Nischni Nowgorod aus. Ein Gepäckträger brachte ihren kleinen, in Segeltuch gewickelten Koffer zur Anlegestelle der Schifffahrtsgesellschaft Kurbatow, bei der sie eine Kajüte erster Klasse gebucht hatte.

Ein schönes und großes Schleppschiff, das einen großen gelben Lastkahn von Nischni nach Perm hinter sich herzog. Mit solchen Schiffen reisen nur jene, die es nicht eilig haben oder zur Sparsamkeit gezwungen sind. Deshalb gab es kaum Passagiere in der ersten Klasse. Dafür gab es ein Buffett mit einer prachtvollen Auswahl an Speisen, der ganze Stolz der Gesellschaft. Der Sterlet wurde auf einem großen Teller serviert, auf Wunsch gekocht oder auch gedünstet. Das Anlegen in den Flusshäfen war schwierig: Zuerst wurde der Lastkahn mit außergewöhnlicher Kunstfertigkeit an die Anlegestelle manövriert, dann legte das Schleppschiff selbst hinter dem Lastschiff an. Die Passagiere hatten genügend Zeit, sich am Ufer die Beine zu vertreten, durch die am Fluss gelegenen Städte oder Dörfer zu spazieren und einen Korb frischer Beeren zu erstehen oder eine rot aufgeschnittene Wassermelone auszuwählen.

Die Trauerkleidung einer Dame ist arglose Kostümierung, Anschein des Geheimnisvollen. Hier brauchte es keine Kostümierung, denn es gab niemanden, vor dem das Antlitz hätte verborgen werden müssen. Deshalb erschien die Dame, um die letzten warmen Tage zu nutzen, in einem ganz und gar unmodernen Sommerkleid aus hausgewebtem Leinen mit Kreuzstichstickerei. Das Kleid stand ihr ausgezeichnet und hätte sie jünger wirken lassen, wenn sie nicht sehr jung gewesen wäre. Um den Hals trug sie eine schlichte Kette und um den Kopf hatte sie, damit der Wind das Haar nicht zerzause, einen blauen Schal gelegt, der zur Farbe ihrer Augen passte.

Zwei Passagiere der ersten Klasse verliebten sich augenblicklich in sie: ein Untersuchungsrichter und ein Seniorhandelsvertreter einer Teekompanie. Der Untersuchungsrichter reiste in Begleitung seiner Ehefrau, die überaus eifersüchtig war, der Handelsvertreter reiste allein, war frei, aber schüchtern. Nach dem Mittag- und Abendessen und zwischendurch servierte man ihm jeweils eine geeiste Karaffe mit Wodka und als Imbiss Flusskrebse dazu. Er trank, aber seine Schüchternheit legte sich nicht.

In Nischni hatte die Dame, bevor sie den Trauerschleier ablegte und aufs Deck hinaustrat, aus dem Fenster des Passagiersalons blickend, sich von dem ihr so wohlvertrauten Fluss Oka verabschiedet. Nun durchpflügte das Schiff das vom Erdöl gelbe und regenbogenfarbene Wasser der Wolga. Dann kam die Kama – mit hohem Wasserstand, stahlblau und ein wenig finster. Anstelle der drei Tage, die Schiffe normalerweise brauchten, fuhr das Schleppschiff fünf Tage. Für all jene, die es nicht eilig haben, es nicht mögen, beengt zu reisen, und eine gute Verpflegung schätzen, ist eine solch gemächliche Schifffahrt wahrhaft ein Genuss. An den Abenden war es bereits kalt, aber tagsüber, wenn die Sonne schien, wollte man das Schiffsdeck gar nicht verlassen. Das Schiff machte eine seiner letzten Fahrten des Jahres.

In Pjany Bor hatte das Schiff drei Stunden Aufenthalt. Vom Oberdeck beobachtete der verliebte Handelsvertreter, wie die Dame mit dem blauen Schal wie ein Knabe die Wand des Steilufers zum Wald hinaufkletterte. Seine Unsicherheit hinderte ihn daran, ihr zu folgen, und dies wäre für ihn als Vertreter einer bekannten Teekompanie auch nicht eben ziemlich gewesen. Der Untersuchungsrichter kaufte an der Anlegestelle einen Korb voll Steinpilze, die der Schiffskoch ihm zubereiten würde. Die Gattin des Untersuchungsrichters hatte auf jeden seiner Schritte ein wachsames Auge.

Natascha stand hoch oben über dem Fluss am Rand eines hundertjährigen Kiefernwaldes. Von dort schien das Schiff ganz klein und der Fluss nach beiden Seiten grenzenlos. Sie war umgeben von der eigenen Welt des Waldes und des Flusses, die unermesslich schön war. Dies alles müsste sie verlassen, und vielleicht würde sie niemals zurückkehren.

Sie legte sich im von der Sonne warmen, trotzdem aber herbstlich kühlen Gras nieder und wusste nicht, ob sie weinen oder lachen sollte. Sie war unglücklich und glücklich zugleich und fühlte sich schrecklich allein. Sie war froh, dass der Weg, der ihr bevorstand, lang war, sie durch Sibirien und China führen sollte und über Ozeane und Meere wieder nach Europa zurück – ein absolut außergewöhnlicher Weg, auf dem sich alle Spuren verlieren würden. Möglicherweise war die übergroße Vorsicht gar nicht notwendig, möglicherweise gefährlich gar, denn der Weg war länger und barg viele Unwägbarkeiten, gleichzeitig aber gab ihr dieser Weg die Möglichkeit eines langen Abschieds von Russland, das sie so wenig nur kannte und nun zum ersten Mal wirklich sah. Sie hätte sich durchaus vorstellen können, immer so zu reisen, ohne ein Ziel. Aber ihre Freude über das, was sie sah, konnte sie mit niemandem teilen, und in Momenten des Grübelns gab es niemanden, mit dem sie ihre Zweifel teilen konnte.

Sie trat in den Wald und lauschte der Stille. So viele Pilze und ganze Preiselbeerfelder. Es war ein Nadelwald, der seit Ewigkeiten unberührt dastand und von niemandem bewirtschaftet wurde. Sicher gab es dort viele Hasen, vielleicht sogar Bären. Kein zarter Wald, wie in Zentralrussland, sondern schroff und gewaltig.

Sie machte kehrt, um zum Steilufer zurückzukehren, aber sie war sich nicht sicher, ob sie auf dem richtigen Weg sei: Im dichten Gestrüpp sah sie keine Spur, und die Sonne stand hoch über den Baumwipfeln. Und wenn sie sich nun verlaufen hatte? Dieser Wald zog sich, wie alle Wälder an der Kama, über Hunderte von Werst ohne Siedlungen von Menschen. Doch selbst wenn sie hinausfände – bis dahin hätte das Schiff vielleicht längst abgelegt und sie bliebe ohne Geld und Papiere zurück, ohne die Möglichkeit zu erklären, wer sie sei und wohin sie reise.

Sie, die sonst stets gelassen und voller Mut war, erschrak über alle Maßen und griff sich an die Brust. In diesem Augenblick ertönte das Schiffshorn, kaum hörbar von weit entfernt. Das war ihre Rettung! Sie lief in die Richtung, aus der das Geräusch kam, und dann lichtete sich der Wald – sie war nur hundert Schritte vom Waldrand und Steilufer entfernt gewesen. Wie furchteinflößend die Wälder hier doch waren!

Wieder ertönte das Schiffshorn, das die Passagiere herbeirief, und Natascha flog, nachdem sie noch einen kurzen Blick auf den Sonnenuntergang geworfen hatte, den Abhang hinunter, ignorierte, wie steil er war, und kam als eine der Letzten am Schiff an, ganz dreckig von Gras und Lehm.

Der Handelsvertreter nahm seinen ganzen Mut zusammen und sprach sie an:

»Sie haben geruht, bis nach oben zu gehen?«

Natascha antwortete fröhlich:

»Ja, das habe ich. Dort war es so schön, dass ich gar nicht mehr weggehen wollte.«

»Sie fahren bis Perm?«

»Ja, bis Perm.«

»Sie reisen aus …, zum Vergnügen?«

»Ich reise.«

Der Handelsvertreter wollte noch etwas in der Art wie »Es ist ausgezeichnetes Wetter« oder »Die Luft ist wunderbar« hinzufügen, aber er überlegte es sich anders und sagte dann:

»Heute wird es Pjano-Borsche geben!«

»Bitte was?«

»Pjano-Borsche Flusskrebse! Die sind erste Klasse, in ganz Russland bekannt.«

Natascha sann über anderes nach und antwortete dann:

»Ja, das ist fein.«

»Was gibt es Besseres! Sie tragen zu dieser Zeit Rogen!«

Um nicht laut aufzulachen, fragte Natascha:

»Woher kommt eigentlich der Name?«

»Pjany Bor? Wohl von dem Berg. Der Berg hier heißt auf Tatarisch Pendshar. Auf der anderen Seite des Flusses gibt es einen weiteren Berg, der heißt Jungfrauenberg. Es geht die Legende, einst hätten zwei Jungfrauen dort gelebt, eine auf dem einen, die andere auf dem anderen Berg, und sie hätten am Morgen den Kamm herübergegeben. Das sind natürlich nur Volksmärchen, denn so etwas gibt es ja nicht.«

»Aber warum nun Pjany Bor?«

»Vermutlich wegen der Beeren, die hier wachsen. Wer davon isst, fällt in einen Rausch. Die enthalten irgendetwas Benebelndes. Der Name ist natürlich deplatziert.«

An den Furten brannten des Nachts rote Lichter, und bisweilen blitzte auf dem Fluss das Feuer eines verspäteten Holzfloßes auf, das aus der Gegend von Tscherdyn kam und sich wie eine Schlange den Fluss hinunterschlängelte. Oder eine Flussbarke, ein riesiges schwimmendes, aus frischem Schnittholz aufgetürmtes Schloss wurde für einen Augenblick von den Lichtern des Schiffes angestrahlt und tauchte sogleich wieder in der Dunkelheit unter wie ein weißes, durchsichtiges Gespenst.

Am fünften Tag erreichten sie Perm, und ohne Ruhepause ging es mit dem Zug weiter. Es tat ihr weh, sich vom Fluss verabschieden zu müssen, aber vor ihr lag der Ural, und dies war ihr eine große Beruhigung.

Ein Träger nahm ihren Koffer und die Trauer tragende Dame ging selbst zur Kasse, um ein Billett nach Irkutsk zu lösen. Neben der Kasse stand ein Gendarm. Die Schlange vor dem Kassenhäuschen war nicht eben lang, der Gendarm hatte nichts zu tun, er musterte die Dame und träge dachte er: »Ob sie wohl ihren Ehemann oder ihre Mutter beerdigt haben mag? Offensichtlich ist sie nicht von hier. Gerade hat ja das Schiff angelegt.«

Gleichmäßig ratterte der Waggon über die Schwellen der Schienen. Die Gleise führten durch ertragreiche Schwarzerde und durch Gebirgsgestein. Alles, was auf Erden wertvoll und wundervoll ist, wächst aus der Erde und wird aus ihr gewonnen: Bäume, Blumen, Diamanten, Platin, Marmor, alles, das man für belebt und unbelebt hält. Die Gleise liefen über Quellen des Lebens und unzählige Reichtümer. Die Erde erbebte und in ihr erbebten Erze und Steinkohle, brach ein vielfarbiger Jaspis heraus, rundete sich ein Malachit, schichtete sich Glimmer auf und klumpte der sich als Silber gerierende Galenit. Gleich neben dem Topas glitzerte mit grün-goldenem Feuer der schönste aller Steine, der weiche Chrysolith, und jäh flammte mit rotem Feuerschein ein fehlerhafter Stein auf, röter noch als das rote Glitzern des Granats. All dies war unter den Wurzeln der Zedern, Tannen, Fichten und Büsche versteckt, badete sich im Grundwasser in den Gesteinsschichten und rann als feiner Staub in den Läufen der unzähligen kleinen Bäche.

Ural. Russland. Vertrautes Wort mit riesengroßer, unklarer Bedeutung. Natascha blickte aus dem Fenster des Abteils, und vor ihren Augen paradierten in schnellem Lauf Lärchen und alte Tannen, und im Hintergrund zogen langsam die runden Kuppeln anderer Einheiten von Nadelbäumen vorbei.

In diesem Augenblick wurde Natascha zum ersten Mal mit absoluter Klarheit bewusst, dass ihre gesamte Jugendzeit Jagd nach Unbedeutendem, Belanglosem und Entbehrlichem gewesen war. Denn es war gänzlich unbedeutend, wer in einem Raum in einer großen Stadt ein Blatt unterzeichnete und was auf diesem Blatt in knöcherner Kanzleisprache geschrieben stand. Und es war vollkommen unwichtig, worüber Menschen in einem großen Saal konferierten, wer wen am Halse packte und in den Abgrund warf. All dies war unwichtig, unbedeutend, lächerlich. Man konnte die Augen schließen, sich zur Ruhe betten und Tag und Nacht und tage- und nächtelang schlafen, und die Bäume würden ebenso an einem vorbeifliegen, die Horizonte sich langsam verändern, die Gipfel der Hügel und Berge sich auf der Schienenachse drehen und hinter der Fensteröffnung verschwinden. Sich windend fuhr der Zug in ein tiefes Tal hinunter, kroch an besiedelten Orten vorüber, hielt an Bahnhöfen an – und wieder machte er sich auf den Weg, laut die Brücken zählend und in Tunneln verschwindend.

Das nämlich ist Russland: ein erfundener Name, kein Volk, kein Staat, sondern ein unermesslich großes Territorium von Wald, Steppe, Bergen, Tälern, Seen und Flüssen.

Irgendjemand hatte seine Hände ausgestreckt und gesagt: »Das ist mein!« Doch er könnte nicht einmal den Stamm einer Kiefer umschließen, die Fingerspitzen würden einander nicht berühren. Und wenn die Millionen von Menschen, die in diesem Land leben, sich an den Händen fassten und eine Kette bildeten, so würden sie nur doch nur einen einzigen Wald seiner Wälder umschließen können.

Und diesen wundervollen Landstrich will man nun beglücken, indem man ihn mit genauen Grenzverläufen versieht, ihn einen Staat nennt, ihm Regierende vorsetzt, ihm ein Parlament gibt und ihn durch den Vergleich mit den europäischen Zwergen beleidigt! Ist es denn möglich, ihn zu beherrschen, ihm Gesetze zu schreiben, Gefängnisse zu bauen und dann auch noch anzunehmen, ebendieses Kleid passe und stehe dem Land gut zu Gesichte? Welch kindische Naivität! Wie merkwürdig ist es doch, dass weder Natascha noch Olen selbst noch irgendeiner ihrer Freunde und Feinde darüber je nachgedacht hatten. Hätten sie es getan, wären sie vielleicht nicht in solchem Maße bereit gewesen zu sterben und zu töten und ein allzu jämmerliches Teil Land mit ihren Körpern zu düngen.

In Tscheljabinsk, wo der Umsteigebahnhof ist, beginnt die Transsibirische Eisenbahn. Hinter dem Ural war bereits der baldige Winter zu spüren. Der Zug kam aus Russland, bis zu seiner Abfahrt war jedoch noch viel Zeit. Eine Dame in Mantel und Hut mit Trauerschleier betrachtete kleine folkloristische Souvenirs am Bahnhofskiosk: Figürchen, Teller, kleine Statuen und Kerzenständer aus Gusseisen. Daneben Kästchen aus Jaspis und Malachit, Stempel aus Bergkristall und Rauchtopas und kleine Berge aus Uralgestein, Steinsalz, ein kleines Männchen aus Moos und Tannenzapfen, sibirische Körbe aus Birkenrinde mit Applikationen aus Flitter und vieles andere. Sie müsste wirklich etwas als Andenken kaufen, das sie dann, wenn sie im Ausland war, voller Rührung betrachten könnte. Natascha nahm ein durchbrochenes Tellerchen und einen kleinen Teufel mit einem sehr langen Schwanz, der eine lange Nase zeigte. Hinter sich hörte sie Stimmen:

»Sind das Kunstguss-Arbeiten aus dem Werk in Kasli?«

»Wir haben hier Kunstguss aus Kasli, und dies hier sind Gussarbeiten aus dem Kussaer Eisenwerk. Das sind alles Arbeiten von Laienkünstlern, die aber nach guten Gießmodellen gegossen werden. Waren Sie schon einmal dort?«

»Nur auf der Durchreise, länger aufgehalten habe ich mich dort bisher nicht.«

»Sollten Sie einmal die Gelegenheit haben, schauen Sie es sich unbedingt an. Das sind ganz einfache Gießer – und schaffen so wundervolle Arbeiten. Die werden sogar nach Europa exportiert. Sehr in-te-ressant!«

Ein hochgewachsener älterer Herr in warmem Reisepaletot und hohen Stiefeln unterhielt sich mit einem rundlichen Priester, der über dem Priestergewand einen seltsamen weiten Umhang trug, der ein wenig unangebracht war, etwas zwischen Mantel und weiter Damenpelerine. Natascha konnte die Gesichter nicht sehen.

»Sie, Batjuschka, kennen Russland offenbar gut?«

»Russland gut zu kennen ist unmöglich, dafür ist es zu groß. Aber es stimmt schon, ich bin viel herumgekommen in meinen unbedeutenden Angelegenheiten. Gerade bin ich auf dem Weg nach Sibirien, auch dort leben ja Menschen. Die Welt ist groß, aber unser Leben ist allzu kurz, alles kann man nicht sehen. Und Sie, bleiben Sie einige Zeit in Irkutsk?«

»Nur eine Woche. Ich werde hinter dem Baikalsee von einer Forschungsgruppe zu einer Expedition erwartet.«

Natascha bezahlte die Souvenirs, die sie erstanden hatte, und verließ den Kiosk. Der Herr im Reisepaletot trat höflich zur Seite und sagte dann zu seinem Gesprächspartner:

»Welch hübsches Gesicht.«

Und dann bemerkte er das Erschrecken auf dem Gesicht des Priesters, der mit offenem Mund dastand. Die Worte, die Vater Jakow sagen wollte, waren erstorben. Entweder täuschte er sich oder er sah einen regelrechten Alptraum, so sie es denn wirklich war, die flüchtige Tochter des Sergej Pawlowitsch.

Vater Jakow wurde sehr rot und murmelte:

»Ja, dieses Gesicht ist wirklich etwas Besonderes. Eine Person, die auffällt.«

Er schlug seinen Umhang zurück, zog ein kariertes Taschentuch hervor und putzte sich die Nase, die ob der Kälte ein wenig zu laufen begonnen hatte.

Der Reisegefährte

Im Abteil zweiter Klasse erwies sich, dass der Herr im grauen Reisepaletot und den hohen Stiefeln Nataschas Reisegefährte sein würde. Sie kamen sogleich ins Gespräch, und er stellte sich als Iwan Denisowitsch Below vor. Er reiste nach Irkutsk und von dort weiter in die Mongolei. Natascha sagte, sie fahre ebenfalls nach Irkutsk, um dort Verwandte zu besuchen, und dass sie noch nie zuvor in Sibirien gewesen sei.

»Und Sie stammen aus Sibirien?«

»Nein, ich bin in Saratow geboren, ich fahre in dienstlicher Angelegenheit, zu einer wissenschaftlichen Expedition.«

»Sie sind Professor?«

»Ja, ich bin Geologe.«

Er erzählte, dass er schon viele Male in Sibirien gewesen sei, am Amur, im arktischen Norden, an bekannten und unbekannten Orten, und nun stehe ihm eine besonders interessante Fahrt bevor, nämlich in die Zentral- und Südmongolei, durch die Wüste Gobi bis zum Qinghai-See.

»Sagen Ihnen diese Namen etwas?«

Natascha musste gestehen, dass sie damit nichts anzufangen wusste.

»Das sind ganz wundervolle Landstriche, die bisher kaum erforscht sind.«

»Gobi ist ja, soweit ich weiß, eine Wüste?«

»Das ist eher eine ganze Wüstenregion in Zentralasien von Pamir bis China.«

Beredt erläuterte der Reisebegleiter, dass es eine Sandwüste gäbe, die Ta-Gobi, Große Wüste, und kleinere Sandwüsten, die nur Gobi genannt würden, sowie einige andere, die eigene Bezeichnungen hätten. Und dass bei weitem nicht die ganze Mongolei eine Wüste sei, sondern es dort auch Steppe, Gebirge, Seen von außerordentlicher Naturschönheit gäbe. Und dass man Städte dort fände, die von ihren Bewohnern verlassen worden und nunmehr nur noch Ruinen seien. Und dass die dortige Kultur recht hoch entwickelt sei.

Seine Erzählungen waren fesselnd, und es war deutlich, dass Reisen und Forschen für ihn das Wichtigste im Leben war, das, was ihn am meisten lockte. Es gefiel ihm, dass er eine aufmerksame Zuhörerin gefunden hatte, die zwar in diesem Bereich nicht sehr bewandert war, sich gleichwohl in alles, das er erzählte, mit Leichtigkeit hineindenken konnte.

Mit dem einem Menschen eigenen Taktgefühl, der üblicherweise nicht über Persönliches schwatzt, fragte Below Natascha nicht, aus welchem Grund sie nach Sibirien reise und wer ihre Verwandten in Irkutsk seien. Über sich selbst deutete er flüchtig an, dass er verheiratet sei und seine Kinder bereits erwachsen seien. Stattdessen erzählte er viel über die Landstriche, durch die der Weg des Zuges führte – über die sibirischen Flüsse, die Taiga, die Jagd und die Mentalität der in Sibirien lebenden Menschen, die ganz besonders seien, offen, tatenlustig, weitherzig. An den Fenstern des Zuges zogen Berge vorbei, deren Namen er kannte, schienen Wälder auf, über die er alles zu erzählen wusste, aber nicht wie einer, der viel reist, sondern wie ein Wissenschaftler, der mit all diesem eins geworden war, wie Natascha eins geworden war mit dem Dorf Fjodorowka und dem Ufer der Oka. Er war bestrebt, anschaulich zu erzählen, und beobachtete seine Zuhörerin aufmerksam, um zu verstehen, ob sie sich für diese Gesprächsthemen tatsächlich erwärmen konnte, und er sah, dass sie mit lebhaftem Interesse zuhörte.

Auf der Strecke von Tscheljabinsk bis Omsk waren die beiden Freunde geworden. Er schätzte an ihr ihre Aufmerksamkeit und sie an ihm sein Wissen und die liebenswürdige Einfachheit eines Menschen, der niemals aufdringlich ist und sich freut, wenn er nützlich sein kann. Dem Alter nach hätte er Nataschas Vater sein können, aber er vermied absolut jeglichen gönnerhaften Ton.

Bei den Aufenthalten an den Bahnhöfen verließ Natascha den Zug nur ungern. In Omsk allerdings gab es eine längere Reiseunterbrechung, und sie stiegen aus, um im Bahnhofsrestaurant gemeinsam zu Mittag zu essen. Es war merklich kalt geworden, in den Nächten gab es bereits Frost. Natascha war leicht gekleidet, denn sie beabsichtigte, die nötige Winterkleidung in Irkutsk anzuschaffen. Sie war vermutlich die einzige Reisende in diesem Zug, die eine derart lange Reise mit solch leichtem Gepäck angetreten hatte, als führe sie vom Land für kurze Zeit in die Stadt.

Ein rundlicher Pope verbeugte sich am Waggon vor Nataschas Reisegefährten. Below rief ihn an:

»Nun, Batjuschka, haben Sie eine gute Reise?«

»Sehr gut, sehr gut! Der Wagen ist gut geheizt, sehr kommod. Und die Landschaft ist überaus reizvoll. Unser Land ist so unermesslich weit!«

Vater Jakow blieb etwas entfernt stehen und kam nicht näher. Natascha blickte ihn an, und in ihrem Gedächtnis schien sein Gesicht auf, aber in ganz anderer Umgebung. Wer war dieser Pope? Wo hatte sie ihn schon einmal gesehen? Nicht nur sein Gesicht, auch seine Stimme schien ihr bekannt. Hier einen Bekannten zu treffen war das, was sie am wenigsten wollte. Aber sie konnte sich beim besten Willen nicht an einen Priester unter ihren Bekannten erinnern.

Sie stieg ein und setzte sich ans Fenster. Auf der anderen Seite unterhielt sich ihr Reisegefährte mit dem Popen, der nun näher getreten war, und Natascha hörte folgende Worte:

»Ich bin ganz begierig, neue Orte zu sehen. Neue Orte und neue Menschen. Das Leben ist doch so kurz, und man sollte versuchen, so viel als möglich zu sehen.«

Und da erinnerte Natascha sich jäh an den großen Saal des Staatsrats, an die Plätze für das Publikum, neben ihr Olen mit dem Monokel im Auge und auf der anderen Seite ein Pope in violettfarbenem Gewand, mit lebendigen, neugierigen Augen im gedrungenen, bäuerlich wirkenden, bärtigen Gesicht.

»Ob er das wirklich ist? Warum fährt auch er in diesem Zug? Welch seltsamer Zufall. Auf jeden Fall ist es misslich.«

Auf der langen, verschlungenen Reise, die sie bisher zurückgelegt hatte, war Natascha immer sicherer geworden, außer Gefahr zu sein. Überall würde man sie suchen, aber ganz sicher nicht in Sibirien. An der Grenze konnte es natürlich noch einmal gefährlich werden, obgleich sie ja so weit entfernt lag, aber ein Zufall wie dieser war eigentlich ausgeschlossen, dazu war Russland viel zu groß!

Die Stimme ihres Reisebegleiters erklang unter dem Fenster des Waggons:

»In Irkutsk sind wir erst in drei Tagen, Batjuschka.«

»Ach, das macht mir nichts, ich liebe das Reisen.«

»Und fahren Sie auch an den Baikalsee?«

»Aber unbedingt. Das muss ich sehen und seine Schönheit bewundern.«

»Kommen Sie uns doch in unserem Abteil besuchen, dann können wir ein bisschen plaudern.«

»Auch als Passagier der dritten Klasse kann man kurz einmal vorbeischauen. Wenn der Zug wieder fährt, mache ich das.«

Below kehrte ins Abteil zurück und lächelte.

»Ein etwas absonderlicher Mann, dieser Pope. Was es in Russland nicht alles für Menschen gibt!«

»Sie sind mit ihm bekannt?«

»Wir sind beide in Samara eingestiegen und unterhalten uns ein wenig bei den Aufenthalten auf den Bahnhöfen. Er ist wohl ein Pope ohne Gemeinde, vielleicht reist er in dienstlichen Angelegenheiten. Er sagt, er liebe es zu reisen und sich Russland anzuschauen. Er beschäftigt sich mit Landeskunde und den verschiedensten regionalen Besonderheiten. Seine Artikel sind nicht besonders gut, aber durchaus fesselnd und er hat, wie es scheint, viel gesehen und liebgewonnen. Wenn er hier vorbeischaut, so plaudern Sie doch ein wenig mit ihm, er ist nicht uninteressant.«

»Ich mag die Geistlichkeit nicht besonders.«

»Man muss sie nicht mögen. Aber unter den Geistlichen in der Provinz, besonders denen auf den Dörfern, sind absolut gute und interessante Menschen, ja sogar vortreffliche Wissenschaftler. Sie sind ja durch das Gouvernement Perm gefahren, dort beispielsweise lebt ein einfacher Priester, der in ganz Europa als große mathematische Begabung bekannt ist. Und Sie haben, obwohl Sie Russin sind, vermutlich noch nie seinen Namen gehört.«

Der Zug setzte sich wieder in Bewegung, und Natascha war überzeugt, dass ihr mit einem solchen Gefährten an ihrer Seite die Reise nicht lang würde.

Gespräche unterwegs

Vater Jakow hatte allen Grund, sich glücklich zu wähnen: Er sah neue Orte, neue Menschen und unbeschreibliche Naturschönheiten – all das, wonach seine unruhige Vagabundenseele dürstete. In Samara, wo er nach seinem Aufenthalt in Moskau gelandet war, hatte er seine unbedeutenden Angelegenheiten aufs Beste arrangieren und viel mehr Geld, als er zu hoffen gewagt hatte, auftreiben können. Im dortigen Semstwo hatte sich ein her-vor-ragender und überaus kul-tur-voller Mann gefunden, der auch ein passionierter Reisender und Liebhaber der unterschiedlichsten regionalen Eigenheiten war, die Vater Jakow beschäftigten. Zwei Abende lang hatten sie über Poschechonje geplaudert und die Kupferschmiede von Tula, über die Lebkuchenbäcker von Wjasma, die Volkskünstler des Ural und die Märchenerzähler von Archangelsk, über die Wanderhändler im Gouvernement Wladimir und die Silberteller der Sasaniden-Dynastie, die man in Grabstätten im Kama-Gebiet gefunden hatte, über die Teplouchow-Sammlung, über die Syrjänen und die Wogulen, über den Starzen Kusmitsch und über vieles andere mehr, das ihnen bekannt und wichtig war und von dem die Wissenschaft allein durch die Naivlinge vor Ort erfuhr. Das Resultat dieser Gespräche war, dass Vater Jakow nicht nur alle seine bereits geschriebenen Artikel untergebracht hatte, für die sich in den Gazetten der Hauptstadt kein Platz fand, sondern darüber hinaus sogar Vorschusszahlungen für zwei Büchlein erhalten hatte, die er unverzüglich zu schreiben versprochen hatte, eines mit dem Titel »Die Museen der Regionen des Nordens«, das zweite »Gottesnarren und religiös Besessene am Wolgafluss«. Ein außerordentlicher Erfolg! Zum ersten Mal waren Vater Jakows Arbeiten von einem Kenner und überaus kul-tur-vollen Menschen gewürdigt worden! Und des Weiteren war ihm versprochen worden, die »Notizen eines Reisenden«, die er zu schreiben gedachte, in Zeitungen in Samara, Kasan und Nishni Nowgorod zu veröffentlichen. Und nicht zuletzt sagte der neue Bekannte dem Zeugen der Geschichte zu, die »Chronik des Vaters Jakow Kampinski« vollständig geheim und für niemanden zugänglich in seinem Archiv aufzubewahren, deren gesammelte Hefte er sich von den unterschiedlichsten Orten, an denen sie sich befanden, schicken lassen sollte, um sie dann geordnet und versiegelt zu übergeben, damit, im Falle eines nicht vorhergesehenen Unglücks, alles für die Nachwelt erhalten bliebe.

Dies war nicht nur ein glücklicher Umstand, sondern geradezu ein wahrhafter Segen. Mit dem Geld in der Tasche seines weiten Priesterrocks bestieg Vater Jakow den Zug und machte sich auf seine Reise mit der Transsibirischen Eisenbahn. Und in seinem Portefeuille hatte er darüber hinaus zahlreiche neue, überaus hilfreiche Adressen und Rekommandationen.

Auch auf seiner Reise blieb ihm das Glück hold: Er machte die Bekanntschaft eines herausragenden Wissenschaftlers und überaus liebenswerten Mannes, der an einer von der Geographischen Gesellschaft ins Leben gerufenen Expedition durch die Mongolei teilnehmen sollte. Man reiste, zugegebenermaßen, in unterschiedlichen Waggons, aber man sah sich bei den Aufenthalten an den Bahnhöfen und plauderte ein wenig.

Nur eine einzige Sache trübte die Laune von Vater Jakow: Im selben Zug saß seit Tscheljabinsk jene junge Person, die er, wie ihm schien, in Petersburg bei seinem Besuch im Staatsrat gesehen hatte und die der delinquenten Tochter jenes Arztes aus Rjasan, die nunmehr flüchtig war, überaus ähnlich sah. Wie seltsam das Schicksal doch war! Er selbst hatte aufgrund dieser Geschichte die Flucht angetreten und traf hier nun genau damit wieder zusammen. Wenn sie dies nun tatsächlich war und wenn man sie auf ihrem Weg entdeckte und festnahm und jener in Ungnade gefallene Pope, der ihr ein Glas Warenje ins Gefängnis gebracht hatte, in ihrer Nähe war, und wenn des Weiteren die Tatsache, dass ebendieser Pope die Waise Anjuta für die Stellung im Gefängnis empfohlen hatte, zur Kenntnis gelangte – wer glaubte ihm denn, dass dies der reine Zufall war und ihn bei alldem nicht die geringste Schuld träfe? Und da Tapferkeit nicht eben eine der Stärken von Vater Jakow war, beunruhigte ihn die Sache doch einigermaßen und er hoffte, diese Geschichte möge kein unangenehmes Ende finden!

Er war zwar durchaus beunruhigt, zugleich aber fand er dies alles überaus in-te-res-sant! Er könnte natürlich jederzeit einen Tag später weiterreisen, aber dieses Geheimnis zu lüften reizte ihn doch sehr. Es konnte ja auch sein, dass es sich ohne jegliches Risiko und Verwicklungen lösen ließe. Im Übrigen zweifelte Vater Jakow so gut wie gar nicht daran, dass jene sich hinter dem Trauerschleier verbergende Dame, die im selben Zug reiste wie er, das tollkühne Kind des verzweifelten Vaters war. Wen er einmal gesehen hatte, den vergaß Vater Jakow nicht. Und die Tochter von Kalymow hatte er einige Male getroffen, auch wenn sie damals zugegebenermaßen noch jünger gewesen war. Sie hatte ihn, Vater Jakow, möglicherweise vergessen können, er aber war keiner, der vergaß. In Petersburg war sie eine vornehme Dame gewesen, und nun war sie eine, die Trauer trug. Sich diesbezüglich zu täuschen war kaum möglich.

Nach dem Aufenthalt in Omsk fragte Vater Jakow, vorsichtig, wie es seine Art war, den Schaffner bei der Kontrolle:

»Wird es, mein Lieber, wenn ich in einem Wagen der zweiten Klasse einen Freund aufsuche, nicht zu Missverständnissen wegen der Fahrkarte kommen?«

»Warum sollten Sie das nicht tun, Batjuschka? Gehen Sie ruhig, wir sind da nicht so streng.«

»Nun, ich dachte nur, nicht dass ich nachher noch eine Strafe zahlen muss.«

»Gehen Sie nur ohne Bedenken. Strafe müssen nur die bezahlen, die keine Fahrkarte haben, aber Sie sind ja ein Diener der Kirche.«

Da der Durchgang zwischen den Wagen nicht möglich war, stieg Vater Jakow an der nächsten Station mit hochgerafftem Saum die Stufen zum Wagen zweiter Klasse hinauf.

»Du spielst doch wirklich mit dem Feuer!«, sagte der Pope zu sich selbst. »Aber vielleicht erweist sich ja doch alles als Einbildung.«

Im Abteil saßen zwei Personen, Below und die Dame. Vater Jakow verbeugte sich und sagte, ohne der Dame in die Augen zu blicken, in Permer Mundart das O besonders betonend:

»Ach, ganz großartig, ganz großartig haben Sie es hier! Weiche Sitze und aller erdenkliche Komfort. Ja, die russischen Reisestrecken sind recht gut, es heißt, besser sogar als in Europa.«

»Nehmen Sie Platz, Batjuschka. Und machen Sie sich mit meiner Reisegefährtin bekannt, die auch auf dem Weg nach Irkutsk ist.«

»Sehr angenehm. Jakow Kampinski, Gottesdiener und Reisender.«

Natascha grüßte nicht eben höflich.

»Sie fahren zum Vergnügen in die sibirische Hauptstadt, oder haben Sie dort Verwandtschaft?«

Es war ganz genau wie damals, als er gefragt hatte: »Haben Sie Verwandte im Staatsrat?«

Sie antwortete:

»Ich reise zu einem kurzen Besuch bei meinen Verwandten.«

»Und woher kommen Sie?«

Was hatte sie ihm damals auf diese Frage geantwortet? Wohl, dass sie aus Moskau stammte.

»Ich komme aus Moskau.«

Vater Jakow schoss durch den Kopf, dass der Weg aus Moskau tatsächlich einfacher gewesen wäre und es keine Notwendigkeit gäbe, in Tscheljabinsk aus einem Zug der Ost-West-Verbindung umzusteigen. Aber das war schließlich nicht seine Angelegenheit, und außerdem konnte es ja auch sein, dass die junge Person zuvor noch in andere Städte gereist war.

»Eine unbescheidene Frage: Hatten Sie einen schweren Verlust zu erleiden? Ich frage im Hinblick auf Ihre Trauerkleidung.«

Wie aufdringlich er doch ist, dieser Pope! Natascha antwortete, ihr Gatte sei verstorben. Vater Jakow drückte ihr sein Mitgefühl aus und fügte hinzu, den Menschen würden Prüfungen auferlegt, aber mit der Zeit komme, wenngleich nicht Vergessen, so doch Trost über den unersetzlichen Verlust. Und er erkundigte sich:

»Mit welchem Namen und Vatersnamen darf ich Sie ansprechen?«

»Olga Sergejewna.«

»Sergejewna, ganz genau«, dachte Vater Jakow. »Aber ich entsinne mich, dass die Tochter des bekümmerten Vaters Natulja genannt wurde, also Natalja hieß. Es kann sich ja doch um einen Zufall handeln. Sie gibt sich sehr selbstsicher.«

Und dann sagte sie selbst, geradeheraus und ohne Scheu:

»Mir scheint, Batjuschka, dass ich Sie früher schon einmal irgendwo getroffen habe, aber ich kann mich nicht erinnern, wo. Möglicherweise in Petersburg bei irgendeiner Sitzung? Waren Sie denn bisweilen in Petersburg?«

Weil dies so unerwartet kam, wurde Vater Jakow verlegen und antwortete ausweichend:

»Nun, wer war noch nicht in unserer Hauptstadt? Der Stadt Peters, die man das Fenster nach Europa nennt? In meinen unbedeutenden Angelegenheiten war ich an vielen Orten, und dorthin, wo ich bisher noch nicht war, bin ich erpicht, irgendwann einmal auch zu reisen.«

Bei sich dachte er: »Gewagt, gewagt!«

Der Zug donnerte über eine Brücke, und das Gespräch kam auf die Flüsse Sibiriens, auf den Jenissej und den Ob und darauf, dass das Mündungsdelta der Lena eine Breite von mehreren hundert Werst erreicht, was sich vorzustellen eigentlich schwierig sei, denn auf einem Gebiet solcher Größe befänden sich in Europa ganze Staaten. Below erzählte über den Baikalsee, dessen Wellen bei großem Frost in ihrem Lauf einfrieren und hoch aufgetürmt vereist bleiben bis zum Tauwetter. Sie sprachen über den Ketalachs, der in so unermesslich großer Zahl entgegen der Strömung schwimmt, dass Tausende Fische ans Ufer geworfen werden und den Raubtieren als Futter dienen, über das Amutgebiet, wo die Winter besonders streng sind, aber im Sommer Wein wächst und es von Lianen durchzogene undurchdringliche Zedernwälder gibt – kurz: über alle Wunder und Reichtümer Sibiriens. Below hatte all dies auf seinen Reisen gesehen, und Natascha und Vater Jakow erfassten all dies mit ihren russischen Herzen, und während sie Belows Erzählungen lauschten, waren sie stolz auf ihr Russland, das den sechsten Teil des Erdenrunds einnahm. Während des Gesprächs vergaßen sie ihre kleinen Sorgen und Nöte. Und plötzlich sagte Natascha, völlig mitgerissen von den Gesprächsthemen:

»Aber bei uns an der Oka …«

Dann besann sie sich und fügte hinzu, man habe ihr erzählt, wie einmal an der Oka, in der Nähe von Rjasan, die Bauern einen riesigen Hausen gefangen hätten. Vater Jakow zeigte keine Regung, sondern strich sich nur durch den Bart:

»An den russischen Flüssen ist so manches, aber im Vergleich zu den sibirischen Flüssen sind sie doch geradezu winzig.«

Im weiteren Verlauf des Gesprächs aber schwieg er, und an der nächsten Station verabschiedete er sich und ging zurück in seinen Wagen.

»Mein Portefeuille ist dort, und es steigen ja doch die unterschiedlichsten Menschen ein. Es geht ja auch auf Abend zu und im Zug ein wenig zu schlafen ist schließlich keine Sünde. Bitte zu verzeihen!«

Tomsk lag hinter ihnen, Krasnojarsk, Kansk und Nishneudinsk zogen vorbei, und zum Ende ihrer vieltägigen Fahrt näherten sie sich Irkutsk. Bei einer gemeinsamen Reise kommt man einander näher, und Natascha schien, sie kenne Iwan Denissowitsch schon sehr lange und sehr gut. Er war nicht nur ein interessanter Mensch, sondern auch außerordentlich taktvoll. Viele Male hätte er die Gelegenheit gehabt, ihr die eine oder andere Frage zu stellen, auf die ihr eine Antwort schwergefallen wäre und sie sich etwas hätte ausdenken müssen, aber er hatte kein einziges Mal eine solche Frage gestellt. Das Einzige, das er gefragt hatte, war, wo sie studiert habe, und sie hatte geantwortet, sie habe höhere Kurse in Moskau und in Petersburg besucht, weiter fragte er nicht. Das bedeutete vermutlich, dass man einem Menschen wie ihm vieles anvertrauen konnte.

Eine Stunde vor Ankunft des Zuges fragte er:

»Werden Sie lange in Irkutsk bleiben?«

Sie zögerte mit der Antwort und sagte dann:

»Ich weiß es selbst nicht, Iwan Denissowitsch, denn es hängt nicht von mir ab.«

Sollte sie sich ihm anvertrauen? Natascha fühlte plötzlich, dass sie in diesem großen Landstrich, unter falschem Namen, ohne gute Freunde und nur mit einer Adresse im Gedächtnis (sie hatte nicht gewagt, sich diese zu notieren) allein und schutzlos war. Und wenn die Adresse nun nicht stimmte oder der, den sie antreffen sollte, verreist war oder, schlimmer noch, verhaftet? Und aufgrund einer schlichten Kleinigkeit würde die sibirische Weite so eng wie die vier Wände einer Zelle und das Ausland würde wieder zu einem lächerlichen Traum, und wieder tauchte an der Wand ein Kalender mit durchgestrichenen Ziffern auf. Und das Wunder verschwände und erwiese sich als Traum!

Sie wiederholte:

»Ja, leider, das hängt absolut nicht von mir ab. Ich weiß selbst nicht, was mit mir wird.«

Er schwieg, stellte keine Fragen, blickte sie aber voller Interesse an. Natascha fuhr fort:

»Ich muss noch weiterreisen, noch viel weiter!«

»Was heißt weiter? Nach Wladiwostok? Oder nach China? Sie sind ja schon sehr weit gereist seit Moskau.«

»In Moskau habe ich nichts mehr zu schaffen. Ich kann nicht nach Moskau zurückkehren. Kann ich Ihnen ein persönliches Geheimnis anvertrauen?«

Sehr ernst und einfühlend antwortete er:

»Bitte, wenn Ihnen das ein Bedürfnis ist und wenn Sie mir vertrauen.«

»Ich vertraue Ihnen vollständig. Wir kennen uns zwar noch nicht lange, aber Sie sind ein Mensch, dem man sich blind anvertraut. Es ist nämlich so, dass ich gar keine Verwandten in Irkutsk habe und gar nicht die bin, als die ich mich ausgebe. Das heißt, ich bin keine Witwe, und ich heiße auch anders und überhaupt … Mit einem Wort … Sie haben sicher von der Flucht der zwölf Gefangenen aus dem Frauengefängnis in Moskau gehört?«

»Ich bin nicht sehr firm in politischen Fragen. Aber mir scheint, ich habe etwas darüber gelesen. War das nicht in diesem Sommer?«

»Ja, im Juli.«

»Sie hatten, wenn ich mich recht entsinne, Hilfe von einer der Aufseherinnen? Hat das nicht für viel Wirbel gesorgt und war sehr erfolgreich?«

»Ganz genau. Und ich, Iwan Denissowitsch, bin eine dieser zwölf.«

Below blickte mit noch größerem Interesse.

»So. Sie sehen nicht aus wie eine Strafgefangene. Was für eine Geschichte!«

»Ich bin auf dem Weg ins Ausland. Mich aus Moskau reisen zu lassen, wollte man nicht riskieren, sondern will es über China probieren. Aber ich besitze nicht einmal einen Auslandspasseport.«

Sie schwiegen eine Weile. Dann lachte Below:

»Und warum erzählen Sie mir das alles? Mit Verlaub, das hätten Sie vielleicht nicht tun sollen!«

»Ich weiß selbst nicht, warum. Ich hatte einfach das Bedürfnis, mich Ihnen anzuvertrauen. Ein solcher Mensch wie Sie …«

»Nun, ich werde das selbstverständlich nicht herumerzählen. Aber wie kann ich Ihnen helfen? Verfügen Sie über ausreichende Mittel für Ihre Reise?«

»Ja, Geld habe ich genug, sogar mehr als genug. Ich bräuchte nur …«

Was brauchte sie eigentlich? Sie brauchte es, einem älteren, zuversichtlichen, aufmerksamen und zugewandten Herrn davon zu erzählen, das war alles. Aber weshalb ihr das notwendig war, wusste sie selbst nicht. Sie hatte sich wahrlich wie ein kleines Mädchen verhalten, das sich einfach seine Schuld von der Seele redete. Die ganze Zeit war sie allein gewesen mit ihren Gedanken und Ängsten, und dann noch dieser Pope … Was sie in Irkutsk erwartete, war absolut ungewiss, und es gab niemanden, auf dessen Hilfe oder Unterstützung sie hoffen konnte. Natascha schwieg verlegen.

»Nach China einzureisen ist tatsächlich nicht sehr schwierig, müssen Sie wissen, aber über welche Route? Wie haben Sie sich das vorgestellt?«

»Ich habe mir gar nichts vorgestellt. Ich dachte, ganz einfach mit einem Passeport.«

»Aber die Grenze steht natürlich unter Bewachung. Und es könnte sein, dass man Sie erkennt. Dort gibt es ja auch Grenzpolizei.«

»Sehen Sie, und das ist es, wovor ich Angst habe, obwohl es heißt, dass es hier leichter ist, über die Grenze zu kommen. Ich habe die Adresse einer Verbindungsperson in Irkutsk, vielleicht wird diese etwas für mich arrangieren können.«

»Das gebe Gott! Sie sind, so scheint mir, sehr mutig!«

»Früher war ich mutig, jetzt weiß ich selbst nicht mehr, was ich bin.«

»Sollte es nicht klappen, so versuchen Sie, mich zu finden. Ich bleibe eine Woche in Irkutsk, danach bin ich in Werchneudinsk, von dort startet unsere Expedition in die Mongolei. Notieren Sie meine Adresse.«

»Ich merke sie mir. Ich notiere mir nie etwas.«

»Nun, dann merken Sie sie sich. Nur für alle Fälle … Dass man Sie außer Landes bringen muss.«

»Und Sie würden mir tatsächlich helfen?«

»Das weiß ich noch nicht. Aber ich kann Sie ja auch nicht abweisen.«

Er dachte etwas nach und sagte dann:

»Vielleicht über Kjachta. Sind Sie körperlich gesund?«

»Wie meinen? Ich leide an keinen Krankheiten.«

»Ich frage in Hinblick auf Ihre Belastbarkeit. Sie können reiten?«

»Ja, ich bin ja auf dem Land aufgewachsen.«

»Nun, das ist schon etwas anderes. Also, für den Fall, dass etwas schiefgeht, suchen Sie mich auf. Und seien Sie bis auf Weiteres nicht allzu vertrauensselig. Gedenken Sie, Vater Jakow die Beichte abzulegen?«

Natascha antwortete ernst und sorgenvoll:

»Ihm? Nein. Aber ich fürchte, dass er viel mehr weiß als Sie. Zumindest kenne ich ihn, er ist ein guter Bekannter meines Vaters und hat mich als junges Mädchen gekannt.«

So überrascht der respektable Geologe über das Bekenntnis seiner Reisegefährtin auch war, dieses unerwartete Detail erstaunte ihn noch mehr:

»Ach, so ist das. Also wissen Sie!«

Das geschwätzige Städtchen

In Irkutsk war bereits der erste Schnee gefallen, obgleich es noch recht warm war. Am Tag nach ihrer Ankunft suchte Natascha die Leute auf, die ihr helfen sollten, und wurde von ihnen nicht nur freundschaftlich, sondern wie eine Heldin und Berühmtheit der revolutionären Bewegung geradezu ehrerbietig empfangen. Sie war unangenehm überrascht, dass zahlreiche Menschen über ihre Ankunft informiert waren und daraus ganz augenscheinlich kein großes Geheimnis machten. Selbstverständlich war Irkutsk nicht Moskau, und der Polizeiapparat arbeitete hier langsamer, aber da die Stadt kleiner war, stand jeder Neuankömmling unter Beobachtung.

Zuerst musste für warme Kleidung gesorgt werden. In jenem Landstrich der strengen Winter und des Pelztiers stellte dies keine Schwierigkeit dar. Hinsichtlich des viel wichtigeren Auslandspasseports jedoch beschied man sie geradeheraus:

»Woher sollen wir den denn nehmen? Hier können wir so etwas unmöglich organisieren, darum hätte man sich früher kümmern sollen! Versuchen Sie, irgendwie ohne Pass über die Grenze zu kommen, doch dazu muss man den Weg gut kennen, und im Winter ist der Weg schwierig. Warum haben Sie sich denn nur eine so schwierige Route durch Asien ausgesucht?«

»Nicht ich habe diese Route ausgesucht, man hat sie für mich bestimmt. Es gab einige Verhaftungen bei Grenzübertritten, Verbindungen sind abgerissen, und auf der üblichen Route unter fremdem Namen zu reisen ist mir nicht möglich, denn man würde mich erkennen. Und dies ist der Grund, warum entschieden wurde, dass ich über den Fernen Osten ausreisen soll, wo mich selbstverständlich niemand aufspüren kann, und mir wurde gesagt, dass ich von Ihnen einen einwandfreien Passeport erhalten werde.«

»Unmöglich! Es hat sich hier alles verändert. An der Grenze zum Osten gibt es mittlerweile sehr strenge Kontrollen, denn viele fliehen aus Katorga und Verbannung. Und darüber hinaus ist der Winter eine ungünstige Zeit.«

Natascha war ernsthaft erbost. Das bedeutete also, dass ihre Kampfgenossen sie hintergangen hatten und sich ihrer nur hatten entledigen wollen. Aber sie konnte ja nicht in Sibirien bleiben und darauf warten, dass sie verhaftet wurde. Bei den hiesigen einfältigen revolutionären Umgangsformen wäre es innerhalb einer Woche in der ganzen Stadt bekannt, dass eine »wichtige Person« ihr einen Besuch abstattet. Oder von einer Wohnung zur nächsten, von einer Station zur nächsten reisen, bis sie in der Falle säße.

Wohl fünf Tage vergingen mit Bittgängen, aber die Angelegenheit bewegte sich nicht. Darüber hinaus mahnte man sie, vorsichtig zu sein, und warnte sie davor, sich allzu häufig unter Menschen zu zeigen. Auch hinsichtlich der Übernachtungsmöglichkeiten gestaltete es sich schwierig. Im Hotel zu wohnen war selbstverständlich unmöglich, und eine Privatwohnung anzumieten war auch nicht ohne Gefahr. Früher war das kein Problem, aber mittlerweile hatte sich alles verändert. Aber vor allem konnte man niemandem zur Gänze vertrauen.

Einmal traf sie auf der Straße ihren Mitreisenden Vater Jakow, der sie sogleich erkannte, obwohl sie ihr Gesicht im Kragen des neuen Pelzes versteckte.

»Da hat es Gott also beschieden, dass wir uns noch einmal begegnen. Ein wirklich hübsches Städtchen ist das doch. Und doch so frostig, frostig.«

Vater Jakow trug einen riesigen fellgefütterten Pelzmantel, der schon einige Jahre auf dem Buckel hatte, und eine hohe Pelzmütze. Seine Nase war noch roter als sonst. Natascha grüßte und wollte an ihm vorübergehen, doch Vater Jakow verstellte ihr den Weg und begann schnell und gewunden zu sprechen, wobei er sich furchtsam nach allen Seiten umschaute.

»Die Stadt Irkutsk ist ja nicht sehr groß, und doch ist sie die Hauptstadt Sibiriens. Ein braves Völkchen lebt hier, die Menschen sind untadelig, aber sie sind auch sehr gesprächig. Und sie reden eine Menge Überflüssiges. Gerade habe ich die Redaktion einer der hiesigen Zeitungen aufgesucht und da ist mir doch so einiges zu Ohren gekommen. Alles weiß man, über alles schwatzt man. Wer neu in der Stadt angekommen ist, aus welchem Grund, wohin er von hier aus weiterreist. Ja, das Völkchen hier ist schon sehr neugierig und gesprächig. Ich will das natürlich nicht verurteilen, aber es ist doch nicht ganz recht.«

»Über wen spricht man denn, Batjuschka?«

»Über alle möglichen Menschen, über jeden. Mir selbst macht das ja nichts aus, aber einem anderen ist das vielleicht etwas unangenehm. Nicht jeder mag das ja. Sie reden zwar nicht aus Bosheit, aber voller Leichtsinn, der eine erzählt dem anderen etwas im Vertrauen, und dieser erzählt es dann wieder einem dritten. So ein Städtchen ist die reinste Provinz. Und kaum hat man es sich versehen, ist schon eine unangenehme Geschichte daraus entstanden. Mich geht das alles selbstverständlich gar nichts an. Haben Sie Iwan Denissowitsch, unseren Reisegefährten, noch einmal gesehen?«

»Nein. Ist er denn nicht schon abgereist?«

»Er müsste noch hier sein, aber genau kann ich es nicht

sagen. Aber ich bitte um Verzeihung, dass ich Sie aufgehalten habe. Es hat mich gefreut, Sie zu treffen. Das Städtchen ist, wie gesagt, recht hübsch, aber sich länger hier aufzuhalten ist nicht für jeden von Interesse.«

Er verbeugte sich tief, lüftete seine Pelzmütze und drückte sie sich wieder auf den Kopf. Dann hatte er es eilig und scharrte mit seinen riesigen ledernen Halbstiefeln. Natascha wunderte sich: »Warum erzählt er mir vom hiesigen Klatsch? Worüber zerreißt man sich denn die Mäuler? Doch nicht über mich? Ein seltsamer Pope.« Am Abend ging sie zu der Adresse, die Below ihr gegeben hatte. Sie traf ihn dort an, während er seine Koffer und irgendwelche Bündel packte. Er begrüßte sie überaus freundlich.

»Wie stehen die Dinge bei Ihnen?«

»Schlecht, Iwan Denissowitsch. Aus diesem Grund auch suche ich Sie auf.«

»Und andernfalls wären Sie nicht gekommen?«

»Besuche abzustatten ist nicht ganz ungefährlich für mich, wie Sie wissen.«

»Das heißt also, die Dinge stehen schlecht?«

»Helfen Sie mir.«

»Das habe ich erwartet. Heldentaten sind das eine, tätige Hilfe ist etwas anderes. Das heißt, bei Ihnen hat sich endgültig alles zerschlagen?«

»Endgültig. Das heißt, alles ist ungewiss. Und warten kann ich nicht.«

»Ich verstehe. Kürzlich schaute übrigens dieser Pope, Vater Jakow, auf einen Sprung bei mir vorbei und erzählte irgendetwas Unzusammenhängendes in Bezug auf städtischen Klatsch, dass so manch einer auch unter falschem Namen nicht in Ruhe leben kann und dass es für diesen besser wäre, sich hier nicht allzu lange aufzuhalten. Und ich habe darüber nachgedacht, ob er damit vielleicht Sie gemeint haben könnte? Möglicherweise ist ihm irgendetwas zu Ohren gekommen, das er nicht geradeheraus sagen kann?«

»Mir hat er genau dasselbe erzählt, ich habe ihn getroffen.«

»Nun, da sehen Sie es. Das tut er nicht von ungefähr, er ist sehr gewitzt, dieser Pope. Er drückt sich in den Zeitungsredaktionen herum und schnappt da so das eine oder andere Gerücht auf. Sie sollten besser abreisen.«

»Deshalb bin ich hier.«

Below dachte nach und sagte:

»Beherrschen Sie Fremdsprachen?«

»Nur Französisch.«

»Wenigstens das. Wie soll ich Sie denn eigentlich ansprechen?«

»Nennen Sie mich einfach Natascha, natürlich nur, wenn wir unter uns sind.«

»Also, Natascha, nur eine Bedingung: Keiner darf irgendetwas wissen, vor allem niemand Ihrer Verschwörer-Freunde hier vor Ort. Versprechen Sie mir das?«

»Selbstverständlich.«

»Das ist nur in Ihrem eigenen Interesse. Ich habe jüngst über Sie nachgedacht und mir Folgendes überlegt, auf dem Weg legen wir dann die Einzelheiten fest. Bis Kjachta geben wir Sie vielleicht als ausländische Touristin aus, das wird sich weisen. Aber Sie müssen sich entsprechend ausrüsten, es wird eine schwierige Reise. Und sie wird einiges kosten.«

»Ich habe ausreichend Geld. Das heißt, Sie nehmen mich mit?«

»Was soll ich denn sonst mit Ihnen machen? Ich bin ja geradezu gezwungen. Wir brechen morgen auf, bleiben eine Woche in Werchneudinsk und machen uns dann endgültig auf die Reise.«

»Wohin?«

»Was soll das heißen, wohin? Ins eigentliche China, durch die Gobi, und von dort können Sie fahren, wohin sie wollen.«

»Und wie passiere ich die Grenze?«

»Ganz einfach, als Mitglied der Expeditionsreise. Darüber müssen Sie sich nicht den Kopf zerbrechen, und Sie brauchen sich auch keine Sorgen zu machen. Es muss nur ein absolutes Geheimnis bleiben, von der Reise darf niemand etwas wissen. Sind wir uns einig?«

»Ich bin Ihnen so dankbar.«

»Dafür erzählen Sie mir dann alles über sich.«

»Wenn es sein muss, auch sofort.«

»Nein, später. Also, dann geben Sie mir die Hand. Und nun lassen Sie uns von den organisatorischen Dingen sprechen.«

Etwa zehn Minuten vor Abfahrt des Zuges lief eine schwerfällige Gestalt in einem vorsintflutlich anmutenden Pelzmantel und einer Bojarenpelzmütze aufgeregt durch den Bahnhof. Sie rannte den Bahnsteig entlang und bemühte sich, einen Blick durch die Fenster der Wagen zu werfen. Aber die Fenster waren im unteren Teil mit einem Frostblumenmuster bedeckt, und die Gestalt hüpfte nutzloserweise immer wieder in die Höhe, wobei die Schöße des Pelzes zurückschlugen. Nicht ohne Schwierigkeiten drang Vater Jakow schließlich in den Wagen zweiter Klasse vor, wobei er auf der vereisten Treppe fast eine seiner Ledergaloschen verlor.

»Ich habe es trotz allem geschafft. Hatte schon gedacht, ich finde Sie nicht, aber ich habe es geschafft. Denn ich wollte dem verehrten Wissenschaftler vor seiner großen Reise die Hand drücken und ihm Erfolg wünschen für seine Forschungen.«

»Danke, Batjuschka. Und Sie selbst? Bleiben Sie noch, oder reisen Sie an den Baikalsee?«

»Ich werde unbedingt dorthin reisen, so Gott mich lässt, aber im Moment bin ich nicht in der Lage. Um es ganz einfach zu sagen – ich bin etwas knapp mit Geld. Aber ich werde an Ihnen hoffentlich etwas verdienen, und dann geht es weiter auf meiner Reise.«

»Was soll das heißen, Sie werden an mir etwas verdienen?«

»Ich schreibe etwas über den glücklichen Zufall unserer Begegnung für die Zeitungen. Das Publikum interessiert sich für Expeditionen, und wir Zeitungsleute ziehen unseren Nutzen daraus. Ich werde nichts Schlechtes schreiben, sondern nur ein wenig mit der angenehmen Bekanntschaft und dem ein oder anderen aus unseren Gesprächen prahlen, so Sie keine Widerrede einlegen.«

»Aber ich bitte Sie, Batjuschka, wir machen aus unserer Expeditionsreise kein Geheimnis.«

Der zweite Pfiff ertönte. Vater Jakow drückte dem Geologen nochmals die Hand und blickte sich etwas fahrig um.

»Vielleicht schien es mir nur, aber kann es sein, dass ich aus der Ferne auch unsere einstige Reisegefährtin gesehen habe? Ich wollte auch ihr meinen Gruß zum Abschied erweisen.«

»Tatsächlich? Ich weiß nicht, ich habe sie nicht bemerkt.«

»Dann habe ich mich also getäuscht.«

Fünf Minuten blieben noch. Der schwere Pelzmantel eilte seitwärts durch den nächsten Wagen. Dann erblickte er eine am Fenster sitzende, in einen grauen Pelz eingehüllte Dame.

»Ich hatte gefürchtet, Sie zu verwechseln, aber augenscheinlich habe ich mich doch nicht geirrt.«

Natascha drehte sich unwillig um.

»Ach, Sie sind es, Batjuschka. Sie reisen auch ab?«

»Nein, ich fahre noch nicht, aber ich bin gekommen, um mich vor dessen großer Studienfahrt von unserem einstigen Reisegefährten zu verabschieden, und da habe ich Sie zufällig gesehen. Auch Ihnen wünsche ich, Sie mögen erlangen, was Sie sich wünschen, und eine angenehme Reise.«

Natascha reichte ihm die Hand:

»Auf Wiedersehen, Batjuschka.«

»Ach, wann soll es denn ein Wiedersehen geben, richtiger heißt es wohl: Lebe wohl, penetranter Pope Jakow. Gleichwohl würde ich gern in der letzten Minute unserer Bekanntschaft die unbescheidene Frage stellen, ob Sie geruhten, seinerzeit das Gläschen Kirschwarenje zu erhalten?«

»Welches Gläschen?«

»Ein kleines Gläschen, Kirschwarenje ohne Steine, ihre Lieblingssorte. Überbracht wurde es damals aus der Stadt Rjasan durch den verbotenen Popen Jakow Kampinski auf Bitten des leidgeprüften Vaters.«

»Ich verstehe nicht, Batjuschka.«

»Das ist im Moment auch gar nicht notwendig, irgendwann werden Sie es verstehen. Auf Bitten des leidgeprüften Vaters Sergej Pawlowitsch der Tochter in den finsteren Kerker geschickt. Vor vier Monaten wohl. Allerdings erwähne ich dies nur nebenbei, damit Sie wissen mögen, dass der Pope, dem Sie begegnet sind, nicht Feind, sondern aufrichtiger Freund ist. Und nun bitte ich um Vergebung.«

Natascha reichte ihm verlegen nochmals die Hand.

Der dritte Pfiff ertönte. Vater Jakow geriet noch mehr in Eile, raffte die Schöße seines Pelzes und rief im Laufen:

»Anjuta, grüßen Sie Anjuta, so Sie sie sehen! Sie ist die Tochter eines verstorbenen Freundes, ich kannte sie schon als Kind.«

Schwerfällig plumpste er, als der Zug sich schon in Bewegung setzte, auf den Perron heraus und seine Galoschen scharrten über das gefrorene Pflaster. Die Wagen fuhren an ihm vorüber, aber in ihren Fenstern war nichts zu erkennen. Vater Jakow blieb stehen und ließ den ganzen Zug an sich vorüberziehen, hüllte sich tiefer in den Pelzmantel und tippelte in Richtung Ausgang.

»Ich habe es geschafft, habe es geschafft. Und natürlich«, schalt sich der Pope, »habe ich mich um Kopf und Kragen geredet. Gleichwohl wird es den leidgeprüften Vater freuen, davon zu erfahren, sollte es mir denn beschieden sein, ihn je wiederzusehen. Ehrlich gesagt ist das ein überaus erstaunlicher Zufall! In-te-ressant!«

Rubikon

Die Schönheit der Welt eröffnet sich jedem Menschen ein Mal, nur dem sehr glücklichen weitere Male und dem sehr unglücklichen kein einziges Mal. Und wenn sie sich dem Auge eröffnet hat, ist der Mensch verwandelt – vom Unwissenden ist er zum Eingeweihten geworden.

Nach dieser Erweckung ist sein Wertmaßstab das, was er erblickt hat: für die Höhe – der Berg, für die Weite – das Meer, für das Spiel des Lichts – die durchsichtige Luft. Und dies bleibt für den Rest des Lebens, man kann sich zu jeder Zeit daran erinnern – im Glück und im Unglück, an Festtagen und im Alltag, mit geöffneten und mit geschlossenen Augen. Es ist der einzige Reichtum, der nicht verschleudert werden kann.

Die kalte Angara, der prachtvolle Baikalsee, dann ein Nomadenlager, es gibt so viele unterschiedliche Formen des menschlichen Lebens. Das lebendige Bild in Beständigkeit erstarrter Jahrhunderte und Kulturen. Nichtige Menschlein, die von den Krumen des Daseins und der grenzenlosen Kontemplation leben, und ihre Leichname, die den hungrigen Hunden hingeworfen sind. Graue Rebhühner in der Nähe mongolischer Behausungen, der sich in wortlosem Flug auf sie niederstürzende Falke, und wieder die von goldenem Licht gefärbten Weiten des Schnees und auf den Sandfeldern, die im Frost heiß zu sein scheinen, ein seltsames heiliges Bauwerk aus Steinen und Ästen mit Hammelschultern, die daran aufgehängt sind, und Fetzen bunter Stoffe.

Bergrücken und mühselige Gebirgspässe, ein eintöniger Weg, Nachtlager, für die die Phantasie zuvor nie ausgereicht hätte, die lange Reihe der Kamele, unbegreifliche und unüberwindbare Schläfrigkeit, es atmet sich leicht, hinab, hinauf, und wieder – hinab, hinauf, und plötzlich eröffnet sich in der Weite des Flusses Tuul die strenge Schönheit des Bogd Khan Uul, in dessen achtzig Schluchten, hochstämmigen Wäldern und farbenreichen Lichtungen ein Paradies der Tiere und Vögel existiert, die geschützt sind durch das allerstrengste Verbot, sie zu berühren und ihre Ruhe und ihr Glück zu stören. Unglaublich? Der Mensch, ebenjener Mensch, der alles Lebendige tötet und vernichtet und das dann Kultur nennt, ebendieser Mensch beugt das Knie angesichts der Schönheit und begreift, befiehlt und setzt ins Werk: Das Leben der Wälder, Vögel und Tiere des geheiligten Berges soll heilig und unantastbar sein! Dies geschah vor zwei Jahrhunderten, und so blieb es bis heute. Auf dem Berg Bogd Khan Uul das Kloster Mandschir Chiid – des Gottes der Weisheit.

Alles war so außergewöhnlich – von der Minute der Abreise bis zum Ende des Weges, so deutlich, dass es kein Traum sein konnte, aber konnte dies Wirklichkeit sein? Alles war derart anders, und das einstige Leben existierte nicht mehr, als habe es nie existiert: Als die Menschen die Bücher studierten und in sich Liebe oder Hass gegen das vorgegebene Stereotyp nährten, nach Programm untergingen und von jenem träumten, von dem zu träumen nicht lohnt, ohne weise Vertiefung lebten und ohne an die folgenden Jahrhunderte zu denken – allein im Wohl und Übel des Heute.

An einem Tag mit eiskaltem Frost brachen sie in einem Pferdewagen zum chinesischen Grenzstädtchen auf, von wo aus es schließlich auf den Wüstenschiffen weiterging. In Pelze eingehüllte und mit Raureif bedeckte Gestalten auf den Rücken kleiner, ausdauernder Tiere, die ebenso weiß sind vom Frost wie die Reiter. Am Ende der Kamelkarawane die Lasttiere, deren aufgeladene Lasten sich gemessen hin- und herbewegen. Es gab nichts, worüber man hätte sprechen können, und hätte es etwas gegeben, so wäre es gleichwohl nicht möglich gewesen, außer beim Rasten, wenn denn der Schlaf einen nicht sogleich überfallen hätte.

Und worüber unterhielt man sich, so man es tat? Über die Gesteinsarten der Berge, über das Barometer, darüber, dass man an jenem Tag beobachtet hatte, wie Adler und Greife unerbittlich um ein Beutetier kämpften, und dass der riesig große Vogelschwarm in den schneefreien Tälern zweifellos Lerchen seien. Was? Ebenjener unsichtbare Vogel, der an schwülheißen Tagen hoch oben am Himmel über den Roggenfeldern singt? Natascha erinnerte sich für einen Augenblick an ihr Dorf Fjodorowka – allerdings nur für einen kurzen Augenblick. Diese Welt war untergegangen, sie war allzu klein und unbedeutend. Des Weiteren untersuchten und betrachteten sie während ihrer Rasten ihre Entdeckungen, Geschenke und Neuerwerbungen: ein Khatakh, ein Glückstuch, der Expedition vom Hambo-Lama als Abschiedsgeschenk überreicht, ein ganzer Sack voll mit paläozoischen Versteinerungen, die im Grenzgebiet von Shara Hada gefunden worden waren, eine ausgestopfte weiße Polareule und eine nur unter Mühen errungene buddhistische Gebetsglocke. Wie Kinder erfreuten sie sich dieser Dinge und tauschten sich ernst und kenntnisreich darüber aus.

Bis zur Grenze zum eigentlichen China waren sie immer noch in Russland, in jenem Russland, das im Westen bis nach Warschau reichte. Aber Natascha empfand keine Unruhe mehr. Das Leben, das sie zuvor geführt hatte, war vergangen. Sie hatte nicht einmal gefragt, wie alles vor sich gehen werde. Noch im Zug hatte Below zu ihr gesagt, als sie in einen der Tunnel der Baikalbahn abtauchten:

»Sie müssen sich keinerlei Sorgen machen, denn Sie stehen unter unserer Patronanz.«

»Aber bereite ich Ihnen denn nicht Unannehmlichkeiten und unnötigen Verdruss?«

»Ich sage Ihnen doch, denken Sie darüber nicht nach. Sie werden die Grenze nicht nur ohne Schwierigkeiten, sondern sogar ehrenvoll überqueren. Halten Sie sich an der Seite und beobachten Sie, und ich denke und spreche für Sie.«

Tatsächlich fragte niemand sie irgendetwas, und sie bemerkte nicht einmal, wann die Uniformen der russischen Beamten vom roten Kreis auf der Mütze des mongolischen Dsangin, des Vorgesetzten der Poststation, abgelöst wurde. Die gesamte erste Woche, auf dem Weg von Werchneudinsk bis Kjachta, reiste Natascha in einem speziell für sie angemieteten Pferdewagen, und man gab an, es handle sich bei der Dame in riesigem Pelzmantel über dem Halbpelz und sibirischen Rentierfellstiefeln um eine Mitreisende der Expedition, die zufällig dazugestoßen sei. Als sie bereits auf mongolischem Gebiet waren, machte Below sie mit den anderen Teilnehmern der Expedition bekannt, und keiner war sonderlich überrascht, dass sie Russin war, die über Urga zu Verwandten reise, die in der Nähe von Peking lebten. Die Teilnehmer der Expedition waren alle mit ihren eigenen Angelegenheiten beschäftigt und waren an die verschiedensten Zufälle und Begegnungen gewöhnt, sie waren höflich und setzten ihr nicht mit Fragen zu. Ein jeder fährt, wohin er mag und wohin er muss. Wenn jemand zäh genug ist, warum sollte er nicht einen eher ungewöhnlichen Weg nehmen? Ihnen, die sie sich für die nächsten zwei Jahre an unerforschte Orte begaben – durch die Gobi, vorbei an vor Jahrhunderten ausgestorbenen Städten und Ansiedlungen –, schien die Reise mit der Karawane über Urga und von dort noch weiter eine ganz gewöhnliche Route zu sein, und sie hielten die Dame für eine ganz gewöhnliche Reisende.

Als sie das erste Mal in der Mongolei Rast machten, gratulierte Below Natascha:

»Nun denn also, der Rubikon ist überschritten. Sind Sie es zufrieden?«

»Ich bin natürlich zufrieden, aber vor allem dankbar.«

»Ich hatte also recht, als ich sagte, dass es ziemlich einfach sei?«

»Ja, ich habe es gar nicht bemerkt. Wer war dieser Herr, der uns in Kjachta begleitet hat und sich so höflich von mir verabschiedet hat?«

»Das war der russische Konsul, ein überaus liebenswürdiger Mensch.«

Die beiden lachten.

»Und wann werden Sie mir nun von sich erzählen?«

»Wann immer Sie wollen.«

»Haben Sie viel Schlimmes getan?«

»Viel. An meinen Händen klebt Blut.«

»Dann erzählen Sie es lieber nicht. Und geben Sie sich selbst auch besser nicht den Erinnerungen hin, sondern ergehen Sie sich in der Betrachtung. Wir sind nämlich im Land der Kontemplation. Alles, was Sie hier sehen, werden Sie wohl kaum noch einmal zu Gesicht bekommen. Hier ist alles besonders – die Natur, die Menschen, alles mutet uns seltsam an. Sie reisen mit uns bis nach Urga, dann geht es für Sie geradeaus weiter und wir biegen ab, aber wir beide durchqueren eine richtige Wüste – die Gobi.«

»Und was ist Urga?«

»Urga ist eine heilige Stadt, das geistliche Zentrum der Mongolei, in dem der Khutukhtu lebt, der heilige Wiedergeborene, der achte an der Zahl.«

»Wer ist das?«

»Das wissen Sie nicht? Haben Sie je etwas über den Buddhismus gelesen?«

»Nur wenig. Ich habe nur von den Begriffen Nirwana und Nichtexistenz gehört.«

»Warum Nichtexistenz? Im Gegenteil, es ist absolutes Sein, ewige Ruhe. Der Buddhismus ist eine ganz außergewöhnliche Religion. Es gibt dort weder Gott noch Unsterblichkeit der Seele oder Freiheit des Willens. Aber er ist eine sehr hoch entwickelte Religion, vielleicht die am höchsten entwickelte und die am meisten vollendete. Ihr letztes Ziel ist das Erlöschen der Tretmühle des Lebens. Und ich denke doch, dass Ihnen dies, nach allem, was Sie erlebt haben, nahe ist?«

Nach einigem Überlegen antwortete Natascha:

»Ich weiß im Moment selbst nicht, was mir nahe ist und was fremd. Ich habe zu vieles zu früh durchgemacht. Vielleicht hat mich die Tretmühle des Lebens müde gemacht, aber vielleicht zieht sie mich schon morgen wieder mit sich. Ich weiß es nicht.«

»Sehen Sie, und die Buddhisten sagen, Nichtwissen ist die verborgene Wurzel des Leidens der Welt. Nämlich das Nichtwissen über die vier edlen Wahrheiten: die Wahrheit über das Leiden, über seine Entstehung, über die Beendigung von Leiden und über den zur Beendigung des Leidens führenden Pfad. Und das Leben ist leidvoll: Geburt ist Leiden, Altern ist Leiden, Tod ist Leiden.«

So sprach der Erhabene

In Urga, dem heiligen Zentrum der Mongolei, nahm Natascha Abschied von der Karawane der russischen Expedition, deren Weg weiter in den mongolischen Altai führte. Ihr uneigennütziger Reisegefährte sagte zum Abschied zu ihr:

»Nun, meine liebe Entflohene, den weiteren Weg müssen Sie allein zurücklegen. Aber ich habe keine Angst um Sie, denn den schwersten Teil des Weges haben Sie schon sehr gut durchgehalten.«

Man brachte sie in einer Handelskarawane unter, in der nur zwei der Männer einigermaßen Russisch sprachen. Sie war die einzige Frau und war gekleidet wie alle anderen – in schweren Pelz, Lederhose, Filzstiefel, Mütze mit Ohrenklappen und Baschlik. Niemand fragte, wer sie sei und warum sie mit ihnen ziehe: Bloße Neugier ist dem bedächtigen und achtsamen Mongolen fremd. Das größte Stück des Weges musste zu Pferd zurückgelegt werden.

Und nun tat sich die echte Gobi auf, eine grenzenlose Wüste, ein Tuch aus Sand und Falten weicher und steiniger Hügel. Auf dem Weg von Kjachta bis Urga waren sie noch an besiedelten Orten vorbeigekommen, an Häusern der Wegstationen, an kleinen Klöstern, und bisweilen waren sie anderen Reisenden begegnet. Hinter Urga war all dies verschwunden, und nicht nur die Natur hatte sich schroff verändert, sondern auch die wenigen Nomaden, die ihnen begegneten, waren andere geworden.

Hier herrschte jahrhundertealte Stille, Hinweggehobensein über die mühselige Existenz, dumpfe Versunkenheit und Demut gegenüber der Großartigkeit der wortlosen Wüste. Die Tage hatten keine Zahl, es zählten nur die vergangenen und zukünftigen Jahrhunderte, die nichts Unvorhergesehenes kannten und damit in der Zukunft auch nicht drohten. An der Schwelle zur Gobi verharrte die Zivilisation in Grübeln und ängstigte sich, ihre Sande zu betreten.

Nataschas letzter Eindruck war ein von einer Mauer umzäuntes kleines Kloster, vor dem ein Rudel hungriger wilder Hunde herumlief. Sie warteten, bis der Lama, gleichgültig und voller Verachtung für den Kadaver, dem Ritual entsprechend befahl, den Leichnam des Verstorbenen auf den Platz vor dem Kloster zu werfen. Dies war für sie ein schnell vergängliches Fest: Mit blutverschmierten Mäulern rissen sie den menschlichen Körper in Stücke, rauften um die besten Stücke und schmatzten genüsslich mit zurückgelegten Köpfen. Dann trugen sie die Knochen fort, hielten sie mit den Pfoten fest und nagten, misstrauisch immer wieder um sich blickend, an ihnen. Darauf folgte wieder langer Hunger und dumpfes Warten.

Wie im Schlaf gingen gemächlich die Tage und Stunden dahin, die Auf- und Abstiege und kurzen Rasten. Der gleichmäßige Schritt der Kamele, das weiche Trappeln der Reitpferde, das gleichmäßige Wogen, der Wechsel von Licht und Dämmerung, das gelegentliche Gemurmel in einer fremden Sprache, in alle Richtungen Weite, als bewege sich die Karawane nicht vom Fleck, sondern werde nur lediglich der Sand unter den Kamelen durch neuen ersetzt. Die Zeit wird in der Ewigkeit geboren und verliert sich in ihr.

Bisweilen zeigte sich um die Sonne herum ein leuchtender Ring, bisweilen ragte plötzlich in der Ferne eine waldbewachsene Erhebung auf, die zuerst sehr nah erschien und dann nach und nach entschwand und verblasste, bis sie schließlich gar nicht mehr zu sehen war, aber das Auge gewöhnte sich an diese Luftspiegelungen, und dieser böse Geist der Wüste vermochte es nicht, den merkwürdigen Eindruck zu zerstören, das Sein habe innegehalten – die Stunden gingen dahin, aber die Zeiger der Uhr bewegten sich nicht.

Es war sehr kalt, aber das Gefühl der Kälte, das zu Beginn sehr stark gewesen war, erstarb und verschwand auf dem Weg. Man hätte erfrieren und unbemerkt sterben können, ohne das geringste Leid zu verspüren. Und ebenso unbemerkt hätte man unter der blendenden Sonne vollständig zu Asche verbrennen können, denn Kälte und Gluthitze waren voneinander nicht zu unterscheiden. Und es war absolut kein Gedanke an das eine in der Vergangenheit oder an das andere in der Zukunft liegende Leben und dass dieser Weg nur der Übergang zwischen diesen beiden Leben war. Im Gegenteil – diese die beiden Leben verbindende Sandbrücke war die Wirklichkeit und Vergangenheit und Zukunft lediglich Fata Morgana. Und all dies war außerhalb des Verständnisses und höher als der Verstand, es existierte, aber die Frage nach dem Warum existierte nicht.

Niemand setzte den Fluss des Lebens in Bewegung, niemand hielt ihn an. Außerhalb der Grenzen der Wüste, wo die Menschen beengt leben und sich um ein Stückchen Erde prügeln, das sie ernährt und ihr Grab sein wird, existiert die Frage nach dem Wozu. Hier aber gibt es diese Frage nicht. Das Sein entstand und existierte ohne Grund und ohne Ziel. Es gibt kein Sein ohne Leiden, und ohne Leiden gibt es kein Sein. Und Sein und Leid sind ohne Anfang.

Und der Erleuchtete, Weise, Vollkommene, Erhabene Gautama Buddha sprach:

»Dies ist die Edle Wahrheit: Geburt ist Leiden, Altern ist Leiden, Krankheit ist Leiden, Tod ist Leiden. Gesellschaft mit dem Ungeliebten ist Leiden, von Geliebtem getrennt sein ist Leiden, nicht erreichen, was man begehrt, ist Leiden. Alles, was uns an die Welt bindet, ist Leiden.«

Wie entsteht Leiden? Durch die Gier nach Dasein und die Gier nach irdischer Lust, die Gier des Schöpfertums, die Gier nach der Macht.

Wie kann das Leiden aufgehoben werden? Indem man diese Gier durch völlige Befreiung vom Begehren in sich zunichtemacht.

Der Mensch, dessen Gefühle frei sind von Begehren, der ohne zu streben inmitten Strebender lebt, ohne Feindschaft inmitten von Feindschaft Erfüllter, ohne Besitz inmitten von Besitzern, ohne Gier nach dem Dasein und Festhalten am Vergänglichen – dieser Mensch wird in innerem Frieden und Glückseligkeit leben, und ihn, den Vollkommenen, werden die Götter beneiden.

Bisweilen, gänzlich verzaubert von der Wüste und ihrer ungewöhnlichen Reise, versuchte Natascha, die Schläfrigkeit abzuschütteln, und fragte sich laut:

»Was ist das? Wie ist dies geschehen? Wo bin ich? Und bin wirklich ich es?«

Als sie die Schwelle des Zuchthauses zur Freiheit übertrat, war sie erfüllt von Freude, aber dies war irdische und leibliche Freude – sie hatte ihren Körper gerettet. Nunmehr vollzog sich etwas gänzlich anderes, etwas viel Bedeutsameres und Gewichtigeres – ihr Geist befreite sich. Die früheren, sie einschnürenden Glaubenssätze, verpflichtenden Ideen und erdachten Programme gab es nicht mehr! Absolute und vollkommene Freiheit! Und auch Freude, aber eine besondere, ohne das Empfinden des eigenen Ich, und nur dieses Ich als Zentrum des Universums, für das alles andere existiert.

Nun war sie ein Sandkorn in der Unendlichkeit, frei von klaren Wünschen und menschlichen Bindungen. Es gab keine Vergangenheit oder Zukunft, sondern nur die Gegenwart – der gleichmäßige Schritt des Pferdes und die stehengebliebene Zeit. Und um sie herum Milliarden von Sandkörnern, ungezählt und ohne eigene Existenz, aber auch lebendig. All dies bewegte sich und war doch unbeweglich, und es lebte und existierte nicht. Dies zu begreifen war unmöglich, es zu erklären ebenso wie daran zu zweifeln – unmöglich.

Der Erhabene sagte:

»Es gibt, meine Schüler, jenes Reich, wo nicht Erde noch Wasser noch Luft ist, nicht Unendlichkeit des Raumes noch Unendlichkeit des Bewusstseins, nicht das Gebiet der Nichtirgendetwasheit, noch das Gebiet der Wahrnehmung und Nicht-Wahrnehmung, nicht diese Welt noch eine andere Welt, nicht Sonne noch Mond.

Das, meine Schüler, nenne ich weder Kommen noch Gehen noch Stehen noch Vergehen noch Entstehen. Ohne Stützpunkt, ohne Anfang, ohne Grundlage ist das; ebendies ist das Ende des Leidens. Wo es nichts gibt, wo keine Bindung existiert, dort ist die einzige Zuflucht, die ich Nirwana nenne. Und wer es erreicht, der kennt keinerlei Leiden!«

So sprach der Erhabene.

Zweiter Roman

BUCH VOM ENDE

Trotz seines eigenständigen Sujets steht der Roman *Buch vom Ende* durch die Epoche, in der seine Handlung spielt, und einige Namen im Zusammenhang mit dem Roman *Zeuge der Geschichte*, der im Jahr 1932 erschien, und kann durchaus als dessen Fortsetzung betrachtet werden.

Der Autor

ERSTER
TEIL

Das Leben beginnt

Es begann im eigentlichen China, als Natascha in der Karawane die Wüste durchquerte: Das Pferd ging weiterhin in gleichmäßigem Schritt, aber weder das Pferd noch die Kamele der Karawane bewegten sich fort, und der Sand der Gobi sowie die eintönige Sicht legten sich über sie. Es setzte sich fort auf dem Ozeandampfer, der auf der Stelle stand und auf das gleichmäßige Wogen des Wassers nicht reagierte. Hinter dem Schiff türmten sich riesige schäumende Wellen. Gleiches geschah mit den Ufern des Suezkanals und hinter den Fenstern des schwankenden, aber unbewegt dastehenden Zuges, an denen in der Ferne die bunten Flecken und Tücher der Felder vorbeizogen und nahebei in gerader Linie nackte Bäume mit Mistelballen dahinflogen, die Natascha für verlassene Krähennester hielt.

Europa kam näher mit der Riviera und dem Hafen von Marseille, dann Frankreich und schließlich die Vorstädte von Paris.

Als der Zug an einem mürrischen Bahnhof anhielt, war der tote Punkt überschritten, und nun bewegte sich wieder Natascha selbst in einem polternden Taxi über die ruhig daliegenden Straßen von Paris. Der Glanz der Welt war verloschen, sie war wieder herabgesunken und voll mit aufwühlenden Kleinigkeiten. Die Menschen waren wieder sesshaft und durch ein Gewirr von Straßen, Kurven, Schildern und Alltagsgegenständen miteinander verbunden. In dieser besorgniserregenden Beengtheit musste man seinen Winkel finden. Natascha sagte zum Taxi-Chauffeur:

»In ein Hotel in der Nähe der Rue Saint-Jaques. Ein preisgünstiges.«

Sie verfügte über eine einzige Adresse, die sie noch in Russland erhalten hatte, nämlich die der Turgenjew-Bibliothek in der Rue Saint-Jacques. Der Straßenname hatte sie an die Romane von Dumas erinnert und war ihr deshalb im Gedächtnis geblieben. Vor dem Eingang des Hotels verebbte das Scheppern der Taxifenster, ein Bediensteter in Weste und grüner Schürze trug die Koffer in die vierte Etage und stellte den großen neben dem Kamin ab und den kleinen auf einen mit geflochtenen Zuggurten bespannten eisernen Kofferbock.

So kam sie in einem neuen Leben an. Im Fundus ihrer ungeordneten Erinnerungen fand sich das Moskauer Zuchthaus, die Flucht der zwölf, die wundervolle Reise über den Ural, durch Sibirien, die Mongolei und über die Tiefen zweier Ozeane.

Der in Versailles geborene Abbé Charles-Michel de L'Épée hatte ein Alphabet für Taubstumme entwickelt. Ein Jahr vor dem Tod des Abbé wurde Joseph Louis Gay-Lussac geboren, jener, der die gleichmäßige Wärmeausdehnung von Gasen entdeckte. Nach ihnen sind zwei Straßen im Quartier Latin benannt.

Die beiden Straßen treffen sich an einer Ecke. Aus dem oberen Eckfenster ist eine prachtvolle Kuppel zu sehen, die das Auge über den trostlosen Ziegeldächern erblickt, die an Blumentöpfe erinnern. Über dieser Kuppel spannt sich eine weitere, die des Himmels, in Grau, der Farbe des Regens und der Eintönigkeit. Er erfreut das Auge nicht und niemand in Paris blickt zu ihm hinauf.

Der Abbé erwies dem unglücklichsten Teil der Menschheit eine Wohltat, nämlich jenen, die Wort und Musik entbehren müssen. Sein gelehrter Nachbar erhob sich zwei Mal in einem Heißluftballon in die Lüfte, um zu überprüfen, was er auf der Erde erdacht hatte.

Das Leben solch Bedeutender macht neidisch! Gleichwohl sagen ihre Namen den Vorübergehenden und Vorüberfahrenden – dem Postbeamten, der Modistin, dem Kneipenbesitzer, der Dame mit dem Hündchen und dem Totengräber mit dem drittklassigen Pritschenwagen, der von der Arbeit heimwärts zieht, heute nichts mehr.

Die Namen der Gelehrten waren auch der Dame von fünfundzwanzig Jahren unbekannt, deren letzte fünf Jahre geradezu sagenhaft und leichtfertig anmuten, immer am Rande des Todes und im Kreis des Todes anderer. Die Straßen treffen sich an der Ecke, dort das Fenster und gegenüber die Kuppel, von der sie noch nicht wusste, dass es die Kuppel des Pantheons ist. Sie war müde von der langen Reise und wusste nicht, wes-

halb sie im Land des Schnees und der weiten Ebenen geboren worden war und weshalb sie sich nun in der Hauptstadt
der Welt befand. Vielleicht würde sie für immer im Kreise
der Taubstummen bleiben, vielleicht aber auch sich in einem
Heißluftballon in die Lüfte erheben.

Die graue Kuppel über Paris wurde schmutzig, die Kuppel
des Pantheons zur Silhouette. Auf der Straße lief ein schwarzer Mensch wie im Märchen von Laterne zu Laterne und entzündete mit einem Zauberstab das Gaslicht. Im Hotel brannte das Gaslicht nur in den engen, heruntergekommenen Korridoren, in Nataschas Zimmer gab es lediglich eine Kerze und
eine Kerosinlampe mit engem Glas, an das sich träge ein Lampenschirm aus Karton schmiegte, bis er unten auf den Behäl-
ter mit der Flüssigkeit stieß. Auf dem Lampenschirm waren
in Ovalen Notre-Dame und die Ansicht eines Unbekannten
mit seltsamem Bärtchen und eine Sammlung von Orden zu
sehen. Das Leben würde erst morgen beginnen, und bis dahin
wäre es gut zu schlafen. Nicht einmal Hunger verspürte sie,
so müde war sie, und sie war nicht bestrebt, die Stufen der engen Treppe zu zählen und in den ihr unbekannten Straßen ein
ihr unbekanntes Restaurant zu suchen.

Sie hörte nicht, wie bis spät in die Nacht die Türen schlugen, Schritte schlurften und Wasserschwälle durch die Rohre
rauschten, die Räder der Fuhrwerke über die Straße donnerten
und die Eisen der Kutschpferde auf das Pflaster schlugen. Sie
schlief, wie immer, friedlich und erquicklich. Doch auch im
Tiefschlaf konnte sie sich nicht freimachen vom gewohnten
Wiegen des Kamels und des Pferdes, des Meeres und vom Tita-
ta-tatata des Zuges und dem Wechsel der Aussichten, die sich
dem Blick eröffneten – dem Sandmeer, den Meereswogen –,
und den ungewohnten Reden an den Halte- und Umsteige-
bahnhöfen, die sie immer weiter von der Vergangenheit entfernten und näher in die Zukunft brachten. Im Fluss des Sandes, der Wogen und der Menschen war sie ein Stück Treibholz.
Der Mitreisende im Coupé, ein Franzose, fragte überaus höflich und allzu fürsorglich:

»Mademoiselle reisen allein?«

Und wenn sie ihm antwortete: »Ja, auf Kamelen durch die

Gobi und auf einem Stück Holz über die Ozeane, und ich selbst bin ein von einer russischen Tanne abgeschlagenes Stück Holz«, würde er große Augen machen und sagen: »Ist das denn möglich? Aber das ist ja eine Großtat!« Und dann würde er in den Schubladen seines Gehirns nachforschen, sich rasch zurechtfinden und all dies mit der geheimnisvollen russischen Seele erklären, obgleich für ihn alle Seelen, mit Ausnahme der lateinischen, in ein doppelreihiges Jackett gekleideten, gleichermaßen geheimnisvoll waren.

Am frühen Morgen war wieder das Rauschen des Wassers durch die Rohre, das Schlurfen der Schritte über den Korridor und das Donnern der Hufe über das Steinpflaster zu hören.

Sie zog die verstaubten und klebrigen Vorhänge vor dem Fenster zurück und wieder zeigte sich die Kuppel über den abweisenden Dächern. Aber der Himmel war an jenem Tag lebendig und klar, nur im Zimmer war es schrecklich kühl. Sie wollte sich mit frischem Wasser waschen, aber machte man das hier? Am Abend zuvor hatte sie sich wegen eines Bads erkundigt, aber der Gepäckträger hatte sie nur lange und erstaunt angeblickt. Es würde sich schon alles weisen. Zuerst einmal irgendwo einen Kaffee trinken und dazu ein, zwei oder drei Brötchen! Und dann zur russischen Bibliothek in der Rue Saint-Jacques. Und danach die Freundinnen und Genossen treffen, die vor ihr angekommen waren und sich bereits eingelebt hatten. Auch Anjuta musste bereits in Paris sein – das einfache Mädchen aus der Perwaja Meschtschanskaja, die Gefängnisaufseherin, die sie alle gerettet hatte. Wie wundersam – Anjuta plötzlich in Paris.

Munter hüpfte Natascha die Treppe aus der vierten Etage hinunter, hörte das klangvolle »Bonjour Madame« der noch unfrisierten Hotelbesitzerin, übergab ihr den Schlüssel und trat auf die Straße.

Wohin? Nach links oder nach rechts?

Sie stand einen Augenblick da und lächelte, denn alles war gut. Ja, eigentlich war alles gut! Und dann ging sie – es war doch ganz gleich – nach links.

Ein neuer Freund

Das Zimmer war groß und hell, aber kalt, der Kamin wärmte es kaum. Zwei Betten standen darin, das von Natascha war übergroß und füllte den halben Raum aus. Es stand ursprünglich mitten im Zimmer, aber nun war es an die Wand gerückt. Für Anjuta hatte man ein kleines Eisenbett gefunden. Und dann gab es noch einen sehr kleinen Tisch mit wackligen Beinen. Der Kult um den Schreibtisch, den in Russland jeder Student treibt, der etwas auf sich hält, ist den Franzosen unbekannt, sie pflegen den Kult um das Bett.

Anjuta war vor allem darüber verwundert, dass es in den Häusern dort keine doppelten Fensterrahmen gab und keine Fensterbänke. Im Übrigen gab es auch keinen richtigen Winter, sondern nur Matschwetter. Und man lebte dort durchaus unbequem.

Alle hatten sich gefreut, als Natascha sie in Paris gefunden hatte. Dabei hatte ihr natürlich die Bibliothek mit dem Adressbuch der Emigranten geholfen. Am Tag des Wiedersehens hatten sie alle in einem billigen Restaurant auf dem Boulevard Saint-Michel gegessen – vier derer, die mit Natascha geflohen waren, der Emigrant Bodrjasin und der erst jüngst aus Russland eingetroffene Petrowski, der ganz legal eingereist war, mit einem Passeport, der auf seinen Namen ausgestellt war, vorgeblich, um in Paris sein Studium abzuschließen. Aber er hatte der Moskauer Gruppe von Revolutionären angehört und in gewisser Weise mit der Flucht aus dem Zuchthaus zu tun gehabt, und man rechnete darauf, über ihn Kontakt nach Russland halten zu können.

Beim Essen flüsterte Natascha Anjuta zu:

»Komm heute am Abend zu mir ins Hotel, aber komm allein. Findest du es?«

Natascha hatte sie unter all den russischen Freunden erwählt, die einfache junge Frau, der sie eingestandenermaßen für ihre Freiheit zu Dank verpflichtet war.

Sie hatte sie ohne darüber nachzudenken erwählt. In einem fremden Land braucht man einen treuen Freund, und einen besseren Freund als Anjuta fände sie nicht.

Und am Tag darauf war mit der Hilfe des in solcherlei Dingen erfahrenen Bodrjasin, der bereits das dritte Jahr in Paris lebte, jenes Zimmer im Quartier Latin gefunden und sogleich von den beiden bezogen worden.

In einen warmen, in Sibirien erstandenen Schal gehüllt, saß Natascha, einen Ellbogen auf das Kissen gestützt, mit angezogenen Beinen auf ihrem gemütlichen Lieblingsplatz, der Ecke des übergroßen Bettes, und blickte ins blaue Feuer der Kohlen. Sie hatte keine Lust zu lesen und zu denken. Worüber sollte sie auch nachdenken? Darüber, dass es sich gebührte, Vorlesungen an der Sorbonne zu hören und überhaupt irgendetwas mit seinem Leben anzufangen? Oder zu arbeiten, ein wenig Geld zu verdienen, um nicht auf die Unterstützung anderer angewiesen zu sein? Anjuta hatte dies bereits geschafft: Sie arbeitete als Weißwäschenäherin und konnte sich damit ernähren. Und nun las sie unter der Lampe an einer Ecke des Tisches sitzend. Anjuta wurde in ihrer Bildung durch die Lektüre von Büchern gefördert, sie musste zu den anderen aufschließen, da sich doch ihr Leben nun so verändert hatte. Tatsächlich aber brauchte sie einen guten Ehemann, der tüchtig und arbeitsam war. Einen Ehemann und Kinder.

»Anjuta, möchtest du eigentlich heiraten?«

Anjuta blickte erstaunt auf. Der Übergang vom langweiligen und schwer verständlichen Buch zu einer das alltägliche Leben betreffenden Frage war recht abrupt.

»Heiraten? Warum?«

»Einfach, damit du einen Mann und Kinder hast.«

»Mir geht es gut. Und wer wird eine wie mich schon nehmen! Sie müssten heiraten, Nataschenka!«

Anjuta konnte sich einfach nicht daran gewöhnen, Natascha mit »Du« anzusprechen.

»Sie sind schön und interessant, ein jeder wird sich in Sie verlieben.«

»Aber ich will nicht den ersten Besten. Und ich war ja bereits verheiratet, wenn auch nicht sehr lange.«

»Ich weiß, das hat man mir erzählt. Stimmt es, dass er Olen genannt wurde?«

»Ja. In Wirklichkeit aber hieß er Alexej, Aljoscha. Ich habe ihn aber meist auch Olen genannt. Er war … ein ganz bemerkenswerter Mensch.«

Anjuta blickte Natascha mitfühlend an. Sie wusste, dass Olen in Petersburg verhaftet und am Tag darauf hingerichtet worden war. Und dass Natascha zu jener Zeit im Zuchthaus gewesen war.

Anjuta liebte Natascha sehr und fühlte sich ihr sehr nahe, und doch konnte sie sie nicht ganz verstehen. Sie erzählte von etwas, das ihr Kummer bereitet haben musste, und vergoss nicht eine Träne dabei, sondern lächelte sogar. Entweder war sie sehr stark, oder sie hatte zuvor bereits viele Tränen darüber geweint.

Es klopfte, und Bodrjasin, ein häufiger Gast der beiden, trat ein. Anjuta begrüßte er schlicht und einfach, Natascha mit scheuer Übertreibung:

»Guten Tag, Genossin Heldin!«

Anjuta musste aufbrechen, denn sie hatte um sechs ihre Arbeit abzuliefern. Bodrjasin scherzte:

»E-e-es ist doch immer d-d-das Gleiche! Kaum stehe ich in der Tür, verschwindet Anna Petrowna!«

Bodrjasin stotterte stark. Er war um die vierzig und nicht nur hässlich und plump, sondern von einer dicken Narbe entstellt, die das Gesicht von der Stirn über die Nasenwurzel bis zum Kiefer durchzog. Und sein linker Arm gehorchte ihm nur schwer. Dies alles waren die Folgen des Übergangsgefängnisses in Sibirien, als er und andere Gefangene von den Wachsoldaten mit Gewehrkolben und Holzplanken traktiert worden waren. Bodrjasin hatte in der Etappe einen Offizier geschlagen, und dies war mit einer schrecklichen Prügelattacke gegen ihn und seine Genossen beantwortet worden. Einer von ihnen war den Verletzungen erlegen, und die ganze Angelegenheit wurde vertuscht, sonst wäre Bodrjasin vor Gericht gestellt und zum Tode verurteilt worden.

»Ich bin aus alter Gewohnheit vorbeigekommen, um hier ein wenig am Lagerfeuer zu sitzen. Ist es gestattet?«

»Was gibt es für Neuigkeiten?«

»G-g-ganz ersch-schütternde. Die Pariser Gruppe hat sich gespalten, und zwar in sehr viele Teile.«

»Eine Spaltung aus ideologischen Gründen?«

»G-g-gott bewahre! Eine rein taktische. In der Hilfskasse wurde jemand unter vollem Namen eingetragen und nicht unter seinem Parteinamen. Er selbst hatte zwar nichts dagegen, denn sein Familienname war, wie sein Parteiname, allen bekannt, aber es g-g-gab einen Skandal: D-d-die G-g-gesetze der Konspiration wurden verletzt! Zuerst gab es eine Diskussion über die unterschiedlichen Standpunkte, dann ein Parteigericht und ordentliche und außerordentliche Sitzungen des Vorstands. Ganz Paris ist in Aufruhr. Zuerst teilte man sich in zwei Gruppen auf, dann in vier, und morgen in so viele, wie es Mitglieder gibt. Und es wurde eine p-p-prinzipielle Frage aufgeworfen, die gleichwohl ein wenig themenfern ist, nämlich die der Übereinstimmung des Privatlebens des Vorstands der Hilfskasse mit ihren politischen Überzeugungen, und die der K-kooptierung.«

»Der was?«

»Der K-kooptierung. Ob nämlich zu den gewählten Mitgliedern k-kooptierte Mitglieder herangezogen werden können. Eine ü-ü-überaus i-i-interessante Frage!«

»Sich damit zu befassen bereitet Vergnügen!«

»Ach, so eine sind Sie! Und wir g-g-gehen davon aus, d-d-dass davon das Schicksal u-u-unserer u-u-undankbaren Heimat abhängt! Ich selbst stehe auch im Verdacht m-m-möglicher Nichtübereinstimmung politischer Überzeugungen mit dem persönlichen Verhalten und werde wohl aus der Partei ausgeschlossen!«

Natürlich scherzte Bodrjasin. In der Partei schätzte und fürchtete man ihn als jemanden, der klug und direkt war und sich der revolutionären Sache absolut verschrieben hatte.

»Beschäftigen sich denn wirklich auch Nadja Protasjewa, Vera und Petrowski mit solchen Dingen?«

»Aber unbedingt! Sie haben sich, wie es scheint, den K-kkooptierungsgegnern und denen, die für absolute Übereinstimmung der Überzeugungen mit dem Verhalten sind, angeschlossen. Übrigens hat Petrowski, so glaube ich, sich enthalten. Er hat sich heute einen neuen Anzug gekauft, v-v-von recht guter Qualität, nur die Ärmel sind etwas kurz.«

»Mögen Sie ihn nicht?«

»Petrowski? Ich verschwende meine Liebe im Allgemeinen nicht in kleinen Dingen, und die große Liebe hat sich bisher nicht gefunden.«

»Dass den Menschen so etwas nicht langweilig wird!«

»Aber, Natalja Sergejewna, was sollen sie denn sonst machen?«

»Da ist es doch besser, im Bett herumzuliegen, so wie ich es tue.«

»Sie haben leicht reden! Sie sind eine verdiente Heldin im Ruhestand. W-w-wir aber sind unf-f-freie Untertanen, die sich in Selbstv-v-vervollkommnung üben müssen. Ein großartiges Wort, nur ziemlich schwer auszusprechen. Probieren Sie doch einmal.«

»Was? Selbstvervollkommnung?«

»Bei Ihnen klingt das gut. Aber ich kann das nur einmal am Tag sagen.«

Bodrjasin war kürzlich erst in Russland gewesen, wohin er illegal gereist war, vorgeblich, um Literatur zu expedieren. Aber Natascha wusste, dass es darum gegangen war, die Reihen der Kampforganisation der Sozialrevolutionären Partei aufzustocken, die stark ausgeblutet war und einen Zufluss neuer Kräfte benötigte. Über die Stimmung in Russland berichtete er Folgendes:

»Leute, die es wissen müssen, versichern, dass es dort nur noch sehr wenige D-d-dummköpfe gibt und dass alle überaus bestrebt sind, all jenes aufzuholen, was sie in ihrem Gefühlsleben verpasst zu haben meinen. Ich verurteile das natürlich nicht, aber ich war doch erstaunt zu sehen, wie schnell sich die Menschen ändern, vor allem die Jugend. In Jaroslawl beispielsweise existierte ein kleines, gut sortiertes Grüppchen. Und nun erweist sich, dass sie alle nun zu symbolistischen Poeten geworden sind und sich jetzt mit der Geschlechterfrage auseinandersetzen. Mich haben sie zu überzeugen versucht, dass ich absolut rückständig sei. Und ich habe begriffen, dass ich tatsächlich absolut rückständig bin. Aber W-w-wodka haben wir gleichwohl miteinander g-g-getrunken, und ich habe sie, müssen Sie wissen, alle unter den Tisch g-g-getrunken, und dann wurden sie ausfällig und wollten einen Skandal vom Zaun brechen, sodass ich es vorzog, mich zu verdünnisieren.«

Bodrjasin stellte sich gern als Zyniker dar, doch es gelang ihm nicht, den anderen diesbezüglich etwas vorzumachen. Bei Natascha war er offener als in Gesellschaft anderer.

Sie schwiegen und blickten ins Feuer des Kamins. Bodrjasin fragte nicht, aber Natascha wusste, dass er nur darauf wartete, bis sie endlich auf eine bestimmte Frage zu sprechen käme.

»Ich habe versprochen, Ihnen heute eine Antwort zu geben.«

»Das eilt doch nicht.«

»Aber es muss doch einmal sein. Ich möchte mich aber zuerst einmal etwas umsehen und erholen.«

»D-d-das befürworte ich.«

»Tun Sie das wirklich?«

Bodrjasin war aufgetragen worden, Natascha zu fragen, ob sie sich der Kampfgruppe von Schwarz anschließen werde. Er hatte diesen Auftrag nicht gern übernommen, aber er hatte ihn ausgeführt. Er hatte nicht versucht, sie zu überzeugen oder davon abzuhalten, sondern ihr schlicht den Wunsch von Schwarz und den anderen übermittelt. Er hatte nicht einmal gesagt, dass er mit dieser Gruppe eng verbunden war. Und sie hatte ihm versprochen, an jenem Tag zu antworten.

Offensichtlich hatte er eine Antwort wie diese erwartet.

»Ich befürworte das von ganzem Herzen. Und zwar nicht, weil ich nicht an die Sache glaube oder an Sie, sondern, weil es für Sie so besser ist. Es besteht keinerlei Grund zur Eile.«

»Ich habe noch nicht entschieden, wie es weitergeht.«

»Genau das ist es. Und hier muss man entweder unbedacht handeln oder mit k-k-kaltem Verstand, wie wir Sündigen es tun.«

»Sie – mit kaltem Verstand?«

»Aber ganz genau! Gefühlsmäßig könnte ich, Natalja Sergejewna, nicht einmal einer Mücke etwas zuleide tun, obgleich sie ja sticht. Aber sie, die Mücke, will ja auch leben. Aber verstandesmäßig bin ich bereit, ihr die Flügel zu brechen, bitte, sehr gern! Kurzum – ohne lange zu fackeln. Soll ich für Sie aus der Apostelgeschichte rezitieren?«

»Also bitte, Bodrjasin, warum sind Sie nur so kompliziert?«

»Nein, nein, ich bin tatsächlich sehr schlicht. Aber ich sage es Ihnen geradeheraus – Sie haben mich wirklich glücklich gemacht. Womit, das erzähle ich Ihnen irgendwann einmal, jetzt bin ich nicht in Form. Und was die Apostelgeschichte betrifft …«

»Welche Apostel?«

»Nun, das, woraus in der Kirche gelesen wird. Sie waren wohl schon lange nicht mehr in der Kirche? Ich habe ja, müssen Sie wissen, das Priesterseminar besucht. Ich kann aus der Apostelgeschichte rezitieren oder aus den liturgischen Gesängen. Manchmal übe ich, und es gelingt mir durchaus ein lauter Gesang. Meine C-c-concierge wird immer vom Grauen gepackt, diese Leute verstehen einfach nichts von der Schönheit des G-g-gesangs.«

»Sie sind also nicht gewillt, sich ernsthaft zu unterhalten?«

Bodrjasin wandte sich zu Natascha um, und der Schein der Lampe zeigte den entstellenden Striemen auf seiner Wange.

»Meine Worte mögen nicht ernsthaft sein, Natalja Sergejewna, aber meine Gedanken sind es. Und bisweilen möchte man sich von diesen Gedanken etwas entfernen. Und zwar sehr, sehr weit! Deshalb: Seien Sie nicht böse.«

»Ich bin nicht böse, aber mitunter tun Sie mir leid.«

»Das ist ein edelmütiges Gefühl. Ich mir selbst auch. Im Allgemeinen liebe ich mich selbst durchaus und tue mir leid, aber man d-d-darf es damit auch nicht übertreiben! Gehen Sie essen?«

»Nein, Anjuta kauft etwas ein. Leisten Sie uns zum Essen Gesellschaft!«

»Dann werde ich schnell hinuntergehen und etwas Wein und Käseähnliches kaufen. Und wir veranstalten ein F-f-festmahl unter Freunden, bei dem ich Ihnen ausführlichst über die Kooptierung und die Nichtübereinstimmung berichten werde. Und Sie berichten über die Wüste und die Kamele. Abgemacht? Das wird ein ganz w-w-wunderbarer Abend!«

Muttersöhnchen

P etrowski hatte tatsächlich einen neuen, recht passablen Anzug aus englischem Tuch. Aber es gelang ihm nicht, elegant zu wirken, wie ihm dies auch in Russland schon nicht gelungen war, selbst die akkurat gebügelte Falte der Hose half nicht. Die Farbe der Krawatte war ungünstig gewählt, die Schuhe glänzten nicht genug und die Form des Hutes, mit breiter, nach unten hängender Krempe, verriet den Russen. Es braucht auch Selbstvertrauen, und dieses Selbstvertrauen besaß Petrowski nicht.

Gleichwohl war ihm das Glück absolut hold. Er war keineswegs mehr jener wenig vom Erfolg verwöhnte junge Mann, dem der Hauptmann der Gendarmerie in der konspirativen Wohnung in Moskau einst an den Kopf geworfen hatte: »Sie arbeiten absolut liederlich, Petrowski! Ich sage es Ihnen geradeheraus: So kommen wir nicht überein. Und Sie wollen auch noch mehr Geld!« Er hatte an Erfahrung gewonnen, und seine Stellung war eine gänzlich andere: In den Kreisen der Partei vertraute man ihm und in Moskau setzte man große Hoffnungen in ihn. Auch in finanzieller Hinsicht war er nicht so beengt wie früher, man hielt ihn nicht knapp, damit er gut und gewissenhaft arbeitete.

Zum Schein gab er sich als Student der Sorbonne, und da er sich legal außerhalb Russlands aufhielt, konnte er in die Heimat reisen. Von der Partei erhielt er keine wichtigen Aufträge, aber es könnte durchaus sein, dass er früher oder später einen erhielte. Er wartete einfach ab, knüpfte vorsichtig Verbindungen, ohne gesteigerten Kampfeswillen an den Tag zu legen oder irgendwelche »Ereignisse« zu erfinden, und beschränkte sich darauf, seine Moskauer Gönner auf dem Laufenden zu halten. So sie mit ihm zufrieden waren, war er es auch. Sein weiteres Fortkommen hing von seiner Ausdauer ab, und er war bereit zu warten.

Vor kurzem hatte er Schwarz kennengelernt, und ganz offensichtlich fand Schwarz ihn sympathisch. Wer Schwarz war, war Petrowski bestens bekannt: Er war der Kopf der Kampforganisation, die nach dem Attentat in Petersburg anscheinend aufgelöst worden war. Aber jemand wie Schwarz konnte nicht tatenlos dasitzen. Irgendetwas bereitete er doch vor! Und darüber konnte nicht nur er selbst, sondern auch alle, die ihm nahestanden, Auskunft geben.

Petrowski war ein guter Genosse, unprätentiös und immer bereit, in der Not zu helfen. Er selbst litt keine Not, denn er hatte eine Mutter in Moskau, die zwar nicht wohlhabend war, aber ihr Auskommen hatte. Die Briefe seiner Mutter las Petrowski gern den anderen vor. Sie schrieb: »Bei Gott, studiere fleißig und achte auf Deine Gesundheit!« Man nannte Petrowski im Scherz oft das Muttersöhnchen, aber im Allgemeinen mochte man ihn.

Vielleicht hatte Petrowski aber auch gar keine Mutter in Moskau, weder eine, die reich war, noch eine, die arm war. Aber er erhielt ja Briefe von ihr und Geldmittel. Und auch er schrieb ihr gewissenhaft und brachte die Briefe abends auf die Poststelle in der Rue Claude Bernard.

Im letzten Brief Petrowskis an seine Mutter schrieb er:

»Liebe Mama. Das Geld habe ich erhalten, vielen Dank. Ich habe Dir geschrieben, dass ich den liebenswerten Sch. kennengelernt habe. Vor ein paar Tagen habe ich ihn noch einmal getroffen. Er ist sehr wohlwollend. Ich habe mich bei ihm darüber beklagt, dass mich die Wissenschaft nicht zu fesseln vermag und dass mich nach echter und lebendiger Tätigkeit verlangt. Er antwortete: ›Warten Sie. Auch Ihre Zeit wird kommen.‹ Dann fragte er mich, ob ich in einer nicht allzu wichtigen Angelegenheit nach Russland reisen könne. Ich habe ihm geantwortet, dass ich das selbstverständlich kann.«

Dann schrieb er in derselben offenen Weise des zugeneigten Sohnes, der überzeugt ist, dass die Mutter alles gutheißt, was er tut, auch über andere Begegnungen.

Und tatsächlich lautete die Antwort, die er erhielt:

»Sei bestrebt, mein Lieber, mit einem solch klugen und wichtigen Menschen Freundschaft zu schließen. Wenn notwendig, komm nach Moskau. Ich sende Dir Geldmittel für Deine Ausgaben, aber sei sparsam, das macht sich in der Zukunft bezahlt. Schreib mir, wie Dein neuer Bekannter den Sommer zu verbringen gedenkt.«

Als er diesen Brief erhalten hatte, spazierte Petrowski zufrieden über den Boulevard Saint-Michel. Die Schaufenster der Geschäfte mit ihren Auslagen vortrefflicher Kragen und bunter Krawatten lachten ihn an. Er selbst blickte in die Gesichter der ihm entgegenkommenden Damen – wie dies in jungen Jahren ganz selbstverständlich ist – und dachte darüber nach, dass dem beruflich erfolgreichen Menschen alles erreichbar ist: Güter, Restaurants und Frauen.

An der Ecke traf er Bodrjasin, der in Eile war und ihm nur zunickte. Petrowski dachte: »Nein, der gefällt mir nicht! Schwarz ist sehr viel netter.«

Und er beschloss, obgleich es unlogisch war, Bodrjasin öfter zu treffen, wenn möglich auch einmal einen mit ihm zu trinken, sich dann betrunken zu stellen und auch ihm gegenüber zu beklagen, was er bereits Schwarz gegenüber beklagt hatte: dass ihm das ruhige Leben und die Wissenschaft über sei und seine Seele nach etwas anderem dürste, wenn es sein müsse nach Angriff, Heldentum, Selbstaufopferung. Man könne ja nicht nur im Ausland sitzen, ohne etwas zu tun, während in Russland die letzten Helden zugrunde gingen und die Despotie wieder ihr Haupt erhebe. Aber diese Klage müsste vorsichtig und feinfühlig vorgetragen werden, denn Bodrjasin war ein grobschlächtiger und misstrauischer Mensch.

Als er Teilnehmer am großen Spiel, dem Spiel mit dem eigenen und fremden Leben, geworden war, versuchte Petrowski, sich als Held oder zumindest als großer Abenteurer zu fühlen. Meist aber empfand er Angst: Und wenn plötzlich herauskäme, dass seine Mutter den grau melierten Oberlippenbart des Oberst und dessen sehnigen Hals hat und ihr Interesse an den im Ausland lebenden Freunden ihres Sohnes übertrieben war? Waren denn nicht bereits zahlreiche andere große und kleine Funktionsträger enttarnt worden, die Petrowski selbst in Gesprächen als Verräter und Agents Provocateurs bezeichnet hatte? Der Tag, an dem der Strick sich unerwartet auch um seinen Hals legte, würde kommen. Und ebendieser Bodrjasin oder Schwarz zögen ihn zu, und dann gäbe es keine Rettung mehr, und selbst wenn es ihm gelänge zu entkommen, wäre Schluss mit dem erfolgreichen Fortkommen. Und dann könnte ihm keine Mama mehr helfen. Im Gegenteil, diese Mutter wäre die Erste, die sich von ihm abwendete und ihn der Willkür des Schicksals überließe.

In solchen Augenblicken des Kleinmuts ging Petrowski mit kleinen Schritten in eines der kleinen Restaurants oder in die Bibliothek, wo sich die Emigranten trafen. Wenn er zu den anderen trat, beobachtete er aufmerksam die Gesichter, ob diese ihn nicht fragend oder skeptisch anblickten, und fasste sich wieder, wenn sie ihn mit einem freundlichen »Wo waren Sie denn so lange, Petrowski?« oder »Ah, da ist er ja in seinem neuen Anzug!« begrüßten. Ihr Lächeln beantwortete er mit einem Lächeln und setzte sich zu ihnen, überzeugt, dass wieder ein Tag gewonnen war.

Allerdings hegte Petrowski keinerlei »Zweifel« oder Gewissensnöte, dies war zu Beginn seiner Bekanntschaft mit »Mama« in Moskau der Fall gewesen und längst vergangen. Der kleine und unerfahrene Falschspieler war erwachsen geworden, war zu einem Teil des Spiels geworden, hatte durch dieses Spiel sein Auskommen und war bisweilen sogar stolz auf sein Doppelleben. Die Genossen hielten ihn für ein Jüngelchen von mittlerer Begabung, manche für einen Einfaltspinsel, aber sie selbst waren Einfaltspinsel, und dies verschaffte Petrowski Befriedigung und Rechtfertigung: Sollen sie doch denken, was sie wollen!

Er war nicht beleidigt, wenn man ihn im Scherz als Muttersöhnchen bezeichnete, sondern nahm lediglich einen etwas verlegenen Ausdruck an und tat die Bemerkung mit einem linkischen Scherz ab.

Zwei Tassen Kaffee

Bodrjasin saß mit Natascha vor dem Kamin, blickte angespannt in die glühenden Kohlen und sagte:

»In der letzten Woche, als wir uns nicht gesehen haben, hat sich etwas ü-ü-überaus Interessantes bei mir ereignet. Es ist zwar ein G-geheimnis, aber Ihnen kann ich es erzählen. Ich war nämlich in Belgien und bin dorthin gefahren, um einen M-m-menschen zu e-e-ermorden.«

Es war wie immer schwierig zu verstehen, ob Bodrjasin scherzte oder ernst war. Da sein Stottern aber stärker war als sonst, schien es, dass sich hinter dem scherzhaften Ton etwas Ernstes verbarg.

Natascha saß wie immer auf ihrem Platz im Bett, einen Ellbogen auf das Kissen gestützt, die Beine angezogen, und blickte mit ihren blauen Augen den vom Kaminfeuer beschienenen Freund mit der entstellenden Narbe im Gesicht an.

»Ich muss vorausschicken, N-n-natalja Sergejewna, dass ich bis dato noch keine Menschen ermordet habe, das war bisher nicht erforderlich. Und ich hatte es auch vorher nie vor, denn ich bin ein Mensch mit auffälligem Äußeren, und das eignet sich nicht für eine derartige Nummer.«

Die Narbe auf der Wange schien rosa. Natascha lauschte bewegungslos.

»Nun, also, in der letzten Zeit waren alle in unseren Kreisen ja empört, dass es Assef gelungen ist, durch die Netze zu schlüpfen. Aber nicht er war es, den ich ermorden sollte, denn dies wäre nicht eben klug gewesen, weil er mich gut kennt. Wir hatten Nachricht erhalten, dass in Belgien der einstige Vorsteher des Polizeidepartements lebte, mit dem Assef zusammengearbeitet hatte, und zwar ohne jegliche Tarnung, dreist und offen, unter seinem eigenen Namen. Ihn zu ermorden war mein Auftrag.«

»Warum hat man Sie beauftragt?«

»Warum? Ich denke, weil es sich um eine absolut unwichtige Angelegenheit handelte, die nichts mit Heldentum zu tun hatte. Kurz: Es gab niemanden sonst, und ich habe mich dazu bereit erklärt. Ich erhielt die Adresse und Instruktionen, wie man jemanden ermordet. Da ich ja in derartigen Angelegenheiten nicht über Erfahrung verfüge und mir so etwas, ehrlich gesagt, nicht gerade l-l-liegt, ja eigentlich sogar z-z-zuwider ist. In diesem Fall war es noch nicht einmal besonders gefährlich, ein einfacher Mord, aber das ist jetzt nicht wichtig.«

Natascha lauschte aufmerksam und dachte: »Was ist Bodrjasin nur für ein Mensch? Er ist stark, gut und man versteht ihn nicht. Er spricht die Wort ›ermorden‹ und ›Mord‹ aus, als scherze er oder spiele mit Worten, aber in seinem Tonfall und dem schiefen Lächeln liegt Trauer und Bitterkeit.«

»Ich f-f-fuhr also los. Als ich dort war, suchte ich die Adresse auf. Es war kein Hotel, sondern eine Wohnung in einem alten B-b-bürgershaus. ›Wohnt hier der und der?‹ ›Ja.‹ Ich klingele. In meiner Hosentasche habe ich die Browning. Lange öffnet niemand, dann höre ich das Schlurfen von Schritten, der Schlüssel wird umgedreht, die Tür öffnet sich und vor mir steht ein älterer Herr mit zerzaustem Haar im Morgenrock. Nun, es war ja noch früh, vor neun. ›Zu wem wollen Sie?‹ Ich nenne den Namen. ›Und in welcher Angelegenheit?‹ – ›Ich habe einen Auftrag aus Paris.‹ – ›Treten Sie ein‹, antwortet er, ›hier herein, ich komme gleich.‹ Und er dreht sich um und verschwindet, vielleicht im Schlafzimmer.«

Bodrjasin beugte sich herunter, nahm die Kaminzange, stocherte mit ihr in den Kohlen herum und Natascha sah, dass ein Gesichtsmuskel auf und ab sprang. Entweder war er aufgeregt oder er lachte.

»Ich trat in ein kleines Arbeitszimmer, das ganz und gar zugestellt war mit Bücherregalen, sehr behaglich und heimelig, und ich habe überhaupt nichts mehr verstanden. Warum ich ihn n-n-nicht sogleich ums Leben gebracht habe? Nun, jemandem in den Rücken zu schießen ist ja irgendwie doch ein bisschen erbärmlich, und bevor er mir den Rücken zuwandte, als er in der Tür erschien, war ich nicht sicher, ob er es denn ist. Ich konnte ja nicht wissen, wie er aussieht, denn wir hatten keine Photographie. N-n-nun denn also, ich warte auf ihn in seinem Arbeitszimmer, sch-sch-schaue mir die Bücher an. Bücher in allen möglichen Sprachen, viele russische. Auch eine russische Zeitung lag irgendwo. Ich muss Ihnen gestehen, dass ich ein wenig au-au-aufgeregt war und deshalb nicht alles so richtig durchdrungen habe. Ich wartete etwa eine Viertelstunde, und er tauchte nicht wieder auf. Anfangs hörte ich, wie es auf der anderen Seite der Wand plätscherte und fauchte, dann war es ruhig. Weitere fünf Minuten – alles ruhig. Und da denke ich plötzlich e-e-erschrocken, ob er sich vielleicht abgesetzt hat, weil er erraten hat, dass ich gekommen bin, um ihn zu e-e-ermorden. D-das wäre doch zu dumm! Und es wäre eine klare Sache, dass ich verhaftet worden wäre. Kaum kam mir dieser Gedanke, sprang ich auf, zog die Browning aus der Hosentasche und rannte zur Tür. Und just in diesem Moment öffnete sich diese, und er kommt mit Kaffee herein.«

»Womit?«

»Mit zwei Tassen Kaffee auf einem T-t-tablett. Und dazu noch Zwieback oder etwas in der Art. Das war, wissen Sie, doch ziemlich ü-überraschend.«

Aus dem Kamin fiel ein Stück Kohle, und Bodrjasin hob es sorgsam mit der Zange auf.

»Sie sollten im Übrigen, Natalja Sergejewna, die Vermieterin wegen eines Eisenblechs ansprechen und das vor den Kamin legen, sonst kann es l-l-leicht zu einem F-F-feuer kommen. Also, er kommt mit dem Tablett herein, immer noch im Morgenrock, aber mittlerweile mit gekämmtem Haar. Ein M-m-morgenrock mit Bommeln. Und da habe ich schon wieder versagt, ich habe mich sogar zurückgezogen. Den Revolver hinter den Rücken, dann unbemerkt wieder in die Tasche. Vielleicht hat er ihn auch gesehen, ich weiß es nicht. Er sagt: ›Ich bitte zu entschuldigen, ich bin nicht ganz auf der Höhe und gerade erst aufgestanden. Vielleicht trinken Sie eine Tasse Kaffee mit mir? Sie sind, wie mir scheint, kein Franzose?‹ Aber wir sprachen Französisch. Ich antworte: ›Nein, ich bin Russe.‹ ›Und welcher Verlag schickt Sie zu mir?‹ Was für eine dumme Situation! Ich beginne zu zweifeln, ob er es wirklich ist. Er fragt mich etwas, und ich schweige und stehe da wie ein Trottel. Dann sehe ich, dass er lächelt, und ziemlich gutmütig – also er war eigentlich richtig sympathisch – fragt er: ›Warum sind Sie denn so verlegen? Vielleicht haben Sie sich geirrt? Sie sind doch nicht gekommen, mich zu ermorden?‹ Und ich antworte: ›Wie kommen Sie denn auf so etwas?‹ ›Nun, weil‹, sagt er da, ›Sie eigentlich recht intelligent aussehen und irgendwie aufgeregt wirken und mein Familienname zu Verwechslungen führen könnte. Selbst der Vorname ist, glaube ich, der gleiche. Und eigentlich warte ich schon lange darauf, dass jemand erscheint, um mich zu beseitigen.‹ Und fängt, stellen Sie sich das vor, an zu lachen. Da bin ich aufgesprungen und habe ihn mit Emphase angeschrien: ›Wer sind Sie? Wollen Sie mich für dumm verkaufen?‹ Wobei ich aber entsetzliche Angst hatte, das g-gestehe ich Ihnen ganz offen, Natalja Sergejewna. Er sagt: ›Ich bin nicht einmal verwandt und lebe jetzt seit mehr als zweiundzwanzig Jahren in Belgien, und zwar immer in dieser Wohnung hier. Ich bin ein alter Emigrant und Bücherliebhaber. Deshalb dachte ich ja zu Anfang, Sie kämen von einem Verlag oder Antiquariat.‹«

Natascha lachte unwillkürlich auf, Bodrjasin aber bedeckte sein Gesicht mit den Händen und es schüttelte ihn – vor Lachen oder unter Tränen. Als er die Hände wieder wegzog, war sein Gesicht ruhig, aber die Narbe über dem Wangenknochen stach besonders deutlich hervor.

»Und?«

»Ja, was nun, und? Ich fiel in den Sessel und lachte, und er lachte auch, das ganze Haus b-b-bebte. Er musste mir sogar Wasser einflößen, denn aus irgendeinem Grund klapperten mir die Zähne. Ich beruhigte mich wieder. Und ich muss sagen, dass ich eine übermäßige Nervosität und absolute Unfähigkeit, Menschen zu ermorden, an den Tag gelegt habe.«

»Sagen Sie, ist das nicht ein schlechter Scherz?«

»Leider ist das die traurige Wahrheit. Als ich nach Paris zurückgekehrt war, ging ich zu denen, die mich geschickt hatten, und sagte zu ihnen: ›Ihr seid T-trottel und Id-idioten.‹ Und ich habe nicht einmal erklärt, warum. Einfach nur: ›T-trottel und Idioten!‹ V-vermutlich sind die jetzt auch noch beleidigt.«

»Aber könnte es nicht sein, dass der Sie einfach angelogen hat?«

»Wer? Dieser alte Herr? Er hat mir später noch seine Papiere gezeigt. Belgischer Staatsangehöriger und dort ansässig seit Jahren. Er gab mir als Erinnerung einige Sonderdrucke seiner bibliographischen Artikel, ganz interessant. Ich habe bei ihm auch zu Mittag gegessen. Welch interessante Begebenheit, nicht wahr?«

Und erneut bedeckte Bodrjasin sein Gesicht mit den Händen. Natascha lachte nicht mehr.

»Wer hat Ihnen denn seine Adresse gegeben?«

»Eine unserer Leuchten aus Belgien hat sie übermittelt.

Unter größtem Geheimnis, und hat dazu noch geraten, man möge sich beeilen, bevor der Vogel ausgeflogen sei. Und wir haben uns beeilt. Id-dioten!«

Dann sagte Bodrjasin:

»Natürlich ist der Terror alles, was uns bleibt. Ich bin nicht blutrünstig und wäre selbst mit einer hohlen Verfassung ein-v-v-verstanden, aber was will man machen, wenn es nicht einmal diese gibt. Die Schwatzbude Duma ist als Institution eine einzige Beleidigung, und die Position der Ausgaben für Stricke im Staatshaushalt wird nicht gekürzt. Das bedeutet, dass nur der Terror bleibt. Kannten Sie Wolodja Masurin in Moskau?«

»Ja, den kannte ich.«

»Also. Dieser Wolodja träumte immer nur davon, ein Dorflehrer zu werden. In den bedeutungsvollen ›Tagen der Freiheit‹ sagte er immer: ›Wie wundervoll! Ich schmeiße das Studium hin und gehe aufs Land, um dort die Kinder zu unterrichten!‹ Und ein halbes Jahr später hat man nach ihm als einem der gewalttätigsten Terroristen gefahndet, der zahlreiche fremde Leben auf dem Gewissen habe. Und man hat ihn gefasst. Sein Bruder, Sergej, hat ihn vor der Hinrichtung im Gefängnis besucht und mir später davon erzählt. ›Wolodja war‹, so hat er gesagt, ›überaus sanftmütig geworden, klar, wir saßen am Tisch und Wolodja hat während unseres Gesprächs ein leeres Blatt Papier in Stücke gerissen. Dann wurde er abgeführt, und die Wachsoldaten sammelten die Papierfetzen ein und steckten sie in ihre Hosentaschen. Ich fragte sie: ›Warum macht ihr das? Ist das ein Aberglaube?‹ ›Nein‹, antworteten sie, ›als Erinnerung. Er ist ein sehr guter Mensch, fast ein Heiliger!‹ Und so etwas über einen Mörder!‹ Das heißt, sie haben etwas Besonderes in ihm wahrgenommen.«

Bodrjasin wandte sich ab und schluchzte befremdlich auf. Dann erhob er sich und ging durchs Zimmer.

Natascha tat, als bemerke sie das nicht, und sagte, um nicht zu schweigen:

»Wolodja war ein ganz wundervoller Mensch!«

»I-ich sage doch, er war ein Heiliger! P-papierfetzen als Erinnerung … Vielleicht haben sie die ja dann in die Ikonenecke gelegt. Oder sie haben sie, wenn sie Karten spielten, in ihre Strümpfe gelegt oder neben ihre Trümpfe. Es heißt, das h-hilft. Zum Verrücktwerden!«

Natascha saß weiter in der Ecke des riesigen Bettes, die Beine angezogen, über den Schultern der Schal aus Sibirien, den Ellbogen auf das Kopfkissen gestützt. Es dämmerte, und vor dem Kamin wirkte Bodrjasin wie ein dunkler und unförmiger Schattenriss.

Der Schattenriss wandte sich ab und sagte unter Anstrengung:

»V-v-verwirrung!«

»Was?«

»V-verwirrung in allen Köpfen! Sie, meine Beste, warten bitte mit jeglicher Entscheidung. Und wenn Sie lange genug gewartet haben, werden wir das alles irgendwie entwirren.«

»Ich warte ja.«

»Also. Man muss den früheren Glauben wieder erreichen und am Schwanz packen.«

»Ich habe meinen Glauben nicht verloren. Ich weiß lediglich nicht, was ich weiter tun soll.«

»Sie haben ihn nicht verloren? Nun, dann sind Sie eine glückliche Frau. Im Übrigen habe auch ich dieses Glück, allerdings nur ein wenig. N-nun, wir werden sehen.«

Sie schwiegen lange. Dann erzählte Bordjasin mit breitem Lächeln noch das Folgende:

»Er war im Übrigen sehr interessant, aber ein wenig naiv ...«

»Wer?«

»Dieser belgische Staatsbürger. Ich habe mit ihm zu Mittag gegessen, es gab Huhn. Er speiste voller Appetit, aber ich war nicht ganz bei mir. Er zog mich in ein Gespräch. ›Interessieren Sie sich für alte Bücher?‹, fragt er mich. ›Nun, etwas, aber ich habe nicht genügend Zeit dafür.‹ ›Ich hätte da nämlich etwas aus Ihrem Gebiet.‹ ›Was meinen Sie, aus meinem Gebiet?‹, frage ich ihn. ›Über die Hinrichtung Ludwig des Sechzehnten, eine russische Ausgabe aus jener Zeit, die sehr selten ist.‹ ›Und warum sollte das mein Gebiet sein‹, frage ich. ›Ja‹, antwortet er, ›das hätte ich wohl nicht sagen sollen, bitte seien Sie nicht gekränkt.‹ ›Das macht doch nichts.‹ Dann aßen wir Süßes zum

Dessert, ich glaube Blinny, ich weiß es nicht mehr genau. Aber die habe ich gegessen, denn die mag ich sehr.«

Bodrjasin wandte sich ganz dem Kamin zu, stützte sich mit den Armen auf die Knie, verbarg den Kopf in den Handflächen und saß so da, bis es im Zimmer gänzlich dunkel geworden war.

Wegscheide

Die ersten Monate des Lebens in Paris waren vergangen. Der Jardin du Luxembourg war bereits fast wie der eigene Garten: der sagenhafte Brunnen mit dem eifersüchtigen Riesen, die Boote der Kinder auf dem Wasserrund. Auch die Silhouetten der Häuser an den Uferstraßen der Seine und die Spitzenrosette von Notre Dame waren mittlerweile vertraut und alles, was sich anzusehen lohnte, im Louvre besichtigt. Anjuta störte die Nacktheit der Statuen und Natascha verspürte kein Gefühl des Entzückens beim Anblick der Mona Lisa, die ihr von der Wand mit einem ausgeblichenen und falschen Lächeln zulächelte.

Mit dem Ernst der Studentin, die aufgrund langer Krankheit einen Großteil des Semesters versäumt hat, versuchte Natascha Vorlesungen an der Sorbonne zu hören. Die fremde Sprache störte sie nicht, aber etwas anderes machte sie beklommen – was sollte sie damit? Und mit der ihr eigenen Aufrichtigkeit antwortete sie sich selbst: Ich brauche das doch überhaupt nicht, das ist nur ein gespieltes Interesse. Und sie besuchte die Vorlesungen seltener, bis sie irgendwann gar nicht mehr hinging.

Was aber war es, das sie brauchte?

Begänne sie das ganze Leben noch einmal von vorn: Die Kindheit in Rjasan und auf dem Land, in Fjodorowka, das Gymnasium, die höheren Kurse. Aber dann käme unausweichlich das Jahr neunzehnhundertfünf – die Revolution, der Aufstand in Moskau. Und wie sehr Natascha auch versuchte, sich ein anderes Schicksal vorzustellen, es lief doch immer wieder auf dasselbe hinaus: Das ruhige Dasein wurde jäh unterbrochen und geriet in den Strudel der Revolution. Sicher hätte sie vieles vergessen, ja sogar aus ihrem Leben tilgen mögen, aber von Olens Antlitz konnte sie sich nicht trennen und vom Gefühl der überstürzten großen Liebe, die sie damals kaum wahrgenommen hatte, weil sie ein kleines Detail in einer Vielzahl von großen und ungewohnten Gefühlen war, aber nun in der Erinnerung größer und wahrhaftiger als alles andere geworden war.

Und die wundervollen Brüder Gracchus, die sie eigenhändig in das Leichentuch der Selbstopferung und des Todes gekleidet hatte und die zum Abschied zu ihr gesagt hatten:

»Vielen Dank. Sie sind fast wie eine ältere Schwester zu uns.«

Nein, all dies aus dem Leben und den Erinnerungen zu streichen war gänzlich unmöglich. Was bliebe denn noch?

Es war, als habe sie einen ausgezeichneten und aufregenden Roman gelesen, nach dem es kaum mehr möglich war, zur Lektüre kurzer gewöhnlicher Erzählungen, lustiger alltäglicher Anekdoten, Reime und Märchen überzugehen. Das Wichtigste lag bereits hinter ihr, das Schwierigste ihres Lebens hatte sich bereits in dessen erster Frühe ereignet. So etwas würde nicht noch einmal vorkommen, und etwas anderes konnte sie sich nicht vorstellen. Es war seltsam und auch ein wenig beängstigend, keine Wünsche mehr zu haben.

Morgen. Ein Tag wie alle anderen begann. Die fürsorgliche Anjuta räumte das gemeinsame Zimmer auf. Sie hatte stets viel zu tun: Entweder sie musste schnell irgendjemanden aufsuchen oder sie hatte Leibhemden und Büstenhalter zuzuschneiden, eine Nachricht zu schreiben oder in der Bibliothek neue Bücher auszuleihen. Anjuta meisterte alles und wurde von allen gebraucht, mit allen kam sie aus und war stets allen zu helfen bereit. Budrjasin entfernte sie einen Fleck vom Ärmel seines Jacketts. Fast ohne Sprachkenntniss verständigte sie sich mit Leichtigkeit mit der Concierge ebenso wie in den Lebensmittelgeschäften, wusste, wo man preisgünstig einkaufen konnte und welches die Markttage im Quartier, in dem sie wohnten, waren. Und dann schaffte sie es auch noch, die Bücher und Broschüren zu lesen, die man ihr gab, damit sie sich rasch fortbilde. Sie fragte nicht, wozu das notwendig sei, und sie zweifelte nicht. Sie glaubte einfach. Natascha blickte mit Neid auf sie. Gleichwohl konnte sie nicht sein wie Anjuta.

Abend. Gewöhnlich kam abends Bodrjasin. Mit ihm war es einfach und leicht, er war ein wahrhaft redlicher Mensch, fragte sie nicht aus, verstand sie. Aber auch Natascha verstand mit weiblicher Intuition: Bodrjasin war nicht glücklich. Er war verlässlich, ergeben und durchaus stark. Man musste ihn einfach respektieren und in ihm den herausragenden Menschen und Freund schätzen. Aber ihn als Mann zu lieben war nicht möglich, Bodrjasin war sich dessen bewusst. Vermutlich war dies auch der Grund, warum er nicht glücklich war. Unterhielt man sich mit ihm, vergaß man, dass er körperlich entstellt war, aber es konnte kein Verlangen erwachsen, ihn körperlich zu liebkosen, obgleich dies doch das war, was er am meisten brauchte. Und wenn sie ihm die Hand zum Abschied reichte, fühlte sich Natascha geradezu persönlich schuldig für alle jungen und gesunden Frauen, die seinen Händedruck ebenso freundschaftlich und wohlwollend erwiderten.

Nacht. Anjuta schlief stets in jenem Augenblick ein, in dem sie ihren Kopf auf das Kissen legte. Dieses glückliche Wesensmerkmal war auch Natascha einst zu eigen gewesen, und selbst im Zuchthaus hatte sie dies von ihren Zellengenossinnen unterschieden. Nun aber schlief sie schlecht und betrachtete oftmals, wenn sie des Nachts aufwachte, den hellen Fleck, den das Licht der Straßenlaterne an die Zimmerdecke warf. Sie dachte nicht nach, aber es gelang ihr nicht, die ungeordneten und ermüdenden und vor allem zu nichts führenden Gedanken zu verscheuchen, die sich entspannen und wieder abbrachen. Sie waren nicht beunruhigend, sondern einfach nur niederdrückend, sogar im Schlaf. Etwas hätte besprochen und entschieden werden müssen, aber was hätte sie anfangen sollen und warum weitermachen? Und so verschob sie es immer wieder, von Stunde zu Stunde und von Tag zu Tag – ohne eine Antwort zu finden. Sich Träumereien hinzugeben, wie Frauen es bisweilen zu tun pflegen, empfindungsvoll, genau und bildreich, lag nicht in Nataschas Natur. Aber es überfiel sie eine körperliche Unruhe, die den Schlaf verscheuchte. Um diese Unruhe zu bewältigen, warf sie die Bettdecke und Laken zurück, damit ihr kalt wurde, bis sie zu zittern begann. Dann deckte sie sich wieder zu und schlief ein.

Und wieder Morgen, ein neuer, überflüssiger Tag.

An einem dieser Tage schaute Bodrjasin unangekündigt mit Schwarz herein, den Natascha eigentlich kaum kannte, sie hatte ihn nur zwei Mal getroffen. Bodrjasin war übellaunig, ungeschickt, schroff und nicht sehr geistreich, und er blieb den ganzen Abend so. Schwarz hingegen war freundlich, ausgeglichen und klug. Er begann zu erzählen und Natascha wurde lebendig, obgleich er ihr nicht besonders gefiel. Sie sprachen vor allem über Russland und die traurigen Nachrichten, die sie von dort erreichten. Ganz anders als die anderen Emigranten hielt Schwarz keine Sonntagsreden und behauptete keineswegs, in Russland gebe es keine Entwicklung, er setzte sogar einige Hoffnungen in die Duma und die Einrichtung der Semstwo.

Auch über Literatur sprach er kenntnisreich und gern, und er verurteilte die Jugend nicht dafür, dass sie sich von den revolutionären Träumereien distanziert hatte. Aber während die anderen voller Leidenschaft und oftmals auch Verbitterung sprachen, war es, als schriebe Schwarz einen bedeutungsvollen und unanfechtbaren Aufsatz, der ihn in keiner Weise emotional berührte. Der Schluss, den er aus alledem zog, stand ohnehin bereits fest, und dieser ergab sich nicht aus den Ereignissen, sondern daraus, dass er, Schwarz, von anderen und sich selbst eine bestimmte Handlungsweise erwartete. Er sagte dies zwar nicht, aber es war zu spüren.

Als er sich verabschiedete, fragte Schwarz Natascha:

»Und, wie ist es, haben Sie sich erholt und sich Paris ein wenig angeschaut?«

»Ach, ich bin ja gar nicht sonderlich erschöpft gewesen.«

»Bodrjasin stellt sich schützend vor Sie, aber ich versuche die ganze Zeit, Sie zur Zusammenarbeit mit uns einzuladen. Natürlich müssen Sie darüber nachdenken, aber können wir wohl einmal darüber sprechen?«

Damit gingen sie auseinander. Als die beiden gegangen waren, erinnerte Natascha sich daran, wie einfach es damals gewesen war, Olen ihre Jugend und ihr Leben anzubieten. Damals hatte sie an die Sache geglaubt, alle hatten dies getan, und es wäre ihr unmöglich gewesen, nicht Teil dieser Sache zu werden. Damals dürstete es viele nach Selbstaufopferung und Aufgabe des persönlichen Glücks. Und heute kam Schwarz zu ihr als einer professionellen Terroristin und erwies ihr die Ehre. Vielleicht hatte er ja recht, und es gab keinen anderen Weg. Aber es gab auch nicht das Gefühl des Glücks noch das der Selbstaufopferung. Am stärksten war das Gefühl der Ausweglosigkeit.

Als Anjuta nach Hause kam, sagte sie zu ihr:

»Vielleicht gehe ich zurück nach Russland, Anjuta.«

Es schien, als habe Anjuta dies lange schon erwartet, und sie antwortete:

»Ja, sicher, Nataschenka, und ich fahre mit Ihnen, wenn Sie mich mitnehmen …«

Alte Bekannte

Über den sechsten Teil der Erde können keine Aussagen getroffen werden wie »In diesem Augenblick schlafen die Menschen dort« oder »In diesem Augenblick sind die Menschen dort wach«. Man kann nicht sagen »Dort herrscht momentan Winter« oder »Es ist dort gerade Sommer«, oder »Alle dort sind satt und zufrieden« oder »Das Land hungert und friert«.

In einer seiner Städte ist es Morgen, in einer anderen zur gleichen Zeit Nacht. In einem seiner Landkreise herrscht ewiger Bodenfrost, der nicht nur die Knochen, sondern auch das Fleisch des Mammuts vor Verwesung bewahrt, in einem anderen pressen braungebrannte Südländer mit den nackten Füßen den Saft aus den Weintrauben.

Dieser sechste Teil der Erde hat nicht nur eine einzige Philosophie oder Liebe, wie es überhaupt nicht nur einen einzigen Glauben oder ein einziges Gesetz geben kann.

Von Zeit zu Zeit berechnet und beschreibt ein kleiner Kreis von Weisen und klugen Männern das Schicksal dieses sechsten Teils der Erde auf Papier. Der Wind trägt die Worte weiter, der Telegraphendraht den Funken der Entscheidung, die Post ein Paket voll mit Anordnungen. Der Wind stößt auf Gebirge, der Funke verlischt in den Sümpfen, im Paket kommen Mulm und Papierlarven an. Wäre es anders, könnten der Geheimrat oder der Volkskommissar tatsächlich den Pfirsichen befehlen, auf dem Grab des Mammuts zu wachsen.

Der sechste Teil der Welt klappert im Schlaf mit den Zähnen und mahlt mit stumpfem Gebiss Geschichte, Politik und den erstklassigen Einband wissenschaftlicher Arbeit. Die Sonne durchschreitet gelassen ihre Ländereien, in einer Stadt ist es Nacht, in einer anderen Morgen, am Kap Tscheljuskin ist es kalt, glühend heiß am Kaspischen Meer, und über Glück und Unglück ist in den Gesetzbüchern nichts festgeschrieben. Der kleine Kreis der klugen Männer ist längst vermodert, der Mammutkörper ruht unberührt im gefrorenen Boden. Das eine Schicksal und die eine Geschichte gibt es nicht: Es gibt Tausende Schicksale und Tausende Geschichten.

Wäre es angebracht, könnte man vielleicht über die schwerfällige und respektable Gestalt des Reisenden und Zeugen der Geschichte Folgendes sagen: Vater Jakow hatte sich in den Weiten Sibiriens abgeplagt. Er war am wundervollen Baikalsee gewesen und hatte seine Schönheit bewundert, war bis nach Wladiwostok gezuckelt, war am Amur und in der Nordmongolei gewesen und an allen großen Flüssen Sibiriens – an der Lena, am Ob und am Jenissej. Er hatte sehr viele Menschen getroffen, unendlich viele neue Freunde gefunden, und überall, wo er war, hatte er kleine Artikel und Aufsätze geschrieben, sodass nicht einmal der dritte Teil davon in den ihm freundschaftlich verbundenen Presseerzeugnissen hätte gedruckt werden können. In Tobolsk hatte er zufällig die Bekanntschaft eines englischen Gelehrten gemacht, der mehr schlecht als recht Russisch radebrechte, und ihn mit teilweise nach eigenen Beobachtungen, zumeist aber nach Erzählungen von anderen zusammengestelltem Wissen über Verbannung und Katorga versorgt.

Wofür andere Jahre brauchten, reichten Vater Jakow Monate. Er hatte nur wenig Gepäck, seine Ansprüche waren gering, seine Reiselust hingegen groß und unstillbar.

Auf einem seiner Wege kam es zu einer absolut unerwarteten Wiederbegegnung Vater Jakows mit Nikolaj Iwanowitsch, ebenjenem alten Bekannten, mit dem er dereinst sein Schuhwerk getauscht hatte: Vater Jakow hatte ihm seine leichten Stiefel übereignet und von jenem im Gegenzug Halbstiefel mit Gummizug erhalten, die dem Fuß des Popen im Sommer sehr angenehm waren. Ebenjener alte Bekannte, der dann urplötzlich verschwunden war, ohne sich verabschiedet zu haben. Und eine Woche später hatte ein Terrorist den Moskauer Stadtkommandanten erschossen und war dafür zum Tode verurteilt, aber in der »Epoche des Vertrauens« mit der Katorga in Sibirien begnadigt worden.

Damals war Vater Jakow bereits zu der Überzeugung gelangt, dass die Person jenes Terroristen mit der seines zufälligen Bekannten identisch sein müsse, und später hatte sich dies bestätigt. Nun traf er ihn zufällig an einer Schiffsanlegestelle wieder, und nur der scharfe Blick des Zeugen der Geschichte vermochte es, im unter der Last eines Sacks Tee gebeugten Schauermann seinen alten Bekannten wiederzuerkennen.

Als Schauerleute arbeiteten gewöhnlich sibirische Halunken, Menschen ohne Namen und Reputation, die heute an einem Ort und morgen schon wieder verschwunden waren. Einer dieser Schauermänner, der sich in nichts von den anderen unterschied und ebenso abgerissen und verdreckt war wie sie, trug eine Brille, wodurch er Vater Jakows Aufmerksamkeit auf sich zog. Dessen Schiff hatte einige Stunden Aufenthalt, und zur Mittagszeit ging Vater Jakow an Land, wo dieser heruntergekommene Mann auf einem Baumstamm saß und Schwarzbrot und ein Bund grüne Zwiebeln aß.

Bedächtig und bescheiden setzte sich Vater Jakow neben den Schauermann und fragte ihn:

»Sie werden wohl noch ein paar Stunden brauchen? Es ist ja eine Unmenge an Ware!«

Der Schauermann blickte ihn schief an und murmelte etwas, zog aus seiner Hosentasche ein abgewetztes Brillenetui

hervor, setzte sich die Brille auf und schaute seinen Gesprächspartner aufmerksam an. Vater Jakow wandte den Blick nicht
ab und sagte lächelnd und, obgleich niemand in der Nähe war,
mit gesenkter Stimme, vorwitzig:

»Bisweilen kommt es ja vor, dass man an unbekannte Orte
fährt und dort einen alten Bekannten wiedertrifft. Und dass
der einen dann gar nicht wiedererkennen will. So etwas gibt
es!«

Der Schauermann kaute seinen Bissen zu Ende, wischte
sich den Mund ab und antwortete:

»Man kann durchaus jemanden wiederkennen, aber man
behält es besser für sich. Sie reisen durch das Land, ehrwürdiger Vater?«

»Bin unterwegs in meinen unbedeutenden Angelegenheiten und schaue mir dabei die Welt an. Die Welt ist groß, aber
den Menschen ist sie doch zu klein. Ich habe Sie nur an der
Brille erkannt, Nikolaj Iwanowitsch. Wir haben in vergangenen Zeiten einmal gemeinsam in einem Zimmer genächtigt.«

»Vater Jakow?«

»Demutsvoller Priester ohne Gemeinde.«

Der Schauermann kratzte sich nachdenklich am Kopf.

»Von unserer alten Bekanntschaft lieber kein Wort. Sie sind,
wenn ich mich recht erinnere, keiner, der gerne schwatzt. Ich
halte mich hier nicht ganz legal auf, bin auf der Durchreise.«

»Das geht mich nichts an, aber ich freue mich über das Wiedersehen. Doch ich bedaure es, Sie bei dieser schweren Arbeit zu sehen.«

»Das ist kein Unglück. Nicht jeder kann ›Jauchze und rüh-
me‹ singen. Ich häufe Kapital an.«

In Gedanken überschlug Vater Jakow, welche Summe er
entbehren und seinem alten Bekannten übereignen könne,
und bedeutete ihm dann, dass er zwar selbst kein allzu großes Auskommen habe, fünf Rubel ihn aber nicht ruinieren
würden. Nikolaj Iwanowitsch blickte den Popen gutmütig an,
dann erstrahlte ein Lächeln auf seinem Gesicht, aber er zögerte ein wenig.

»Nun ja, Euer Ehrwürden. Ich sage es reinen Gewissens,
dass mir das gut zupass käme, denn es ist Zeit, das Weite zu

suchen. Vor allem aber werde ich es hoffentlich zurückgeben können, wenn ich weiß, wie ich Sie finden kann.«

»Das braucht es doch nicht, das ist eine unbedeutende Sache, nehmen Sie es als Zuzahlung für die Halbstiefel. Das waren wirklich wunderbare Stiefel. Gleichwohl hoffe ich, dass auch meine Stiefel Ihnen gute Dienste geleistet haben?«

Nikolaj Iwanowitsch, der sehr viel mehr Namen getragen hatte als Schuhe, lachte mit der Vater Jakow wohlbekannten Gutmütigkeit. Und wie damals, als sie sich zum ersten Mal begegnet waren, war Vater Jakow ganz entzückt darüber, wie eindrucksvoll sich das Gesicht dieses merkwürdigen Menschen veränderte – von übermäßiger Ernsthaftigkeit bis zum kindlichen Lächeln. Zuerst war er waschechter ehemaliger sibirischer Sträfling und dann plötzlich ein liebenswürdiger und gebildeter Mensch, der allerdings ganz augenscheinlich heruntergekommen war und müde an Leib und Seele. Warum er hier gestrandet war und woher und wohin er sich auf verschlungenen Wegen begab – dies zu fragen war nicht möglich, gleichwohl wäre es überaus interessant! Aber selbstverständlich hielt Vater Jakow sich zurück. Sie sprachen nicht über gemeinsame Bekannte, und schon bald bat Nikolaj Iwanowitsch:

»Allzu lange sollten wir uns nicht unterhalten, sonst wird man noch auf uns aufmerksam. Auch hier kann einem alles nur denkbare Völkchen über den Weg laufen. Es wäre besser, wenn Sie Ihrer Wege gingen.«

Sie gaben sich zum Abschied nicht die Hand, sondern nickten sich nur zu. Und der einstige Nikolaj Iwanowitsch sagte mit gutmütigem und sogar heiterem Lächeln:

»Die Schulden lasse ich Ihnen, so meine Sache ein glückliches Ende findet, aus Paris zukommen. Ein hübsches Städtchen. Waren Sie schon einmal dort?«

Vater Jakow hatte sich abgewöhnt, jemals über irgendetwas überrascht zu sein, und antwortete, bereits im Gehen:

»Ein Aufenthalt dort war mir bisher nicht beschieden, aber ich habe Beschreibungen gelesen. Tatsächlich, sehr interessant! Nun denn also, viel Erfolg bei Ihren Unternehmungen.«

Der Schauermann stand auf, verneigte sich und sagte laut:

»Sie haben den Segen vergessen, Batjuschka!«

Vater Jakow hielt inne, wurde rot und kehrte zurück, legte seine linke Hand auf die gefalteten Hände des barfüßigen Schauermanns, führte mit der rechten ein Kreuzzeichen aus und sprach mit angelegentlichem Ernst:

»Durch die Gebete des unwürdigen Priesters möge Gott deine Tage segnen und dir Ruhe schenken und dich alle Übel vergessen lassen. Gehe die Wege der Armen und Leidenden, aber wisse immer, wohin du gehst. Gott sei dein Richter, ich aber, sein demütiger Diener, vergebe dir deine Sünden.«

Er ließ es nicht zu, dass der andere ihm die Hand küsste, zog sie nach unten, drückte sie und entfernte sich würdevollen Schrittes. Der Schauermann verneigte sich tief und sprach wiederum laut:

»Vielen Dank, Batjuschka! Ihr seid unsere Väter, wir Eure Kinder!«

Er lächelte, setzte sich die wie ein Pfannkuchen speckig glänzende Kappe auf, schnäuzte sich gekonnt zwischen Daumen und Zeigefinger zur Seite und ging zu den Transportballen, bei denen sich das sibirische Halunkenpack drängte.

An jenem Tag dachte Vater Jakow, auf dem Schiffsdeck sitzend und die Fahrt genießend, viel über das menschliche Schicksal und die menschliche Zähigkeit nach. Ihm war klar, dass jener Nikolaj Iwanowitsch aus der Katorga oder der Verbannung geflohen und auf dem Weg ins russische Binnenland war. Auf diesem Weg nahm er jede Arbeit an, die sich ihm bot, und riskierte, selbstverständlich, jede Stunde, erneut in die Fänge der Polizei zu geraten. Und da er sich auch an die Gespräche erinnerte, die er früher mit ihm geführt hatte, war er sicher, dass dies nicht seine erste Flucht war, denn bei ihren ersten Begegnungen hatte er von der Taiga, von den sibirischen Flüssen und vom Ural erzählt – er war ein Mensch, der viel gesehen hatte. Und wenngleich sein Haar bereits ergraut war, war er wohl doch nicht viel älter als dreißig Jahre, also sehr jung. Und hatte schon jetzt Erfahrungen für fünfzig. Und doch war er heiter, mutig, stark und klug.

Gleichwohl war – so dachte Vater Jakow – an diesem mutigen Menschenkind unter der großen vorgeblichen Vergnügtheit, selbst bei der Frechheit und außergewöhnlichen Energie auch der Stempel von etwas anderem sichtbar, etwas von Leid und Enthaltung. Er war ein Landstreicher, er war ein Anarchist und Mörder, aber wenn es wirklich einen vielgestaltigen Gott gab, wie Vater Jakow es in seinen Fürbitten sang und dazu das Weihrauchfass schwenkte, dann musste dieser Gott Nikolaj Iwanowitsch unbedingt verzeihen und sich seiner erbarmen, da dieser so großes Leid empfand und nach menschlichem Glück dürstete – nicht nur für sich selbst, sondern für alle Menschen.

Und ist es denn möglich, dass in einem Menschen so viel Böses ist, so viel Gutes und zugleich so viel Liebe und Hass? Dass dies möglich war, daran war kein Zweifel. Wer ist denn schon heilig? Und wer sündig? Wer ist Verbrecher und wer Gerechter? Sich hier zurechtzufinden war durchaus vertrackt, man kann nicht nach dem Anschein urteilen, nach den Taten eines Menschen zu richten ist schwierig, und in die Seele eines jeden Menschen kann man nicht blicken.

Weiter dachte er: »Es kann doch nicht sein, dass er nur aus Spaß den Segen erbat, solch ein Mensch ist er doch nicht! Sicher ist es so, dass er, der nicht gläubig ist, dem Priester eine Freude machen wollte. Und wenn ich meine Hand nicht zurückgezogen hätte, so hätte er sie geküsst. Oder es hat ihn plötzlich einfach nach menschlicher Nähe verlangt, er hatte Sehnsucht nach einer gnädigen Geste, und er hat sich voller Trauer an die Kindheit erinnert. Dass er sich nur einen abträglichen Spaß erlaubt hat, das kann nicht sein!«

Noch lange sann Vater Jakow über all dies nach und beobachtete, wie hinter dem Heck des Schiffes zwei Wellenkämme mit weißem Besatz herliefen. Seine Gedanken waren weise, nicht übereilt, nicht ironisch und ohne Popenschläue.

Auch ihn, der das Leben und alles Lebendige leidenschaftlich liebte, begann das verworrene, fesselnde, unbändige und aufregende, miese und in großer Sünde heilige Leben in Russland zu ermüden.

Ein hartgesottener Wolf

Mit der rechten Hand weit ausholend und mit der linken die Schnur des über die Schultern gelegten Sackes festhaltend, marschierte Nikolaj Iwanowitsch von Osten gen Westen. Alles andere war unwichtig: welche Wälder, Sümpfe, Furten, Dörfer, Städte er auf seinem Weg durchschritt. Das Wichtigste war, seinem Ausgangspunkt, der Katorga in Akatuj, stets den Rücken zugekehrt und das Gesicht stets Moskau und Petersburg – und später, so ihm das Glück lachte, vielleicht gar Europa zugewandt zu haben.

Aus der Katorga war er geflohen, nachdem sein alter Freund sich mit einer Glasscherbe ums Leben gebracht und einen Zettel mit den Zeilen »Genossen, diese Entehrung kann man nicht überleben« hinterlassen hatte. Am Abend zuvor waren einige Häftlinge der Prügelstrafe durch die Wachhabenden unterzogen worden. Nikolaj Iwanowitsch, der dort einen anderen Namen trug, nahm kurz darauf den lange schon gepackten Sack mit Brot, Zwiebeln, Salz, Wäsche zum Wechseln, Tabak und Schwefelhölzern und verschwand, ohne zuvor jemandem Bescheid gesagt zu haben. Wie und auf welchem Weg er das Weite suchte, war niemandem bekannt.

Auch früher hatte es bereits Fälle von Flucht gegeben, und die Vorbereitungen dazu waren immer kompliziert und langwierig gewesen. Die Häftlinge waren in einem Kohlfass mit doppeltem Boden transportiert und mit allem für den langen Weg Notwendige ausgestattet worden, für dessen Etappen mit Hilfe in der Verbannung Lebender ein Pferd, ein Boot, ein Passeport und Geld organisiert wurde. Bei den Appellen antworteten andere für sie und ihre Flucht wurde so lange wie möglich geheim gehalten. Und selbst unter diesen Bedingungen war die Flucht ein großes Risiko und ihr erfolgreicher Ausgang fraglich. Nikolaj Iwanowitsch ging einfach fort, ganz ohne fremde Hilfe und ohne Absprachen mit anderen und ohne seine Pläne jemandem zu offenbaren, einfach der Nase nach, allein im Vertrauen auf seine Erfahrung und sein maßloses Glück. Im Grunde aber war dies nur eine andere Form des Selbstmords: Sein Freund hatte sich mit einer Glasscherbe ums Leben gebracht, er hingegen hatte beschlossen, das Schicksal länger herauszufordern.

Niemand half ihm über die Pfade durch die Wälder, niemand verband die geschundenen Beine oder hielt den schmerzenden Kopf auf den Knien, wenn er sich im Fieber auf vertrocknetem Reisig und Laub hin- und herwarf. Die Richtung bestimmte er mit seinem Blick und nach den Sternen, ohne Karte und Kompass, allein nach dem Gespür. Niemand weiß, wie es dazu kam, dass er im zweiten Monat seiner Flucht einem Siedler beim Abdichten von dessen Hütte half und eine Woche lang dort ein Gnadenbrot erhielt, und dass er im dritten Monat frohgemut mit einem kleinen Zweig gegen neue Stiefel klopfte, und dass er, da er das Pferd eines Bauern kuriert hatte, sich ein Paar alte Velourshosen und zwei Paar Fußlappen verdient und sich das völlig zerschlissene Jackett im Tausch gegen das eigene, das so mürbe war, dass es ihm schon von den Schultern fiel, durch Raub an einer in einem Garten stehenden Vogelscheuche angeeignet hatte. Einen halben Monat später verkaufte er das Boot, mit dem er wohl hundert Werst zurückgelegt hatte, und begann »Kapital anzuhäufen«, indem er als Schauermann am Hafen arbeitete. Und allein das scharfe und neugierige Auge des Zeugen der Geschichte war in der Lage gewesen, in dem braungebrannten und räudigen sibirischen Halunken den alten Bekannten wiederzuerkennen.

Nach dieser Etappe war der Weg leichter und gefährlicher. Die Dörfer und Städte wurden zahlreicher, die Menschen weniger freundlich gesinnt, die Polizei vielzähliger und hartnäckiger.

Auf einer Etappe seiner Strecke schloss er sich einer Gruppe von Vagabunden der übelsten Sorte an. Mit ihnen kam er im Unterdeck eines Schiffes unter, und wenn es unterwegs zu einer Polizeikontrolle kam, die nach flüchtigen politischen Häftlingen fahndete, begann Nikolaj Iwanowitsch, ohne im Geringsten auf sie zu achten, sich beim Spiel mit den speckigen Karten mit seinen Gefährten derart aufzuplustern und mit Gossenwörtern um sich zu werfen, dass die Polizisten nicht im Entferntesten auf die Idee kamen, unter diesem Halunkenpack könne sich ein Mensch von Bildung befinden.

So schaffte er es bis Tomsk, mit Umsicht und Risiko fand er jemanden, der ihm half, und fuhr, nachdem er den Bart rasiert und die sorgsam gehütete Brille geputzt hatte, als Dorflehrer mit dem Zug weiter, mit wenig Geld zwar, aber mit einem anständigen Passeport, dessen Angaben er verinnerlicht hatte, damit er, sollte es notwendig sein, ohne Fehler und Schnitzer Fragen zur Person beantworten könne.

Er lauschte dem gleichmäßigen Geräusch des dahinjagenden Zuges und wunderte sich, dass er am Leben und wohlauf war. Es war für ihn wie eine zweite Geburt, und er betrachtete liebevoll seine rau gewordenen Hände voller Schwielen und Striemen und mit kaputten Nägeln. Er trug ein reines, blaues Hemd mit weichem Kragen und schmaler, geflochtener Krawatte und darüber eine Weste und ein dazu passendes Jackett, in dem er selbst in einer größeren Stadt kein Aufsehen erregt hätte. Und er las eine an einem der Bahnhöfe erstandene Zeitung. Es gab also tatsächlich auch so ein Leben.

In Moskau kam Nikolaj Iwanowitsch mit dem für ihn günstigen Morgenzug an, und der ganze Tag lag vor ihm. Unmittelbar nach der Ankunft begab er sich zu einem Arzt in der Karetnaja-Sadowaja, bei dem er nur kurz blieb und mit einer neuen Adresse fortging, zu der er sich am selben Tag noch begab. Aber selbstverständlich war es unmöglich, alles auf einmal zu erledigen, und so kam es zu Verzögerungen. Das Parteikomitee verfügte nicht über ausreichende Mittel und er musste äußerste Vorsicht walten lassen, da er es mit zahlreichen neuen und ihm nicht bekannten Menschen zu tun hatte, sodass er auf den neuen Auslandsreisepass warten musste, wenn er die Grenze nicht auf illegalem Wege überqueren wollte, aber dieser Weg war zu jenem Zeitpunkt nicht eben sicher, ja sogar gefährlich.

Einen solchen Weg zurückgelegt zu haben, wie er es getan hatte, und auf der Schwelle zu Europa verhaftet zu werden – dieses Schicksal überzeugte Nikolaj Iwanowitsch nicht. Da war es doch besser, etwas abzuwarten und sich während dieser Zeit nur wenig auf den Straßen zu zeigen. Auch diese Woche brachte er herum, und zwar, indem er als eifriger Pilger zu Fuß zum Kloster des Heiligen Sergius wanderte. Am verabredeten Tag kehrte er nach Moskau zurück, sicher, keinen Schwanz von Beobachtern hinter sich hergezogen zu haben, und begab sich zur bestimmten Stunde in die ihm genannte konspirative Wohnung.

Niemand war unterwegs, selbst der Hauswart war nicht zu sehen. Es war noch früh, die Hausbewohner waren wohl gerade erst aufgestanden. Das war günstig.

Wochen war er durch die Taiga gewandert, ohne Angst. Hatte mit Vagabunden kreuz und quer liegend auf vollgespucktem Boden gelegen und nicht schlechter geschlafen als in einem weichen Bett. Im Zug hatte er sich gleichmütig mit seinen Reisegefährten unterhalten und bei niemandem Verdacht erregt. Aber nun, da alles einfach war, nun, auf der letzten Etappe seines Leidensweges, auf die schließlich die wahrhafte Freiheit und Erholung folgen sollte, vielleicht Paris, vielleicht auch Italien, empfand er widersinnige Furcht, und seine Beine zitterten sogar etwas. Zuvor hatte er stets selbst für seinen Schutz gesorgt und die Wege und Pfade gewählt, und nun musste er wohl oder übel anderen vertrauen.

Die Mütze tief ins Gesicht gezogen, betrat Nikolaj Iwanowitsch das Haus. Als er die Treppe zum ersten Stock hinaufstieg, fiel die Eingangstür unten schwer ins Schloss. Er hielt einen Augenblick inne und beschloss dann, kein Anfänger zu sein und nachzusehen, warum die Tür zuschlug, wenn doch am Eingang niemand zu sehen gewesen war. Er stieg die Treppe wieder hinab, griff nach der Klinke und öffnete vorsichtig die Tür – sie zu schließen vermochte er jedoch nicht mehr. Hinter der Tür standen drei Mann, und von oben waren Schritte zu hören. Verzweifelt stürmte er auf die Straße und geriet in die Arme des Gegners. Er konnte nur noch bedauern, dass seine Moskauer Genossen ihm keinen Revolver hatten beschaffen können, sonst wäre es jene, die ihm die Freiheit stehlen wollten, teuer zu stehen gekommen. Mit aller Kraft des Schauermann und sibirischen Ganoven schlug er seinen Gegnern die Zähne ein, biss und trat um sich, aber mit fünfen konnte er es nicht aufnehmen. Als sie sich auf ihn geworfen hatten und zu Boden drückten, gab Nikolaj Iwanowitsch die Spannung in den Muskeln auf und rief, so gelassen, wie es ihm möglich war:

»Lasst gut sein, Freunde, überanstrengt euch nicht. Ihr habt mich ja!«

Ganz außer Atem drehten sie ihm die Arme auf den Rücken, dass es schmerzte. Er stöhnte und widersetzte sich nicht. Er schaute finster und amüsiert zu, wie einer der fünf, sich vor Schmerzen krümmend, die Hand mit einer Bisswunde rieb, und sah alle mit dem Blick der Katorga und der Taiga an.

Jener, der unter ihnen offensichtlich das Kommando führte, sagte zu den anderen:

»Da haben wir ja einmal keinen jüdischen Schleim! Das sieht man sofort, das ist einer von uns, ein hartgesottener Wolf!«

Der Sprung

Sie stießen den starken Mann in eine Mietdroschke, drückten seinen Kopf auf die Knie, zwei hingen über ihm, der dritte trieb den erschreckten Kutscher zur Eile. Man brachte ihn in eine Arrestzelle auf einem Polizeirevier. Wen sie da festgenommen hatten, entzog sich absolut ihrer Kenntnis. Durch diesen Hinterhalt, der aufgrund von Denunziation unter dieser Adresse hatte eingerichtet werden können, war innerhalb von zwei Tagen ein gutes Dutzend Verdächtige festgenommen worden.

Schwer atmend unter dem Druck der Polizistenstiefel ergriff Nikolaj Iwanowitsch Maßnahmen. Die niedergedrückte Haltung erwies sich dafür gar als günstig. Mit den gefesselten Händen schob er die Weste zurück und zog aus der kleinen Innentasche einen Zettel mit Adressen und drei Rubel. Den Zettel aß er auf und die drei Rubel steckte er in den Stiefelschaft. Die Fahrt war lang genug, um dieses geheime und beschwerliche Unterfangen erfolgreich abzuschließen.

Die Befragung im Polizeirevier an der Pretschistenskaja war kurz: Wer sind Sie und zu wem wollten Sie? Nikolaj Iwanowitsch antwortete gelassen, besonnen und ehrerbietig:

»Ja, Euer Wohlgeboren, wie kann man denn jemanden festnehmen und dann erst seinen Namen in Erfahrung bringen? Den Namen sollte man doch vorher wissen, dann muss man ihn auch nicht erfragen.«

Der Gehilfe des Polizeihauptmanns antwortete erbost:

»Du brauchst uns keine Lehren erteilen. Und keine Ausflüchte. Wenn ich frage, hast du zu antworten!«

Und Nikolaj Iwanowitsch erwiderte in derselben dümmlich-würdevollen Art:

»Das ist doch nicht Recht! Und auch nicht nach dem Gesetz!«

Er hatte gleich begriffen, dass er mit zahlreichen anderen, die dieselbe konspirative Wohnung aufgesucht hatten, in eine groß angelegte Verhaftungsaktion geraten war und dass man nicht wusste, wer er war. Aber wenn sie das zum jetzigen Zeitpunkt auch noch nicht wussten, so konnten sie es doch in Erfahrung bringen, und dann stünde es schlecht um ihn.

Man unterzog ihn einer Leibesvisitation, konfiszierte seine Geldbörse, den Dreirubelschein jedoch fanden sie nicht. Den Passeport hatte er nicht bei sich, denn als jemand mit Erfahrung hatte er ihn vor seinem Treffen im Koffer hinterlegt, den er in der Gepäckaufbewahrung aufgegeben hatte.

Das Wichtigste war, den Gleichmut nicht zu verlieren. Er bedauerte es, sich bei der Festnahme widersetzt zu haben, denn es wäre besser gewesen, ganz und gar den Naivling zu spielen. Nun galt es, alle Energie zu bewahren. Nachdem man ihn in die Einzelzelle gesperrt hatte, kleidete er sich zuerst vollkommen aus, wusch sich mit kaltem Wasser, absolvierte einige Leibesübungen und machte sich mit der Umgebung vertraut.

Die Arrestzelle eines Polizeireviers ist für jemanden, der mit den sibirischen Durchgangsgefängnissen und der Katorga vertraut ist, lediglich die Karikatur eines Gefängnisses. Die Fenster waren zwar vergittert, aber die Nachbarhäuser waren zu sehen. Hinter der niedrigen Mauer des Revierhofs lag die Straße, direkt gegenüber dem Revier das Tor eines Wohnhauses. Etwas weiter entfernt waren ein Kirchhof und eine Querstraße. In den Zaun waren keine Glasscherben oder Nägel eingehauen, was sehr gut war. Die Arretierten wurden einmal am Tag unter Bewachung einzeln zum Hofgang geführt. Der Aufseher trug einen Revolver, der Wachposten am Hoftor hatte ein Gewehr. Das Tor war nicht verschlossen, denn ständig gingen Leute, die entweder die Schreibstube des Reviers oder die Kanzlei des Friedensrichters aufsuchten, hinein oder heraus.

Am ersten Tag wurde Nikolaj Iwanowitsch nicht zum Hofgang geführt, aber er erhielt das Essen. Seine Essensration aß er bis zum letzten Krümel auf, um Leib und Seele zusammenzuhalten. Gegen Abend klopfte jemand im Gefängnismorsealphabet gegen die Wand und forderte zur Unterhaltung auf, aber der neue Häftling antwortete nicht. Ihm war nicht danach, sich mit derlei Läppereien zu beschäftigen. Überhaupt war er den Moskauer Genossen richtig dankbar. Sie hatten es wirklich gut hinbekommen, ihn wieder ins Gefängnis zu bringen!

Er verbrachte den ganzen Tag bis zur Dunkelheit am Zellenfenster, beobachtete das Treiben auf dem Hof und studierte die umliegenden Straßen anhand der Ausrichtung der Dächer. Es gab kein überflüssiges Wissen, und diese Ecke Moskaus war ihm nicht allzu gut bekannt. Als er alles genau überdacht hatte, befand er, dass er sich beeilen müsse, aus dem Arrest zu fliehen, bevor man anhand von Fahndungsfotos seine Identität herausgefunden habe. Er wartete, bis man ihn zum Hofgang führte. Dies geschah am nächsten Morgen, und er versuchte mit dem Aufseher ins Gespräch zu kommen, aber der brummte nur erbost. »Dreh deine Runden und halt den Mund!« Wohl zehn Minuten spazierte er mit den Händen in den Hosentaschen im Hof herum. Der Aufseher blieb nicht einen Schritt hinter ihm zurück, und der Wachposten am Tor beobachtete das Geschehen aufmerksam. Dann war ihm das Glück also an diesem Tag nicht hold, und er wollte kein unnötiges Risiko eingehen. Ein weiterer Tag verging, ohne dass sich etwas Neues ergab. Aber länger als drei Tage in der Arrestzelle zu verbringen war nicht ratsam, denn danach konnte er ins Zuchthaus überführt werden. Am dritten Tag war er auf den Hofgang bestens vorbereitet, hatte den Gürtel der Hose gut festgeschnallt, ein paar Leibesübungen gemacht und seine Muskeln trainiert, die Stiefelschäfte hochgezogen und das Jackett zugeknöpft, sogar die Haare zurückgestrichen und die Mütze aufgesetzt. Schwungvoll und heiter trat er mit einem Lied auf den Lippen auf den Hof hinaus, und der Aufseher begann von sich aus ein Gespräch:

»Was bist du so gut gelaunt?«

»Warum sollte ich es nicht sein! Ich werde heute entlassen.«

»Da kannst du lange warten!«

Es war derselbe Aufseher wie am Tag zuvor, aber heute war er ein wenig zerstreut. Er hatte es über, jeden Tag die Häftlinge bei ihrem Hofgang zu begleiten. Er blieb um ein paar Schritte hinter Nikolaj Iwanowitsch zurück, und nach der Kehre war er dann vor ihm, mit dem Rücken zum Häftling. Zur gleichen Zeit kam ein Mädchen mit einem Korb zum Wachposten am Tor, vermutlich dessen Tochter. Nikolaj Iwanowitsch prüfte rasch mit einer Hand, ob alle Knöpfe des Jacketts geschlossen waren, mit der anderen drückte er die Mütze fest, und dann war er verschwunden. Dies geschah derart unerwartet, dass er selbst von seinem Erfolg fast überrascht war. Mit drei leichten, großen Sätzen war er am Zaun, sprang hoch, zog sich hinauf, berührte ihn kaum mit seinen Knien und warf seinen Körper blitzschnell auf die andere Seite. Dort rannte er auf die andere Seite der Straße und schlüpfte schnell durch ein Haustor. Der Hof dieses Hauses war leer, über den dortigen Zaun zu klettern und in den Hof des an derselben Straße gelegenen Nachbarhauses zu gelangen war ein Leichtes. Dort stürzte sein Plan in sich zusammen, denn hier stand ein hoher, mit Nägeln gesicherter Zaun. Während er überlegte, was zu tun sei, kam auch schon der Hauswart angerannt:

»Wer ist da? Was wollen Sie?«

Nikolaj Iwanowitsch blickte mitleiderregend und rieb sich den Bauch:

»Ich muss mich etwas setzen, Bruder. Hab zu viel Erbsen gegessen, ich kann nicht mehr.«

Aber der Hauswart war nicht dumm.

»Ach, der Bauch tut dir weh, aber über Zäune kannst du springen! Von dieser Sorte treiben sich hier so einige herum.«

Nikolaj Iwanowitsch zog sein Brillenetui aus der Tasche und hielt es dem Hauswart an den Kopf:

»Sei ruhig, sonst ist es vorbei mit dir, bevor du auch nur einen Ton sagen kannst!«

Der Hauswart bekam es mit der Angst und wich ins Torhaus zurück. Nikolaj Iwanowitsch drohte noch einmal mit seinem Brillenetui, trat den Rückzug zum Tor an, ging auf die Straße und blickte sich um. Er befand sich schräg gegenüber dem Tor des Reviers. Dort herrschte allgemeiner Aufruhr, der Wachposten war auf die Straße gerannt, ebenso der fassungslose Aufseher, Polizisten liefen hin und her und suchten alle Winkel ab. An der Straßenecke trat der Reviervorsteher auf der Stelle und fuchtelte mit dem Revolver herum.

Wenn er zu rennen begänne, entdeckte man ihn sofort und nähme ihn fest. Deshalb ging Nikolaj Iwanowitsch gelassen, mit seinem Brillenetui spielend, über die Straße in Richtung des Reviertors. Da alle in andere Richtungen blickten, nahm niemand Notiz von ihm. Dann ging er, ebenso ruhig und langsam und sich die Nase putzend, zur Straßenecke, an der der Reviervorsteher stand, der nicht wusste, wohin er seine Leute auf die Jagd nach dem Entflohenen schicken sollte.

Einige Polizisten überholten Nikolaj Iwanowitsch, einer stieß ihn gar im Laufen mit dem Ellbogen. Nikolaj Iwanowitsch ging ruhig bis zur Straßenecke, hielt dann bei dem Polizeibeamten inne und erkundigte sich höflich:

»Was ist denn hier los, Euer Wohlgeboren?«

Der Reviervorsteher drehte sich nicht einmal um und trieb zur Eile:

»Gehen Sie weiter, mein Herr, gehen Sie weiter!«

Und Nikolaj Iwanowitsch bog, ohne seinen Schritt zu beschleunigen, folgsam nach rechts ab. Zu seinem Glück kam gerade eine Straßenbahn. Er wartete einen Augenblick und sprang während der Fahrt auf. Der Dreirubelschein, den er ins Futter des Jacketts geschoben hatte, kam ihm zupass. Der Schaffner gab ihm das Wechselgeld, doch der Fahrgast stieg schon an der zweiten Haltestelle an einem staatlichen Weinausschank wieder aus.

Wenig später trat ein Fabrikarbeiter in angeheiterter Stimmung mit einer Viertelliterflasche Wodka in der Hand aus dem Ausschank, riss am Zaun die Versiegelung der Flasche auf und schüttete ihren Inhalt herunter. Den Hemdkragen weit aufgeknöpft, das Jackett über die Schulter geworfen und die Mütze ins Genick geschoben, ging er mit beseeltem und schmachtendem Blick, aber auf Beinen, die ihm gut gehorchten, seines Weges.

Dann kaufte er bei einer Straßenhändlerin ein Pfund Erdbeeren und lief mit verschmiertem Mund, ein Liedchen vor sich hin brummend, durch die Straßen des gastfreundlichen Moskau. Und obwohl die Stadt gastfreundlich ist, schien es ihm ratsam, sich ein wenig aus ihr zu entfernen und in einen Vorort zu begeben.

Das Wetter war gut und Nikolaj Iwanowitsch, der ganz Sibirien zu Fuß durchquert hatte, schreckte ein solcher Fußmarsch nicht.

Der sprechende Pudel

Ein Mann von kleinem Wuchs und schlechter Erbanlage, von einer gewissen geistigen Beschränktheit, die es ihm nicht erlaubte, den Wahnwitz der Rolle zu begreifen, die ihm zu spielen zugewiesen war, war aus Petersburg nach Hessen-Darmstadt gereist und machte im Schloss Friedberg Station. Obwohl keinerlei Zweifel an den persönlichen Eigenschaften dieses Mannes bestanden, rief jeder seiner Schritte die Aufmerksamkeit der gesamten Welt hervor und wurde von feinsinnigen Politikern interpretiert. Dies lag darin begründet, dass dieser Mann und einige seiner Vorfahren den Rang des russischen Zaren bekleideten.

Ganz besonderes Interesse an der Auslandsreise Nikolajs zeigte eine Gruppe junger Leute auf der französischen Île d'Oléron. Die kleine Insel ist mit Nadelwald bewachsen und ihr nördlicher, dem Ozean zugewandter Teil nur dünn besiedelt, während im südlichen, dem Festland zugewandten Teil einige Badeorte zu finden sind. Die Gruppe russischer Touristen hatte ein großes Sommerhaus im abgelegenen Teil gemietet, wo sich der Strand über Kilometer erstreckt, das Meer sich bei Ebbe nicht weit zurückzieht, kaum Sommerfrischler anzutreffen waren und die örtliche Bevölkerung mit der Gewinnung von Baumharz und der Arbeit auf den Austernfeldern beschäftigt ist.

Daran, dass der Mann von kleinem Wuchs ums Leben gebracht werden müsse, zweifelte niemand in dieser Gruppe. Für seine Ermordung waren finanzielle Mittel zusammengetragen worden, und einige der jungen Leute meinten, es könne ihnen kein größeres Glück beschieden sein, als für diese Angelegenheit am Galgen zu baumeln. Eine gewisse Überspanntheit dieser jungen Menschen bestand darin, dass sie jede ihrer Handlungen mit Prinzipien abstimmten, die ihnen eine Revolutionspartei vorgegeben hatte, mit anderen Worten, eine Gruppe anderer junger und alter Menschen, die in ihrem Verhalten nicht ganz so entscheidungsfreudig waren, aber als große Autoritäten hinsichtlich der moralischen Bewertung menschlichen Handelns und dessen Zweckmäßigkeit anerkannt waren. Das Zentralkomitee dieser Partei war im Prinzip gegen die Ermordung, schwankte aber hinsichtlich der Frage, ob ein Attentat auf den Zaren im Ausland durchgeführt werden könne, das zahlreichen Revolutionären und politischen Emigranten sichere Zuflucht bot.

Solange die Frage erörtert wurde, beeilte sich die Gruppe auf der Île d'Oléron, die Lage zu studieren und die Möglichkeiten auszuloten. Und selbstredend kam weder den internationalen Polizeibehörden noch dem im Schloss Friedberg weilenden Gast in den Sinn, dass zur Beschäftigung mit der zu untersuchenden Frage ein Abgesandter der Gruppe eilends nach London zum Studium im Britischen Museum gereist war.

In London kaufte der Abgesandte Bodrjasin eine Unmenge von Zeitungen, sah alle Meldungen über die ersten Tage des Aufenthalts des Zaren in Hessen-Darmstadt durch und verbrachte täglich einige Stunden in der Bibliothek mit dem Studium von Karten und Plänen, die sich auf Hessen-Darmstadt und das Schloss, in dem sich der Zar aufhielt, bezogen. Man hatte ihm fünf Tage zugestanden, und diese Zeitspanne war absolut ausreichend, um über das Schicksal Nikolajs II. zu befinden: Es erwies sich, dass ein Attentat tatsächlich durchführbar war, und zwar einfacher sogar als in Petersburg. Den Zeitungen nach zu urteilen promenierte der Zar zudem durch die Stadt! Am sechsten Tag kehrte Bodrjasin, in derartigen Angelegenheiten stets überaus korrekt, nach Frankreich ins alte Hugenottenstädtchen La Rochelle zurück, von wo aus drei Mal in der Woche ein Schiff auf die Île d'Oléron übersetzte.

Er traf am Abend ein, das Schiff legte am frühen Morgen ab. Deshalb nahm er ein Zimmer im großen, in Hafennähe gelegenen Hotel »Kommerz« und ging zu Bett.

Sein Zimmer lag zu einem Platz, auf dem ohne Unterlass ein Karussell klingelte, die Wagen einer Achterbahn polterten, Glücksräder schrillten und schepperten und aus jeder Schaubude andere Musik ertönte. All diese Geräusche drangen in sein Zimmer. Der Platz war von elektrischem Scheinwerferlicht erleuchtet, und weder Fensterläden noch Vorhänge konnte verhindern, dass dessen Helligkeit ins Zimmer gelangte. Bodrjasin wälzte sich die halbe Nacht im Bett herum, und als die Lichter verloschen und der Lärm verstummt war, stieß er das Fenster auf und blickte auf den Platz hinaus, auf dem Arbeiter ohne Eile die Schaubuden abbauten.

Er fand keinen Schlaf.

Bodrjasin war der Sohn eines Dorfpopen und stammte aus dem Gouvernement Ufa. Ihm war Glück beschieden gewesen, denn nach dem Priesterseminar hatte er die Universität von Kasan besuchen können. Danach der ganz gewöhnliche Lebensweg eines Intellektuellen: Er hatte sich der Studentenbewegung angeschlossen, war für einige Zeit in die Verbannung geschickt worden, zurückgekehrt, wieder Teilnahme an illegalen Aktionen, Gefängnis, Flucht, wieder Gefängnis, Sibirien, wo er verkrüppelt und entstellt wurde, wieder Flucht, Revolution, Aufenthalt in Finnland und schließlich Emigration. Während der vier Jahre in der Emigration war er drei Mal illegal nach Russland gereist und hatte sich der Kampfgruppe von Schwarz angeschlossen, aber aufgrund seiner »besonderen Kennzeichen«, der Narbe, die sich durch das ganze Gesicht zog, war seine Mitwirkung auf kleinere Einsätze wie die Reise nach London beschränkt.

Bodrjasin blickte auf den mittlerweile ruhig gewordenen

Platz und sann über die Frage nach, die ihn während der ganzen letzten Tage beschäftigt hatte. Schwarz selbst konnte sich am Attentat nicht beteiligen, er war ja der führende Kopf und keine ausführende Kraft. Am geeignetsten wäre eine Frau, aber welche der vier? Selbstverständlich nicht Dora, die zwar verlässlich, aber nicht sehr gescheit und auch nicht mehr jung war. Sie kam als Mieterin für konspirative Wohnungen in Frage. Xenia Wischnewskaja, die »Gottesmutter der Partei«, war sterbenskrank, und es war unklar, warum sie überhaupt weiterhin Mitglied der Gruppe blieb. Natascha und Jewgenija Konstantinowna. Natascha beherrschte weder Deutsch noch Englisch und war für die Rolle der Touristin gänzlich ungeeignet. Darüber hinaus konnte sie, die von Schwarz angeworben werden sollte, noch nicht als volles Mitglied der Kampfgruppe angesehen werden. Jewgenija Konstantinowna war, so sie denn zustimmte, am besten geeignet. Schwarz müsste selbstverständlich mit ihr fahren, vielleicht noch jemand zur Unterstützung, allerdings keinesfalls Petrowski, der sich bisher keiner Bewährungsprobe unterzogen hatte und etwas leichtfertig schien, den Schwarz aber aus irgendeinem Grund bemutterte.

Im Licht der Straßenlaterne unterhielt sich der Nachtwächter mit seinem Pudel. Der Alte kaute etwas, das er aus seinem Bündel holte, und der Pudel wartete, dass ihm ein Stückchen zufiel. Ungeduldig begann er zu jaulen, mit den Pfoten zu trampeln und wedelte mit dem Schwanz. Der Alte mümmelte weiter und sagte dann lehrmeisterlich:

»Veux-tu te taire? Sei ruhig! Zuerst ist der Herr dran, wenn du geduldig bist, bekommst du den Rest.«

In der Stille, die über dem Platz lag, wurde der Schall der Stimme des Alten klar zu Bodrjasin herübergetragen. Dieser beobachtete das friedliche Bild und dachte:

»Der Herr selbst entscheidet.« Schwarz war mutig und klug. Aber das letzte Fiasko in Petersburg hatte die Gruppe ausbluten lassen. Die verbliebenen Mitglieder waren mit den früheren absolut nicht zu vergleichen. Allein Rinaldo, ein frischer und gesunder Mensch, war vielleicht aus ähnlichem Holz geschnitzt. Und der würde in Russland gebraucht, falls die Sache hier auch missglückte. Alle anderen waren die kläglichen Reste einer zerschmetterten Armee. Es brauchte Junge und Starke, aber woher sollten die kommen? Rinaldo und Natascha?

Bodrjasin schloss die Augen und stellte sich einen jungen, gut aussehenden Gelehrten vor, der entweder der Botaniker oder Rinaldo genannt wurde und dessen wirklichen Namen außer Schwarz niemand kannte. Er war vor noch nicht allzu langer Zeit zur Gruppe gestoßen, hatte eine wissenschaftliche Studienreise in den Wind geschrieben und war von Schwarz zu einem Spanier mit Namen Rinaldo gemacht worden. In den Plänen von Schwarz spielte Rinaldo eine besondere Rolle, so es denn gelänge, die terroristische Organisation in Russland neu zu beleben. Und neben Rinaldo sah Bodrjasin Natascha, braun gebrannt und von der Luft der Tannenwälder erfüllt, ganz anders als die anderen Frauen ihrer Gruppe.

Der Alte auf dem Platz belehrte den Pudel:

»Und nun hast du gefressen und liegst wie tot da. Aber was ist deine Aufgabe? Du bist mein Gehilfe, du bist der Wächter. Dir steht es nicht an zu schlafen. Der Herr darf ein Nickerchen machen, aber du hast zu schauen, ob auch alles in Ordnung ist.«

Die kühle Meeresluft und die Stille machten Bodrjasins Kopf schwer, die Gedanken und Bilder in seiner Vorstellung bewegten sich langsamer. Das friedvolle Geplapper des Wächters, die hallenden, wie auf das Pflaster gravierten Schritte. Bodrjasin war zunächst absolut nicht überrascht, als der Pudel auf die Belehrungen seines Herrn auf Russisch antwortete:

»Wie Sie sehen, gebe ich mir Mühe.«

Mit veränderter Stimme, nun auch auf Russisch, antwortete der Alte:

»In Momenten wie diesen, mein Bester, kann man Karriere machen, lassen Sie die Chance nicht verstreichen.«

Bodrjasin wurde plötzlich wieder wach, lehnte sich aus dem Fenster und blickte hinunter. Am Hoteleingang verabschiedeten sich zwei Männer voneinander. Sie sprachen leise, aber jedes ihrer Worte war überdeutlich zu verstehen.

»Nun denn, ich wünsche Ihnen Erfolg! Und lassen Sie vor allen Dingen Vorsicht walten!«

Die Bodrjasin bereits bekannte Stimme erwiderte:

»Seien Sie unbesorgt.«

»Und Sie wissen ja, im Falle eines Falles …«

»Aber natürlich.«

Eine Tür schlug, und die beiden verabschiedeten sich rasch voneinander. Der eine betrat das Hotel, der andere winkte ihm zu und marschierte zackig über den Platz zurück.

Seine Gestalt und sein Gang waren Bodrjasin unbekannt. Da er fürchtete, der andere werde sich umdrehen, zog Bodrjasin sich vom Fenster zurück und trat ins Dunkel des Zimmers. Dann ging er zur Tür, öffnete sie leise und horchte. Es waren keine Schritte zu hören, aber auf einem der Stockwerke öffnete jemand eine Tür mit einem Schlüssel.

Bodrjasin zog das Fenster zu, legte sich ins Bett und sagte flüsternd vor sich hin:

»Ei-ein jeder hat das Recht auf geheimnisvolle B-bekanntschaften. V-verdammt noch mal!«

Das Sommerhaus
auf der Insel

In jenem Sommer also hatten sich mitten im Wald auf der Île d'Oléron jene Russen in einem großen Holzhaus eingemietet. Sie führten ein recht versnobtes Leben, gingen zwei Mal am Tag baden, spielten Krocket und Tennis und liefen selbst des Morgens auf die Post, um die Briefe abzuholen. Bisweilen setzte der eine oder andere von ihnen nach La Rochelle über.

Man hatte sich an sie gewöhnt. Einige der Sommergäste fielen ins Auge: der hochgewachsene, glattrasierte Herr, ebenso jener mit der Narbe über das ganze Gesicht, die Dame in den erlesenen Sommerkostümen, die des Morgens mit ihrem Farbkasten zum Malen aufbrach und nicht mit den anderen im Haus wohnte. Etwas später waren zwei weitere Gäste angekommen: ein junger Mann, der stets einen Hut mit breiter, nach unten hängender Krempe trug, und eine Dame mit blauen Augen. Insgesamt waren sie wohl zu zehnt oder noch mehr.

Der glattrasierte Herr war Schwarz, das Haupt der Kampfgruppe. Die malende Dame war Jewgenija Konstantinowna, die an der Expropriation in der Kamennoostrowskaja-Straße in Petersburg teilgenommen hatte. Zuletzt waren Natascha Kalymowa und jener junge Mann, der von den anderen der Botaniker oder auch Rinaldo genannt wurde, angekommen. Vor allen anderen hatten Xenija Wischnewskaja und Dora das Feriendomizil bezogen.

Xenija war hochgewachsen und schlank, hatte große, schwarze Augen mit dunklen Ringen. Sie bewegte sich mit den langsamen Bewegungen der Hysterikerin, die ihre Hysterie unterdrückt, wirkte unberührbar, klug, reinlich bis zur Zwanghaftigkeit. Sie trug stets ein vorzüglich gebügeltes Kleid ohne jegliche Falte und war ebenso glatt frisiert, ohne eine offene Locke oder auch nur ein hervorstehendes Haar. Ob es jemanden gegeben hatte, der sie einst geliebt hatte, der gewagt hatte sie zu lieben? Alle versuchten Hochachtung für sie zu empfinden und empfanden sogar Hochachtung vor ihr, nur Bodrjasin wagte es, sie vor ihren Ohren »Genossin Gottesmutter« zu nennen und hinter ihrem Rücken »Dogma Iwanowna«. Er pflegte zu sagen, man müsse sie einmal durchs Schlüsselloch beobachten, um herauszufinden, wie sie sei, wenn sie sich allein wähnte: »Vielleicht entdeckt man da ja weitere Reliquien, vielleicht aber auch verborgene Sünden.« Xenija verfügte über eine große revolutionäre Vergangenheit und war einigen »Revolutionsheiligen« freundschaftlich eng verbunden gewesen, und keiner ihrer einstigen Freunde schien noch am Leben zu sein.

Dora war eine unansehnliche, farblose junge Jüdin, absolut loyale Sozialrevolutionärin, der Partei durch und durch, von der dunklen, unreinen Haut bis zum Knochenmark, ergeben. Sie erlaubte sich weder in ihren Gedanken noch in ihren Handlungen auch nur die geringste Abweichung von der Parteilinie, verstand keine Scherze und hieß sie auch nicht gut. Sie war einer jener Menschen, die unfähig waren zu Kritik und selbstständigem Handeln, auf die man in konspirativen Angelegenheiten nicht verzichten kann und denen man vertraut, wie dem Einmaleins, dem Periodensystem oder einem alten Dienstboten, der sich viele Jahre bewährt hat.

Ein unauffälliges Mitglied der Gruppe war Petrowski, der recht neu dabei war und, da er nicht in der Illegalität lebte, von Schwarz als Verbindungsmann nach Russland hinzugezogen worden war.

Schwarz hatte auch Natascha überredet, auf die Insel zu kommen, sie aber zu nichts verpflichtet:

»Verweilen Sie ein wenig mit uns, machen Sie sich mit der Gruppe vertraut und dann entscheiden Sie selbst, wie es weitergeht.«

Dies war ein Zeichen besonderen und exklusiven Vertrauens, das Schwarz nicht jedem schenkte.

Natascha hatte nicht erwartet, Jewgenija Konstantinowna dort zu treffen, und freute sich aufrichtig darüber, sie wiederzusehen. Denn sie erinnerte sie an jenes hinreißende und furchteinflößende Leben in Petersburg.

»Ich wusste gar nicht, dass Sie auch im Ausland leben.«

»Ich bin noch nicht lange hier. Zuerst war ich in Finnland, bin aber immer wieder nach Petersburg gereist, solange mein Onkel noch lebte.«

»Und Sie sind kein einziges Mal …?«

»Sie meinen aufgeflogen? Nein. Nur einmal wurde ich verhaftet, aber mein Onkel hat einen grandiosen Skandal gemacht, und ich wurde wieder freigelassen. Danach habe ich Russland dann verlassen.«

Sie war ganz wie immer: beherrscht, äußerlich kühl, leicht ironisch, unverändert aristokratisch in ihrem Verhalten und in ihrer Kleidung. Natascha gegenüber war sie offener als bei den anderen:

»Ich langweile mich, es ist alles nicht das, was ich mir vorstelle.«

Natascha erwiderte:

»Ich habe Sie nie ganz verstanden. Eigentlich haben Sie ja nie ganz zu uns gehört, und zugleich …«

»Ich gehöre zu niemandem ganz, Natascha. Weder zu den einen noch zu den anderen. So geht es mir schon seit meiner Kindheit. Und wenn ich nicht am Galgen ende, so werde ich Äbtissin in einem Kloster.«

»Aber Sie gehören doch der Gruppe von Schwarz an?«

»Ja, Schwarz ist eine ganz außergewöhnliche Erscheinung. Er ist selbstverständlich nicht Olen, aber er ist ein ganz besonderer Mensch. Ich empfinde so etwas wie künstlerische Neigung für ihn.«

Sie war wortkarg und ausweichend wie je, in ihren Augen jedoch war nicht mehr das einstige Feuer, sondern Erschöpfung.

Ihre Beschäftigung mit der Malerei war ernsthaft, aber zugleich wie ein Scherz. Natascha zeigte sie nur ein »Fresko«, das sie auf einen Fensterpfosten gemalt hatte:

»Schauen Sie, alle denken, das sei nur eine Farbprobe oder dass ich hier den Pinsel von überflüssiger Farbe gesäubert habe. Ich aber behaupte unerschütterlich, dass dies das beste aller meiner Werke ist. Sehen Sie doch diesen Wirbelsturm von Farben, wie eine Spirale. Und hier ein violettes Zickzackmuster. Abbild meiner unbeugsamen und unbehausten Seele. Vielleicht aber auch des Weltenchaos. Auf jeden Fall existiert hier keinerlei Harmonie.«

Vermutlich scherzte sie.

All diese merkwürdigen Menschen verband die Überzeugung, dass es zur Durchsetzung der Revolution, so sie überhaupt noch möglich war, nur den Terror gebe. Es gäbe sicher die Möglichkeit, alles hinter sich zu lassen und sich nur auf sein eigenes Leben zu konzentrieren, wie es viele schon getan hatten. Aber wenn man sich selbst und seiner Absage an das persönliche Glück treu blieb, so war dies der einzige Weg.

Jeder von ihnen hatte seine eigenen Dämonen und seine eigenen Erinnerungen an die ersten Schritte des jungen Lebens. Es gab die Verbindung zu jenen, die einem nahegestanden hatten und hingerichtet oder in den Zuchthäusern gequält worden waren. Es gab das Bewusstsein einer schweren Verantwortung, die auf ihren Schultern lastete. Und es gab das Gift der Vergangenheit – ein ruhiges Leben war viel zu fade, denn wer einmal das Geheimnis geschaut und am Abgrund gestanden hatte, dem war die Rückkehr zu einem ruhigen Leben unmöglich.

Allgemeine Bekenntnisse

Bodrjasin und Petrowski kehrten zusammen auf die Insel zurück. Petrowski war nach La Rochelle gefahren, um sich einige Hemden mit abknöpfbaren Kragen und einen Badeanzug zu kaufen, und die beiden hatten sich unterwegs zufällig getroffen. Der Sommer war ungewöhnlich heiß.

»Es ist wirklich ärgerlich, dass ich nicht in Paris eingekauft habe. Hier gibt es nur schlechte Qualität und auf Olerone nicht einmal die. Deshalb musste ich einen gestreiften nehmen.«

Bodrjasin spottete:

»Darin werden Sie ganz wundervoll aussehen! Wo haben Sie übernachtet?«

»Im ›Kommerz‹.«

»Schade, dass ich das nicht wusste. Dort h-habe ich auch übernachtet.«

Petrowski blickte ihn etwas beunruhigt an.

»Und wann sind Sie dort eingetroffen, Genosse Bodrjasin?«

»Am Abend. Und bin gleich ins Bett gefallen. Über den Platz dröhnte Musik, aber ich habe geschlafen wie ein Murmeltier. Und habe die ganze Nacht von einem sprechenden Pudel geträumt. Vollständiger Unsinn.«

Zum »Kleinen Beirat« der Gruppe kamen gewöhnlich Schwarz, Bodrjasin, Jewgenija Konstantinowna und Danilow zusammen. Danilow, ein bereits betagter ehemaliger Narodowolze und nunmehr Vertreter des Zentralkomitees der Sozialrevolutionären Partei, war auf Einladung von Schwarz auf die Insel gekommen.

Das Komitee der Partei hatte sich gegen ein Attentat in Hessen-Darmstadt ausgesprochen. Schwarz war damit nicht einverstanden und drohte, die Gruppe werde sich von der Partei abspalten und auf eigene Verantwortung handeln. Überraschenderweise sprach sich auch Bodrjasin, der zuvor ausführlich dargelegt hatte, dass die Chancen für ein Attentat gut stünden, nun dagegen aus:

»Diese prinzipielle Entscheidung des Komitees ist, mit Verlaub, Genosse Danilow, t-tatsächlich ridikül. Aber ganz offensichtlich erwartet man uns in Hessen-Darmstadt schon, vielleicht ist man sogar schon näher an uns d-dran. Das heißt, dass die Angelegenheit schon gescheitert ist.«

Bodrjasin erzählte nichts von dem sprechenden Pudel, er war übervorsichtig und fürchtete, jemand könne unnötigerweise verdächtigt werden. »Ein jeder hat das Recht auf g-geheime Bekanntschaften«, dachte er bei sich. Aber er sagte, er habe in La Rochelle am Bahnhof und am Hafen das Gefühl gehabt, unter Beobachtung zu stehen.

»Aber vielleicht h-habe ich mir das ja auch nur eingebildet, obwohl mein Auge in dieser Beziehung recht gut ist.«

Die Sitzung des kleinen Beirats zog sich hin. Danilow erinnerte daran, dass alles, was die Gruppe in der letzten Zeit geplant hatte, fehlgeschlagen war, und stellte die Frage, ob dies darauf zurückzuführen sei, dass man nicht genügend Vorsicht hatte walten lassen, oder vielleicht darauf, dass sich Spitzel unter den Mitgliedern der Gruppe befänden. Schwarz legte selbstverständlich für alle die Hand ins Feuer, gab aber einschränkend zu bedenken, dass niemand mehr reinen Gewissens für irgendjemanden die Hand ins Feuer legen könne, nachdem Assef und Dutzende weitere Spitzel enttarnt worden waren. Schließlich gebe es in der Gruppe einige neue Mitglieder, und nicht alle von ihnen waren bisher einer Bewährungsprobe unterzogen worden.

Am selben Abend wurden alle zusammengerufen, und Schwarz erklärte:

»Genossen, uns obliegt die überaus unangenehme Notwendigkeit einer wechselseitigen Überprüfung. Das Zentralkomitee hegt einen gewissen Verdacht, nicht gegen einzelne Mitglieder, sondern ganz allgemein in Bezug auf die Integrität aller Organisationen der Partei, so auch hinsichtlich unserer Gruppe. Deshalb wird eine allgemeine Versammlung vorgeschlagen, in der jeder ein Bekenntnis vor den anderen ablegt.«

Dora blickte erschreckt auf. Xenija Wischnewskaja betrachtete alle erhaben und prüfend. Natascha begriff nicht, worum es ging:

»Was sollen wir denn bekennen? Unsere Überzeugungen?«

»Nein, es geht vor allem darum, dass jeder seinen Lebensweg darlegt.«

Dem Ton der Versammlung nicht ganz angemessen, fügte Bodrjasin hinzu:

»Selbstverständlich nicht in Hinsicht auf allzu i-intime Details.«

Diese folgende Versammlung verlief nicht beschämend, sondern war vor allem ermüdend.

Danilow schlug vor, er selbst könne beginnen. Langatmig, ausführlichst, bei vielen kleinen Details verweilend, legte er seinen Lebensweg dar, der den meisten Anwesenden ohnehin bekannt war. Er zählte alle seine Verhaftungen auf, seine Zuchthausstrafen und Aufenthalte in Durchgangsgefängnissen auf dem Weg nach Sibirien, entrollte sein politisches Programm, das in jedem Punkt mit jenem der Partei übereinstimmte, berichtete, wie er seinen Lebensunterhalt finanziere, wem er sich eng verbunden fühle, wo er gelebt und welche Parteiämter er innegehabt hatte.

Man hörte ihm respektvoll und ehrerbietig zu. Es war das Leben eines Heroen, ohne einen einzigen Fleck, ohne den geringsten Grund zum Zweifel.

Nach Danilow war die Reihe an Schwarz.

»Ich, Genossen, trage die Hauptverantwortung und bin deshalb zu strenger Geheimhaltung gezwungen. Somit kann in meinem Bericht nicht alles Schritt für Schritt nachvollzogen werden. Darüber hinaus hat Assef offensichtlich aus nur ihm bekannten Gründen seine schützende Hand über mich gehalten. Man hätte mich viele Male verhaften können, hat es aber nicht getan. Darüber müssen Sie alle sich selbst ein Urteil bilden.«

Auch er legte seine Biographie dar. Schwarz war ein begabter Erzähler, und sein Leben hätte ausreichend Stoff für einen Abenteuerroman geboten. Die ganzen letzten Jahre war er am Rande des Abgrunds entlangmarschiert, und er vermochte nicht immer zu erklären, wie es ihm gelungen war, dabei heil und unversehrt zu bleiben. Mehrmals sagte er: »Machen Sie sich Ihre eigenen Gedanken und diskutieren Sie mit den anderen darüber. Ich selbst begreife auch nicht alles und kann darüber hinaus ja nicht alle Namen nennen.«

Die anderen hörten zu und waren sich darüber im Klaren,

dass Schwarz ein außergewöhnlicher Mensch von enormer Tapferkeit und immensem Willen war. Er war bei weitem nicht derart dröge wie Danilow und stand auch nicht außerhalb jeden Zweifels wie dieser, sondern hatte durchaus etwas von einem Hochstapler. Aber sollte Schwarz ein Verräter sein, dann waren Revolution und Terror selbst unvorstellbar.

Als Nächster folgte Bodrjasin. Er rieb sich lange die Stirn und bemühte sich, die Konsonanten am Wortanfang zu bewältigen:

»W-w-wie und w-a-s ich erzählen soll, ist mir völlig unklar. M-mein Leben ist absolut uninteressant, es gibt nichts Außergewöhnliches daraus zu berichten. Das Einzige, was ich sagen muss, ist, dass es keinerlei Gründe gibt, dass ich zu einem Schurken hätte werden sollen. Ich stamme aus einer Familie von Bauern, mein Vater war Dorfpope, aber ein sehr guter. Ich habe eine einfache Bildung erhalten, habe nicht nach einer großen K-karriere gestrebt, leidlich studiert, danach direkt ins Zuchthaus. V-verfüge nicht über irgendwelche Passionen und Geld l-lässt mich einigermaßen kalt. Das Wichtigste aber ist, dass ich mein Leben lang unter anständigen, ja sogar ganz besonders anständigen Menschen gelebt habe, dass es überhaupt keine Gelegenheit für mich gab, von G-ge-gemeinheit infiziert zu werden. Mehr gibt es nicht zu sagen. Ich t-tauge eigentlich überhaupt nicht als Sp-spitzel.«

Während Bodrjasin sprach, wurde allen anderen klar, dass diese allgemeinen Bekenntnisse nicht richtig waren. Was hätte Bodrjasin denn beweisen sollen? Dass er das, was er am Leibe trug, nicht gestohlen hatte? Dass er das, was ihm heilig war, nicht verriet? War er denn nicht die Revolution selbst? Und war es nicht Blasphemie, an ihm zu zweifeln? Alle waren entrüstet.

Jewgenija Konstantinowna berichtete über sich kurz Folgendes:

»Ich hingegen entstamme einer durchaus dubiosen Gesellschaftsschicht, die aristokratisch und darüber hinaus noch moralisch verantwortungslos ist. Unter den Anwesenden hier bin ich wohl das einzige verdächtige Subjekt. Mit den Maximen der Partei stimme ich nur unter großen Einschränkungen überein. Mit den Sozialrevolutionären habe ich ebenso zusammengearbeitet wie mit den Maximalisten. Wichtiger als alles andere ist mir Unabhängigkeit. Ich bin nicht sicher, ob ich Mitglied dieser Gruppe bleiben oder vielleicht ins Kloster gehen werde. Schon allein aus dem Grund, dass mich so etwas anwidert, könnte ich nicht zur Verräterin werden, aber ich bin überzeugt, dass es absolut einfach ist, aufrichtige und vertrauensvolle Menschen an der Nase herumzuführen.«

Natascha sagte nur dies:

»Mir missfällt diese Art der Versammlung, ich werde nichts sagen. Nach meinem Dafürhalten ist so etwas vollkommen überflüssig. Ja, sogar geradezu unappetitlich.«

»Aber es haben doch alle …«

»Ja, sollen ruhig alle erzählen, aber ich tue es nicht. Da reise ich eher ab.«

Wieder Entrüstung. Xenija Wischnewskaja rettete die Situation. Ihr Bekenntnis war eher eine Predigt. Aus unerreichter Höhe kündete sie den Unwürdigen von der Schönheit der Idee der Revolution. »Sie möchten etwas über mich erfahren? Nun, dann hören Sie zu und geißeln Sie sich!« Allen verlangte danach, dass sie möglichst bald zum Ende kommen möge, aber sie hatte ihre Rede gut vorbereitet, sie sprach flüssig und bildhaft. Alle lauschten gequält und empfanden keine Zuneigung für die Heroin und Muttergottes der Revolution.

Petrowski hingegen hinterließ einen angenehmen Eindruck.

»Ich bin ja, Genossen, in diesem Kreis noch ein Neuling und habe keinerlei revolutionäre Verdienste, deshalb muss ich ins Detail gehen.«

Und er berichtete tatsächlich sehr detailliert alles über sich, was von Interesse sein könnte. Wer seine Eltern waren, wie er studiert hatte, unter wessen Einfluss er sich der revolutionären Bewegung angeschlossen und womit er sie unterstützt hatte. Er erzählte, wie er ein wenig Unterstützung geleistet hatte, die Flucht der zwölf Insassinnen aus dem Zuchthaus zu organisieren, indem er einige Passeports beschafft und Geld ins Zuchthaus weitergeleitet hatte. Auch Natascha hatte davon Kenntnis. Die Mutter sorgte für sein finanzielles Auskommen.

»Ich komme wohl nicht in Frage, um bei Kampfeinsätzen teilzunehmen, das habe ich dem Genossen Schwarz schon gesagt. Aber wenn ich wenigstens in kleinen Dingen helfen kann, so können Sie nach Gutdünken über mich verfügen.«

Voller Interesse hörten alle dem Botaniker zu. Bereits als Student war er zu den Revolutionären gestoßen, hatte am Aufstand in Moskau teilgenommen, war jedoch nicht verhaftet worden. Dann entschied er sich für eine Karriere als Wissenschaftler, hielt sich zwei Jahre lang zu Studienzwecken in Italien und Spanien auf. Nun hatte er beschlossen, dies alles hinter sich zu lassen. Aus welchem Grund? Weil es zu nichts führe, sich in die Wissenschaft zu flüchten. Man kann nicht vor sich selbst fliehen. Es war ja auch nicht die Zeit der Wissenschaft. Aber vielleicht sei das ja auch eine Frage des Charakters. Seinen Überzeugungen nach sei er Anarchist, aber er sei der Ansicht, für Russland könne man sich zunächst auf ein Minimalprogramm beschränken. Das Land brauche dringend frische Luft, die es aber momentan dort nicht gebe.

Er bot an, ihm Fragen zu stellen und ihn ins Verhör zu nehmen. Danilow erkundigte sich nach seinen Mitteln zum Lebensunterhalt, Rinaldo antwortete ausführlich und umfassend. Weitere Fragen wurden nicht gestellt. Man betrachtete Rinaldo voller Sympathie. Er sah gut aus, war klug und unkompliziert, lächelte vertrauenerweckend, drosch keine Phrasen, empfand es nicht als Kränkung, dass er vor anderen Menschen, die ihm nur wenig bekannt waren, sein Innerstes nach Außen kehren musste. Schwarz, der Rinaldo als Einziger von Kindesbeinen an kannte, verlautbarte überdeutlich:

»Den Genossen Rinaldo habe ich zur Mitarbeit in dieser Gruppe herangezogen, und ich werde jederzeit die Verantwortung dafür übernehmen, sollte er etwas verschwiegen haben.«

Zuletzt war die Reihe an Dora, einer alten und zutiefst ergebenen, unbedeutenden, aber zugleich unverzichtbaren Mitarbeiterin der Partei, die über jeden Zweifel erhaben war. Stockend, als wolle sie gegen die erhobene Anklage protestieren, führte sie den Beweis, dass sie an Provokationen keinerlei Anteil habe. Danilow hielt sie gar zurück:

»Machen Sie sich doch bitte keine Sorgen! Niemand verdächtigt Sie, das ist nur der Form halber, es wurde ja von allen verlangt.«

Dora kam mit geröteten Augen zum Schluss:

»Ich ziehe es vor, dass man mich zum Tode verurteilt, ich bin sogar bereit, das selbst zu tun ...«

Man beruhigte und umsorgte sie. Bodrjasin blickte finster und angewidert – welch ekelerregende Angelegenheit, hol es der Teufel! Nur Danilow war in der Lage, sich eine derartige Folter und Dummheit auszudenken! Auch ohnedies standen die Dinge schlecht, und dann musste er auf diese Weise auch noch die schlechte Stimmung der Parteiführung in Paris hierherbringen.

Es wurde eine Kommission gewählt, der Danilow, Wischnewskaja und Dora angehörten. Diese sollte die Berichte der anderen diskutieren und, falls notwendig, ergänzende Fragen stellen, allerdings, wie hinzugefügt wurde, »nicht aus Gründen des Misstrauens, sondern der Gleichbehandlung und der Vollständigkeit aller Berichte halber«. Alle waren der Sache müde, sie war ihnen schwer erträglich und zuwider.

Bodrjasin fragte Petrowski:

»Wollen wir zum Strand gehen und uns ein wenig erfrischen? Oder haben Sie Angst in der Nacht?«

Petrowski nahm die Einladung gern an, denn Bodrjasin war ihm gegenüber nur selten freundlich und gewöhnlich nur wenig gesprächig.

Sie gingen im Mondschein durch das Wäldchen zum Meer. Petrowski begann darüber zu sprechen, wie seltsam er, ein Neuling immerhin, sich in ihrem zusammengewürfelten Kreise fühle.

»Sie vertrauen mir, nehmen wir das einfach einmal an, während die anderen frei sind, an meiner Person zu zweifeln. Und da haben sie ja vollkommen recht, denn man kann einen Menschen ja nicht sogleich durchschauen.«

Bodrjasin antwortete gutmütig:

»D-das ist eine tiefe Wahrheit! Die Menschen vertrauen einander nicht. Und Ihnen schickt die Frau Mama Geld?«

»Welches Geld?«

»Na, das, v-von dem Sie leben? Das ist von der Frau Mama?«

»Ja, das ist von meiner Mutter. Aber es ist nicht allzu viel.«

»Ist sie denn wohlhabend?«

»Nein, sie erhält eine Pension. Und dann hat sie noch ein kleines Einkommen aus unserem Landgut.«

»Das heißt, Sie entstammen dem Landadel?«

»Ja, mein Vater besaß ein kleines Gut.«

»Gouvernement?«

»Was?«

»In welchem Gouvernement liegt Ihr Landgut?«

»Im Gouvernement Pensa.«

»Landkreis?«

»Nun ja, eigentlich kann man das ja gar nicht Landgut nennen. Es ist das, was vom einstigen Wohlstand übrig ist. Das Haus ist nicht schlecht, aber Land besitzen wir nur noch sehr wenig.«

»Welcher Landkreis?«

Petrowski lachte künstlich und laut.

»Sie führen sich ja wie ein Ermittler auf. Welcher Landkreis? Der Teufel weiß es, ich war da ja nur als kleiner Junge. Was für ein Unsinn – welcher Landkreis? Ich weiß, dass es im Gouvernement Pensa ist … Wozu wollen Sie das wissen? Meinen Sie vielleicht, ich lüge?«

Bodrjasin sagte sehr ernst:

»Sch-schauen Sie, Petrowski, man muss eben alles sehr gut v-vorbereiten. Die Menschen sind böse und misstrauisch. Es wäre besser, es fiele Ihnen wieder ein, in welchem Landkreis Ihr Landgut liegt, vielleicht wird man Sie ja fragen. Die Menschen sind ja derart misstrauisch, dass es geradezu dumm ist. Man sollte einander lieben, einander vertrauen, stattdessen aber – w-weiß der T-teufel w-was für Verhältnisse! Die Briefe Ihrer Frau Mutter heben Sie doch auf? Können Sie sie vorweisen?«

Nun war Petrowski endgültig verunsichert:

»Fragen Sie mich das im Ernst? Selbstverständlich kann ich das. Nicht alle, aber ich könnte suchen. Also sagen Sie mal, meinen Sie das wirklich ernst?«

»Sehr ernst!«

»Ich suche die Briefe. Obwohl mir das doch etwas unangenehm ist, es sind schließlich die Briefe meiner Mutter. Ich bin nicht beleidigt, aber es ist mir unangenehm.«

Wortlos gingen sie zum Strand. Das Meer war ruhig, es herrschte Ebbe. Petrowski quälte sich damit ab, sich an Landkreise des Gouvernement Pensa zu erinnern – wenn ihm doch nur einer einfiele. Der laue Wind vom Meer erfrischte ihn nicht. Ob Bodrjasin ihn in Verdacht hatte? Warum hatte er auch nur von diesem Landgut anfangen müssen, das es doch gar nicht gab.

Bodrjasin bemerkte Petrowskis innere Anspannung nicht. Er liebte das Meer und war ein leidenschaftlicher Angler.

»Aber nur mit der Angel! Ein Netz braucht man nicht, das ist für den kommerziellen Fischfang. Am meisten Spaß macht es aber an einem Fluss, der nicht allzu groß ist. Was ich schon für Hechte gefangen habe, als ich noch ein Junge war! Ich bin nämlich selbst aus P-pensa.«

Petrowski schwieg erschrocken.

Bodrjasin kehrte heiter gestimmt zurück, die Meeresluft wirkte bei ihm Wunder. Er war geradezu ausgelassen, hakte sich bei Petrowski unter, wiegte sich mit ihm im Gehen hin und her, stieß in der Dunkelheit gegen Baumstämme, sang die Marseillaise und erzählte Petrowski einen Witz, der weder lustig noch schicklich war. Beim Abschied von Petrowski sagte er freundlich gesinnt:

»Nun denn also, schlafen Sie gut. Heute hat man uns ganz schön gequält, und es hat noch nicht einmal irgendetwas gebracht. Aber es wird keine Fortsetzung geben. Fahren Sie demnächst einmal wieder nach La Rochelle?«

»Nein.«

»Also dann, leben Sie wohl, mein Landsmann! Obwohl ich ja eigentlich gar nicht aus dem Gouvernement Pensa, sondern dem Gouvernement Ufa komme, Landkreis B-belebejewo. Gute Nacht Ihnen!«

Feuer

Der Kiefernwald im Norden der Insel gab verschwenderisch von seinem Reichtum ab. Es wurden Kerben in die Stämme geschlagen und ein Glas darunter befestigt, um das Harz aufzufangen. Es rann den Stamm hinunter, das Glas füllte sich, lief über, und schließlich tränkte das Harz die Erde. Die Luft war geschwängert vom Harzgeruch. Es gab nur wenige Büsche und die Erde war mit weißen Flechten überzogen.

Die Küste neigt sich und zieht sich viele Kilometer lang. Das Meer zieht sich bei Ebbe nicht sehr weit zurück, und man kann zu jeder Stunde baden.

Den zweiten Monat in Folge war kein Tropfen Regen gefallen. Das Gras war verdorrt, das Moos knirschte. Drei Mal am Tag gingen sie zum Baden an den Strand – die einzige Rettung vor der Hitze. Niemand wusste, wohin das Schicksal sie morgen führen würde, und so empfanden sie jeden Tag als großen Gewinn.

Natascha und der Botaniker, also Rinaldo, waren leidenschaftliche Schwimmer und liebten den heißen Strand. Barfuß liefen sie lange Strecken am Strand entlang durch den nassen Sand, ihre Gesichter schimmerten bronzefarben, wenn sie braungebrannt und trunken von der Sonne und dem Harzgeruch zurückkehrten.

Rinaldo sagte:

»Wenn ich nach Piter fahre, werde ich tatsächlich wie ein Spanier aussehen.«

Natascha antwortete lächelnd:

»Ich dagegen werde, auch wenn ich schwarz wie Kohle bin, immer wie eine Bauersfrau aus Rjasan aussehen.«

Sie blickte den Spanier an und er die russische Frau, und beide erfreuten sich, ohne viel nachzudenken, ihres Glücks. In den letzten Tagen waren sie immer zu zweit gewesen – es hatte sich so ergeben.

Mit zusammengekniffenen Augen blickte der Botaniker hinüber zur kleinen Nachbarinsel mit dem Festungsbauwerk, das vielleicht ein Gefängnis war und den für das russische

Ohr merkwürdigen Namen »Bojar« trug, und sagte träge und langsam die Worte aussprechend:

»Jeder denkt, die Zeit, in der er lebt, sei eine besondere, das alles habe es noch nie zuvor gegeben. Doch die Geschichte ist ausschließlich damit beschäftigt, die Ereignisse zu wiederholen. Genau wie Familienfotos und Ahnenporträts: Die Kleidung verändert sich, die Nasen und Kinne bleiben die gleichen. Zurzeit herrscht in Russland die Reaktion mit Hinrichtungen und dem Niedergang der gesellschaftlichen Bewegungen. Und all dies hat es zuvor auch schon einmal gegeben und wird es wieder geben in der Zukunft, und wir können daran absolut nichts verändern oder verbessern.«

Den Kopf auf der Hand und den Ellbogen, von Sandkörnern kitzelnd umschmeichelt, in den Sand gestützt, beobachtete Natascha ein kleines Mädchen, das im Flachwasser am Ufer mit einem Kescher Krebse fing. An ihrem Ohr flogen Worte vorbei, die nicht allzu tief in ihr Bewusstsein drangen:

»So war es, und so wird es sein, und trotzdem darf man nicht nur Beobachter bleiben. Man darf nicht allzu lange durch das Mikroskop schauen, ich weiß das besser als andere, hab mir lange genug die Augen kaputt gemacht. Aber an der französischen Küste ein sorgloses Leben in Müßiggang führen – das geht auch nicht.«

Das Krebse fangende kleine Mädchen lief mit seiner Beute im feuchten Kescher ganz nah an ihnen beiden vorbei. Natascha winkte sie herbei und setzte sie neben sich in den Sand. Der feuchte, vom Wasser tiefrote Badeanzug des Mädchens saß eng und die entzückenden Rundungen des kindlichen Körpers zeichneten sich darunter ab. Natascha strich dem Mädchen über sein sonnenbleiches Haar, dann konnte sie sich nicht mehr an sich halten und begann das Kind zu kitzeln, und als es sich hinwarf und sein helles Lachen ertönte, packte Natascha den kleinen roten Haufen, drückte ihn an sich und küsste das Mädchen in die salzige Falte am Hals.

Sich vor Lachen verschluckend, versuchte das Kind sich loszumachen, indem es mit den Händen gegen Nataschas Brust drückte. Und dann kugelten das Mädchen und die Frau wie ein Haufen durch den Sand. Schließlich riss die Kleine sich los, griff seinen Kescher und lief zum Wasser, aber sie rannte nicht einfach, sondern hüpfte.

Natascha brachte ihren Badeanzug in Ordnung, drehte sich zu Rinaldo um, bemerkte, dass er sie auf besondere Weise anblickte und versuchte, seine Verlegenheit zu verbergen.

»Sie haben ja eigentlich gar nichts von einer zum Tode Verdammten! Sie müssten Mutter sein, denn Sie scheinen Kinder sehr gern zu haben.«

»Ich liebe Kinder! Und warum eine zum Tode Verdammte?«

»So wie wir alle.«

»Warum über so etwas nachdenken, noch dazu am Meer? Wir wissen doch gar nichts. Ich jedenfalls weiß gar nichts und will auch nichts wissen.«

»Was die nächste Zukunft betrifft, so wissen wir doch, was sie bringen wird. Ich zum Beispiel weiß, dass ich in zwei Wochen in Petersburg sein werde. Schwarz weiß das auch. Und was dann geschieht, kann ich mir ebenfalls denken.«

»Jetzt wollen wir über so etwas doch nicht sprechen.«

Sie schwiegen, und Natascha dachte an Petersburg und seine Straßen, an die stickige Luft, den Verkehr, die unablässige Betriebsamkeit. Doch das undeutliche Bild wurde von der Sonne überflutet, und vom Wasser zog Kühle heran. Natascha erhob sich und ging zum Meer.

Die beiden schwammen weit hinaus, ließen sich auf dem Wasser liegend treiben, zeigten einander, wie man sich über Wasser hält, wenn man die Arme über den Kopf streckt, und wie man ohne die Unterstützung von Schwimmbewegungen auf dem Rücken schwimmt. Erfrischt, gelabt und müde warfen sie ihre Bademäntel über die Badeanzüge und stapften in ihren Sandalen, in die von den Beinen in warmen Tropfen das Wasser hinablief, durch den Wald.

Das von der Hitze ausgedörrte Gras kratzte an den Beinen, das Moos knirschte, die Luft durchflutete die Lungen. Es gab nichts, worüber sie hätten reden wollen – wozu? Es gab weder Schatten noch Kühle. Auf einer von kleinen Tannen umstandenen Lichtung machten sie Rast und legten sich auf ihre noch feuchten Bademäntel. Ohne die Nähe des Meeres brannte die Sonne noch heißer, die Luft flimmerte träge.

Sie lagen auf dem Rücken, das Gesicht tapfer dem Zenit zugewandt, und unter den geschlossenen Lidern rollte der lodernde Feuerball. Natascha trocknete ihre Haare, Rinaldo rauchte. Wenn sie etwas dachten, so nicht an Russland und nicht daran, dass sie verdammt waren.

Die Kiefern beugten sich über sie mit ihrem warmen Atem, es war still, weitab zurückgezogen von allen anderen. Und sie beide spürten im selben Moment, dass es bisweilen, wie in diesem Augenblick, müßig und dumm ist, sich Gedanken hinzugeben und das Verlangen zu beherrschen zu suchen. Und dass dies bereits unmöglich war. Als ihre Schultern einander zufällig berührten und die Schulter des anderen sich kühl anfühlte, wurde das Gefühl klar und fordernd. Ein zweites Mal berührten sie sich nicht mehr zufällig, und Rinaldo warf seine Papirossa fort.

Die unerträglich helle, mit einem stummen Feuer flammende Waldesstille durchbrach nur ein friedliches Klopfen. Sie waren sehr jung und ihrer selbst unsicher, und das Klopfen entsprang der Tiefe unter ihren feuchten Badeanzügen. Sie schmiegten sich aneinander, vorsichtig und ehrfurchtsvoll, forschend und voller Erwartung – als könne man sich noch besinnen oder müsse sich dem anderen nicht erklären – erstarben sie in regungsloser Spannung.

Dann neigten sich die sie umstehenden jungen Tannen und die hohen alten Kiefern, die man heute schon nicht mehr sieht, die Luft und der Himmel, der durch die brennende Hitze sein Blau verloren hatte, über sie. Bevor sie jedoch den Gipfelpunkt überschritten und das Fest der Leidenschaft begann, hörten sie hinter sich ein trockenes Knistern, als näherten sich Schritte. Sie ließen voneinander ab und sprangen erschreckt auf.

Ihre vom Sonnenlicht blinden Augen suchten zunächst vergebens. Dann begann sich plötzlich ein niedriges, trockenes Bäumchen zu winden und Blätter abzuwerfen, und vor dem entfernten Schatten zeigte sich eine züngelnde Flamme. Natascha begriff als Erste und schrie:

»Es brennt!«

Der unsichtbare Brand war nur zwei Schritte von ihnen entfernt – dort, wo die nicht zu Ende gerauchte Papirossa von

Rinaldo zu Boden gefallen war. Das trockene Moos glomm ohne Flamme und wurde schwarz, das Gras rollte sich zusammen und dorrte, die Kiefernnadeln knisterten.

Natascha griff nach ihrem Bademantel und begann mit weit ausholenden Schlägen damit auf die Stellen zu schlagen, wo es knisterte oder rauchte, Rinaldo trat konfus auf den sich kriechend ausbreitenden schwarzen Mooskreis und fühlte, wie die Sohlen seiner Sandalen zu glühen begannen, deshalb eilte auch er zu seinem Bademantel. Schweigend, methodisch und erbittert schlugen sie mit ihren Bademänteln auf einen Baumstumpf, der im hellen Sonnenlicht ohne Flamme brannte, wirbelten dabei glimmende Kiefernnadeln auf, die in ihre nackte Brust und die nackten Beine stachen. Sie mussten vor allem erreichen, dass das Feuer nicht auf die in der Nähe stehenden Riesen übergriff, dann wäre jeglicher Kampf vergeblich.

Die Funken stoben weit umher und fielen ins Moos, wo sie immer neue Brandherde entstehen ließen. Sobald der Brand an einer Stelle erstickt war, warfen die beiden sich auf die nächste und schlugen mit ihren Bademänteln auf den Boden und auf ihre Körper. Einmal schrie Rinaldo, der sich das Gesicht an einem neu aufflammenden Strauch verbrannt hatte, auf:

»Wir schaffen das nicht! Wir müssen uns in Sicherheit bringen, Natascha!«

Und sie antwortete mit einem ihr gar nicht eigenen groben Aufschrei:

»Sind Sie wahnsinnig! Dann wird der ganze Wald zu brennen beginnen und die Häuser der Menschen!«

Er wusste nicht, was sie wusste, die an der Oka geboren und aufgewachsen war, wo Waldbrände häufig und schrecklich waren: Es brennt wochenlang, und die Luft ist auf Hunderte Werst geschwängert mit dunstigem gelbem Qualm.

Es gelang ihnen, das Feuer zu besiegen. Aber als sie sich einmal kurz ausruhten, hörten sie sofort ein neues Knistern. Sie witterten und fanden neue Brandherde, obgleich auch ihre Bademäntel, ihre Haare und Körper Brandgeruch ausströmten. Während Natascha das Moos niedertrat, kroch der Botaniker über den Boden, verbrannte sich dabei die Knie und grub mit wie Haken gekrümmten Fingern, durchkämmte die gesamte

Fläche der Lichtung und unter den Büschen das Moos und die Flechten bis zur Erde. Er hatte recht: Der Brand breitete sich rasend im Verborgenen aus. Sie warfen die ausgegrabene Erde und den Sand auf das verblichene Gras und traten die Funken aus.

Sie kämpften mehr als eine Stunde und kamen vor Anstrengung und Erregung vollkommen von Kräften. Sie fielen vor Schwäche nieder, aber ihr Herz hielt es nicht aus, und sie zwangen sich, erneut aufzustehen, obgleich ihre Beine sie fast nicht mehr trugen und die Hände nurmehr an den Gelenken baumelten. Dann schien es geschafft. Sie saßen auf der verbrannten und aufgeworfenen Erde, aneinandergelehnt, ihre Schultern berührten sich ohne das Gefühl von Scham oder Verlangen, sie horchten auf Brandgeräusche und witterten nach Brandgeruch. Und wieder hörten sie in der absoluten Stille ein leises Knistern des Feuers oder rochen frischen Rauch. Und wieder krochen sie auf allen vieren und löschten die Glut mit den bloßen Händen oder Knien.

Dann herrschte für viele Minuten vollkommene Ruhe. Die Luft war wieder rein und roch nach Harz, die Spuren des Feuers waren erkaltet. Sie gingen auseinander und legten sich, Schatten oder die Illusion von Schatten suchend, in einiger Entfernung voneinander auf den Boden, immer noch gespannt horchend. Doch sie waren als Sieger aus diesem Kampf hervorgegangen. Die Häuser der Menschen waren in Sicherheit, nichts bedrohte das kleine Mädchen, das die Krebse gefangen hatte. Der wundervolle Wald war gerettet.

Und plötzlich fühlten sie beide zur gleichen Zeit ihre schmerzenden Hände und die Mattigkeit ihrer verbrannten Körper. Einige Locken Nataschas, die sie in der Eile unter der Badehaube zu verstecken vergessen hatte, waren verbrannt. Rinaldos Finger waren geschwollen, seine Nägel verschmort, und die goldenen Härchen an den Beinen hatten sich gekräuselt. Die Bademäntel waren schmutzig und halb verbrannt, die Badeanzüge durchlöchert. Es war erstaunlich, dass sie ihre Verbrennungen immer noch nicht spürten.

Natascha sagte:

»Wir sollten langsam nach Hause gehen, aber es macht

doch ein wenig Angst. Wenn das Feuer nun doch noch irgendwo glimmt?«

Sie warteten eine weitere halbe Stunde. Sie umrundeten die Lichtung, traten auf das Moos und schauten an jedem Baum nach. Nein, nun war alles ruhig. Dann warfen sie ihre zerfetzten Gewänder über und begannen zu lachen – ihre Gesichter waren schwarz und verschmiert, ihre Beine mit Schrammen und roten Flecken übersät. Gerade noch hatten sie im Wald wie zwei kaum bekleidete Gottheiten gegen die Naturgewalt gekämpft, nun standen sie wie zwei verlegene und müde Invaliden da.

Vielleicht lag in dem, was geschehen war, ein geheimer Sinn, nämlich die Mahnung, dass im Buch des Lebens zweier Verdammter kein Platz für die Seiten des eigenen Lebens war? Es schien widersinnig und merkwürdig. Nur eine Minute später wäre alles anders gewesen.

Es verlangte beide danach, dem anderen den ganz einfachen Satz zu sagen:

»Man sollte im Wald nicht mit dem Feuer spielen!«

Aber sie sprachen ihn nicht aus. Wären sie nicht derart erschöpft gewesen, hätten sie vielleicht bedauert, dass es so gekommen war. Sie empfanden keinen Stolz über ihre Niederlage und ihren Sieg und gingen gleichgültig dahin, zufrieden nur, dass es ihnen gelungen war, die Tragödie aufzuhalten.

»Hören Sie, Rinaldo, wenn wir wieder etwas Kraft geschöpft haben, sollten wir noch einmal zurückkehren und nachsehen. Ich bin noch nicht ganz beruhigt. Vielleicht glimmt das Feuer ja doch noch irgendwo?«

Er antwortete mit müder Stimme und vom Schmerz in den Fingern ganz zerknittert:

»Ja, das können wir machen. Aber es ist bestimmt nichts mehr, wir haben alle Funken ausgetreten.«

Weiter gingen sie schweigend und beide in eigene Gedanken versunken.

Profile

Schwarz saß an einem Tisch vor einem Blatt Papier. Er zeichnete Profile. Er entbehrte auf erstaunliche Weise jeglicher Begabung zum Zeichnen, doch glücklicherweise benötigte er diese Begabung nicht.

Die von Schwarz gezeichneten Profile sahen alle fast gleich aus, hatten eine niedrige Stirn und ein hervorragendes Kinn. Hätte ein Archäologe eine Grabstätte geöffnet und einen der von Schwarz gezeichneten Schädel entdeckt, hätte er ein ganzes Buch über diese ungewöhnliche Entdeckung schreiben müssen. Die Anthropologie würde erschüttert, denn alles, was bis zu jenem Zeitpunkt als allgemein anerkannt und bewiesen galt, wäre in Frage gestellt. Schwarz fügte einige Kringel am Hinterkopf des Profils hinzu, zeichnete einen Hals mit Kehlkopf und machte sich an das nächste.

Das zeichnerische Können war für Schwarz abkömmlich. Er brauchte etwas ganz anderes, er musste endlich den toten Punkt überwinden und zu handeln beginnen. Zwei Monate bereits lebte seine Gruppe auf der Île d'Oléron. Schwarz' Plänen zufolge sollten hier lediglich Hauptquartier und Sammelpunkt sein. Von hier aus sollten die Wege der Mitglieder der Gruppe wieder auseinandergehen, nach Finnland, Marseille, Odessa, einige Genossen sollten nach Russland fahren. Im August würde sich alles entscheiden.

Das war dann bereits der zweite Versuch. Der erste hatte im Frühjahr stattgefunden und war vollständig gescheitert. Eine eben erst gegründete Kampfgruppe in Petersburg musste aufgelöst werden, sieben Mitglieder mussten untertauchen, vier waren verhaftet und hingerichtet worden. Von jenen, die untergetaucht waren, erwies sich einer als Agent Provocateur.

Schwarz zerknüllte das Papier und nahm ein neues Blatt. Die nächste Profilzeichnung sah ganz genauso aus wie die vorherige, mit Ausnahme des Kinns, in dem weder Energie noch Sturheit lagen. Ein solches Kinn könnte Petrowski zu eigen sein.

Bodrjasin hatte Schwarz von seinen Vorbehalten erzählt. Daraufhin hatte Schwarz eine beispiellose Leichtsinnigkeit begangen, die eines Revolutionärs unwürdig war: Er hatte eine Liebelei mit einer nicht eben hübschen Französin, einer Angestellten der Poststation, angefangen. In ihren dienstfreien Stunden spazierte er mit der jungen Dame durch den Wald, in weiter Entfernung des Dorfes, um den Verwandten und Nachbarinnen nicht unter die Augen zu geraten. Und Schwarz wollte auch nicht unbedingt, dass ihn einer seiner Genossen mit ihr sah. Eine Woche später hielt er einen Brief Petrowskis an seine »Frau Mutter« in Händen. Er fertigte eine Kopie an, und als er der Französin den Brief zurückgab, sagte er, dies sei für ihn ein Beweis ihres Vertrauens und ihrer Zugeneigtheit gewesen. Möglicherweise glaubte sie ihm nicht, aber für Reue war es zu spät.

Das alles war zutiefst widerwärtig und schäbig. Während er darüber nachsann, bemerkte Schwarz, dass keines der von ihm gezeichneten Profile Ohren hatte, und zeichnete bei einigen ein Ohr an jener Stelle, an der eigentlich die Schläfen sind.

Am Abend hatten sie zu dritt ein Gespräch geführt, er, Bodrjasin und Jewgenija Konstantinowna. Bodrjasin bestand darauf, dass die Gruppe für eine Weile aufgelöst werden müsse, die Mitglieder sich trennen müssten und Petrowskis Verrat in der Parteizeitung öffentlich gemacht werden müsse, wie es auch zuvor in anderen Fällen getan worden war. Jewgenija Konstantinowna sagte kein einziges Wort, las aber aufmerksam die Kopie des Briefes. Als Bodrjasin gegangen war, sagte sie zu Schwarz.

»Schicken Sie ihn mit mir nach Paris.«

»Wen?«

»Petrowski.«

»Und dann?«

»Dann werde ich von der Bildfläche verschwinden.«

»Und er?«

»Er wird kurz zuvor von der Bildfläche verschwunden sein.«

Jewgenija Konstantinowna besaß in Paris eine kleine Garçonnière. Sie liebte, wenngleich nicht den Luxus, so doch den Komfort, und auch auf der Insel lebte sie nicht mit den anderen zusammen. Sie nannte sich selbst eine Bourgeoise, war nicht reich, aber weder in Russland noch im Ausland musste sie sich einschränken. Schwarz wusste, dass sie die Genossen finanziell unterstützte.

Die beiden beschlossen, niemanden in ihre Pläne einzuweihen, selbst Bodrjasin sollte nicht davon erfahren. Aber selbstverständlich müsse die Gruppe schnellstmöglich aufgelöst werden.

Dies bedeutete wieder ein Scheitern, vor allem da Petrowski, obgleich er als Neuling nur in wenig eingeweiht war, gewisse Schlussfolgerungen hatte ziehen und seiner »Frau Mutter« darüber Bericht erstatten können. Vermutlich hatte er sogar mehr berichtet, als in seiner Kenntnis war. Zur Gänze wollte Schwarz jedoch nicht von seinem Plan abrücken, es schien ihm ausreichend, die zeitlichen Abläufe zu ändern und neue Mitglieder zu gewinnen, die die ausgeschiedenen ersetzen konnten. Schwarz schreckten nicht die Opfer, sondern der Gedanke, sein Versuch, der Partei zu beweisen, er, Schwarz, werde die durch die Entdeckung eines Verrats in ihrem Zentrum beschmutzte Kampforganisation der Partei zu einstiger Größe führen, könne scheitern.

Schwarz zerknüllte das zweite Blatt Papier, das über und über mit Profilen bedeckt war. Durch das geöffnete Fenster flog ein Nachtfalter ins Zimmer und prallte gegen das Glas der Lampe. In dem ärmlichen Dorf gab es keinen Strom. Vorsichtig und angewidert griff Schwarz den Falter mit ungeschickten Fingern an einem Flügel und warf ihn aus dem Fenster. An den Fingern blieb glatter silbriger Staub haften.

Wollte und könnte er sich erinnern, hätte die Erinnerung seine Nacht ausgefüllt. Die Erinnerung an zahlreiche zertrümmerte Leben und Nachtfalter, die sich die Flügel verbrannten, zahlreiche Opfer, die umsonst gebracht worden waren, und so wenig Tode, die notwendig und zu rechtfertigen waren. Sein Leben war von dunkler Poesie umhüllt und schien reine Phantasie.

Ihn umgab ein Dutzend anderer Menschen, die wie er am Abgrund wandelten. Gegenwärtig lebten sie in einem Kiefernwald, schwammen im Meer, scherzten und stritten und maßen Kleinigkeiten Bedeutung zu. Aber bald schon würden sie sich unter die Menge der gewöhnlichen Menschen mischen

und unter den Augen ebendieser Menge ihrer Berufung nachgehen und furchterregende und verbrecherische Handlungen
vollziehen, morden und sich an Morden beteiligen, ohne zu
wissen, wie viele Tage sie selbst noch am Leben bliebe. Und
er war der Meister dieser Kampfhandlungen, der Kapitän des
Racheschiffes.

Aber Schwarz war allzu jung für derartige Gedanken und
Erwägungen.

Er ging nie zu Bett, ohne sich zuvor mit einem feuchten
Handtuch abgerieben und den Revolver auf den Tisch gelegt
zu haben – dies beides war ihm für seine Ruhe notwendig. Am
nächsten Tag sollten alle Vorbereitungen getroffen werden. Er
hatte bereits eine Erklärung für die Abreise zweier Mitglieder
der Gruppe nach Paris gefunden. Zuerst würde Jewgenija Konstantinowna abreisen, später Petrowski. Dann erhielte er ein
Telegramm, aufgrund dessen er die Gruppe auflöste. Und da es
unabdingbar wäre, würden alle seiner Anweisung Folge leisten. Alsbald träfe man sich dann in Finnland wieder. Statt des
Ozeans dann also die Schären des Nordens. Da wären sie auch
näher an Russland.

Er legte sich schlafen und löschte die Lampe. Der Schlaf
zwang ihn nie, lange auf ihn zu warten.

In einiger Entfernung von der Villa, in der sich die anderen
eingemietet hatten, war das Licht im gemütlich und anspre-
chend möblierten Zimmer eines kleinen Hauses, eher einer
Baracke, längst gelöscht worden. Dort lag eine junge und nicht
sehr hübsche Frau im Bett, die versprochen hatte, nach Petrowski von der Bildfläche zu verschwinden, obgleich ihr niemand dies zur Bedingung gemacht hatte. Im Labyrinth ihrer
Gedanken konnte sich niemand zurechtfinden und niemand
versuchte es. In der Gruppe fühlte sie sich als Fremde, und sie
verbarg dies nicht. Doch sie blieb bei den anderen, da sie andernfalls ganz und gar allein gewesen wäre. Aber es schien,
dass man ohne Glaube nicht unter Gläubigen sein konnte,
denn der Unglaube ist ansteckend. Und deshalb zog sie sich
zurück. Sie war nicht mit dem gleichen Glück gesegnet wie
Schwarz und musste lange auf den Schlaf warten.

Petrowski schlief vollkommen ruhig. Es schlief die ganze

kleine russische Kolonie, die für ihre Bewohner nur eine zufällige Etappe war, ein Ort, an dem sie für einen Augenblick Ruhe vor einem Sturm finden konnten, der selbst dem Meer fremd war. Gäbe es nicht bisweilen wahre Schönheit um sie herum, welche die ständige Anspannung ihrer Gedanken vertriebe, schienen ihre kurzen Leben allzu lang und quälend.

Auf dem Boden neben dem Bett von Schwarz blickten die Augen der zerknüllten Profile mit dem Ohr an der falschen Stelle und dem gleichförmigen Kringel am Hinterkopf allzu frivol für ihre niedrige Stirn und schlossen sich nicht.

Cordon, s'il vous plaît!

Petrowski hielt sich mit dem ersten wichtigen Auftrag von Schwarz in Paris auf. Und dieser Auftrag war sehr geheimnisvoll: Er sollte unter einer Adresse, die Schwarz ihm genannt hatte, eine gewisse Madame Watson (eine Engländerin?) aufsuchen, über alles Weitere würde diese ihn informieren. Petrowski liebte Paris, dort war man freier. Er hatte gut gegessen und sich dabei auf eine Flasche Anjou und ein Gläschen Likör beschränkt.

Kaum, dass er an der Tür von Madame Watson geklingelt hatte, war jegliches Geheimnis dahin: Es öffnete ihm Jewgenija Konstantinowna.

»Wie?«

»Ich habe Sie früher erwartet.«

»Aber ... Ist Madame Watson zu Hause?«

Zur Antwort erhielt er ein warmherziges Lachen.

»Sie ist zu Hause, denn das bin ich. In Paris lebe ich unter diesem Namen.«

»Schwarz hat mir nichts davon gesagt.«

»Schwarz liebt das Geheimnis! Treten Sie ein und fühlen Sie sich wie zu Hause.«

Petrowski war ein wenig enttäuscht, umso mehr, als Jewgenija Konstantinowna ihm erst am nächsten Tag alles Weitere übermitteln konnte.

»Seien Sie bis dahin mein Gast, wenn Sie keine bessere Unterkunft haben. Wie schade, dass Sie bereits gegessen haben.«

»Ist das Ihre Wohnung?«

»Ja, eine Garconnière. Ein Zimmer und dort in der Ecke alles, was man für den Haushalt so braucht, ein Gasherd und auch das Bad. Ich lebe hier recht bürgerlich. Sie verurteilen das doch nicht?«

In Paris war Jewgenija Konstantinowna eine ganz andere: vorzüglich gekleidet, von weltgewandter Höflichkeit gar. Auf der Insel hatte sie von Petrowski kaum Notiz genommen.

»Ich kann Ihnen Wein anbieten. Oder mögen Sie Kaffee mit Cognac? Ich werde auch einen trinken. Dann können wir uns etwas näher bekanntmachen, denn Sie kennen mich ja so gut wie gar nicht und ich Sie nur wenig.«

In den Sessel geflegelt, fühlte sich Petrowski als Gast und feiner Herr. Er war sogar anzunehmen geneigt, dass seine Anwesenheit dieser Dame, die von allen seinen revolutionären Kampfgenossen die bemerkenswerteste und eigenwilligste war, angenehm war. Sie war nicht hübsch, aber viel mehr Frau als diese Xenijas oder Doras. Und ganz offensichtlich stammte sie, im Gegensatz zu den anderen, aus vornehmen Kreisen.

»Ist denn der Revolutionär verpflichtet, ein Asket zu sein? Sie sind ein Asket, Petrowski.«

Trotz des Nebels in seinem Kopf war Petrowski zu begreifen in der Lage, dass dieses das wirkliche Leben war, für das ein Risiko einzugehen sich lohne. Der Nebel geriet in Bewegung und lichtete sich, als er folgende Worte hörte:

»Wie gut, dass wir uns etwas näher kennengelernt haben. Ich wusste doch schon immer, dass Sie nicht der sind, als der Sie sich geben.«

Er wollte fragen: »Was soll das heißen, nicht der?«, doch sie schenkte ihm und sich selbst nach und fuhr fort:

»Sie sind nicht der, als der Sie sich geben, und auch ich bin eine andere als die, für die Sie mich halten. Und das sollte man einander doch auch eingestehen.«

Er wollte sich erheben, aber der Nebel hinderte ihn daran, und sie lachte überschwänglich:

»Habe ich Ihnen einen Schrecken eingejagt? Sie brauchen keine Angst zu haben, Petrowski! Wir sind ja unter uns.«

Er war schon recht stark angetrunken, wusste aber genau, dass er nichts Überflüssiges gesagt hatte. Scherzte sie vielleicht nur? Tatsächlich lachte sie ja. Und er hörte auch sein eigenes Lachen, übertrieben, aber gediegen und heiter. Lachend sagte er:

»Und wer sind Sie nun in Wirklichkeit? So also sind Sie? Einfach bemerkenswert!«

»Wie geht es Ihrer Frau Mutter in Pensa?«

»Meiner Frau Mutter?«

Seiner Mutter ging es recht gut. Welche Frau Mutter eigentlich? Und ging das überhaupt irgendjemanden etwas an? Das alles war ja durchaus amüsant, aber Jewgenija Konstantinowna war überaus scharfsinnig. Er fuhr also fort, fröhlich zu lachen.

Noch niemals zuvor hatte ihn Cognac derart umnebelt, da tat ganz sicher die drückende Hitze in Paris ein Übriges. Die Stimme von Jewgenija Konstantinowna wurde plötzlich ernst, doch ihre verwunderlichen Worte drangen nicht sofort zu seinem Bewusstsein durch.

»Hören Sie, Petrowski, so betrunken sind Sie doch noch nicht? Wollen Sie mir etwas vormachen? Aber das ist ganz gleich, es gibt für Sie keinen anderen Ausweg. Wenn Sie auch nur noch einen Funken Ehre im Leib haben … Verstehen Sie mich? Oder sind Sie vollkommen betrunken?«

Er hörte, was sie sagte, und verstand es, obwohl alles durch den Nebel getrübt war. Aber was er da verstand, das konnte doch nicht sein! Seine Zähne klapperten, seine Hand versuchte, nach dem Glas zu greifen. Vielleicht war dies alles ja ein Scherz … Sie entwand ihm das Glas und sagte überdeutlich:

»Ich überlasse Ihnen den Revolver, diesen hier, sehen Sie? Wenn Sie Ihrem Leben nicht selbst ein Ende setzen, Petrowski – hören Sie mich? –, wird man es so oder so tun.«

Er wackelte mit dem Kopf, dann rutschte er aus dem Sessel vor ihre Füße und murmelte mit schwerer Zunge irgendetwas von Vergebung und seinem jugendlichen Alter. Sie trat angewidert von ihm zurück, und er küsste den Boden.

Dann ging sie rasch hinaus und kam mit einem Glas zurück, das sie bis zum Rand mit Cognac füllte. Sie sagte gebieterisch:

»Nun denn, dann trink noch etwas, du Feigling.«

Er warf einen scheelen Blick auf den Revolver, schüttete entsetzt den Inhalt des Glases hinunter und verbrannte sich dabei den Gaumen. Im sich sogleich verdichtenden Nebel sah er, wie der Revolver in ihrer Handtasche verschwand – also war es ein Scherz gewesen!

Das Letzte, was er fühlte, zauberte ein Lächeln auf sein trunkenes Gesicht: Ein Kissen wurde unter seinen Kopf geschoben. Nun hieß es vor allem, etwas zu schlafen, um später sogleich eine Entscheidung treffen zu können. Seine schweren Beine schoben sich nach oben und kamen auf dem ausladenden Diwan zu liegen. Sein Kopf drehte sich, trotzdem war alles wunderbar und verheißungsvoll.

Mit derselben angewiderten Miene wie zuvor zog sie seinen Pass und die Brieftasche aus seiner Jackentasche. In der Brieftasche befand sich ausschließlich Geld, und sie legte sie auf den kleinen Tisch neben dem Schlafenden. Dann wusch sie sich die Hände und puderte sich das Gesicht. Auf dem Stuhl neben der Tür stand ein kleiner Koffer. Sie blickte auf die Uhr, setzte sich vor dem Spiegel einen Hut auf, schloss das Fenster, zog die schweren Vorhänge zu und dachte einen Augenblick lang nach. Die Luft im Zimmer war stickig, und nur das Schnarchen des Schlafenden war zu vernehmen. An der Tür drehte sie sich jäh um, ging noch einmal in die Kochecke, in der der Gasherd stand, und drehte beide Hähne auf. Schließlich ging sie, ohne einen Blick auf den Schlafenden zu werfen, langsam, dem ausströmenden Gas lauschend, zur Wohnungstür und verschloss sie hinter sich, indem sie den Schlüssel zwei Mal herumdrehte.

Etwas später hörte die Concierge, die gerade zum ersten Mal an diesem Abend süß geträumt hatte, die ihr wohlbekannte Stimme von Madame Watson, die ihr zurief:

»Cordon s'il vous plaît! Merci!«

Geographie

Die Karte Europas ist übersät von Bahnlinien und Wasserstraßen. Das Schiff, das sich durch den Finnischen Meeresbusen pflügte, schwankte heftig hin und her und Xenija Wischnewskaja litt grausamste Qualen. Schwarz war die Seekrankheit unbekannt. Am Buffet der Bahnhofsgaststätte in Wershbolowo stand ein junger Mann, offensichtlich ein Ausländer, und war sich unschlüssig, ob er ein Schinkenbrot oder zwei hartgekochte Eier nehmen sollte. Verlegen ob seines Akzents bat er den Buffetier, ihm »eine Teller« zu geben, und studierte lange das Restgeld, das er auf seinen Zehnrubelschein erhalten hatte. Zwei junge Damen wetteten miteinander, ob er ein Franzose oder Italiener sei. Während er sein Schinkenbrot aß, betrachtete Rinaldo die beiden jungen Damen mit der Selbstsicherheit des gutaussehenden Mannes.

In einem Wagen der dritten Klasse reisten zwei junge Frauen, von denen jeder, der sich zumindest ein wenig in Nationalitäten auskannte, sogleich wusste, dass sie Russinnen waren. Natascha konnte ihren Blick von den am Fenster vorbeifliegenden Bäumen nicht losreißen, Anjuta döste. Natascha hielt es nicht aus und weckte Anjuta:

»Schau doch, wie wunderschön das ist! Jetzt kommen die Berge. Das ist schon Savoyen.«

In Basel stieg eine Dame, der Beherrschtheit nach Engländerin, der Sprache nach eher Deutsche, vom Fernzug in den Nahverkehrszug um und nannte dem Gepäckträger die Station Dornach, das Zentrum der Anthroposophie. Dem Gepäckträger war das vollkommen einerlei, aber es freute ihn, dass der Dame nicht daran gelegen war, ihr federleichtes Köfferchen selbst zu tragen. Eine Woche zuvor hatte ebendiese Dame, nachdem sie die Gashähne aufgedreht hatte, ihre Wohnung in Paris mit dem Schlüssel verschlossen.

In Helsingfors stieg eine unauffällige Dame mit jüdischen Gesichtszügen ohne Hilfe des Gepäckträgers aus dem Zug und trug ihr massiges Reisegepäck zum Bahnhofsausgang. Mit demselben Zug wie Dora, in einem anderen Waggon allerdings, war der Genosse Sibirjak angekommen, ein Mitglied der ersten Gruppe von Schwarz, die hatte aufgelöst werden müssen. Er kehrte nunmehr zur Kampforganisation zurück. An einem Mittwoch zwei Wochen später sollte er sich in Petersburg in einer Speisegaststätte am Litejny-Prospekt mit dem jungen Spanier treffen, der zur gleichen Zeit, als der Genosse Sibirjak eintraf, im Buffet des Bahnhofs in Wershbolowo sein Schinkenbrot aß.

Auf dem Seeweg reiste drei Tage später, das Meer hatte sich mittlerweile wieder beruhigt, Richtung Gangut und Helsingfors ein Herr mit einer Narbe im Gesicht. Er besaß einen russischen Passeport, aber als Passagier der ersten Klasse brauchte er diesen nicht. Mit den schwedischen Passagieren unterhielt er sich in schlechtem Deutsch, mit den russischen sprach er nicht, mit einer betagten Dame, die als Touristin reiste, plauderte er hocherfreut Französisch. Die Dame lächelte gewogen ob seines Akzents und seiner Gutmütigkeit, hörte Bodrjasin mit freundlichem Schmunzeln zu und litt dabei ein wenig unter seinem Stottern. Bodrjasin beschrieb ihr die Schönheit von Imatra und riet ihr zu, den Sommer auf den Schären zu verbringen. Die Dame wusste bereits, dass ihr Reisegefährte ein russischer Handelsagent war, verheiratet, mit drei kleinen Kindern, und die Gesichtsverletzung aus dem Russisch-Japanischen Krieg stammte, dass er Paris liebte, wo er jedes Jahr einige Zeit verbrachte, und seine berufliche Tätigkeit ihn hauptsächlich mit Deutschland und den skandinavischen Ländern verband. Beim Diner saß die Dame jeweils zwischen ihm und dem Kapitän des Schiffes, einem etwas grobschlächtigen Schweden, mit dem sie absolut keine Gesprächsthemen fand und mit dem nichts verband.

Auf dem Schiff rauchte Bodrjasin Zigarren, nicht nur aus Gründen der Konspiration, sondern aus einer Gewohnheit heraus, seinen Geschmackssinn zu bezwingen und an alles zu gewöhnen. Aus ebendiesem Grunde trank er auch ziemlich viel Bier, das er nicht mochte, und enthielt sich des Schwedenpunsches, der viel mehr nach seinem Geschmack war.

Im Rauchsalon sann er, bequem im Sessel ausgestreckt, zunächst darüber nach, dass seine Strümpfe hinsichtlich des modischen Standards der Kritik nicht standhielten, um dann zum unbefriedigenden Thema seiner Reise nach Finnland überzugehen, die er als vollkommenen überflüssig erachtete. Schwarz war überzeugt, dass er, Bodjrasin, unentbehrlich sei bei der geplanten Aktion, dass die Gruppe ohne ihn in schwierigen Momenten Fehler beginge, da es niemanden sonst gab, der ihre Führung übernehmen könne. Auch die Partei nahm Bodrjasin in die Verpflichtung, der Gruppe von Schwarz anzugehören, obgleich er selbst nicht an den Aktionen direkt beteiligt sein sollte, was ja aufgrund seiner körperlichen Auffälligkeit auch unmöglich war. Worin nun aber seine Unentbehrlichkeit bestehen sollte, hatte niemand ihm klar benennen können. Eine solche Reise war ja doch auch immer mit nicht unerheblichen Kosten verbunden.

Dora war selbstverständlich unentbehrlich. Auch Xenija konnte noch von Nutzen sein, sollte sich die Sache in Petersburg länger hinziehen und der Plan geändert werden müssen. Rinaldo und Sibirjak waren die Ausführenden, Schwarz führte das Kommando. Von den weiteren in Petersburg Ansässigen, die eingeweiht und beteiligt waren, kannte Bodrjasin zwei überhaupt nicht. Schwarz verbürgte sich für sie. Aber war es nicht auch Schwarz gewesen, der Petrowski in die Organisation eingeführt hatte? Sie alle riskierten ihr Leben, und sie alle waren von Nutzen. Am wenigsten von allen riskierte dieses Mal Bodrjasin, der als Zigarre rauchender feiner Herr erster Klasse reiste. Keine Frage, dass früher oder später auch er am Galgen endete. Bodrjasin hatte beschlossen, dass er, sollte die Angelegenheit scheitern, bei erster Gelegenheit nach Russland reisen und dort bleiben würde, obgleich es selbstverständlich nichts Unvernünftigeres gab.

Im Rauch der billigen und ihm widerwärtigen Zigarre sah Bodrjasin einige ihm lieb gewordene Gesichter all jener vor sich, die mit allem bezahlt hatten, weil sie den Mut besessen hatten, als Richter und Rächer aufzutreten. Es waren ihrer viele gewesen, jetzt gab es nur noch sehr wenige. Und Bodrjasin war überzeugt, dass diese die Letzten waren, angesichts der aktuelle Stimmung in Russland. Auch Natascha hatte sich ja von ihnen entfernt und war auf dem Weg nach Italien. Er selbst hatte sie dazu überredet. Und dass ihm dies gelungen war, hieß, dass es für sie so besser war. Nein, von den in der Emigration Lebenden konnte niemand mehr für die Sache gewonnen werden, und ob es in Russland noch jemanden gab – wer wusste das schon? Um darüber Klarheit zu erhalten, musste man sich selbst dort umsehen.

Bodrjasins Gedanken gingen, wie so oft, in Häresie über. Wie konnte es sein, dass es die Beteiligung von Dutzenden von gesunden jungen Menschen brauchte, die ihr eigenes Leben aufs Spiel setzen und in absurden Zickzacklinien und Bogen Europa durchqueren mussten, um einen elenden und unwürdigen alten Mann, der schwach und hinfällig, zugleich jedoch boshaft und gemein war, zu vernichten, wo man ihn doch mit einem Fingernagel zerquetschen konnte? Man bräuchte nur laut zu schreien, und er würde auseinanderfallen. Ihm mit der Hand eine verpassen – es bliebe nur ein feuchter Fleck. Sogleich aber antwortete Bodrjasin dem Häretiker, dem Stotterer, der in den Rauchschwaden einer schlechten Zigarre dahinschwamm, ein gänzlich anderer, nüchterner, beherrschter, klar und flüssig artikulierender Bodrjasin:

»Darin liegt die ganze Tragödie, aber darin liegt auch die Schönheit der Großtat. Der heilige Wagemut muss mit einem unvergleichlich schrecklichen Preis bezahlt werden. Entweder man glaubt, oder man glaubt nicht. Wer nicht glaubt, muss fortgehen, aber nicht die Meere und die Erde mit Zweifeln durchfurchen.«

Sich am Rauch verschluckend, antwortete der Häretiker Bodrjasin giftig und gedehnt:

»D-die Schönheit der Großtat, wenn sich sieben Athleten auf einen Hengst von der Größe einer Maus werfen …«

Die wohlgesetzte Antwort:

»Wäre es ein Zweikampf, schicktest du wohl einen deiner nichtexistenten Jungen, von denen du der Dame beim Diner erzählt hast, in die Arena gegen jenen Hengst von der Größe einer Maus. Aber dieser Hengst versteckt sich hinter Mauern und Bajonetten.«

»N-nicht der Mensch, s-sondern sozusagen die Idee?«

»Das ist nicht lustig, Bodrjasin!«

Die Dame ging an den ausgestreckten Beinen des Terroristen vorbei, setzte sich lächelnd in den Sessel gegenüber und zündete sich eine dünne Zigarette an. Sie bemerkte selbstverständlich auf den ersten Blick, dass die Strümpfe dieses russischen Unikums nicht zu seiner Krawatte noch zur Farbe des Zwirns des Jacketts gewählt waren, aber sie war seiner Redseligkeit, seines Appetits und seines Scharfsinns wegen bereit, ihm alles nachzusehen. Und die Dame beschloss nun endgültig, dass sie im nächsten Herbst nach Pétersbourg, Moscou und in den Caucase reisen werde.

In Gangut verließ Bodrjasin das Schiff, obgleich es günstiger gewesen wäre, auf direktem Wege nach Helsingfors weiterzureisen. Aber nicht alles, was günstig war, stimmte mit seinen Plänen überein.

In vollkommener Übereinstimmung mit den Plänen hingegen war es, dass der spanische Künstler, der nach Petersburg gekommen war, das schmiedeeiserne Gitter des Winterpalastes und den Ehernen Reiter bewunderte. Er bewunderte diese Sehenswürdigkeit durchaus aufrichtig, obgleich er einst fast täglich mit dem Botaniklehrbuch unter dem Arm an diesem unerschütterlichen Reiter vorbeigeeilt war. Nun, nach langer Trennung, fühlte er sich wie ein richtiger Ausländer und Tourist und blätterte mit sehr ernster Miene im Baedeker.

Er hatte sich bereits davon überzeugt, dass ihm kein »Schwanz« nachfolgte. Er hatte recht gehabt: Es gab eine Anordnung, Ausländer seien nicht zu beschatten um in ihnen kein Misstrauen zu wecken. Ihn zu beschatten wäre auch absolut fruchtlos gewesen, zumindest bis drei Uhr am Nachmittag des kommenden Mittwochs, wenn er die Speisegaststätte am Litejny-Prospekt verließe und jener, mit dem er sich getroffen hatte, dort noch zehn oder fünfzehn Minuten verweilte. Das Musikstück wurde ganz entsprechend der Partitur gespielt, und diese befand sich in den Händen verschiedener Menschen mit viel Erfahrung. Sie waren doch naiv wie die Kinder! Nicht ein einziger junger Mann wie Petrowski, von dem man lange schon nichts mehr gehört hatte, versah gegen eine nicht allzu stattliche Entlohnung den Dienst für die staatliche Sicherheit. Nie zuvor hatte es eine derart gute »innere Ausleuchtung« gegeben. Selbst der alte Mann war darüber informiert, für welchen Tag seine Vernichtung geplant war. Genauere Angaben werden nachgereicht.

In der kleinen schweizerischen Ortschaft Dornach zeigte man der Dame, die vor nicht allzu langer Zeit angekommen war, das im Bau befindliche Goetheanum. Ein russischer Dichter mit Augen nicht von dieser Welt lag auf einem Gerüst unter der Kuppel und schlug ein Muster in die schwere, verleimte Holzdecke.

Ein italienischer Zug fuhr in einen Tunnel ein und frohgemut wieder hinaus, eilte an den Abgründen entlang, fuhr wieder in einen Tunnel und brach wieder hinaus zur Sonne. Unten – die Meeresbrise, und je näher er sich einem Bahnhof näherte – Gärten, ja, konnte es denn sein, dass dies echte Orangenbäume waren?

»Nataschenka, schauen Sie doch!«

Könnte all dies doch Anjutas Tante aus der Perwaja Meschtschanskaja nur auch sehen!

Das Geheimnis der Straße

Ohne Eile, den Blick in die Ferne gerichtet, ging ein sehr gut angezogener junger Mann mit dem Anschein eines Ausländers die belebte Petersburger Straße entlang. Eigentlich hätte er mit der Menge verschmelzen und unbemerkt sein müssen, aber er fiel mehr auf als die anderen, und dies nicht aus dem Grund, weil er jung und gutaussehend war. Er hätte ein Passant sein müssen, der ausgegangen war, um ein bisschen zu flanieren, Luft zu schnappen, hätte zerstreut die ausgelegten Bücher in einem Schaufenster betrachten, fünf Sicherheitsklingen für den Rasierapparat und ein Blumenduftwasser kaufen müssen. Es hätte ihm ganz selbstverständlich angestanden, mit gelassenem Interesse und männlicher Sicherheit, ein wenig von oben herab und sich kaum merklich nach ihnen umdrehend, den ihm entgegenkommenden Frauen in die Augen zu blicken, in die blauen, braunen und großzügig, gleichgültig in die farblosen Augen sogar, und all dies im Vorbeigehen und nebenbei. Die eine oder andere hätte er, ohne seine männliche Würde zu verlieren, mit einem fragenden, nicht allzu aufdringlichen Blick begleiten können, nur um in ihr leichte und angenehme Verlegenheit heraufzubeschwören. Aber all dies tat er nicht.

Er fiel mehr auf als alle anderen, da ein gewöhnlicher Passant keinen *solchen* Gesichtsausdruck hat, nicht *so* geht und nicht *so* blickt. Ein gewöhnlicher Passant unternimmt keine *derartigen* Anstrengungen, um seine Erwartungen und seine Unruhe zu verbergen, macht nicht *derart* mechanische und bedachte Bewegungen, für ihn existiert auch die Menge der anderen.

Dreihundert Meter hinter ihm ging ebenso gemessenen und gespannten Schrittes ein zweiter junger Mann vollkommen anderer, recht einfältiger und provinzieller Erscheinung, aber mit dem gleichen Blick und der gleichen Aufregung, die er zu verbergen bemüht war. Er ließ allen den Vortritt, fürchtete, einen der Vorübergehenden mit der Schulter zu berühren, ging, als trüge er ein Glas voll Wasser und fürchtete, einen Tropfen davon zu verschütten. Ihm war der Asphalt des Bürgersteigs zu glatt, die Entfernung zwischen den Häuserwänden und den Blumenrabatten zu eng und beengend, und ihm schien, keiner ginge in dieselbe Richtung wie er, sondern alle kämen ihm, als hätten sie sich verabredet, entgegen, und dies auch noch übermäßig schnell und übermäßig rüde, geradezu mutwillig unachtsam. In den Beinen fühlte er eine leichte Schwäche, und mit widriger Last drückte ein Zigarrenetui aus Metall, das er in der Brusttasche des Jacketts trug, auf sein Herz. Jener, der ihm vorausging, trug ein ebensolches Zigarrenetui, allerdings in der Seitentasche seines leichten Mantels.

Zwischen ihnen lag ein genau abgesprochener Abstand, der sich nicht veränderte. Und es verband sie ein nur ihnen bekanntes Geheimnis.

Das Geheimnis bestand darin, dass sie zur gleichen Zeit innehalten würden, und zwar zu dem Zeitpunkt, in dem sich eine Kutsche zeigte, deren Farbe und Größe sie sich zuvor eingeprägt hatten und deren Kutscher sie wiedererkannten. Nach einem kurzen Augenblick würde sodann der Erstere der beiden auf die Straße rennen und sein in der Sonne glänzendes Zigarrenetui genau auf das Straßenpflaster unter die Räder der Kutsche werfen. Und sollte ihm dies nicht gelingen, so wäre die Reihe am zweiten, der hinter ihm ging.

Dieses Geheimnis war so groß, dass es außer den beiden nur noch vier weitere Verschwörern und Rächern bekannt war, aber diese befanden sich an weit entfernten Orten am jeweils anderen Ende der Stadt und warteten auf das gute Ende jenes entscheidenden Tages. Zuvor hatte es bereits einige gescheiterte Versuche gegeben, da die Kutsche nicht gekommen war, aber an jenem Tag war allem Anschein nach ein solcher Fall ausgeschlossen, denn es war ein Donnerstag, und die Sitzung mit dem Minister sollte pünktlich um elf Uhr am Vormittag beginnen, sodass der Minister sich auf den Weg machen musste. Eine andere Strecke konnte er nicht fahren.

Jedem der beiden jungen Männer folgten, sehr viel schlechter verborgen, in ängstlicher und angespannter Aufmerksamkeit mehrere Augenpaare. Ein Expressdroschkenkutscher, ein Bauchladenverkäufer, ein Herr mit Koteletten, ein verwegener junger Mann in einem Jackett mit zu kurzen Ärmeln. Aus mehreren am Weg gelegenen Fenstern wurden diese wiederum von ernst blickenden Gesichtern mit Schnurrbärten beobachtet – damit auch ja kein Fehler mehr passierte und die beiden in einem geschickten Zug festgenommen würden und nicht die Möglichkeit erhielten, mit den furchtbaren Sprengsätzen sich selbst und andere in die Luft zu sprengen. Es musste vor allem gelingen, ihnen die Hände zu binden, bevor sie ihre Verfolger bemerkten, damit sie keine Möglichkeit hatten, das Metalletui in ihren Taschen zu werfen und das Unbeschreibliche zum Vollzug zu bringen.

Von der Tatsache, dass die beiden, wie in geheimer Absprache verabredet, mit löblicher Pünktlichkeit zur vereinbarten Zeit am Treffpunkt erschienen waren, waren mit ebenso sorgsamer Beachtung des Geheimnisses jene in Kenntnis gesetzt worden, die nichts davon hätten wissen dürfen. Die zuständige Polizeistation und das Restaurant an der Ecke waren telefonisch informiert worden. Auf dem Hof des Reviers wartete bereits der Vertreter des Reviervorstehers mit einer ganzen Polizeieinheit, und aus der Tür des Restaurants lief erst ein Polizist, der sich im Lauf noch die Weste zuknöpfte, dann folgten hintereinander je zwei Polizisten, weitere zwei verblieben als Wachposten am Eingang. Ihre Rollen waren unbedeutend und ihnen drohte keine Gefahr – allein: Wer konnte das schon wissen! Der Minister, ein alter Mann mit einem Backenbart, der aussah wie ein alter Distelfink, wartete am Telefon. Er war bereits rasiert und ausgehfertig angekleidet, obgleich seine Fahrt bereits am Vorabend gestrichen worden war. Seine Kutsche aber war vorgefahren, denn auch dies gehörte zu einem geheimen Plan und erfolgte nach strenger Weisung. Und obgleich im Moment keinerlei Gefahr bestand, schlotterten dem alten Mann die Beine und unterhalb der Knie erstarrten sie vor Kälte – alles nur die Gicht.

Die Straße war voller Geheimnisse und es mutete seltsam an, dass eine Dame mit Handtäschchen zu sehen war, die keine Rolle im zur Aufführung kommenden Schauspiel einnahm, ebenso ein echter Militär ohne ein Staubflöckchen auf der stramm sitzenden Uniform, eine harmlose watschelnde Alte, zwei den Unterricht schwänzende Schuljungen mit Büchern unterm Arm, die es so wenig eilig hatten, dass sie sogar rückwärts gingen und dabei die Vorübergehenden anrempelten und beharrlich das Leben studierten. Die Gesprächsfetzen der Passanten waren derart unbedeutend und alltäglich, dass es fast unmöglich war, an die Nähe des Todes zu glauben, der in den Taschen der Geheimnisträger verborgen war – jener beiden jungen Männer und derer, die ihnen wachsam folgten.

Die Sonne blendete die Augen des Vorausgehenden, er kniff sie zusammen, wie er sie nur einen Monat zuvor am Strand der Île d'Oléron zusammengekniffen hatte. Aber die Sonne blendete nicht wie auf der kleinen Waldlichtung, als sie nur am Brandgeruch hatten erraten können, wo sich das Feuer ausbreitete, weil der Rauch kaum auszumachen gewesen war. So schnell schritten die Ereignisse voran. Und so seltsam war es, dass die Tage, Länder, Absichten und Namen wie ein Nebel schwirrender kleiner Fliegen aufschienen. Dort hatte man ihn Rinaldo und den Botaniker genannt, hier war er ein ausländischer Tourist mit spanischem Pass und Akzent. Dort hatte es eine Zukunft gegeben, hier zählte lediglich die nächste Minute. Bald würde es nicht einmal mehr eine Vergangenheit geben. Sehr bald sogar. Und wieder blickte er aufmerksam auf die herannahenden Kutschen.

Zwei Männer überholten ihn und verschwanden in der Tür eines Friseursalons. Im Schaufenster des Salons stand eine farbige Büste, auf deren wächserne Schultern unechte Locken fielen. Die Schaufensterpuppe lächelte geziert, und hinter ihrer Schulter blickten neugierig und ängstlich zwei lebendige Augenpaare hervor. Der gutaussehende junge Mann ging vorüber, ohne seinen Schritt zu verlangsamen und ohne die kokette Schaufensterpuppe zu bemerken. Dann stürmten die beiden Männer wieder aus dem Friseursalon heraus, stießen die Schuljungen aus dem Weg, schoben unhöflich die Dame mit dem Handtäschchen zur Seite, liefen leicht nach vorne gebeugt hinter dem jungen Mann her, unablässig seine Hände und nur seine Hände im Blick, und griffen ihn dann mit einem Mal überraschend an den Ellbogen. Sie drückten fester zu, als es notwendig war, und spürten an ihrem gesamten Körper die Furcht des Augenblicks, obgleich dies nicht die Minute ihres, sondern seines Todes war. Ein dritter, ein hochgewachsener Kraftmeier, der aus dem Nichts erschienen war, griff ihn von der Seite am Hals, sich selbst von ihm entfernt haltend, um ihn auf gar keinen Fall mit dem Jackettsaum zu berühren. Damit der andere nicht zu Fall kam, ließ er ihn nicht aus den Händen, drückte aber überaus fest. Der Bauchladenverkäufer warf seine Lade von sich und trieb die Zuschauer auseinander: »Weitergehen! Nicht stehen bleiben!« In seiner Hand hatte der einstige Bauchladenverkäufer einen Revolver, und dem hatte man Folge zu leisten. Die Schuljungen waren auf die Straße gerannt und blickten in stummem Entzücken auf das nie zuvor gesehene Schauspiel. Eilig fesselte der Kraftmeier die Hände des übertölpelten jungen Mannes auf dem Rücken mit stählernen Handschellen, dann beförderte man ihn vorsichtig, als sei er eine überaus wertvolle und zerbrechliche Fracht oder ein Gefäß aus Kristall, zur Tür des Friseursalons.

In genauem Abstand von dreihundert Metern, als liefe dieselbe Filmrolle nochmals ab, fesselten zuerst zwei, dann drei und dann noch weitere Männer dem anderen, schlichter aussehenden jungen Mann, einem schwächlichen Blondhaarigen, der auf den Namen Dmitri getauft war und in der asketischen Zurückgezogenheit den Namen Genosse Sibirjak trug, die Hände auf dem Rücken und führten ihn ab. Er wehrte sich, konnte aber nur mehr den Kopf bewegen und die in der Luft hängenden Beine schütteln, denn kräftige und hochgewachsene Männer hoben ihn hoch. In seiner Tasche rutschte das Zigarrenetui hin und her und konnte jederzeit hinausfallen. Hier wichen alle Passanten zurück, da laute und gleichmäßige Schritte sich näherten. Der Plan war glänzend und schnellstens ausgeführt worden, und schon eilte der Vertreter des Reviervorstehers mit seiner Einheit herbei, der sich im Glanze seiner Rolle sonnte: Die Gefahr war gebannt.

Nun gab es nichts mehr zu sehen, und die beiden Jungen, die sich als direkte Beteiligte dessen, was sich ereignet hatte, fühlten, eilten endlich zur Schule, denn nun hatten sie etwas zu erzählen, womit sie prahlen konnten. Die Dame mit dem Handtäschchen nahm eine Droschke, der Militär ohne Staubflöckchen auf der Uniform entfernte sich im Unterschied zu den Nichtmilitärs ohne innezuhalten und sich umzublicken vom Ort des Geschehens.

Das Geheimnis der belebten Straße, das so unvermittelt aufgedeckt worden war, wurde zuerst durch die Erzählungen der Passanten und die Auslegungen der Hauswarte und Stubenmädchen erregt weitergetragen. An der nächstgelegenen Ecke kam es nicht weiter von der Stelle, denn es wusste nicht, in welche Richtung es stürzen sollte, und plötzlich, als es den Zauber und die Energie des Neuen verloren hatte, trieb es träger dahin, kam völlig von Kräften und zerschmolz in Richtung des Hauses, in dem der alte Minister auf sein Schicksal wartete. Sehr viel früher war die Nachricht vom Ausgang der Ereignisse jedoch bereits durch den Draht des Telefons am Eingangstor vorbei direkt im Arbeitszimmer des Ministers angekommen, und der zitternden greisenhaften Stimme hatte eine frische, frohgemute, schneidende und übermäßig laute Stimme geantwortet:

»Zu Befehl, Eu–exze–nz, es sind beide verhaftet.«

»Wer? Die, von denen Sie sprachen?«

»Beide Verbrecher, Eure Exzellenz. Es besteht kein Zweifel, mehr können es nicht gewesen sein, die Erkenntnisse sind absolut sicher. Zu Befehl also, ganz wie geplant.«

»Was sagen Sie?«

»Wie ich es sage. Ganz entsprechend den Instruktionen, Eu–exze–nz. Erlauben Sie, dass ich Eu–exze–nz meine Glückwünsche ausspreche.«

Der alte Mann legte den Hörer auf, knetete seine Beine und sagte dann zu seinem Sekretär:

»… Und wenn man jetzt führe?«

»Das wäre wohl ein Risiko, Eure–zellenz.«

»Aber das ist meine Pflicht, mein Bester.«

Wieder klingelte das Telefon, und es wurde mitgeteilt, dass auch *dort* bereits alles bekannt war: Man gratulierte und dankte im Namen Ihrer Majestät.

Ein bibelfester Besucher

Der ziemlich vernachlässigte Hof eines Hauses in der Perwaja Meschtschanskaja in Moskau. Um die Wohnung der Witwe Katherina Timofejewna zu finden, musste sich der Besucher erst einmal in die Hauswartswohnung drängen.

»Helfen Sie mir, mein Allerbester, sonst bin ich hier ganz v-verloren.«

Über eine Zwanzigkopekenmünze freut sich jeder Hauswart.

Auf das Klopfen an der Tür öffnete Katherina Timofejewna, eine Frau an vielen Jahren, jedoch noch nicht alt, sorgfältig gekleidet, mit streng scheinendem, aber freundlichem Gesicht. Sie verstand nicht sofort, wer diesen Herrn mit Bart und auffälliger Narbe auf der Wange geschickt habe.

»Ich weiß gar nicht, welche Anna Petrowna Sie meinen?«

»Sagen wir es einfacher: Anjuta, vielleicht fällt es Ihnen dann leichter, sich zu erinnern.«

Katherina Timofejewna war erfreut und erstaunt:

»Hat wirklich sie Sie zu mir geschickt? Sie weilt doch im Ausland.«

»Und ich bin von dort auf direktem Wege zu Ihnen gekommen und habe eine N-nachricht mit zwei, drei Worten für Sie, das als D-dokument meine Worte beglaubigt.«

Das war für Katherina Timofejewna eine große Freude. Nur selten kam einmal ein Brief von Anjuta, und einem Menschen, der die von ihr an Tochter Statt Angenommene kannte, begegnete sie nun zum ersten Mal. In ihren Briefen erzählte Anjuta nur sehr wenig, sie war ja keine Schriftstellerin. Vielleicht hatte sie aber auch Angst, zu ausführlich zu berichten, wer wusste das schon. Die Nachricht besagte: »Ich schicke Ihnen einen Gruß mit einem guten Menschen.« Zu der Nachricht überreichte er ein Geschenk: ein buntes Seidentuch, viel zu bunt, als dass eine alte Frau es hätte tragen können. Der Besucher scherzte:

»Das wird Ihnen, Katherina Timofejewna, sehr gut zu Gesichte stehen. D-das ist wirklich sehr schön, eine echte italienische Arbeit, aus Rom.«

»Ach, was soll ich denn damit! Sie selbst sollte es tragen, solange sie noch jung ist.«

Der Besucher war sogleich sehr vertraut. Bei manchen Worten stotternd, berichtete er ausführlich in allen Einzelheiten alles, was er wusste und was ihm einfiel: dass Anjuta zusammen mit einer anderen jungen Dame in Paris gelebt hatte, wie das Zimmer ausgesehen hatte, das die beiden gemietet hatten, wohin sie zum Essen gegangen waren und wie fleißig Anjuta gelernt hatte, während sie zugleich auch noch gearbeitet und selbst für ihren Lebensunterhalt gesorgt hatte, auch für andere hatte sie Sorge getragen, alle mochten sie sehr gern, weil sie ein solch umgängliches Wesen hatte und so unkompliziert war. Manch einer sei ja, auch wenn er schon älter sei, im Ausland ganz verloren, leide an Heimweh und habe niemanden, der sich seiner annehme, aber Anjuta habe sich nicht von derartigen Gefühlen überwältigen lassen. Selbstverständlich habe sie bisweilen Sehnsucht nach zu Hause gehabt und oft Katherina Timofejewnas gedacht, stets voller Liebe und Dankbarkeit, dass diese sich ihrer, der Vollwaise, angenommen habe.

Katherina Timofejewna schob das Geschenk zur Seite, damit keine Tränen darauf tropften.

»Bitte zu entschuldigen, aber alles, was Sie erzählen, kommt so unerwartet für mich. Aber wie kann Anjuta sich denn mit den Franzosen unterhalten? Sie kann ja deren Sprache gar nicht sprechen.«

»Doch, sie hat sie gelernt. Und nun verständigt sie sich sogar mit den Italienern, denn sie ist in Italien und lebt direkt am Meer. Von dort hat sie auch den Schal geschickt.«

Nachdem sie beruhigt war, versäumte Katherina Timofejewna nicht, Anjutas Bekanntem zu berichten, wie viel Ängste sie Anjutas wegen zu erleiden gehabt hatte. Zu Verhören hatte man sie zitiert, selbst bei sich zu Hause war sie von zahlreichen Leuten aufgesucht worden.

»Aber was wusste ich denn schon? Sie hatte mir ja nichts erzählt, und wie das alles vor sich gegangen war – das habe ich von den Leuten erfahren, die davon in der Zeitung gelesen haben. Ich verurteile sie nicht, das ist ja nicht meine Angelegenheit. Aber die Leute sagen, schlechten Menschen hätte sie nie geholfen, aus dem Zuchthaus zu fliehen, sondern sie hätte nur lauteren jungen Frauen geholfen, die zu Unrecht verhaftet worden sind. Und in diesem Sinne habe ich auch die Fragen beantwortet, und niemand hat schlecht über Anjuta gesprochen, manche haben sie sogar bewundert. Aber ich kenne mich ja in der Politik nicht aus.«

Ihren Besucher ließ sie so schnell nicht wieder gehen. Er musste unbedingt Tee mit selbstgemachter Warenje trinken. Aus dem ausladenden Buffet holte sie ein Schnapsglas auf dickem Fuß und ein Fläschchen Wischnjowka, auch aus eigener Herstellung.

»Natürlich ist für einen so weltgewandten Mann wie Sie Wischnjowka nichts Besonderes.«

Der Besucher gefiel ihr sehr in seiner würdevollen und freundlichen Art und mit seinen Erzählungen von Anjuta. Solch ein Mann wäre genau das, was Anjuta bräuchte, aber sicher war er bereits verheiratet.

»Ich kenne ja noch gar nicht Ihren Namen und Vatersnamen.«

»Iwan Dmitritsch, mit Nachnamen Pastuchow.«

»Sie haben Ihre eigenen Geschäfte?«

»Ich reise gelegentlich hin und her in Handelsgeschäften.«

»Anjuta hat wohl nicht vor zu heiraten, wissen Sie etwas darüber?«

»Davon ist mir nichts bekannt. Aber sollte sie einmal heiraten, ist der, den sie wählt, ein glücklicher Mann, bei ihrem Wesen. W-wäre ich j-jünger, würde ich bei Ihnen, Katherina Timofejewna, um den Segen bitten.«

Offensichtlich scherzte der Besucher, aber Anjuta mochte er gern. Dann scherzte auch Katherina Timofejewna:

»Ginge es nach mir, so würde ich ihr bei einem guten Mann jederzeit den Segen geben.«

Mit leisem Klopfen, das Katherina Timofejewna bekannt war, trat ein Mann ein, der in ein violettfarbenes Priestergewand gekleidet war, das von nicht allzu großer Frische, aber ordentlich und bei dem schlechten Licht geradezu festlich wirkte. Nun konnte das Glück mit jemandem geteilt werden! Als der Priester eintrat, erhob sich der Besucher und verneigte sich ehrfurchtsvoll.

»Mir wurde ein solches Glück zuteil, Vater Jakow! Stellen Sie sich vor, der gnädige Herr kommt von Anjutotschka aus dem Ausland und überbrachte mir ihren Gruß und ein Geschenk von ihr. Und hat mir von ihrem Leben dort erzählt.«

Vater Jakow freute sich aufrichtig:

»Ja, wirklich, das ist erfreulich, erfreulich. Von dorther hat man nicht oft Besuch, und dann noch mit solch guter Nachricht. In-te-ressant!«

Den angebotenen Likör schlug Vater Jakow ab, aber er trank drei Tassen Tee, sogar mit Zucker. Und erwies auch der Warenje die Ehre.

»Auf Stippvisite in Moskau?«

»Ich halte mich hier nicht lange auf, Batjuschka. Von hier fahre ich weiter in die Nähe von Tambow, wo mein alter Vater lebt, auch er ein Gottesdiener.«

»Das heißt, Sie sind der Sohn eines Geistlichen? Sehr erfreut.«

Auch ihm gefiel der Besucher, der sich Iwan Pastuchow

nannte. Er war offensichtlich ein weltgewandter und gütiger Mensch, wusste über alle nur Gutes zu sagen und war ein Freund Anjutas.

Sie verabschiedeten sich von der Hausherrin und gingen gemeinsam in Richtung Sucharew-Platz und dann über die Sretenka-Straße. Der Besucher sagte zu Vater Jakow:

»Und w-wie erfreut ich erst bin, Sie kennengelernt zu haben. Ich hatte das große Vergnügen, bereits viel von Ihnen zu hören, und zwar nicht nur von Anjuta, sondern auch von deren Freundin, die auch Sie kennen. Katherina Timofejewna habe ich ihren Namen nicht gesagt, aber Sie werden sich an sie erinnern, es handelt sich um eine gewisse Natalja Kalymowa, Natalja Sergejewna.«

Vater Jakow dachte eine Weile lang nach und antwortete dann mit Zurückhaltung:

»Einen Kalymow, Sergej Pawlowitsch, Arzt in Rjasan, habe ich recht gut zu kennen tatsächlich das Vergnügen. Dann muss sie wohl seine Tochter sein?«

Warum einem ihm nicht bekannten, wenngleich durchaus sympathischen Menschen auch sofort zu viel verraten! Aber Vater Jakow brannte vor Neugier, denn es war doch wirklich überaus verwunderlich, dass auf den Wegen seines Lebens immer wieder die Tochter seines Freundes aus Rjasan auftauchte.

»Wo hält sie sich denn nunmehr auf?«

»In Italien, so ist anzunehmen, zusammen mit Anjuta.«

»Ins Elternhaus zurückzukehren hat sie wohl nicht vor?«

Sein Gesprächspartner zwirbelte den Bart, den er sich erst kürzlich hatte stehen lassen, und warf einen scheelen Blick auf Vater Jakow. Sie waren von gleicher Größe, also brauchte niemand der beiden von oben herabzusehen.

»Nun, wie soll ich sagen, Hochwürden, ob ihr in der Heimat denn ein freundlicher Empfang beschieden sein wird? Was meinen Sie?«

»Das kann ich nicht wissen, ich bin diesbezüglich nicht auf dem Laufenden. Jedoch wird den Vater sicher danach verlangen, seine Tochter wiederzusehen.«

»Viele verzehren sich danach, ihre Liebsten wiederzusehen, Vater Jakow, das wissen Sie doch selbst: ›Und jene, die ausharren in Krankheit und Trauer, in Ung-glück und Pein, Mühsal und Not, in Kerkern und Verliesen, besonders die Verfolgten.‹ Und wenngleich sich das Gebet emporschwingt zu ›und gib ihnen Erleichterung, Erlösung und Errettung‹– kann man dies doch nicht beobachten.«

Nun warf Vater Jakow seinerseits einen scheelen Blick auf seinen bibelfesten Gesprächspartner und sagte, durch seinen Bart streichend, ohne jegliche Strenge:

»Es heißt aber auch: ›Erleuchte die von der unseligen Häresie Geblendeten.‹«

»Das ist eine Frage der Sichtweise, Batjuschka. Bei uns heißt es: ›Selig die, die um der Gerechtigkeit willen verfolgt werden.‹ Das trifft ja genau auf sie zu, auf die Ihnen bekannte junge Frau, genauer gesagt, auf die beiden.«

»Ich urteile nicht, ich urteile nicht. Aber es ist sehr angenehm, die Bekanntschaft eines derart bibelfesten Weltlichen zu machen.«

»Das ist mir seit der Kindheit vertraut, und ich habe selbst am Priesterseminar studiert. Ich erinnere mich auch noch an den vierten Ikos aus dem Akathistos an die Allerheiligste Gottesgebärerin: ›Sei gegrüßt, an dir haben die Märtyrer Gleichmut gewonnen. Sei gegrüßt, du starker Halt des Glaubens. Sei gegrüßt, du lichte Offenbarung der Gnade. Sei gegrüßt, durch dich wird die Unterwelt entmachtet.‹ Das ist doch wundervoll gesagt, Vater Jakow: ›durch dich wird die Unterwelt entmachtet!‹ Die Menschen gehen ihrer Wege und sehen die Abgründe nicht – sie aber deutet darauf, und dafür gebührt ihr Ehre.«

»Sei gegrüßt, du jungfräuliche Mutter!«

»Ganz genau, Vater Jakow! Ein jeder versteht das nicht, aber wir beide, Sie aufgrund Ihres Standes, ich aufgrund meiner Herkunft, v-verstehen dies. Heißen Sie mich, ihr einen Gruß zu übermitteln, so mir das Glück beschert sein wird, sie wiederzusehen?«

»Aber unbedingt! Übermitteln Sie ihr meinen priesterlichen Segen. Das heißt, Sie werden wieder in die fremden Lande reisen?«

»W-wie soll ich sagen ... ›Ich bin gefangen in den Netzen einer Vielzahl von Versuchungen ...‹ Ich erbebe, wenn ich das

Feuer entgegennehme, denn ich fürchte zu verbrennen wie Wachs oder Gras.«

»Der Herr ist allen gütig …«

»Amen. Wir sind am Ziel, hier muss ich mich von Ihnen verabschieden.«

»Ich fühle mich überaus geschmeichelt durch die Bekanntschaft und die Unterhaltung mit Ihnen, Iwan Dmitritsch. So es uns beschieden sein wird, dass wir uns noch einmal begegnen, werde ich hocherfreut sein.«

»Ich bin voller Hoffnung, Vater Jakow!«

Und Vater Jakow eilte zur synodalen Druckerei in der Nikolskaja-Straße, wo ein guter Bekannter ihm versprochen hatte, eine Broschüre, die er benötigte, aus dem Lager zu beschaffen. Sein bibelfester Gesprächspartner von geistlicher Herkunft blickte ihm nach und ging ohne Eile an der Mauer von Kitaj-Gorod in Richtung Samoskworetschje entlang.

Jäger

Als er einen Blick in das Dienstheft des Außendienstes geworfen hatte, eine überaus dünne, an ein Schulheft gemahnende Kladde, stöhnte der Rittmeister auf: »Hun-desöhne! Sind Romanow und Babtschenko hier?«

»Babtschenko ist unten, Romanow im Außendienst.«

»Hun-desöhne! Schick mir Babtschenko rauf!«

Die beiden besten Spitzel des Außendienstes hatten Befehl gehabt, jenen, der bei der Observation unter dem Pseudonym »Der Gebrandmarkte« lief, auf keinen Fall aus den Augen zu verlieren, und doch hatten sie ihn entwischen lassen!

»Da war absolut nichts zu machen, Euer Wohlgeboren. Direkt am Wladimir-Tor schaut er sich an einem Kiosk Bücher und Bilder an. Romanow blieb ein wenig zurück, wollte die ganze Zeit den Popen, seinen Begleiter, übergeben, aber es gab niemanden, dem er ihn hätte übergeben können, deshalb schloss er wieder zu mir auf. Und kaum hatte er aufgeschlossen und wollte den Gebrandmarkten überholen, rennt der direkt vom Kiosk auf die Straße und nimmt eine Express-droschke. Er stand augenscheinlich nur an dem Kiosk, Euer Wohlgeboren, um auf eine solche zu warten. Wie hätten wir ihn denn einholen sollen, Euer Wohlgeboren! Wenn es eine normale Droschke gewesen wäre, wäre es etwas anderes gewesen.«

»Habt ihr die Nummer?«

»Zu Befehl. Ich habe dort schon nachgefragt, der Hof, auf dem die Droschke steht, ist mir bekannt. Der Kutscher sagt, er sei an der Ecke Pjatnizkaja und Maly Spasobolwanski ausgestiegen und dort in eine Gaststätte gegangen.«

»Dort gibt es keine Gaststätte.«

»Doch, Euer Wohlgeboren, ich kenne die. Eine Gaststätte ohne Spirituosenausschank. Und ich, sagt der Kutscher, bin zurückgefahren, an der Pjatnizkaja steigt keiner ein.«

»Und in der Gaststätte habt ihr nachgefragt?«

»Romanow war dort. Der Besitzer sagt, es war ein Herr da, ob er eine Narbe hatte, weiß er nicht mehr, hat zwei Tee bestellt, bezahlt, den Tee getrunken und ist gegangen.«

»Eine Tracht Prügel sollte man euch verpassen.«

»Wir finden ihn schon wieder, Euer Wohlgeboren. Romanow und Gubarew sind jeweils vor Ort, die lassen ihn nicht mehr entwischen. Gubarew ist zu Pferd in die Meschtschanskaja, und Romanow wartet an der Pension, wo er untergekommen ist. Hier oder dort wird er schon auftauchen. Und wenn ich Ihnen Bericht erstattet habe, werde ich mich auch dorthin aufmachen. Jemand wie er, dieser Gebrandmarkte, bleibt auffällig, ganz gleich in welcher Verkleidung er ist.«

»Und wer ist dieser Pope?«

»Ein Geistlicher, wie er im Buche steht, Euer Wohlgeboren, ist früher schon einmal aufgefallen im Zusammenhang mit der Flucht der zwölf Frauen aus dem Zuchthaus. Aber er hat nichts mit ihnen zu tun, Euer Wohlgeboren.«

»Was weißt du denn schon, das ist nicht deine Angelegenheit.«

»Zu Befehl. Aber er hat nichts damit zu tun, ist nur zufällig da hineingeraten. Wir haben ein scharfes Auge, was das betrifft. Natürlich hätten wir, wenn es die strenge Order nicht gegeben hätte, auch seinen Weg verfolgt, aber wir durften den Gebrandmarkten ja nicht entwischen lassen.«

»Ihr durftet es nicht und habt es trotzdem getan. Ihr seid Hun-desöhne!«

Von der Gnesdikowski-Gasse ging der Rittmeister auf einen Sprung nach Hause, um sich umzukleiden, und war gegen neun in der konspirativen Wohnung. Er schloss mit seinem eigenen Schlüssel auf, öffnete das Fenster, um ein wenig Luft hereinzulassen, und lüftete durch. Mieterin der Wohnung war Maria Afanasjewa, eine ältere Frau, die seit langem für die Ochrana arbeitete. Wenn die Wohnung gebraucht wurde, um jemanden dort zu treffen, ging sie aus, und der Rittmeister öffnete auf das Klingeln selbst. Der junge Mann, der eintrat, legte seinen blauen Kneifer ab und grüßte.

»Nun, haben Sie ihn getroffen?«

»Leider nein, es hat nicht geklappt. Wir haben ihn um drei erwartet, aber er kam nicht. Ich hatte schon Furcht, dass Sie ihn verhaftet haben.«

»Ich habe Ihnen doch gesagt, dass wir das nicht tun werden. Aber die Information, dass er nach Saratow fährt, ist gesichert?«

»Eigentlich fährt er an die Wolga, wird sich aber auch in Saratow aufhalten. Dort haben wir einen Verbindungsmann, ich habe Ihnen seine Adresse gegeben.«

»Wann wollte er abreisen?«

»Eigentlich morgen, aber aus irgendeinem Grund ist er heute nicht aufgetaucht, obwohl ich ihm ein paar Adressen versprochen hatte.«

»Haben Sie sonst noch etwas in Erfahrung gebracht?«

»Bei uns wird davon ausgegangen, dass er allein angereist ist und Schwarz sich schon wieder in Finnland aufhält.«

»Schwarz ist nicht unsere Sorge, er hat in Moskau nichts verloren. Aber wenn uns Bodrjasin durch die Lappen geht, müssen Sie und ich die Konsequenzen tragen. Meine Agenten haben ihn verloren und suchen ihn nun.«

»Das ist allerdings schlecht!«

»Dass das schlecht ist, weiß ich auch ohne Sie. Er hat vermutlich nicht abreisen können?«

»Aus Moskau?«

»Von wo denn sonst? Und wenn er nun ohne alle Adressen einfach abgereist ist? Nun?«

»Das ist unwahrscheinlich!«

»Bei Ihnen ist immer alles unwahrscheinlich. Halten wir fest, dass er ein sehr erfahrener Vogel ist, ein richtiger Hund, mit allen Wassern gewaschen. Und was denkt man bei Ihnen, warum er überhaupt gekommen ist?«

»Bodrjasin ist für die Rekrutierung zuständig und immer auf der Suche nach neuen Kämpfern. Das ist momentan allerdings nicht so einfach, niemand will sich den Reihen anschließen.«

»Na, dann erzählen Sie mal ausführlich.«

Die Geheimagenten der Ochrana protokollierten nur selten selbst. Für gewöhnlich wurden die Erkenntnisse vom Vorgesetzten schriftlich festgehalten. Der folgende Bericht dauerte mehr als eine halbe Stunde. Der Rittmeister wusste, dass auch das Polizeidepartement sich für Bodrjasin interessierte, ebenso, wie vermutlich auch jemand aus der Hauptstadt ihm auf den Fersen war. Umso gründlicher hatte man also hier in Moskau zu arbeiten. Wenn Petersburg Mist baute, konnte Moskau sich anbiedern. Er wusste nicht, dass Piter bereits Mist gebaut hatte und Bodrjasin ebenso verloren hatte wie Moskau. Der Gebrandmarkte hatte den Geheimdienst überlistet und war bereits abgereist, und zwar nicht nach Nishni Nowgorod, sondern nach Jaroslawl.

Beim gleichmäßigen Rattern der Räder des Zuges döste Bodrjasin ruhig in einem Waggon zweiter Klasse. Es schien noch etwas zu früh, um sich schlafen zu legen, aber ein Gespräch mit den Reisegefährten im Abteil lag nicht in seiner Absicht. Aber ob er nicht doch schon die obere Liege herunterklappen und sich schlafen legen sollte?

»S-sie erlauben, dass ich die obere Liege herunterklappe?«

Der Sitznachbar erlaubte es nicht nur, sondern war sogar hocherfreut. Sie würden am frühen Morgen in Jaroslawl ankommen und bekämen nun ausreichend Schlaf. Beide streckten sich gemütlich aus.

Während er einschlief, dachte Bodrjasin in Aphorismen:

»Den Behutsamen behütet auch Gott! Verlasse dich nie auf die Umsicht und Vorsicht jener, die Revolution spielen! Guter Rat kommt über Nacht.«

Und es gesellten sich ein paar eigene Gedanken hinzu:

»Nun, da war doch etwas im Busch in Moskau. Hätten sie nicht solche Trottel auf mich angesetzt – wer weiß, wo ich jetzt wäre. Aber woher konnten sie es nur wissen? Kurz – das ist nicht gut gelaufen in Moskau!«

Und wäre es nicht besser gewesen, vom finnischen Ufer wieder mit dem Schiff gen Europa zu fahren, auf nach Italien, und tagelang am Strand zu lümmeln, wie es die anderen taten? Natürlich wäre das besser gewesen! Für einen selbst absolut, und der Sache hätte es auch nicht zum Nachteil gereicht. Was hat Schwarz denn erreicht? Dass einige wundervolle junge Männer ums Leben gekommen waren und noch zahlreiche weitere ums Leben kommen würden. Und schließlich würde auch Schwarz ums Leben kommen, aber er, Bodrjasin, würde ihm vermutlich zuvorkommen. Das war alles, was Schwarz erreicht hatte.

»Ich habe ein wenig Honig gekostet und siehe, ich muss darum sterben.« Damit schlief er ein.

Außer Programm

Bodrjasin betrachtete aufmerksam die kleine Buddha-Statue, dann den Stoßzahn des Elefanten mit den geschnitzten Figuren, die Drachen-Seidenstickerei auf dem Paravent, das Kästchen mit einem überaus vertrackten Spiel. Und es gab noch viel, an dem er sich hätte ergötzen können.

»Ich muss g-gestehen, dass ich mich in der asiatischen Kunst absolut nicht auskenne. Aber sie ist auf jeden Fall ein Augenschmaus.«

Der Gastgeber zeigte nicht in erster Linie seine Sammlung, sondern beobachtete vor allem seinen Gast. Dann tranken die beiden einen wundervollen Wein und aßen Früchte aus Samarkand. Bessere Birnen findet man wohl kaum. Schweigend klopfte Bodrjasin, der gerade die dritte vertilgt hatte, mit seinem Messerchen auf den Teller. Sein Gastgeber bot ihm eine Papirossa aus einem, selbstredend chinesischen, Kästchen an. Ihre Blicke trafen sich, und beide lächelten.

In vollkommener Aufrichtigkeit bemerkte Bodrjasin:

»Sie sind augenscheinlich ein ganz besonderer Mensch. Ich zolle Ihrem Geschmack, Ihrem Lebensstil und einer gewissen Entschiedenheit meinen Tribut. Mein B-besuch kann Ihnen durchaus Unannehmlichkeiten bereiten.«

»Mir? Erstens bin ich keinerlei Verdächtigungen ausgesetzt und zum Zweiten bin ich recht wohlhabend. Mir ist bekannt, dass Sie von der Polizei gesucht werden und dass Sie, wie mir gesagt wurde, ein gefährlicher Revolutionär sind. Entspricht das der Wahrheit?«

»Ich selbst empfinde mich nicht als allzu gefährlich, aber dem a-außerordentlichen Aufwand nach zu urteilen, den die Polizei hier in Ihrem Samara treibt, bin ich bei ihr sehr gefragt.«

»Sie glauben an die Möglichkeit einer Revolution?«

»Auf jeden Fall lohnt es sich, darauf hinzuarbeiten. Und Sie müssen es mir schon nachsehen, wenn sich die Revolution für Sie als unvorteilhaft erweist.«

Beide lachten und tranken vom unbestreitbar wundervollen Wein. Sie stießen an und der Gastgeber sagte:

»Ich wünsche Ihnen Erfolg. Die Republik wird mir nicht zum Schaden gereichen, und für eine soziale Revolution reichen die Voraussetzungen noch nicht aus. Sie gedenken, sich alsbald wieder von hier fortzumache?«

»Am besten gleich morgen.«

»Kann ich Ihnen in irgendeiner Weise behilflich sein?«

»Ich bin vollauf damit zufrieden, dass ich Ihre Gastfreundschaft für eine Nacht genießen darf.«

Der Gastgeber betrachtete die kleine Buddha-Statue.

»Diesen kleinen Talisman habe ich von einer Expedition durch die Mandschurei mitgebracht. Ich weiß nicht recht, ob es vielleicht unangebracht ist, wenn ich Ihnen sage, dass ich bei dieser Reise die Gelegenheit hatte, eine überaus angenehme Person, der ich in Sibirien begegnete, außer Landes bringen zu können. Allzu gern wüsste ich um ihr weiteres Schicksal, allerdings ist mir ihr Familienname unbekannt.«

Bodrjasin blickte seinen Gastgeber erstaunt an:

»Es ist mir doch etwas peinlich, dass ich so schlecht informiert bin über Ihre Person, obgleich ich drei Ihrer B-birnen vertilgt habe. Sie sind doch nicht zufällig Professor?«

»Doch, das bin ich.«

»Und ich hielt Sie für einen Herrn ohne allzu ernsthafte Beschäftigung, selbstredend für einen sehr gebildeten. Das ist den Birnen und dem wundervollen Wein geschuldet.«

»Warum aber haben Sie mich gefragt, ob ich nicht zufällig Professor sei?«

»Weil die überaus angenehme Person, von der Sie sprachen, vermutlich Natascha hieß. Und dann könnte ich ihr einen Gruß von Ihnen übermitteln, gesetzt den Fall, dass ich wieder wohlbehalten außer Landes komme.«

Sie sprachen darüber, wie klein doch die Welt sei.

»Mit Ihnen zusammen reiste damals doch auch der ehrwürdige Pope Vater Jakow, der seine Gemeinde verloren hatte?«

»Sie kennen auch ihn?«

»Von Natascha habe ich von ihm gehört und hatte die Ehre, ihm in Moskau zu begegnen. Aber jetzt beginne ich die Regeln der Kon-konspiration zu verletzen – und auch dies ist wieder Ihrem Wein geschuldet.«

»Dann gehen wir also zu einer zweiten Flasche über?«

»Ohne die g-geringsten Be-bedenken!«

Der Professor hielt das Glas gegen das Licht.

»Ich bin, wie Sie sehen, durchaus ein Gourmet, allerdings nur zu Hause. Ich bin nun siebenundfünfzig Jahre alt, da bleibt einem nicht mehr viel Zeit. Ich war viele Male in Europa und habe nicht weniger oft die Taiga und die Wüsten durchquert, habe an Ausgrabungen teilgenommen, Artikel verfasst und Vorlesungen gehalten. Sie glauben an die Revolution, ich kann mich Ihnen anschließen, gleichwohl ohne jeglichen Enthusiasmus. Dies jedoch nicht, weil ich ein Bürgerlicher bin, denn das bin ich ganz ohne Frage, sondern allein aus dem Grund, dass ich sehr viel gesehen habe, und zwar vor allem auch sehr viele Ruinen untergegangener Kulturen. Ich will hier keine schönen Reden halten, doch mir scheint, das Einzige, das nicht trügt, ist ein wirklich guter Wein. Sind Ihnen solcherlei Gedanken völlig fremd?«

»Nun, sehen Sie, ich bin etwas jünger, und trotzdem bleibt mir aller Wahrscheinlichkeit noch weniger Zeit als Ihnen, aufgrund meines Berufs als ge-gefährlicher R-revolutionär. Auch ich kenne Europa recht gut, aber ich bin nun einmal ein Bauer, wenngleich mit einer gewissen Bildung getränkt. Ruinen habe ich keine gesehen, aber eine Ruine würde ich sehr gern b-besichtigen, und in diese Richtung geht mein Streben. Was den Wein betrifft, so ist mein lieber Herr Vater, er war Priester, am Wodka gestorben, welcher überaus gräu-gräuslich ist, gleichwohl war er ein ganz tadelloser Mann. Und nun muss ich feststellen, dass es mir doch ein wenig schwindelt von Ihrem Trunk. Ich hoffe, ich habe Ihnen keine Grobheiten an den Kopf geworfen?«

»Selbstverständlich nicht. Aber was werden Sie denn tun mit der Macht, wenn Sie sie errungen haben?«

»Ich persönlich habe nicht vor, die Macht auszuüben, dazu bin ich meiner Na-natur nach gar nicht geeignet. Aber ich denke, dass diese Macht uns sehr schnell wieder aus den Händen genommen wird.«

»Und dann?«

»Und dann heißt es die Arbeit von neuem beginnen, allerdings vermutlich nicht für uns.«

»Mit demselben Ergebnis?«

»V-vermutlich.«

»Das ist also das Programm Ihrer Partei?«

»Auf gar keinen Fall! Das ist nur mein eigenes Programm. Die Programme von Parteien sind vernünftig und si-sinnhaltig und überdies unfehlbar. Nächtens bei einem Glas Wein über diese Programme zu sprechen ist unmöglich. Aber darüber hinaus gibt es ja auch noch so etwas wie Liebe und Hass. Ach, übrigens, pflegen Sie früh aufzustehen?«

»Das soll Sie in keiner Weise einschränken – fühlen Sie sich wie zu Hause.«

»Findet sich bei Ihnen im Hause vielleicht so etwas wie

eine Angel und ein kleiner Eimer? Ich gehe gern vor Morgenanbruch aus, und dafür braucht der Mensch einen Grund wie zum Beispiel das Angeln, das einer der besten Passierscheine überhaupt ist.«

»Das lässt sich machen. Aber bis zum Tagesanbruch ist es nicht mehr lange hin.«

»Wenn dies der Grund für eine weitere Flasche sein soll, dann sage ich nicht Nein. Sie sind einer jener Bourgeoisen, die man an und für sich im s-sozialistischen Staatsgebäude erhalten sollte, also, falls notwendig, verstecken Sie sich und erwarten Sie den Anbruch des neuen Morgenrots der Menschheit. Ich werde diesen Gedanken auf der nächsten Parteiversammlung weiterentwickeln. Auf Ihr Wohl, Herr Professor!«

Fische

Zwei Männer mit zufriedenen und heiteren Gesichtern durchquerten in einem Boot die Wolga bei Samara. Jener der beiden, der ruderte, schaute in Richtung der immer kleiner werdenden Häuser, jener, der steuerte, lachte dem Wasser, seinen kleinen Fältchen und dem sonnigen Plätschern zu. Ihre Seelen erholten sich und ihre Körper waren entspannt. Im Boot waren vier Angeln, die Schnüre noch aufgewickelt, an zweien waren lange Schwimmer mit bunter Spitze befestigt. Eine Dose mit Würmern, eine Streichholzschachtel mit Fliegen, ein großes Stück Weißbrot. Einer der beiden Angler trug hohe Stiefel, ein altes Jackett und eine Kappe, der andere war städtisch gekleidet. Die Luft war derart erfrischend, dass es sie nicht einmal zu rauchen verlangte.

Bis zur Mitte des Flusses setzten sie ihr Gespräch fort, das sie am Ufer begonnen hatten. Jener, der eher wie ein Angler aussah, sagte:

»Das mit dem Blinker habe ich viele Male ausprobiert – absolut sinnlos. Die Fische der Wolga sind eben ziemlich verschreckt, wegen der Schiffe. Deshalb sind sie eher in Ufernähe. Für das Angeln mit Köderfischen gibt es hier gute Plätze im Flachwasser. Aber wir versuchen es heute in der Nähe des anderen Ufers, da kenne ich einen Platz, wo es eine Senke gibt, und dort mit Würmern zu angeln ist eine einzige Freude! Da habe ich schon einmal ein Flussneunauge gefangen, das war fast ein Arschin lang.«

»Die beißen?«

»Die beißen. Auch die Sterlete beißen, natürlich an der Grundangel. Hier bei Samara ist ein sehr bekanntes Laichgebiet der Sterlete, im Frühling, Mitte Mai. Und jetzt gehen wir auf Karpfen und Brassen. In der Wolga kann man Karpfen finden, musst du wissen, von einem Gewicht bis zu einem Pud. Ich habe selbst einmal einen gefangen, der um die zwanzig Pfund wog – und das war schon ein Riese! Die fängt man vor allem im Stillwasser, wo das Wasser ruhiger und wärmer ist, aber manchmal auch im Fluss selbst. Ein Prachtkerl war das: der Rücken schwarz, der Bauch weiß, der Schwanz rot, und die Seiten gelblich-blau. Ein richtig edler Fisch.«

»Ich gehe mehr auf Hechte.«

»Auch das ist möglich, mit einem Gleitschwimmer. Hier muss man tiefer gehen, und Köderfische fangen wir, so viele du willst. Aber lass uns lieber mit Würmern angeln.«

»Ach, mir ist das gleich.«

In der Flussmitte verstummte das Gespräch für einen Augenblick, dann nahmen die beiden es wieder auf, aber mit einem anderen Thema.

»Kannst du mir sagen, Kolja, was eigentlich g-geschehen ist, warum selbst du überhaupt keine Hoffnungen mehr hast und über alle nur angesäuert sprichst? Aber erzähl mir das in aller Ausführlichkeit, denn sonst begreifen wir, die wir im Ausland leben, gar nichts mehr.«

»Nun, ich sage es dir. Jetzt werfen wir die Angeln aus und dann unterhalten wir uns. Was soll ich dir sagen – es ist einfach ein Trauerspiel. Ich will dir überhaupt nichts vormachen, denn dabei kommt nichts Gutes heraus, du wirst vor lauter Langeweile nur einschlafen.«

Sie warfen einen stabilen kleinen Anker aus, vertäuten den Bug des Bootes an einem Pfahl, und ihr Platz war fertig zum Angeln.

Sie wickelten die Angeln ab und steckten sich ihre Papirossa an. Die leichte Brise des Flusses war kühl und feucht, die Sonne stand niedrig, die Fische würden sicher beißen.

»Du musst verstehen, dass die Menschen sich verändert haben, also ich spreche jetzt von der heutigen Jugend. Die machen sich heute keine Gedanken über die Fragen ›Was tun?‹ und ›Wie geht es weiter?‹, sondern sind bestenfalls beschaulich oder grinsen keck und spielen die Unbekümmerten. Natürlich erinnert man sich an das Gewesene mit Ehrerbietung, aber zum einen sind alle sehr verschreckt, und zum anderen fehlt es am früheren Glauben. Unsere Bewegung ist zerschlagen, das muss man ehrlich eingestehen. Und nun, da das Wasser durcheinandergewirbelt ist, wird allerlei Dreck vom Grund heraufgespült. Kanntest du die Familie Solomin?«

»Die Älteren kannte ich.«

»Also. Grischa und Nadeshda Petrowna arbeiten jetzt für den Semstwo, Wolodja ist in der Verbannung, die jüngeren haben das Gymnasium abgeschlossen, studieren in Kasan und verbringen die Sommer hier. Und dann treffen sich bei ihnen die Altersgenossen – das ist ein interessantes Schauspiel, ich war mal dort. Es beginnt mit der Rezitation von Sologubs Gedichten und endet in geradezu rituellen Tänzen. Es wird getrunken, man schnupft irgendwelche Pülverchen, um in Ekstase zu gelangen und zu vergessen, und erörtert Fragen des Geschlechts. Und Grischa billigt das alles, nimmt sogar teil, obwohl er älter ist als sie. Der Teufel weiß, was es mit alldem auf sich hat.«

»Aber es sind doch nicht alle so.«

»Nein, nicht alle, weil es noch andere gibt, die noch schlimmer sind. Und alle, die erfolgversprechender sind, frönen der Wissenschaft. Und dann haben sich noch ein paar, nein nicht Marxisten, sondern Marxistchen ausgebreitet, die alles verächtlich machen. Nur Stroh im Kopf, aber die Nase tragen sie höher als den Kopf und das Stroh. Und selbstverständlich lehnen sie den Terror ab, wie die Kleinbürger. Disputieren über die Arbeiterfrage, ohne je einen Arbeiter gesehen oder gekannt zu haben, ihnen reicht das, was sie aus den Büchern wissen. Die Älteren von ihnen arbeiten übrigens, sogar mehr als ihre Vorgänger, aber du weißt, was ihre Arbeit ist: nur Worte und unnötige Reinfälle. Bei dir hat übrigens etwas gebissen, wirf ihn wieder rein, der ist zu klein, ein Kaulbarsch oder so etwas.«

Beide überprüften die Köder und warfen die Angel noch einmal aus.

»Sagen wir es so: Das sind vorübergehende Stimmungen. Beim zweiten Anlauf wird sich das bessern. Aber jetzt sage ich dir einmal etwas, und das kannst du mir glauben, Bodrjasin. Beim zweiten Anlauf wird alles nur noch schlimmer! Das wird kein siegreicher Aufstand sein, von dem wir geträumt haben, sondern eine Revolte, eine Zeit der Wirren, und eine derartige Grausamkeit – etwas, das wir uns zum jetzigen Zeitpunkt nicht einmal vorstellen können. Es wird Rauch geben, Feuer und Blutnebel über den Landen. Und nicht nur für ein oder zwei Jahre, sondern für sehr lange Zeit. Wir beide sind Idealisten, aber es wächst eine neue Generation heran, die entschieden ist und sehr grausam, und zwar sowohl unter den Gebildeten als auch unter den Arbeitern. Gesalbten Worten schenken sie keinen Glauben, und von sich selbst halten sie sehr viel – wir hingegen haben unseren Preis eher zu niedrig eingeschätzt. Wenn man heutzutage auch nur Theorien entwickelt nach dem Motto ›Lebe, wie es dir gefällt‹ und ›Zum Teufel mit eurem Puritanismus‹, dann wird die Zeit auch kommen, dass ebendiese Theorien vollkommen in die Praxis umgesetzt werden. Wir haben alles ›für das Volk‹ gewollt, sie hingegen wollen alles, und zwar mit ungenierter Offenheit, für sich selbst. Deshalb erwarte ich von diesem ›zweiten Anlauf‹ absolut nichts Gutes und habe meinen Glauben an die Menschheit verloren. Den Glauben an die Fische jedoch noch nicht. Halt den Kescher. Das ist eine Brasse, die liegt wie ein Pfannkuchen im Wasser. Aber keine schlechte. Na, das ist doch schon einmal ein Anfang.«

»Wirf sie zurück, um die ist es doch schade.«

»Das würdest du tun. Nein, mein Bruder, ich werde sie essen und dich dazu einladen. Wozu sollte man denn sonst angeln? Mach die Angel nicht ab, ich mach den Haken raus, die beißen nie so tief hinein, siehst du, an der Lippe hängt sie fest.

Wir sind einfach absolut altmodisch, Bodrjasin, und du im Vergleich zu mir sogar zwei Mal so altmodisch.«

»Vielleicht sogar f-f-fünf Mal.«

»Du willst mir nicht glauben, aber ich sage die Wahrheit, ich habe viel darüber nachgedacht.«

»Ich glaube dir. Und ich weiß es! Es ist ja nicht nur hier so, sondern im Ausland auch. Der Mensch will einfach leben.«

»Und du willst das nicht mehr?«

»Das ist eine a-allzu intime und schwierige Frage. Ich hatte bisher keine Muße, darüber n-nachzudenken.«

Nach der ersten biss noch eine echte große Brasse. Bodrjasin hatte einen großen Döbel am Haken, und der Angler in ihm erwachte. Er hatte lange zu tun und die Angel krümmte sich. Als sie ihn im Kescher und herausgezogen hatten, ragte der rot-blaue Schwanz über den Rand hinaus. Der wog sicher nicht weniger als fünf Pfund! Bodrjasin spöttelte:

»So werden sie mich auch einmal am Haken haben!«

Der Weg des Döbels, der schnelle und reine Wasser liebt, führt von den Unterläufen der Wolga flussaufwärts, soweit die Kräfte reichen, wenigstens bis Rybinsk. Dieser Weg geht an großen Städten und kleinen, am Fluss gelegenen Ortschaften vorbei, deren Bewohner andere zu sein scheinen als früher, tatsächlich aber haben sie sich nicht verändert. Sie waren gut und böse, voller Sorge und unbesorgt, von Hoffnung beseelt oder hatten alle Hoffnung fahren lassen. Sie lebten, hinter ihnen lag eine nichtige Geschichte und vor ihnen eine weitaus kompliziertere. Aber es gab keinerlei Anlass zu glauben, dass die kleinen Häuser, an denen die Döbel, Hasel, Alande und Rapfen vorbeischwammen, um zu den Oberläufen der Wolga und deren kleinen Nebenflüssen zu gelangen, nur wenige Jahre später mit den Dächern nach unten gedreht werden und Menschenfamilien und einzelne Individuen aus ihnen herauspurzeln würden, böse, gute, von Hoffnung beseelte oder solche, die alle Hoffnung haben fahren lassen, und dass ein Soldat in einem Boot, dessen Leck mit einem Tuch zugestopft ist, zur Flussmitte hinausfährt und eine Dynamithülse ins Wasser wirft – eine neue und vereinfachte Art des Fischfangs ohne Zeitverlust und Beschwerlichkeit. Es ist wahr, dass hierbei viele junge Fische vergebens zugrunde gehen, die dann lange danach noch als Flecken und Farbtupfer auf dem Fluss treiben. Oh, könnte man nur alles vorhersehen, könnte man nur ganz und gar alles vorhersehen! Wie bequem und behäbig wäre das Leben dann doch.

Das Zimmer von Vater Jakow

Soweit er konnte, verwirklichte der demutsvolle Gottesdiener Jakow Kampinski, der überaus bescheidene Chronist erinnerungswürdiger russländischer Ereignisse, seinen innig gehegten Wunsch und sammelte die Hefte seiner täglichen und monatlichen Aufzeichnungen, die er in die Hände vieler treuer Freunde in zahlreichen Städten und Dorfgemeinden zur Aufbewahrung übergeben hatte. Mit seinem guten Gespür nahm Vater Jakow wahr, dass ein bedeutender Abschnitt der Geschichte sich dem Ende zuneigte und dass andere, jüngere Menschen ihren weiteren Gang aufzeichnen würden.

Die Sammlung der Hefte war durchaus schwierig. Sie der Post anzuvertrauen wagte Vater Jakow nicht und sammelte sie deshalb bei seinen Reisen persönlich ein, und von denen, die er einmal wieder bei sich hatte, trennte er sich nicht mehr. Sein Koffer war schwer geworden, als er ihn in Moskau in der Perwaja Meschtschanskaja auspackte, wo Vater Jakow sich schließlich niederließ und ein Zimmer bei Katherina Timofejewna mietete.

Das Zimmer war klein, aber hell, gut für die Arbeit geeignet, sowohl am Morgen, wenn sie vom Sonnenlicht erfüllt war, als auch am Abend im ausladenden und freundlichen Licht der Kerosinlampe. An der Wand stand ein schmales, asketisches Bett, dessen Beine als Maßnahme gegen blutsaugende Insekten in mit Wasser gefüllten Blechdosen standen. Über dem Bett hing in einem schmalen Rahmen nicht als Ikone, sondern für die Befindlichkeit und zur Verschönerung eine Fotografie des Christus mit der Dornenkrone von Guido Reni und unter dieser ein kleinerer Rahmen, in dem sich die Abbildung einer mönchischen Einsiedelei in einem Wald befand: ein Haus zwischen Tannen und Fichten, ein Bach und ein Bär mit dem heiteren Lächeln eines verwöhnten Kindes. An der freien Wand ein aus zurechtgeschnittenen Brettern und mit fester Schnur in einem Dreieck aufgehängtes Bücherregal. Die darauf stehenden Bücher waren keine teuren Ausgaben, sondern bibliophile Seltenheiten aufgrund der Tatsache, dass es sich vor allem um von entlegenen Verlagen herausgegebene und von begeisterten Autoren, die wirkten, ohne große Bekanntheit zu erlangen, verfasste Werke über Archäologie und Landeskunde handelte. Auch Veröffentlichungen Vater Jakows waren darunter, der eine nicht unerhebliche Zahl von Broschüren erstellt hatte zu Themen wie Grabstätten des Wolgagebiets, Silberteller der Sasaniden-Dynastie und einem fast vollständig erhaltenen Mammutkörper, der im sibirischen Permafrostgebiet entdeckt worden war.

Und obgleich nur sehr selten jemand die Zelle von Vater Jakow betrat, hing an der Wand unter dem Regal ein Plakat einer ihm verbundenen Druckwerkstatt:

»Kommst du zu einem Menschen, der viel zu tun hat, so fasse deine Angelegenheiten kurz und beeile dich, ihn seiner Arbeit und der geistigen Versenkung zu überlassen.«

Die Stunden, die Vater Jakow zu Hause verbrachte, waren in der Tat gänzlich ausgefüllt damit, seine langjährigen Aufzeichnungen zu ordnen, Unnötiges und Überflüssiges zu streichen und wichtige Stellen ins Reine zu schreiben und daraus ein richtiges und bedeutendes Buch zusammenzustellen. Die Veröffentlichung wäre wohl kaum möglich, da es Vater Jakow an den dafür notwendigen finanziellen Mitteln mangelte, und vermutlich wäre es für eine Drucklegung auch noch zu früh, denn alles dort Beschriebene als Buch erscheinen zu lassen wäre wohl kaum möglich. Aber »Des Menschen Tage sind wie Gras, er blüht wie die Blume des Feldes«, und deshalb muss er jederzeit bereit sein, dass das Ende seiner irdischen Reise eintreten kann.

Seine Aufzeichnungen nochmals zu lesen bereitete Vater Jakow beständiges und beträchtliches Vergnügen. Er erkannte fraglos seine schriftstellerischen Unzulänglichkeiten, aber er erahnte, dass es ihm gelungen sei, diese bisweilen durch erhabene Empfindungen und gefühlsmäßige Hingabe aufzuwiegen. Ganz abgesehen davon, dass der Bericht eines Augenzeugen, der sich niemals die Sünde zuschulden hatte kommen lassen, sich etwas auszudenken, dem er nicht selbst beigewohnt hatte, oder etwas zu erfinden, das nicht stattgefunden hatte, für die nachfolgenden Generationen selbstredend von Wert sein würde. Aber auch die persönliche Meinung dieses Augenzeugen würde der zukünftige Leser mit Gewinn zur Kenntnis nehmen, denn es ist unbedingt wichtig zu wissen, wie die Zeitgenossen selbst die Ereignisse einschätzten, da die Geschichtsbücher durchaus nicht von unvoreingenommenen Autoren verfasst werden und Bewertungen, die mit größerem zeitlichem Abstand getroffen werden, kontroverser und mit größeren Vorbehalten zu lesen sind als jene, die mit zeitlich kürzerem Abstand vorgenommen worden sind. Es geschieht doch so oft, dass aus der Geschichte bestimmte Geschehnisse getilgt werden, die den individuellen Zielen des Historikers nicht genehm sind. Und ebenso geschieht es gewöhnlich, dass der Name eines Menschen vergessen wird, der keinen Ruhm erworben hat, für seine Zeitgenossen jedoch bedeutungsvoll war und dessen Einfluss sich in vielem zeigte, das später als Verdienst anderer galt, die mehr als jener für den Erhalt ihrer Porträts für die Nachwelt gesorgt hatten.

Aus den letzten, sich auf das Jahr neunzehnhundertelf beziehenden Aufzeichnungen Vater Jakows sei hier Nachfolgendes zitiert:

»Wohin gehen wir? Zu welchen neuen Bewährungsproben werden wir im russländischen Streitwagen gezogen? Werden die Hütten Frieden haben oder die Paläste Krieg? Es ist nicht an mir demutsvollem Gottesdiener, über die Lenker von Volkes Schicksal, seien sie von oben bestimmt oder vom Volke gewählt, zu urteilen. Und es ist auch nicht an mir aufzuzeigen, wie sehr dem einfachen und grauen Menschen, der tatsächlich aber der wahre Staatsbürger ist, aus welchem die wortlose Masse der Millionen sich zusammensetzt, jener Weg unbegreiflich ist, auf welchen ihn wortgewaltige Auserwählte schieben und ziehen, die nie den Geruch der Erde in der Nase spürten und nie einen Hammer in der Hand hielten, oder jene, welche in bürokratischen Anordnungen die Rettung vor heraufziehendem Unheil sehen. Aber mit dem unbeteiligten Blick des Chronisten sehe ich die finstere Höhle des Volkes, welches müde ist, da es allzu lange unverstanden blieb.

Der Schreiber dieser Zeilen wurde als Bauer geboren und hat den Weg der Bildung betreten. Wie sollte er, der seit Kindesbeinen mit dem Leben auf dem Lande vertraut ist, nicht wissen, dass das in der Höhle schlafende Untier nur dort bleibt, bis der Hunger es treibt oder der Frühling anbricht. Jene Zeit wird furchtbar sein, wenn die Trompeten zu blasen beginnen, denn dieses Tier kann auf seinem Weg Bäume umwerfen und andere Lebewesen peinigen, und zwar ohne Rücksicht zu nehmen auf seine eigene Existenz, was in seiner ihm eigenen Torheit und der jahrhundertelangen Dunkelheit und Verzweiflung begründet liegt. Gleichwohl wird sein Schlaf von allen Seiten durch das Gebell der Hunde und Säbelgeklirr gestört.

Und ebenso groß, wie unsere Lande sind, sind sie durch die Gefüge der Gesetze und die Träumereien der Büchermenschen überaus schwierig aufgebaut. Einige wenige werden durch Bildung erleuchtet, die Masse aber gärt im Nebel des Unwissens. Wir sind umgeben von Wäldern, aber für Schulen reicht das geschlagene Holz nicht, und ein Lehrer lebt in äußerster Armut, ernährt sich von Zwiebeln und genießt als untertane Person geringen Respekt. Das Feld ist unbeackert und bereits mit der Saat des Unheils versehen. Im vergangenen Jahr hatte ich das Vergnügen, an einem Zirkel zur Verbreitung von Bibliotheken in den Dörfern teilhaben zu dürfen, in dem auch Damen und vereidigte Anwälte Mitglieder waren. Derartiges ist im Prinzip wunderbar, aber dennoch nur ein Tropfen im Meer. Gleichwohl ist selbst dies etwas, das nunmehr nur wenige anzieht, als sei so etwas aus der Mode gekommen. Auf wen also soll man seine Hoffnungen setzen, auf wessen Hilfe bauen? Nicht doch auf jene immer häufiger werdenden Gestalten, welche die Ungebildeten zu Brandschatzung und Zerstörung aufrufen, ›ein innerer Ansturm zweideutiger Gedanken‹. Und dies ist trotz allem nicht ausgeschlossen!«

Und an dieser Stelle erhob sich der Chronist plötzlich in die Höhen des Pathos, das Vater Jakow schon in seinen Zeiten als Seminarist besonders geliebt hatte und rief aus:

»Wie nur mag es mir gelingen, das Furchtbare, das ich vorhersehe, wieder zu verscheuchen und die tollkühne prophetische Stimme in mir zum Schweigen zu bringen? Es nähert sich jener, der nicht gerufen noch geladen ist, der sich zu richten und zu entscheiden anmaßt, und ihm folgt eine Horde Erniedrigter und vom Hunger Gepeinigter, und sie sind ohne Erbarmen und Bedenken, ohne Umsicht und ohne Gedanken an das, was kommen wird. Und wenn die russische Erde erschüttert und durch eine große Kluft auseinandergerissen sein wird – wer wird sie dann erretten, womit sollen die unbesonnen herbeigeführten Risse gekittet, die blutströmenden Wunden geheilt werden, welche Balsam brauchen und doch nur immer wieder aufgerissen werden? Es wäre mir Beruhigung, wüsste ich, dass mich meine schreckliche Vorahnung täuscht, aber mein altes Herz wird von unerträglichem Bangen gequält.«

Dies war nicht mehr jener Vater Jakow, der begierig Gerüchte auflas, auf Ereignisse wartete und Bekanntschaften mit hervorragenden Persönlichkeiten der Gegenwart suchte. Und auch das russische Land war nicht mehr dasselbe, es erwartete keine vom Himmel kommende Barmherzigkeit mehr, glaubte keinen Versprechungen mehr, wärmte sich nicht mehr in den Strahlen unerfüllbarer Hoffnung. Die Weisheit hatte das Land noch nicht ereilt – Stahl wird im Feuer gehärtet –, aber in seinem Gehirn begann sich linkisch ein geringer Verstand zu bewegen, und Bitterkeit zeigte sich in den Mundwinkeln. Auch Vater Jakow war seines ewigen Reisens müde, er hatte allzu viel gesehen. Sicherlich, der russische Mensch ist vieladrig und kann viel ertragen, aber auch den kommenden Generationen muss man geriebenen Kren als Würze für die alltägliche Brotsuppe übriglassen, denn für die uns beschiedenen Jahre wird er, mit Verlaub, auch so reichen. Und zeichnete sich doch zumindest eine Ruhepause in greifbarer Zukunft ab, so wäre eigentlich alles gar nicht so schlimm, stattdessen aber sieht man nur dunkle Wolken am Horizont. Muss man da wirklich gleich seine Chronik mit Schwermut und Trauer füllen?

Wie seltsam es doch ist: Der tiefe Bärenschlaf hatte sich aus dem russischen Dorf auch über das städtische Russland gelegt. Wer geschlafen hatte, schlief immer noch, wer sich verführerischen Träumen hingegeben hatte, streckte seine Glieder, gähnte und versuchte, den wohligen Schlummer zu besiegen. Es war weder ein Sturmläuten noch das Läuten der Glocken zum Gebet zu vernehmen. Sollte dies auf immer so bleiben? Oder hatte sich lediglich eine geheimnisvolle Kraft irgendwo verborgen, die langsam herankroch, um sich dann, richtig in Wallung gekommen, zu entfesseln, das Eis auf den Flüssen zu brechen, die Bauten an den Flussufern hinwegzuschwemmen und alles zu verschlucken, was sich das menschliche Wohlergehen erschaffen hatte?

Erst jüngst hatte Vater Jakow die ersten grauen Haare bekommen, dann war es schnell gegangen, und nun war er fast schon zur Gänze ergraut. Aber der friedfertige Blick seiner blauen, slawischen Augen war klar. Der Leib von Vater Jakow machte nicht den Anschein, dass er schlief, eher im Gegenteil. In jenen Tagen war das Leben in Russland, in dem Zustand der Ruhe, in der es sich befand, reich an Überfluss, satt, an äußeren Aufregungen arm. Ein auf den ersten Blick großer, starker, unerschütterlicher Staat. Der äußere Feind fürchtete es, und jeder verbündete Freund schwänzelte um es herum. Wir konnten nach Lust und Laune den einen mit dem kleinen Finger erledigen und den nächsten mit Brot und Salz empfangen.

Weshalb also war der Chronist erinnerungswürdiger Ereignisse beunruhigt und ging von gleichmütigen Zeilen zu erregten Verlautbarungen über? Lediglich aufgrund der schönen Rhetorik oder aus einer unheilvollen Vorahnung heraus? Vater Jakow, der ganz in seine Arbeit vertieft war, wusste es selbst nicht. Er las, schrieb, ging gesetzten Schrittes durch sein Zimmer, blieb bisweilen stehen und erfreute sich am vorzüglichen Druck des Plakats, das an der ins Licht getauchten Wand hing:

»Kommst du zu einem Menschen, der viel zu tun hat, so fasse deine Angelegenheiten kurz und beeile dich, ihn seiner Arbeit und der geistigen Versenkung zu überlassen.«

ZWEITER
TEIL

Die Villa der Zuchthäusler

Auf der Anhöhe eine Villa mit zwei Nebenflügeln, mit einer zum Osten und einer zum Westen gelegenen Terrasse. Das untere Stockwerk ganz mit Wein bewachsen. Aus dem Fenster des mittleren Stockwerks hätte eine betörende Italienerin blicken können, und zu ihrer Linken und zu ihrer Rechten hätten zwei junge Männer, sich theatralisch über den Fenstersims lehnend, einer mit Gitarre, der andere mit Mandoline, über ihren Kopf hinweg die Blitze eifersüchtiger Blicke werfen können. Und der Mond hätte dazu breit lächeln können.

Aber es saßen alle in ihren Zimmern. Die Villa hatte zwanzig Zimmer, die auf drei Stockwerke verteilt waren. Die Fenster des untersten Stockwerks waren mit Gittern gesichert, die Zimmer der oberen Stockwerke hatten Zugang auf die Terrasse. Die meisten Zimmer waren leer, es lebten nur sieben Frauen und drei Männer dort. Die Möbel waren zusammengewürfelt, es gab keine Bilder oder sonstige Ausstattung, einen hallenden und tristen Korridor, unten einen großen Speiseraum, in dem Teegeschirr unaufgeräumt herumstand. Die Zimmer im obersten und drei im mittleren Stockwerk waren belegt, ganz unten, wo es im Sommer am kühlsten war, wollte niemand wohnen – die Gitter riefen schlechte Erinnerungen hervor.

Der lange Korridor war zugig, eine Katze mit abgerissenem Ohr durchstreifte ihn mit vorsichtigen Schritten. Die Katze hieß Mathilda, hörte aber auf keinen Namen, mit dem man sie rief. Sie hatte zwei Leidenschaften: die Mäuse und ihre Liebschaften. Beide Leidenschaften erwachten in der Nacht. Am Tag hätte sie sich ein wenig den Vögeln widmen können, wenn die Weinbauern sie nicht zur Gänze ausgerottet hätten.

Das war die Villa der Zuchthäusler. Ein wohlhabender Genueser Kaufmann, der ihrer überdrüssig war und keine Verwendung für sie hatte, hatte sie russischen Flüchtlingen unentgeltlich zur Nutzung überlassen. Es gab nichts, was hätte kaputtgehen können, und der Wächter und seine Frau, die auch mietfrei dort lebten, besorgten den riesigen Garten. Ihren Berichten zufolge waren die Russen ruhig, etwas merkwürdig, aber alles in allem durchaus sympathisch. Sie rauchten sehr viel, und zwar sowohl die Männer als auch die Frauen, aßen viel Fleisch und nicht so viele Teigwaren oder Gemüse, manchmal sangen sie schwermütige Lieder und erhielten auf der Post so dicke Stapel von Briefen, wie ein guter Italiener sie im ganzen Leben nicht bekommt. Zur warmen Jahreszeit verbrachten sie zwei Drittel des Tages unten am Strand, und auch zu Hause trugen sie ihre Badekleidung. Die Frauen legten sich ein Kopftuch um, eine von ihnen trug lange Zöpfe. Wenn die Männer ins Dorf gingen, trugen sie ihre Hemden über der Hose und gürteten sie in der Taille zusammen. Fast alle sprachen Italienisch, ob gut oder schlecht, konnte der Wächter nicht beurteilen, da er selbst nur den Genueser Dialekt beherrschte.

Von den Terrassen eröffnete sich der Blick auf das Mittelmeer, über das gemächlich die Schatten der Wolken zogen und die Silhouetten der matten Kräuselwellen veränderten. Am Abend war das Blinken des Leuchtturms von Portofino zu sehen. Eisenbahngleise durchschnitten den Weg der Straße von der Anhöhe zum Strand, aber die meisten Züge machten in dem trostlosen und verlassenen Örtchen nicht Halt.

Im Sommer sangen die Zikaden aus vollem Halse, besonders laut zur Mittagszeit, etwas leiser, wenn es kühler wurde, des Nachts verstummten sie ganz. Im Juni war abends der ganze Hügel vom flammenden Leuchten der Glühwürmchen bedeckt. Die Glühwürmchen suchten ihre Weibchen, die als ruhige grüne Lämpchen im Gras und in den Spalten der Steinmauern saßen.

Die Revolution in Russland war an ihr Ende gekommen. Die Richter schickten seelenruhig die letzten verbliebenen Aufständischen in den Tod, niemand schoss mehr auf Gouverneure und einstige Friedensstifter, alle lasen die langen Berichte über die Sitzungen der Duma, aber alle hatten von dieser Art politischer Dichtung schon genug. Die Provinz war beschäftigt mit Kooperationen und Gründungen von Dorfbibliotheken, und Gesprächsthemen in Petersburg waren die

Philosophie, der Hochzeitsflug der Bienen und die gleichge-
schlechtliche Liebe, die geheimnisvoller und erhabener sei als
jene, die zwei Geschlechter verbindet. In den höheren Kreisen
Petersburgs kamen Philalethen oder Spiritisten an die Macht,
und es war die Rede von einem Starez, der mächtiger war als
alle.

Die Resignation, die in Russland herrschte, übertrug sich in
die Emigration. Pläne scheiterten, man musste abwarten. Es
schien, als wäre die Zeit günstig, Programme zu überdenken
und die Reihen zu säubern. Darüber, dass die Jahre der Jugend
dahingehen, hatte jedoch jeder für sich nachzudenken, dies ist
kein Thema für allgemeine Diskussionen.

Und die Jahre der Jugend flogen als Monate, die sich unbemerkt aneinanderreihten, nur so dahin. Früher waren die Nerven wie Federn gedehnt, durch die ein Strom höchster Spannung lief. Nun waren die Batterien leer, manche Teile des
Motors verschlissen, die Antriebsriemen hingen schlaff. Die
Jungen alterten rasch, große und kleine Wunden, die zuvor unbemerkt geblieben waren, rissen wieder auf, denn früher war
alles gleich gewesen, und man hatte das Leben lediglich für
wenige Tage und Wochen im Voraus geplant.

Es hatte sich erwiesen, dass Nadja Protasjewas Lungen-
krankheit sehr weit fortgeschritten war, die Wangen waren ein-
gefallen, die Brust gebeugt, abends brannten ihre Augen. Sie
wickelte sich in ein Schultertuch ein, rauchte die billigsten
Zigaretten der Marke »Popolari«, die stark und deshalb sehr
beliebt waren. Vera Ulanowa wurde wieder von den Anfällen
heimgesucht, unter denen sie bereits im Zuchthaus gelitten
hatte, und sie hatte Angst, allein im Zimmer zu schlafen –
sie, die zuvor vor nichts Angst gehabt hatte. Genosse Gussew,
der aus dem Katorga-Gefängnis in Akatuj geflohen war, bekam
seinen Ischias nicht in den Griff und lag wochenlang darnieder, wollte jedoch nicht auf das für ihn fatale Schwimmen im
Meer verzichten. Nadja und er sagten ständig »Das ist doch
ganz gleich« und »Darüber sollte man nicht nachdenken«,
und dies näherte sie offensichtlich einander an. Wenn Nadja Fieber hatte, kam sie des Abends nicht zu den anderen auf
die Terrasse hinaus, und bei ihr im Zimmer saß Grischa aus

Akatuj, und wenn Grischa der Ischias zur Verzweiflung trieb, sorgte Nadja für ihn, dies hatte sich so eingespielt und ging niemanden etwas an.

Eigentlich gab es nur zwei, die ganz gesund waren: Natascha Kalymowa und die unzertrennliche Freundin Anjuta.

Anjuta war sehr glücklich, dass sie wohlauf war, denn dies war ihr so wichtig. Ihr Leben war doch so großartig! War das wirklich sie, das einfache Mädchen aus der Perwaja Meschtschanskaja, für die ein einfaches, farbloses und vermutlich nicht allzu leichtes Leben vorgesehen gewesen war? Und dann war sie plötzlich in den Kreis ganz besonderer Menschen geraten, die ungeachtet ihres jungen Alters bereits eine große und ehrenvolle Vergangenheit hatten, mit Heldentaten und Leid, und unter den Ihrigen Berühmtheit genossen. Mit ihnen war sie bis nach Paris gekommen und lebte nun in Italien, in einem Land, von dem sie nicht einmal geträumt hatte, weil sie so gut wie nie davon gehört hatte. Ernste Literatur war ihr zugänglich geworden, und wenngleich zurückhaltend, unterhielt sie sich doch mit diesen gebildeten Menschen, als sei sie eine von ihnen, ihre Meinung wurde geschätzt und es war längst vergessen, dass sie nur eine unbedeutende Gefängnisaufseherin gewesen war.

Sie dachte nicht darüber nach, wie es weitergehen werde, auch früher hatte sie dies nicht getan, und was war ihr alles geschehen! Bis auf Weiteres musste sie darüber nachdenken, wie sie ihren Freunden wenigstens in kleinen Dingen eine Hilfe sein konnte, indem sie deren Hemden flickte, eine Bluse zuschnitt und nähte und den Haushalt besorgte. Denn jene, die ihre Jugend etwas anderem verschrieben hatten, hatten sich um Derartiges nie kümmern müssen, und ihr war all dies ja vertraut. In den anderen Angelegenheiten waren die anderen ihr überlegen, aber in diesem Bereich konnten sie nicht auf sie verzichten, und es freute sie, dass sie sich nützlich machen konnte, deshalb musste sie gesund und guten Mutes sein. Das Rauchen aber hatte sie sich nicht angewöhnt, es schmeckte ihr nicht und verlangte sie nicht danach.

Es schien Anjuta, dass Nataschenka, Natalja Sergejewna, aus irgendeinem Grunde sich ihrer Gesundheit und Schönheit, strahlenden Sonnenbräune und ihres vollen Haars nicht erfreuen konnte. In ihrer Schlichtheit und Aufrichtigkeit dachte sie, ohne an ihre eigene Jugend zu denken: »Ach, Natascha braucht einen Mann und Kinder! Wozu ist sie denn eine gesunde junge Frau, und dann wäre ihr auch das Leben nicht mehr schwer!«

Natascha zählte die Tage, Monate, ja sogar die Jahre. Im Sommer waren es drei Jahre des Lebens in der Emigration. Das letzte Jahr war schnell, unaufgeregt und sang- und klanglos vergangen: Es schien in grauen Monaten vor ihr auf, obgleich sie es am lasurblauen Meer verbracht hatte. Ihre Pläne, Überlegungen und Erwartungen waren mit einem Mal an ihr Ende gekommen. Seit die Kampfgruppe aufgelöst worden war, war Schwarz verschwunden, vermutlich war er in Finnland. Im Frühjahr war Bodrjasin aus Paris zu einem Besuch gekommen, um sie wieder einmal zu sehen, vielleicht aber auch auf dem Weg in irgendwelchen Angelegenheiten, so etwas wurde man von ihm ja nicht gewahr. Er hatte Einzelheiten über Rinaldos Tod berichtet, vom Scheitern aller Unternehmungen, die Schwarz in der letzten Zeit begonnen hatte, und von der Resignation, die in den Kreisen der Emigration ebenso wie in Russland herrschte. Von Russland hatte er nur sehr wenig erzählt, hatte versichert, er sei nur zum Angeln dort gewesen und habe doch tatsächlich einen rieseng-großen D-döbel herausgezogen.

»Was also tun?«

»Sch-schwimmen gehen, Lawrow und Michailowski studieren. Das ist sehr interessant und gewinnbringend, eine etwas ins Abseits geratene Weisheit!«

»Nein, und im Ernst?«

»Nun, man könnte zum Beispiel das Leben ins ausschließlich Persönliche ü-überführen. Ich fürchte allerdings, dass Sie nicht mit dem Gedanken spielen, mich zu heiraten, und aus diesem Grund e-enthalte ich mich einer Erklärung.«

»Ich frage Sie im Ernst, ganz im Ernst, Bodrjasin!«

»Und ich antworte Ihnen ganz im Ernst, dass ich nicht mehr weiß als Sie. Hinsichtlich der persönlichen Fragen stelle ich das Gespräch mit Ihnen zurück und beabsichtige, mich an

Anna Petrowna zu wenden, denn ich glaube, sie ist in Bezug auf meine körperlichen Mängel etwas nachsichtiger.«

Tatsächlich verbrachte er während seines Besuchs in der Villa der Zuchthäusler viel Zeit mit Anjuta, es gelang ihm, ihr die Scheu zu nehmen, und er selbst verlor, mehr aus Zufall wohl, auch seine Schüchternheit. Er lud sie ein, mit ihr zu den kleinen Bachläufen in den Bergen zu spazieren, die im Frühjahr viel Wasser führten. Er sprach zartfühlend und ernst mit ihr und fragte sie als Einziger, wie sie ihr weiteres Leben einzurichten gedachte, erinnerte sich an seinen Besuch bei Katherina Timofejewna in der Perwaja Meschtschanskaja und erzählte nur ihr, wie es ihm gelungen war, der Verhaftung in Moskau, in Samara und zwei weiteren Städten zu entgehen und wieder ins Ausland zu gelangen. Bei allen anderen war er zurückhaltend und spottlustig, bei Anjuta jedoch natürlich, ernst und auf besondere Weise freundschaftlich-respektvoll.

»Wir beide, Sie und ich, Anna Petrowna, entstammen einfachen Verhältnissen und v-verstehen einander deshalb fast ohne Worte. Und dies könnte in der Zukunft durchaus von Nutzen sein.«

Weiter als mit dem in diesem Satz Gesagten ging er allerdings nicht.

Am Tag von Bodrjasins Ankunft wurde ihm zu Ehren eine »Grande Maccaronata« veranstaltet mit zwei Fiasci Chianti und Gesang. Bodrjasin hatte eine große, schwülstige Bassstimme und erklärte auf Italienisch:

»Camera mancata! Meine Karriere ist verpfuscht. Wäre ich doch einmal P-proto-todiakon geworden!«

Als alle Wein in ihren Gläsern hatten, erhob Bodrjasin sich und sprach einen Toast aus, der alle überraschte:

»Auf die Gesundheit der Neuvermählten!«

Aber niemand wunderte sich, als er weiter erklärte:

»Auf unsere Liebsten! Nadeshda Protasjewa und Grischa aus Akatuj. Denn, meine lieben Kinder, man braucht sich doch nicht zu verstellen, das wäre doch wirklich dumm. Die Liebe ist wirklich in nichts weniger wert als die Revolution. Wir blicken ganz gelassen darauf, und allen wird es damit gut gehen, alle werden zufrieden sein.«

Er war der Einzige, der dies so zu sagen vermochte, ohne jemandem zu nahe zu treten und ohne die beiden Verliebten verlegen zu machen. Die Peinlichkeit, die alle etwas beklommen gemacht hatte, hatte sich sogleich aufgelöst, und das Geheimnis, das längst schon kein Geheimnis mehr gewesen war, war auf gelungene Weise entdeckt worden. Wovor und vor wem sollte man sich verstecken, ist die Liebe denn nicht frei?

Am Abend spazierten sie auf den Berg Santa Anna. Der vom Mond erleuchtete Pfad führte am Abgrund vorbei zu den Ruinen einer kleinen alten Kirche, vom Berg aus eröffnete sich eine wundervolle Aussicht auf das nächtliche Meer und die kleine Halbinsel.

Dies war vielleicht der einzige Abend, an dem die ans italienische Ufer gespülten jungen einstigen Zuchthäusler wahrhaft ausgelassen waren.

Danach veränderte sich der Alltag in der Villa. Es war etwas auf Dauer Angelegtes vorhanden, etwas wie der Keim familiären Zusammenhalts. Im Winter fiel Anjuta eine weitere Arbeit zu. Es erwies sich, dass sie, die Jüngste von allen, als Einzige wusste, wie man mit einem Neugeborenen umgeht und was für es genäht werden muss. Alle ordneten sich ihr widerspruchlos unter und nannten sie »Kommandoführende Mutter«.

Natascha blickte mit Neid auf den fremden Säugling, der nicht hübsch war und kränkelte. Sie träumte von einem gesunden Kind, einem Bogatyren und Sohn eines Bogatyren. Aber vielleicht waren die Bogatyren in Russland ja tatsächlich ausgestorben? Zumindest kamen sie nicht bis nach Italien.

Die Stammbesetzung der Villa veränderte sich nicht. Aus Russland oder Paris kamen bisweilen neue Bewohner hinzu, und manche der alten versuchten von Zeit zu Zeit aus der italienischen Einöde auszubrechen und in die europäische Weite vorzudringen. Aber der harte Kern blieb unverändert und lebte das Leben des Müßiggangs, das ja nur ein Übergang war und jederzeit zu Ende sein konnte. Und dann würden sie sich heiter auf den Weg machen zu neuen Aufgaben. Irgendetwas würde geschehen, und wenn der laute Weckruf ertönte, würden die Zugvögel wieder zurück in den Norden aufbrechen. Bei ihrem

Leben in Italien hatten sie keine Wurzeln geschlagen. Aber sie hatten auch selbst nicht bemerkt, wie sehr die Ruhe und Erholung für sie zum Alltag geworden war.

Unweit der Villa, die etwas abseits lag, lebten in dem kleinen Ort noch weitere russische Emigranten, die älter waren, einer von ihnen war bereits hochbetagt. Es kamen auch Leute, die niemand kannte, Bekannte von Bekannten, die vom Strand und dem preisgünstigen Leben dort gehört hatten.

Aber in das erste russische Grab auf dem Friedhof des Dorfes wurde der Leichnam eines Menschen hinabgelassen, der die Sonne des Südens noch nicht gesehen und die Nordlichter noch nicht vergessen hatte, eines Menschen, der lange Zeit lange Wege gewandert war.

Ein ruhiger Hafen

Aus den Bergen von Savoyen eilte Nikolaj Iwanowitsch hinunter zum Ufer des Mittelmeeres. Auf dem Weg gab es keine besonderen Schönheiten zu sehen – wovon soll auch ein Mensch beeindruckt sein, der zu Fuß ganz Sibirien und den Ural durchquert hat? Aber sein Befinden war so wundervoll, dass alles von diesem Glück erleuchtet wurde und ihm ungewöhnlich und hinreißend schien. Der Genueser Bahnhof war für ihn weiträumig und ganz und gar nicht finster, und wie erklecklich war es doch, dass die Italiener Italienisch sprachen! Ihre Sprache hatte Nikolai Iwanowitsch in der Katorga gelernt, selbstverständlich nach der Methode Toussaint-Langenscheidt, er kannte die beiden ersten Seiten des Romans *Die Verlobten* auswendig und rezitierte mit theatralischen Gesten Leopardi:

Or, poserai per sempre, stanco mio cor!

Hier nun war er ganz auf das Gehör angewiesen und verstand nicht ein einziges Wort von den Gesprächen im Zug und dem Geschrei der Gepäckträger, die weder Manzoni noch Leopardi gelesen hatten und nicht einmal die örtliche sozialistische Zeitung *Lavoro*. Nikolai Iwanowitsch hätte eigentlich verzweifeln müssen, aber selbst dies belustigte ihn: »So gut habe ich also Italienisch gelernt!« Dass in Genua Dialekt gesprochen wurde, wusste er nicht.

Nachdem er fast zwei Stunden auf dem Bahnhof gewartet hatte, stieg er in einen Bummelzug und verschwand in den verrauchten Tunneln der östlichen Riviera. Ganz wie auf der Leinwand des Kinematographen, der seit nicht allzu langer Zeit in Petersburg zu sehen war: Ein Bild blitzt auf und versinkt in Finsternis, ein neues Bild und wieder Finsternis. Aber hier war das Bild immer dasselbe: Das Meer in verschiedenen Rahmen, verschiedenen Beleuchtungen, einmal weiter, einmal näher entfernt, direkt unter den Fenstern des Zugabteils, unruhig, mit einem weißen Saum von Wogen besetzt, mit einer trüben Welle am Sandstrand, und am Felsufer eher an eine schöne Einbildung gemahnend. Und dies war so außerordentlich, dass Nikolaj Iwanowitsch fast die Station, an der er aussteigen musste, verpasst hätte. Aber der Schaffner vor dem Abteilfenster schrie die beiden Silben ihres Namens mit derartig schneidender Deutlichkeit, dass Nikolaj Iwanowitsch hurtig von seinem Platz aufsprang, aus dem Zug hüpfte und den einzigen, prall gefüllten Koffer, den er bei sich trug, auf den Bahnsteig hob.

Auf dem Bahnhof dieser Station war keine lebendige Seele, wenn man den Bahnhofsvorsteher oder Gepäckträger nicht als Seele bezeichnen will. Während der Abfahrt des Zuges legte Nikolaj Iwanowitsch sich einen Satz aus den Worten »dove« und »trovare« zurecht und nahm sich fest vor, auch die höfliche Anrede »Signore« nicht zu vergessen. Aber der schwerfällige, mit ölverschmiertem Jackett bekleidete Mann mit der Uniformmütze kam selbst auf ihn zu, nahm das Billett entgegen, bohrte dem Ankömmling, als er dessen Unentschiedenheit sah, seinen Zeigefinger in die Brust und fragte, die Antwort sicher wissend:

»Russo?«

Und als Nikolaj Iwanowitsch freudig nickte, sich der Verse Leopardis gut erinnernd, aber die Worte »Si, Signore« vergessend, griff ihn der Dicke am Ärmel und geleitete ihn aus dem Bahnhof auf die Landstraße, wies auf einen mit Stein gepflasterten kleinen Weg, und zur Bestätigung wies er mit seinem kurzen Finger in den Himmel und fügte hinzu:

»Monti pure!«

Dieses Mal fiel Nikolaj Iwanowitsch das Wort »Grazie« ein und auch »Signore« vergaß er nicht zu sagen. Aber warum sollte er seinen Koffer den Berg hinaufschleppen, und was bedeuteten die Worte des Dicken? »Monti«, das bedeutete »Berge«, »pure« vermeintlich eine Form von »puro«, »rein«, und zwar Feminin Plural. Nikolaj Iwanowitsch wuchtete in der Manier des erfahrenen sibirischen Schauermanns und ehemaligen Häftlings den Koffer auf die Schultern und begann, den schmalen Weg, der schon bald eine enge Treppe wurde, hinaufzugehen, und auf dem ersten kleinen Absatz stellte er schließlich erfreut fest, dass das Italienische »Monti pure« nichts mit »reinen Bergen« zu tun hatte, sondern lediglich »Gehen Sie hinauf!« bedeutete.

Er stieg weiter hinauf, und auf dem nächsten Absatz sah er eine Tür mit einem Ring und etwas über der Tür. Er zog seine berühmte Brille heraus, mit deren Etui er auf seiner Flucht den Hauswart zu erschießen gedroht hatte und anhand derer ihn Vater Jakow in Sibirien erkannt hatte, und der Nebel löste sich auf: Über der Tür hielt eine ungewöhnlich kurzbeinige Madonna einen bemerkenswert feisten Jungen mit verwitterter Nase im schwarz gewordenen Gesicht im Arm. Er meinte, dies sei der Eingang zu einem Kirchgarten, und wollte, als er sich ein wenig ausgeruht hatte, weiter nach oben steigen, als vom Himmel her eine weibliche Stimme erklang. Oberhalb des Absatzes, auf der mit Wein bewachsenen Terrasse, deutete eine ebenso kurzbeinige Frau mit einem ebensolchen Kind im Arm, nur dass diese beiden lebendig waren, gebieterisch mit ihrem Zeigefinger auf die Tür und nickte bestärkend:

»Sior Paolo, eccolo la!«

Dies war derart absonderlich und das unverständliche »eccolo la« klang derart heilsversprechend vom Himmel herab, dass Nikolaj Iwanowitsch ihm gehorchen musste. Mit seiner unrasierten Wange am Gürtel entlangschabend, der den Koffer zusammenhielt, nickte er freundlich und drehte den Türknopf. Hinter der Tür saß in einem kleinen Gärtchen am Eingang des Hauses ein Mann an einem Tisch, der ein russisches Bauernhemd über der Hose trug und schrieb. Als er Nikolaj Iwanowitschs ansichtig wurde, sagte er nur:

»Seien Sie gegrüßt. Einen Moment.«

Sorgfältig trocknete er mit einem rosafarbenen Löschpapier die geschriebenen Zeilen, legte einen runden Stein obenauf, damit die Blätter nicht vom Wind zerstreut würden, und erhob sich.

»Sie sind gerade angekommen?«

Nikolaj Iwanowitsch antwortete frohgemuht, dass er gerade angekommen sei. Er war aus irgendeinem Grunde bestens gelaunt. Niemand konnte ihn hier erwartet haben, denn niemand wusste davon, dass er auf dem Weg gewesen war, und nun erwies sich alles als derart unkompliziert, als sei es vorbereitet.

Der Russe von kleinem Wuchs, mit blondem, spärlicher werdendem Haar, betrachtete ihn aufmerksam und fragte schließlich:

»Wer sind Sie und zu wem wollen Sie? Kommen Sie auf direktem Weg aus Russland?«

Nikolaj Iwanowitsch nannte seinen richtigen Namen, den er seit zwei Jahren zum ersten Mal aussprach. Am Lächeln, das dieser Name hervorrief, erkannte er, dass der Russe ihn kannte. Er setzte noch hinzu, dass er den Auftrag habe, Natascha Kalymowa hier aufzusuchen.

»Aber warum die Italiener mich zu Ihnen geschickt haben – ich weiß es nicht. Ich habe niemanden gefragt.«

»Das konnte gar nicht anders sein. Ich bin ein Alteingesessener hier.«

»Man hat mich von der Station hier hinauf geschickt, und mir gesagt: ›Gehen Sie hinauf!‹«

»Das ist klar, Sie tragen Stiefel. Die Villa der Zuchthäusler ist noch weiter oben. Ich bringe Sie hin. Allerdings ist jetzt niemand dort, alle sind am Strand, Natascha auch. Sie sind sicher müde?«

Was Müdigkeit ist, hatte Nikolaj Iwanowitsch nur auf zwei langen Streckenabschnitten durch die Taiga und nach drei schlaflosen Nächten in der Stadt, als er niemanden fand, bei dem er übernachten konnte, erfahren müssen. Konnte es denn in Italien so etwas wie Müdigkeit geben?

»Dann lassen Sie uns zum Strand gehen, den Koffer können Sie hier lassen.«

Er stellte keinerlei Fragen, offensichtlich war er ein alter Parteimensch.

»Wenn Sie sich waschen wollen – hier ist Meerseife. Und dort an der Wäscheleine hängt ein Badeanzug. Baden ist heute nicht möglich, aber dann können Sie sich wenigstens ein bisschen im Wasser erfrischen. Die Frauen planschen die ganze Zeit in den Wellen, aber ich habe mich verkühlt und kann nicht. Ich bringe Sie nur hin und mache Sie mit allen bekannt. Kennen Sie Natascha bereits?«

»Ich bin ihr noch nie begegnet, aber man hat mir einen Brief aus Paris für sie mitgegeben.«

»Sie ist eine wundervolle Frau. Es ist überhaupt ein ganz nettes Völkchen. Man wird Sie in der Villa einquartieren. Ach, Ihr Jackett lassen Sie am besten auch hier, das brauchen Sie nicht, es ist viel zu heiß.«

Nicht für einen Augenblick verließ Nikolaj Iwanowitsch das Gefühl unsäglichen Glücks. Er war nicht nur frei und »außerhalb des Landes«, sondern in Italien und sogar am Meer. Ein erwachsener Mann mit bereits ergrautem Haar fühlte sich wie ein kleiner Junge. Er lächelte alles und jeden mit seinem kurzsichtigen Blick an und lachte über jedes eigene und fremde Wort. Er genoss die Sonne und betrachtete seine neuen Bekannten und zukünftigen Freunde etwas näher: Natascha, Anjuta und zwei weitere ehemalige Zuchthäuslerinnen sowie den wie ein Skelett mageren Genossen Grischa aus Akatuj. Er war schwarzgebrannt von der Sonne, aber er hustete. Nikolaj Iwanowitsch dachte bei sich:

»Der ist nicht mehr von dieser Welt. Aber wenigstens lässt er sich von der Sonne wärmen.«

Und wie immer, wenn ein gesunder Mensch jemanden sieht, der »nicht mehr von dieser Welt« ist, spürte auch er, etwas verlegen, zugleich aber heimlich hocherfreut, seine eigene Lebenskraft und Energie. Mit Feuereifer rieb er mit Sand und Meerseife den Staub der Reise von sich ab, wusch sich mit

Meeresschaum und vermochte selbst kaum zu glauben, dass er das tatsächlich war – er, der von allen gejagte Wolf, der die Jagd, die auf ihn gemacht worden war, überstanden hatte.

Trotz der neuen Bekanntschaften ergab sich kein Thema für ein echtes Gespräch. Hier waren Menschen zusammengetroffen, die einander aus der Entfernung irgendwie kannten, Menschen, die sich dasselbe Ziel im Leben gesetzt und derselben Ideologie verschrieben hatten. Vermutlich würde man sich am Abend in hitzige Diskussionen über irgendwelche Petitessen verstricken, gebildet und unduldsam seine Meinungen äußern und den jeweils anderen des Abweichlertums verdächtigen. Aber hier schien die Sonne, der Kopf war vollkommen leer und wollte nicht die Minuten noch die Stunden zählen.

»Ob man denn wirklich nicht schwimmen gehen kann?«

Man sagte ihm, der Meister im Schwimmen sei der »Alteingesessene«, der Nikolaj Iwanowitsch zum Strand begleitet hatte und wieder gegangen war, um seine Arbeit zu beenden. Er könnte es wagen, aber die anderen trauten sich nicht, das Meer war allzu stürmisch.

Natascha sagte:

»Morgen, wenn der Wind etwas nachgelassen hat, werden die Wellen nicht so hoch und lang sein. Jetzt sind sie zu wild. Man weiß bei diesem Wellengang nicht, wann man zum Ufer zurück muss.«

Anjuta konnte überhaupt nicht schwimmen:

»Ich habe Angst, mich dem Wasser auch nur zu nähern. Wenn es ruhig ist, erfrische ich mich gern in Strandnähe.«

Eine riesige Welle, wild und grau vom aufgewirbelten Kies, walzte heran, brach sich und entrollte zu den Beinen der dort Sitzenden einen Schaumvorhang, der schneeweiß wurde. Nikolaj Iwanowitsch erinnerte sich des Baikalsees und wie er dort unfreiwillig schwimmen musste. Er verglich das »Damals« und das »Heute«, schüttelte heftig den Kopf und sagte nachdenklich und gedehnt:

»In-te-ressant!«

Das erinnerte auch Natascha an etwas und dann fiel es auch Anjuta auf, und beide hoben im gleichen Tonfall an:

»In-te-ressant!«

Nikolaj Iwanowitsch sagte:

»Ich kenne einen lustigen Batjuschka, der leidenschaft-lich das Leben liebt. Und der pflegte das immer so zu sagen: ›In-te-ressant!‹«

Anjuta rief lebhaft aus:

»Ob das nicht unser Vater Jakow ist, Nataschenka?«

Nikolaj Iwanowitsch sprang sogar auf und griff nach seiner Brille. Alle drei lebten auf: Welch ein Zufall!

Sie alle drei hatten zu unterschiedlicher Zeit und unter unterschiedlichen Bedingungen den Zeugen der Geschichte in seinem violettfarbenen Gewand getroffen. Da gab es also doch etwas, das sie verband, etwas, das vollkommen unerwartet war. Und das in den Weiten Russlands! Nikolaj Iwanowitsch erzählte kurz von seiner letzten Begegnung mit Vater Jakow in Sibirien, wo er als Schauermann Teeballen geschleppt hatte.

»Ich muss unbedingt seine Adresse erfahren. Ich schulde ihm nämlich noch fünf Rubel.«

Anjuta hegte keinerlei Zweifel daran, dass er das Geld an ihre Tante schicken könne. Denn wenn Vater Jakow das nächste Mal in Moskau wäre, würde er unbedingt in der Perwaja Meschtschanskaja vorbeischauen.

Nikolaj Iwanowitsch war vollauf begeistert:

»Das ist wunderbar! Ich werde das Geld von Ihnen übersenden lassen. Die einzige Schuld, die meine Seele belastet. Ich habe extra einen russischen Fünfrubelschein aufgehoben, den ich nicht gewechselt habe. Ich werde die fünf Rubel zurück-zahlen, und dann bin ich schuldenfrei und ehrlich. Ach, überhaupt! Alles ist so wundervoll!«

Er sprang auf und lief, durch den Schaum der Wellen hüpfend, in die Brandung. Eine niedrige Welle kam heran, die gerade bis zu den Knien reichte. Der Baikalsee damals war um vieles angsteinflößender gewesen. Und damals war es kalt und er war in Kleidung und Stiefeln. Und er war immer noch da.

Nikolaj Iwanowitsch reckte die Hände über den Kopf, drohte mit den Fäusten in der Luft und schrie dem Meer entgegen:

»He, he, he! In-te-ressa-a-ant!«

Dann beugte er sich in einem übermütigen Ausbruch von Unvernunft und Überzeugung in seine Kräfte ohne nachzudenken vor, wartete die nächste Welle ab und warf sich, ganz erfahrener Schwimmer, kopfüber hinein.

Eine Wolke von Steinen traf seinen Körper, es wurde dunkel, dann fühlten seine Arme die Kraft des Aufschwungs, und er besiegte die Welle und schwamm im brodelnden und erfrischend-kühlen Kessel.

Vom Hügel am Ufer, auf dem die hellen Quadrate der Häuser auf grau-grünem Untergrund aufgedruckt waren wie auf einer Postkarte, blickte man auf den leeren Strand, der hinter den Eisenbahngleisen lag. Das Meer schien von dort aus ruhig, die Stärke der Wellen war nur an der weißen Linie am Saum des Wassers abzulesen. Im Sand, der im Sonnenlicht lag, waren ein paar Käfer zu sehen. Einer von ihnen war in Richtung Wasser gekrabbelt und verschwunden. Die anderen, die zunächst nicht zu sehen gewesen waren, gerieten in Bewegung und liefen auch dorthin. Dann verschwand ein zweiter im weißen Saum, danach ein dritter. Die Linie bewegte sich, und zwei dunkle Punkte waren wieder zu sehen. Wenn das Menschen waren, so zogen sie offensichtlich einen aus dem Wasser. Dann bildeten sie einen Kreis – etwas war geschehen. Jener, der dies von der Anhöhe vielleicht beobachtete, hatte die Käfer sicher nicht gezählt und wusste nicht, wie viele es nun waren und wie viele zuvor.

Anjuta schrie auf:

»Nataschenka, er wird doch ertrinken, bei diesen Wellen!«

Man muss den Moment abwarten, in dem die Wellen kleiner werden, und dann mit starken Bewegungen den Sog des zurückfließenden Wassers überwinden, und wenn die neue Welle anrollt, sich ihr übergeben und die Beine nach vorne werfen. Das ist der am meisten furchteinflößende Moment, aber auch der schönste. Das Wasser ergreift den erfahrenen Schwimmer, wirft ihn herum, stellt ihn für einen Augenblick auf die Beine, legt ihn sogleich wieder auf den Rücken und trägt ihn in brodelndem Schaum zum Ufer. Und dann muss man sich schnell fangen, darf sich nicht von der nächsten Woge erfassen lassen, muss herausspringen, durch den zurückfließenden Sand zum

Ufer rennen und sich aus dem Sog und den sich bildenden Kratern befreien.

Alle liefen so weit als möglich zum Wasser, winkten und schrien: »Warten Sie ab! Noch nicht!« Nikolaj Iwanowitschs Brille lag in ihrem abgeschabten Etui auf dem trockenen Sand. Er hatte nur seinen aus kurzsichtigen Augen lächelnden Blick mitgenommen. Das hochgelegene Ufer stieg auf und verschwand. Einmal waren die Freunde am Ufer zu sehen – streck ihnen die Hand entgegen –, dann wieder nur die leuchtend weiße kleine Kirche ganz oben auf der Hügelspitze. Der Lärm erstickte die Stimmen am Strand, die helle Stimme Anjutas und die Bruststimme Nataschas. Aber es konnte doch nicht sein, dass ein starker Mann, der alle Gefahren überwunden hatte, allen Fallen entgangen war und sich aus so vielen Strudeln des Lebens befreit hatte, dass dieser Mann jetzt vor den Augen seiner Freunde ertrank, in der Nähe des Strandes, an dem seine Brille lag.

Anjuta schrie:

»Natascha, was ist das denn! Er ertrinkt!«

Natascha sah, dass er, blind vom Wasser, lächelte und vertraute oder es einfach nicht besser wusste. Mit klopfendem Herzen lächelte sie zurück. Er war so mutig, dass Unmögliches möglich war.

Die erste Welle brach, bevor er zu ihrem Ende geschwommen war. Mit der zweiten, die riesig grollte, riss es ihn hoch, der Körper wurde aus dem Wasser gehoben, die Arme streckten sich vergeblich, als wolle er nach der Luft greifen und sich dort festhalten. Dann schleuderte die Welle seinen Körper vorwärts auf dem nackten Sand, holte ihn ein, schlug über ihm zusammen und walzte mit ihrem Gewicht von Hunderten Pud auf ihn. Nur eine Sekunde lang war der schwarze Fleck des Badeanzugs in der Gischt zu sehen und verschwand dann in der Brandung.

Jener, der dies von der Anhöhe vielleicht beobachtete, wartete möglicherweise, ob der ins Meer hinausgezogene schwarze Punkt noch einmal erschiene. Es vergingen lange Augenblicke, bevor die von Entsetzen Gepackten in der Gischt wieder ein schwarzes Objekt sahen, das kein Mensch mehr sein konnte. Wenn man es nicht festhielte, würde es herumge-schleudert und mit den Wellen hinausgezogen. Da warf sich Natascha, ohne ihre Kräfte einzuschätzen und ohne das Buch des Schicksals zu beherzigen, in das brodelnde Chaos.

Die Wellen warfen sie sofort um und trugen sie fort, noch bevor der schwarze Gegenstand erneut verschwand. Als sie wieder hochkam, konnte sie sich nicht des Lichts erfreuen und ihre Füße fanden keinen Halt. Die Arme stießen vergeb-lich das Wasser zurück. Mit dem Wasser schluckte sie auch eine Handvoll des aufgewirbelten Sandes und verlor das Be-wusstsein. Sie spürte nicht mehr, wie es sie im Niedrigwasser über den Sand spülte und Anjuta mit eisernem Griff ihren Ba-deanzug ergriff. Unter ihnen beiden trieb der Sand weg, und jene, die die andere gerettet hatte, musste sich mit aller Kraft gegen das abfließende Wasser stemmen, bis sie wieder zu Atem kommen konnte. Als Anjuta aufsprang, wusste sie noch nicht, ob sie erneut von den Wassermassen erfasst würden. Sie ließ Nataschas Körper nicht los, aber sie hatte nicht die Kraft, ihn fortzuziehen. Einige Hände kamen ihr zu Hilfe, und sie kam erst im trockenen Sand wieder zu Fall, ohne ihre Finger geöffnet zu haben.

All dies konnte man von der Anhöhe beobachten, aber auf die große Entfernung schien es ein heiterer Zeitvertreib aus-gelassener junger Menschen zu sein.

Über den steilen Weg, dessen Steine in die nackten Füße stachen, rannte, außer Atem, hustend und sich an die Brust greifend, jener, »der nicht mehr von dieser Welt« war, Genos-se Grischa. Was auch immer geschähe – hier konnte nur der »Alteingesessene« helfen. Die Frau mit dem Kind sah, wie der schwarze Russe die Tür aufstieß, um zu Signor Paolo zu gelan-gen, und über einen Koffer stolperte. Dann wechselten beide ein paar schnelle Worte in ihrer Sprache, und im nächsten Augenblick klapperten die Absätze von Signor Paolo, der ganz vergessen hatte, die beschriebenen Blätter mit dem runden Stein zu beschweren und auf seinen Genossen zu warten, über den Weg nach unten.

Fünf Rubel

Katherina Timofejewna war des Lesens und Schreibens nicht sehr kundig, aber sie unterzeichnete gewissenhaft, mit der Feder fest aufdrückend, als sie den Brief erhielt, an dessen Handschrift und Briefmarken sie erkannte, dass er von Anjuta war. Sie erhielt im Übrigen außer diesen seltenen Briefen sonst auch gar keine.

Immer, wenn ein Brief kam, legte Katherina Timofejewna augenblicklich jede Arbeit zur Seite, wenn sie beispielsweise gerade Wasser aufgesetzt hatte, nahm sie den Kessel vom Feuer – das Wasser konnte warten. Sie setzte ihre Brille auf und ließ sich nah am Fenster nieder, aber ihre Augen wurden sogleich von Tränen getrübt, und an Lesen war nicht zu denken, obwohl Anjutas Handschrift groß und gut leserlich war. Wie wundervoll das doch war! Katherina Timofejewnas einstige wohlwollende Zugeneigtheit Anjuta gegenüber hatte sich in große und echte Liebe verwandelt, und wenn sie an Anjuta dachte, so war diese für sie wie ihre eigene Tochter, die durch ein böses Schicksal von ihr genommen und in ein fremdes Land geworfen worden war.

Nachdem sie sich eine Weile vergeblich mit dem Brief abgemüht hatte, klopfte sie an Vater Jakows Tür und bat ihn um Hilfe, da in den ersten Zeilen ohnehin von ihm die Rede war. Anjuta schrieb, dass der Fünfrubelschein, der dem Einschreibebrief beigelegt war, Vater Jakow zu übergeben sei, dies sei die Rückzahlung einer Schuld eines Mannes aus Sibirien.

Bevor sie weiterlasen, erriet Vater Jakow, um wen es sich handelte, und ein breites Lächeln ging über sein Gesicht:

»Ach was, ach was, ich habe einen Schuldner! Das ist doch eine wundervolle Sache! Ich sage es geradeheraus, dass ich damit nicht rechnen konnte und ich ihm das Geld nicht in der Annahme geliehen habe, es je zurückzuerhalten. Ich freue mich nicht über den blauen Schein, sondern weil dies bedeutet, dass dieser nette Mensch dahin gekommen ist, wohin er wollte. In-te-ressant! Und dass er sogar noch Anjuta begegnet ist – das ist wieder so ein Zufall! Die Welt mag ja groß sein, aber die Menschen laufen einander über den Weg.«

Vater Jakow wurde traurig und konnte kaum die Tränen zurückhalten, als sie aus dem Brief erfuhren, was Anjuta vorsichtig und etwas gewunden darlegte, nämlich, dass Vater Jakows Schuldner, nachdem er den Auftrag gegeben hatte, ihm das Geld zu übersenden, durch ein Unglück am Tag seiner Ankunft im warmen Meer ertrunken sei.

Das Wasser kochte, aber Vater Jakow lehnte den angebotenen Tee ab, mit der Begründung, er müsse in einer unbedeutenden Angelegenheit in die Stadt. Er eilte in sein Zimmer, klappte die Hefte zu, blickte zerstreut das Plakat an, strich sein Haar glatt, setzte den Hut auf und verließ das Haus.

Tatsächlich aber hatte Vater Jakow nichts zu erledigen, das hatte er nur gesagt, weil er sehr erregt war. In der Stadt war es zu der Tageszeit heiß, und er wollte auch nicht unbedingt jemanden treffen. Deshalb fuhr Vater Jakow, soweit er konnte, mit einer Straßenbahn und machte sich auf, seinen sündigen Leib auf den Sperlingsbergen spazieren zu tragen und auf die Stadt herunterzublicken – ein wundervolles Bild eröffnete sich von dort.

Mit einem bunt karierten Taschentuch, wie es für jene, die Tabak schnupfen, üblich ist, wischte Vater Jakow, der sein Lebtag niemals Tabak geschnupft hatte, dort, in der Einsamkeit und Weitläufigkeit, die dem gelassenen Beobachter der Geschichte unangenehme Träne weg. Kann man um jeden Tränen vergießen? Da reichen die Tränen nicht! Wer war denn für ihn der jäh Dahingeschiedene? Eigentlich niemand! Lediglich ein Mensch, der ein paar Mal seinen Weg gekreuzt hatte, ein zufälliger Gesprächspartner von unbekannter Herkunft, der sich als tollkühner Leugner des Gebots »Du sollst nicht töten« herausgestellt hatte, zugegebenermaßen nicht aus Bosheit oder Eigennutz, sondern aufgrund seiner unheilvollen Idee der Rache für die Kränkungen des Volkes. Dann eine noch zufälligere Begegnung an einem Fluss in Sibirien, bei der Vater Jakow nur an der Brille im Schauermann den ihm bekannten flüchtigen Revolutionär erkannt hatte. Und damals hatte er ihm mit dem Fünfer ausgeholfen. Das war ihre gesamte Bekanntschaft. Warum also vergießt du Tränen, du behäbiger Pope, als sei er dein blutsverwandter Bruder gewesen?

Dann suchte er mit noch vernebeltem Blick die Kuppel der Christ-Erlöser-Kathedrale, schaute sich furchtsam um, ob nicht zufällig jemand ihn beobachtete, bekreuzigte sich mit einem ausladenden Kreuzzeichen und sprach flüsternd, aber vernehmbar und fest:

»Gib der Seele des Abtrünnigen Frieden, oh Herr, welcher den Tod gefunden hat im blauen Meer. So mutig er auch war, dieser merkwürdige Mensch, so war er doch auch von Gram erfüllt, sei ihm und seinem Namen gewogen, oh Herr.«

Plötzlich erinnerte er sich, wie im lebhaften und heiteren Gespräch im verwitterten und rauen Gesicht des Mannes, den er nur unter dem Decknamen Nikolaj Iwanowitsch kannte, von Zeit zu Zeit ein wahrhaft kindliches und liebevolles Lächeln erstrahlte. Und gleich darauf war sein Blick wieder vorsichtig, und er verschloss sich. Es war deutlich, dass er die Welt kannte, wie sein eigenes Zimmer, so er denn auf dieser Welt je ein eigenes Zimmer besessen hatte, und dass er baren Fußes furchtlos über die glühende Herdsohle des Lebens gegangen war. Er hatte alle Hindernisse überwunden, den mächtigen, fremden Willen besiegt, das erreicht, was er wollte – und war sich nicht bewusst, wo das letzte und einzig wahrhafte Gericht seiner harrte.

Und sollte es ein höheres Gericht geben, an das zu glauben Vater Jakow sein altes Priestergewand verordnete, von dessen Existenz sein zweifelnder Geist jedoch nicht überzeugt war, dann würden bei diesem Gericht die Waagschalen lange hin und her wiegen, bevor der lauterste aller Richter sie mit seinem machtvollen Finger anhielte.

Vielleicht brauchte es ja bei diesem Gericht einen Verteidiger? Nun denn, Vater Jakow ist bereit! Es gäbe durchaus etwas zu sagen, und er würde Folgendes sagen: »Dieser Mensch kannte nur wenig Freude, er lebte nicht für die Leibesfreuden und nicht für sich selbst, sondern ging den Weg, den ihn sein reines Herz wies, den du, oh Herr, in sein Herz gelegt hast. Sollte er vom Weg abgekommen sein aufgrund von Unwissen oder Fehl, sollte er den menschlichen Willen über deine Gebote gestellt haben, so frage ich dich, gerechter Richter, warum du ihn, nachdem du ihm die Augen geöffnet hast für alles Übel in der Welt, nicht die Langmut gelehrt hast und ihm in den Arm gefallen bist? So darf man einen Menschen nicht quälen – verzeih dieses dreiste Wort deines demutsvollen Dieners –, denn dies ist wahrhaft ungerecht! Ich bitte nicht für einen persönlichen Freund, sondern für einen von der Bürde des menschlichen Leids niedergedrückten und unvernünftigen Rächer fremder Kränkungen!«

Das wäre es, was Vater Jakow überaus mutig vor dem unbestechlichen Gericht sagte, ohne Furcht verteidigte er den vor Gericht Gestellten. Und verurteilte das gestrenge Gericht ihn trotz allem, dann würde er, Vater Jakow, doch sehr an allem zweifeln.

Als Vater Jakow, den Saum seines Gewandes mit der Hand gerafft, sich aus der Höhe der erhabenen Gedanken wieder ins Alltägliche hinabbegab, legte sich grauer Abendnebel über Moskau.

Gewöhnt, früh und ohne ein üppiges Abendessen – außer, wenn er irgendwo zu Gast war, und auch dann enthielt er sich meist –, zu Bett zu gehen, machte er auf dem Nachhauseweg in einem kleinen Laden Halt, um etwas Teewurst zu kaufen. Er kramte lange in seiner Hosentasche, bekam aber nicht genug Kleingeld zusammen. Dann beeilte er sich errötend, aus der Geldbörse den einzigen blauen Schein hervorzuholen, bezahlte und erhielt sein Wechselgeld zurück.

»Morgen werde ich ja etwas Geld für meine Artikel erhalten. Die Zeiten sind hart, man dreht sich im Kreis und lebt von einem Tag auf den anderen. Das muss wohl so sein. Der Mensch dreht sich im Kreis, alles dreht sich im Kreis, und auch die Erde steht nicht auf dem Fleck. In-te-ressant!«

Auf dem Berg Santa Anna

Natascha träumte von einem grünen Blitz, der, nachdem er über ihrem Kopf eingeschlagen war, in Stücke zerbrach und als kleine grüne Stöckchen zu ihren Füßen niederfiel. Sie wollte sich niederbeugen und eins davon aufheben, aber eine strenge Stimme sagte: »Heiß!«, und sie zog ihre Hand zurück. Da kam Bodrjasin näher, beugte sich seelenruhig nieder, hob eines der Stöckchen auf, zerbrach es und begann, Bohnen zu essen. Natascha schämte sich ob ihrer Feigheit, und tatsächlich, alle ringsum lachten. Iwan Iwanowitsch befreite sie aus dieser misslichen Lage, indem er erklärte, dass es überhaupt keinen Grund zu lachen gebe und dass jeder Blitz mit der Zeit weicher wird und sich in grüne Bohnen verwandelt.

Iwan Iwanowitsch war kein Zuchthäusler, sondern ein ehemaliger Verbannter und auch ein aus der Heimat Geflohener. Er war zufällig in die Villa gekommen, durch seine alte Bekanntschaft mit dem Alteingesessenen des Örtchens, ebenjenem Signor Paolo, zu dem als dem Patriarchen der russischen Kolonie der Stationsvorsteher alle schickte. Iwan Iwanowitsch, ein kraftvoller und wissbegieriger Mensch, hatte den Plan gefasst, die gesamte italienische Riviera zu Fuß entlangzuwandern, beginnend in San Remo mit dem Ziel eines Aufenthalts in Pisa. Dies war preisgünstig, einfach, interessant und der Gesundheit zuträglich.

So wanderte er ohne Eile und machte des Nachts in einem der zahlreichen kleinen Orte auf dem Weg Rast, genoss die frühen Stunden des Morgens und verbrachte die Stunden der Mittagshitze in irgendeiner Kneipe. Er lernte die in jener Gegend unzulängliche italienische Sprache zu verstehen, nahm Farbe an und wurde staubig, vergaß seine Heimat Russland gründlich, die Verbannung und die Freunde in Paris, derer er während des vergangenen Winters überdrüssig geworden war.

Im aus weißem Stein erbauten Genua streifte er durch den Hafen, besichtigte die alten Palazzi der Via Balbi, der Via Garibaldi und der Via Cairoli, verbrachte einen halben Tag auf dem Friedhof und ergötzte sich an den sentimentalen Marmorskulpturen – die gemeißelte Spitze untröstlicher weißer Witwen, die Medaillons ihrer Seemänner, eine Frau, die einen siebenarmigen Leuchter entzündete, eine andere Frau, die mit Mohnblüten im Arm eingeschlafen war, eine kerngesunde und mollige junge Frau mit Flügeln, eine zweite aus Bronze, die in den Armen des Todes lag, ein in Stein gehauener Mann von normalem Wuchs in ungebügelten Hosen. Nicht ohne Schwierigkeiten fand er das Grab von Mazzini und dachte, irgendwann müsse man doch einmal etwas Grundlegendes über das Leben des italienischen Revolutionärs lesen, ließ sich in der Nähe nieder, erfreute sich an den gedrungenen Säulen und aß mit großem Appetit die mit Paprika, Tomaten und etwas, das aussah wie kleine, schmiedeeiserne Nägel, belegte Pizza, die er mitgebracht hatte.

Auf der Uferpromenade in Nervi geriet er in Erstaunen darüber, wie viel Russisch er hörte, traf dort aber keine Bekannten. Auf seinem weiteren Weg verbrachte er einen ganzen Tag in Portofino, genoss die wundervollen Aussichten und spürte gar etwas wie ästhetisches Entzücken in sich, geradezu die Neigung zu philosophieren, erinnerte sich jedoch rechtzeitig, dass man vor Einbruch der Dunkelheit die Eselspfade zur Bucht hinuntergegangen sein sollte, um in Santa Margherita zu übernachten. Dann wanderte er mit derselben Beschwingtheit und ohne das Gefühl der Müdigkeit noch weiter, kam an Chiavari vorbei und schließlich, unter Zuhilfenahme der Karte, an die Bahnstation jenes Ortes, in dem ein guter Freund von ihm lebte, Genosse Pawel, und er seinen Schritt verlangsamte.

Und als er sich in der Villa der Zuchthäusler gemütlich niedergelassen hatte, brach er nicht wieder auf, weil er ohne Ziel gewandert war und der Weg ihm großes Vergnügen bereitet hatte. Nun aber hatte er nette Menschen getroffen und hier konnte man, so schien es ihm, eine Weile bleiben.

Iwan Iwanowitsch fügte sich bestens in den Hofstaat der Villa der Zuchthäusler ein, ja er heiterte alle gar ein wenig auf. Mit ihm zog in dieses Kloster der freiheitliche Geist des Wanderers ein, dem Gefühle der Hysterie vollkommen fremd waren und der ganz und gar gesund war. Die Bewohner der

Villa waren schon etwas trübsinnig und langweilten sich, ein neues Gesicht war ihnen überaus willkommen. Natascha, die als Einzige von allen weder an Seele noch Leib an irgendetwas krankte, hatte nun einen Gefährten für lange Spaziergänge in den Bergen und für das Schwimmen im Meer. Für grundlegende Diskussionen und Prophezeiungen darüber, wann Russland endlich frei sein würde, war Iwan Iwanowitsch nicht geeignet, er sagte, bereits in Paris habe es ihn angeödet, sich darüber das Maul zu zerreißen. Über Kunst hingegen sprach er sehr gern, er hatte zwar nur wenig gesehen, aber ausreichend gelesen. Er spielte Gitarre und sang ohne auffallend schöne Stimme dazu. Iwan Iwanowitsch war weder hässlich noch sah er besonders gut aus, von gedrungenem Wuchs, blond und helläugig, gelassen, hob einen Sessel an nur einem Bein hoch und knackte Walnüsse ohne Mühe mit seinen gelblichen Zähnen.

Seit seiner Ankunft fühlte Anjuta eine gewisse Einsamkeit, denn sie verbrachte nun nicht mehr die gesamte Zeit mit Natascha. Aber Anjuta hatte so viel Haushaltsdinge zu erledigen, sie hatte für alle die Rolle der Mutter und des Kindermädchens übernommen.

Die anderen waren ein wenig eifersüchtig, dass Natascha so viel Zeit mit dem Neuankömmling verbrachte. Er war ein nicht eben interessanter Mensch, kein Held, kein Terrorist und Liebhaber erhabener Themen, sondern, mit Verlaub, in gewisser Weise sogar ein vom Glauben Abgefallener. Die Namen Lawrow und Michailowski entlockten ihm nur ein müdes Gähnen, und er sprach ohne jeglichen Respekt nicht nur über Tschernow, sondern auch über Schwarz. Als er erfuhr, dass ganz in der Nähe der verdiente und von allen respektierte alte Revolutionär Ilja Danilow lebte, zog er ein angesäuertes Gesicht und sagte die despektierlichen Worte »alter Dummkopf«. Tatsächlich war Danilow bei den Jüngeren nicht gerade sehr beliebt, aber immerhin war er doch eine Ikone der Sozialrevolutionäre.

Als wieder einmal Vollmond war, unternahm man, wie so oft, eine Nachtwanderung auf den Berg Santa Anna, von dem aus man eine wundervolle Aussicht auf das Meer hatte, besonders auf die mit nichts zu vergleichende Halbinsel, auf der ein kleines Städtchen lag. Den ganzen Weg gingen Natascha und Iwan Iwanowitsch zusammen und blieben hinter den anderen zurück. Sie hatten Wein mitgenommen, Käse, eine gummiähnliche Wurst und getrocknete Feigen und machten Rast an den Mauern der eingefallenen kleinen Kirche, an einem steilen Abhang. Die Seele des Ganzen war an jenem Abend der Patriarch Signor Paolo, den alle Vater oder Fürst nannten, wobei letzterer Titel ihm aufgrund seiner tatarischen Wangenknochen verliehen worden war. An gewöhnlichen Tagen war der Fürst geschäftig und ernst, ganz in seine wissenschaftliche Arbeit über die Geschichte der Revolution versenkt. Er verfasste Aufsätze für die Zeitschriften der Narodniki und murrte stets über die Müßiggänger und Müßiggängerinnen aus der Villa der Zuchthäusler. Aber in solchen Pausen der Erholung und bei den Spaziergängen wurde er wieder zum jungen Mann, ja zum Jüngling und erheiterte alle, ließ Scherze und Spitzen fallen, mit denen er auch Ilja Danilow nicht verschonte. Er kletterte die Mauer der Kirchenruine hinauf, setzte sich an den Rand des Abgrunds, schlenkerte mit den Beinen und lachte die anderen aus, die voller Furcht hinabblickten, sich an den Steinen und Stämmen der sich über den Abgrund neigenden Bäume festhielten.

»Also, ich fühle mich hier ganz wie zu Hause!«

In jener Nacht war der riesige Mond von jeglichem Staub befreit und erstrahlte in vollem Glanz, ohne eine einzige Falte oder sein Lächeln zu verbergen. Verwundert lauschte er einem der Umgebung nicht eben angemessenen Gesang von Liedern wie »Aus einem fernen, fernen Land«, »Warschawjanka« und ukrainischen Liedern. Es war, als sei einst Cäsar auf diesem Weg den kleinen Berg hinaufgestiegen – genau wusste dies aber nur der Mond, der seit jenen Zeiten kaum gealtert war und sich kein bisschen verändert hatte. Die beiden Fiasci roten Weins waren bald geleert, der Vorrat getrockneter Feigen neigte sich dem Ende. Ilja Danilow bat aufgrund seines fortgeschrittenen Alters den Fürsten, ihn nach unten, nach Hause, zu begleiten, er wollte zu Bett. Auch Anjuta, deren Augen langsam zufielen, da sie immer früh schlafen ging und aufstand, wollte hinuntergehen, aber wie hätte man Verotschka

Ulanowa allein lassen können, die sich vor jedem Schatten fürchtete, vor der Höhe, sich aber bis an den Rand des Abgrunds begab und merkwürdige Fragen stellte wie:

»Was meinst du, Anjuta, wie ist es, wenn man hinunterspringt, ist man lebendig, bis man unten ankommt, oder stirbt man während des Fluges?«

»Aber wer wird denn springen, Verotschka, was sind das denn für Grillen?«

»Ach, es interessiert mich einfach!«

Es wurde per Mehrheit beschlossen, den Sonnenaufgang abzuwarten.

»Aber die Sonne steht hinter den Bergen!«

»Ganz gleich, wir warten darauf.«

»Die Sonnenuntergänge sind hier viel schöner.«

»Aber die sehen wir doch jeden Tag.«

Natascha verkündete entschieden:

»Ich bleibe auf jeden Fall.«

Iwan Iwanowitsch schwieg. Selbstverständlich würde auch er dann bleiben. Alle waren etwas angeheitert, es war warm, fast ein wenig drückend im Mondlicht, und es war außergewöhnlich schön. Sie tranken den Rest des Weines aus, aber es stand ihnen nicht mehr der Sinn nach Gesang – in die Ruinen der kleinen Kirche kehrte das Schweigen zurück.

Auch Natascha hatte einen kleinen Rausch. Was, wenn man noch weiter hinaufginge? Der Weg war schwierig, es waren Brocken aus Kalkstein zu überwinden, der brechen konnte. Höher gelegen befanden sich die Reste eines Aussichtsturms, die man jetzt wohl kaum finden würde.

»Besser nicht, Nataschenka, selbst am Tag sollte man dort lieber nicht hinaufgehen.«

Natascha folgte, ohne dass sie es verabredet hätten, nur ihr Gefährte. Zuerst war zu hören, wie unter ihren Schritten der Kalkstein brach. Dann begannen sich alle zu langweilen. Sollte man nicht nach Hause und schlafen gehen? Und Natascha? Was soll mit ihr sein? Die beiden werden den Weg zur Villa schon selbst finden. Anjuta versuchte, sie zu rufen:

»Na-ta-scha-a! Iwan Iwa-no-witsch! Wir gehen!«

Keine Antwort. Vielleicht hörten sie nicht, weil sie weit

nach oben gegangen waren, oder sie wollten einfach nicht antworten.

Als die anderen losgingen, warfen sie die beiden Weinflaschen den Abgrund hinunter und lauschten. Aber der Abgrund war so hoch, dass das Geräusch des Aufpralls nicht nach oben getragen wurde.

Keine Antwort.

Winter

Die Bewohner der Villa lebten ohne Kalender, in keinem der Zimmer gab es einen Abreiß- oder einen Tischkalender, wobei sie ja sogar Menschen zweier Kalenderstile waren – des russischen und des westlichen. Man konnte das Datum ja in der Zeitung lesen, und in der kleinen Ortschaft war zu bemerken, wann ein Sonntag war, nämlich dann, wenn die Italienerinnen, die Fischersfrauen, Krämerinnen, Wäscherinnen, Hausfrauen, Melkerinnen, am Morgen ihr Ausgehkleid anzogen, die Frisuren hinaufschraubten, sich unfrei und geziert bewegten und nicht mehr interessant wirkten. Bei den Russen hingegen waren Alltag und Feiertag nicht zu unterscheiden – nicht an der Kleidung noch am Essen, am Tagesablauf oder am Gang. Deshalb waren in dem kleinen Ort bei weitem nicht alle überzeugt davon, dass die Russen an Christus und die Madonna glaubten.

Die Tage gingen auch ohne Kalender dahin. Es war Sommer. Und plötzlich war es Herbst – die Weinlese begann. Und dann war es Winter, ein recht kalter Winter.

Man musste sich ohne Heizung gut einhüllen, ihr Orenburger Tuch konnte Natascha nun sehr gut gebrauchen. In jenem Zimmer, in dem das von Bodrjasin gesegnete Paar lebte und in dem des Nachts das Kind lange und beharrlich weinte, wurde ein Scaldino aufgestellt, ein Gefäß aus Ton, in dem Kohlen aus Palmensamen glühten. Tagsüber war es in der Sonne warm, aber das Meer lärmte im Winter unfreundlich und war nur selten blau.

Vor dem Mittag erschien am Strand eine einsame Gestalt, warf den Bademantel von sich, sprang ins Wasser und schwamm, rannte zurück zum Bademantel und nach Hause. Alle Italiener wussten, dass dies Signor Paolo war, der Älteste der russischen Kolonie, der das ganze Jahr über schwimmen ging, wie auch immer das Wetter war. Die Italiener zogen fröstelnd die Schultern zusammen und erklärten den zufälligen Beobachtern:

»Eh! Ganz klar: ein Russe! Bei ihnen in Russland liegt im Winter und im Sommer Schnee. Siberia!«

Signor Paolo entstammte tatsächlich einer Stadt in Sibirien. Im Winter herrschte dort eine Temperatur von minus vierzig, im Sommer von plus vierzig Grad. Aber dort war er im Winter nicht schwimmen gegangen.

Natascha hüllte sich in ihr Tuch und sann darüber nach, wie es weitergehen werde, wenn auch in ihrem Zimmer ein Scaldino aufgestellt würde, da auch sie ein Kind bekam. Sie dachte ohne jegliche Verlegenheit oder Unruhe darüber nach, sondern mit vollkommen lauterer Mutterfreude. Nur ein Kind konnte Bestätigung und Rechtfertigung dafür sein, was geschehen war.

Hier ging es nicht um Schuld, die reingewaschen werden musste, sondern darum, dass es sich nicht um echte Liebe handelte und nicht jener Mensch, der eigentlich hätte kommen sollen, ihr begegnet war – keiner, von dem sie geträumt hatte, sondern ein vollkommen zufälliger. Aber er war ihr genau zu jenem Zeitpunkt begegnet, als es ihr unmöglich geworden war, noch länger auf den anderen, den aus der Phantasie Geborenen zu warten. Italien – das Meer – die Sonne – der Körper – der Müßiggang – das gedankenlose Leben. Nachts wartete das unbewegliche grünliche Licht, dass das glühende andere Licht zu ihm geflogen kam. Es kam, blieb eine Zeit lang und flog wieder fort. So war es in der Natur, bei den in der Nacht zauberhaften und bei Licht unscheinbaren Käfern. Und Natascha hatte so viele Nächte gewartet. Es war nur allzu verständlich. Dann hatte ihr Warten ein Ende gehabt. Über etwas anderes nur hätte man sich wundern können, nämlich dass sie so lange gewartet hatte. Sie, die gesunde und unbedarfte Frau.

Anjuta sagte: »Nataschenka, er ist ein sehr guter Mensch, dieser Iwan Iwanowitsch!« Als wolle sie die beiden rechtfertigen. Selbstverständlich war er ein guter Mensch. Er war zwar kein Held und auch kein Bogatyr aus den russischen Heldensagen, sondern, ganz wie sie, gesund und unbedarft. Es war keine Liebe wie jene, von denen man in Büchern träumt und schreibt. Es war eine freundschaftliche, herzliche Verbindung, es war das Meer, der Mond über dem Berg Santa Anna. Es folgten Tage der egoistischen Lust, fast so etwas wie Liebe. Und dann erwartete sie ein Kind.

Anjuta sagte: »Wenn Sie nach Paris fahren, Nataschenka, dann nehmen Sie mich mit. Ich miete mich irgendwo in der Nähe von Ihnen ein und werde schon irgendwie über die Runden kommen.«

Anjuta träumte: »Jetzt wird also auch Nataschenka ihre eigene Familie haben! Wie schön!« Das Gefühl des Neides kannte Anjuta nicht.

Die Pläne für die Zukunft waren unklar. Selbstverständlich war es besser, zusammenzuleben, ja, man sollte zusammenleben, aber nicht hier, in dieser Atmosphäre des Müßiggangs und des großen Überdrusses, sondern unter lebendigen Menschen, die arbeiteten, und man müsste selbst unbedingt auch arbeiten. Das Leben dürfte nicht allein durch ein Kind gerechtfertigt werden.

Iwan Iwanowitsch war bereits nach Paris gereist, um sich dort niederzulassen und einzuleben, um alles für Nataschas Ankunft vorzubereiten. Mit einem Menschen wie ihm war alles leicht. Wäre Leidenschaft im Spiel gewesen, so hätten sie sich bestimmt im Streit entzweit. Oder vielleicht hätten sie ihre Verbindung vor den anderen geheim zu halten versucht, da sie die Zukunft fürchteten. Aber in diesem Fall war alles einfach und gut, ohne Komödie und lange Vorreden – niemand fragte etwas, und niemandem musste man etwas erklären. Es war ganz einfach, und es war das Recht gesunder Menschen.

Anjuta sagte: »Aber, Nataschenka, es wäre schon besser, wenn Sie richtig heirateten! Des Kindes wegen.«

Anjuta glaubte, dass die Verbindung der beiden beständig sei. Und Natascha meinte auch, dass es wohl besser wäre, sie glaubte auch, dass diese Verbindung wohl für lange sein werde, vielleicht sogar für das ganze Leben. Ein Kind und dann noch eins. Irgendwann würden sie nach Russland zurückkehren, eine Familie sein. Im Sommer könnte man auf dem Land wohnen, in Fjodorowka. Für die Kinder wäre das schön.

Der gestrenge Danilow, Komiteemitglied im Ruhestand, sagte zum Fürsten:

»Unsere jungen Leute haben matrimoniale Gefühle.«

»Sollen sie doch!«

»Und die Revolution?«

»Das stört die doch nicht.«

»Aber das ist irgendwie bedenklich …«

Der Fürst blickte mit einem Auge auf das zuschanden gerittene Pferd der Revolution: »Alt bist du geworden, mein Guter, das gefällt dir nicht!«

»Wenn die Jugend nun einmal mit der Zeit alle einstigen Ideale verloren hat, dann werden wohl wir Alten nach Russland zurückkehren müssen.«

Der Fürst schwieg eisern, und Danilow sagte gedehnt, seine eigenen Worte fürchtend:

»Wenn wir zurückkehren, wird man uns festnehmen. Und deshalb kommt mir von Zeit zu Zeit ein verwegener Gedanke in den Sinn, nämlich eine Bittschrift einzureichen, in der ich ausführe, dass ich die mir verbleibenden Tage friedlich in der Heimat mit meiner wissenschaftlichen Arbeit verbringen will. Um dann, wenn man mich zurückkehren lässt, erst einmal stillzuhalten und schließlich heimlich, still und leise eine groß angelegte Arbeit unter der Jugend zu beginnen, vor allem unter der Arbeiter- und Bauernjugend. Eine richtige revolutionäre Arbeit!«

Der Fürst schwieg weiterhin. Wenn jemand die Beichte ablegt, soll man ihn nicht stören. Sprich, sprich, mein Alter!

Danilow galoppierte weiter:

»Und wenn ich irgendwann mit meinen Überlegungen zum Schluss komme, dass ich dies wirklich in die Tat umsetzen will, dann tue ich das auch. Ich werde vor dem Zentralkomitee der Partei eine Erklärung abgeben und mich dann nach Russland aufmachen. Der Jugend würde ich das nicht raten, aber ein angeschossener alter Wolf wie ich kann und muss, meine ich, so handeln, weil es in Russland ja keinerlei würdige Nachfolge für uns gibt. Was denken Sie, Fürst?«

»Was soll ich da denken, Danilow, das ist die Gewissensentscheidung eines jeden.«

»Was hat denn das mit dem Gewissen zu tun? Hier geht es um eine wichtige Aufgabe, man setzt in gewisser Weise sogar seine Reputation aufs Spiel, natürlich nur in den Augen des Parteivolks. Denn von Seiten der Älteren, der Verständigeren, sehe ich keine größere Opposition gegen einen solchen Plan. Das heißt, wenn jetzt die Rede von mir wäre. An mir kann keiner Zweifel hegen, das habe ich durch mein ganzes Leben bewiesen. Wenn es notwendig ist, unabdingbar für die Sache … Würden Sie so etwas denn nicht tun, Pawel?«

Signor Paolo sagte entschieden:

»Nein. Ich werde keine Bittschriften schreiben.«

»Es geht doch nicht um die Bittschrift, sondern um die Entschiedenheit. Ich würde sagen, um die aufopferungsvolle Entschiedenheit. Die Bittschrift ist ja nur Augenwischerei, ein Winkelzug.«

»Nein, ich könnte das nicht.«

Das Gespräch war beendet. Es war doch auch ganz gleich, worüber sich alte Kämpfer austauschten.

Danilow wohnte in einem kleinen Haus auf der unteren Ebene der Anhöhe, in einem unbehaglichen, dunklen und kalten Zimmer. Bei ihm nächtigten in den Spalten des Mauerwerks Spinnen, Grillen, Eidechsen. Seine Mahlzeiten nahm er in der Trattoria ein – Minestrone, Fisch, Bohnen, Feigen, Apfelsinen. Er war über fünfzig. Einsam. Früher hatte er eine Laufbahn als Wissenschaftler angestrebt – glanzlos, aber sicher. Die Verbannungen standen dieser entgegen. Er war nie Europäer geworden, sondern ganz und gar ein russischer Narodnik aus der Provinz geblieben. In der Partei war er respektiert, doch wer mochte ihn schon? Man war der Ansicht, er sei unfehlbar. Innerhalb von zwanzig Jahren waren seine Überzeugungen niemals ins Wanken geraten. Und sie würden auch nicht ins Wanken geraten, sollte er weitere zwanzig Jahre leben. Die junge Generation sagte, dass eine Fliege, die sich in den Bart von Danilow setzte, augenblicklich vor Langeweile sterben würde. Nunmehr war Danilow nicht mehr in politische Aktivitäten verstrickt, er war sozusagen im Ruhestand. Man hatte ihn ins Ausland geschickt und schon sehr bald vergessen, er erhielt nicht einmal Post aus Paris, wo der Revolutionsstab ansässig war.

Er war zwar nicht alt, aber müde. Vielleicht hatte er seine Kräfte verausgabt. Und nun? Sollte er in diesem italienischen Nest versauern, bescheiden versorgt von der Unterstützung der Partei, und in seinem Gedächtnis die Erinnerungen durchforsten? Der Steinboden, das trübe Licht der Kerosinlampe mit dem engen Glas, sehr schlechter Tabak, das Journal »Russischer Reichtum«, Kränkungen des Alters. Und dieser Wind, der durch die Fensterfugen drang, die mit Streifen der Zeitung »Russische Nachrichten« zugeklebt waren. Und das Meeresrauschen, das ihm so zuwider war. Der Müßiggang. Die Einsamkeit. Die unerträgliche Einsamkeit!

Zum dritten Mal schrieb er das Blatt nun ins Reine. Die Entwürfe zerriss er in kleine Fetzen, und die Fetzen drückte er mit einem Stock in den Mülleimer auf dem Hof. Eine Angewohnheit aus dem konspirativen Leben des Revolutionärs. Täten doch alle das. Dann gäbe es keine zufälligen und dummen Fehlschläge. Unser Leben gehört der Revolution. Aber wenn doch auch nur ein kleiner Teil unseres Lebens uns selbst gehörte!

Dieser verfluchte Wind! Das Meeresrauschen war heute unerträglich. Es kam vor allem darauf an, durchzuhalten und Willenskraft zu beweisen. Dann konnte man alles aushalten. Jeder kann nur für sich selbst entscheiden, wozu er ein Recht hat. Die anderen werden ihn nicht verstehen. Zehn Uhr am Abend. Der kleine Ort schlief. Unerträgliche Einsamkeit!

Unbedeutende Ereignisse

Plötzlich war all jenes – die vorübergehende Erholungszeit, die Ruhepause für die Kämpfer, die unabdingbare Konspiration – zur Lüge geworden, und die jungen, entscheidungsfreudigen Menschen zog es zum kleinbürgerlichen Alltag hin.

Russland lag im Winterschlaf. Das Schnarchen des russischen Bären war auch unter den Olivenbäumen und Pinien zu hören, der Schlaf hüllte das Meer, den Garten, die Villa und deren Bewohner ein und eroberte alles und alle außer der in den Nächten wachenden romantischen Katze Matilda. Und zu behaupten, dies sei nur für einige Stunden oder Monate der Fall, und dann nähme man den Kampf wieder auf, hätte alle beschämt, denn alle wussten, dass dem nicht so war. Der Kampf würde wieder aufgenommen, das ja, aber von anderen!

Das zweite russische Grab auf dem kleinen Friedhof. Im ersten lag Nikolaj Iwanowitsch begraben, jener starke Mann, der ohne zu ermüden das Schicksal niedergerungen, den Baikalsee besiegt hatte, sich aber einer ufernahen Welle des warmen Meeres geschlagen geben musste. In das zweite Grab wurde der leichte Sarg mit dem Leichnam von Grischa aus Akatuj hinabgelassen.

Sein Lebenslicht verlosch unerwartet, genauer gesagt hatte niemand damit gerechnet, dass dies so bald und schlicht geschehe. Grischa aus Akatuj stöhnte und verzog das Gesicht vor Schmerz, als man ihm eine Ampulle einer fast schwarzen Flüssigkeit injizierte. Ein Tropfen davon verblieb auf der Haut und roch wie Jod. Es hieß, nun könne ein künstlicher Pneumothorax vorgenommen werden, und die Lungen könnten sich erholen und gesunden. Aber es kam nicht mehr dazu, dass dies in die Tat umgesetzt werden konnte: Grischa erkältete sich und begann, nächtens mit seinem Husten das Geschrei seines weinenden Kindes zu übertönen. Er wurde, was sich ihm als Vater eigentlich nicht geziemte, selbst zum großen Kind, das die Erwachsenen und Gesunden flehend und erstaunt anblickte. Plötzlich sah man, dass Grischa sehr große und sehr schöne Augen hatte. Und eines schönen Tages schloss er sie in der Morgendämmerung für immer.

Alle liefen an jenem Tag auf Zehenspitzen durchs Haus, es wurde nicht gekocht und gegessen, sondern nur darüber nachgedacht, ob Nadja Protasjewa am Leben bliebe oder sich dazu entschlösse, ebenfalls von dieser Welt zu gehen, was unbestreitbar ihr Recht gewesen wäre. Signor Paolo kümmerte sich um alles, und Grischa wurde ohne Zeremonie und Priester bestattet, was die guten Katholiken als Provokation empfanden. Die Bewohner der Villa hatten einen Kranz aus roten Rosen und Nelken winden lassen – ein runder, blutfarbener Fleck auf dem hübschen weißen Friedhof.

Nadja, die selbst krank war und ein krankes Kind hatte, blieb am Leben. Verotschka Ulanowa, die sich vor nächtlichen Alpträumen fürchtete, bat Anjuta, bei ihr im Zimmer zu nächtigen. Sechs Jahre zuvor hatte Verotschka auf einen hochgewachsenen, fast ergrauten Offizier geschossen, der einen Bauernaufstand niedergeschlagen hatte, und bei Gericht lediglich gelächelt, als das Todesurteil verlesen worden war.

Natascha musste sich, wenn sie die Treppe hinunterstieg, am Geländer festhalten: In der Nachfolge dessen, der diese Welt verlassen hatte, kündigte sich die Ankunft eines neuen Menschen an.

Signor Paolo fuhr in die Stadt, um die von niemandem benötigte Sterbeurkunde für Grischa aus Akatuj ausstellen zu lassen. Und ein weiteres Mal fuhr Signor Paolo in die Stadt, um die Geburtsurkunde für Nataschas Kind zu erhalten. Er kannte alle gesetzlichen Regelungen und hatte die Rolles des Vaters und Schutzherrn für alle übernommen.

In großer Schlichtheit und vollkommener Ordnung folgten Liebe, Tod und Geburt aufeinander. So geschieht es in jeder wohlhabenden und in jeder mittellosen Familie, unter allen Dächern, in den Städten, in den Dörfern, allerorten, ganz gleich, wovon die Menschen leben und woran sie glauben. So geschieht es auf den Feldern, in den Blumen- und Gemüsegärten, in den Meeren und in den Wiesen.

Aus Paris wurde angefragt, ob Grischa nicht Erinnerungen oder ein Tagebuch hinterlassen habe. Falls ja, möge man dies bitte dem Parteiarchiv übergeben. Es konnten allerdings nur zwei Fotografien geschickt werden: Grischa in Studentenuniform und in Badehose am Strand. Das erste Bild wurde in der Zeitschrift der sozialrevolutionären Opposition veröffentlicht, obgleich die Fotografien ins Zentrum geschickt worden waren. Vermutlich war da irgendetwas durcheinandergeraten.

Einen Monat nach Grischas Tod wurde Nataschas Tochter geboren, die ganz wie ein Mädchen aus Rjasan aussah und mehr als drei Kilo wog. Natascha gab dem Mädchen ihren eigenen Namen, einen Jungen hätte sie nach dem Vater genannt.

Es gab nichts, was für die Geschichtsschreibung von Interesse gewesen wäre, lediglich unbedeutendes, provinziell-dörfliches, alltägliches Leben. Vor dem Hintergrund der Olivenbäume und Pinien – Szenen des russischen Winterschlafs. Ereignete sich in Russland eine Revolution, so kämen ihre Helden nicht von hier. Hier gab es nur die Meeresbrandung, den Berg Santa Anna, den kleinen Friedhof, die Villa der Zuchthäusler, die einem Genueser Kaufmann gehörte, eine kleine Bahnstation, einen Tabakladen und einen Gemischtwarenladen, in dem die Russen die Waren, die sie kauften, anschreiben lassen konnten. Hier gab es grüne Berghänge, deren Grün mit kleinen Häusern gesprenkelt war – wie auf Postkarten. Und Zypressen ragten wie schwarze Pfeiler in die Höhe. Hübsch und schläfrig.

In die Geschichte der revolutionären Bewegung, die Signor Paolo schrieb, fanden derlei unbedeutende Vorkommnisse selbstverständlich keinen Eingang. Das Manuskript wuchs an. Ausgehend von den Dekabristen war der Autor bereits bis ins Jahr neunzehnhundertfünf gelangt. Die Schrift basierte auf überaus wertvollem Material, auf Angaben von Zeitzeugen und persönlichen Erinnerungen. Signor Paolo arbeitete im Garten und beschwerte die Blätter seines Manuskripts stets mit dicken Steinen, die das Meer rundgeschliffen hatte, damit der Wind kein Unheil anrichten konnte.

Ilja Danilow, der in die Jahre gekommene Kämpfer, nahm ein Rückfahrbillett nach Genua, denn er wollte nicht, dass sein Brief den Poststempel des kleinen Ortes trug. Aus Genua sandte er ihn per Einschreiben ab und legte den Quittungsbeleg in seine Brieftasche. Bei seiner Rückkehr griff er an die Seitentasche – die Brieftasche war, wo sie sein sollte.

Iwan Iwanowitsch und Natascha beschlossen, es sei besser, den Frühling und Sommer noch an diesem Ort zu verbringen, denn das sei auch der Gesundheit des Kindes zuträglich. Aber zum Winter wollten sie unbedingt nach Paris übersiedeln.

Ein Brief von Bodrjasin an Anjuta traf ein. Er drückte sehr herzlich sein Mitgefühl zum Tode Grischas aus, der ein sehr feiner und ehrlicher Kerl gewesen sei. Für Natascha freute er sich sehr und gratulierte. Er fragte, ob auch Anjuta nach Paris ziehe, wo auch er, Bodrjasin, im nächsten Winter zu leben gedenke. Momentan halte er sich in der Normandie auf, in einem kleinen Dorf, und arbeite auf einem Bauernhof – dies sei eine ganz wundervolle Arbeit und die Menschen seien sehr nett.

Auch Katherina Timofejewna aus der Perwaja Meschtschanskaja hatte geschrieben. Vater Jakow war krank gewesen, nun aber wieder gesund. Er lasse grüßen.

Und so lebten sie ohne Kalender. Im Juni flogen die Glühwürmchen herum. Im Juli lärmte das Zikadenorchester. Die Rosen blühten, ohne dass jemand sie pflegte, mit dicken Blüten und strohgelb. Neue Bewohner nahmen in der Villa der Zuchthäusler Quartier und versäumten nicht, in den Mondnächten auf den Berg Santa Anna zu spazieren und an der Ruine der kleinen Kirche Rast zu machen. Signor Paolo begleitete sie des Öfteren, setzte sich an den Abhang, ließ die Beine baumeln und sagte:

»Ich fühle mich hier wie zu Hause.«

Aus den Begebenheiten von örtlicher Bedeutung ist beispielsweise die Eröffnung eines unweit der Bahnstation gelegenen Cafés mit Aperitifs und Eis zu bemerken. An den Abenden ertönte dort – selbstverständlich nicht allzu lange – Musik: Ein Grammophon spielte einen heiteren Marsch mit dem Titel »Tripoli – Wunderbares Land der Liebe!«.

Glücklicherweise fiel keiner der in dem kleinen Ort Geborenen der Verteidigung dieses wunderbaren Landes der Liebe zum Opfer. Der Krieg begann, der Krieg endete, und niemand dachte im Entferntesten daran, dass ein neuer Krieg kommen würde, ein echter Krieg, nach dem sich der friedliche kleine Ort der italienischen Riviera, ganz wie alle anderen Städte und Ortschaften, mit einem Denkmal für die Opfer des Krieges schmücken würde – am Hang unterhalb der Kirche und der kleinen Piazza.

Ilja Danilow packte seine Siebensachen und reiste ab. Seine Pläne hatte er zuvor nur Signor Paolo offenbart:

»Ich fahre nach Paris, und dort sehe ich weiter. Irgendjemand muss ja die Revolution vorantreiben.«

Ilja Danilow hatte eine leicht schiefe Nase, aufgrund derer er seinem Gesprächspartner nicht gerade in die Augen blicken konnte.

Und auch wir müssen nun von diesem gemütlichen kleinen Ort und der Villa der Zuchthäusler scheiden und von den beiden Gräbern, die in einem Buch vom Ende unabdingbar sind, Abschied nehmen. Wir scheiden voller Trauer, hier floss das Leben friedlich dahin, die Luft war rein, vortreffliche Meeresluft. Von den Terrassen eröffnete sich ein wahrlich zauberhafter Blick. Welch immerwährende Unruhe lässt uns Menschen nur von den beschaulichen Orten in die allzeit geschäftige Welt eilen, häufig, ohne dass wir es selbst wollen, und noch häufiger in der fehlerhaften Annahme, die Geschichte bevorzuge lärmende Städte und wir müssten aus irgendwelchen Gründen Teil der alltäglichen Zwistigkeiten sein.

Aus dem Fenster des Zuges sehen wir die auf der Anhöhe gelegene weiß leuchtende Villa und nehmen Abschied. Dann taucht der Zug in einen Tunnel ein.

André und Jacquot

Um halb sieben am Morgen trat der Landarbeiter André, der einst den Familiennamen Bodrjasin trug, aus dem Haus und ging zum Brunnen. Auf dem Weg dorthin band er einen wolfsähnlichen Hund von der Kette und kommentierte dessen dankbare Freudensprünge in schulmeisterlichem Ton:

»Ist ja gut, Jacquot! Die Freiheit ist eine ausg-gezeichnete Sache, aber allzu wilde Manifestationen könnten nach sich ziehen, dass man wieder an die Kette gelegt wird. Na dann, lauf, Jacquot!«

Der junge Hund rannte wild einen Kreis, erschreckte die Hühner und kam zum Brunnen zurück. Vielleicht trieb sein Freund André ja einen Knochen oder einen Kanten Brot für ihn auf. Aber zunächst musste er dessen Morgentoilette beiwohnen. Warum nur quälen die Menschen sich mit so etwas!

André hatte Jacke und Hemd ausgezogen, wusch sich die Hände und das Gesicht und schlug sich dann mit einem feuchten Handtuch auf die nackte Brust und den nackten Rücken. Jacquot hatte sich in einigen Schritten Entfernung niedergesetzt und lächelte verhalten. Der Patron erschien auf der Türschwelle.

»Bonjour, André!«

»Bonjour, mon patron!«

»Meinst du nicht, dass dir das abträglich ist?«

»Im Gegenteil, mon patron, damit will ich ein paar Jährchen für mich herausschinden.«

»Du hast wirklich beachtliche Narben, André!«

»C'est la guerre, mon vieux.«

Dann tranken sie zu dritt, mit der Frau des Patron, Kaffee aus großen »Bols« und aßen dazu viel Weißbrot mit Butter. Das Federvieh war bereits gefüttert, nun warteten die Kühe, dass auch sie an die Reihe kamen.

»Bring dem alten Lebot heute zwei Kubik Mist zur Mühle, André. Den hat er in der letzten Woche bestellt.«

»Ich fahr ihm den nach dem Essen hin, früher schaff ich es nicht.«

»Wie du meinst, aber mach es auf jeden Fall vor deiner Abreise. Hast du es dir wirklich nicht anders überlegt mit Paris? Gefällt dir das Leben hier denn nicht? Bleib doch noch ein halbes Jahr länger, ich leg auch etwas auf den Lohn drauf, wenn du unzufrieden bist.«

»Ich bin zufrieden, Patron. Aber bleiben kann ich nicht.«

Die Frau des Patron sagte:

»Ich wette, dass André in Paris eine Braut hat.«

»Vielleicht hat sie ja recht. Und wenn ich heirate, nehmen Sie uns dann beide?«

»Ich geb dir die Hand drauf«, sagte der Patron. »Ich verspreche nicht viel, aber ihr werdet beide satt. Versteht sie es denn zu arbeiten, deine Auserwählte?«

»Sie ist ein einfaches und gesundes Mädchen, arbeitet seit ihrer Kindheit. Sie kann nähen.«

Der Patron streckte André die Hand mit der Handfläche nach oben hin.

»Hier hast du mein Wort, André. Wir haben dich liebgewonnen und werden auch sie liebgewinnen. Ich weiß, dass du ein Gebildeter bist, aber du bist einfach und stark. Und wenn deine Braut genauso ist, werden wir Freunde fürs Leben. Schlag ein!«

Bodrjasin drückte dem Hausherrn die Hand.

An der Tür wechselte er die Schuhe gegen Sabots und ging in Begleitung Jacquots, der ihn nicht weniger liebte als die Hausherren, in den Kuhstall.

Bodrjasin war erfüllt von Gelassenheit und Hoffnung. Warum sollte er denn nicht heiraten? Sagte Anjuta Ja, könnte man ganz anständig den Bund der Ehe auf dem Standesamt schließen und dann tatsächlich gemeinsam auf dem Bauernhof arbeiten. Sie bekämen selbstverständlich auch Kinder. Und käme es dann in Russland zur Revolution, verabschiedeten sie sich von ihren Patrons und machten sich mit dem gesparten Geld auf den Weg nach Russland. Irgendwo an der Wolga oder an der Belaja ließen sie sich nieder, vielleicht in einem Dorf, einem freien, russischen Dorf. »Natürlich nur, wenn die Bauern nicht meinen, es läge für sie ein S-segen darin, ohne Gebildete au-auszukommen und uns zum Teufel jagen.« Dann müsste man in der Stadt leben, Französischstunden geben oder in provisorischen Komitees mitarbeiten, die Fragen der V-Vergesellschaftlichung des Bodens und der Nat-Nationalisierung der Fabriken und Industrie entscheiden, und später seine Erinnerungen schreiben.

»Was meinst du, Jacquot, ist das Programm der Sozialrevolutionären Partei umzusetzen?«

Hinsichtlich dieser Frage hatte Jacquot keine eindeutige

Meinung, aber da man sich nun einmal an ihn wandte, wedelte er mit dem Schwanz. Er hatte nichts dagegen, weitere Erläuterungen anzuhören.

»Ein Parteiprogramm ist eine wichtige Sache, Jacquot! Es enthebt den Einzelnen der Notwendigkeit, die Realität selbstständig zu erforschen und sich seinen eigenen Kopf über komplizierte Probleme zu zerbrechen. Das Minimum ist die vollständige politische Freiheit. Du, Jacquot, wirst endgültig und für immer von deiner Kette befreit, die dann ins Museum des menschlichen D-despotismus kommt. Du kannst herumrennen, den Kohl niedertreten, bellen, Hühner jagen, den Hof verlassen und ein selbstbestimmtes Leben führen. Das Maximum ist der vollständige gesellschaftliche Umsturz, nach dem der Grund und Boden niemandem mehr und zugleich allen gehören und das Produkt der Arbeit vollständig von den Arbeitern aufgegessen wird, du verstehst, das heißt alles, bis zum letzten Knöchelchen. Aber du, Jacquot, bist für die produktive Arbeit ungeeignet. Deshalb ordnen wir dich dem Bereich der In-Intel-ligenzija zu.«

Jacquot blickte fragend und leckte sich das Maul. Er verstand zwar nicht, was gesagt wurde, aber es klang verlockend.

»Es gibt nichts Leichteres, Jacquot! All dies ist sehr einfach umzusetzen unter der Bedingung, dass die Menschen ab dem Moment des Umsturzes alle zu Engeln und einander ganz furchtbar lieben werden. Sollten gewisse Missverständnisse entstehen, so wird über diese von einer auserwählten Persönlichkeit entschieden, die mit absoluter Autorität ausgestattet ist, zum Beispiel Ilja Danilow, oder von einer aus drei ehemaligen Insassen der Festung Schlüsselburg bestehenden Kommission. Und ihre Entscheidung wird un-n-anfechtbar sein. Einverstanden?«

Gegen Letzteres hatte Jacquot absolut nichts einzuwenden, der nichts dagegen gehabt hätte, sich sogleich eine dünne Brühe auf die Gesundheit der Insassen der Festung Schlüsselburg einzuverleiben.

Bodrjasin maß mit dem Auge das mit Mist beladene Fuhrwerk und kam zu dem Schluss, dass dies genau zwei Kubikmeter seien. Es musste also nur noch frisches Stroh in den

Stall gebracht werden. Zuvor könnte man aber noch ein Pfeifchen rauchen. In der Landwirtschaft sind weder Eile noch angespannte Bewegungen erforderlich, man tut alles gleichmütig und überlegt.

Was wartete in Paris? Zuerst einmal der Kampf zwischen Zentrum und Opposition. Zum Zweiten die Neubewertung des Minimalprogramms, vor allem im Bereich der Agrarreform. Und drittens die Klärung der Frage des möglichen Verrats der Genossen A, B und C im Zusammenhang mit der Enttarnung durch Burzew. Das waren nicht zwei Kubikmeter, sondern ein ganzer Berg frischer Mist. Und schließlich die neuen Pläne und Projekte des unermüdlichen Schwarz, der davon träumte, unabhängig vom Zentralkomitee zu handeln, denn bei der Zusammenarbeit mit diesem war das Scheitern der Aktionen ganz offensichtlich garantiert. Auch wäre interessant zu erfahren gewesen, auf welchem Wege Ilja Danilow nach Petersburg zurückgekehrt war und ob er dort legal lebte. Ach, was sollte es, das war doch ganz gleich!

»Es ist doch viel wichtiger, Jacquot, was es heute bei uns zum Essen gibt. Bohnen, natürlich, die sind ja unvermeidlich. Aber wie ist es um das Fleisch bestellt? Wir haben doch so schwer mit der Mistgabel gearbeitet! Du hast doch nichts gegen Fleisch einzuwenden?«

Jacquot war sehr für einen Rinderknochen, an dem noch genügend Fleisch hing.

Der Landarbeiter André brachte einen seinen Kopf überragenden Arm voll Stroh in den Stall, bemüht, auf dem Weg dorthin nichts zu verlieren. Jacquot lief in die Küche, um in Erfahrung zu bringen, inwieweit der Vegetarismus für jenen Tag modifiziert würde. Eine Anführer-Gans ging voraus, eine Menge Gefolgsgänse lief ihr hinterher. Der verliebte und sehr einsame Esel, den niemand ernst nahm, schrie.

Die Sonne stand bereits hoch am Himmel. Die Patronin rief von der Tür:

»He, Bräutigam! Ruf den Patron und kommt zum Essen!«

Jacquot begrüßte den Patron mit heiterem Gebell. André wusch sich die Hände und philosophierte: »Bohnen sind schmackhaft und nahrhaft. Aber die Zugabe zumindest von

Kaninchenfleisch ergäbe durchaus Sinn. Es ist zwar süßlich und fettig, aber es stärkt und gibt Kraft. Aber viel besser wäre jetzt noch ein kalter Cidre.«

Pause

Einen sensiblen Menschen kann die Unerbittlichkeit, mit welcher der Tag zur Nacht wird, der Sommer zum Herbst, Winter, Frühling, nicht ungerührt lassen. Diesen Gang zu beschleunigen oder aufzuhalten ist unmöglich, die Zeiger der Uhr der Natur bewegen sich mit unerschütterlicher Gelassenheit. Selbst wenn man den Sekundenzeiger zu fassen bekäme und sich mit seinem ganzen Gewicht an ihn hängte, wanderte er ohne auch nur zu wackeln und sich zu erstaunen weiter nach oben, schließlich gleichmütig wieder hinunter und stellte damit zur Wahl, dass man diese Erfahrung noch einmal wiederholen oder ihn ganz einfach in Ruhe lassen könne.

Vermutlich wird es bald möglich sein, den Lauf der Sonne mit einem Flugkörper einzuholen. Ein mutiger Flieger wird den Lauf der Stunden, des Kalenders aussetzen und die Sonne anhalten. Gleichwohl wird er, der er sich auf einem wahnsinnigen Wandelstern um die Erde dreht, mit jeder Umrundung einen Tag älter werden, und auf seinen rasierten Wangen werden mit gewohnter Gewissheit die Bartstoppeln täglich mehr sprießen.

Das Gebäude unserer schöpferischen Teilnahmslosigkeit ist umgeben von einer hohen Terrasse. Sobald es uns langweilt, in den Himmel zu blicken und den Zug der Wolken zu beobachten, lehnen wir uns über die Brüstung und blicken hinunter auf eine große Straße. Dort eilen wie Ameisen die Menschen hin und her: Sie eilen, um nicht hinter dem Lauf des Sekundenzeigers zurückzubleiben und die ihnen zugewiesenen Minuten zu nutzen.

Der eine ist bestrebt, alles, was ihm nur möglich ist, vom heutigen Lohn zu kaufen, ein anderer rennt so schnell, dass er dabei eine Schuhsohle verliert, in die Bibliothek, um so viele Zeilen und Bücher aufzusaugen, wie es seine Augen und sein Gehirn zulassen, und sei es auch mit Auslassungen, ein dritter oder eine dritte beeilt sich, alles zu lieben, was dem Körper erreichbar ist.

Oder Verbindungen, Geld, ein Lächeln für die Karriere einzusetzen, die gleichwohl keine Unsterblichkeit verleiht. Einer will baldmöglichst Rache üben oder vor der Rache fliehen. Und ein anderer, der in Vorfreude auf ein Rendezvous ist, weiß nicht, dass er beim nächsten Mal, wenn er die Straße überquert, von einem Automobil überfahren wird.

Gewusel, Stoßen mit den Ellbogen, Tritte mit den Schuhsohlen, Versuche des Betrugs, ein Rennen, bei dem man versucht, Hindernisse zu umgehen, Sprünge über Gräben – und die Turmuhr zählt in gleichmütigem Rhythmus die Zeit, ohne die Zeiger zu beschleunigen oder zu verlangsamen, ohne der Trägheit des Wolkenzugs oder den fieberhaften Bemühungen der Menschen Aufmerksamkeit zu schenken.

Hunderte Bilder existieren, um die Ruhe nach einem Sturm und die Windstille vor dem nächsten zu beschreiben: die Ringe, die sich von einem ins Wasser geworfenen Stein bilden, ein glimmendes Feuer, ein auf Jahre erloschener Vulkan, ein Intermezzo in einem Musikstück, der Schlaf nach einem guten Essen. Ein Knabe hat einen Kreisel mit der Schnur aufgezogen und lässt ihn los. Angestauter Hass nimmt zur Hand, was gerade da ist: einen Schlagring, ein Messer, einen Revolver. Der Balken ist mürbe vom Wurm. Durch die Birke strömen die Säfte. Am Horizont ziehen sich Wolken zusammen. Das Wort ist bereit, herauszubrechen, und dieses Wort schwillt zu einem Fluch. Vielleicht ist es aber auch reines Entzücken.

Es ist Pause. Die Handlung ist unterbrochen. Menschen sterben und werden geboren – ganz wie immer. Für anderthalb Milliarden allerdings gibt es keine Pause. Die Geschichte spricht nicht mit den Lippen dieser anderthalb Milliarden, sie sind nur Statisten, Corps de Ballet. Wartet noch ein wenig, übt euch in Geduld, seid sehnsüchtig – bald schon wird im Licht der Scheinwerfer auf den Spitzen die gealterte Ballerina, die Blenderin Europa hereinschweben.

Vorkriegsjahre. Reichtümer sind angehäuft, die Keller mit Pulver gefüllt. Künste und Wissenschaften stehen in voller Blüte. Gelbmäulige Aeroplane machen sich flugbereit, Sonderlinge fertigen Skizzen der Bertha an, Chemiker jagen mit Gasen Angst ein, die Zuschauer lachen. Die Dichter stimmen ihre Lyra von der Tonart der Hirtenlieder in jene der Kriegsgesänge. Die Instrumente des Orchesters verstummen, der Dirigent klopft auf das Pult und hebt den Taktstock.

Die Mütter und Ehefrauen sind die Einzigen, die alles vollkommen verstanden haben: Der Tod rückt heran! Man sagt ihnen und glaubt es sich selbst, um nicht außer sich zu geraten: Der Krieg wird ein Spaziergang von einigen Tagen, und die Rückkehr erfolgt in einem heiteren Marschschritt, mit Beförderungen, Orden und amüsanten Anekdoten.

Die Imperatoren rufen Gott an. Die Demokratie verlautbart eine Ruhepause der Ideen (Revision, Ausbesserung, Koordination). Die Halbseidenen gehen in die Spionageabwehr. In dieser Minute beginnen der Niedergang der Kultur und der Rutsch in den Abgrund – der grundanständigen Frau, die versucht, mit einem gelben Billett ihren Lebensunterhalt zu verdienen.

Tatsächlich jedoch gibt es nichts zu entscheiden. Aber man verlangt die Unterschrift des Dümmsten aller Gebildeten in Russland. Ehrfurchtsvoll legt man ihm ein Dokument vor, und am Morgen des nächsten Tages flammt das bengalische Feuer des einzig wahrhaften Patriotismus auf, der direkt den Herzen entspringt, an dem der Verstand nicht beteiligt ist und der derart flammend ist, dass die Narben seiner Brandwunden auf immer bleiben – auf der Stirn des Professors, der Nase des Gebildeten, auf der Brust des Fähnrichs der Reserve, in der im Hinterland stationierten Einheit des Georgskreuzträgers.

Immer wenn etwas in dieser Art geschieht, wiederholen sich all jene Ereignisse, die sich auch jedes Mal zuvor vollzogen hatten: Fromme und lautere Menschen wechseln auf die Seite des Blutes, tumbe und gefühllose bleiben dem einzig rechten Gebot verpflichtet: Du sollst nicht töten! Den göttlichen Prinzipien ist kein Glück beschieden, denn nur jene, die ohne Verstand und unlauteren Herzens sind, verkünden sie standhaft. Aber möglicherweise finden die Philosophen auch hierfür dereinst eine erschöpfende Erklärung.

Eine Rechtfertigung ist unvermeidlich: Die Adler fliegen selbst in den Krieg, aber die Hammel werden gegen ihren Willen getrieben. Für die des Lesens und Schreibens Unkundigen unterzeichnen die Gebildeten in Sachen Patriotismus, ohne die Fälschung zu bemerken (das heißt, manche ahnen es, aber nur sehr dunkel). Um es ohne Umschweife zu sagen: Zu keinen Zeiten wollte je ein Volk (Millionen Menschen) in den Krieg ziehen. Seine selbsternannten Vertreter zwingen ihm diesen Willen auf. Aber auch in Friedenszeiten handeln sie für das Volk, und dieses klopft ihnen nicht oder zumindest nicht fest genug auf die Finger. Folglich besteht keinerlei Veranlassung, den Respekt gegenüber der sprachlosen und zur Handlungslosigkeit verdammten Masse zu übertreiben. Die übermäßige Liebe zum Volk ist wie ein zu dünn geratener Tee mit einem halben Stück Zucker.

Juli neunzehnhundertvierzehn. Ereignisse, Telegramme, Trommeln, Tränen, historische Reden, grandiose Betrügereien, erste Kriegerwitwen, Helden und Feiglinge, Dichter und Deserteure, Bittgottesdienste und ordinäre Flüche, Hauen und Stechen und Kreuze, die Übersetzung des Evangeliums in die Sprache der Fleischhauer. Man stößt Christus mit den Gewehrkolben in den Rücken, treibt ihn so an die Front, und er hält kleinmütige Reden, derer er sich selbst schämt. Dafür wird er später die schmachvolle Quittung erhalten – die Austreibung aus den kleinen Dorfkirchen, in denen es sich für ihn viel behaglicher lebte als in den Kathedralen der Städter: Du sollst nicht lügen!

Dem am wenigsten geachteten Stand, dem militärischen, stehen alle Türen offen, er ist in Mode. Die Vordenker der Gesellschaft erfinden an Epauletten und Sporen Gemahnendes für den persönlichen Gebrauch des Bürgers. Stiefel scheinen plötzlich bequemer als Schnürschuhe. Mistkerle betrinken sich mit Lebenssäften – jetzt oder nie! Ärzte, die über eine eingewachsene Nagelhaut seufzten, hauen Beine mit einer gezahnten Spaltaxt vom Becken ab. Aus höchsten und reinsten

Motiven ernennen sich die Dümmsten und mit dem kleinsten Talent Gesegneten selbst zu Oberkommandoführenden. Die Kanaille der Zensurbehörde sortiert mit ihren Dreckfingern die frommherzigen Briefe der Soldaten aus. Auf das Dach der Baracke malt man ein rotes Kreuz, und der Flieger, ein fröhlicher Junge, nimmt es wollüstig ins Visier: Nun denn, schicken wir sie zum Teufel! In der veralteten Komödie mit dem Titel »Menschlichkeit« findet soeben eine Pause zwischen den Aufzügen statt. Es gibt immer noch zahlreiche Menschen, welche die Todesstrafe verteidigen, das Hohelied der staatlichen Gewalt singen, vom »Sieg des Menschen über die Natur« träumen, einen aus dem Nest gefallenen kleinen Vogel mit ihrem Atem wärmen und die untreue Ehefrau in Stücke schneiden. Beim Wort »Krieg« setzen sie eine Trauermiene auf: traurig, aber unvermeidlich. Den aus dem Nest gefallenen Vogel, den sie mit ihrem Atem gewärmt haben, braten sie am Abend in Paniermehl, und als zweiten Gang essen sie ihre Ehefrau. Im Namen der Liebe zum Vaterland verraten sie die gesamte Welt und die gesamte Menschheit. Schwätzer und Lügner – aber keine Untiere. Untiere haben mehr Moral! Dummköpfe im Professorengewand, das die Epauletten verbirgt. Menschen ganz gewöhnlicher Schande.

Im August neunzehnhundertvierzehn trat der russische politische Emigrant Bodrjasin, ein Stotterer mit einer Narbe im Gesicht und Schmarren auf dem Rumpf, die er aus der Haft in Sibirien mitgebracht hatte, als Freiwilliger in die französische Armee ein. Er erhielt eine Soldatenuniform, einen Tornister und ein Gewehr. Und als Kopfbedeckung einen Stahlhelm.

Einen weiteren Monat später, nachdem er einen Kurs in einer nicht sehr gelehrten Wissenschaft durchlaufen hatte – Marschieren, Gehorchen, Töten –, wurde er an die Front geschickt. Eine Adresse für Briefe konnte er nicht angeben. Schreibt einfach: An Bodrjasin, Soldat des 1-en Spezialregiments der Infanterie.

Im Schützengraben

Seit der Geburt bis in jene Tage, diese ganze Ewigkeit, war Bodrjasin französischer Infanteriesoldat, saß in Schützengräben und hörte das Heulen der Geschütze. Nichts anderes hatte es je gegeben, alles andere hatte er in Büchern gelesen oder sich ausgedacht.

Der Sinn des Lebens lag allein darin, so lange wie möglich nicht getötet zu werden und sich nicht allzu deutlich darüber klar zu werden, dass man andere tötet. Diese anderen existierten nicht, waren Erfindung, Ausgeburten der Phantasie, gehörten zum Spiel. Es gab ja keine Feinde, warum hätte denn der einfache Infanteriesoldat Bodrjasin, der gegen niemanden Feindseligkeit empfand, Feinde haben sollen?

In den Büchern, die er einst gelesen hatte und die nun vermutlich verbrannt waren oder in der Erde vergraben lagen, waren die Wunder der vergangenen Welt beschrieben: die Verschiedenartigkeit der Länder, die Schönheit der Städte, Ereignisse des familiären Lebens, der Kampf der Ideologien und vieles andere mehr, das die Erinnerung träge und unsicher in nebulösen Bildern rekonstruiert. Nichts, das dieser Phantastik entsprungen war, existierte noch, das Leben war zurückgeführt auf einen in die Erde gehauenen Graben mit Holzpfählen als Stützen. Die Kleider waren mit dem Körper verwachsen, das Gesicht von Bartstoppeln bedeckt. Alles, was das Auge zu sehen bekam, hatte nur eine Farbe, nämlich die von braun-grünem Dreck. Der Helm war an den Kopf gewachsen, und selbst das Gewehr konnte nicht mehr als Gegenstand betrachtet werden, der eine Existenz ohne den Soldaten geführt hätte.

Das Wetter war plötzlich von außergewöhnlicher Bedeutsamkeit. Es war gut, wenn es nicht regnete und die Sonne nicht brannte. Bei regnerischem Wetter quollen die Hufe des Menschen im Wasser auf, und die Kleidung, die zur zweiten Haut geworden war, wurde schwer. War man wieder trocken, war das Leben sehr viel einfacher und leichter. An den heißen Tagen erstickte man am Geruch faulenden Fleisches, der über den Schützengräben hing wie ein schwerer Schild. Bisweilen gab es Gewitter, die nur eine schwache Imitation der Kanonaden waren.

Endlich war die Gleichheit aller Menschen verwirklicht. Der Infanteriesoldat Bodrjasin war dem Infanteriesoldaten mit anderem Namen und anderer Nationalität – französischer, arabischer, afrikanischer – vollkommen gleich. Er existierte nicht als eigenständiges Subjekt, sondern war nur beim Auszählen der Überlebenden, Verwundeten und Gefallenen von Bedeutung. Seine Vergangenheit war deckungsgleich mit der Vergangenheit eines jeden anderen Soldaten der Fremdenlegion, das heißt gleichermaßen gleich null. Es gab keine Helden, keine Verbrecher, keine Wissenschaftler, keine des Lesens und Schreibens Unkundige. Der Kommandant der fünften Armee, der reinen Gewissens die Erschießung von neun russischen Freiwilligen sanktionierte, die angeblich Sozialisten waren, hatte keine bestimmten Personen im Blick, sondern ausschließlich die Ziffer neun. Diese neun wurden mehr oder minder zufällig erschossen, man könnte sogar sagen, fälschlicherweise, aber auch ein explodierendes Geschütz tötet zufällige Opfer und nicht zuvor auserwählte. In der Gesamtzahl von Zehntausenden ist die Ziffer neun bis zur Lächerlichkeit verschwindend gering. Normalerweise meldeten sich zur Fremdenlegion Leute mit dubioser Vergangenheit aufgrund ihrer ausweglosen Lage oder pour manger à la gamelle. In den Kriegstagen strömte eine graue Masse von Idealisten ohne Hoffnungen und Vaterland in die Legion, die sich durch nichts von den Verbrechern unterschieden. Es war keine Zeit, sich mit dem Lebensweg eines jeden von ihnen in allen Einzelheiten zu befassen. Und letztendlich waren dies alles nur Läppereien, Schluss damit, denn dies war unter den gegebenen Umständen fehl am Platze.

Absolut am Platze aber war das Gespräch darüber, dass »gegenüber unseren Stiefeln ihre Schuhe mit den Gamaschen dem Vergleich nicht standhalten«. Bodrjasin hörte zu und ihm fiel ein, dass sich die Russen in Paris immer beschwert hatten: »Was sind die Franzosen nur für ein Volk! In den Wohnungen ist es kalt, aber auf die Idee mit den doppelten Fenstern sind sie nicht gekommen!«

Dem Gespräch seiner Kameraden im Schützengraben lauschend, betrachtete Bodrjasin wie ein kleingeistiger Eigentümer mit liebevoller Aufmerksamkeit seine Hände, Füße, Schuhe, den eigenhändig geflickten Uniformmantel. Besondere Freude bereitete ihm der mittlerweile wieder fast heile Finger, an dem er sich den halben Nagel am Stacheldraht abgerissen hatte. Einige Tage hatte es Schmerzen bereitet, das Gewehr zu halten, nun tat der Finger nicht mehr weh, und den selbstgebastelten Verband hatte er abgenommen. Die Hände waren eigentlich immer dreckig, mit Trauerrändern unter den Fingernägeln und voller Kratzer. Die Ärmel des Soldatenmantels waren speckig, an den Stiefeln hingen Klumpen getrockneter Erde.

Die Bewegungen des Infanteriesoldaten Bodrjasin waren träge. Sobald der Soldat nicht auf dem Posten ist, nicht im Dienst, nicht in der Schlacht, ist er stets träge und linkisch. Alle starken Arbeitstiere sind in den Ruhephasen träge und linkisch. Sich zu erheben, den Rockschoß des Mantels zurückzuschlagen und den Brief aus der Hosentasche hervorzuziehen war eine schwere Arbeit. Den Brief las er bereits zum dritten Mal. Sein Inhalt war ihm bekannt, aber eine bestimmte Formulierung hatte er schon wieder vergessen. Und er hatte einfach das Bedürfnis, noch einmal einen Blick auf Anjutas Schrift zu werfen und auf die wie von Kinderhand gezogenen Tintenkringel, auch auf die Unterschrift. Harte Menschen sind oft gefühlig. Bodrjasins Gesicht nahm für einen Augenblick einen dümmlichen und weibischen Ausdruck an. Wieder klappte er unter Anstrengung den Rockschoß des Mantels zurück und schob den Brief in die Hosentasche. Mit dem verheilenden Finger stopfte er Tabak in die Pfeife. Die Flamme des Schwefelholzes zischte und entfaltete sich. Es war ein windstiller Tag.

Erschossen worden waren: Doktor Popow, ein Bolschewik, der als einfacher Soldat an die Front gegangen war; Warinow, Sozialrevolutionär, ehemaliges Mitglied des Zentralkomitees; Jakowlew, auch er Sozialrevolutionär, der am Aufstand in Moskau beteiligt gewesen war; Selenski, Sozialdemokrat; der Anarchist Todoskow, der vor der Todesstrafe in Russland hatte fliehen können – ein großer Triumph, nun hatte er den Tod selbst gewählt; der Künstler Krestowski; der Bildhauer und Terrorist Wertepow; weitere Hunderte politische Emigranten. Alle waren sie als Freiwillige an die Front gegangen, obgleich sie alle den Krieg als Manifestation der Barbarei eigentlich ablehnten. Und alle hatten es aus Befangenheit getan, denn es schien ihnen peinlich, abseits zu stehen. Ein weiteres Motiv war der ungebrochene Patriotismus sentimentaler Menschen. Hörte man ihnen zu, so schienen sie überzeugte Internationalisten zu sein, aber in dem Augenblick, in dem die Logik ihrer Überzeugungen triumphieren sollte, wurden sie von einer inneren Schwäche überwältigt, von der Liebe zu ihren Flussläufen, zur Buchweizengrütze, den Gefängnissen, den Seiten aus der Geschichte von Kljutschweski, zur Mutter und den Schwestern, zu den Gurken aus Neshin, dem Igorlied, zum Inessentiellen. Ihnen allen fehlte das schwarzseherische Rückgrat! Jene, die es besaßen, waren Herren der Lage, glückliche Henker der ideologischen Gefühlsduselei, schmausten feist, schliefen ruhig, trugen die Namen derer, die etwas schufen und denen die Geschichte freundlich gesinnt war – welch eine Ehre! Sehr viel ehrenvoller, als irgendwo in einem fremden Land in einem Grab zu verfaulen, das nicht einmal eine Namenstafel trägt: »Hier ruht der Kadaver eines Patrioten, der sich verrechnet hat.«

Derart grundlegende Überlegungen lagen dem Infanteriesoldaten Bodrjasin fern. Seine Gedanken drehten sich um Anjuta und ihre Tintenkringel. Er hatte keine Vergangenheit, und seine Zukunft war lediglich die kommende Nacht. Seine Pfeife war zu Ende geraucht und ausgegangen. Auch das Gespräch über die Vorteile des Stiefelschafts gegenüber den Gamaschen war zu Ende. Einer der Kameraden im Schützengraben brummte ein Lied – wie schade, dass nicht alle mitsingen konnten. Überhaupt sollte man die Stunden der Ruhe nutzen. Denn wenn es dunkel war, würde der Deutsche wieder die Pyrotechnik auspacken und hübsche Raketen werfen.

»Bodrjasin!«

»Was?«

»Was denkst du?«

»Dummkopf! Ich denke über die G-Geheimnisse des Weltengebäudes nach, vor allem über die Wassersuppe. Es ist schon erstaunlich, welche Wirkung frische Luft hat. Mit dem Appetit, den ich habe, sollte ich irgendwo im Gouvernement Samara eine Kumys-Kur machen und mich von Lammfleisch ernähren.«

»Hast du heute einen Brief bekommen?«

Für einen Augenblick nahm das Gesicht des Infanteriesoldaten Bodrjasin wieder einen weibischen Ausdruck an.

Der Zensor

Vater Jakow hatte eine Stellung im Zensurkomitee des Militärs angenommen und las nun das Gekrakel, das aus den Dörfern an die Front geschickt wurde. Es war eine Arbeit, bei der man sich nicht schmutzig machte und die gebraucht wurde. Man konnte ja nie wissen, was den Soldaten, die an der Front waren, so geschrieben wurde. Das eine oder andere könnte ihre soldatische Seele womöglich aus dem Gleichgewicht bringen. Oder irgendjemand berichtete aus Unwissenheit über die Arbeit im Hinterland, und der Brief geriete durch Zufall in die Hände des Feindes. Vielleicht steckte ja auch böser Wille dahinter. Selbstverständlich war Vater Jakow nur eine absolut unbedeutende Figur in diesem Spiel, ein kleiner Lektor. Sobald etwas ihm verdächtig vorkam, hatte er es der vorgesetzten Stelle zur Genehmigung vorzulegen.

Man machte sich bei der Arbeit zwar nicht schmutzig, gleichwohl fühlte Vater Jakow sich unwohl dabei, wenn er die Briefe der Verwandten der Soldaten las. Es war wie eine Beichte, die aber nicht freiwillig abgelegt wurde, denn nicht jeder, der schrieb, war sich bewusst darüber, dass seine Zeilen dem Blick des Popen und dem Instinkt des Zensors unterzogen wurden. Hätte es nicht gleich zwei Gründe dafür gegeben, hätte Vater Jakow diese Stellung nicht angenommen. Der erste Grund war, dass ein jeder versuchen musste, dem Vaterland einen Dienst zu erweisen. Der zweite Grund war, dass es für Vater Jakow doch überaus in-te-ressant war! Es war ihm zwar peinlich, aber er konnte diese Arbeit auch nicht wieder hinwerfen.

Es war, als spräche ganz Russland eine Sprache. Vor allem zärtliche Worte und gute Wünsche. Unbeholfene, plumpe Worte, ungewohnt weiblich Liebevolles in der Übersetzung des Schreibers. Unbedeutende Ereignisse von zu Hause, mit denen einer, dem der Tod bevorstand, eigentlich nicht behelligt werden sollte. Und immer dieselben Wünsche: Komm möglichst bald zurück, sonst geht hier alles zugrunde!

Auch die Briefe der Soldaten hatte Vater Jakow zu lesen, jedoch nur wenige direkt von der Front, die meisten wurden aus den Kasernen in den Städten und den Krankenhäusern geschrieben. In den Briefen der Soldaten und den Antworten vom Lande lag das ganze Russland. Das städtische Russland war auf dem Papier besser, die sprachlichen Wendungen klangen gebildeter, das bäuerliche hingegen war schlicht und treuherzig, bestand ganz aus jenen Kleinigkeiten, die das Leben ausmachen. Die Kühe kalben, Großmütter und Großväter sterben, die Wanjas haben Bauchschmerzen und Furunkel, der Hafer steht in diesem Jahr gut, Heumachen ist für die Frauen kaum allein zu schaffen, wir haben drei Rubel für dich kleinen Soldaten zusammengekratzt, damit du etwas hast, ein Unterhemd aus selbstgewebtem Leinen, ich würde dir ja ein Fladenbrot schicken, aber ich weiß nicht, wie. Schreib, wann du zurückkommst, ob für immer oder auf Urlaub. Der Schreiber sagt, dass ihr den Deutschen zurückgejagt habt und der Krieg bald ein Ende hat. Und sie grüßen und senden von der Mutter einen Segen, der auf ewig unerschütterlich ist.

Die Antwort des Soldaten klingt etwas bewanderter, ist voller Dankesworte und Beschreibungen von Heldentaten, für ein Loch im Rumpf hat er ein Georgskreuz erhalten. Die Namen der Städte und Ortschaften schwärzt Vater Jakow mit einem Stift, so ist es angeordnet. Auch schlechte Nachrichten sind nicht zugelassen, ganz gleich, ob diese bereits in den Zeitungen zu lesen waren, aber wenn man sie auf dem Dorf liest – versteht man sie dort denn auch? Warum das Land umsonst in Aufregung versetzen!

Der unfreiwillige Zensor Vater Jakow überflog einen Stapel

Postkarten und geöffnete Briefe, drückte seinen Stempel auf die grauen Umschläge und versank in Gedanken. So etwas wie ein richtiges Land, einen einheitlichen Staat gab es ja eigentlich gar nicht, es lebten einfach allerorten Menschen – im Süden, im Norden, auf den Bergen, in den Tälern, hinter dem Ural, in den Wäldern und an den Ufern der Flüsse – die Daschas und Paraschas, die Großväter und Großmütter, die kleinen Waskas und Anjutas, alle sind sie gleich, lebenserfahren und natürlich, anspruchslos, fleißig, unvermögend, geduldig, naiv in ihrer Unwissenheit, in guter Freundschaft mit Gott und auf Du mit ihm. Sie pflügen, säen, ziehen Getreide, melken Kühe, scheren die Schafe, züchten Hühner – sie alle sind angeblich der Staat, und dieser Staat hat seinen eigenen Willen und seine eigenen Wünsche, die in Buchsprache formuliert sind, wie sie von einem Bauern nie gesagt und verstanden werden. Welch weise und phantasiereiche Sprache: »Russland wird es nicht hinnehmen …«, »Das russische Volk ist von einem einzigen Wunsch beseelt …«. Es traf durchaus zu, dass es von einem einzigen Wunsch beseelt war: dass nämlich der Krieg bald enden möge und alle nach Hause zurückkehrten.

Alle bis auf den Letzten begriffen, dass der Krieg Unglück und Bitternis bedeutete und dass in diesem Unglück keinerlei Sinn lag und keinerlei Sinn liegen konnte und dass es absolut überflüssig war, nach einem solchen zu suchen.

Und Vater Jakow dachte: »Versuchte ich dies zu erklären – ich könnte es nicht. Ich lese Zeitungen und habe selbst auch geschrieben. Und im Vergleich zu den wenig Gebildeten und ganz Unwissenden habe ich doch eine recht honorable Bildung erhalten. Sagen wir es so: Unserem Vaterland ist eine Kränkung durch einen angreifenden Feind, den böswilligen Deutschen, widerfahren. Man greift uns an, wir schlagen zurück. Nun sagen wir: Zieht euch zurück, und wir werden aufhören zurückzuschlagen. Da werden die sich doch unbedingt zurückziehen, mit größter Freude! Das wäre dann, so heißt es, ein Separatfriede, und der bedeutet Verrat, angeblich ist es ein schmachvoller Frieden. Aber wie kann ein Frieden schmachvoll sein? Der Krieg ist schmachvoll, und jeglicher Frieden ist ein Segen. Wer hat denn wen betrogen? Etwa Antip Kossych, dem Matrjona, seine Frau, einen Brief schreibt? Er hat doch niemandem irgendein Versprechen gegeben! Ihn, Antip, hat niemand gefragt. Und er, Antip Kossych, hat niemanden beauftragt, in seinem Namen irgendwelche Versprechen abzugeben. Und nun soll doch mal jemand versuchen, Matrjona zu erklären, aus welchem Grund ihr Antip von den Läusen zerfressen wird und warum er schon bald von den Würmern gefressen wird. Bei den Alliierten sieht das vielleicht anders aus, aber bei uns ist das so. Und Antip versteht das alles nicht und hat Angst, er kennt seine Stärke nicht, denn würde er sie kennen, ginge er zurück in sein Dorf, zu seiner Matrjona. Das steht außerhalb jeglichen Zweifels.«

Seine Gedanken flößten Vater Jakow selbst Angst ein. Für derartige Gedanken konnte man nicht nur seine Stellung als Zensor, sondern noch ganz anderes verlieren. Und was sollte er auch groß nachdenken: Greif dir den nächsten Stapel mit Briefen, lies sie, streiche, drück den lilafarbenen Stempel darauf: Genehmigt von der Militärzensur. Antip weiß um all dies vermutlich auch und sitzt doch im Schützengraben und schießt.

Als er den Stapel mit den Briefen gleichmäßig auf mehrere kleinere Stöße verteilt hatte, brachte Vater Jakow sie zum Vorgesetzten:

»Das hier sind die, die keine Bedenken haben aufkommen lassen. Hier diese sind zur Begutachtung, es sind nur wenige.«

Vater Jakows Arbeit hatte lediglich vorbereitenden Charakter, wenngleich sie doch eine sehr mühevolle Kleinarbeit war. Aufgrund seines ehrenvollen Priestergewands hätte man ihm auch mehr Verantwortung übertragen, aber er verzichtete darauf:

»Wo ich kann, helfe ich gern, so in Bezug auf die Sichtung der Briefe der Bauern. Aber die Zensur an sich ist eine Angelegenheit des Militärs, das ist Ihre Angelegenheit, mir ist sie verschlossen.«

Vater Jakows Haar wurde spärlicher und grau. Sein Gesicht zeigte mehr Strenge und seine Sprache war schlicht und stockend. Seit jenem Moment, da die Geschichte begonnen hatte, sich im Galopp fortzubewegen, war Vater Jakow konzentriert, er suchte die Ereignisse scharfäugig zu beobachten, aber sein Blick hatte die einstige Schärfe verloren. Nicht alles war ihm begreiflich. Und was ihm begreiflich war, darüber schwieg er lieber. Er war müde geworden. Für den Rest seines Lebens war eine unerträglich schwere Bürde auf seine Schultern gelegt. Selbst ein Weiser hatte all dies nicht begreifen können – wie sollte er in seiner popenhaften Schlichtheit da schon alles verstehen!

Am Vorabend

Unter dem Helm aus Stahl lugten scheu zwei sehr schüchterne Augen hervor, die ein wenig an Kälberaugen gemahnten.

»Ich wollte Sie fragen, Genosse Bodrjasin …«

»L-legen Sie los!«

»Ich hab die Kreisschule besucht. Viel weiß ich nicht.«

»Und?«

»Naja, ich schreibe Gedichte. Vielleicht lesen Sie sie einmal?«

»Lesen Sie sie mir doch selbst vor.«

Der Soldat Isjumin rezitiert ohne Singsang, aber klar und überzeugend.

Zu Hause warten Mutter und Ehefrau
Auf das Familienoberhaupt
Vor der Ikone haben sie
Ein Öllämpchen entzündet.

Sie warten vergebens
Er liegt in den fremden Feldern der Champagne
Hält einen Brief in der Hand
Und seine Seele ist auf ewig fortgeflogen.

Bodrjasin gefällt das »hält« nicht. Vielleicht wäre es besser zu sagen, »Der Brief in seiner Hand zittert«?

»Das habe ich mir auch überlegt. Aber wie kann der Brief in der Hand denn zittern, wenn er doch tot ist?«

»Vom Wind. Man könnte auch schreiben: ›In seiner Hand liegt ein Brief‹. Haben Sie denn Frau und Mutter zu Hause, Isjumin?«

»Nein, ich bin allein. Das ist nur für das Gedicht. Aber sonst ist es gut, Bodrjasin?«

»Ja, recht gut.«

»Mir gefällt es zu schreiben und Papier zu verbrauchen.«

»Ja, es m-macht Spaß, natürlich.«

»Und Sie schreiben keine Gedichte?«

»Ich kann das nicht.«

»Ach, Sie können doch alles!«

Bodrjasin lächelte geheimnisvoll. In der Tat, er konnte und wusste alles. So hatte er beispielsweise ein respektables Alter erreicht und wie ein Vogel gelebt, der hin und her zieht, ohne sich irgendwo niederzulassen. Und am Vorabend des Krieges hatte er doch ein Nest gebaut und ein Vogeljunges in die Welt gesetzt, das vielleicht schon bald verwaist sein wird. Und dies, obgleich er, Bodrjasin, doch alles, oder zumindest fast alles, wusste. Er wusste, dass der Krieg sinnlos und wahnwitzig war. Aber das hatte ihn nicht daran gehindert, sich als Freiwilliger zu melden. Er wusste, dass er getötet würde, neben ihm vielleicht Isjumin. Dieser schrieb Gedichte, und er, Bodrjasin, der Allwissende, nahm ihn nicht bei der Hand und lief mit ihm, wohin auch immer, nur fort, um dieses unsinnige Verbrechen nicht mitansehen zu müssen. Bodrjasin sagte:

»Hör mal, Isjumin, lass uns Du sagen. Wir sind doch beide Soldaten.«

»Aber sicher, gern. So ist es vertrauter und besser.«

»Komm, umarmen wir uns.«

Sie stachen einander mit ihren spitzen Bartstoppeln in die Wangen. Isjumin blickte dankbar aus seinen Kalbsaugen.

»Schreib weiter Gedichte, Isjumin, das ist gut. Und zwar deshalb, weil davon keiner Schaden oder Nutzen hat. Wie von einer Pfeife mit T-Tabak. Und nach dem Krieg wirst du ein b-berühmter Dichter sein, ein neuer Puschkin.«

»Nun ja, nicht ganz vielleicht!«

»Nein, wirklich. Denn wenn man schon schreibt, dann muss man besser als alle anderen schreiben. Schreib, und alles andere wird werden! Du wirst ein Dichter, und ich kehre zurück zu Frau und Kind und nehme sie mit an die Wolga und werde Bauer. Das ist Glück, Isjumin. Warum sollten wir beide nicht glücklich sein, Isjumin?«

»Natürlich, das wäre schön, wenn es denn das ist, was uns gefällt. Ihnen soll das Beste beschieden sein und mir auch irgendetwas.«

»Den Krieg vergessen wir einfach, als habe es ihn nie gegeben. Als hätten wir nie jemanden getötet und nie jemand auf uns geschossen. Das war nur ein Traum, und der ist dann vorbei. Alle Menschen haben sich miteinander versöhnt und einander l-liebgewonnen, und zwar so sehr, dass es unvorstellbar scheint. Und das natürlich auf ewig. Glaubst du das?«

»Das kann man doch gar nicht für alle einfach entscheiden. Aber was könnte schöner sein!«

»Aber du musst daran glauben, Isjumin! Wir werden hier sitzen, solange es nötig ist, und dann bricht eine allumfassende Liebe aus, die alle zu Brüdern macht, und außer Brüdern gibt es nichts mehr. Denn anders ist das doch kein Leben! Man muss ganz unbedingt daran glauben, dass alles nur den besten Ausgang nimmt. Glaube daran!«

»Sicher, ich glaube das gern.«

»Und nun hör mir mal zu, Isjumin, mein lieber Freund. Sollten wir trotz allem getötet werden – dann pfeifen wir drauf und werden nicht w-weinen!«

»Nach dem Tod weint man ja nicht mehr.«

»Wir werden nicht weinen, aber dankbar werden wir auch nicht sein. Wir sind unters Rad gekommen – das ist alles. Und wir sind nicht die Einzigen und auch nicht die Besten.«

»Unter den Kameraden sind ganz großartige Kerle. Um die kann es einem leidtun.«

»So ist es. Punktum! Bruder Isjumin. Du bist mir wie ein Bruder. Und wohin hat es dich verschlagen? Nach Frankreich! Aber ansonsten hättest du in Russland den Läusen Futter gegeben, da ist es doch ganz gleich, wo du bist. Du hast die Seele eines Kindes, Isjumin, und dafür liebe ich dich.«

Isjumin antwortete gerührt:

»Ich hab Sie gleich liebgewonnen, man sieht ja sofort, ob jemand ein guter Mensch ist.«

»Nicht ›Sie‹, sondern ›dich‹.«

»Ganz genau. Und es macht Spaß, miteinander zu reden.«

»Miteinander reden muss man. Ich zeige dir mal …«

Bodrjasin schlug eilig den Rockschoß seines Mantels zurück und griff in die Hosentasche. Zwischen den Seiten eines fest eingebundenen Notizbuchs bewahrte er eine kleine Fotografie auf.

»Schau mal. Das ist meine Anjuta, meine Frau, ein einfaches und gutes Mädchen. Und in ihrem Arm hält sie, v-verstehst du, etwas, das wir erschaffen haben, unseren Sohn. Erkennst du das?«

»Ja, der sieht dir ähnlich.«

Bodrjasin lächelte breit und winkte ab:

»Nun, meine Fresse ist nicht so ansehnlich, besser wäre es, wenn er nach Anjuta kommt.«

Sie betrachteten die Fotografie, dann legte Bodrjasin sie wieder zurück ins Notizbuch und stopfte es wieder zurück in seine Hosentasche. Dann gab es nichts mehr, worüber sie sich hätten unterhalten können.

»Das habe ich dir gezeigt, weil du so ein schönes Gedicht geschrieben hast.«

»Ich danke Ihnen. Bald kommt die Feldküche.«

»Es wäre an der Zeit. Ich habe Hunger wie ein Vieh.«

So unterhielten sie sich während einer Kampfpause. Nicht an einem Tag, sondern in einer Stunde der Kampfpause. Ganze Tage ohne Kämpfe gab es seit langem nicht mehr: Der Deutsche ließ ihnen keine Ruhe. Die Einheit der russischen Freiwilligen war wohlfeiles Kanonenfutter und lag in direkter Nachbarschaft zu den Schützengräben der deutschen Frontlinie. Wenn man seinen Platz im Unterstand einnahm, hatte man das Gefühl, der Feind sei direkt hinter der Erdmauer. Und so war es auch. Man nannte den Deutschen einen Feind. Weitere Feinde waren die Türken, die Österreicher, die Bulgaren. Von einem bestimmten Moment an waren sie alle Bodrjasins und Isjumins Feinde geworden. Bodrjasin und Isjumin versuchten sie zu töten, und jene versuchten wiederum Bodrjasin und Isjumin als ihre Feinde zu töten. Bodrjasin war Gatte einer jungen Frau und Vater eines Kindes. Isjumin schrieb schlechte Gedichte. Bodrjasin hatte in Heidelberg Vorlesungen eines deutschen Philosophen gehört, Isjumin war in seinem Leben noch keinem einzigen Türken begegnet und hatte mit den Deutschen absolut nichts zu schaffen. Aber es war eben so, dass Russland gegen Deutschland Krieg führte, jenes Russland, jenes Vaterland, in dem man Bodrjasin so sehr zu fassen bekommen und aufhängen wollte. Bodrjasin liebte dieses Land selbstverständlich und verteidigte es. Dies in den Grenzen und an der Frontlinie dieses Landes zu tun war ihm jedoch nicht möglich. Deshalb kämpfte er in den Reihen der französischen Armee. Wenn das keine Logik hat! Isjumin war ein Arbeiter aus Charkow, wurde erwischt, als er Flugblätter verteilte, entkam der Verhaftung und war von den Parteigenossen außer Landes gebracht worden. Deshalb kämpfte auch er in den Reihen der Franzosen, die ihm gleichermaßen fremd waren wie die Deutschen. Alles klar! Wozu braucht es Überlegungen des Verstandes, wenn unter der Begleitung der Waffen die Herzen sprechen?

Gegen Abend begann der Beschuss, furchtbar, betäubend, eine Hölle, an die man sich niemals gewöhnt. Die eigene Seite hatte damit begonnen, vielleicht war es ja auch nur eine Vorbereitung? Der Soldat kann das nicht wissen.

Sie verließen ihre Schützengräben und flohen, sinnlos schreiend, waren keine Menschen mehr, hielten die Waffen im Anschlag. Auch dies ist unvermeidlich, wie ein Anfall von Fallsucht. Dann ein kurzer Tag oder die ewige Nacht.

Episoden

Mit leichtem Flug fliegen die Skizzen, Etüden, Aquarelle auf einen großen Müllhaufen, und unter Poltern stellen die Maler Staffeleien mit riesigen Leinwänden in den Vordergrund. Zukünftig wird keine Rede von den kleinen Leuten und den liebgewonnenen Gesichtern mehr sein, sondern nur noch von Massenbewegungen, Meeresstürmen, Erdrutschen und Weltkatastrophen.

»Wer sind Sie?« – »Ich bin eine Terroristin. Die weithin bekannte Terroristin einer heldenhaften Epoche, ebenjene, die einen Anschlag auf den Staatsrat verüben wollte, ebenjene, die Petrus und Senja die Sprengstoffwesten anlegte. Und sie sagten zu mir: ›Wir, Natascha, werden unsere Sache nicht verraten. Zwei Tode kann man nicht sterben!‹ Das waren die Brüder Gracchus. Und am nächsten Morgen haben sie sich im Palais des Ministers in die Luft gesprengt.«

»Aber das ist Vergangenheit. Wer sind Sie heute?« – »Ich bin Mutter zweier Töchter. Ich möchte keinen Söhnen das Leben schenken, da ich die Zahl der Mörder und Ermordeten nicht vervielfachen will. Mir scheint, dass die Mutterschaft in mir stärker ist als der Hass oder gar die Liebe.«

Ach, das sind doch alles leere und entbehrliche Phrasen. Die kleinen Leben müssen zur Seite treten und Platz machen für die großartigen Massenszenen, die speziell um der Geschichte willen in Auftrag gegeben wurden.

Im Buch vom Ende gibt es auch Seiten ohne Handlung und Charaktere. In den kommenden Dramen spielen andere Schauspieler, die von einem anderen Regisseur auf die Bretter der Bühne geschickt wurden.

Das Bühnenbild blieb dasselbe: Paris. Die unveränderlich strenge graue Linie der Uferstraßen, die Stille der Palais, die Rosette von Notre-Dame, die Freifläche der Place de la Concorde, die Gastfreundlichkeit der Parks, die in Zeiten der Freiheit und der Behaglichkeit angelegt worden waren. Doch es war auch ein anderes Paris: ohne Stimmengewirr und Musik, überaus alltäglich und traurig-ernst. Niemand saß an den kleinen Tischen der Cafés, die Frauen trugen schwarze Kleider,

Taxis waren selten, kein Trubel in der Metro, der Tag ging früh zu Ende, und abends und nachts waren die Laternen in den Straßen von Paris dunkel und die Schaufenster unbeleuchtet. Und die Projektoren betasteten mit wachsamer Schweigsamkeit den Himmel.

In der alten Rue Saint-Jacques stand ein altes Haus, das zum Abbruch verurteilt war und bis dahin von der Armut bewohnt wurde. Alle Bewohner standen beim Gemüsehändler in der Schuld, der bereit war, die Rückzahlung bis zum Ende des Krieges aufzuschieben. Natascha hatte mehr Schulden bei der Milchfrau. Alle wussten, dass Nataschas Ehemann nach Russland gereist war, um dort in den Krieg zu ziehen. Alles von den anderen war allen im Hause bekannt.

Die ältere Tochter von Natascha war vier Jahre alt, die jüngere zwei. Der Jardin du Luxembourg war in der Nähe, und bei gutem Wetter verbrachte Natascha dort den Tag. Sie nahm stets ein Buch mit, aber ihr lag der Sinn nicht nach Lesen, und sie fand keine Zeit dafür. Für die beiden Mädchen war der Jardin du Luxembourg eine ganze Welt, so, wie es einst das Dorf Fjodorowka an der Oka für Natascha gewesen war.

Des Morgens der kleine Haushalt, am Tag in den Park, des Abends die Wäsche. Ein Tag folgte auf den anderen – das war das Leben. Es gab keine Zukunft, doch die hatte in jenen Tagen niemand, nicht Natascha noch ihre Töchter noch Paris oder Europa. Es gab nur das Heute und vielleicht das Morgen, und es gab den Krieg, dessen Ende nicht abzusehen war und bis zu dessen Ende alles neu zu Beginnende und alle Entscheidungen aufgeschoben wurden.

»Wer sind Sie?« – »Ich bin eine einfache Frau aus der Perwaja Meschtschanskaja, war Aufseherin im Gefängnis und bin aus Mitleid und weil ich sie liebgewonnen hatte mit den Insassinnen geflohen. Und dann war ich plötzlich in einer anderen Welt, in einer Welt der Ideen und erhabenen Worte, in einer Welt verwegener Handlungen. – Wer ich heute bin? – Ich bin die Mutter des dreijährigen Andrjuscha und die Witwe eines großartigen Menschen, der meine Einfachheit und meine seelische Gesundheit zu schätzen wusste.«

Ein kleines Dorf in der Normandie. Ein Hof. Monsieur Dubois, der gutherzige Patron von André und dem Hund Jacquot, war bereits im vergangenen Winter gefallen. Das Trauerkleid von Madame Dubois hatte Anjuta mit erfahrener Hand genäht. Vor einem Monat hat Anjuta sich selbst ein Trauerkleid genäht. Nun war Madame Dubois eine in Trauer verbundene Freundin. Der Landarbeiter André war in der Champagne gefallen. Jemand hatte einen geliebten Menschen verloren, und das Leben hatte nicht mehr jenen Sinn, den es zuvor gehabt hatte. Beide Frauen sorgen nun für den einzigen Mann im Haus – den kleinen André, einen normannischen Bauersjungen und Freund des treuen Jacquot.

Eine winzig kleine Episode im großen Krieg. Sobald der Krieg zu Ende wäre, würde Madame Dubois mit Anette an jene Orte fahren, an denen ihre Männer gefallen waren. Dort gab es keine einzelnen Grabstätten mit Namen, sondern große Kriegergräber. Das alles war von derart schlichter Einfachheit, dass man es sich schlichter nicht hätte ausdenken können. Madame Dubois sagte:

»Sie sind noch jung, Anette, Sie werden noch einmal heiraten. Daran ist nichts Schlimmes. Aber ich bin ja schon alt.«

Anjuta widersprach nicht und empörte sich nicht, denn Madame Dubois sagte dies reinen Herzens. Sobald der Krieg vorüber wäre, führe Anjuta mit Andrjuscha nach Russland, nach Moskau, in die Perwaja Meschtschanskaja, wo vielleicht Katherina Timofejewna noch lebte, die sie Tante nannte.

Der Knabe hatte die Augen des Vaters. Mit Madame Dubois sprach er Französisch und für die Mutter erinnerte er sich an russische Wörter und blickte aufmerksam – war das, was er gesagt hatte, richtig? Sein kleiner Vorrat an Wörtern war ein Durcheinander aus zwei Sprachen.

Er wusste, dass sein Vater Soldat gewesen und dass dieser Soldat gefallen war. Alle Kinder seines Alters kannten das Wort »gefallen«, es war für sie nichts Besonderes.

Madame Dubois sagte:

»Anette, haben Sie bemerkt, dass er wieder Schwierigkeiten beim Sprechen hat? Er fragte mich heute: ›C-Comment s'appelle?‹ Und hat lange die Lippen gespitzt.«

Anjuta war es auch aufgefallen. Das erste Mal war dies geschehen, als die Nachricht vom Tod gekommen war und sie durch einen Nebel von Tränen die Augen des Vaters in den Augen des Knaben gesucht hatte. Bevor auch er zu weinen begonnen hatte, hatte er sie gefragt: »Mama, w-warum?« Danach kam es immer wieder vor, aber es war keine Zeit, sich darüber Gedanken zu machen.

»Wir müssen mit ihm zum Arzt gehen.«

»Ich fürchte, Madame, dass das unheilbar ist. Das hat er vom Vater, er hat sein Leben lang ein wenig gestottert.«

Madame Dubois antwortete fest und überzeugt:

»Aber er war ein ganz wunderbarer Mensch. Denn er war wirklich ein aufrichtiger und großherziger Mensch, Ihr Mann. Und sehr klug und gebildet, das weiß ich. Mein verstorbener Mann hat ihn sehr gemocht, wie seinen eigenen Bruder. Und beide sind sie als Helden gestorben, indem sie Frankreich verteidigt haben.«

Madame Dubois hatte eine ganz genaue Vorstellung davon, wie die beiden gestorben seien. Jeder der beiden sei seiner Einheit vorausmarschiert und habe sich als Erster ins Feuer geworfen. Von der Kugel getroffen, haben sie »Vive la France!« gerufen, und als ihre Seele entfleucht sei, hätten beide den Namen ihrer Frauen geflüstert. Frankreich war stolz auf solche Soldaten.

Zwei Mal am Tag nahm Madame Dubois ein sauberes Taschentuch aus der Kommode. Sie weinte am Tage, während der Arbeit und vor den Leuten, des Nachts aber schlief sie ruhig. Anjuta hielt die Tränen des Sohnes wegen zurück, ihr reichte es, des Nachts zu weinen.

In den Nachbarshäusern, in den nahe gelegenen und weiter entfernten Dörfern, im ganzen Land, in allen Ländern – überall war es ein und dasselbe. Doch es ist besser, wenn die Maler derartige Kleinigkeiten unbeachtet lassen und sich mit Schlachtszenen und riesigen Leinwänden sozialer Katastrophen abmühen.

Eine Seite aus der Chronik

In der Chronik des Vater Jakow stand unter bedeutungsvollem Datum folgender Eintrag zu lesen:

»In den grausamen und langwährenden Ereignissen des Krieges und jener, die in Russland sich zutrugen, habe ich seit langem nicht mehr nach der Feder des Chronisten gegriffen, heute aber missachte ich diese meine Zurückhaltung. Es ist nicht an mir Niedrigstem, von den Geschehnissen zu berichten, gleichwohl fühle ich mich verpflichtet, sie zumindest kurz zu erwähnen. Tausende spitze Federn und erfahrene Schreiber sollten die sich vollziehenden Ereignisse der Geschichte für die Nachkommenschaft aufschreiben und nichts auslassen. Möglicherweise schreiben manche ja reinen Herzens und halten diese Blätter zu Hause unter Verschluss, auf denen sie all jenes festgehalten haben, das in den Zeitungen keinen Platz finden kann, da dort nur das geeignet Erscheinende veröffentlicht und mit einer gewissen Voreingenommenheit dargelegt wird, während manch anderes verschwiegen oder entstellt geschildert wird.

Die russische Selbstherrschaft ist zerschmettert, und in unseren Tagen flanieren mit roten Bändern geschmückte Volksmassen durch die Straßen. Über den Twerskoj Boulevard zog eine Einheit von Soldaten, unter die sich zahlreiche zivile Bürger gemischt hatten, und sie alle gingen Arm in Arm, auch jüngere Offiziere waren unter ihnen. Die Obersten und Generäle sind offensichtlich unsicher und vermeiden es, das Haus zu verlassen, um der Gefahr zu entgehen, dass ihnen von zügellosen Gymnasiasten die Waffen und Epauletten entwendet werden. So sah ich beispielsweise einen respektablen Beamten der Gerichtsbehörde mit einem solchen roten Bande, der im Strom der Masse marschierte und sogar seinen Mund entsprechend der Gesänge des Volkes bewegte, dann aber, als er in eine kleine Nebenstraße abgebogen war, das Band rasch abnahm und in die Tasche steckte, da er offenbar noch nicht zur Gänze überzeugt war, dass alles Bestand habe. Auch mir wollte man ein solches Band anlegen mit den Worten: ›Seien auch Sie auf Seiten des Volkes, Batjuschka!‹, worauf ich erwiderte:

›Ich bin auch ohne ein solches Band auf Seiten des Volkes, denn ich bin ein Teil dieses Volkes, und mich mit Bändern zu schmücken entspricht irgendwie nicht meiner Stellung.‹ Da sagte einer der Soldaten: ›Dir, mein Alter, sollte man den Rauschebart abschneiden!‹, worauf die anderen ihn maßregelten: ›Was bist du für ein Flegel! Heute gilt die Freiheit für alle!‹

So also erfüllte sich das, was lange erwartet worden war. Womöglich bin ich durch die Jahre und die Kleingläubigkeit niedergedrückt und werfe so einen Schatten des Zweifels auf die allgemeine Freude? Ich wünsche meinem Heimatlande Glück auf allen Wegen, mehr als alles aber wünsche ich, dass die verheerenden Schlachten ein Ende haben mögen. Auf dem Boulevard in der Nähe des berühmten Dichters Puschkin hielt jüngst ein anständig aussehender Mann vor einer Menge Soldaten eine Rede und rief das Volk auf, bis zum siegreichen Ende im Krieg zu kämpfen. Und da rief ein junger Soldat ihm zu: »Aber warum bist du selbst dann nicht an der Front?«, worauf der Redner verlegen wurde, aber andere in der Menge antworteten für ihn: »Jeder dient dem Land auf seine Weise«, und tatsächlich zeigen an diesem ersten Tage der Freiheit alle eine große Güte und Duldsamkeit, was als durchaus angenehm anzumerken ist. Offenbar versteht man unter Freiheit nichts anderes als das Ende des Krieges, was, und dies sage ich vor Gott, ganz natürlich und nicht zu verurteilen ist.

In jenem nun anbrechenden neuen Leben, so es denn wirklich anbrechen wird, empfehle ich den Jungen, mit der Feder in der Hand dem Gang der Ereignisse zu folgen und im schlechten Gedenken die Nachfolge von uns aufrichtigen Zeugen der scheidenden Vergangenheit anzutreten. Häufig denke ich, wie überaus schmerzlich es ist, dass mein dahingegangener Moskauer Bekannter Nikolaj Iwanowitsch, dem ich einst auch in Sibirien begegnete, ein ewig Herumirrender und konspirativer Kämpfer, diese siegreichen Tage nicht mehr erlebt hat! Es wäre für ihn ein großes Fest, jenem Traum, dem er sein Leben hingab, beizuwohnen! Aber er ist ein Opfer des unerbittlichen Schicksals geworden und in den warmen Wellen des Meeres ertrunken.

Auch ich werde bald im Nichts verschwinden. Du, alter Greis, bist nunmehr müde, durch die kleinen Gemeinden und Städte Russlands zu wandern, um deinen unbändigen Wissensdrang zu befriedigen. Mit vielen anderen sage ich: Nun lasse ich dich in Frieden gehen! Mit dem Verstand ist die Zukunft nicht vorherzusehen, wir können nicht wissen, an welchen Ufern unser Staatsschiff anlegen wird. Ich wünsche ihm Glück und fürchte neues Unglück, betrauere schon jetzt, dass es womöglich Opfer geben wird, die umsonst dargebracht werden. Denn ungebildet ist unser Volk, aber es besitzt eine gute Seele: Wird es den Inhalt des vergoldeten Kelches, den man ihm darreicht, nicht nutzlos verschütten und seinen an Sklaverei gewöhnten Hals nicht noch größeren Despoten darbieten? Ach, was rätselst du, Pope, der du doch gar nichts weißt?! Das Buch der Zukunft liegt niemandem offen.«

Es war jedoch nicht die Bürde der Jahre oder die Kleingläubigkeit, die für Vater Jakow einen Schatten auf jenes Fest warf, das ganz Russland feierte. Der alte reisende Pope kannte gleichermaßen Stadt und Dorf, die beiden Hauptstädte und die Provinz. Er war oft genug unter den Menschen des Volkes gewesen, hatte mit der gebildeten Schicht Umgang gepflegt, sich gar als würdig erwiesen, mit Vertretern der Regierungselite in Kontakt zu kommen, soweit es dem einfachen, jedoch gewandten und von Interessen geleiteten Popen ohne Gemeinde möglich gewesen war. Bei seinem letzten Aufenthalt in Piter hatte er einen kurzen Blick auf den berühmten Starez Grigori werfen können, nur sehr kurze Zeit vor dessen Ermordung. Er war entsetzt und zugleich entzückt, denn dieser Starez war Symbol der Macht, aber auch der Dunkelheit, des großen Verstandes, aber auch der Kühnheit des russischen Volkes. Er hatte derart viel erreicht, wie es keine der zum Kampf bereiten Parteien je hätte erreichen können: Er hatte die Erbärmlichkeit und Fäulnis der höchsten Würdenträger und Unantastbaren der Allgemeinheit überdeutlich vorgeführt, sie in der Banja entkleidet und unter dem Gelächter der Massen auf die Straße gestoßen. Wenn schon jemandem ein Denkmal gesetzt werden musste, so ebenjenem weisen und verderbten Bauern, welcher der wahre letzte Selbstherrscher von ganz Russland gewesen war! Man hatte ihn mit List ergriffen, sich mit Gift und

Kugeln auf ihn, der betrunken war, geworfen, von links und von rechts, ein Großfürst und ein hochangesehener Krösus, ein gebildeter Klugredner und ein Narr aus der Duma, und haben es trotzdem kaum geschafft, ihn zu überwältigen. Sie haben ihn erschlagen wie eine zählebige Katze, die man kaum tot bekommt, bebten selbst vor Entsetzen und warfen dann seinen Leib in ein Eisloch und seine Kleider ins Feuer. Und heute fragt man schon: Hat man ihn wirklich erschlagen? Wird er nicht aus dem Wasser wieder auftauchen oder aus dem Feuer oder der Erde, dieser riesige Bauer, und über dieses Land sagen: »Es ist mein!«, und über die Macht: »Sie ist mein!«, und alle auseinandertreiben, wie die Schalen von Sonnenblumenkernen, die aus seiner Hand fallen? Den Kopf hat man ihm abgeschlagen, aber an seiner Stelle werden hundert Köpfe wachsen. Er war einer in der Art von Stepan Rasin oder Jemeljan Pugatschow, einer dieser Naturburschen aus dem Volk. Er war tatsächlich ein Symbol des herannahenden apokalyptischen Tieres!

Eindrücke seiner Begegnung mit Rasputin hatte Vater Jakow dereinst lediglich bescheiden in seinem Tagebuch notiert. Doch weder seine Begeisterung noch seine vielen Gedanken und Vorahnungen, die ihn später dazu beschäftigten, hatte er festgehalten. Er hatte sie nicht in Worte fassen können und sie der gesetzten Erzählung des Chronisten als nicht angemessen empfunden.

»Mit dem Eintrag unter diesem Datum ist meine Chronik an ihr Ende gekommen. Möge ein scharfes Auge die weiteren Ereignisse verfolgen, die Hand eines Jüngeren und Geschickteren künftig schreiben. Herr, nun also lasse den Vater Jakow Kampinski in den von ihm gewünschten und begehrten Frieden fahren.«

So dachte er es sich aus, und so schrieb er es auf. Aber ist es denn möglich, eine lebendige Hand von der Leidenschaft, Buchstaben auf das Papier zu malen, zurückzuhalten? Solange der Mensch atmet, werden auch Buchstaben sein. Solange also beispielsweise der Atem die Brust des alten und wissensdurstigen Popen bewegt, der sich in seinem abgewetzten Gewand in den Schräubchen und Mütterchen der Geschichte verfangen hat. Ob es noch lange dauern wird, bis er endgültig abtreten wird, dieser Vater Jakow? Selbstverständlich war Gott in jenen Tagen mit Arbeit überhäuft, denn er schrieb die Entlassungsschreiben für Millionen Müde, auch für jene, die eigentlich noch hätten warten können. Aber wie lange die Reihe derer, die warten mussten, auch gewesen sei – für einen alten Menschen fand sich immer eine Möglichkeit.

Der Waggon

Die Landstraße erhob sich auf die Fußspitzen und versuchte, in die Fenster des Waggons zu blicken, der über den Bahndamm raste. Die Pappeln und Weiden streckten ihre Hälse, von weitem blickten die Berge und Hügel ganz genau hin – sie alle wollten einen Blick auf den Mann werfen, der in diesem Waggon saß. Der Mann in dem Waggon stillte seinen Hunger bescheiden mit Konserven, stocherte nach der Mahlzeit mit einem Streichholz zwischen den Zähnen und war auf dem Weg, ein Großer in einem großen Land zu werden.

Die Welt kannte seine besonderen Kennzeichen zu jener Zeit noch nicht: die hervorstehenden Wangenknochen, den schütteren Bart, den kahlen Schädel, wenig später jedoch kannten alle dieses Gesicht besser als Wilhelms Schnurrbart. Der Mann im Waggon las oder hielt ein Buch in der Hand. Er hatte sein halbes Leben lang gelesen und ein Viertel seines Lebens über das Gelesene geschrieben und Reden gehalten. Die Stunden, die ihm für den Schlaf blieben, schlief er ruhig und ohne Träume. Seinem Wesen nach war er frei von Phantasie, und zwar derart, dass er sich nicht einmal vorstellen konnte, wie groß seine Bedeutung in der Zukunft sein würde. Er reiste lediglich, um zu polemisieren und den Gegnern seiner Partei Unannehmlichkeiten zu bereiten. Und doch lastete die Bürde eines viele Millionen Menschen zählenden Volkes auf ihm, nämlich aus dem Reich des Zwangs das Reich der Freiheit zu machen, und das auch noch mit einem Volk von vielen Millionen. Bereits andere vor ihm hatten Anlauf genommen, diesen großen Wurf zu machen. Dies war bedeutend hinsichtlich der Einteilung der Kräfte, für die Geschichte jedoch vollkommen unwichtig.

Mit dem Mann reisten weitere Leute, die sich zum großen Teil bedrückt fühlten, da der Waggon, in dem sie fuhren, plombiert war. Der Schweizer Schmuggelzug wurde aus reiner Freundlichkeit auf deutschem Territorium durchgelassen, allerdings lediglich zum Transit. Dies war ein Akt diplomatischer Weisheit und einer kriegswichtigen Überlegung. Tatsächlich war diese Eilfertigkeit jedoch überflüssig, denn die Insassen des Waggons hätten auch einen Bogen fahren können, und das hätte absolut nichts geändert. Sie hätten auch mit ihrem breitwangigen Anführer dort bleiben können, wo sie waren, und auch das hätte für die Zukunft nichts verändert, denn die Persönlichkeit Einzelner sollte, so das Glaubensbekenntnis dieser Menschen, in der Geschichte keine Rolle spielen.

Das Gepäck der Emigranten auf dem Weg zurück in die Heimat war leicht und naiv: Leibwäsche zum Wechseln, eine Zahnbürste, eine Auswahl an Agitationsbroschüren, von denen sich zu trennen zu schade erschien, und in verschiedene Abteilungen aufgeteilte Losungen: Gewissens-, Meinungs-, Presse-, Versammlungsfreiheit und Recht auf Streik, Unverletzlichkeit der Person und Wohnung, Konstituierende Versammlung, Volksmiliz. Des Weiteren ein wohlklingendes Spielzeug – Diktatur des Proletariats, an die im Übrigen niemand so recht glaubte. Dem Unglauben zum Trotz blieb vom gesamten Gepäck nur dieses Spielzeug, da das Proletariat in der Person des Adligen aus Simbirsk verkörpert werden konnte, dem Vorurteile bezüglich gesellschaftlicher Klassen und sonstiger Art fernlagen.

Der Einzige, der diesen höhnischen Sarkasmus der Geschichte nicht bemerken wollte, war dieser breitwangige Adlige aus Simbirsk. Es ist doch wahrlich ein sehr großes Glück, einen absolut starrsinnigen Verstand und keinerlei Humor zu besitzen. Der einfallsloseste Gedanke, der je der Vorstellungskraft entsprungen ist und als Rechtfertigung für alles dient. Das Leben als Experimentierfeld für den Publizisten, lebendige Menschen als Material für die Statistik. Menschliche Uneigennützigkeit ohne Notwendigkeit. Im Charakter begründete Unfähigkeit zu zweifeln. Naivität in Bezug auf die Realität, wie alptraumhaft sie auch sei: Der Mensch poliert die Gläser seines Zwickers und sieht nichts außer Buchstaben und Ziffern, die nicht immer mit seinen anfänglichen Berechnungen übereinstimmen. Er korrigiert Buchstaben und Ziffern, denn die Realität kann fehlgehen, nicht jedoch die Theorie. Es existiert kein Leben, sondern lediglich der Ökonomische Materialismus. Und wenn kein Leben existiert, so existiert auch kein Blut. Jene, die ihn einen Unhold nennen, sind lachhaft: Er schätzte und liebte Nekrassows Gedichte, den er für einen Dichter hielt. Und er war auch kein Unmensch, er war nur kein Mensch, und zwar so sehr kein Mensch, dass man ihn gerechterweise als Genie bezeichnete. Eine andere Bezeichnung für ihn zu finden war unmöglich, und so blieb sie auf Generationen an diesem Adligen aus Simbirsk haften.

Nachdem der Zug die Grenze passiert hatte, war es nur noch menschlicher Abfall, der in der Emigration blieb: Soldaten, Invaliden, einstige Helden. Auf den Feldern lagen die Ähren herum, in den Beeten standen von Würmern zerfressene Wurzelstöcke. Aber ein geheiligter Platz bleibt nicht lange leer. Bald schon kamen neue Flüchtlinge, die mit den verbliebenen einen Bund der Liebe, des Hasses, des Geschwätzes und der Aperitifs eingingen. Die Wahrheit wurde in Stücke geschlagen: Jene dort hatten recht, diese hier hatten recht, recht hatte ein jeder, der aufrichtig zu vergessen und reinen Gewissens seine Überzeugungen zu wechseln imstande war. Die Verfechter der Freiheit wurden zu Henkern, die einstigen Henker sehnten sich nach Menschlichkeit. Changez vos idées, und die Quadrille der Geschichte geht weiter.

Der Stationsvorsteher fragte halblaut den Offizier:

»Welches Ziel hat dieser Waggon mit den russischen Schweinen?«

»Er fährt direkt an die östliche Frontlinie. Vermutlich lässt man sie dort heraus.«

»Ein Austausch?«

»Ich weiß es nicht. Wie es scheint, sind das Revolutionäre.«

»Schade. Es wäre besser, wenn man sie gegen echte Schweine austauschte.«

»Oder wenigstens gegen einen halben Waggon Wurst!«

Das Gespräch ging zur Lebensmittelfrage über. Was ist ein belegtes Brot? Zwei Lebensmittelkarten für Brot, zwischen die eine Lebensmittelkarte für Fleisch gelegt ist.

Ein Ruck, noch ein Ruck, und der historische Zug fuhr weiter in die Geschichte. Die im Zug reisenden Menschen hassten den Krieg von ganzem Herzen und verachteten das Militär. Hätte ihnen damals jemand gesagt, dass sie all ihre Kräfte auf die Bildung einer neuen Armee und die Vorbereitung neuer Kriege richteten – sie hätten für diese Beleidigung nicht einmal ein müdes Lächeln übrig gehabt.

An der Grenze erwartete sie ein kühler Empfang. Umso besser! Sie waren schließlich nicht in das Land des bittersüßen Patriotismus zurückgekehrt, um im allgemeinen Chor mitzusingen. Gleichwohl erstarben unter den bürgerlichen europäischen Jacketts die Herzen der Emigranten: Russland! Schon waren die ersten Flussläufe zu sehen und bald blühten die Faulbeerbäume. Der breitwangige Mann war ein großer Freund des Angelns. Als Gymnasiast hatte er in Simbirsk ein eigenes kleines Boot besessen. Der Direktor des Gymnasiums, das er besucht hatte, war ein gewisser Kerenski gewesen, dessen Sohn nun ein Lakai der Bourgoisie war.

Bevor man sich nach der Reise erholte, musste man sich um die Zeitungen kümmern. Das Land der Pressefreiheit. Morgen schon würde man über eigene Druckerpressen und eigenes Papier verfügen! Jetzt oder nie!

In seiner ersten Nacht in Petersburg schlief der kommende Führer ebenso friedlich, wie er in all seinen Nächten im Westen geschlafen hatte. Zu einem Kringel zusammengerollt, die Hände wie ein Kind zu Fäusten geballt, die Nase ins Kissen gedrückt. Neben dem Bett viele Zeitungen. Die Luft war schwer.

Die alte Geschichte röchelte leicht durch die ins Kissen gedrückte Nase. Die neue Ära der Weltgeschichte begann am nächsten Tag um halb neun.

Die spanische Grippe

Was wollen Sie denn? Wir haben es doch bereits gesagt: Es gab in jener Zeit keine Einzelpersonen mehr und somit auch keine persönlichen Schicksale. Die Ereignisse rollten in der neunten Woge heran. Muss man wirklich über jeden einzelnen Wassertropfen im Ozean etwas sagen?

Im Lärm der Brandung des Meeres wird das Buch vom Ende rasch zu Ende geschrieben. Bevor etwas Neues begonnen wird, muss sich das Alte vollenden, zur Seite treten und den Platz für einen neuen Anlauf freimachen. Das Heldenhafte welkte dahin und wirkte nurmehr lachhaft, die einstige Romantik verstarb an Auszehrung.

Der Krieg raffte die Leben in klarer Schlichtheit dahin. Die Freundin des Krieges, die furchtbare Krankheit, nannte sich nicht die Pest, sondern die spanische Grippe.

Die spanische Grippe rollte über Europa hinweg und schaute auch in Paris herein. In der alten Straße Saint-Jacques fand sie Gefallen an zahlreichen dicht bewohnten Häusern. Über dem Laden des Gemüsehändlers spielte ein vierjähriges Mädchen plötzlich nicht mehr mit seinen Bauklötzen.

Wie alle russischen Emigranten träumte auch Natascha von der Rückkehr nach Russland. Dort vollzog sich gerade ein Wunder und dort wurden Menschen gebraucht. Ihr schien, wie allen anderen Emigranten auch, die Menschen in Russland seien hilflos und warteten nur auf die Ratschläge derer, die im Ausland lebten. Vielleicht wollte sie aber auch nur Moskau und ihr Dorf Fjodorowka wiedersehen.

Zahlreiche Emigranten waren bereits nach Russland gereist, voller Hoffnungen und Pläne. Konnte man sich mit zwei Kindern auf diesen Weg begeben? Die Revolution brauchte keine Mütter und Kinder, sondern erfahrene Kämpfer. Man müsste nur etwas Geld auftreiben, und das Leben, das für kurze Zeit unterbrochen worden war durch den Traum von Ruhe und Mutterschaft, würde wieder dem Sturmwind entgegenfliegen.

»Warum spielst du nicht?«

»Mein Kopf tut weh.«

Eine schlaflose Nacht. Das Mädchen hatte Fieber und die üblichen Mittel halfen nicht. Am Morgen fiel das Licht auf das Gesicht des anderen Kindes, und dieses vom anderen getrennt unterzubringen war nun schon sinnlos. Das Zimmer war zu einem Krankenzimmer geworden. Es folgten schreckliche Tage im Kampf um das Leben der beiden Mädchen. Russland musste warten, es würde der Mutter schon verzeihen.

Aus der Normandie reiste eine treue Freundin an – Anjuta. Eigentlich hatten sie einander treffen wollen, um die Abreise zu besprechen. Anjuta würde auf jeden Fall ihren Sohn mitnehmen, es war überhaupt nicht daran zu denken, dass sie sich von ihm trennte. Zunächst einmal hatte sie ihn in die Obhut von Madame Dubois übergeben, und bereits auf der kurzen Fahrt nach Paris hatte sie sich in Sehnsucht nach dem Sohn verzehrt.

Sie würde den Sohn und den Brief eines französischen Offiziers mit nach Russland nehmen, in dem Folgendes geschrieben stand:

»Madame! Ich halte es für meine Pflicht, Ihnen zu sagen, dass Ihr Ehemann uns allen als ein Mensch von seelischer Größe und als treuer Kamerad sehr teuer gewesen ist. Wir leben umgeben vom Tod und sind daran gewöhnt, dass uns jeden Tag ein Verlust widerfährt. Aber der Tod Ihres Ehemannes hat uns mit besonderem Kummer erfüllt, und er wird uns ewig in Erinnerung bleiben. Ich schreibe Ihnen nicht als Vorgesetzter, sondern als Freund, der untröstlich ist, im Auftrag jener, die mit ihm das schwere Leben im Schützengraben geteilt haben, und sende Ihnen anbei sein Notizbuch mit der Fotografie einer Frau mit einem Kind, die, so erzählte er seinen Kameraden, Sie und seinen Sohn zeigt. Ich bitte Sie, Madame, unserem aufrichtigen Mitgefühl, mit dem wir an Ihrem unermesslichen Kummer Anteil nehmen, Glauben zu schenken.« Diesen Brief, das Notizbuch und den Sohn Andrjuscha würde Anjuta mit nach Russland nehmen.

Die treue Freundin wich keinen Schritt von den Krankenbetten der Kinder.

»Nataschenka, legen Sie sich doch wenigstens für eine

Stunde zur Ruhe, Sie sehen furchtbar aus. Ich habe noch Kraft, ich komme vom Land, mir kann das alles nichts anhaben.«

Tage, die wie Nächte waren, wie eine endlose unruhige Nacht. Die Krankheit der jüngeren Tochter verlief nicht allzu schlimm, das Leben der älteren Tochter hing an einem seidenen Faden.

Der Tag der Krisis. Zwei um das Leben eines Kindes kämpfende Mütter. Die Anstrengungen der Mütter zwangen die Krankheit zurückzuweichen, allerdings nicht ohne Gegenleistung. Sie blickte sich um, welche Abfindung sie mitnehmen könne.

Der Atem des Kindes ging gleichmäßig, es war die erste ruhige Nacht. Natascha hatten die Kräfte schon lange verlassen, nun konnte endlich auch Anjuta zur Ruhe kommen. Sie schlief auf dem Boden, auf aufeinandergelegten Bettdecken, das machte ihr nichts aus.

In der Nacht weckte sie Nataschas Stimme – sie klang ungewöhnlich, stöhnend. Anjuta vertrieb rasch den Schlaf, den wundervollen Schlaf, von dem man sich nur ungern losreißt, und sprang auf:

»Was ist, Nataschenka?«

»Ich glaube, ich bin krank.«

Wie groß ihre Augen blickten und wie zerwühlt ihr Haar war.

»Ich muss schnell zu Ende schreiben!«

»Was denn schreiben?«

»Ich muss es noch schaffen. Ich bin noch nicht fertig, dort liegt das Heft.«

»Nataschenka, liegen Sie ruhig, hier, trinken Sie.«

»Ich sterbe.«

Im Zimmer lag der erdrückende Geruch von Eukalyptus. Soeben war der Arzt gegangen. Anjuta hielt ihn auf der Treppe auf.

»Nun, was soll ich sagen? Sie hat nur wenig Widerstandskräfte.«

»Aber sie ist gesund, sehr gesund!«

»Sie war gesund, jetzt ist sie nur noch ein Schatten ihrer selbst.«

»Herr Doktor, Sie können das ja nicht wissen, aber sie ist eine bemerkenswerte Frau, sie muss gerettet werden!«

»Meine Liebe, die Krankheit macht vor bemerkenswerten Menschen nicht Halt. Ich schaue in fünf Stunden noch einmal herein, früher schaffe ich es nicht, es gibt so viele Kranke. Geben Sie ihr die Spritzen und den Kampfer. Aber die Dinge stehen schlecht.«

»Sie darf nicht sterben!«

Der Arzt blickte über seine Brillengläser – hier brauchte es keine Antwort.

»Passen Sie auf, dass Sie nicht auch noch krank werden. Ich schaue wieder herein.«

Nataschas Hände waren von den Spritzen zerstochen. Im Zimmer war die Luft stickig, und Natascha atmete schwer. In ganz Paris war die Luft stickig, in der ganzen Welt war die Luft stickig.

Die Luft war stickig, und deshalb konnte man nicht recht darüber nachdenken, dass das Leben in Wirklichkeit nicht bis zum Ende gelebt worden war. Denn dies war ja kein Leben, sondern lediglich eine Pause zwischen zwei Akten, eine ganz natürliche Pause um der Mutterschaft willen. Und dann? Was sollte mit den beiden Mädchen geschehen? Und überhaupt war der Tod etwas Irreales, er existierte nicht. Darum ging es in jenem Heft, aber über das Wichtigste stand dort noch nichts geschrieben.

Am schlimmsten waren das Röcheln und der rosafarbene Schaum. Anjuta dachte nicht nach, sondern funktionierte. Es fehlte die Zeit, um nachzudenken, und es war auch unmöglich. Sie bewegte sich automatisch und genau, blieb ruhig und ihre Stimme war beherrscht. Sie schlief eine Ewigkeit nicht und würde eine weitere Ewigkeit nicht schlafen können. Glücklicherweise war alles sehr einfach, und die Bewegungen wiederholten sich unendlich oft: vom Bett zum Tisch und den Bettchen der Kleinen. Sie lächelte, denn die Mädchen waren gerettet. Sie fütterte die Mädchen und schaffte es sogar, im Zimmer ein wenig Ordnung zu machen, brachte etwas hinaus und etwas herein, kochte Wasser ab für die Spritzen, die sie ständig geben musste. Die Minuten und Stunden flogen dahin, die Kräfte, die dieser kleinen Frau innewohnten, waren unerschöpflich.

In den Nächten saß sie im Lehnstuhl, um nicht einzuschlafen. Sie dachte an nichts, lauschte angespannt.

Kaum begann Natascha wieder zu röcheln, sprang Anjuta auf. Natascha schnappte mit der Brust und den Händen nach Luft. Es war nicht das erste Mal, und es war immer furchteinflößend gewesen, aber dieses Mal war es besonders schlimm. Schnell den Kampfer.

Es war seltsam zu sehen, dass Nataschas Augen plötzlich schielten. Dann verloschen die Augen.

»Geht es Ihnen schlecht, Nataschenka?«

Keine Antwort. Es konnte keine Antwort mehr geben.

Beide Mädchen schliefen. Sie musste hinausgehen, jemanden rufen. Vielleicht würde sie ja wieder zu sich kommen.

In einer Stunde würde es hell. Unhörbar auftretend, machte Anjuta Ordnung im Zimmer, ohne Eile und sorgfältig, ganz gute Hausfrau. Sie weinte nicht – energisch, ernst, geschäftig. Ihre Gedanken waren sehr klar: Die Mädchen sollten das Gesicht der Mutter nicht sehen. Aber die Mädchen waren noch sehr schwach und schliefen friedlich. Nun waren die beiden ihre Töchter. Und für eine gewisse Zeit würde Madame Dubois auch ihnen ein Zuhause geben. Irgendjemand würde ihr helfen. Sie konnte nicht alles auf einmal entscheiden.

Bevor sie das Haus verließ, kämmte sie ihr Haar. Sie war nicht einmal besonders blass, trotz all der schlaflosen Nächte. Nicht alle französischen Sätze, die sie nun brauchte, waren aus ihrer Erinnerung vorzubereiten, aber irgendwie würde sie sich schon verständlich machen. Das Wichtigste waren nun die beiden Mädchen. Sie musste zurück sein, bevor die Mädchen wach wurden.

Leise schloss sie hinter sich die Tür.

»In aller Aufrichtigkeit«

Hohe und stabile Karteikästen, die aus unterschiedlichen Behörden stammten, aber alle gleichen Typs waren, standen in einer Reihe. Mit einer gewissen Übung konnte man leicht einen bestimmten Familiennamen und die zu ihm gesammelten Informationen finden. Es gab Karteikarten, auf die ein, manchmal auch zwei Fotografien geklebt waren, Vorderansicht und Profil, und seitlich waren das Geburtsjahr, persönliche Kennzeichen und Verbindungen notiert, eine kurze Biographie. Auf anderen Karteikarten, roten und grünen (für zwei Parteien), waren auf den ersten Blick verworrene Notizen kurzer Informationen mit Verweisen auf Aktennummern festgehalten, und Karteikarten dieser Art hatten sich für manche Personen in ganzen Stößen angesammelt.

Ilja Danilow war als junger Mann zu sehen, auf einer Fotografie, die bei seiner ersten Verhaftung aufgenommen worden war. Informationen hinsichtlich seines Lebens gab es nur wenige, aber diese wenigen waren zutreffend. Es fanden sich nicht mehr als zehn Einträge, und dies empfand Ilja Danilow, der alte Revolutionär, als kränkend. In den Akten des »Außengeheimdienstes«, die sich ebenfalls in diesem Archiv befanden, wurde Ilja Danilow unter dem Namen Schiefnase geführt. Diesen Namen hatten ihm die Spitzel der Ochrana verliehen.

Ilja Danilow arbeitete seit den ersten Tagen in diesem Archiv und war fleißiger als alle anderen. Innerhalb eines Jahres hatte er alle Kästen und verstaubten Regale durchgesehen, war durch Meere größten Drecks geschwommen, hatte mit seinen Händen Berge von Unrat durchgepflügt, hatte vieles über viele erfahren, das niemand erwartet hätte und das ausreichend gewesen wäre, den Glauben an den menschlichen Anstand auf immer zu verlieren. Eines jedoch hatte Ilja Danilow nicht finden können, nämlich das Dokument mit seiner Unterschrift unter den Worten »In aller Aufrichtigkeit«. Lediglich ein Papier, das ihn sehr beunruhigt hatte, zu finden, war ihm gelungen: die Kopie der Anordnung seiner Rückkehr-Erlaubnis nach Russland »entsprechend dem Antrag«. Diese Kopie löste er mit zitternden Händen aus der Akte und nahm sie mit nach

Hause. Als er sie von dem Faden gelöst hatte, mit dem sie in die Akte eingenäht war, faltete er sie auf ein Viertel zusammen und steckte sie in seine Hosentasche. Er fühlte sich feige und schlecht. Zu Hause vernichtete er diese unschuldige Kopie. Aber der Antrag selbst blieb unauffindbar.

Der Genosse Minister für Innere Angelegenheiten sagte zu seinem Sekretär:

»Iwan Pawlowitsch, nehmen Sie diese Dokumente. Darunter ist übrigens das Gesuch von, wie heißt er doch gleich, ich glaube Denissow ...«

»Ilja Danilow?«

»Ilja Danilow, genau. Man hat ihm stattgegeben, leiten Sie das Papier weiter, aber den Brief selbst behalte ich vorerst hier.«

»Ein bemerkenswerter Brief!«

»Tatsächlich? Aber zumindest ist er ehrlich. Ein Mensch, der trotz allem Reue empfindet.«

»Und unterschrieben ist er mit ›In aller Aufrichtigkeit‹. Das ist durchaus bemerkenswert für ein offizielles Dokument!«

»Nun, ja. Ich möchte den Brief gern jemandem zeigen, dann erhalten Sie ihn.«

Es gab keine Minister mehr, keine Sekretäre, kein Polizeidepartement. Es gab nur noch einen Friedhof von Dokumenten. Ilja Danilow wusste nicht, dass der Minister zerstreut war und unwichtige Papiere gern einmal verlegte.

Reue? Aber da war doch nur jener Satz, der den Polizeibeamten Sand in die Augen streuen und den Anschein verleihen sollte, man habe es mit einem verträglichen Kerl zu tun: »Ich bin alt und müde, habe die revolutionäre Tätigkeit entschieden hinter mir gelassen und möchte den Rest meines Lebens in der Heimat verbringen, um mich ganz der wissenschaftlichen Arbeit zu widmen, die unterbrochen wurde durch eine zufällige Abweichung auf meinem Lebensweg und in meiner Arbeit.« Das war alles. Andere hatten bemitleidenswerte Worte gefunden, ihre Vergangenheit verflucht und vieles in Bezug auf ihre revolutionäre Tätigkeit und ihre Genossen ohne Not offengelegt. Er hingegen hatte, obgleich er das Vertrauen in die Partei und ihre Taktik verloren hatte, sich nicht zu bösen

Worten hinreißen lassen und keinerlei Versprechen abgegeben. Er war sogar überzeugt gewesen, dass ihm keinerlei Antwort oder eine Ablehnung beschieden sein würde. Zum Schluss des Briefes hatte er »In aller Aufrichtigkeit« geschrieben, und dies war eine schlaue List des alten Kämpfers, der die Schwächen des Feindes kannte. Obgleich er den Brief besser trocken, lediglich mit seiner Unterschrift hätte enden lassen können.

In der ganzen Welt gab es niemanden, der sich für Ilja Danilow und seine Vergangenheit interessiert hätte. Es waren neue Zeiten angebrochen, alle Auffassungen hatten sich von Grund auf verändert, offene und versteckte Denunziation war nunmehr zu großer Achtung gekommen, und man beneidete jene, denen es gelungen war, ihre Angelegenheiten ins rechte Licht zu rücken und sich durch die Veröffentlichung eines offenen Briefes mit Selbstbezichtigung und Reueschwur jeglichem Verdacht zu entziehen. Man sagte sich von Parteien los, von einstigen Freunden und Gleichgesinnten, von seiner Herkunft, seinen wissenschaftlichen Ansichten, von einer überkommenen Ideologie, künstlerischen Offenbarungen, und man legte in dieses Sichlossagen ganz bewusst alle Kraft und Rhetorik, alle menschliche Poesie und Begabung, und stürzte sich um die Wette in moralische Abgründe. Man riss einander die Teereimer aus der Hand und beschmierte sich wollüstig den eigenen Leib, die Lippen, Augen, Hirn und Gewissen, auf der Bühne, auf den öffentlichen Plätzen, in den Zeitungen, im eigenen Tagebuch, im Radio. Und danach drängte es die Menschen nicht nur aufgrund von Angst und Gemeinheit, sondern aufgrund einer neuen und furchtbaren Religion zur Selbstverstümmelung und Selbstverbrennung, ganz wie es den Hund danach drängt, alle Gerüche zu erschnüffeln und sich in scharf und übel Riechendem zu wälzen, weil darin die süße Qual der Witterung liegt. All diesen Menschen war Ilja Danilow – ein unbemerkter, ihnen nicht feindlicher Archivarbeiter, der schon vor dem Übertritt in eine andere Welt stand – gänzlich gleich. Wenn aber zufällig jemand Witterung davon bekommen hätte, was Ilja Danilow in seinen schlaflosen Nächten peinigte, welches Dokument in den unüberschaubaren Archivkästen der menschlichen Scheußlichkeiten für ihn unauffindbar war, hätte sich um den am Ende seiner Laufbahn befindlichen »revolutionären Greis« eine Masse geifernder Richter versammelt, die für sein Handeln keine Rechtfertigung gefunden hätten. Sie hätten ihre Freude daran gehabt, dass auch der verdiente Revolutionär, der erstklassige Essensrationen erhielt mit einem halben Pfund Rindfleisch und zwölf Stücken Zucker, ganz abgesehen von den Heringen, vermeintlich gefehlt habe. Und sie hätten ihn auf den Richtplatz geschleift, an den Pranger gebunden, und der Erste, der sein schreckliches Verbrechen entdeckte, hätte sich auf die Brust getrommelt und geschrien: »Ich, der Enkel eines Leibeigenen und Bastard einer ledigen Mutter, habe den Verdächtigen überführt, der den Beweis seiner Schuld vernichten wollte.« Und als Belohnung erhielte jener, der so laut schrie, am nächsten Tag genau die Essensration, die dem Verbrecher entzogen worden war.

Auf der Suche nach dem Brief vertiefte sich Iwan Danilow in die Archivarbeit. Manch wertvoller Fund erfreute ihn. Er erlangte neue Erkenntnisse über die Dekabristen, die der Untersuchungskommission gegenüber Reuebekenntnisse abgelegt hatten, und verfasste einen kurzen Artikel über einige Details hinsichtlich des Renegatentums Lew Tichomirows. Er sammelte in einem kleinen Heft ihrem Wesen und ihrer Bedeutung nach unbedeutende, aber durch ihren Stil durchaus interessante Eingaben verschiedener Vertreter des revolutionären Fußvolks an die Regierungsbehörden und behielt dieses Material zunächst für sich, ohne es zu veröffentlichen. Tagsüber arbeitete er im Archiv und stieg auch des Nachts in seinen Träumen auf die Bibliotheksleiter, um an die oberen Schubladen der Karteischränke zu gelangen, Mappen herauszunehmen, den Finger anzufeuchten und rasch maschinenschriftliche und handschriftliche Papiere durchzublättern, die nach Staub und Geschichte rochen. Doch unter den Zehntausenden Blättern konnte er das eine einfach nicht finden.

Es war ihm kein Glück beschieden. Nicht er, sondern ein anderer stieß in den alten Dokumenten auf den Selbstbezichtigungsbrief von Bakunin. Sicher, dieser gehörte bereits in die Geschichte des Altertums, und die gesamte weitere Tätigkeit des berühmten Anarchisten hatte das, was als eine kurze Phase der Schwäche gelten konnte, längst wieder wettgemacht, aber Ilja Danilow empfand doch eine gewisse Freude, dass ein derart wichtiges Dokument nicht zu Archivstaub zerfallen war. Er fertigte eine Kopie des Briefes für sich an, las ihn viele Male und verglich ihn insgeheim mit seinem eigenen Schreiben.

An einem Winterabend begann er so etwas wie ein Tagebuch zu schreiben, in dem er ausführlichst darlegte, warum er, ganz gegen die Tradition der alten Revolutionäre, sein Bittschreiben verfasst und abgesandt hatte, das jedoch auch eine geheime Aufgabe gehabt habe, und wie er seinen Antrag auf Rückkehr ganz bewusst in eine Form gebracht habe, die jeglichen Verdacht von vornherein ausschloss, indem er einen äußerst gestochenen Stil einhielt bis hin zur Formel »In aller Aufrichtigkeit«, mit der er endete. Es gelang ihm überzeugend, aber er konnte diese Seite einfach nicht zu einem Ende bringen und fügte neue Beweise und Verweise auf seine feinsinnige taktische Berechnung hinzu. Er unterstrich besonders, dass eine derartige Vorgehensweise im Prinzip eigentlich unzulässig sei, dass jedoch im vorliegenden Fall die Rettung der Revolution, die Ausbildung neuer Kader zur Debatte standen und dass nur jemand, der außerhalb jeglichen Verdachts stand, die volle Verantwortung für diesen Schritt zu übernehmen vermochte, der bei einem anderen verwerflich und schwierig gewesen wäre.

An einem anderen Winterabend, als er unter Hunger und Kälte litt und ebenso unter jener Einsamkeit, die ihn einst an die italienische Riviera verschlagen hatte, vernichtete er das begonnene Tagebuch, wie er zuvor schon das unbedeutende Dokument vernichtet hatte. Ilja Danilow war täglich im Archiv, kam als Erster und ging als Letzter. Aber als er einmal mehr als eine Woche nicht erschien, hätte man mutmaßen können, dass er erkrankt sei, vermutlich sogar schwer. Tatsächlich hatte er, alt und ausgezehrt wie er war, sich in den ungeheizten Räumen des Archivs eine Erkältung eingefangen und lag nun in seiner ebenso ungeheizten Wohnung darnieder. In jenem Jahr starben die Menschen einfach so dahin. Wenn der Kranke mit seinen Händen nervös über die Bettdecke fährt, ist das ein schlechtes Zeichen. Aber Ilja Danilow bewegte seine Finger aus Gewohnheit, als beeile er sich, die letzte Aktenmappe durchzublättern, wo er mit an Sicherheit grenzender Wahrscheinlichkeit jenes Dokument fände, das niemand außer ihm benötigte, ein überaus persönliches und zufälliges Schreiben, das absolut nichts bewies, großer Ermüdung entsprungen und in allzu großer Eile unter Verwendung überflüssiger Worte geschrieben worden war.

Er starb gegen Morgen. Sein Gesicht war merkwürdig klein, wie eine Faust, und die plötzlich sehr spitze Nase wirkte sehr schief.

Hätte man ihn zwei Jahre später zu Grabe getragen, wäre dem alten Revolutionär selbstverständlich alle Ehre erwiesen worden. Jemand hätte eine aufrichtige, kurze Rede gehalten, in der er die Tatsache übergangen hätte, dass Ilja Danilow nicht Mitglied der nunmehr herrschenden Partei war. Nach einem Verweis auf Ilja Danilows Kampf gegen das Regime der Selbstherrschaft hätte der Redner vor allem über dessen spätere Tätigkeit für das jetzige Regime, nämlich seine Beteiligung am Aufbau des politischen Archivs, gesprochen.

Aber dies war nicht der Fall, denn das Jahr war ein sehr schwieriges, und die Tode verdienter Persönlichkeiten blieben gänzlich unbemerkt. Niemand weiß, wer Ilja Danilow, den großen Langweiler mit unbefleckter, revolutionärer Reputation, an welchem Ort zu Grabe getragen hat.

Das Lächeln des Buddha

Das Gesicht des Professors leuchtete vom Silber seines Haares. Auch die kleine Buddha-Statue strahlte fröhlich: Heute war der Strom in der Stadt nicht abgestellt worden. Die chinesischen Figuren und Kästchen und eine Flasche Wein standen im Licht der Lampe. Unter den zahlreichen Wegen in den Selbstmord hatte Professor Below den einfachsten und mühelosesten gewählt. Er hatte Samara auch nach dem Rückzug der Weißen nicht verlassen.

Die Roten, die Weißen – war das nicht einerlei? Die Farbgebung war zufällig, ihrem Wesen nach waren sie gleich. Es war bemerkenswert, dass diese ebenso wie jene umgeben vom Glanz des Heldentums in die Geschichte eingehen würden, und beide absolut verdient, denn beide waren vom hohen Ideal der Verteidigung der hehren Menschenrechte erfüllt. Die beste Methode zur Verteidigung der Menschenrechte ist die Ermordung des Menschen. Bei ihrem Rückzug hinterließen die Weißen Leichname und leere Flaschen. Nachrückend füllten die Roten diese Flaschen bis zum Hals mit Blut. Weißer und roter Wein benebelt die Sinne gleichermaßen.

Das Lächeln des Buddha ist unerschütterlich. Es ist das Lächeln jenes, der frei ist von jeglichem Begehren, jenes, den die Götter beneiden. Eine Stadt kann zu Ruinen zerfallen und von Gras überwachsen werden. Und tausend Jahre später klopft der Wissenschaftler mit seiner Hacke an, und eine antike Stadt wird entdeckt. Und weitere tausend Jahre später wird der letzte Stein verwittert sein oder an jenem Ort eine neue Stadt entstehen. Eine Wüste wird sich bilden oder eine Eiszeit hereinbrechen – für jenen, der frei ist von jeglichem Begehren, ist all dies kein Grund zur Beunruhigung.

Der Professor ging durch die Zimmer seiner Wohnung und schaltete überall das Licht an. In den Bücherwänden im Arbeitszimmer war die menschliche Weisheit aufbewahrt. All dies schien einst notwendig und bedeutsam, zumindest verlieh es das Glück der Erkenntnis und machte das Leben reich. All dies verschwindet sehr rasch, dreht man den Schalter um. Man kann den Schalter des Lebens selbst umlegen oder es anderen überlassen – das macht keinen Unterschied. Der einzige Mangel dieser logischen Schlussfolge ist ihre wohlfeile Schönheit.

Empfand denn wirklich niemand auch nur das leiseste Bedauern für dieses Leben, das doch immerhin außergewöhnlich, voller Lebenssinn und einfach auch schön war?

Der Professor fühlte sich noch nicht alt, seine Gesundheit war gut, der Verstand klar, im Schlaf fand er Erholung von der Müdigkeit. Und auch das, was Gesunde oftmals erschütterte, war ihm fremd: Er kannte keine Zweifel, Anfälle von

Selbstgeißelung, späte Reue. Er empfand nicht den geringsten Anlass, sich dafür zu verurteilen, dass er in gutem Auskommen, ja gar in Wohlstand gelebt hatte – inmitten von jenen, die nicht so viel Glück gehabt hatten, oder der ganz und gar Unglücklichen. Er hatte keinerlei Anlass zu bittersüßen Gefühlen oder Verteidigungsreden. Ganz selbstverständlich war es, dass nun mittelmäßige und von Wut getriebene Menschen an die Macht kamen, die Ungleichheit beseitigten, die Fehler bestraften und sich unverzüglich in neue Widersprüche verwickelten. Sie wollten eine neue Welt erschaffen, die aber lediglich die genaue Kopie der alten war, nur dass sie eine andere Farbe trug. Sklaven, Nachkommen von Sklaven, Stammväter der zukünftigen Sklaven. Jeder Revolution ist nur ein wundervolles Moment eigen – der Sturz der Macht. Dann bricht die Geschmacklosigkeit der Errichtung der neuen Macht an, nach dem Vorbild und wie ein Abklatsch derer, die gestürzt wurde.

Der Professor nahm im gemütlichen Sessel Platz und schenkte sich ein Glas ein. Am letzten Abend sollte man nicht in Aphorismen denken, die von Bitterkeit diktiert sind und angestaubt wirken. Die Luft war erfüllt von abgedroschener Philosophie, und nur Buddha ergab sich ihr nicht, nur Buddha, der wusste, dass das Dasein ohne Grund und ohne Ziel ist.

Es klingelte, wie zur ausgemachten Zeit, in jenem Augenblick, als der Professor sich das letzte Glas eingeschenkt hatte und es zum Mund führte. Ein ungeduldiges, brüskes, gewollt kränkendes Klingeln. Der Professor hielt das Glas gegen das Licht, betrachtete die Farbe des Weins – er gestattete sich zum Abschluss noch einmal diese Überheblichkeit – und trank das Glas leer. Es klingelte noch einmal. Es ist möglich, mit Willenskraft zu erreichen, dass der Puls gleichmäßig schlägt, und darin Befriedigung finden. Es klopfte an der Tür, und der Professor stand auf, um zu öffnen. Er war ernst und spielte keine Rolle auf der Bühne der Helden. Das alles langweilte ihn tatsächlich. Der Lärm der Straße, der gleich in seine Wohnung eindringen würde, war ihm zuwider und ermüdete ihn. Das Leben hatte sich in gewisser Weise bereits zu lange hingezogen. Im Gehen strich der Professor sich über das Haar und glättete die Falten seines Anzugs. Er hatte sich nicht gestattet, die Revolution im Hausrock zu empfangen. Die Revolution drang in grauen Soldatenmänteln und schweren Stiefeln ein, mit Gewehren und Nagants. Die Revolution interessierte sich nicht für Philosophie noch für das Lächeln des Buddha oder die Falten im Anzug des Professors. Unter ihren Schritten klirrten die chinesischen Kleinodien in den niedrigen Lackregalen. Sie blickte neidisch auf die geleerte Flasche. Es ist durchaus bemerkenswert, mit welch unveränderlicher Gesetzmäßigkeit alle Niederlagen und Siege inszeniert sind, mit dekorativ dünnhalsigem Gefäß.

Der Professor hörte die Fragen, aber er antwortete nicht. Nicht aus Unhöflichkeit, zu der er nicht fähig war, nicht aus Verachtung, zu der er sich nicht herabließ, sondern lediglich deshalb, weil die Fragen und Antworten absolut überflüssig waren, da er zuvor bereits alles entschieden hatte und alles jeglichen Elements des Zufalls entbehrte. Er wartete nur noch auf das Ende der Haussuchung, musste jedoch länger warten als angenommen, aber dabei half ihm die alte Gewohnheit des Reisenden, der die Taiga und die Wüste durchquert hatte, nämlich nicht die Minuten noch Stunden des Weges zu zählen, sondern sich ohne zu denken zu bewegen bis zu einem unüberwindbaren Hindernis oder bis zum avisierten Ziel.

Die Revolution verließ die Wohnung wieder, ohne das Licht zu löschen und ohne das Wichtigste mitzunehmen: die Bücher und Manuskripte. Mit deren Durchsicht würden sich später jene beschäftigen, die den neuen Staat aufbauten. Die kleine Buddha-Statue blieb unversehrt, damit sie ins Museum überführt werden konnte. Auch ein kostbarer Teppich blieb zurück, auf dem das Blut trocknete. Die letzte Szene bleibt unbeschrieben, um die hereinbrechende Stille nicht zu stören und dem Stil jenes Mannes mit erlesenem, in vielen Jahren und mit erfahrener Hand ausgeprägtem Geschmack, jenes Mannes, der fraglos ein Gentleman war, treu zu bleiben.

Von Kiew nach Tscherdyn

Im Buch vom Ende, in welchem dem Tod, dem Vernichter und Erlöser, freier Lauf gegeben wird, den Gang der Geschehnisse abzuschließen und überflüssige Leben außen vor zu lassen, steht auch das Ende des irdischen Lebens Vater Jakows, des wissbegierigen reisenden Popen und Zeugen der Geschichte, geschrieben.

An jenem Tag, an dem die große Befreiung stattfand, war Vater Jakow bereits alt, aber es war ein heiteres Alter, das niemandem zur Bürde ist. Das Grau, das seine Wangen umrahmte, hatte an Dichte und Glanz verloren, die Augen des Popen betrachteten die Welt nicht mehr gar so lebhaft, und bevor er einen kürzeren oder längeren Weg antrat, beugte Vater Jakow seinen Rumpf zur rechten Seite und massierte sich mit den Fingern der linken Hand den Rücken, um sich in die gewünschte Beweglichkeit zu bringen. Aber er stöhnte nicht, beklagte sich nicht, suchte kein letztes Obdach. Mit großer Zurückhaltung hörte er ungewöhnliche und ungute Reden, war verwundert ob der jäh erwachten menschlichen Weisheit und blickte vorsichtig in den sich auftuenden Abgrund, dessen Ränder schon zu bröckeln begannen.

Der Hungerwinter erschöpfte Vater Jakow und er wurde mager. Ersteres bekümmerte ihn, Letzteres freute ihn gar, denn in jenen Tagen musste man sich vor allem zu Fuß fortbewegen, weil für den normalen Menschen Droschken kaum mehr erschwinglich waren, da die Pferde aufgrund von Futtermangel ihre Existenz in die Länge zu ziehen sich weigerten und zum Nahrungsmittel für die Bürger wurden, die Erfahrung darin gewannen, den stockigen Geschmack von Pferdefleisch mit starkem Essig zu vertreiben.

Am misslichsten aber war, dass das Priestergewand Vater Jakows, das längst nicht mehr jenes war, das über lange Jahre den violetten Farbton behalten hatte, sondern vielfach geflickt wie ein Sack über seinem mageren Körper hing, in jenen Tagen für den Popen ohne Gemeinde, der der Verrichtung des religiösen Kultes nicht beschuldigt werden konnte, zu einem ernstzunehmenden Hindernis oder gar zur Bedrohung der Freiheit wurde, ebenso wie der Bart und die langen Haare. Andere hatten das religiöse Gewand längst gegen einen bürgerlichen Anzug getauscht, sich über den Kamm scheren lassen, aber Vater Jakow war das unmöglich, er konnte das nicht begreifen. Für ihn wäre dies, als schlüge man ihm vor, in einem Badekostüm oder im Spitzenrock einer Ballerina durch die Straßen zu gehen. Nur sein Haar versteckte er beflissen unter dem Leimlederkragen seines Halbpelzes, der unter den Achseln zusammengezurrt war von den Riemen des Sacks, den er auf seinem Rücken trug, denn in jenen Tagen ging niemand aus, ohne einen Sack bei sich zu haben.

Im Jahr neunzehn geriet Vater Jakow, nachdem er den unsagbar schweren, für zahlreiche Moskauer schicksalhaften Hungerwinter überstanden und zwei, drei der einstigen mehr als hundert Freundschaften hatte bewahren können, wie zufällig im Menschenstrom aus Moskau an Orte in jenen kornreichen Gouvernements, in denen die Versorgungslage besser war. Von dort geriet er im Strom sich rettender Menschenmassen fast bis nach Kiew, wo die Regierungen einander in stetem Wechsel ablösten. Vater Jakow wäre sicher auch bis nach Kiew und Odessa gekommen, vielleicht sogar bis hinter die Grenze des Vaterlandes, das von brudermörderischen Kämpfen überzogen wurde, hätte sich nicht in seiner Seele eine seltsame Erschütterung vollzogen, die sein gesamtes weiteres Schicksal entschied.

An einer der Bahnstationen, an der der Zug gewöhnlich aus unbekannten Gründen auf unbekannte Zeit Aufenthalt hatte, währenddessen die Leute in den Waggons aufgeregt ihre Gepäckstücke zählten, sich wegen der Plätze in die Haare gerieten und einander mit Gerüchten Furcht einjagten, verließ Vater Jakow nach zwei schlaflosen Nächten und von Ungeziefer geplagt mit seinem Sack und seinem Portefeuille den Zug, nachdem er seinem Sitznachbarn gesagt hatte:

»Sie brauchen meinen Platz nicht für mich freizuhalten, ich gehe nicht davon aus, dass ich wieder zurückkomme.«

»Aber wohin wollen Sie denn, Batjuschka? Oder haben Sie einen Platz in einem anderen Wagen gefunden?«

Zur Antwort lächelte Vater Jakow und lüftete seinen Hut:

»Gute Reise Ihnen und möge Ihnen Rettung von allem Unglück beschieden sein!«

Er verließ den Zug und die Bahnstation, blickte sich um und ging dann die unbekannte Straße entlang in der dem Zug entgegengesetzten Richtung, aus der Stadt heraus, um an jenem Tag noch seine letzte und wahrhafte Reise anzutreten.

Die dem Zug entgegengesetzte Richtung hatte Vater Jakow nicht zufällig gewählt. Nachdem er genügend Gespräche der im Zug Fliehenden gehört und lange die Berge von Gepäck voll mit gercttetea Habseligkeiten betrachtet hatte, all die Koffer, Körbe und Bündel, mit denen die Gänge und Gepäckablagen vollgestellt waren, spürte Vater Jakow jäh sehr stark, was er früher bereits geahnt, aber nicht zur Gänze erkannt hatte: dass nämlich der Weg des Zeugen der Geschichte nicht in jener Richtung liege, die zum Erhalt des alten Leibes führt, sondern in jener, die zur Rettung der Seele durch großes Leid wies. Sein Leib war in einer letzten Müdigkeit unermesslich erschöpft, und Erholung für eine weitere kurze Zeitspanne lockte ihn nicht. Sein unermüdlicher und stets wissbegieriger Geist hingegen ergab sich nicht und konnte es nicht zulassen, dass das Leben, das da anbrach, und die kommenden Ereignisse sich ohne sein Beisein und ohne seine aufmerksam beobachtende Teilhabe vollzogen, da die äußere Hülle seines Geistes sich dazu verurteilt hatte, sich in sumpfige Moraste zu begeben, in welche der Zug die Menschen, Koffer, kleinkarierte Aufregung und die Typhus übertragende Laus brachte.

So hätten die Überlegungen Vater Jakows klingen können, wäre seine Entscheidung bedacht und wohlabgewogen gewesen. Aber das war sie nicht. Er traf sie jäh, ohne einander widerstreitende Erwägungen, sie überrollte ihn, mit selbstverständlicher Schlichtheit. Durch ein zufälliges Stocken des Menschenstroms war die Binde von Vater Jakows Augen genommen und sein Weg in jene elementare Urgewalt gelenkt worden, die ihn bereits fast fortgerissen hatte.

Bald schon und ohne aufgehalten zu werden, ließ Vater Jakow die kleine Stadt hinter sich und ging dann zwei Stunden querfeldein, in die Richtung, die ihm richtig schien. Ob er über einen staubigen Weg oder durch ein Wäldchen ging –

stets trat er sicher auf mit der dicken Sohle seiner alten, tatsächlich aber in erstaunlich guter Qualität gearbeiteten Stiefel, die nicht das beliebige Produkt irgendeines Schuhmachergesellen, sondern das Werk eines wahren Meisters waren, eines Genies aus Vorkriegszeiten und beachtlichen Trinkers, der in glücklichen Zeiten Vater Jakows Schuhwerk gefertigt hatte. Alles ging dem Ende zu, die Kleidung, die Gesundheit, und selbst der von Zweifeln geplagte Geist geriet bisweilen ins Wanken, die Stiefel aber leisteten ihren Dienst ungebrochen und versprachen, bis zur letzten Minute mit fester Sohle unerschütterlich auf die Erde des leidgeprüften und geliebten Landes zu treten.

Als er an einen kleinen Fluss kam, fühlte Vater Jakow Müdigkeit, machte im Schatten eines Baumes Rast, legte sein Portefeuille unter den grauen Schopf und schlief ein. Ob er einen Traum hatte, wissen wir nicht. Vielleicht träumte er, dass Gott gemeinsam mit der Oberschicht und den Generälen außer Landes gereist war, oder dass der Heilige Nikolaj, der Wundertäter, der in seiner Einfalt in Russland bei den Bauern geblieben war, sich in die Reihen der Genossen einschrieb. Aber vielleicht sah er auch im Traum einen langen Weg über die gesamte Erde bis an ihr Ende.

Er ruhte sehr wohl und seine Rast dauerte fast bis zum Sonnenuntergang, als es schon abendlich kühl wurde. Lange schon hatte Vater Jakow keine derartige körperliche Frische verspürt – welch wundervoller Beginn seines Weges! Er wusch sich die Augen, betrachtete den Lauf des Flusses und das am Ufer wachsende Röhricht, lächelte und wurde tätig.

Zuerst legte er seine Kleidung ab und erfrischte seine Füße. Dann zog er ein frisches Hemd an, das er aus seinem Sack genommen hatte, das alte wusch er mit Sand aus und hängte es zum Trocknen an einen Ast. Dann zog er aus dem alten und berühmten, in ebenso guter Qualität wie die Stiefel gefertigten Portefeuille einen Stoß von Papieren und Blättern, Prospekten, Notizen, Broschüren, Zeitungsausschnitten, Visitenkarten und Rekommandationsschreiben, wog sie mit der Hand ab, blätterte sie durch und nannte sie lächelnd Nichtigkeiten der Nichtigkeit. Überall hatte er dies alles mit sich getragen, nicht fortgeworfen, denn er hatte diesen Plunder liebgewonnen. All dies weiterhin aufzubewahren bestand nun jedoch keine Veranlassung mehr. Aber er warf die Papiere nicht in den Fluss, sondern kramte in seiner großen Hosentasche nach der in jenen Tagen überaus wertvollen Streichholzschachtel, riss ein Holz an und entzündete vom Wind geschützt ein kleines Feuer aus trockenen Ästen und Gras, legte die Papiere hinein und warf zuletzt lediglich ihre Asche in den Fluss.

Solange es hell war, verbrachte er dann die Zeit mit der Suche nach Ungeziefer in den Falten des einstigen Ornats und dem Sack, den er bei sich trug. Schließlich nahm er einen Imbiss von dem Rest des trockenen Schwarzbrots, das in jenem Landstrich noch durchaus schmackhaft war, steckte das leere Portefeuille in den Sack, nahm seinen Stock, bekreuzigte sich, nicht aufgrund seiner Gläubigkeit, sondern aus alter Gewohnheit, und machte sich in der Kühle auf den ihm fremden Weg, der notwendig und der einzig wahre und richtige für ihn war.

Dem durch die Weiten Wandernden scheint die Erde nicht rund. Die in der Entfernung liegenden Kirchtürme, Häuser und Dörfer erscheinen plötzlich vor seinem Auge wie zu früh in die Höhe sprießende Pilze. Kommt er näher, sind sie gereift, geht er an ihnen vorbei, werden neue in der Ferne auftauchen.

Vater Jakow hatte es nicht eilig. Er ging nach Südosten, wich Ortschaften nicht aus, war aber bemüht, nicht allzu sehr aufzufallen. Wenn er durch ländliche Siedlungen kam, klopfte er nicht an die Fenster, sondern ließ sich am Brunnen nieder und verneigte sich ehrerbietig vor allen, die vorübergingen. Und nur selten geschah es, dass eine der Frauen, die zum Wasserschöpfen an den Brunnen kamen, ihn, nachdem sie ihm aus ihrem Eimer etwas Wasser gegeben hatten, nicht fragten, ob er von weit her käme. Dann antwortete er stets dasselbe: »Von Kiew nach Tscherdyn.« Von Kiew hatten alle schon einmal gehört, von Tscherdyn hingegen noch nie. Während des kurzen Gesprächs wurde Vater Jakow stets etwas angeboten, bisweilen gab man ihm auch etwas auf den Weg mit. Manche fragten, was ihm auf seinem Weg begegnet sei, und auch darauf hatte er stets dieselbe Antwort:

»Die Steppe, Felder und Wälder. Dem Wanderer ist der Weg überall gleich.«

»Und wer ist jetzt dort an der Macht? Die einstigen Herren oder die Genossen?«

»Das ist von Ort zu Ort unterschiedlich, aber für uns kommt es aufs selbe hinaus.«

Er sprach mit der Schläue des alten Mannes und in der Sprache der Bauern. Er selbst fragte nichts, außer nach dem Weg, beobachtete nur und hörte zu. Bei jungen Leuten war er ganz besonders vorsichtig, stellte sich dumm und schwerhörig. Nur wenig unterschied ihn von einem ganz gewöhnlichen Wanderer, sei es einem weltlichen oder einem geistlichen, der durch das Land zog, um seine Seele zu retten. Lud man ihn ein, so übernachtete er sehr gern in den Häusern der Bauern, bot man ihm kein Nachtlager an, so bettete er sich auf dem Feld auf einem Heuballen, unter den hell glänzenden und nah aneinandergedrängten Sternen des Himmelszelts auf dem Lande. Dies war auch der Gesundheit zuträglich, und er musste seinen Rücken nicht mehr so oft mit den Fingern massieren.

Während er wanderte, erging er sich in Gedanken und Erinnerungen über all jenes, dessen Zeuge er im Laufe seines Lebens geworden war. Möglicherweise hatte er Tscherdyn ja allein deshalb zum Ziel gewählt, weil er dort einst als junger und sündiger Mensch aufgrund eines Vorfalls in dem von ihm gegründeten Waisenhaus für Mädchen von seiner Gemeinde entbunden und ihm das Priesteramt entzogen worden war. Daran erinnerte er sich jedoch nur selten, ungern und aufgrund der vielen Jahre, die seitdem vergangen waren, recht verschwommen, häufiger und genauer gedachte er seiner langen Reisen durch Russland, der interessanten Begegnungen, seiner Arbeit in Museen und Redaktionen, Gespräche mit Ministern und Terroristen, seiner Freundschaften mit Reichen und Armen, Gelehrten und Kleinbürgern, überall lebten die Menschen, ohne zu wissen, welches Schicksal ihrer harrte. So verlief sein ganzes Leben ohne beständiges Heim und festen Dienst, getrieben von der unruhigen Leidenschaft, alles zu sehen und das Geschehen vom Rande aus zu betrachten, ohne selbst Teil dieses Geschehens zu sein:

»In-te-ressant!«

Aber auch seiner Neugier und Wissbegierde war ein Ende beschieden. Nun war es etwas anderes, das Vater Jakow von Kiew nach Tscherdyn zog. Das Ende mochte in Tscherdyn liegen, vielleicht auch schon früher auf seinem Weg. Er hatte kein Ziel, es gab lediglich eine Richtung auf der Sternenkarte, in die er wanderte, so lange, bis die dicken Sohlen seiner guten Stiefel durchgelaufen waren.

Vater Jakows Ende

Vater Jakow kam als Zehnter in die Zelle, die eigentlich eine Einzelzelle war. Als die Tür hinter ihm verschlossen wurde, machte er einen kleinen Schritt von der Schwelle nach vorn und sagte leise, ohne sich umzublicken, wo er sich niederlassen könnte:

»Einen Gruß, die Herren!«

Der ihm am nächsten Sitzende rutschte ein wenig zur Seite und bot Vater Jakow einen Platz an, dieser setzte sich auf den Rand der Pritsche, in zerfledderten, schmutzigen Bastschuhen und vollkommen schäbigem, an manchen Stellen zerrissenem Priestergewand, das seit langem ungewaschene Haar strähnig.

Und obwohl er sehr müde war, erkannte er in seinem Nachbarn, einem fast gänzlich ergrauten, aber noch rüstigen Mann, einem einstigen Herrn, sogleich seinen alten Bekannten aus Rjasan, den Doktor Kalymow. Aber er ließ sich nicht anmerken, dass er ihn erkannt hatte. Vater Jakow aber konnte in jenen Tagen niemand mehr wiedererkennen – nichts erinnerte an diesem heruntergekommenen Vagabunden an den einst wohlbeleibten und würdevollen Priester.

Niemand fragte im Gefängnis gleich, aus welchem Grund jemand festgenommen und in Haft gesetzt worden war, dies tat man erst, nachdem man sich näher kennengelernt hatte. Man unterhielt sich darüber, ob für den neuen Insassen wohl eine Pritsche gebracht würde, denn sonst müsse er auf dem Boden schlafen, und es gab doch ziemlich viele Ratten. Vater

Jakow tat kund, dass er Ratten nicht fürchte und auf dem Boden ebenso gut schlafe wie in einem weichen Bett.

»In reputierlicher Gesellschaft ist es doch immer heiter!«

Die Gesichter waren nicht heiter, aber es war deutlich, dass die hier Einsitzenden sich bereits eingelebt und an alles gewöhnt hatten. Die Gelassenheit in Vater Jakows Stimme gefiel allen, denn es schien ihnen, dass der Alte harmlos sei.

Zwei Backsteine starke Mauern, dahinter die freie Welt, in ihnen erstickende Unfreiheit. Eine behaarte Hand hatte allen Sauerstoff aus der Luft herausgepresst, in der Blechlampe rauchte die menschliche Schwermut. In die blassen Gesichter der Männer waren wie mit einem Nagel die Falten ihrer Todesangst eingeritzt, auf der anderen Seite der Tür trampelten die Schritte der Soldatentumbheit.

Vater Jakow lag, den Kopf auf die Faust gebettet, die Faust wiederum auf einen leeren Sack und der Sack auf den Spuren, die die Rattenpfoten auf dem Boden hinterlassen hatten. Eine Pritsche für ihn hatte man nicht hereingebracht, das Angebot, man könne zusammenrutschen und ihm ein Plätzchen freimachen, hatte er entschieden abgelehnt. Nun tat ihm der Rücken tatsächlich weh.

Als er des Nachts der Notdurft wegen aufstand, bemerkte er, dass alle schliefen und nur der Arzt mit der Glut seiner Papirossa im Halbdunkel funkelte. Das Licht kam von der Laterne im Hof, die Gesichter waren nicht zu erkennen, nur die zusammengerollten Körper auf den Pritschen waren zu sehen. Flüsternd sprach Vater Jakow den Doktor an:

»Können Sie nicht schlafen, Sergej Pawlowitsch?«

Kalymow sprang auf wie ein junger Mann:

»Ist das möglich, bei Gott, sind Sie es tatsächlich, Vater Jakow?«

»Ihr ergebener Diener. Haben Sie mich denn nicht erkannt?«

»Eine entfernte Ähnlichkeit, gerade habe ich darüber nachgesonnen, aber wie hätte ich Sie erkennen können! Sie sind alt geworden, Vater! Weswegen hat man Sie verhaftet?«

»Genau weiß ich das nicht. Vor den anderen wollte ich unsere Bekanntschaft nicht zu erkennen geben, ich wusste nicht, wie Sie dazu stehen, und wollte Ihnen nicht schaden.«

»Mir kann niemand mehr schaden, ich habe keinerlei Hoffnung.«

»Wer wird denn verzagen! Das Alter werden sie wohl ehren.«

»Darauf sollten auch Sie, Vater Jakow, nicht hoffen!«

»Ich spreche nicht von mir.«

Sie flüsterten die halbe Nacht miteinander und ergingen sich in Erinnerungen an ihre Begegnungen in Rjasan. Der Arzt erzählte, dass er erst kurz vor seiner Verhaftung vom Tod seiner Tochter Natascha erfahren habe, die vor zwei Jahren wohl in Paris gestorben sei und ihm angeblich zwei Enkelinnen hinterlassen habe.

»Was geht nur vor sich, Vater Jakow! Sie haben ganz Russland gesehen – hätten Sie so etwas je für möglich gehalten?«

»Man hätte es erwarten können, aber hinsichtlich der Details konnte man es sich nicht ausmalen. Und was noch werden wird – auch das kann man nicht vorhersagen. Eine Beruhigung der Lage, die notwendig wäre, ist nicht abzusehen, und das Volk bleibt stumm. Es gibt sehr viel Groll in dieser Welt, Sergej Pawlowitsch, und an Weisheit gibt es zu wenig.«

»Sie wird man sicher wieder freilassen.«

»Wenn man mich freilässt, werde ich meines Weges gehen, wenn nicht, werde ich mit Ihnen hierbleiben. Vielleicht kommen wir auch gemeinsam frei.«

Sie beruhigten einander mit Worten, wie man einem Schwerkranken über die Hand streicht – der lindernden Liebkosung wegen.

Am nächsten Morgen jagte man alle über den Hof in den Waschraum. Ein Wachsoldat stieß Vater Jakow an und lachte:

»Deine Mähne muss dringend geschoren werden, Genosse Bastschuh, du schleppst uns sonst noch Läuse ein.«

Ein anderer setzte hinzu:

»Und den Kopf sollte man dir am besten auch gleich abschneiden!«

Vater Jakow ließ es über sich ergehen und lächelte.

Beim Verhör antwortete er auf die ihm gestellten Fragen:

»Ja, das ist tatsächlich mein Portefeuille. Obzwar ich es

nicht mehr benötigte, war es mir doch zu schade, es fortzuwerfen, das Leder ist doch noch gut.«

»Zu wem in Kiew sollten Sie Kontakt aufnehmen? Geben Sie es besser zu, wir verstehen keinen Spaß.«

»Mich hat niemand beauftragt, ich bin unterwegs nach Tscherdyn, um meine Heimat vor meinem Tod noch einmal zu sehen.«

»Nun, das kann ich dir nicht versprechen, sterben kann man auch hier, auf ganz einfache Art und Weise. Uns, mein Alter, streust du keinen Sand in die Augen. Was hast du denn so gemacht? Ein paar Rubel für Taufen genommen?«

Man beschuldigte ihn der Spionage: Er sei von den Weißen geschickt, um die Sachlage zu erkunden, und habe sich den Anschein des Pilgernden gegeben. Diese Anklage wies er wortkarg zurück.

»In meinem Alter dient man niemandem mehr, aber wie auch immer Sie entscheiden – das ist Ihre Sache.«

»Unsere Entscheidung ist einfach: an die Wand.«

In der Zelle legte er sich auf die Pritsche, die ihm Sergej Pawlowitsch überlassen hatte, damit er sich etwas erholen könne. Vielleicht würde man ihn umbringen, vielleicht drohte man aber auch nur.

Man nähme ihm den letzten kleinen Rest seines Lebens, das Vater Jakow so sehr geliebt hatte, auf das er so begierig gewesen war – nun aber gab es nichts mehr, das ihn dauerte, denn seine Erschöpfung war übergroß und unüberwindbar. Tscherdyn, so musste er annehmen, sähe er wohl nicht wieder. Es gab ja in Russland genügend Platz, und als letzte Ruhestätte war eine Fläche von zwei Arschin Länge und einem Arschin Breite vollkommen ausreichend. All dies würde vorübergehen, etwas Neues beginnen, die Menschen durch ihr Leben hasten, aber die Oka ihren ewigen Lauf fortsetzen.

Was hatte er sein ganzes Leben lang gesucht? Die Wahrheit war es nicht, dieses zweischneidige Schwert, dessen Schneide auf beiden Seiten stumpf geworden war. Auch Gott hatte er nicht gesucht, denn ihn hatte er bereits während der Zeit im Priesterseminar verloren und war ihm seitdem nie wieder begegnet. Die Welt ist ein vortreffliches Schauspiel, wenn man sie durchquert, ohne sich irgendwo niederzulassen. Und wie bei der Fahrt mit einem Schiff auf einem großen Fluss Wälder vorüberziehen und Städte verblassen, erscheinen Menschen beim Signal auf der Bildfläche, um aus- oder einzusteigen, von denen ein jeder eine ganz besondere Nase besitzt und ein jeder seine ganz besonderen Sorgen hat, die die wichtigsten von allen sind. In-te-resssant! Und plötzlich sind sie ganz bekümmert und schlagen einander die Köpfe ein, ganz wie es auf einem der von den Künstlern aus dem Volke gefertigten Spielzeuge zu sehen ist: Der Bauer schlägt den Bären, der Bär den Bauern, und all dies vorgeblich nur um des Glücks der zukünftigen Generationen willen, was zu bezweifeln durchaus gestattet sei. Sergej Pawlowitsch kann einem menschlich gesehen selbstverständlich leidtun, denn seine Tochter hatte ihm kein Glück beschert. Jeder Mensch konnte einem leidtun: Für alle schien die Sonne und für alle glänzten des Nachts die Sterne am Himmelszelt. Und die Sterne am Himmelszelt sind von unbeschreiblicher Schönheit …

Vater Jakow schlief ein, als läge er unter dem Himmelszelt. Lange schon hatte er nicht mehr auf einem weichen Strohsack gelegen.

Der Untersuchungsführer kratzte mit Kinderschrift etwas auf ein Blatt Papier, dachte nach, rieb sich am Kopf, blickte auf die Uhr, beeilte sich plötzlich, entschied dann rasch, dass man schließlich nicht für jeden Popen eine Kugel bevorraten könne, und schrieb schräg auf den Rand mit roter Tinte:

»Entlassen«.

Auf der großen Straße wartete Vater Jakow, bis ein Jüngerer ihm begegnete, verneigte sich tief und bat:

»Wenn Sie, mein guter Herr, über ein Taschenmesser verfügen, seien Sie doch so gut, dem Wanderer für seinen weiten Weg einen Wanderstock zu schneiden. Ganz gleich, was für einen, aber krumm sollte er nicht sein.«

Und als der Wanderstock, der nicht der schlechteste war, für ihn geschnitten war, verneigte er sich ein weiteres Mal.

Hätte er über Geld verfügt, so hätte es nichts Leichteres gegeben, als auf dem Schiff drei Flüsse zu befahren: die Oka, die Wolga und die Kama jeweils bis zu ihren Oberläufen. Als er aus dem Gefängnis entlassen worden war, drückte er sich eine Zeit lang an den Anlegestellen herum, aber es war ihm kein Glück beschieden. Die Menschen waren andere als früher. Es gelang ihm auch nicht, ein neues Paar Bastschuhe als Reserve aufzutreiben, vielleicht hätte er in irgendeinem Dorf diesbezüglich mehr Glück.

Der Herbst näherte sich, aber die Nächte waren noch warm. Sei es, wie es sei, vor dem Winter würde er ohnehin nicht bis Tscherdyn kommen, und schon jetzt waren die Ortschaften auf dem Weg seltener und die Menschen unwirscher. Er überdachte alles vernünftig und entschied sich dann für das Unvernünftigste, nämlich ohne zu zögern weiterzugehen. Und als er hundert Werst zurückgelegt hatte, wurde seine Seele von Glückseligkeit erfüllt und alles auf der Welt schien ihm wunderschön. An jenem Tag wurde in Rjasan Sergej Pawlowitsch zusammen mit zahlreichen anderen als Warnung im Schnellverfahren als Abgang verbucht.

Als er an die großen Wälder kam, versagten die Bastschuhe dem Wanderer ihren Dienst: In Fußlappen über die Wurzeln zu gehen schmerzte fürchterlich, aber es fehlte nun an Straßen. Es kam vor, dass er zwei Nächte hintereinander auf dem nackten Boden schlief, denn das Heu war eingebracht, und nur selten kam er durch ein Dorf. Mit großem Vergnügen aß er Preiselbeeren und kaute auch einen Täubling, bisweilen auch Nüsse, so er welche fand. Das Gefängnis hatte Vater Jakow geschwächt, vielleicht waren seine Kräfte aber auch ohnedies an ihr Ende gekommen. In den Dörfern gab man ihm zu essen, wenngleich ohne besondere Freundlichkeit. Schließlich gelang es ihm, auch neue Bastschuhe aufzutreiben, die er über die zerlumpten Reste seiner Fußlappen zog.

So ging er wohl zwanzig Tage. Mitte August, als er in der ersten kalten Nacht ohne Obdach irgendwo übernachtete, verkühlte er sich mehr, als es einem alten Menschen zuträglich ist, und am Morgen kam er kaum mehr hoch, um seinen Weg fortzusetzen. Da wurde ihm bewusst, dass sich der Weg des wandernden Popen Vater Jakow Kampinski, des Zeugen der Geschichte, sollte dieser nicht bis zum Abend in ein Dorf gekommen sein, seinem Ende zuneigte. Bis zum Mittag jedoch hatte sich kein Dorf genähert, da Vater Jakow mit auf die Knie gelegtem Kopf auf der Erde saß. Über dem Himmel breitete sich ein Feuer aus, und auch sein Körper stand lichterloh in Flammen, ohne zu verbrennen. In Moskau, auf dem Arbat, lärmten die Glocken eines der zahlreichen Heiligen Nikolaj, aber es gab kein Wasser zu trinken, bis zum Fluss war es weit, der Bach hatte sich hinter einem Hügel versteckt, und die Bastschuhe schienen hundert Pfund zu wiegen. Das Schiff schwankte, der Kapitän schrie aus seinem Steuerhaus dem entgegenkommenden Floß zu: »Ihr seid in der falschen Fahrrinne, ihr Kanaillen!«, und vom Floß antwortete es: »Ho-ho-ho!« Dann erreichte ihn ein frisches Lüftchen, streifte den zu warmen Hut vom Kopf und Vater Jakow dachte: »Schlecht, dass du dich an einem ungünstigen Platz niedergelassen hast, bis zum nächsten Dorf schaffst du es nicht mehr.«

Es wurde noch frischer und das Feuer am Himmel verlosch lautstark, vom Schnurrbart tropfte zu beiden Seiten Wasser herab, das Vater Jakow mit trockener Zunge aufleckte. Da begriff er, dass ein Sturzregen eingesetzt hatte und er sich irgendwo unterstellen musste. Er warf sich zur Seite, kroch auf den Knien, seine Kleider hakten sich im Gras und an den Wurzeln fest. Ihm war nicht mehr heiß, aber das Glockengeläut verstummte nicht und pochte nicht nur in den Ohren, sondern auch in der Brust. Er kroch wohl zwei Sashen, dann hob Vater Jakow den Kopf, wandte sein Gesicht dem Regen zu, begann zu weinen, wie es alte Menschen tun, und seine Augen fühlten Kälte und Wärme zugleich. Dann flossen kleine Schlangen über seinen ganzen Körper, vom Kopf bis zu den Beinen, sie bissen nicht, aber sie legten sich wie kalte Ringe um ihn. Das war, mit Verlaub, schlimmer als das Feuer, aber es war ebenjene Pein, zu der er sich selbst verurteilt hatte, als er aus dem Zug gestiegen war und den für ihn einzig richtigen Weg eingeschlagen hatte. Für eine Stunde verließ ihn das Bewusstsein.

Ein letztes Mal erwachte er, als der Regen aufgehört hatte und die Herbstsonne ihn wärmte. Er konnte den Kopf nicht heben, aber er sah Grashalme vor sich, etwas weiter entfernt einen Farn und noch weiter den dicken grünen Stamm einer

Fichte, der sich wie mit Fingern in die Erde krallte. Die Sonne wärmte nicht von oben, sondern von der Seite, durch die lichte Öffnung des Waldes. An diesem Ort also, auf dem Weg von Kiew nach Tscherdyn, wo genau aber war unbekannt, war es ihm beschieden, seinen Leib zurückzulassen, seinem Geist aber, der stets wissbegierig war und zu reisen verlangte, würde es ein Leichtes sein, weiterzugehen, ohne die vergängliche äußere Hülle, ohne Bastschuhe und die Lumpen, die einstmals ein Priestergewand gewesen waren.

Des Nachts erklang ein Zwiegespräch: Der Uhu rief laut, der Sterbende antwortete mit leisem Stöhnen. Wenn Gott existiert, so war er es, der den Wölfen verbat, jenen Kreis zu betreten, in dessen Mitte auf dem feuchten Waldboden ein zusammengekrümmter Mensch lag, der seinen irdischen Weg zu Ende ging. Er brauchte nicht nach Tscherdyn zu kommen, denn ganz Russland, vom Ural nach Osten und nach Westen, war ihm Heimat. Und der Tod auf dem Weg war der einzig würdige Tod für den wissbegierigen wandernden Popen.

So steht es geschrieben auf den letzten Seiten des Buches vom Ende, vom Tod des Vaters Jakow Kampinski, des Zeugen der Geschichte.

ANMERKUNGEN

12 und sang Tschastuschki
Russ.: »častúška« (Plural: »častúški«).
Častúški sind eine spezifisch russische improvisierte Volksmusik-
gattung, die im 19. Jahrhundert entstand und bis heute existiert.

**16 Das Jahr vier war das Jahr der
»heiligen Empörung«**
Seit langem schwelte die Auseinandersetzung zwischen der alten Groß-
macht Russland und dem rasant
wachsenden Japan um die Vorherr-
schaft im Fernen Osten. Als in der
Nacht des 16./27. Januars 1904 japanische Kanonenboote russische Schiffe
im Flottenstützpunkt Port Arthur
ohne Kriegserklärung überfielen,
brach der russisch-japanische Krieg
los. Nach verheerenden Niederlagen
war Zar Nikolaj II. gezwungen, Friedensverhandlungen zuzustimmen,
die auf Vermittlung des amerikanischen Präsidenten Theodore Roose-
velt im Juli 1905 eröffnet wurden.
Die Hoffnung des ultrakonservativen
Innenministers Vjačeslav Konstantinovič Pleve (s. Anm. zu S. 26), ein
»kleiner siegreicher Krieg« könne den
revolutionären Strömungen im europäischen Teil des Zarenreichs Einhalt
gebieten, hatte sich nicht bewahrhei-
tet. Der russische-japanische Krieg
lieferte der Opposition Zündstoff und
führte zur Empörung in der Gesellschaft über das autokratische System,
Rufe nach Reformen wurden lauter.
Es kam zu politischen und sozialen
Unruhen, die im Januar 1905 in einem
Demonstrationszug gipfelten, der mit
einem Blutbad endete (s. Anm. zu
S. 26). Die Empörung über das brutale
Vorgehen der Machthaber rief eine
Welle von Streiks und Aufständen
hervor. Hunderttausende Arbeiter
schlossen sich einer fast ununterbro-
chenen Streikbewegung an, die Losungen der Demonstrationen wurden
immer revolutionärer, auf dem Land
begannen die verarmten Bauern, sich
mit Gewalt der Ländereien zu be-
mächtigen, die Soldaten, vor allem in
der Kriegsmarine, widersetzten sich
den Befehlen ihrer Führung und meu-
terten (s. Anm. zu S. 78).

– »Duma des Volkszorns«
Im Oktober brachte ein Generalstreik
mit Forderungen nach sozialen, ökonomischen und politischen Reformen
das Land zum Erliegen. Daraufhin
stimmte Zar Nikolaj II. im sogenannten Oktobermanifest der Einführung
demokratischer Strukturen zu. Das
am 17. Oktober 1905 vom Zar unterzeichnete Manifest »zur Befriedung
des öffentlichen Lebens« sollte
Gewissensfreiheit, Presse- und Versammlungsfreiheit garantieren und
kündigte die Einführung der Staatsduma an, eines Parlaments, das als
zweite Kammer neben dem vor allem
mit Vertretern der Aristokratie
besetzten Staats- bzw. Reichsrat fun-
gieren sollte. Die erste Staatsduma
trat am 27. April 1906 erstmals zusammen und wurde in der Bevölkerung
»Duma des Volkszorns« genannt, da
sie auf ihrer Unabhängigkeit von der
zaristischen Macht bestand. Ungeachtet der Wahl und Einberufung eines
Parlaments bestand der Absolutismus
jedoch unverändert fort, eine Konstitution wurde nicht verabschiedet.
Die Machtbefugnisse der Duma waren
extrem begrenzt, der Zar konnte bei
Beschlüssen des Parlaments ein un-
beschränktes Vetorecht ausüben.
Die ersten beiden Dumas wurden
jeweils nach nur wenigen Monaten
wieder aufgelöst. (zur Auflösung der
ersten Duma s. Anm. zu S. 77).

– die Bogatyren aus den russischen Heldensagen
»Bogatyr« ist die Bezeichnung für Recken aus mittelalterlichen russischen Sagen, die in den »Bylinen«, den mündlich überlieferten russischen Heldenepen und -gedichten, besungen werden. Seit der zweiten Hälfte des 19. Jahrhunderts wurden die Texte der Bylinen systematisch gesammelt und verschriftlicht, und die Figuren der Bogatyren waren häufiges Motiv der russischen Malerei.

– bei einem Vortrag der Koryphäe der Sozialrevolutionären Partei
Die Sozialrevolutionäre Partei (Partija Socialistov-Revoljucionerov, kurz: PSR) entstand Ende 1901/Anfang 1902 durch die Vereinigung von verschiedenen Gruppen der Narodniki (s. Anm. zu S. 325). Der Gründungsparteitag fand erst drei Jahre später vom 29. Dezember 1905 bis 4. Januar 1906 in Finnland statt. Kernforderungen des sozialrevolutionären Programms waren die Abschaffung der Autokratie und Einführung einer demokratischen Republik und die »Sozialisierung des Landes«, also der Übergang privaten Eigentums in den Besitz des Gemeinwesens. Der »politische Terror« war, wie auch in der Organisation der Narodnaja Volja, fester Bestandteils des sozialrevolutionären Programms. Der Staat sollte »gleichsam sturmreif gebombt bzw. geschossen werden und ein allgemeiner Aufstand ihn endgültig hinwegfegen« (Hildermeier, Manfred: *Geschichte Russlands*. 3. Aufl., München 2016, S. 992). Seit Beginn existierte eine terroristische Kampforganisation, die formal der sozialrevolutionären Parteiführung unterstellt, tatsächlich aber fast vollkommen unabhängig war. Der terroristische Flügel der Partei wurde bis 1903 von Grigorij Andreevič Geršuni (1870–1908), danach von Jevno Fišelevič Azef (s. Anm.

zu S. 290) geleitet und war verantwortlich für zahlreiche Terroranschläge auf Repräsentanten des zaristischen Regimes.

– des schwarzgelockten und schwarzäugigen »Unbesiegbaren«
Die Rede ist von Il'ja Isidorovič Fondaminskij (auch: Fundimnskij, Pseudonym: Bunakov, 1879–1942), einem der Gründer der Sozialrevolutionären Partei, der im Ruf eines meisterlichen Redners stand und zu den Organisatoren des Moskauer Aufstands im Dezember 1905 gehörte. Fondaminskij wurde mehrmals verhaftet und emigrierte 1907 nach Frankreich. Nach der Februarrevolution 1917 kehrte er nach Russland zurück und wurde Kommissar der Schwarzmeerflotte. 1919 emigrierte er erneut und lebte in Paris, wo er als Redakteur der *Sovremennye Zapiski*, einer der führenden Zeitschriften der russischen Emigration, und als Herausgeber der christlich-demokratischen Zeitschrift *Novyj grad* tätig war. Nach der Besatzung Frankreichs durch die Nationalsozialisten wurde Fondaminskij 1941 verhaftet und starb 1942 in Auschwitz.

17 von der Kraft des Denkens jenes deutschen Modephilosophen
In seiner Streitschrift *Zur Genealogie der Moral* (1887) erklärte der deutsche Philosoph Friedrich Nietzsche (1844–1900), dass es gerade die Angehörigen der »vornehmen Rasse« seien – »römischer, arabischer, germanischer, japanischer Adel, homerische Helden, skandinavische Wikinger«, die das Bedürfnis haben, von Zeit zu Zeit aus sich herauszugehen, die Enge der Zivilisation zu verlassen. Die Freiheit von allen sozialen Zwängen genießend, wird so der Vertreter der Herrenmoral Nietzsches eine »nach Beute und Sieg lüstern schweifende blonde Bestie«.

18 im sinnlosen und ruhmlosen Krieg gegen Japan
s. Anm. zu S. 16

20 Zenon
Zenon von Elea (um 490 v. Chr. – um 430 v. Chr.), latinisiert Zeno, auch Zeno der Ältere, antiker griechischer Philosoph. Er wird zu den Vorsokratikern gezählt.

– die Geschichte vom Wettlauf der Schildkröte mit Achilles
Das Paradoxon von Achilles und der Schildkröte ist das wohl bekannteste der Paradoxa des griechischen Philosophen Zenon von Elea. Zenon behauptete, dass der Held des Trojanischen Krieges und als Schnellläufer berühmte Achilles eine Schildkröte, die einen Vorsprung von einem Stadion (etwa 192,27 m) habe, niemals einholen könne, obwohl er mit der zwölffachen Geschwindigkeit wie diese laufe. Immer dann, wenn Achilles dort ankomme, wo die Schildkröte zuvor war, sei diese schon wieder an einem neuen Ort. Ihr Vorsprung vor Achilles verringere sich zwar zunehmend, verschwände aber nie zur Gänze. Folglich könne der Läufer die Schildkröte niemals einholen. Der (scheinbare) Widerspruch der mathematischen Überlegungen Zenons zur Wirklichkeit konnte erst mit Hilfe des Grenzwertbegriffes bzw. der Konvergenz unendlicher geometrischer Reihen geklärt werden. Mit seinen Paradoxa suchte Zenon die Eleatische These zu stützen, der zufolge es in der Wirklichkeit keine Vielheit, sondern nur ein einziges unveränderliches und unzerstörbares Ganzes gebe und dass die Alltagswahrnehmung von Vielfalt und Bewegung bloßer Schein sei.

21 Der schnelle Läufer Achilles hat im Lauf seinen Chiton von sich geworfen
Achilles war der tapferste, schönste und liebenswürdigste der griechischen Helden in Homers *Ilias*. Thetis, die zauberschöne, silberfüßige Nereïde, gebar ihn dem Peleus, ihrem sterblichen Gatten. Um ihn unverwundbar zu machen, tauchte seine Mutter ihn in den Styx, wobei nur die Ferse, an der sie den Knaben hielt, verwundbar blieb. Durch einen Pfeil des Paris, den der Gott Apollon in eben diese Ferse lenkte, fand Achilles den Tod. Der Chiton war zu Homers Zeit das Gewand des Mannes.

22 ob Perowskaja Sheljabow geliebt hat
Sofja L'vovna Perovskaja (1853–1881) und Andrej Ivanovič Željabov (1851–1881) waren als führende Persönlichkeiten der Organisation Narodnaja volja (vgl. Anm. zu S. 325) maßgeblich an dem Attentat auf Zar Alexander II. (1818–1881) beteiligt. Im August 1879 hatte die terroristische Gruppierung ein »Todesurteil« über Alexander II. verhängt, dem er nur entgehen könne, wenn er eine gesetzgebende Nationalversammlung einberufe. Nach der Verhaftung Željabovs, der die Terrorgruppe leitete, die die Ermordung Alexanders II. plante, übernahm seine Lebensgefährtin Perovskaja die Führung innerhalb der Gruppe. Am 1. März 1881 glückte der siebte Versuch eines Attentats, und Russland verlor einen seiner wenigen liberal gesinnten Regenten. Perovskaja war an dem Attentat federführend beteiligt, indem sie, als sich die Equipage des Zaren näherte, das Zeichen zum Wurf der Bombe gab. Die Explosion einer ersten Bombe überlebte der Zar unverletzt, durch die Explosion einer zweiten Bombe wurde Alexander II. schließlich so schwer verletzt, dass er einige Stunden später seinen Verletzungen erlag. Zehn Tage nach dem

Attentat wurde Perovskaja verhaftet und am 3. April 1881 zusammen mit Željabov und weiteren »Pervomartovcy« (»Die des ersten Märzes«) öffentlich hingerichtet. Perovskaja war die erste Frau in Russland, die aufgrund eines politischen Verbrechens öffentlich hingerichtet wurde.

24 morgen schon in Piter
»Piter« ist seit dem ausgehenden 18. und beginnenden 19. Jahrhundert die umgangssprachliche Abkürzung des Städtenamens Sankt Petersburg (1914–1924: Petrograd, 1924–1991: Leningrad), Hauptstadt des russischen Kaiserreiches sowie bis März 1918 der neugegründeten Sowjetunion.

25 Die Stadt der Samoware und Lebkuchen
Die Stadt Tula ist seit der zweiten Hälfte des 18. Jahrhunderts ein Zentrum der russischen Samowar-Produktion, bis zum Ersten Weltkrieg waren dort etwa 50 Samowar-Produzenten ansässig. Wenn man etwas Überflüssiges tut, trägt man in Russland nicht »Eulen nach Athen«, sondern fährt »mit dem eigenen Samowar nach Tula«. Ebenso berühmt wie für ihre Samoware ist die Stadt Tula für ihre Lebkuchen (russ.: »prjánik«), die seit dem 17. Jahrhundert in Russland unerlässlicher Bestandteil bei jedem festlichen Anlass waren und zu Geburten ebenso gebacken wurden wie zu Hochzeiten. Der Tradition entsprechend brachte ein frisch verheiratetes Paar den Eltern der Braut einige Tage nach der Hochzeit einen Prjanik.

26 dem bekannten Vater Gapon
Der russisch-orthodoxe Priester Georgij Apollonovič Gapon (1870–1906) gründete 1903 mit Billigung des Geheimdienstes Ochrana (s. Anm. zu S. 37) und mit dessen finanzieller Un-terstützung eine der ersten legalen Gewerkschaften, die »Versammlung der russischen Fabriks- und Werksarbeiter von Sankt Petersburg«, mit der revolutionäre Proteste in staatlich kontrollierte Kanäle gelenkt werden sollten. Nach der Entlassung dreier Arbeiter in den Putilow-Werken (s. Anm. zu S. 95) im Dezember 1904 kam es zu Massenstreiks. Am Sonntag, den 9. Januar 1905, marschierten in der Hauptstadt St. Petersburg 50000 bis 100000 Arbeiter unter Führung des Popen Gapon zum Platz vor dem Winterpalais. Zar Nikolaj II. sollte eine Volkspetition übergeben werden, in der Demonstranten eine Verbesserung ihrer sozialen Lage forderten. Viele der Demonstranten trugen Ikonen, sangen und beteten. Als die Menge ihren Aufmarsch beendet hatte, schoss das Militär (der Gouverneur von St. Petersburg hatte 9000 Infanteristen und 3000 Kavalleristen zusammengezogen) ohne Vorwarnung in die Menge. Nach offiziellen Angaben wurden 130 Demonstranten getötet und 299 schwer verletzt, tatsächlich waren aber womöglich sehr viel mehr Opfer zu beklagen. Das Massaker ging als »Blutsonntag« in die Geschichte ein. Die Empörung über das Blutbad rief eine Woge von Proteststreiks und Aufständen hervor. Mit Unterstützung der Sozialrevolutionären Partei verließ Gapon anschließend Russland und schrieb in London seine Erinnerungen. Nach seiner Rückkehr nach Russland wurde er wegen Verrats von den Sozialrevolutionären am 10. April 1906 in einer Hütte in Ozerki bei St. Petersburg erhängt. Einer der Hauptverantwortlichen des Mordes an Gapon war Jevno Azef (s. Anm. zu S. 290), der später selbst als Agent Provocateur der Ochrana enttarnt wurde.

– beim Minister Plewe höchstselbst
Vjačeslav Konstantinovič fon Pleve
(1846–1904), seit 1881 Direktor des
Departements des Staatlichen Sicher-
heitsdienstes des Innenministeriums.
1884–1894 Senator und Assistent des
Innenministers. Nach der Ermordung
des Innenministers Dmitrij Sergeevič
Sipjagin (s. Anm. zu S. 93) durch die
Sozialrevolutionäre am 2. April 1902
wurde Pleve von Zar Nikolaj II. zum
Innenminister ernannt. Die Kampforganisation der Sozialrevolutionäre
verhängte über Pleve als Vertreter
einer äußerst reaktionären Linie das
»Todesurteil«. Am 15. Juli 1904 fiel
Pleve wie sein Vorgänger Sipjagin
einem Attentat durch die Sozialrevolutionäre zum Opfer.

**27 als dem Volk die Freiheit geschenkt
wurde**
Bezugnahme auf die Verabschiedung
des Oktobermanifests durch Zar Nikolaj II. im Jahr 1905 (s. Anm. zu S. 16).

**28 eine Volksgruppe [...], die noch nie
von Gott gehört hatte**
Der russisch-orthodoxe Priester Jakov
Vasil'evič Šestakov (Kamasinskij)
(1858–1918), der Ossorgin als Vorbild
für die Figur des Vater Jakow Kampinski diente, entdeckte bei seinen
Reisen am Oberlauf der Kama tatsächlich eine nicht-christianisierte
ethnische Gruppe (vgl. dazu: Kamasinskij, Ja. [Šestakov, Ja. V.]: *Okolo
Kamy. Etnografičeskie očerki i Rass-
kazy*. Moskau 1905).

**29 Der undurchsichtige Mensch hieß
Nikolaj Iwanowitsch**
Vorbild für die Figur des Nikolaj Iwanowitsch war der Sozialrevolutionär
und Terrorist Petr Aleksandrovič
Kulikovskij (1869–1923), der am
28. Juni 1905 den Moskauer Stadtkommandanten Pavel Pavlovič Šuvalov

(1859–1905) bei einer Audienz er-
schoss. Kulikovskij hatte am Moskauer Pädagogischen Institut eine Ausbildung als Lehrer und danach eine
Anstellung an der Petersburger Sergij-
Lehranstalt erhalten. Bereits als Student war er in der revolutionären Bewegung aktiv, 1903 wurde er nach Jakutien verbannt. Aus der Verbannung
floh er ein Jahr später und wurde von
Ossorgin in dessen Sommerhaus in
der Nähe von Moskau versteckt. Nach
seiner Rückkehr schloss Kulikovskij
sich in Petersburg der terroristischen
Kampforganisation der Sozialrevolutionäre an. Ihm oblag die Ausspä-
hung des Moskauer Generalgouverneurs Großfürst Sergej Alexandrovič
Romanov (1857–1905), der am 4. Februar 1905 einem Attentat durch Iwan
Kaljaev zum Opfer fiel (s. Anm. zu
S. 134). Nach dem Mord an Šuvalov
wurde Kulikovskij zum Tode durch
den Strang verurteilt, wurde aber
nach einem Gnadengesuch vom Zaren zu lebenslanger Zwangsarbeit
begnadigt. 1922 wurde er Kommandant des Landkreises und Vorsitzender der Volksregierung des Kreises
Jakutien. Am 2. März 1923 wurde er
von Soldaten der Roten Armee verhaftet und beging am gleichen Tag
Suizid. In seiner Skizze *Nikolaj Iwanowitsch* aus dem Jahr 1923 erzählt
Ossorgin über Kulikovskij.

**– rezitierte Nikolaj Iwanowitsch
Gedichte von Puschkin, Nekrassow
und Alexej Tolstoj**
Alexander Puschkin (1799–1837),
russischer Dichter. Nikolaj Aleksee-
vič Nekrasov (1821–1877), russischer
Dichter, Nikolaj Alekseevič Nekrasov
(1821–1877), russischer Dichter und
Schriftsteller der Natürlichen Schule,
Literaturkritiker und Herausgeber der
Zeitschrift *Sovremennik* (1847–1866)
sowie der *Otečestvennye zapiski*
(1868–1877).
Alexej Konstantinovič Tolstoj (1817–

1875), russischer Schriftsteller, Dichter und Dramatiker.

31 »Weißt du, was in Presnja vor sich geht?«

Eigentlich Presnenskij Rajon, einer der zentralen Bezirke Moskaus. Seit dem 18. Jahrhundert industrielles Zentrum von Moskau und Arbeiterbezirk und somit Epizentrum der revolutionären Ereignisse der Jahre 1905 und 1917.

33 den Kampfgenossen Olen

Prototyp für den Kampfgenossen mit dem Pseudonym Olen (russ.: »olén'«, »Hirsch«) war der Sozialrevolutionär Michail Ivanovič Sokolov (1880–1906) mit dem Decknamen »medvéd'« (»Bär«). Sokolov entstammte einer Bauernfamilie und war seit 1900 in der sozialrevolutionären Bewegung im Gouvernement Saratow aktiv. Aufgrund seiner politischen Tätigkeit als Sekretär des sozialrevolutionären Bauernzirkels wurde er von der landwirtschaftlichen Fachschule ausgeschlossen, 1903 wurde er verhaftet, konnte aber aus der Haft fliehen. Er führte die terroristische Kampforganisation der Gruppierung der Maximalisten (s. Anm. zu S. 86) an, deren Mitbegründer und theoretischer Kopf er war, und verfasste die Broschüre *Suščnost' maksimalizma* (»Das Wesen des Maximalismus«, 1906). Als Mitglied des Kampfkomitees der Presnja war er aktiv an der Organisation der bewaffneten Erhebung in Moskau im Dezember 1905 beteiligt (s. Anm. zu S. 36). Nach der Auflösung der ersten Duma im Juli 1906 (s. Anm. zu S. 77) plante Sokolov eine »tiefgreifende revolutionäre Woge«, deren erste Aktion das Attentat auf Stolypin (s. Anm. zu S. 70) sein sollte, das mehr als dreißig Todesopfer forderte. Auch die von der terroristischen Kampforganisation der Maximalisten

(s. Anm. zu S. 86) durchgeführte Expropriation (s. Anm. zu S. 56) in der Fonarnyj Pereulok (s. Anm. zu S. 120) stand unter der Leitung Sokolovs. Am 26. November 1906 wurde Sokolov in St. Petersburg festgenommen und von einem der von Stolypin im August 1906 eingeführten Feldkriegsgerichte (s. Anm. zu S. 148) zum Tode verurteilt. Das Urteil wurde am 2. Dezember vollstreckt.

– die Fabrik von Prochorow

In der 1799 von dem Moskauer Kaufmann Vasilij Ivanovič Prochorow (1755–1815) gegründeten und 1874 in eine Genossenschaft umgewandelten Textilmanufaktur Tovariščestvo Prochorovskoj Trechgornoj Manufaktury im Presnenskij Rajon (s. Anm. zu S. 31) war während des Moskauer Aufstands im Dezember 1905 der Führungsstab der »Kampfbrüderschaften« untergebracht. Nach der Niederschlagung des Aufstandes am 17./18. Dezember wurden 14 Rebellen auf dem Fabrikhof erschossen.

36 Im Dezember des Jahres neunzehnhundertfünf notierte er

Nach einem politischen Generalstreik kam es im Dezember 1905 in Moskau zu einer bewaffneten Erhebung. Bis zum 12. Dezember hatten revolutionäre Milizen die Kontrolle über alle Eisenbahnstationen und mehrere Stadtbezirke gewonnen. Mit Unterstützung von Studenten und Bürgern, die vom Einsatz der Gewalt gegen die streikenden Arbeiter entsetzt waren, wurden Barrikaden errichtet. Die Rebellen installierten in Presnja eine Arbeiterrepublik mit eigener Polizei und einem Revolutionsrat. Die bewaffnete Erhebung wurde mit äußerster Brutalität niedergeschlagen, ein Großteil des Stadtbezirks Presnja wurde zerstört, über tausend Menschen wurden getötet. In den auf den

Aufstand folgenden Wochen kam es zu Massenverhaftungen und standrechtlichen Erschießungen, die sozialistischen Parteien wurden in den Untergrund getrieben.

37 Realschule des Herrn Iwan Iwanowitsch Fidler

Ivan Ivanovič Fidler (1864–1934) stellte das Gebäude seiner privaten Realschule während des bewaffneten Moskauer Aufstandes im Dezember 1905 den revolutionären Parteien zur Verfügung. Am 5. Dezember fand hier die Versammlung des Moskauer Sowjets statt, auf der die folgenschwere Resolution zur Ausrufung des politischen Generalstreiks für den nächsten Tag gefasst wurde. Bei einer Versammlung von 150 Gymnasiasten, Studenten und bewaffneten Kämpfern am 9. Dezember wurde das Schulgebäude von Einheiten des Moskauer Generalgouverneurs umstellt und die Rebellen wurden zur Aufgabe aufgefordert. Als das Ultimatum verstrichen war, wurde das Schulgebäude unter Beschuss genommen. Unter den anschließend Verhafteten war auch der Schulleiter, der nach einigen Monaten im Gefängnis wieder freikam und nach Frankreich emigrierte, wo er ebenfalls eine Schule gründete. Die Ereignisse des 9. Dezember führten dazu, dass der politische Generalstreik in einen bewaffneten Aufstand überging.

– das Gebäude der Moskauer Sicherheitsabteilung

Bezieht sich auf die Abteilung zum Schutz der allgemeinen Sicherheit und Ordnung der Stadt Moskau (Ötdelenie po ochraneniju obščestvennoj bezopasnosti i porjadka v Moskve), eine der gefürchteten zaristischen politischen Geheimpolizei (im Volksmund »Ochránka« genannt) zugeordnete Abteilung, die sich in den Jahren 1880–1917 in der Gnezdikovskij Pereulok Nr. 5 befand, unweit der Residenz des Generalgouverneurs der Stadt. Zuerst in St. Petersburg (1866) und Moskau (1880) eingerichtet, waren Anfang des 20. Jahrhunderts in knapp 30 größeren Städten des Russischen Reiches derartige Abteilungen der Ochrana installiert, und ein Heer von inoffiziellen Mitarbeitern und Agents Provocateurs forschte die politischen Parteien und Verbände aus.

38 bei der Kirche des Heiligen Nikolaj des Wundertäters

Eine der ältesten und beliebtesten Kirchen Moskaus war die im 16./17. Jahrhundert erbaute Kirche des Hl. Nikolaj am Arbat, in der Kranke durch eine wundertätige Ikone Heilung zu erfahren suchten. Nach einem Umbau in der zweiten Hälfte des 19. Jahrhunderts wurde die Kirche 1931 abgerissen und an ihrer Stelle eine allgemeinbildende Schule errichtet.

39 Vom Misserfolg des Krieges erschüttert

s. Anm. zu S. 16

40 die angaben, dass eine Werst 500 Sashen seien

Russ.: »verstá« und »sážen« sind alte russische Längenmaße. Eine verstá entspricht 1,067 km, ein sážen = 2,1336 m.

– auch die Ochranka feiert ja

Zu Ochranka s. Anm. zu S. 37

41 ein niedergedrückter und nachdenklicher Student namens Maurice

Prototyp der Figur des Studenten Maurice ist der Philosoph, Publizist und Revolutionär Solomon (Semën) Jakovlevič Ryss (Deckname: Mortimer, 1876–1908), ein Kampfgenosse Sokolovs (s. Anm. zu S. 33) federführend in der Organisation zahlreicher Expropriationen (s. Anm. zu S. 36). Ryss war zunächst Mitglied der Sozialrevolutionären Partei (s. Anm. zu S. 16), schloss sich dann der terroristischen Kampforganisation der Maximalisten an (s. Anm. zu S. 86), erarbeitete gemeinsam mit Sokolov die theoretischen Grundlagen des Maximalismus und war Autor einer Reihe von Aufsätzen in dem von den Maximalisten herausgegebenen Band mit dem Titel *Naš put'* (»Unser Weg«). Im Juni 1906 wurde er unter der Anschuldigung der Organisation bewaffneter Raubüberfälle verhaftet, konnte jedoch aus der Haft fliehen. Nach seiner Flucht legte er vor der terroristischen Kampfgruppe ein Geständnis ab, seine Flucht sei von der Ochrana organisiert gewesen, und er habe sich im Gegenzug zur Zusammenarbeit mit dem politischen Geheimdienst verpflichtet. Die Rolle von »Mortimer« und der von ihm dem Geheimdienst gelieferten Informationen hinsichtlich der Zerschlagung der von Sokolov geleiteten terroristischen Kampfgruppe der Maximalisten durch die zaristischen Behörden ist nicht endgültig geklärt.

– mit Papacha auf dem Kopf
Traditionelle und bis heute weitverbreitete kaukasische Kopfbedeckung für Männer und Jungen, die auch in einigen Teilen Mittelasiens, Vorderasiens und bei den russisch-ukrainischen Kosaken getragen wird. In Russland ist sie als hohe zylindrische Mütze aus Schaf- oder Karakulfell seit Mitte des 19. Jahrhunderts repräsentative Kopfbedeckung für Marschälle und Generäle der Kosakenverbände, seit 1913 Uniformbestandteil der befehlshabenden Ränge der gesamten kaiserlich-russischen Armee.

– Demonstranten der Schwarzhundertschaft
In der frühen Neuzeit wurde als Schwarzhundertschaft (»Čërnaja sótnja«) eigentlich die steuer- und lastenpflichtige Masse der Posad-Bevölkerung bezeichnet, die mit ihren erblichen Höfen zu administrativen Zwecken in »schwarze« Hundertschaften (»sótni«) eingeteilt worden waren. Nach der Verabschiedung des Oktobermanifests 1905 (s. Anm. zu S. 16) entstand ein Netzwerk monarchistischer Organisationen mit extrem rechtsgerichteter Gesinnung, die in der liberalen Bevölkerung »Čërnaja sotna« (»Schwarzhundertschaft«) genannt wurden. Die Ultrakonservativen übernahmen diese Bezeichnung und stellten einen Bezug her zum heldenhaften Stadtältesten Kuz'ma Minin von Nižnyj Novgorod, als sich in der Zeit der »Smuta« (1598–1613) die Städte zusammenschlossen, um die polnische Invasion zu bekämpfen.

41 Ikonen mit Seraphim von Sarow
Der Heilige Seraphim von Sarow (Serafim Sarovskij, bürgerlich: Prochor Mošnin, 1754 oder 1759–1833) war einer der bekanntesten russischen Mönche und Mystiker der russisch-orthodoxen Kirche. Er trat 1778 als Novize in das Kloster Sarow ein und lebte fünfzehn Jahre als Einsiedler in einer einsamen Holzhütte am Fluss Sarowka. Nach seiner Rückkehr ins Kloster im Jahr 1810, schloss er sich zehn Jahre lang in seiner Zelle ein. Danach wurde er von den Gläubigen als Prophet und Heiler aufgesucht. 1903 wurde er von der Russisch-Orthodoxen Kirche heiliggesprochen.

– um den Semjonow-Leibgardisten den Weg zu versperren
Auf Bitten des Generalgouverneurs von Moskau entsandte der Zar Gardetruppen, u. a. des Semjonow Leibgarderegiments, aus der Hauptstadt nach Moskau, um die sich dort seit dem 9. Dezember zunehmend ausweitende bewaffnete Erhebung niederzuschlagen. Sie trafen am 15. Dezember ein und begannen am nächsten Morgen, den Bezirk Presnja (s. Anm. zu S. 31), das Zentrum des Aufstands, unter Artilleriefeuer zu nehmen und den von den Aufständischen besetzten Kasaner Bahnhof sowie weitere Bahnstationen zu befreien.

45 Sie sangen zuerst Stenka Rasin
Eine beliebte Volksweise besingt das Schicksal des Stepan (Sten'ka) Timofeevič Razin (um 1630–1671), eines Ataman der Don Kosaken und Anführers des großen Kosaken- und Bauernaufstandes der Jahre 1670–1671. Der Aufstand wurde niedergeschlagen, Sten'ka Razin am 6. Juni 1671 durch Vierteilung hingerichtet. In der Folge wurde er zum Helden einer Vielzahl von Legenden, Erzählungen und Gedichten.

– einen kleinen »Velo-dog«
Auch: »Revolver de Poche«. Kleinkalibriger Taschenrevolver, der von René Galand, dem Sohn des französischen Waffenherstellers Charles-François Galand (1832–1900), als Verteidigungswaffe für Radfahrer gegen Angriffe durch Hunde entwickelt wurde. Daher die Bezeichnung, die zusammengesetzt ist aus »velocipede« und »dog«.

48 »Das ganze Petersburg«
»Ves' Peterburg« (nach 1914 »Ves' Petrograd«) war ein in den Jahren zwischen 1894 und 1917 in hoher Auflage verbreitetes Adress- und Branchenverzeichnis.

– Warenje
Unzerkleinert mit Zucker eingekochtes Obst, allerdings flüssiger als Konfitüre. Wird zum Tee gereicht.

49 eine Ausgabe der Gesammelten Werke von Dostojewski, einige Sammelbände der Verlagsgenossenschaft »Wissen«
Durch die zufällige Auswahl der Bücher charakterisiert Ossorgin die Verschwörer als recht naiv. Die gesammelten Werke eines Schriftstellers wie Dostojewski sind eher in den Bücherschränken des aufgeklärt-liberalen Bildungsbürgertums zu finden gewesen, während die Sammelbände der 1898 von einer Gruppe Literaten um Konstantin Petrovič Pjatnickij (1864–1938) gegründeten und seit 1902 von Maxim Gorki (1868–1936) geleiteten Verlagsgenossenschaft *Snanije* (»Wissen«) eher für die Aufklärung der ungebildeten Schichten stehen. Die von der Verlagsgenossenschaft herausgegebenen Sammelbände mit Erzählungen von Autoren wie Anton Tschechow, Alexander Kuprin, Leonid Andrejew, Iwan Bunin, Émile Verhaeren, Gerhart Hauptmann, Gustave Flaubert und Knut Hamsun wurden in hoher Auflage verbreitet und waren sehr populär.

54 *Finsternis* von Leonid Andrejew
Die 1907 erschienene Erzählung *Finsternis* (»T'ma«) ist eines der bekanntesten Werke von Leonid Nikolaevič Andreev (1871–1919). Andreev unterstützte die Bestrebungen nach einem revolutionären Umsturz des zaristischen Regimes des Jahres 1905. Nach einer Gefängnisstrafe emigrierte er nach Deutschland, später lebte er einige Zeit bei Maxim Gorki auf Capri.

Seine anfängliche Sympathie für die Idee der Revolution wich einer pessimistischen, irrationalen Geisteshaltung, die Niederschlag in seiner Erzählung *Finsternis* fand. Prototyp des Protagonisten dieses Werks ist der Sozialrevolutionär Pinchas Rutenberg (1878–1942), der Georgij Gapon (s. Anm. zu S. 26) bei der Demonstration des »Blutsonntags« vor den Schüssen des Militärs rettete und mit diesem später nach London emigrierte. Nach der Rückkehr der beiden nach Russland spielte Rutenberg eine nicht unwesentliche Rolle bei der Ermordung Gapons.

55 Katorga

Katorga war die schwerste Freiheitsstrafe des Strafgesetzbuches des Russischen Reiches, verbunden mit der Entziehung aller Standesrechte und Verlust der Familien- und Eigentumsrechte. Sie war entweder lebenslänglich oder zeitlich begrenzt (4 bis 20 Jahre) und wurde in Bergwerken, Festungen oder Fabriken vollzogen.

56 Dann kam es zu dieser weithin bekannten »Expropriation«

Als Expropriation (aus Lat.: »expropriatio«) bezeichnet man juristisch den Entzug des Eigentums an einer unbeweglichen oder beweglichen Sache durch den Staat. In seinem Hauptwerk *Das Kapital* verwendet Karl Marx den Terminus Expropriation in zweierlei Hinsicht: einerseits die Ausbeutung der menschlichen Arbeitskraft in Klassengesellschaften, andererseits die Expropriation der Expropriateure, also die Enteignung derer, die zuvor das Volk enteignet haben durch ökonomische oder politische Gewalt. Auf das Verständnis der Expropriation der Expropriateure als revolutionären Akt bezogen sich die revolutionären Kräfte, die das

russische Zarenregime mit Gewalt zum Umsturz bringen wollten, und bezeichneten Raubüberfälle, die der Finanzierung ihrer politischen Ziele dienten, als Expropriation bzw. abgekürzt auch als »Ex«. Beim bewaffneten Raubüberfall auf die Bank Moskauer Kreditgesellschaft (Moskovskoe obščestvo vzaimnogo kredita) am 7. März 1906, von dem hier die Rede ist, wurde die phantastische Summe von 875 000 Rubeln erbeutet.
Die sogenannten Expropriationen wurden ideologisch begründet im Programm der Maximalisten (s. Anm. zu S. 86) und anderen revolutionären Organisationen.
Allein im Oktober 1906 kam es zu 361 Expropriationen im Russischen Reich, »in deren Motivation sich politische und rein kriminelle oft unauflöslich verbanden« (Hildermeier, Manfred 2016: S. 1044).

61 ließ sich auf die Wassili-Insel fahren. An der Ecke der 10. Linie

Die Wassili-Insel ist ein Stadtbezirk von St. Petersburg. Auf der größten Insel im Newadelta zwischen den Flüssen Große Newa im Süden und Kleine Newa im Nordosten sowie der Newabucht der Ostsee in St. Petersburg befinden sich zahlreiche repräsentative Institutionen und Gebäude wie die Kunstkammer (erbaut 1718–1734), die »Zwölf Kollegien«, ein Riegel von Ministerialgebäuden aus den Jahren 1722–1742, die Kunstakademie (erbaut 1764–1789) sowie die Akademie der Wissenschaften (erbaut 1783–1789). 29 von Norden nach Süden führende Parallelstraßen auf der Wassili-Insel tragen die Bezeichnung »línija« und sind von 1 bis 29 durchnummeriert.

63 Melinit

Melinit ist ein Sprengmittel, eine Mischung aus Pikrinsäure und dem Verdampfungsrückstand von Kollodium. Angeblich zuerst von Locard und Hirondart der Kanonengießerei Bourges als Granatenfüllung empfohlen, wurde es 1886 von dem Kriegsminister Boulanger bei der französischen Artillerie eingeführt, mußte aber, wie es scheint, wieder aufgegeben werden, weil es den hochgespannten Erwartungen nicht entsprach und sich vor allem durch die Neigung zu Selbstentmischung als überaus gefährlich erwies. (*Meyers Konversations-Lexikon*. Leipzig/Wien 1885–1892, Bd. 11, S. 450).

– Helsingfors

Helsingfors ist der schwedische Name der heutigen finnischen Hauptstadt Helsinki. Die Stadt wurde vier Mal von russischen Truppen erobert. Nach dem Ende des Russisch-Schwedischen Krieges (1808–1809) wurde Finnland mit dem Vertrag von Fredrikshamn ins Russische Kaiserreich eingegliedert, drei Jahre später erklärte Zar Alexander I. (1777–1825) Helsingfors zur Hauptstadt des Großfürstentums Finnland. Bis zur Unabhängigkeit, die es im Bürgerkrieg nach der Oktoberrevolution 1917 erlangte, stand Finnland unter russischer Herrschaft.

64 Petersburger Seite

»Seite« (russ.: »storoná«) ist eine auf ihre geographische Lage an den unterschiedlichen Ufern der Newa zurückgehende verallgemeinernde Bezeichnung der historischen Bezirke St. Petersburgs. Die heutige Petrogradskaja storona trug im 18. Jahrhundert den Namen Gorodskaja storona und bis 1914 Peterburgskaja storona. Die im 18. Jahrhundert erbaute Tutschkow Brücke (»Tučkov most«) führt über die Kleine Newa und verbindet die Petrograder Seite mit der Wassili Insel.

68 Batjuschka

Veraltete Anrede für »Vater« sowie informelle Anrede für Priester der russisch-orthodoxen Kirchen und adelige Gutsbesitzer.

– Die erste Hauptstadt der Zaren, die Stadt der Städte

Ehrenvoller Zusatz zum Städtenamen Moskau nach der Verlegung der Hauptstadt des Russischen Reiches im Jahr 1712, der die historische Vorrangstellung Moskaus gegenüber der neuen Hauptstadt St. Petersburg unterstreichen sollte. Moskau war während der Regentschaft des Großfürsten Ivan III. (1462–1505) Ende des 15. Jahrhunderts Hauptstadt des neuen großrussischen Einheitsstaats geworden. Historisches Denkmal dieser Epoche ist die Erneuerung des Kreml, die um die Wende des 15. zum 16. Jahrhundert erfolgte. Das mächtige (im Kern bis heute erhaltene) Bauwerk der Kremlmauer mit seinen zwanzig Türmen, die Kathedralen und Herrschaftsgebäude manifestierten den Machtanspruch des Moskauer Reiches innerhalb Europas.

70 ein Mann in schwarzem Gehrock

Als »Mann in schwarzem Gehrock« kann Pëtr Arkad'evič Stolypin (1862–1911) identifiziert werden. Nachdem er als Gouverneur von Saratow die politischen Unruhen des Jahres durch politisches Geschick zur Deeskalation bringen konnte, wurde Stolypin von Zar Nikolaj II. im April 1906 zum Innenminister ernannt. Im Juli desselben Jahres wurde er Ministerpräsident. Stolypin war ein monarchietreuer Konservativer, »der weitsichtig genug war, die Notwendigkeit einer begrenzten Modernisierung Russlands durchaus nach westlichem Vorbild zu begreifen« (Hildermeier 2016: S. 1043). In Zeiten des zunehmenden Terrors ergriff Stolypin rabiate Gegenmaßnahmen (s. Anm. zu S. 148 zu Feldkriegsgerichten). Er fiel am 1. September 1911 in der Kiewer Oper einem Attentat durch Dmitrij Grigor'evič Bogrov (1887–1911) zum Opfer, der Kontakt zu verschiedenen revolutionären Gruppen hatte und zugleich Agent der Kiewer Abteilung der Ochrana war.

76 Der Staatsrat war am Vorabend einer wichtigen Sitzung […] in den Sommerurlaub entlassen worden
Der Staatsrat (Gosudarstvennyj sovet, dt. auch: Reichsrat) war von 1810 bis 1906 die höchste gesetzesberatende Körperschaft, von 1906 bis 1917 als obere Kammer des Parlaments gesetzgebende Körperschaft im Russischen Kaiserreich. Am 11./12. Juli 1906 wurde in den wichtigsten Zeitungen des Landes ein kaiserliches Dekret veröffentlicht, die Sitzungen des Staatsrats seien bis zum 20. Februar 1907 auszusetzen.

77 dass die Mitglieder der aufgelösten Staatsduma nach Wyborg fahren würden
Das erste russische Parlament trat am 27. April 1906 erstmals zusammen. Aufgrund geringer Wahlbeteiligung und des Boykotts des Großteils der linken Parteien an der Wahl teilzunehmen, zog die Konstitutionell-Demokratische Partei (Konstitucionno-demokratičeskaja partija, kurz: KD, Kadety, dt.: Kadetten) mit 37 Prozent als stärkste Partei in die Duma ein. Die Gründungscharta der Duma wurde weithin als Abrücken vom Oktobermanifest (s. Anm. zu S. 16) kritisiert, die Kadetten wiesen den Versuch, die »Volksvertretung zu einer Dienstmagd der bürokratischen

Obrigkeit zu degradieren« in einer Resolution zurück. Die konkrete parlamentarische Tätigkeit konzentrierte sich zunehmend auf die Agrarfrage, speziell auf den Umgang mit dem Großgrundbesitz, in der die Positionen einander unvereinbar gegenüberstanden. Die Debatten führten zu Unruhe in der Bevölkerung und zu revolutionärem Aufruhr. Hierauf erließ Nikolaj II. am 8. Juli, also lediglich 72 Tage nach Eröffnung der ersten Duma, eine Auflösungsorder für das Parlament, mit der Begründung, die Duma trage nicht zur Befriedung innerhalb der Gesellschaft bei, sondern heize den Aufruhr an. Als die Abgeordneten am 9. Juli zum Taurischen Palais, dem Tagungsort der Duma, kamen, standen sie vor verschlossenen Türen. Die Auflösungsorder hielt fest, dass die gesetzlichen Vorgaben hinsichtlich der Institution des Parlaments ausnahmslos eingehalten worden seien und somit sogleich mit den Vorbereitungen zu Neuwahlen einer zweiten Duma begonnen werden könne.

– im berühmten »Aufruf von Wyborg«
Auf Initiative der Kadetten versammelten sich etwa 185 Abgeordnete der eigenen Fraktion, der Trudoviki (»Werktätige«) und der Linken im finnischen Wyborg, und verabschiedeten einen vom Vorsitzenden der Kadetten, Pavel Nikolaevič Miljukov (1859–1943), vorgelegten Entwurf als Aufruf an die Bevölkerung zum passiven Widerstand in Gestalt der Verweigerung von Steuern und Rekruten, der am 11. Juli 1906 veröffentlicht wurde.

78 Pogrom an den Juden in Belostok
Seit dem Frieden von Tilsit 1807 gehörte Belostok (poln.: Białystok) zum Russischen Kaiserreich. Die Stadt war nach der Inbetriebnahme der Warschau-Petersburger Eisenbahn im

Dezember 1862, die durch Białystok führte, zu einem industriellen Zentrum geworden und verfügte über einen hohen Anteil jüdischer Bevölkerung, 1900 waren 63 Prozent der Bevölkerung Juden. Nach der Veröffentlichung des Oktobermanifests des Jahres 1905 (s. Anm. zu S. 16) wurden die südwestlichen und südlichen Gouvernements von einer Woge von Pogromen überzogen, da ultrakonservative antisemitische Kreise »die Juden« für die revolutionären Ereignisse jenes Jahres verantwortlich machten. Allein für die Woche nach dem Generalstreik (18.–25. Dezember 1905) ermittelte eine zeitgenössische Untersuchungskommission 690 antisemitische Ausschreitungen mit 876 Toten und 1770 Verletzten (vgl. Hildermeier 2016: S. 1021). 1906 kam es zu drei weiteren Pogromen, u. a. im Juni in Belostok, bei dem etwa 70 Menschen zu Tode kamen. Auslöser des Pogroms in Belostok war die Ermordung eines Polizeimeisters, wofür man die »jüdischen Anarchisten« verantwortlich machte. Moisej Jakovlevič Ostrgorskij (1854–1921), Abgeordneter der ersten Duma aus dem Gouvernement Grodno, erhielt am 2. Juni 1906 ein Telegramm vom Ort des Geschehens: »Aufgrund einer Provokation kam es zu einem Pogrom an den Juden, welches nun bereits den zweiten Tag andauert. Die Polizei beteiligt sich an den Ausschreitungen, das Militär unterstützt die Randalierer aktiv. Wer fliehen will, wird am Bahnhof umgebracht. Auf jene, sich aus der Stadt geflüchtet haben, machen die Dragoner Jagd. Es gibt keine Hoffnung, dies aufzuhalten. Viele Opfer. Im unaufhörlichen Kugelregen flehen wir um Rettung.«

– Es gibt keine Griechen oder Juden
Verkürztes Zitat aus den Paulusbriefen: »Wo das geschieht, gibt es nicht mehr Griechen oder Juden, Beschnit-

tene oder Unbeschnittene, Fremde, Skythen, Sklaven oder Freie, sondern Christus ist alles und in allen.« (Brief an die Kolosser, 3, 11).

– Sicher, es waren die Juden, die Jesus gekreuzigt hatten
Die These vom Gottesmord durch die Juden ist fester Bestandteil christlicher Judenfeindschaft und findet sich erstmals Mitte des 2. Jahrhunderts in einer Schrift von Bischof Melito von Sardes (gest. um 180 n. Chr.), die stark antijüdische Züge aufweist. Dort heißt es: »Hört es, alle Geschlechter der Völker, und seht es: Ein nie dagewesener Mord geschah in Jerusalem […], der, der das All festgemacht hat, ist am Holz festgenagelt worden! Gott ist getötet worden, der König Israels beseitigt worden von Israels Hand«. Erst die im Rahmen des Zweiten Vatikanischen Konzils von Papst Paul VI. (1897–1978) im Oktober 1965 promulgierte *Erklärung über die Haltung der Kirche zu den nichtchristlichen Religionen* nahm die im Vorwurf des Gottesmordes implizierte These der jüdischen Kollektivschuld zurück, rückte aber nicht von der Aussage ab, die jüdischen Obrigkeiten hätten mit ihren Anhängern auf den Tod Christi gedrungen, wie es in der Passionsgeschichte in den vier neutestamentlichen Evangelien geschrieben steht. Die historische Kritik der biblischen Passionsgeschichte hat jedoch gezeigt, dass Jesu Exekution ein Justizmord war, der einzig und allein durch die römische Staatsmacht ausgeführt wurde.

78 die Aufstände in Sveaborg und Kronstadt
Mitte Juli 1906 brachen, angefacht von den Militäragitatoren der Sozialrevolutionäre, in den Garnisonen Sveaborg und Kronstadt Meutereien aus. Allerdings war die revolutionäre

Stimmung in der Bevölkerung zum Erliegen gekommen, und die Aufstände der Matrosen und Soldaten waren zum Scheitern verurteilt. In Sveaborg ergaben sich die etwa 1000 Aufständischen am 20. Juli 1906 den übermächtigen Regierungstruppen. Auch in Kronstadt legten die etwa 6000 Meuterer der 1. und 2. Flottendivision, obwohl sich ihnen fast 500 Arbeiter angeschlossen hatten, die erbeuteten Waffen schon am Tag nach Beginn des Aufstands nieder. Insgesamt wurden fast 80 Rädelsführer der Aufstände in Sveaborg und Kronstadt standrechtlich erschossen und etwa 2000 Aufständische zu Katorga oder Dienst in Strafbataillonen verurteilt.

– das Leben der Syrjänen
Die Syrjanen (früher auch: Syrjänen, russ.: »syrjáne«, Nördliche Komi) gehören mit den Komi-Permjaken (russ.: »komi-permjáki«, Südliche Komi) zum finno-permischen Stamm der finno-ugrischen Sprachgruppe des Uralgebiets.

– Funde im Gouvernement Perm aus Zeiten der Sasaniden-Dynastie
Bei Ossorgin hier fälschlich als assyrische Funde bezeichnet.
Die Sasaniden-Dynastie (224–651 n. Chr.) war die vierte und letzte vorislamische Dynastie des Persischen Reiches. Ein bedeutender Teil der Silber-Manufakte der sasanidischen Epoche wurde im Kreis Perm gefunden, die offensichtlich als Handelsware im Tausch gegen Pelze und andere örtliche Erzeugnisse dorthin gelangt waren. Zahlreiche Objekte sasanidischer Kunst (Geschirr, Münzen, Schmuck) wurden in der Stroganov-Sammlung vereinigt und bilden heute den berühmtesten Teil der Orient-Sammlung der Ermitage in St. Petersburg.

79 Poschechonje
Pošechón'e ist eine Kreisstadt in der früheren Oblast' (Landkreis) Jaroslavl. Die Stadt war seit dem 18. Jahrhundert berühmt für die Herstellung und Verarbeitung von Blattgold und -silber.

– In den Tagen des Premierministers Goremykin
Ivan Logginovič Goremykin (1839–1917), war von 1895 bis 1899 Innenminister des russischen Kaiserreichs und seit 1899 Mitglied des russischen Staatsrats. Vor der Einberufung der ersten Duma im April 1906 wurde er nach dem Rücktritt Sergej Wittes (1849–1915) zum Ministerpräsidenten ernannt. Seine Ernennung war Programm, denn Goremkyn war für seine Loyalität dem Zaren gegenüber bekannt. Er stellte sich in der Frage der Agrarreform gegen die Mehrheit der ersten Duma, woraufhin diese dem Kabinett der Minister ihr Misstrauen aussprach und den Rücktritt Goremykins forderte. Im Zusammenhang mit der Auflösung der ersten Duma im Juli 1906 trat Goremykin vom Amt des Ministerpräsidenten zurück, ihm folgte Pjotr Stolypin (s. Anm. zu S. 70) auf diesen Posten nach. Von 1914 bis 1916 bekleidete Goremykin erneut das Amt des Ministerpräsidenten.

– Kummer quälte uns früher, Kummer quält uns auch heut.
Unübersetzbares Wortspiel mit dem Familiennamen des Premierministers Goremykin, das Bezug nimmt auf russ.: »góre« für »Kummer«, »Leid«, »Trauer« und russ.: »mýkat'« für »herumgetrieben/-gestoßen sein«, »sich quälen müssen«. In den Monaten der ersten Duma scherzte man in der Bevölkerung:

»Drug, obmánčivoj nadéžde
ponaprásnu ty ne ver':
Gore m'ykali my prežde,
Gore m'ykaem tepér'.«
Also:
»Freund, schenk der trügerischen
    Hoffnung
keinen Glauben, der nicht erfüllt
    wird.
Kummer quälte uns früher,
Kummer quält uns auch heut.«

– **den nunmehr ums Leben gebrachten von Plewe**
s. Anm. zu S. 26.

80 die starke Hand der neuen Regierung

Pjotr Stolypin, der Ivan Goremykin
als Ministerpräsident nachfolgte, verstand, dass die staatliche Autoritäts-
krise nicht nur auf politische Defizite,
sondern auch auf soziale Probleme
verwies, und deshalb wurden Repres-
sion und Reform zu Eckpfeilern seiner
Politik. Der Terror war dramatisch
angestiegen, und Stolypin ergriff dras-
tische Gegenmaßnahmen. Zur Wie-
derherstellung der Ordnung setzte er
auf ein System von Feldkriegsgerichten (s. Anm. zu S. 148).

– **einen kurzen Aufsatz über Silberteller der Sasaniden-Dynastie**
s. Anm. zu S. 78

– **»Neues über den Starez Kusmitsch«**
Die Umstände des Todes von Zar
Alexander I. im Jahr 1825 hatten in
der Bevölkerung zu Legendenbildung
geführt. Der Zar sei nicht gestorben,
sondern habe sich von der Regentschaft zurückgezogen und als Einsiedlermönch (russ.: stárec) Fëdor
Kusmič an einem unbekannten Ort in
Sibirien gelebt, wo er schließlich 1864
gestorben sei.

81 am Tag des Heiligen Petrus

Am 12. Juli, dem Tag des Heiligen
Petrus, wird bei den Ostslawen traditionell der Abschluss der Sommer-
sonnenwendfeierlichkeiten begangen,
dessen Höhepunkt der Iwan-Kupala-
Tag am 7. Juli ist. Bei den Mittsom-
merfeiern vermischt sich vorchrist-
liches und christliches Brauchtum.
Am Vorabend des 12. Juli begaben sich
junge Frauen und Männer in die Natur, um, der ostslawischen Tradition
entsprechend, die Sonne zu bewachen.
Auf Hügeln, an Flussufern oder auf
Feldern tanzten und sangen sie bei
Feuern, die das Himmelsfeuer sym-
bolisierten, begrüßten die ersten
Strahlen der Sonne mit freudigen
Rufen und zählten die verschiedenen
Farben des Sonnenlichts, wobei jener,
der die meisten Farben zählte, das
meiste Glück im folgenden Jahr haben
werde, so glaubte man.

84 die »Brüder Gracchus«

Die Brüder Tiberius Sempronius
Gracchus (162–33 v. Chr.) und Gaius
Sempronius Gracchus (153–121
v. Chr.), die der Gruppierung der Popu-
laren zugerechnet werden, also jenen
Politikern, die sich auf die Volksver-
sammlung stützten und damit teils
auf den Willen des Volkes beriefen,
sind Urheber der Gracchischen Reformen, dem Versuch einer Land- und
Sozialreformen im alten Rom im
2. Jahrhundert v. Chr. Die Reform-
bemühungen von Tiberius Gracchus
endeten mit seiner Ermordung durch
die römischen Eliten auf dem Mars-
feld. Auch Gaius Gracchus wurde von
seinen politischen Gegnern entmachtet. Seine Gefolgsmänner wurden zu
Hunderten ermordet, er selbst beging
Suizid. Bereits in der Antike wurden
die Gracchus Brüder zu Vorkämpfern
des einfachen Volkes verklärt, so
nahm in Erinnerung an den vermeintlich gerechten Volkstribun und unbestechlichen Republikaner Gaius

Gracchus der französische Revolutionär und Frühsozialist François Noël Babeuf (1760–1797) den Beinamen Gracchus an.

85 der sich dem Marsch des berühmten Priesters Gapon [...] angeschlossen hatte
s. Anm. zu S. 26

86 in den Reihen der schwer zu fassenden Maximalisten
Die Maximalisten waren eine linke Gruppierung der sozialrevolutionären Bewegung, die sich Ende 1904 von der Sozialrevolutionären Partei (s. Anm. zu S. 16) abspaltete. Im Oktober 1906 fand in Turku der Gründungsparteitag des Bundes der Sozialisten Revolutionäre Maximalisten (Sojus Socialistov Revoljucionerov Maksimalistov, kurz: Maximalisty) statt. Die Partei existierte bis 1911, nach der Februar-Revolution 1917 erfolgte eine Neugründung. Die Maximalisten waren am gewaltsamen Umsturz im Oktober 1917 beteiligt und entsandten Mitglieder zu den 2. bis 7. Räteversammlungen (»S"ezd sovetov«). 1919 spaltete sich die Partei, ein Teil trat der Russischen Kommunistischen Partei (Bolschewiki) bei, ein anderer vereinigte sich mit den linken Sozialrevolutionären. Die Maximalisten lehnten »minimale« politische Ziele wie die Einführung bürgerlicher Freiheiten und einer Konstitutionellen Versammlung ab und hielten einen raschen Übergang Russlands zum Sozialismus für möglich. Sie entwarfen ein »maximales« sozialistisches Programm. Sie forderten nicht nur die Vergesellschaftung des Landbesitzes (dies war ebenso eine Forderung der Sozialrevolutionäre), sondern auch des Industrie- und Bankensektors.
Wie die Sozialrevolutionäre verfügten auch die Maximalisten über eine

Kampforganisation, die den Terror als wichtigstes Mittel im Kampf gegen das zaristische Regime propagierte und Attentate auf Politiker durchführte. Geleitet wurde die Kampforganisation der Maximalisten von Michail Ivanovič Sokolov (s. Anm. zu S. 33).

88 Ich bin ja selbst im Polizeidepartement vorstellig geworden
Das im August 1880 als Rechtsnachfolger der Dritten Abteilung der Kaiserlichen Kanzlei gegründete und dem Innenminister unterstellte Polizeidepartement stand wie sein berüchtigter Vorgänger für die polizeiliche Überwachung der politischen Opposition im zaristischen Russland. Dem Polizeidepartement unterstand u. a. der politische Geheimdienst (»Ochrana«, s. Anm. zu S. 37). Nach der Februarrevolution 1917 wurde das Polizeidepartement aufgelöst.

91 Nach dem Waschen benetzte er den Bart mit Blumenduftwasser
Anlässlich der Allrussischen Industrie- und Handwerksausstellung 1882 in Moskau präsentierte die Firma Brocard & Co (heute: »Novaja zarja«) des seit 1861 in Russland ansässigen französischen Parfümeurs Henri (Genrich) Afanas'evič Brocard (1836–1900) sein legendäres »Blumenduftwasser«, das dort aus einem eigens konstruierten Brunnen sprudelte. Die Presse überschlug sich und sprach von einem Wunder.

92 eng an den Beinen anliegende Jägerleibwäsche
Von Gustav Eberhard Jäger, (1832–1917), dem »Woll-Jäger« genannten deutschen Zoologen und Mediziner, entwickelte Reformkleidung, die er seit 1879 von der Stuttgarter Wirkwarenfabrik Wilhelm Benger Söhne

herstellen ließ. Jägers »Normalkleidung« bestand ausschließlich aus wollenen Komponenten (Merinowolle, Kamelhaar, Vikunja, Alpaca und Kaschmir) und war bei Vertretern des fortschrittlichen Bürgertums um die Wende des 19. zum 20. Jahrhunderts international sehr beliebt.

– Nummern der »Neuen Zeit«
und der »Regierungsnachrichten«
Die täglich in St. Petersburg erscheinenden *Regierungsnachrichten* (*Pravtel'stvennyj vestnik*) waren in den Jahren 1869–1917 das offizielle Organ des russischen Innenministeriums, in dem Verfügungen und Mitteilungen der Regierung veröffentlicht wurden. Die *Neue Zeit* (*Novoe vremja*) war eine zwischen 1869 und 1917 täglich in St. Petersburg erscheinende Zeitung. Nach der Übernahme der Verlegerschaft durch Aleksej Sergeevič Suvorin (1834–1912) im Jahr 1876 vertrat die Zeitung eine konservative Linie.

93 Bogolepow, Sipjagin, Plewe
Minister der russischen Regierung, die in den Jahren 1901–1905 Attentaten durch die terroristische Kampforganisation der Sozialrevolutionäre zum Opfer fielen.
Nikolaj Pavlovič Bogolepov (1846–1901) war seit 1898 Minister für Volksbildung. Er verbesserte die Lebensbedingungen der Studenten durch den Bau von Studentenwohnheimen, zugleich aber ließ er oppositionelle Studentenbewegungen rigoros unterdrückten. So ließ er im Jahr 1900 183 Studenten der Kiewer Universität für ihre Teilnahme an Studentenunruhen zur Strafe zum Militär einziehen und suspendierte einige oppositionelle Professoren vom Dienst. Bogolepov wurde am 14. Februar 1901 von dem Sozialrevolutionär Pjotr Vladimirovič Karpovič (1874–

1917) bei einer Audienz ins Genick geschossen und starb gut zwei Wochen später.
Dmitrij Sergeevič Sipjagin (1853–1902) war seit 1899 Innenminister und zeichnete verantwortlich für die gegen Arbeiter, Bauern und die revolutionäre Studentenbewegung durchgeführten Strafmaßnahmen. Sipjagin wurde am 2. April 1902 in den Räumlichkeiten des Staatsrates im St. Petersburger Mariinski-Palast von dem sozialrevolutionären Kiewer Studenten Stepan Valerianovič Balmašov (1881–1902) durch vier Schüsse ermordet.
Zu Pleve s. Anm. zu S. 26.

94 wenn auf jedem Hügel der [...] Hof eines Kleinbauern stehen würde
Auf die Repressionsmaßnahmen des Innenministers Stolypin, der mit der Einsetzung der Feldkriegsgerichte im August 1906 (s. Anm. zu S. 148) den Anstieg des Terrors zu bekämpfen suchte, folgten Reformen, denn Stolypin war klar, dass die politische Unruhe objektive Gründe in den schlechten sozialen Lebensbedingungen der Bauern hatten: »Die Revolution ist keine Krankheit von außen, sondern von innen, und allein mit äußerlichen Maßnahmen wird man sie nicht bekämpfen können.« Die Schlüsselposition in der Bekämpfung der inneren Gründe für die gesellschaftliche Unzufriedenheit nahm Stolypins Agrarreform ein. Schon sein Vorvorgänger Sergej Witte hatte für eine Modernisierung der überkommenen Agrarverfassung plädiert, Stolypin traf in der Periode zwischen der Ersten und der zweiten Duma die entscheidenden Maßnahmen, die am 9. November 1906 als Eilentscheidung des Zaren per Dekret erlassen wurden. Stolypins Reform sollte die Vorhaben der Opposition, die Enteignungen einschlossen, überflüssig machen. Die Bauern erhielten das Recht, aus der

»obščína«, der ökonomischen und administrativen Zwangsgemeinschaft des Dorfes auszuscheiden und dabei die Zusammenlegung der von ihnen genutzten Ackerstreifen zu verlangen. Knapp vier Jahre später erhielt das Dekret nach Abstimmung in der Duma Gesetzeskraft.

95 Putilow-Werke

Die Putilow-Werke (heute: Kirow-Werke) sind ein russischer Maschinenbaukonzern mit Sitz in St. Petersburg. 1789 als Gießerei für Kanonenkugeln gegründet, wurde der Werkssitz 1801 von Kronstadt nach St. Petersburg verlegt. Nach dem Kauf des Werks durch Nikolaj Ivanonivič Putilov (1820–1880) im Jahr 1869 erlebte das Werk in Zeiten der Industrialisierung eine Blüte. Mehr als die Hälfte der Produktion machten Güter für Staat und Eisenbahn aus. Nach dem Oktober-Umsturz durch die Bolschewiki wurde das Werk 1917 verstaatlicht, trug seit 1922 den Namen Krasnyj Putilovec und wurde 1934 nach dem sowjetischen Staats- und Parteifunktionär Sergej Mironovič Kirov (1886–1934) benannt.

104 nicht so ein Brekkerekekex

Anspielung auf das Märchen *Däumelinchen* von Hans Christian Andersen (1805–1875). »Koax, koax, brekkerekekex!« waren die einzigen Worte, die der hässliche Sohn der Kröte sagen konnte, der Däumelinchen zur Frau bekommen sollte.

– die Blume in der Johannisnacht

Die Johannisnacht ist die Nacht auf den Johannistag, den Tag Johannes' des Täufers am 24. Juni, nach dem gregorianischen Kalender am 7. Juli. Ebenso wie der Tag des Heiligen Petrus (s. Anm. zu S. 81) ist der Johannistag mit den vorchristlichen Sommer-

sonnenwendfeierlichkeiten verknüpft und steht an deren Beginn. Der Johannistag fällt zusammen mit dem Iwan-Kupala-Tag, an dem die Ostslawen die Sommersonnwende feiern. Die Feierlichkeiten beginnen am Vorabend und währen die gesamte Nacht. Der Höhepunkt der Rituale ist die Suche nach der von der Macht des Bösen bewachten magischen Blüte des Farns, die nur in dieser Nacht blüht und dem, der sie findet, Zauberkräfte verleiht, verborgene Schätze finden und die Sprache der Tiere verstehen lässt. In seiner Erzählung *Der Abend von Iwan Kupala* (1830) beschreibt Nikolaj Gogol (1809–1852) die Rituale dieser Nacht, Modest Mussorgski (1839–1881) hat die entfesselte Kraft des Bösen der Johannisnacht zu seiner sinfonischen Dichtung *Die Nacht auf dem kahlen Berge* (1867) inspiriert.

109 eigentlich ist er Oktobrist

Als Oktobristen wurden die Mitglieder der Partei Bund des 17. Oktober (Sojuz 17. oktjabrja) bezeichnet. Diese rechtsliberale Partei, deren Namen sich auf das Oktobermanifest des Jahres 1905 (s. Anm. zu S. 16) bezog, befürwortete in ihrem Programm die Umwandlung des autokratischen Systems in eine konstitutionelle Monarchie bei vollen legislativen Rechten des Parlaments, und wurde von adligen Grundbesitzern und Unternehmern unterstützt.

118 den Kommandanten des Semjonow-Leibgarderegiment

Nach der mit äußerster Härte erfolgten Niederschlagung der Moskauer bewaffneten Erhebung im Dezember 1905 durch das Semjonow-Leibgarderegiment (s. Anm. zu S. 41) war dessen Kommandant Georgij Alexandrovič Min (1855–1906) vom Zaren belobigt, zum Generalmajor befördert und in die Entourage Seiner Kaiserlichen

Majestät aufgenommen worden, jedoch selbst in den Kreisen der Monarchisten eine umstrittene und bei den Sozialrevolutionären vielgehasste Persönlichkeit. Am 13. August 1906 fiel Min an der Bahnstation Novyj Petergof vor den Augen seiner Familie einem Attentat der Sozialrevolutionärin Zinaida Vasil'evna Konopljannikova (1878–1906) zum Opfer.

– Massenerschießungen der Soldaten in Kronstadt
s. Anm. zu S. 78

120 Die Expropriation
Zum Begriff Expropriation s. Anm. zu S. 56.
Die in diesem Kapitel beschriebene Expropriation fand am 14. Oktober 1906 in der Fonarnyj Pereulok im Zentrum der Hauptstadt St. Petersburg statt. Eine aus Mitgliedern der terroristischen Kampfgruppe der Maximalisten (s. Anm. zu S. 86) bestehende Gruppe erbeuteten bei einem spektakulären Raubüberfall auf einen Geldtransport der Hafenzollbehörde zur Staatsbank die beachtliche Summe von etwa 336 000 Rubel. Bei der anschließenden Schießerei kam es zu mehreren Todesopfern auf beiden Seiten sowie von unbeteiligten Passanten. Die Schilderung des Raubüberfalls durch Ossorgin entspricht im Großen und Ganzen dem tatsächlichen Tathergang.

134 Zum Beispiel Kaljajew
Ivan Platonovič Kaljaev (1877–1905) war ein russischer Dichter und Mitglied der terroristischen Kampfgruppe der Sozialrevolutionäre. Er war am Attentat auf den Innenminister Wjatscheslaw von Pleve (s. Anm. zu S. 26) beteiligt, und sollte am 2. Februar 1905 eine Bombe auf die Kutsche des Großfürsten Sergej Alexandrovič

Romanov (1847–1905) werfen, Generalgouverneur von Moskau, der als graue Eminenz der russischen Politik unter Zar Nikolaj II. galt. Als Kaljaev bemerkte, dass die Frau und die jungen Neffen des Großfürsten ebenfalls in der Kutsche saßen, brach er den Attentatsversuch ab. Zwei Tage später, am 4. Februar, ermordete er den Großfürsten, als sich dessen Equipage ihm im Moskauer Kreml näherte, und wurde daraufhin sofort verhaftet. Einige Tage nach dem Attentat besuchte die Witwe des Großfürsten den Attentäter im Gefängnis. Sie wollte ihn dazu bringen, seine Tat zu bereuen, aber Kaljaev lehnte dies ab. Vor Gericht verkündete er: »Ich bin kein Angeklagter, ich bin euer Gefangener. Wir sind zwei Kriegsparteien. Ihr seid Repräsentanten der zaristischen Regierung, die gedungenen Diener des Kapitals und der Gewalt. Ich bin ein Volksrächer, Sozialist und Revolutionär.« Kaljaev wurde zum Tode verurteilt und am 10. Mai 1905 erhängt.

137 Es waren ziemlich viele »Peter« und nicht wenige »Katjas«
Die Papiergeldscheine des zaristischen Russlands zierten die Porträts von Zar Peter I. (der Große, 1672–1725), Fünfhundertrubelschein) und Katharina II. (die Große, 1729–1796), Hundertrubelschein), wobei »Katja« die Kurzform von Katharina ist.

144 von der Petersburger Seite in Richtung Troizki-Brücke
Zu Petersburger Seite s. Anm. zu S. 64.
Die Troizki-Brücke (Troickij most) führt über die Bolschaja Newa und verbindet die heutige Petrograder Seite mit dem Stadtzentrum.

147 In der Redaktion einer dicken Zeitschrift

Die umgangssprachlich sogenannten »dicken Zeitschriften« sind bis heute ein Spezifikum der russischen Literatur. Die monatlich erscheinenden Zeitschriften bestimmten den gesellschaftlichen Diskurs über die aktuellen Fragen und ermöglichten auch dem nicht in den großen Städten lebenden Lesepublikum, an den neuesten literarischen Ereignissen und gesellschaftspolitischen Diskussionen teilzuhaben. Bevor sie in Buchform publiziert wurden, erschienen die Werke russischer Schriftsteller üblicherweise in den dicken Zeitschriften. Bei der Veröffentlichung von Romanen in Fortsetzungen wurde das Erscheinen der neuen Nummer oftmals zum Ereignis in der literarischen Welt.

– am Leben der Altgläubigen

Als Altgläubige, auch Raskolniki (von russ.: »raskól«, Spaltung), bezeichnet man religiöse Gruppen innerhalb der russisch-orthodoxen Tradition, die sich ab Mitte des 17. Jahrhunderts von der russisch-orthodoxen Großkirche lösten. Sie wandten sich gegen die Reform des Patriarchen Nikon (1605–1681), der ab 1652 Texte und Riten der russisch-orthodoxen Gottesdienste reformierte, behielten die alten Texte und Riten bei und gründeten eigene Gemeinden. Auf dem Konzil der russisch-orthodoxen Kirche der Jahre 1666–1667 wurden alle, die die Nikonsche Reform ablehnten mit dem Kirchenbann belegt, der erst 1971 aufgehoben wurde.

– das Kunstgewerbemuseum in Wjatka

Das 1892 gegründete Kunstgewerbemuseum in Wjatka war nach den Museen in St. Petersburg und Moskau das dritte Museum in Russland, das sich die Sammlung und Förderung des heimischen Kunsthandwerks zur Aufgabe gemacht hatte.

148 Der 17. Oktober 1905 war der Tag [...] des Manifests

s. Anm. zu S. 26.

– aber wir befassen uns auch mit den staatlichen Repressionen, den Feldkriegsgerichten

Nachdem gleich nach der Ernennung Pjotr Stolypins zum Ministerpräsidenten ein Attentatsversuch auf ihn gescheitert war, wurden auf dessen Initiative am 19. August 1906 per Dekret Feldkriegsgerichte eingeführt, die Schnellverfahren ermöglichten. Von den Feldkriegsgerichten innerhalb von zwei Tagen hinter verschlossenen Türen verhängte Urteile waren sofort rechtskräftig und mussten innerhalb eines Tages vollstreckt werden. Bis zur Abschaffung dieser Sondergerichte acht Monate später fielen dieser drakonischen Maßnahme 1144 Personen durch Hinrichtung zum Opfer, 772 wurden zur Zwangsarbeit verurteilt oder inhaftiert. Tatsächlich gelang es dem Regime damit, die drohende Revolution bis auf Weiteres zu unterdrücken. »Der Staat ist in der Lage und der Staat ist in der Pflicht, die strengsten Ausnahmegesetze zu erlassen, wenn er in Gefahr ist, um sich vor der Zersetzung zu schützen«, begründete Stolypin sein Vorgehen am 13. März 1907 in einer Rede vor den Abgeordneten der zweiten Duma. Gleichwohl war auch die gemäßigte Gesellschaft von der Unmenschlichkeit der Maßnahmen entsetzt, zahlreiche angesehene Zeitgenossen wie Lew Tolstoj, der Dichter Alexander Blok und der Maler Ilja Repin traten öffentlich für die Abschaffung der Feldkriegsgerichte ein. Der Dumaabgeordnete Fëdor Izmailovič Rodičev (1854–1933) bezeichnete in einer Rede über die Feldkriegsgerichte vor der Duma den Henkersstrick als »Stolypinsche Krawatte«, und diese Bezeichnung wurde zum geflügelten Wort in der Bevölkerung.

151 wie es jenen Passanten auf der Kamennoostrowskaja Straße geschehen war
Bezug auf den bewaffneten Raubüberfall in der Fonarnyj Pereulok (s. Anm. zu S. 120).

163 »Ich kann nicht schweigen!«
In diesem Kapitel bezieht Ossorgin sich auf die berühmte Schrift *»Ich kann nicht schweigen!«* von Lew Tolstoj (1828–1910) aus dem Jahr 1908. »Über Hinrichtungen, Erhängungen, Morde und Bomben spricht man heute, wie man früher über das Wetter sprach«, heißt es dort. »Ihr sagt, dies sei das einzige Mittel, das Volk zu beruhigen und die Revolution zu ersticken, aber das ist eine offenkundige Lüge.« Tolstojs Kampfschrift erschien im Juni 1908 in Zeitungen weltweit, im Russischen Reich wurden die Abschriften von Hand zu Hand gereicht. Der Artikel erregte ungeheures Aufsehen. Hunderte von Briefen erreichten daraufhin Jasnaja Poljana – unter anderem einer aus Südafrika von einem gewissen Mohandas Karamchand Gandhi. »Der junge Mann, der sich in seiner Nähe herumtrieb« ist offensichtlich der damalige Sekretär und spätere Biograph des Schriftstellers, Nikolaj Nikolaevič Gusev (1882–1967). Gusev kannte Natalja Klimova, die Ossorgin als Vorbild für die Person der Natascha Kalymowa diente, aus den Kreisen der Tolstojaner (s. Anm. zu S. 170). Die von Ossorgin in diesem Kapitel dargelegte Version, dass die Lektüre von Klimovas »Brief vor der Hinrichtung« Tolstoj zu seiner Schrift

Ich kann nicht schweigen veranlasste, wurde von Gusev bestritten.

170 Sie war in einer Gruppe von Tolstojanern
Durch seine kirchenkritischen und gesellschaftspolitischen Schriften wurde Lew Tolstoj zunehmend zu einer Ikone. Seit Mitte der 1880er-Jahre wurden in Russland und anderen europäischen Ländern wie England und den Niederlanden sowie in Kanada von »Tolstojanern« Kolonien gegründet, in denen die sozialkritische und urchristliche Lehre Tolstojs als Grundlage des Zusammenlebens diente. Man lebte als Vegetarier einfach und ohne Hierarchien zusammen und versuchte, die Lehre des Meisters zu verbreiten. Doch es gelang seinen Anhängern ebenso wenig wie Tolstoj, ihr Leben in Einklang mit seinen Theorien zu bringen. Fast alle diese Experimente einer neuen Lebensform scheiterten an der Umsetzung der eigenen Ideale und lösten sich nach wenigen Jahren wieder auf.
Natalja Klimova gehörte, bevor sie sich der terroristischen Kampfgruppe der Sozialrevolutionäre anschloss, einer Gruppe von Tolstojanern an. In einer Eingabe ihres Vaters, mit der er bei Gericht die Begnadigung seiner Tochter erreichen wollte, heißt es: »Vor nicht weniger als anderthalb Jahren noch hatte sie sich der Lehre Tolstojs verschrieben, deren oberster Grundsatz ›Du sollst nicht töten‹ ist. Zwei Jahre lang richtete sie sich nach der vegetarischen Lebensweise und lebte wie eine einfache Arbeiterin.«

174 Brief vor der Hinrichtung
»In diesem Kapitel finden sich Zitate aus dem Originaldokument«, merkt Ossorgin zum folgenden Kapitel an. Nach ihrer Verhaftung schrieb Natalja Klimova, während sie in der Haft auf ihr Urteil wartete, einen offenen

Brief »An die Freunde in Rjasan« bzw. »Brief vor der Hinrichtung«, der in der Augustnummer 1908 der Zeitschrift *Obrazovanie* und später in zahlreichen Übersetzungen veröffentlicht wurde. Durch ihren offenen Brief erlangte Klimova internationale Berühmtheit

– hundert Werst
s. Anm. zu S. 40

– in der Peter-und-Paul-Festung
Die auf der Haseninsel in der Newa gelegene Anlage der Peter-und-Paul-Festung (Petropawlowskaja krepost') bildet das historische Zentrum St. Petersburgs, die Grundsteinlegung der Festung am 16. Mai 1703 gilt als Gründungsdatum der Stadt. In der Peter-und-Paul-Festung hatten die Organe der politischen Staatssicherheit ihren Sitz, sie war zwei Jahrhunderte lang das wichtigste Gefängnis für politische Gefangene und galt seit dem 18. Jahrhundert als »russische Bastille«. Einer der ersten Häftlinge war der der Verschwörung gegen seinen Vater Peter I. verdächtige Zarewitsch Alexej. Das 1769 im westlichen Außenwerk der Peter-Pauls-Festung, dem Alexej-Ravelin, erbaute politische Untersuchungsgefängnis (Sekretnyj dom) diente als Gefängnis für Personen, die der zaristischen Autokratie als besonders gefährlich erschienen. Hier waren die am Dekabristenaufstand des Jahres 1825 Beteiligten ebenso inhaftiert wie der Schriftsteller Fjodor Dostojewski und der Anarchist Michail Bakunin.

179 auf den Weg zur Perwaja Meschtschanskaja
Die 1-ja Meščánskaja (seit 1957: Prospekt Mira) ist eine Straße im Zentrum Moskaus. Nach dem Ende des Russisch-Polnischen Krieges (1654–1667)

mit dem Vertrag von Andrusovo kehrten zahlreiche während des Krieges nach Russland verschleppte Polen nicht in die Heimat zurück, sondern siedelten sich in einem Viertel an, das in der Folge den Namen Meščanskaja Sloboda (von poln.: »mieszczanin«, Bürger, also: Bürgervorstadt) erhielt.

– bei [...] dem Bouquinisten und Kleinverleger Pjotr Chwastunow
Als Vorbild für den Bouquinisten und Kleinverleger Pjotr Chwastunow diente ein Bekannter Ossorgins, nämlich der Buchhändler Vladimir Aleksandrovič Sizjakov, der am Iljinski-Tor in Moskau einen kleinen Laden für Lubok-Drucke führte. Vor der Übersiedlung nach Moskau besaß Sizjakov in seiner Heimatstadt Vjaz'ma im Gouvernement Vladimir zusammen mit seinem Bruder Nikolaj ebenfalls eine Buchhandlung. Ossorgin widmete Vladimir Sizjakov die Erzählung *Lubočniki* (1938) und veröffentlichte in dessen Kleinverlag Žizn' i pravda, dessen Mitbegründer er war, drei Broschüren, davon eine unter seinem Familiennamen Il'in, zwei ohne Namensnennung.

– Laden für Volksbilderbögen
Die überwiegend als Einblattdruck hergestellten, von anonymen Künstlern aus dem Volk geschnittenen oder radierten und meist nachträglich von Hand kolorierten populären Volksbilderbögen (russ.: »lubók«) mit satirischem, informativem, patriotischem oder sozialkritischem Charakter waren seit Mitte des 17. bis Anfang des 20. Jahrhunderts in Russland verbreitet. Ab Mitte des 18. Jahrhunderts wurden mehrere Bilder zusammengebunden und als kleine Broschüren oder Hefte verkauft. Zentrum des Lubok-Drucks war Moskau, wo die Hefte und Broschüren von Kleinverlegern gedruckt und vertrie-

ben wurden. Bis zur Wende des 19. zum 20. Jahrhundert machten die Lubok-Veröffentlichungen, die sich an die ungebildete Masse der Bevölkerung richteten und diese über die aktuellen nationalen und internationalen Ereignisse aufklären sollten und somit oftmals die Aufgabe von Zeitungen übernahmen, den Großteil des Umsatzes des Buchhandels aus.

180 ein farbiger Bilderbogen, der den Titel »Makarow unter Wasser« trug
Der Ozeanograph, Polarforscher und Schriftsteller Stepan Osipovič Makarov (1848–1904) befehligte zu Beginn des russisch-japanischen Krieges als Admiral das im Stillen Ozean stationierte Geschwader in Port Arthur. Am 13. April 1904 fuhr sein Flaggschiff auf eine japanische Mine und sank. Admiral Makarow und fast die gesamte Besatzung kamen ums Leben.

181 sie hatte die Zweizügige Elementarschule besucht
Die in den 1870er-Jahren in einigen Kreisstädten Russlands entstandenen Elementarschulen waren in zwei Züge mit je fünf Schuljahren gegliedert und wurden von den Kindern der Landbevölkerung besucht. Entsprechend der Weisung des Ministeriums für Volksbildung vom 4. Juni 1875 entsprach der Unterrichtsstoff der ersten drei Schuljahre jenem der Grundschule, im vierten und fünften Schuljahr erfolgte weiterführender Unterricht in Russisch, Arithmetik, Geometrie, Grundlagen der Naturwissenschaft, Geschichte, Zeichnen sowie nach Möglichkeit Gymnastik, Handwerk, Gartenbau und Bienenzucht.

– Er wurde mit Tee und Watruschki bewirtet
Watruschki (Singular »vatrúška«) sind süße, runde, oben offene Teigtaschen aus Hefeteig mit einer Füllung meist aus Quark, seltener aus Obst, Beeren oder Marmelade.

183 Die Zelle Nummer acht des Moskauer Zuchthauses für Frauen
Das am 8. März 1908 eröffnete Moskauer Zuchthaus für Frauen (Moskovskaja ženskaja katoržnaja tjurma) war das größte Moskauer Gefängnis für weibliche Strafgefangene.

185 des Arbeiters der Putilow-Werke
s. Anm. zu S. 26 und 95

186 In den Tagen, als dem Volk die Freiheit geschenkt wurde
s. Anm. zu S. 16

– eine geeignete Vorsteherin zu finden
Vorsteherin des Moskauer Zuchthauses für Frauen war zu jener Zeit Gräfin Jelisaveta Michailovna Vadbolskaja. »Die Gräfin Vadbolskaja war eigentlich eine bedauernswerte und furchtsame Frau«, erinnerte sich die Sozialrevolutionärin Irina Konstantinovna Kachovskaja (1887–1960). »Den Insassinnen gegenüber war sie hochmütig und nahm an allem Anstoß. Sie forderte, dass man sich vor ihr verneigte und sie mit ihrem Titel ansprach, hatte an jeder Kleinigkeit etwas auszusetzen und gemahnte an eine kapriziöse, hochgestellte, allmächtige Dame, die sich ihren Kammerzofen gegenüber respektlos verhält.« (Kachovskaja, Irina: »Iz vospominanij o ženskoj katorge«. *Katorga i sylka*, 1926/1, S. 151–152). Gleichwohl war das Moskauer Zuchthaus für Frauen in jenen Jahren offensichtlich im Vergleich zu anderen Gefängnis-

sen vorbildlich geführt, wie sich eine andere Strafgefangene erinnert: »Zu meiner Zeit waren die Haftbedingungen im Moskauer Zuchthaus durchaus erträglich«, heißt es bei Jekaterina Dmitrievna Nikitina (1885–1941). »Abgesehen von der äußerst scharfen Formalisierung im Umgang und der überaus dürftigen Verpflegung hatte das Leben dort für mich, die ich das drakonische Butyrka-Gefängnis kennengelernt hatte, absolut nichts mit Katorga zu tun.« (Nikitina, Jekaterina: »Naš pobeg«. *Katorga i sylka*, 1929/7, S. 114–135)

193 Die Kursistin Vera Ulanowa
Durch Industrialisierung, Urbanisierung und Verarmung der Gutsbesitzer und des Landadels nach Abschaffung der Leibeigenschaft wurde es für immer mehr Frauen zur Notwendigkeit, Arbeit anzunehmen. In diesem Zusammenhang wurden der Anspruch auf Bildung für Frauen, das Recht auf Zugang zu den höheren Bildungsstätten immer lauter artikuliert. Diese Forderung wurde die wichtigste Losung im Kampf der russischen Frauenrechtlerinnen. Als Frauen das Recht, Universitäten zu besuchen, im Jahr 1863 verwehrt wurde – obwohl viele Liberale sich dafür aussprachen – und ihnen gar untersagt wurde, Vorlesungen zu hören, gingen viele der wissensdurstigen jungen Damen nach Westeuropa, um an den Universitäten in Genf, Wien, Heidelberg oder London Vorlesungen zu hören, vor allem aber nach Zürich, wo Frauen seit 1839 Zugang zur Universität hatten. Die russische Regierung, erschrocken vor der Gefahr der Verbreitung des westlichen Radikalismus, sah sich gezwungen nachzugeben. In den 1870er-Jahren wurden in einigen Städten höhere Kurse für Frauen eröffnet, die bekanntesten waren die Bestuževskij-Kurse in St. Petersburg, die 1878 den Frauen die

Möglichkeit zur höheren Bildung eröffneten. In den höheren Kursen erhielten die Frauen Ausbildungen zu Lehrerinnen und Erzieherinnen. 1911 wurde Frauen in Russland schließlich das Recht gewährt, an den Universitäten Diplomprüfungen abzulegen.

– Dante und Leopardi
Dante Alighieri (1265–1321), Dichter und Philosoph.
Giacomo Leopardi (1798–1837), Dichter, Essayist und Philologe, dem neben Alessandro Manzoni (s. Anm. zu S. 394) eine entscheidende Rolle bei der Erneuerung der italienischen Literatursprache im 19. Jahrhundert zukam.

194 Irgendetwas würde geschehen, […] die Zellentür würde sich öffnen und sie wären frei
Nach dem Oktobermanifest 1905 (s. Anm. zu S. 16) wurde auch eine Amnestie für politische Gefangene erlassen.

208 Übungen der schwedischen Gymnastik
Die schwedische Gymnastik (bzw. Heilgymnastik) geht auf den schwedischen Dichter, Gymnastiklehrer und Gründer des seit 1831 bestehenden Königlichen Gymnastischen Zentralinstituts (Kungliga Gymnastiska Centralinstitutet, heute: Gymnastik- och idrottshögskolan) Per (Pehr) Henrik Ling (1776–1839) zurück und ist besonders auf das Training der Rumpfmuskulatur ausgelegt. Zudem sollen die Übungen die Haltung, die Kondition und die Atmung verbessern.

210 Anjuta konnte es nicht mehr erwarten

Hinsichtlich der Motivation der Gefängnisaufseherin Alexandra Vasil'evna Tarasova (1887–1971), die Ossorgin als Vorbild für die Figur der Anjuta Chwastunowa diente, die dreizehn (und nicht wie bei Ossorgin zwölf, s. Anm. zu S. 222) Strafgefangenen bei der Organisation ihrer Flucht zu unterstützen, existieren verschiedene Darstellungen. Zum einen die von Ossorgin dargelegte Version, Anjuta sei als einfache junge Frau von den Persönlichkeiten der politischen Kämpferinnen fasziniert gewesen und habe ihnen deshalb ihre Hilfe angeboten; eine weitere Version geht jedoch davon aus, Tarasova sei Mitglied der sozialrevolutionären Partei gewesen. Dies wird jedoch von einer der entflohenen politischen Strafgefangenen, Jekaterina Nikitina, bestritten: »Alle Gerüchte, die behaupten, A.V. Tarasova sei Parteimitglied gewesen und habe nur für die Organisation der Flucht die Anstellung im Gefängnis angenommen, sind absoluter Unsinn. Sie hat mit anrührender Naivität ihr ganzes Leben auf den Kopf gestellt, alles hinter sich gelassen, was ihr Leben ausmachte, und sich in vollem Vertrauen auf uns einer unbekannten Zukunft überantwortet, die wir ihr geben mussten.« (Nikitina: 1929/7).

213 Die Geschlechterfrage war nunmehr wichtiger als die Frage der Agrarreform, die Ästhetik wichtiger als die Ethik

Ossorgin nimmt hier ironisch Bezug auf die Entwicklungen im literarischen und kulturgesellschaftlichen Leben Russlands des ausgehenden 19. und beginnenden 20. Jahrhunderts. Diese als Silbernes Zeitalter bezeichnete Epoche entwickelte sich im europäischen Kontext des Fin de siècle. »Wir sind Kinder der schrecklichen Jahre Russlands«, schrieb der Dichter Alexander Blok über die dunkle und unruhige Zeit im Russland der Regierungsära der beiden letzten Zaren Alexander III. (1845–1894) und Nikolaj II. (1868–1917). Nach der Niederschlagung der Moskauer Erhebung im Dezember 1905 und der Erkenntnis, dass das zaristische Regime mit Unerbittlichkeit am Status quo festzuhalten suchte, wurde die Kunst für zahlreiche Vertreter der Intelligenzija Fluchtpunkt vor der furchtbaren und erdrückenden Realität. Ohne Hoffnung auf einen Ausweg aus der trostlosen sozialen und politischen Situation »wandte sich der gebildete russische Mensch verbittert und enttäuscht sich selbst zu, zog sich in kulturelle Klausen zurück und forderte beleidigt eine ›neue Schönheit‹, wurde besonders überspannt in Bezug auf Ästhetik und Form«, so der Schriftsteller Vladimir Korolenko (1853–1923). In den Salons und Zirkeln der beiden Hauptstädte Moskau und St. Petersburg hielten die Leitmotive der Décadence – Freiheitsdrang, lockere Moral, freie Liebe und Homosexualität – Einzug. Der Poet wurde zum Propheten einer neuen Zeit. Symbolismus, Akmeismus, Futurismus, Imaginismus – eine Vielzahl von Ismen entstand im Silbernen Zeitalter, dessen Quellen in der russischen ebenso wie in der westeuropäischen Literatur und Philosophie liegen. Wichtige Spezifika, die man gemeinhin mit der Avantgarde verbindet, haben ihren Ursprung im Silbernen Zeitalter. So sind die Utopie der Schaffung des »neuen Menschen« und die Überführung von Kunst in Leben zentrale Elemente der symbolistischen Theorien, die von den Protagonisten der kulturellen Strömungen gelebt wurden.

214 Ein junger Mann von stutzerhafter Erscheinung, aber mit schiefgetretenen Absätzen

Unter dem Namen Petrowski figuriert der Zuträger der Ochrana Ivan Petrovič Kirjuchin (auch: Stanislav Pozovskij, 1883 – nach 1917). Als Schreiber bei der Schwarzmeerflotte war Kirjuchin an einer Meuterei beteiligt und wurde zum Tode verurteilt. Die Todesstrafe wurde in lebenslängliche Katorga umgewandelt, aber ihm gelang die Flucht. 1907 wurde Kirjuchin von Grigorij Geršuni und Jevno Azef (s. Anm. zu S. 290) in eine terroristische Kampfgruppe der Sozialrevolutionäre aufgenommen. Nach seiner Verhaftung im Zusammenhang mit einem Attentatsversuch auf den Generalgouverneur von Moskau, Sergej Konstantinovič Geršel'man (1854–1910), wurde er erneut verhaftet und war seit Dezember 1907 unter dem Decknamen »Permjak« als Verbindungsmann der Ochrana in den Kreisen der Sozialrevolutionäre tätig. Er stand in direktem Kontakt mit dem damaligen Leiter der Moskauer Abteilung und späteren Leiter der St. Petersburger Abteilung der Ochrana, Michail fon Kotten (s. Anm. zu S. 223). 1909 wurde er in die von Boris Savinkov geführte terroristische Kampfgruppe aufgenommen. Nach seiner Enttarnung kehrte Kirjuchin nach Russland zurück und war unter Leitung fon Kottens, der im Ersten Weltkrieg für den Militärgeheimdienst tätig war, in der Konterspionage in Österreich und Deutschland aktiv. Nach seiner erneuten Enttarnung kehrte Kirjuchin nach Russland zurück, wo er im Frühjahr 1917 verhaftet wurde. Sein genaues Todesdatum ist unbekannt.

221 hundert Werst

s. Anm. zu S. 40

222 Flucht von zwölf zur Katorga verurteilten jungen Frauen

Die *Moskovskie vedomosti* (*Moskauer Nachrichten*) meldeten am 2. Juli 1909: »Gestern, am 1. Juli um zwei Uhr nachts, flohen 12 zu lebenslanger Haft Verurteilte aus dem Moskauer Frauengefängnis. [...] Offensichtlich stand die Flucht der 12 zu Zwangsarbeit verurteilten Frauen unter Leitung der Aufseherin Tarasova. [...] Die Flucht wurde durchgeführt mit Hilfe von Nachschlüsseln, mit denen Tarasova die Zellentür sowie die Türen zum Verwaltungstrakt und Ausgang öffnete, welcher auf die Nebenstraße führt und von außen nicht bewacht ist. Die Flüchtenden konnten deshalb das Gefängnis unbemerkt verlassen. Es war eine besonders dunkle, kalte und regnerische Nacht.« Tatsächlich jedoch waren dreizehn Strafgefangene aus dem Gefängnis geflohen, weshalb dieses in der russischen Geschichte beispiellose Ereignis mitunter als die Flucht des »teuflischen Dutzend« bezeichnet wurde. Die Vorbereitungen der Flucht beschreibt einer der Organisatoren der Flucht, Isidor Ivanovič Morčadse (Deckname: Sergej Koridse, 1887–1956; Morčadse, I. I.: »Organizacija pobega 13 politkatoržanok v 1909 g.« *Katorga i ssylka*, 1929/7), die ausführliche Beschreibung der Flucht von Jekaterina Nikitina (s. Anm. zu S. 186), einer der dreizehn entflohenen Frauen, erschien ein Jahr nach der russischen Veröffentlichung auch in deutscher Übersetzung (Nikitina Je. D.: *Dreizehn Frauen fliehen. Eine abenteuerliche Flucht aus dem Zarenkerker*. Berlin 1930). Zehn der dreizehn Frauen sowie die Aufseherin Tarasova konnten ins Ausland entkommen.

223 Die Ochrana wollte ihre Allwissenheit mit einem von niemandem erwarteten Zugriff demonstrieren

Der Moskauer Gouverneur jener Jahre, Vladimir Fedorovič Džunkovskij (1865–1938), behauptet in seinen Erinnerungen, die Aufseherin Alexandra Vasil'evna Tarasova habe die Anstellung im Gefängnis auf Bitten der Ochrana (s. Anm. zu S. 37) erhalten und unter deren Führung die Flucht zu organisieren geholfen. Der damalige Leiter der Moskauer Abteilung der Ochrana, Michail Fridrichovič fon Kotten (1870–1917), habe den Flüchtigen eine Falle zu stellen geplant, allerdings habe Tarasova ein doppeltes Spiel gespielt, weshalb das Vorhaben der Ochrana scheiterte, die Flüchtigen beim Verlassen des Gefängnisses festzunehmen. Kotten habe mit dieser Flucht seinen Gegenspieler Dmitrij Juferov kompromittieren wollen, der in seiner Funktion als Gefängnisinspektor den Mitarbeitern der Ochrana den Zugang zu den Gefängnissen verweigerte und so Anwerbungen des Geheimdienstes unter den politischen Gefangenen verunmöglichte. (Džunkovskij, V. F.: *Vospominanija.* Moskau 1997–98, Bd. 1, S. 403 f.).

224 die verehrte und angesehene Gefängnisvorsteherin

Die Vorsteherin des Moskauer Zuchthauses für Frauen, Gräfin Jelisaveta Michailovna Vadbolskaja (s. Anm. zu S. 186) wurde 1909 mit der Goldenen Verdienstmedaille am Vladimirbande ausgezeichnet. Auf Betreiben des Gefängnisinspektors wurde ihr als Frau die Verdienstmedaille jedoch nicht verliehen, sondern am 6. Mai 1909, dem Geburtstag Zar Nikolajs I., ein Sachgeschenk im Wert von 300 Rubel (»Eine goldene, mit Brillanten verzierte Broschenuhr mit dem Staatswappen und der Kaiserlichen Krone«) ausgehändigt. Nach der Flucht der

dreizehn Strafgefangenen wurde die Vorsteherin ihrer Stellung enthoben und auf den Posten der Adjutorin der Vorsteherin befördert.

231 Schifffahrtsgesellschaft Kurbatow

Die 1864 von Ustin Savvič Kurbatov (1827–1885) gegründete Schifffahrtsgesellschaft Kurbatov war die führende Flussschifflinie auf der Kama und den Flüssen Sibiriens. Die dreistöckigen schwimmenden Riesen der Schifffahrtsgesellschaft Kurbatow verfügten über höchsten Komfort. Einen Großteil seiner Einnahmen erzielte das Unternehmen mit der Verbringung von Häftlingen aus dem europäischen Russland nach Sibirien. Die Häftlinge wurden in schwimmenden Gefängnissen befördert, die von den Passagierschiffen geschleppt wurden. Mit der Wirtschaftskrise der Jahre 1900–1903 begann der Niedergang der Schifffahrtsdynastie, der zum Verkauf von Flotte, Anlegestellen und Lagerhallen führte.

233 In Pjany Bor

Pjanyj Bor (heute: Krasnyj Bor, tatar.: Pen'džar) ist ein Dorf mit Schiffsanlegestelle an der Kama in der heutigen Republik Tatarstan, ca. 100 km südlich der Kreisstadt Agryz. Als Station auf etwa der Hälfte des Weges von der Wolga nach Perm, spielte Pjanyj Bor eine wichtige Rolle in Zeiten des Treidlergewerbes. Die Herkunft des Namens Pjanyj Bor ist nicht eindeutig geklärt.

238 kleine Berge aus Uralgestein

Derlei dekorative kunsthandwerkliche Gefüge aus kleinen Edelsteinen und Kristallen, die in der Form an Berge erinnern, werden im Uralgebiet seit dem 18. Jahrhundert hergestellt.

– »Sind das Kunstguss-Arbeiten aus dem Werk in Kasli?«

Die Eisengießerei der im Südlichen Ural gelegenen Stadt Kasli im damaligen Gouvernement Perm (Kaslinskij zavod) war berühmt für die Güsse von Skulpturen von berühmten russischen Bildhauern wie Peter Clodt von Jürgensburg (auch: Peter (Jakob) Klodt von Jürgensburg, 1805–1867), Nikolai Iwanowitsch Lieberich (1828–1883), Evgenij Lansere (auch: Eugene Lanceray, 1875–1946) u. a. In der zweiten Hälfte des 19. Jahrhunderts erlebte die Gießerei eine Blütezeit, 1890 wurde ihr der Titel Kaiserlicher Hoflieferant verliehen. Auf der Weltausstellung in Paris präsentierte die Eisengießerei im Jahr 1900 in einem von dem Architekten Evgenij Evgen'evič fon Baumgarten (1867–1919) entworfenen Pavillon im byzantinischen Stil etwa 1500 Objekte, die mit dem Grand Prix und der Großen Goldmedaille ausgezeichnet wurden.

Die ebenfalls im südlichen Ural im damaligen Gouvernement Orenburg gelegene Stadt Kussa entstand 1778 im Zusammenhang mit der Errichtung einer Eisengießerei (Kusinskij Zavod). Ebenso wie der Kaslinskij zavod war die Eisengießerei von Kussa berühmt für die hohe handwerklich-technische Kunstfertigkeit ihrer Kleinplastikgüsse und ihre Arbeiten erhielten Auszeichnungen auf nationalen und internationalen Ausstellungen.

243 dort beispielsweise lebt ein einfacher Priester

Der in einem kleinen Dorf im Gouvernement Perm lebende Priester Ivan Micheevič Pervušin (auch: Pervouchine, 1827–1900) ist berühmt geworden für seine Erkenntnisse im Bereich der Zahlentheorie. 1877 bewies er, dass die 12. und die 23. Fermat-Zahl keine Primzahlen sind,

und 1883 zeigte er, dass $2^{61}-1 = 2\,305\,843\,009\,213\,693\,951$ prim ist. Diese nach ihrem Entdecker benannte Pervušin-Zahl ermöglichte die Berechnung der neunten vollkommenen Zahl, die aus 37 Ziffern besteht. Für seine Verdienste im Bereich der Mathematik wurde er korrespondierendes Mitglied der Akademien der Wissenschaften von St. Petersburg, Neapel und Paris.

– Im dortigen Semstwo

Im Zuge der so genannten Großen Reformen unter Zar Alexander II. wurden 1864 auf Gouvernements- und Kreisebene lokale Selbstverwaltungskörperschaften, Zemstvo genannt, eingerichtet, die bis 1918 bestanden. Unter Vorsitz eines Adelsmarschalls bildeten auf drei Jahre gewählte Vertreter des Adels, der Stadtbewohner und der Bauern die lokalen Verwaltungen, denen die Zuständigkeit für u. a. das Gesundheits-, Bildungs- und Verkehrswesen, die Wohlfahrtspflege und die Armenfürsorge, die Industrie, den Handel und die Landwirtschaft oblag. Die Finanzierung beruhte auf Steuereinnahmen, für die ebenfalls die jeweiligen Zemstvo-Verwaltungen zuständig waren.

– Zwei Abende lang hatten sie über Poschechonje geplaudert

s. Anm. zu S. 79

– die Kupferschmiede von Tula

s. Anm. zu S. 25

– die Lebkuchenbäcker von Wjasma

Die Lebkuchen der Kreisstadt Wjasma im Gouvernement Smolensk waren legendär. Alexander Puschkin prägte in seiner Skizze *Die Reise von Moskau nach St. Petersburg* das Bonmot:

»Moskau ist berühmt für seine Bräu-
te, wie Wjasma für seine Lebkuchen.«
bahn gelegene Stadt Irkutsk um 1900
als »Paris Sibiriens«.

244 über die Teplouchow-Sammlung
Alexander Efimovič Teplouchow
(1811–1885) war zwischen 1864 und
1875 Verwalter der Landgüter und
Wälder der Familie Stroganov im
Gouvernement Perm und war Autor
des ersten russischen Lehrbuchs zur
Forstwirtschaft. Seit 1864 trug er eine
archäologische Sammlung von Manu-
fakten und Kunstgegenständen der
alten Völker des Urals zusammen.
Die Sammlungstätigkeit wurde von
seinem Sohn Fëdor Alexandrovič Teplouchow (1845–1905) fortgeführt. Die
Werke des Bronzenkunstgusses, die
unter dem Namen »Permer Tierstil«
bekannt sind, befinden sich heute in
den Beständen der Museen von Perm
und der Region Perm sowie der Staatlichen Eremitage in St. Petersburg
und des Nationalmuseums von Finnland.

– über die Syrjänen und die Wogulen
Zu Syrjänen s. Anm. zu S. 78.
Die Mansen (historische Bezeichnung: »Wogulen«, Eigenbezeichnung
Mansi, russ.: mánsi, indekl.) sind ein
ugrisches Volk nordöstlich des Ural in
der historischen Region Jugorien.

– über den Starez Kusmitsch
s. Anm. zu S. 80

246 in die sibirische Hauptstadt
Wie viele sibirische Städte im 17. Jahr-
hundert aus einem Ostrog entstanden,
einem von vier bis sechs Meter hohen
Palisadenwänden umgebenen Sied-
lungspunkt, die bei der russischen
Expansion nach Sibirien eine wichtige
Rolle spielten, galt die am einzigen
Abfluss des Baikalsees, der Angara,
und an der Transsibirischen Eisen-

259 Die kalte Angara
Die Angara ist mit ihrer Gesamtlänge
von 3500 km einer der größten Fluss-
läufe Ostsibirirens. Sie ist der einzige
Abfluss des Baikalsees und ist der
Legende nach dessen einzige Tochter.

**260 die strenge Schönheit des Bogd
Khan Uul**
Der Bogd Khan Uul ist ein 2261 m
hoher Berg in der Mongolei und gilt
als ältester kontinuierlich geschützter
Naturpark der Welt. Da der Berg
Bogd Khan Uul als heilige Stätte galt,
waren Holzeinschlag und Jagd bereits
im 12. und 13. Jahrhundert verboten.
Im Jahr 1778 erklärten die Machthaber der Qing-Dynastie den Berg
zum Schutzgebiet.

– das Kloster Mandschir Chiid
Das 1733 zu Ehren Manjushris, des
Bodhisattva der Weisheit und Literatur, gegründete Kloster Mandschir
Chiid liegt ca. 50 km von Ulaanbaatar
entfernt am südlichen Fuß des Bogd
Khan Uul. Das Mandschir Chiid war
eines der größten Klöster der Mongolei und wurde, wie nahezu alle
Klöster und Tempel der Mongolei,
im Zusammenhang mit antibuddhis-
tischen Ausschreitungen unter dem
damaligen Partei- und Regierungs-
chef Chorloogiin Tschoibalsan (1895–
1952) 1937 zerstört. Lediglich Reste
der aus Lehm errichteten Grund-
mauern sowie die heute noch sicht-
baren steinernen Sockel der Gebäude
blieben erhalten. 1990 begann man
mit dem Wiederaufbau einzelner
Gebäude.

262 die über Urga zu Verwandten reiste

Urga war bis 1924 der gebräuchliche Name der mongolischen Hauptstadt Ulaanbaatar (mongolisch: Örgöö). In der zweiten Hälfte des 17. Jahrhunderts als nomandisierende Residenz des Oberhaupts des Lamaismus in der Mongolei, des Bogd Gegeen bzw. Jebtsundamba Khutukhtu (s. Anm. zu S. 263) gegründet, seit 1778 am heutigen Ort der Hauptstadt angesiedelt.

263 in dem der Khutukhtu lebt, der heilige Wiedergeborene

Jebtsundamba Khutukhtu ist der Titel des höchsten Lama im Buddhismus in der Mongolei. Nach dem Zusammenbruch der Qing-Dynastie 1911 wurde der achte Jebtsundamba Khutukhtu (1869/70–1924) im Dezember 1911 zum Khan, also dem Herrscher der nun unabhängigen äußeren Mongolei, erhoben. Von seiner Regierungszeit zeugen heute noch einige Bauwerke, wie etwa der Winterpalast des Bogd Khan in Ulaanbaatar.

264 Mütze mit Ohrenklappen und Baschlik

Ein Baschlik (türk.: »başlık«, »Kopfbedeckung«, aus: »baş«, »Kopf« und der türkischen Nachsilbe »-lık«, »etwas zu etwas Gehöriges, Passendes«) ist eine kapuzenartige Haube mit zwei langen, spitz und schmal zulaufenden Enden, die wie ein Schal um den Hals geschlungen werden können. Der Baschlik besteht meist aus Wolle, seltener aus Baumwolle oder aus nach innen gedrehtem Schaffell und ist an der Außenseite gelegentlich verziert. Er wurde von den Völkern des Kaukasus, besonders des Nordkaukasus, als Kälte- und Sturmschutz traditionell über dem Helm oder über der Papacha (s. Anm. zu S. 41) getragen. Die »Mütze mit Ohrenklappen«, über der der Baschlik

hier getragen wird, ist vermutlich die Malachai genannte Nomadenpelzmütze mit Klappen aus Pelz für Ohren und Wangen, Genick und Stirn.

275 Turgenjew-Bibliothek in der Rue Saint-Jacques

Die Turgenjew-Bibliothek (Biblioteka im. I. S. Turgeneva) in Paris war eine der ältesten öffentlichen russischen Bibliotheken außerhalb Russlands. Gegründet wurde sie im Februar 1875 auf Initiative des Journalisten und Revolutionärs German Aleksandrovič Lopatin (1845–1918) und sollte als Treffpunkt für die im Ausland lebende russische Intelligenzija etabliert werden. Grundstock der öffentlichen Bibliothek waren die Bestände der persönlichen Bibliothek Iwan Turgenjews (1818–1883), der in jenen Jahren in Paris lebte. Nach der Oktoberrevolution 1917 wurde die Turgenjew-Bibliothek zu einem wichtigen Zentrum der russischen Emigration. Michail Ossorgin war einige Zeit in der Leitung der Turgenjew-Bibliothek engagiert.

276 Der in Versailles geborene Abbé Charles-Michel de L'Épée

Abbé Charles-Michel de L'Épée (1712–1789) war ein Pionier der Gehörlosenpädagogik. Nach dem Studium der Rechtswissenschaften und einer Tätigkeit als Rechtsanwalt ließ Charles-Michel Lespée sich 1738 zum Priester weihen. Nach der Enthebung aus dem Priesteramt lebte der Abbé de L'Épée – »Abt des Schwertes« – als Privatlehrer. Durch die Begegnung mit zwei gehörlosen Zwillingsschwestern wurde der Unterricht gehörloser Menschen, die bis dahin als nicht bildungsfähig gegolten hatten, seine Lebensaufgabe. Er gründete 1771 die weltweit erste Schule für Gehörlose, das »Institut sourds et muets«, und entwickelte für seinen Unterricht ein methodisches Zeichensystem, das zur Grundlage der heutigen amerikanischen Gebärdensprache wurde. 1776 erschien eine umfassende Darstellung seiner Methode (L'Épée, Charles-Michel de: *Institution des sourds et muets par la voie des signes méthodiques.* Paris 1776).

– **Joseph Louis Gay-Lussac**
Joseph Louis Gay-Lussac (1778–1850) war ein französischer Naturwissenschaftler. Seit 1808 Professor für Chemie und Physik an der Sorbonne in Paris, war sein Hauptarbeitsgebiet in der Physik die Wärmelehre, insbesondere die Gastheorie. 1802 formulierte er das nach ihm benannte Gasgesetz (Gesetz nach Gay-Lussac), laut dem sich ein Gas ausdehnt, wenn der Druck gleich bleibt und sich die Temperatur erhöht. 1808 folgte das Volumengesetz nach Gay-Lussac, dass Gase stets in Volumenverhältnissen kleiner ganzer Zahlen reagieren. In der Folgezeit bestimmte er die Dampfdichte zahlreicher Gase (bei einem normierten Zustand), beispielsweise die Dampfdichte von Blausäure.

279 der Emigrant Bodrjasin
In der Figur Bodrjasins sind Übereinstimmungen mit Michail Michailovič Černavskij (1855–1943), einer der führenden Persönlichkeiten der Sozialrevolutionären Partei (s. Anm. zu S. 16), offensichtlich. Nach Abschluss des Priesterseminars in Smolensk nahm Černavskij 1875 ein Studium an der Medizinisch-Chirurgischen-Akademie in St. Petersburg auf. 1876 schloss er sich einer Gruppe an, aus der später die Organisation Zemlja i volja (s. Anm. zu S. 325) hervorging. Bei einer Demonstration im Dezember 1876 wurde er verhaftet und zu 15 Jahren Katorga verurteilt. 1884 wurde er vorzeitig entlassen mit der Auflage, sein Lebens in der sibirischen Verbannung zu verbringen und

war in Nerčinsk als Fotograf tätig. Wegen guter Führung 1898 begnadigt, lebte er von 1900 bis 1903 wieder in St. Petersburg, wo er sich der Sozialrevolutionären Partei anschloss. Nach einem Aufenthalt in Genf kehrte Černavskij Ende 1905 nach Russland zurück, wurde im Sommer 1906 wegen Beteiligung am Aufstand im Militärstützpunkt Kronstadt (s. Anm. zu S. 78) erneut verhaftet und verbrachte mehrere Monate in Haft. Seit Februar 1907 lebte er illegal in Finnland und schloss sich im selben Jahr der terroristischen Kampforganisation der Sozialrevolutionäre an. Er arbeitete in Sprengstoffwerkstätten der sozialrevolutionären Terrorgruppe und war an Expropriationen (s. Anm. zu S. 120) sowie an der Planung eines Attentats auf Zar Nikolaj II. beteiligt. Nach der Enttarnung von Jevno Azef (s. Anm. zu S. 290) floh Černavskij nach Paris und schloss sich 1909 der Gruppe um Boris Savinkov (s. Anm. zu S. 284) an. Bis zum Ausbruch des Ersten Weltkriegs lebte er in der Emigration und kehrte dann illegal nach Russland zurück, wo er 1943 in Moskau starb.

283 dass sie alle nun zu symbolistischen Poeten geworden sind
s. Anm. zu S. 213

284 ob sie sich der Kampfgruppe von Schwarz anschließen werde
Prototyp des Führers der Kampfgruppe ist der Politiker, Autor und Terrorist Boris Viktorovič Savinkov (1879–1925). Savinkov war einer der führenden Vertreter der Sozialrevolutionären Partei und Mitglied von deren terroristischer Kampforganisation und an der Ermordung des Innenministers Vjačeslav fon Pleve im Juli 1904 (s. Anm. zu S. 26) sowie an dem Mordanschlag auf den Großfürsten Sergej im Februar 1905 (s. Anm. zu S. 29 und 134) beteiligt. Nach seiner Verurtei-

lung zum Tode gelang ihm 1906 die Flucht. Nach der Enttarnung von Jevno Azef (s. Anm. zu S. 290) und der Auflösung der sozialrevolutionären Kampforganisation im Frühjahr 1909 war Savinkov mit der Neubildung einer terroristischen Kampfgruppe beauftragt. Auch diese wurde aufgrund der Enttarnung eines Verbindungsmanns der Ochrana Anfang 1911 aufgelöst. Bis April 1917 lebte Savinkov in der Emigration, wo er u. a. seine *Erinnerungen eines Terroristen* (1917/18, dt. 1929) veröffentlichte. Im Russland nach der Februarrevolution wurde er Kriegsminister in der Übergangsregierung unter Alexander Kerenskij (s. Anm. zu S. 457). Nach dem Oktober-Umsturz durch die Bolschewiki war Savinkov überzeugter Gegner des Sowjetregimes, gründete die Vereinigung zur Verteidigung von Vaterland und Freiheit (Sojus zaščity rodiny i svobody) und organisierte Attentate gegen die Bolschewiki. Nach 1919 schloss er sich den »Weißen« an und begab sich ins Ausland. Aufgrund illegalen Übertritts der sowjetischen Grenze wurde er 1924 verhaftet und kam nach Umwandlung seiner Todesstrafe in eine zehnjährige Haftstrafe durch einen Sturz aus einem Fenster im fünften Stock der Lubjanka zu Tode. Der offiziellen Version zufolge handelte es sich dabei um Selbstmord.

290 dass es Azef gelungen war, durch die Netze zu schlüpfen
Jevno Fišelevič Azef (1869–1918) war einer der Gründer der Sozialrevolutionären Partei, stand seit 1903 deren terroristischer Kampfgruppe vor und war an der Vorbereitung einer Vielzahl von terroristischen Anschlägen beteiligt. Seit 1893 war er inoffizieller Mitarbeiter der Ochrana und als solcher verantwortlich für Festnahmen und Hinrichtungen zahlreicher Mitglieder der Sozialrevolutionären Partei. 1908 wurde er als Agent Provocateur enttarnt und vom Zentralkomitee der Sozialrevolutionären Partei zum Tode verurteilt, konnte sich der Ermordung jedoch entziehen.
1910 ließ er sich mit neuer Identität in Berlin nieder und betätigte sich als Börsenspekulant. Fünf Jahre später wurde er von den deutschen Behörden als »Terrorist und russischer Spion« festgenommen und war im Gefängnis Moabit inhaftiert. Nach Abschluss des Friedensvertrags von Brest-Litowsk, den Russland und die Mittelmächte am 3. März 1918 unterzeichneten, kam er frei und verstarb kurz nach der Haftentlassung in Berlin.

294 Kannten Sie Wolodja Masurin in Moskau?
Vladimir Vladimirovič Mazurin (1882–1906) studierte an der Moskauer Universität und war einer der Führer der Gruppierung der Maximalisten (s. Anm. zu S. 86). Als Anführer einer »Einsatzkampfgruppe« leitete er einige Expropriationen, u. a. jene auf die Bank Moskauer Kreditgesellschaft (Moskovskoe obščestvo vzaimnogo kredita) am 7. März 1906 (s. Anm. zu S. 56). Im Mai 1906 war er an der Erschießung zweier Agenten der Moskauer Ochrana beteiligt. Nach seiner Festnahme wurde Mazurin am 1. September 1906 durch ein Feldkriegsgericht (s. Anm. zu S. 148) zum Tode verurteilt und hingerichtet.

– In den bedeutungsvollen ›Tagen der Freiheit‹
s. Anm. zu S. 16

299 die Einrichtung der Semstwo
s. Anm. zu S. 243

302 hatte ein Terrorist den Moskauer Stadtkommandanten erschossen
s. Anm. zu S. 29

– »Epoche des Vertrauens«

Nach der Ermordung des Innenministers Pleve am 15. Juli 1904, dem zweiten erfolgreichen Anschlag auf einen Innenminister innerhalb von zwei Jahren (s. Anm. zu S. 26 und 93), ernannte Zar Nikolaj II. mit Fürst Pëtr Danilovič Svjatopolsk-Mirskij (1857–1914) einen als liberal geltenden Nachfolger, dessen Programm eine neue Ära zu eröffnen schien. Bei seinem Amtsantritt im September 1904 erklärte Svjatopolsk-Mirskij, seine Tätigkeit als Minister habe den Anspruch »aufrichtig-wohlwollender und aufrichtig-vertrauensvoller Zusammenarbeit mit den gesellschaftlichen und ständischen Institutionen und der Bevölkerung insgesamt«, und sprach von der Notwendigkeit, die Herrschaft des Rechts zu stärken, die Despotie der Polizei zu beenden und die Barrieren des Misstrauens zwischen Regierung und Gesellschaft einzureißen. Die Regierungszeit Svjatopolk-Mirskijs gilt deshalb als »Epoche des Vertrauens«. Die Vermittlung zwischen den Interessen der Liberalen und der Entschiedenheit, mit der Zar Nikolaj II. am Prinzip der Autokratie festhielt, gelang Svjatopolk-Mirskij jedoch nicht, und er wurde im Januar 1905 seines Amtes als Innenminister enthoben.

309 indem er als eifriger Pilger zu Fuß zum Kloster des Heiligen Sergius wanderte

Das ca. 70 km nordöstlich von Moskau in der Stadt Stadt Sergijew Possad gelegene Dreifaltigkeitskloster des Heiligen Sergius (auch Dreifaltigkeitskloster von Sergijew Possad, russ.: Svjato-Troickaja Sergieva Lavra) wurde um 1340 vom Heiligen Sergius von Radonesch (Sergij Radoněžskij, 1314–1392) gegründet und gilt als eines der bedeutendsten religiösen Zentren der russisch-orthodoxen Kirche. Seit 1993 gehört das vom 15. bis zum 18. Jahrhundert entstandene architektonische Ensemble des Klosters zum UNESCO-Welterbe.

316 Ein Mann von kleinem Wuchs [...] war nach Hessen-Darmstadt gereist und machte im Schloss Friedberg Station

Bei Ossorgin »Schloss Hohburg«. Der fast zweimonatige Aufenthalt des letzten russischen Zaren Nikolaj II., seiner Frau Alexandra Fëdorovna (der ehemaligen Prinzessin Alix von Hessen-Darmstadt, 1872–1918) und ihrer fünf Kinder mit zahlreichem Gefolge auf Schloss Friedberg im Sommer 1910 hatte privaten Charakter, man wohnte beim Bruder der Zarin Alexandra, Großherzog Ernst Ludwig von Hessen-Darmstadt (1868–1937) und genoss die inoffizielle Atmosphäre. Während Zarin Alexandra in Bad Nauheim kurte, traf sich der Zar mit seinem Schwager zum Tennis. Ausflüge, Feste und Verwandtschaftsbesuche kennzeichneten den Aufenthalt, der europaweit eine beispiellose mediale Aufmerksamkeit auf sich zog. Zur Erinnerung an das bedeutende Ereignis in der Geschichte Friedbergs und Bad Nauheims wurde eine Ansichtspostkarte mit den Porträts des Herrscherpaars und des Zarewitsch Alexej sowie mit Stadtansichten veröffentlicht.

319 Veux-tu te taire?

Frz.: »Willst du wohl still sein?«

325 ein bereits betagter Narodowolze

Bereits in den 1860er-Jahren entstand im Russischen Reich eine Bewegung von Angehörigen der Intelligenzija, die »ins Volk« (russ.: »v naród«) gingen, da sie ihre Aufgabe darin sahen, dem russischen Bauernstand zu Bildung zu verhelfen. Dieser Bewegung schlossen sich immer mehr revolutionär gesinnte Gegner des Zarismus an, die für eine Erhebung der Bevölkerung gegen die bestehende Ordnung agitierten. Die Narodniki wurden seit Mitte der 1870er-Jahre von der Regierung Alexanders II. massiv bekämpft. 1876 entstand die Gruppe Zemlja i volja (»Erde und Freiheit«), aus der im August 1879 die Organisationen Narodnaja volja (»Volksfreiheit«, »Volkswille«) und Černyj peredel (»Schwarze Umverteilung«) hervorgingen, wobei die letztere Gruppierung gegen den Terror als politisches Mittel und für politische Aufklärung durch Propaganda unter der Landbevölkerung Stellung bezog, während die Narodnaja volja den Umsturz mit gewaltsamen Aktionen herbeiführen wollte und Attentate auf Funktionäre von Regierung und Verwaltung unternahm. Im März 1881 töteten Angehörige der Organisation Zar Alexander II. bei einem Attentat (vgl. Anm. zu Perovskaja und Željabov, S. 22).

329 Mit den Sozialrevolutionären [...] wie mit den Maximalisten
s. Anm. zu S. 16 und 86

331 die schlechte Stimmung der Parteiführung in Paris
Im Mai 1909 trat die Führung der Sozialrevolutionären Partei zurück, und es wurde ein neues Zentralkomitee gewählt, das jedoch schon bald seine Tätigkeit einstellte. Daraufhin wurde die Führung der Partei von einer Gruppe übernommen, die sich »Auslandsdelegation« nannte.

345 Cordon, s'il vous plaît!
Frz.: »Öffnen Sie bitte!«

349 Am Buffet der Bahnhofsgaststätte in Wershbolowo
Virbalis (dt. Wirballen, poln. Wierzbołów, russ.: Veršbolovo) ist eine Stadt in Litauen östlich der Grenze zur heutigen russischen Kaliningrader Oblast, ehemals Ostpreußen. Nach Inbetriebnahme der Bahnlinie St. Petersburg–Warschau 1862 war der Bahnhof Wirballen bis zum Ersten Weltkrieg Grenzstation zwischen dem Russischen Kaiserreich und Preußen.

– In Helsingfors
s. Anm. zu S. 63

350 Auf dem Seeweg reiste drei Tage später [...] Richtung Gangut
Hanko (schwed.: Hangö, früher russ.: Gangut), die südlichste Stadt Finnlands, deren während der Zeit der russischen Herrschaft 1871–1873 erbauter Hafen auch als Winterhafen genutzt werden konnte und an die Eisenbahnstrecke nach Hyvinkää angebunden war.

353 den Ehernen Reiter
Das von Zarin Katharina II. beim französischen Bildhauer Étienne-Maurice Falconet (1716–1791) in Auftrag gegebene und 1782 auf dem St. Petersburger Senatsplatz errichtete bronzene Reiterstandbild des Zaren Peter I. ist eines der Wahrzeichen der Stadt und wird nach dem 1833 erschienenen Poem Alexander Puschkins »Eherner Reiter« genannt.

354 Genauere Angaben werden nachgereicht
Aufgrund der Durchsetzung der terroristischen Gruppe von Boris Savinkov (s. Anm. zu S. 284) mit Agenten des Geheimdienstes hatte dieser Kenntnis von geplanten Attentaten auf

Ministerpräsident Stolypin (s. Anm.
zu S. 70) und den Minister für Volksbildung, Aleksandr Nikolaevič Švarc
(1848–1915). Dies geht aus einem
chiffrierten Telegramm vom 27. April / 10. Mai 1910 des Auslandsgeheim-
dienstes in Paris an den Direktor des
Polizeidepartements in St. Petersburg
hervor, in dem es u. a. heißt: »Es werden Attentate auf den Staatssekretär
Stolypin und den Minister Švarc vorbereitet, Organisatoren sind Savinkov
und Pavel.« (s. dazu: Ščerbakova, E. I.:
Političeskaja policija i Političeskij
terrorizm v Rossii (vtoraja polovina
XIX – načalo XX vv.). Sbornik doku-
mentov i materialov. Moskau 2001).
Ossorgin nimmt hier offensichtlich
Bezug auf das geplante Attentat auf
Švarc, da die Rede ist von einem
»alten Mann«, der auch über die Pläne
informiert war.

– Ein russischer Dichter mit Augen
nicht von dieser Welt
Der »russische Dichter mit Augen
nicht von dieser Welt«, der bei der
künstlerischen Ausgestaltung des
Goetheanums in Dornach mitarbei-
tete, ist Andrej Belyj (eigentlich: Boris
Nikolaevič Bugaev, 1880–1934). Nach
der Bekanntschaft mit Rudolf Steiner
(1861–1925) im Jahr 1912 wurde Belyj
dessen Schüler, begleitete den Begrün-
der der Anthroposophie auf seinen
zahlreichen Vortragsreisen und
beschäftigte sich einige Jahre lang
intensiv mit dessen Lehre. Belyjs
damalige Ehefrau, die Graphikerin
Assja Turgenieff (1890–1966), leitete
eine Gruppe von Schnitzern, die an
den Säulenkapitellen und Architraven
für das Goetheanum arbeitete. Dieser
Gruppe gehörte auch Belyj an, der am
Marskapitell und dem zugehörigen
Architrav mitschnitzte.

– ein Blumenduftwasser
s. Anm. zu S. 91

362 ein Fläschchen Wischnjowka
Alkoholisches Getränk mit hohem
Zuckergehalt und Fruchtanteil,
ähnlich wie Likör.

364 in Richtung Sucharew-Platz
Gegenüber dem 1934 geschleiften
Sucharew-Turm, einem der Wahr-
zeichen der Stadt Moskau, gelegener
Platz (»Sucharevskaja ploščad'«), auf
dem seit dem russischen Sieg über die
napoleonische Armee sonntags eine
Art Trödelmarkt stattfand.

– ›Und jene, die ausharren in Krank-
heit und Trauer […]‹
Aus dem Gebet zum Gedenken an die
Lebenden und Verstorbenen. Die Namen derer, derer während der Liturgie
gedacht werden soll, werden vor dem
Gottesdienst in das Synodikon eingetragen.

365 ›Erleuchte die von der unseligen
Häresie Geblendeten‹
Aus dem Gebet zum Gedenken an die
Lebenden und Verstorbenen (s. Anm.
zu S. 364).

– ›Selig die, die um der Gerechtigkeit
willen verfolgt werden.‹
Eine der Seligpreisungen aus der Berg-
predigt (Matthäus 5, 10).

– Ich erinnere mich auch noch an
den vierten Ikos aus dem Akathistos
an die Allerheiligste Gottesgebärerin
Ein Akathistos ist ein Hymnus der
Ostkirche, der der Dreieinigkeit, einem Heiligen oder einem Festgeheim-
nis des Kirchenjahres gewidmet ist
und aus einer Abfolge von Strophen
besteht, die wiederum in Kondakion
und Ikos unterteilt sind. Einer der
bekanntesten Akathistoi ist der
»Akathistos an die Allerheiligste

Gottesgebärerin und immerwährende Jungfrau Maria«, der als die älteste und schönste Mariendichtung gilt.

366 ›Ich bin gefangen in den Netzen einer Vielzahl von Versuchungen …‹
Aus dem Abendgebet des Hl. Johannes von Damaskus (um 650 vor 754) mit dem Beinamen Chrysorrhoas.

– ›Ich erbebe, wenn ich das Feuer entgegennehme […].‹
Aus dem Kanon vor der heiligen Eucharistiefeier.

– »Der Herr ist allen gütig …«
Zitat aus Psalm 145.

– an der Mauer von Kitaj-Gorod in Richtung Samoskworetschje entlang
Kitaj-Gorod ist ein historisches, östlich des Kreml gelegenes Viertel im Zentrum Moskaus. Seinen vermutlich von »kita« für die Stangenhölzer, mit denen Holzfestungskonstruktionen errichtet wurden, hergeleiteten Namen erhielt das Quartier im 16. Jahrhundert. Seit Ende des 18. Jahrhunderts eines der wichtigsten Handelsviertel Moskaus. Kitaj-Gorod beherbergt zahlreiche denkmalgeschützte Bauwerke, von denen einige noch aus dem 16. und 17. Jahrhundert stammen. Zamoskvoreč'e, wörtlich »hinter der Moskwa«, ist einer der ältesten Stadtteile Moskaus, am rechten Ufer der Moskwa südlich des Kreml gelegen. Erste Ansiedlungen in dieser Gegend, die an einem in die Goldene Horde führenden Weg liegt, gab es wohl schon seit Zeiten der Stadtgründung Moskaus, also um 1200. Seit Mitte des 18. Jahrhunderts siedelten sich hier vor allem Handwerker und Kaufleute an. Einer der bis heute am besten erhaltenen Teile der Moskauer Altstadt mit prachtvollen Stadtvillen

wie z. B. jener, in der im August 1893 die Moskauer städtische Kunstgalerie Pawel und Sergei Michailowitsch Tretjakow ihre Pforten für die Öffentlichkeit öffnete.

368 Von der Gnesdikowski-Gasse
In der Gnesdikowski-Gasse befand sich die Abteilung zum Schutz der allgemeinen Sicherheit und Ordnung der Stadt Moskau (s. Anm. zu S. 39).

370 »Ich habe ein wenig Honig gekostet und siehe, ich muss darum sterben.«
Zitat aus dem ersten Buch Samuel, Kapitel 14, 43.

375 das war fast ein Arschin lang
Russ.: »aršín«, altes russisches Längenmaß. 1 Arschin entspricht 16 Werschok = 71,12 cm.

– von einem Gewicht bis zu einem Pud
Alte russische Gewichtseinheit, entspricht 16,38 kg.

376 über die Fragen »Was tun?«
Was tun? (*Čto delat'?*) ist der Titel eines 1863 erschienenen Romans von Nikolaj Gavrilovič Černyševskij (1828–1889), in dem der sozialkritische Schriftsteller die Fragen der Zeit aufgriff, die in progressiven Kreisen diskutiert wurden. Der Roman mit dem Untertitel »Erzählungen von neuen Menschen« wurde zwar nach der Publikation von der Zensur verboten und erlebte seine zweite Auflage erst 1906, gleichwohl war das Werk in seiner Zeit ungeheuer populär. In seiner 1902 veröffentlichten Schrift *Was tun?* (*Čto delat'?*), die als eines seiner Hauptwerke gilt, nimmt Vladimir Il'ič Lenin

(1870–1924) auf den Romantitel
Černyševskijs Bezug.

**– Grischa und Nadeshda Petrowna
arbeiten jetzt für den Semstwo**
Zu Semstwo s. Anm. zu S. 249.

**– Es beginnt mit der Rezitation von
Sologubs Gedichten**
Fëdor Sologub (eigentlich Fëdor
Kuz'mič Teternikov, 1863–1927) war
ein russischer Schriftsteller, Dichter
und einer der wichtigsten Vertreter
des russischen Symbolismus. Seine
Prosawerke *Melkij bes* (1905,
dt. *Der kleine Dämon*, 1907), *Tvori-
maja legenda* (*Legende im Werden*,
1907–1913) und *Slašče jada* (*Süßer als
Gift*, 1913) gelten als Höhepunkte der
symbolistischen Literatur.

– und erörtert Fragen des Geschlechts
s. Anm. zu S. 213

**379 Christus mit der Dornenkrone
von Guido Reni**
Guido Reni (1575–1642), Maler des
italienischen Barock.

**380 »Des Menschen Tage sind wie
Gras […]«**
Zitat aus Psalm 103.

**382 ›Ein innerer Ansturm zwei-
deutiger Gedanken‹**
Zitat aus dem vierten Kondakion
des Akathistos an die Allerheiligste
Gottesgebärerin (s. Anm. zu S. 365).

**388 Gesprächsthemen in Petersburg
waren**
s. Anm. zu S. 213

**389 In den höheren Kreisen Peters-
burgs kamen Philalethen oder Spiritisten an die Macht**
Um 1900 war von Paris aus ein mys-
tischer Orden (Chevaliers Philalètes)
tätig, der seine Herkunft auf den im
18. Jahrhundert existierenden Frei-
maurerorden der Philaleten (griech.
»Freunde der Wahrheit«) berief und
auch Frauen aufnahm. In Paris bestand eine Loge »Karma«, in Petersburg gab es zwei Logen (»Pyramide
des Nordens« und »Nordstern«), die
unter der Protektion von Großfürst
Alexander Michailovičs (1866–1933),
eines Cousins Zar Nikolajs II., standen. Als Reaktion auf den Positivis-
mus und Materialismus der exakten
Wissenschaften war die Zeit des beginnenden 20. Jahrhunderts in ganz
Europa von einem besonderen Faible
für okkulte Phänomene geprägt. Zahlreiche Intellektuelle setzten sich intensiv mit esoterischen Anschauun-
gen auseinander. Viele Anhänger fand
die von der Russin Helena Petrovna
Blavatsky (1831–1891) begründete Lehre der Theosophie und die von ihr
1875 gemeinsam mit Henry Olcott
(1832–1907) gegründete Theosophi-
sche Gesellschaft. Wie populär die ok-
kulten Geheimwissenschaften auch
im Russland des beginnenden 20. Jahrhunderts waren, zeigt die Tatsache,
dass vor 1914 allein in Petersburg 35
eingetragene sowie über hundert informelle okkulte Zirkel und Logen
existierten und im gesamten Zarenreich mehr als dreißig Magazine zu
diesem Thema erschienen (vgl. Carl-
son, M.: »*No Religion Higher Than
Truth.*« *A History of the Theosophical
Movement in Russia, 1875–1922.*
Princeton 1993) Auch Zar Nikolai II.
und seine Frau Alexandra waren für
alles Mystische empfänglich. Nach
1900 brachte es der französische Ok-
kultist und charismatische Gründer
des Martinistenordens »Docteur Papus« (Gérard Anaclet Vincent Enc-
ausse, 1865–1916) zum einflussreichen

Berater und wurde zum persönlichen Freund der Zarenfamilie. Es ranken sich Gerüchte und Legenden um spiritistische Sitzungen, die Papus gemeinsam mit dem Zaren veranstaltet haben soll, um den Zarenvater Alexander III. (s. Anm. zu S. 80) zu beschwören.

– und es war die Rede von einem Starez

Grigorij Efimovič Rasputin (eigentlich Novych, 1864/65 oder 1872–1916) war ein Bauer aus dem sibirischen Gouvernement Tobolsk, der seit 1903 in St. Petersburg als Prophet und Heiler von sich reden machte. »Starez«, Einsiedlermönch, nannte er sich selbst, obgleich er über keinerlei theologische Ausbildung verfügte und religiöser Autodidakt war. Gleichwohl stieg Rasputin durch seine Nähe zum 1964 von der russisch-orthodoxen Kirche heiliggesprochenen Erzpriester Johann von Kronstadt (1829–1909), den Beichtvater des Zaren, zu einem der einflussreichsten Männer Russlands auf. Er versprach die Heilung des an Hämophilie erkrankten Zarewitsch Alexej (1904–1918) und wurde so zum Vertrauten der Zarin Alexandra Fëdorovna, was bis heute Stoff für zahlreiche Mythen bietet. Durch seine Nähe zur Zarin wurde der im Schlager als »Lover of the Russian Queen« besungene sibirische Bauernsohn der Einflussnahme auf die russische Politik verdächtigt und für die katastrophale Lage des Russischen Reiches verantwortlich gemacht, das in den letzten beiden Jahren des Ersten Weltkriegs, wie bereits im Jahrzehnt zuvor, von Streikwellen erschüttert wurde, die zu einer revolutionären Staatskrise und schließlich zur Februarrevolution 1917 führten. Am 17. Dezember 1916 wurde Rasputin von Verschwörern aus den höchsten Kreisen ermordet (s. Anm. zu S. 453).

391 Lawrow und Michailowski studieren
Pëtr Lavrovič Lavrov (1823–1900) war ein russischer Dichter, Publizist und Theoretiker der Narodnikibewegung (s. Anm. zu S. 325). Seit 1870 lebte Lavrov im Exil in Paris, wo er Mitglied der Pariser Sektion der Ersten Internationale wurde. Er lehnte den Terrorismus ab und vertrat die Überzeugung, dass die Verwirklichung sozialistischer Ideale nur das Endziel eines langen historischen Prozesses sein könne.
Nikolaj Konstantinovič Michailovskij (1842–1904) war ein russischer Publizist, Literaturkritiker und Theoretiker der Narodnikibewegung. Er war ein Vertreter der liberalen Narodniki, lehnte die marxistische Ideologie einer proletarischen Revolution ab und befürwortete Reformen.

– er sprach ohne jeglichen Respekt nicht nur über Tschernow
Viktor Michailovič Černov (1873–1952) war einer der Mitbegründer der Sozialrevolutionären Partei (s. Anm. zu S. 16) und Mitglied der Parteiführung. Nach der Februarrevolution war Černov Agrarminister der Provisorischen Regierung sowie Mitglied der von den Bolschewiki aufgelösten Allrussischen Konstituierenden Versammlung. 1920 emigrierte Černov und lebte seit 1941 bis zu seinem Tod in New York.

394 er kannte die beiden ersten Seiten des Romans *Die Verlobten* auswendig
Der 1827 erschienene historische Roman *I Promessi Sposi* (dt.: *Die Verlobten, Die Brautleute*) ist das berühmteste Werk des italienischen Dichters und Schriftstellers Alessandro Francesco Tommaso Manzoni (1785–1873).

– und rezitierte mit theatralischen Gesten Leopardi
s. Anm. zu S. 193

– Or, poserai per sempre, stanco mio cor!
Ital.: »Nun wirst du ruhn für immer, mein müdes Herz.«
Beginn des XXVIII. Gedichts aus den *Canti* (»Gesängen«).

401 »Nataschenka, er wird doch ertrinken, bei diesen Wellen!«
In der Episode über Nikolaj Iwanowitschs Ertrinken nimmt Ossorgin Bezug auf den Tod des Sozialrevolutionärs Pëtr Kornilʹevič Sidorčuk (1884–1911), der für den Mord an einem für ein Pogrom an der jüdischen Bevölkerung in Žytomyr verantwortlichen Polizeihauptmann 1905 zum Tode verurteilt und später zu Katorga begnadigt wurde. Aus der Verbannung floh er nach Italien und ertrank dort 1911 im Meer.

405 seinen sündigen Leib auf den Sperlingsbergen spazieren zu tragen
Die Vorobʹëvy Gory (1924–1999: Leninskie Gory, Leninberge) sind eine im Südosten Moskaus an ihrem nordöstlichen Hang fast durchgehend bewaldete natürliche Erhebung inmitten einer großen Parkanlage, die sich mehrere Kilometer lang am rechten Moskwa-Ufer entlang erstreckt. Der Park gehört zu den sieben Hügeln Moskaus, der Name ist vom nahe gelegenen Dorf Vorobʹëvo abgeleitet. Die Sperlingsberge sind seit jeher ein beliebtes Naherholungsgebiet, von dort eröffnet sich ein großartiger Blick auf Moskau, über den Anton Tschechow (1860–1904) schrieb: »Wer Russland verstehen will, der muss hierherkommen und auf Moskau schauen!«

409 Nicht ohne Schwierigkeiten fand er das Grab von Mazzini
Giuseppe Mazzini (1805–1872) gilt als geistiger Führer des demokratischen Flügels des Risorgimento, also der italienischen Unabhängigkeitsbewegung des 19. Jahrhunderts.

410 Die Namen Lawrow und Michailowski
s. Anm. zu S. 391

411 von Liedern wie »Aus einem fernen, fernen Land«, »Warschawjanka«
»Aus einem fernen, fernen Land« war ein im 19. Jahrhundert populäres russisches Studentenlied. Der ursprüngliche, vom »russischen Anakreon« Nikolaj Michailovič Jazykov (1803–1846) gedichtete Text des Liedes wurde von den Studenten stark verändert und bekam revolutionären Inhalt. Die Warschawjanka (poln. Warszawianka) ist ein polnisches Arbeiterlied, das zu Beginn des 20. Jahrhunderts auch in Russland verbreitet war.

413 wobei sie ja sogar Menschen zweier Kalenderstile waren
Aufgrund der Ungenauigkeit des nach dem römischen Feldherrn und Diktator Gaius Julius Caesar benannten Julianischen Kalenders, der nicht mit dem tropischen Jahr (Sonnenjahr) übereinstimmte, führte Papst Gregor XIII. (1502–1585) 1582 eine Kalenderreform durch, die im wesentlichen aus zwei Teilen bestand: Erstens wurde durch den Fortfall von 10 Kalendertagen (auf den 4. Oktober 1582 folgte der 15. Oktober 1582 in der neuen Zeitrechnung) der Frühlingsbeginn wieder auf den 21. März gebracht, und zweitens wurde eine neue Schaltjahrregelung eingeführt, wodurch das Anwachsen eines Kalenderfehlers verlangsamt wurde. Die Umstellung

von Julianischem auf Gregorianischen Kalender wurde zunächst nur
in Ländern mit überwiegend römisch-
katholische Glauben vollzogen,
sodass lange Zeit zwei Kalenderstile
nebeneinander existierten. In Russland wurde der Gregorianische Kalender erst nach dem Oktober-Umsturz
durch die Bolschewiki eingeführt,
sodass die Russen »im neunzehnten
Jahrhundert dem Rest der zivilisierten
Welt um zwölf Tage hinterherhinkten
und mit dem Beginn des zwanzigsten
um dreizehn«, wie Vladimir Nabokov
in seiner Autobiographie *Erinnerung,
sprich* schreibt.

**– ihr Orenburger Tuch konnte
Natascha nun sehr gut gebrauchen**
Das Orenburger Tuch (Orenburgskij
puchovyj platok) ist wie die Samoware
aus Tula, die Chochloma-Malerei, die
Keramik aus Gschel, die Emaille aus
Rostow, Lackminiaturen aus Palech
oder die Matrjoschkas ein Symbol der
russischen Volkskunst. Es ist eine
Häkelarbeit von feiner Qualität aus
handgesponnenem Ziegen-Winter-
haar, das den Tieren herausgekämmt
wird, und wird je nach Machart und
Größe als Schal, Kopftuch, Poncho
oder über die Schulter geworfene Stola
getragen.

**417 ein russischer Narodnik aus der
Provinz**
s. Anm. zu S. 325

**418 das Journal »Russischer Reich-
tum«**
Die literarisch-wissenschaftliche
Monatsschrift *Russkoe bogatsvo* existierte von 1876 bis 1918 und vertrat
die liberale Linie der Narodniki. In
der Zeitschrift veröffentlichten zahlreiche bekannte Schriftsteller wie
Ivan Bunin, Leonid Andreev, Maxim
Gorki und Alexander Kuprin.

**– mit Streifen der Zeitung »Russische
Nachrichten«**
Die von 1863 bis 1918 erscheinenden
liberalen *Russkie vedomosti*, in der
namhafte Schriftsteller wie Lew Tolstoj und Anton Tschechow publizier-
ten, waren eine der renommiertesten
Moskauer Tageszeitungen.

421 Ausgehend von den Dekabristen
Nach dem Tod des kinderlosen Zaren
Alexander I. am 1. Dezember 1825
gelangte sein Bruder Nikolaj auf den
Zarenthron. Während der kurzen Periode des Interregnums, in dem noch
Unklarheit herrschte über die Wirk-
samkeit des geheimen Thronverzichts
des Großfürsten Konstantin von 1823
zugunsten des späteren Nikolaj I., unternahm eine Gruppe junger Aristo-
kraten und Gardeoffiziere einen Auf-
standsversuch gegen die zaristische
Selbstherrschaft, Leibeigenschaft,
Polizeiwillkür und Zensur. Von westlichen Reformideen erfüllt, verlang-
ten die Dekabristen (von russ.: »de-
kábr'«, »Dezember«) im »Nordbund«
auch für Russland eine Konstitution,
während der radikalere »Südbund«
eine zentralistische Republik und
einschneidende soziale Reformen an-
strebte. Der Versuch, Russland auf
den Weg zu einem liberaleren Staat zu
zwingen, wurde von der Staatsgewalt
grausam unterdrückt. Gegen 579 Personen wurde ein gerichtliches Unter-
suchungsverfahren eröffnet, fünf der
Dekabristen wurden hingerichtet,
die anderen nach Sibirien verschickt,
die Überlebenden 1856 begnadigt.

**422 Der Krieg begann, der Krieg
endete**
Der Italienisch-Türkische Krieg, auch
Tripoliskrieg, zwischen dem König-
reich Italien und dem Osmanischen
Reich, der vom 29. September 1911 bis
zum 18. Oktober 1912 dauerte.

424 »C'est la guerre, mon vieux.«
Frz.: »Das ist der Krieg, mein Alter.«

**426 von einer aus drei ehemaligen
Insassen der Festung Schlüsselburg
bestehenden Kommission**
Die alte russische Festung Schlüsselburg liegt am linken Ufer der Newa
am Ladogasee auf einer Flussinsel vor
der gleichnamigen Stadt Schlüsselburg (bis 1612 Orešek, bis 1702 Nöte-
borg) 35 Kilometer östlich von Sankt
Petersburg. Nach der Gründung des
Marinestützpunkts Kronstadt an der
Ostsee durch Peter I. 1703 verlor die
Festung Schlüsselburg ihre militärische Bedeutung und wurde Gefängnis
mit verschärftem Regime für politische Häftlinge. Die ersten Festungs-
häftlinge waren Dekabristen, später
waren hier Vertreter aller revolutionären Gruppierungen und Parteien
inhaftiert. Nach der Februarrevolution 1917 wurden die in der Festung
Inhaftierten von Schlüsselburger
Arbeitern befreit und die Festung in
Brand gesetzt.

**427 im Zusammenhang mit der
Enttarnung durch Burzew**
Vladimir L'vovič Burcev (auch: Bourt-
zeff, 1862–1942) war ein russischer
Schriftsteller und Revolutionär. In
den 1880er-Jahren in der Bewegung
der Narodnaja volja (s. Anm. zu S. 325)
aktiv, stand Burcev später der Sozialrevolutionären Partei nahe. 1885
wurde er wegen Mitgliedschaft in der
Narodnaja volja verhaftet und nach einem Jahr Haft in der Peter-und-Paul-
Festung 1886 ins östliche Sibirien verbannt. 1888 floh er aus der Verbannung und lebte bis 1914 in der
Emigration. Nach der erneuten Verhaftung bei seiner Rückkehr nach
Russland 1914 wurde Burcev wieder
verbannt, wegen der öffentlichen
Empörung in Frankreich jedoch im
August 1915 begnadigt. Am 25. Okto-

ber 1917 abermals verhaftet, wurde er
zum ersten politischen Gefangenen
der neuen Machthaber. Nach seiner
Entlassung aus der Haft im März 1918
aufgrund der Fürsprache von Maxim
Gorki (1868–1936), emigrierte Burcev
und lebte bis zu seinem Tod in Paris.
Burcev machte sich einen Namen
als »Sherlock Holmes der russischen
Revolution« durch sensationelle Ent-
tarnungen von Agenten und Agents
Provocateurs der Ochrana (s. Anm.
zu S. 37), vor allem in den Reihen
der Sozialrevolutionäre, darunter
so herausragende Figuren wie Jevno
Fišelevič Azef (s. Anm. zu S. 290) und
der Bolschewik Roman Waclavovič
Malinovskij (1876–1918).

**430 Sonderlinge fertigen Skizzen der
Bertha an**
Noch vor dem Ersten Weltkrieg erging
ein Geheimauftrag der Obersten Heeresleitung des Deutschen Reiches an
die Firma Krupp zur Entwicklung eines überschweren Geschützes, das
jede bekannte Festung vernichten
konnte. Das daraufhin konstruierte
Steilfeuergeschütz Mörser 42-cm L/16
mit verheerender Wirkung wurde
in der deutschen Bevölkerung und von
den Soldaten, möglicherweise nach
Bertha Krupp von Bohlen und Hall-
bach, der Enkelin des Firmen- und
Dynastiegründers Alfred Krupp,
»Dicke Bertha« genannt.

**– die versucht, mit einem gelben
Billett ihren Lebensunterhalt zu
verdienen**
Als »gelbes Billett« (russ.: »žëltyj
bilét«) wurde im zaristischen Russland umgangssprachlich das Dokument bezeichnet, das Prostituierten
ausgestellt wurde, damit sie legal
ihrer Tätigkeit nachgehen konnten.
Die offizielle Bezeichnung lautete
»medizinisches Billett« (russ.: »me-
dicínskij bilét«) oder »Ersatzbillett«

(russ.: »zamenítel'nyj bilét«), wobei letztere Bezeichnung darauf verweist, dass bei der Registrierung als Prostituierte das Ausweisdokument oder die Wohnsitzbescheinigung bei den Polizeibehörden hinterlegt werden musste und der Prostituierten das »gelbe Billet« als Ersatzausweisdokument ausgehändigt wurde. Dieses auf gelbem Papier gedruckte Ersatzausweisdokument war zugleich Identitätsnachweis, Wohnsitzbescheinigung, Genehmigung zur Prostitution und beinhaltete auch Nachweise obligatorischer medizinischen Kontrolluntersuchungen.

434 pour manger à la gamelle
Frz.: »aus dem Futternapf essen«.

436 Geschichte von Kljutschweski
Vasilij Osipovič Ključevskij (1841–1911) war ein russischer Historiker. Sein Hauptwerk ist der fünfbändige *Kurs russkoj istorii* (»Kurs russischer Geschichte«, dt. *Russische Geschichte. Von Peter dem Großen bis Nikolaus I.* Zürich 1945).

– zu den Gurken aus Neshin
Nežin (ukr. Nižin, poln. Nieżyn) ist eine Stadt in der heutigen Oblast Černigov (ukr. Černihiv) in der Ukraine. Seit Katharina II., die Große, einst, so geht die Erzählung, auf der Durchreise auf die Krim in Nežin Station gemacht, die dortigen Gurken gekostet hatte und daraufhin die Order erließ, es seien zukünftig nur noch »Gurken aus Neshin« (russ.: »néžinskij ogúrec«) bei Hofe zu servieren, hatten die dort angebauten Gurken einen legendären Ruf und wurden europa-, ja weltweit (bis nach China) exportiert.

– Igorlied
Das Epos *Slovo o polku Igoreve* ist das bedeutendste Denkmal altrussischer Literatur und das einzige schriftlich erhaltene Dokument einer sonst nur mündlich überlieferten altrussischen epischen Dichtung von künstlerischem Rang. Vermutlich Ende des 12. Jahrhunderts verfasst, berichtet ein unbekannter Autor in größtenteils lyrischer Form vom Feldzug des Fürsten Igor Svjatoslavič von Novgorod-Seversk (1151–1202) gegen die Polowzer im Jahr 1185, von der Niederlage der Russen sowie von der Gefangennahme und Flucht Igors. 1795 in einem Sammelkodex entdeckt und 1800 erstmals herausgegeben, ging die Handschrift beim Brand von Moskau 1812 verloren. Die immer wieder geäußerten Zweifel an der Echtheit der Heldendichtung wurden von Linguisten wie Roman Jacobson (1896–1982), Dmitrij Sergeevič Lichačëv (1906–1999) und zuletzt Andrej Zaliznjak zurückgewiesen (Zaliznjak, A.: *Slovo o polku Igoreve: vzgljad lingvista.* Moskau 2004).

437 Mit dem Appetit, den ich habe, sollte ich […] eine Kumys-Kur machen
Die vergorene Stutenmilch Kumys galt im 19. Jahrhundert in Russland als Allheilmittel bei den unterschiedlichsten Krankheiten. 1858 eröffnete der russische Arzt Nestor Vasli'evič Postnikov (1821–1913) in der Nähe der im Südosten des europäischen Teils Russlands an der Wolga gelegenen Stadt Samara (1935–1990: Kujbyšev) das erste Sanatorium für Kumyskuren, deren Nutzen er in drei Worten zusammenfasste: »Nutrit, roborat et alterat« (dt. »Er nährt, stärkt und verändert«). Später entstanden zahlreiche weitere derartige Sanatorien, deren Angebote sich großer Beliebtheit erfreuten. So war beispielsweise Lew Tolstoj ein großer Anhänger des Kumys und reiste einige Jahre lang

regelmäßig für einige Wochen in die baschkirische Steppe, um dort seine Gesundheit zu kurieren.

438 für ein Loch im Rumpf hat er ein Georgskreuz erhalten
Das Georgskreuz (nicht zu verwechseln mit dem Orden des Heiligen und Siegreichen Großmärtyrers Georg) wurde seit 1807 als militärische Auszeichnung für Soldaten und Unteroffiziere im zaristischen Russland verliehen.

439 Das wäre dann, so heißt es, ein Separatfriede
Ein halbes Jahr nach der mit Hilfe der Regierung des deutschen Kaisers Wilhelm II. ermöglichten Rückkehr Lenins aus dem Schweizer Exil nach Russland (s. Anm. zu S. 454) stürzten die Bolschewiki die Provisorische Regierung und übernahmen die Macht in Russland. Etwa einen Monat später begannen im Dezember 1917 in Brest-Litowsk Friedensverhandlungen zwischen dem deutschen Kaiserreich und seinen Verbündeten einerseits und Sowjetrussland andererseits. Die deutsche Oberste Heeresleitung sah nach dem Sturz des Zaren im Februar 1917 eine günstige Gelegenheit, durch einen Separatfrieden mit Russland den Zweifrontenkrieg zu beenden, und der Revolutionsführer Lenin hoffte, dass sich die Verhandlungen so lange hinziehen würden, bis es auch in Deutschland zu einer Revolution kommen würde. Im Rat der Volkskommissare forderte er: »Ihr müsst diesen Schandfrieden unterschreiben, um die Weltrevolution zu retten, um ihren einzigen Brückenkopf zu erhalten – die Republik der Sowjets«, und am 3. März 1918 unterzeichneten Russland und die Mittelmächte den Friedensvertrag von Brest-Litowsk. Finnland, Polen, die baltischen Staaten, die Ukraine, ein Teil des heutigen Weißrussland und des Kaukasus schieden aus dem Territorium Russlands aus, das damit ein Viertel seines Landes und mehr als 50 Millionen Einwohner verlor sowie sechs Milliarden Reichsmark Entschädigung zu zahlen verpflichtet war.

441 Ich hab die Kreisschule besucht
Auf Grundlage eines Erlasses aus dem Jahr 1804 wurden in Gouvernement- und Kreishauptstädten Schulen eingerichtet, die auf die zweiklassigen kirchlichen Schulen folgten und Schüler »aller Stände« ebenfalls in zwei Schuljahren auf das Gymnasium vorbereiten sollten. Seit 1828 wurde drei Schuljahre lang Unterricht erteilt, 1872 und 1912 fanden abermals Schulreformen statt. In ganz Russland existierten um 1828 etwa 500 Kreisschulen.

450 In der Chronik des Vater Jakow stand unter bedeutungsvollem Datum
Nachdem die russische Armee nach anfänglichen Scheinerfolgen bereits in den ersten Monaten nach Beginn des Ersten Weltkriegs vernichtende Niederlagen hinnehmen musste, wich die patriotische Kriegsbegeisterung in Russland ab Sommer 1915 einer allgemeinen Kriegsmüdigkeit. Die Versorgungslage der Bevölkerung verschlechterte sich dramatisch und Petrograd wurde von Unruhen und Streiks erschüttert. Am Jahrestag des »Blutsonntags« fanden im Januar 1917 in Petrograd und anderen Städten große, gegen den Krieg gerichtete Demonstrationen statt, die Zahl der Streikenden ging bald in die Hunderttausende. Am 27. Februar 1917 wurde das Taurische Palais, in dem die Duma tagte, von bewaffneten Soldaten und Arbeitern besetzt, am Abend versammelte sich im Sitzungssaal der erste Arbeiter- und Soldatensowjet, während an anderer Stelle Duma-

Abgeordnete des Progressiven Blocks, unter ihnen der spätere Chef der Provisorischen Regierung, Alexander Kerenskij (s. Anm. zu S. 457), sich zu einem Duma-Komitee zusammenschlossen, um die Ordnung in der Hauptstadt wiederherzustellen. Zugeständnisse des Zaren kamen zu spät, seine Abdankung wurde gefordert. »Wenn es nötig sein sollte, dass ich zum Wohle Russlands abdanke, dann bin ich bereit, es zu tun«, soll Nikolaj II. erklärt haben. »Ich fürchte aber, das Volk wird es nicht verstehen.« Tatsächlich reichte dem Volk dies nicht mehr aus. »Lang lebe die Republik!« und »Nieder mit der Dynastie!« waren die Rufe, die durch die Straßen hallten, überall wurden Symbole der zaristischen Ordnung attackiert. Nikolajs Bruder, Großfürst Michail (1878–1918), der in Vertretung des damals zwölfjährigen Zarewitsch Alexej die Regentschaft übernehmen sollte, lehnte die Krone ab und die Zaren-Dynastie wurde für beendet erklärt, am 2. März 1917 wurde ein Kabinett einer Provisorischen Regierung ernannt sowie die Einberufung einer konstituierenden Nationalversammlung beschlossen.

451 Auf dem Boulevard in der Nähe des berühmten Dichters Puschkin
Das Denkmal zu Ehren des Dichters Alexander Puschkin wurde 1880 am Tverskoj-Boulevard errichtet und 1950 auf dem Strastnaja-Platz (Strastnaja Ploščad') aufgestellt, der in Puschkin-Platz umbenannt wurde.

452 hatte er einen kurzen Blick auf den berühmten Starez Grigori werfen können
s. Anm. zu 389

453 ein Großfürst und ein hochangesehener Krösus, ein gebildeter Klugredner und ein Narr aus der Duma
Am 17. Dezember 1916 wurde Grigorij Rasputin (s. Anm. zu S. 389) von einer Gruppe mächtiger Verschwörer ermordet. Im Mittelpunkt des Komplotts stand Fürst Felix Jusupov (1887–1967), ein 29-jähriger Oxford-Absolvent und Sohn der reichsten Frau Russlands. Gemeinsam mit dem Großfürsten Dmitrij Pavlovič Romanov (1891–1942), einem Cousin von Zar Nikolaj II., dem Oberleutnant des Garderegiments Sergej Michailovič Suchotin (1887–1926) und dem ultrakonservativen Duma-Abgeordneten und Mitbegründer des rechtsgerichteten monarchistischen Bundes des russischen Volkes (Sojus russkogo naroda) Vladimir Mitrofanovič Puriškevič (1870–1920) fassten sie den Plan zur Eliminierung Rasputins, dessen Einfluss bei Hofe sie als schwere Hypothek für die Autokratie sahen. Die von zahlreichen Mythen umgebene Ermordung Rasputins erfolgte am 16. Dezember 1916 im Palais Jusupovs im Zentrum Petrograds und wurde in den Kreisen der Aristokratie mit Jubel aufgenommen.

– einer in der Art von Stepan Rasin oder Jemeljan Pugatschow
Zu Stepan (Sten'ka) Timofeevič Razin s. Anm. zu S. 39.
Jemeljan Ivanovič Pugačov (ca. 1742–1775) war ein Don-Kosake und der Anführer des nach ihm benannten Bauernaufstands von 1773 bis 1775, dessen Ziel die Errichtung eines Bauernstaats mit einem Bauernzar war. Nach anfänglichen Erfolgen wie der Eroberung von Kasan wurde er 1774 von Regierungstruppen besiegt, von seinen Mitstreitern ausgeliefert und am 10. Januar 1775 in Moskau hingerichtet.

454 sie alle wollten einen Blick auf den Mann werfen, der in diesem Waggon saß
Von der Februarrevolution 1917 wurde der Führer der Bolschewiki, Vladimir Il'ič Lenin (eigentlich Uljanov, 1870–1924), im Exil in der Schweiz überrascht. Er war entschlossen, schnellstmöglich nach Russland zurückzukehren, um dort mit einer proletarischen Revolution die bürgerliche Provisorische Regierung zu stürzen. Wegen des Krieges war der direkte Weg über Deutschland allerdings zunächst nicht möglich, und die offiziell mit Russland verbündeten Länder der Entente weigerten sich, Lenin die Durchreise zu gestatten. Die Rückkehr in seine Heimat mitten im Weltkrieg ermöglichten Lenin schließlich die deutschen kaiserlichen Behörden. Anfang April 1917 entwickelte der deutsche Diplomat und spätere Außenminister Ulrich Graf Brockdorff-Rantzau (1869–1928) den Plan, durch das Schüren von Konflikten zwischen den politischen Lagern in Russland »größtmögliches Chaos zu schaffen«, um im Osten baldmöglichst zu einem Separatfrieden zu gelangen (s. Anm. zu S. 439). Das Deutsche Reich erteilte schließlich die Durchreisegenehmigung, und am 9. April 1917 verließ der Zug mit dem Wagen einer Gruppe von Revolutionären, unter ihnen neben Lenin und seiner Frau Nadežda Krupskaja (1869–1939) auch Lenins Mitarbeiter Grigorij Evseevič Zinov'ev (1883–1936) sowie der deutsch-polnische Sozialist Karl Radek (1885–1939), planmäßig um 15:10 Uhr Zürich. Die Reise verlief ohne Zwischenfälle und von der deutschen Bevölkerung völlig abgeschirmt und unbemerkt in einem »extraterritorialen« Waggon: über Singen, Offenburg, Mannheim, Frankfurt am Main nach Berlin und von dort nach Bergen und Saßnitz auf Rügen, von wo die Reisenden nach einem Übernachtungsaufenthalt aufgrund verspäteter Ankunft nach

Schweden und Russland weiterreisten. »Lenin Eintritt in Russland geglückt. Er arbeitet völlig nach Wunsch«, kabelte am 17. April 1917 der Leiter des deutschen Nachrichtendienstes in Stockholm an den Generalstab in Berlin. Nun ging es gegen die inzwischen amtierende Provisorische Regierung in Petrograd.

456 Er schätzte Nekrassows Gedichte
Zu Nekrassow s. Anm. zu S. 29.

– Changez vos idées
Frz.: »Ändert eure Überzeugungen«.

457 Der Direktor des Gymnasiums [...] war ein gewisser Kerenski gewesen, dessen Sohn nun ein Lakai der Bourgeoisie war
Der Kollegienrat Fëdor Michailovič Kerenskij (1837–1912) war Direktor des Gymnasiums für Knaben in Simbirsk und Vater von Alexander Fëdorovič Kerenskij (1881–1970), dem späteren Ministerpräsidenten der Provisorischen Regierung nach der Februarrevolution 1917. Wenige Stunden vor dem Umsturz durch die Bolschewiki im Oktober 1917 verließ Kerenskij Petrograd und emigrierte 1918 zunächst nach Frankreich, 1940 in die USA.

458 Die Ereignisse rollten in der neunten Woge heran
»Neunte Woge« ist eine alte seemännische Bezeichnung für eine besonders hohe, bedrohliche Wassermasse.

465 Man riss einander die Teereimer aus der Hand und beschmierte sich wolllüstig
Die russische Redensart »mázat' dëgtem« (dt. »mit Teer beschmieren«) geht zurück auf die Ächtung junger

Frauen, die ihre Unschuld vor der Heirat verloren hatten und durch Beschmieren ihres Haus- oder Gartentors mit Teer von der Dorfgemeinschaft als entehrt stigmatisiert wurden. Im übertragenen Sinne auch »jemanden anschwärzen, verleumden«.

466 neue Erkenntnisse über die Dekabristen
s. Anm. zu S. 421

– **einige Details hinsichtlich des Renegatentums Lew Tichomirows**
Lev Alexandrovič Tichomirov (1852–1923) war Publizist und Revolutionär des radikalen Flügels der Narodniki (s. Anm. zu S. 325). Er emigrierte 1883 über die Schweiz nach Frankreich, wo er sich in der Schrift *Počemu ja perestal byt' revoljucionerom* (»Warum ich aufhörte, ein Revolutionär zu sein«) 1888 von seinen revolutionären Überzeugungen lossagte. Nach einer Petition an Zar Alexander III. wurde ihm 1889 die Rückkehr nach Russland gewährt. Nach der Rückkehr in die Heimat wurde er einer der führenden konservativen Monarchisten in Russland.

– **Selbstbezichtigungsbrief von Bakunin**
Der Anarchist Michail Alexandrovič Bakunin (1814–1876) lebte seit 1840 im westeuropäischen Exil und nahm an den Revolutionen in Paris, Dresden und Prag teil. In Sachsen zum Tode verurteilt, nach Österreich ausgeliefert, dort ebenfalls zum Tode verurteilt, wurde Bakunin 1851 von den österreichischen Behörden nach Russland überstellt, wo er zunächst in der Peter-und-Paul-Festung (s. Anm. zu S. 174), später in der Festung Schlüsselburg (s. Anm. zu S. 426) inhaftiert war. 1857 wurde er aufgrund einer Bittschrift an Zar Alexander II. zu lebenslanger Verbannung in Sibirien begnadigt, aus der er 1861 nach Westeuropa floh. Aus dem Kerker der Peter-und-Paul-Festung hatte Bakunin sich 1854 bereits mit einer viele Seiten umfassenden »Beichte« an Zar Nikolaj I. gewandt, in der er seine »Verbrechen« gestand und als »reuiger Sünder« um Gnade bat. Das viele Seiten starke Schriftstück ist an den Rändern mit Notizen von der Hand des Zaren versehen. Beide Dokumente wurden nach dem Umsturz durch die Bolschewiki 1917 in den Archiven des zaristischen Geheimdienstes entdeckt. Im Oktober 1919 erschien ein erster kurzer Artikel über »Bakunins Beichte«, in dem erstmals Zitate aus Bakunins Brief an Zar Nikolaj I. publiziert wurden (Il'inskij, L.: »Ispoved' M. A. Bakunina.« *Vestnik literatury* 1919/10). Bakunins Bittschrift an Zar Alexander II. aus dem Jahr 1857 wurde im Jahr 1920 in einer Biographie über ihn erstmals publiziert (Steklov, J.: *Michail Alexandrovič Bakunin. Ego žizn' i dejatel'nost'*. Bd. 1 (1814–1861), Moskau 1920, S. 342–346).

472 **Von Kiew nach Tscherdyn**
Tscherdyn ist eine der ältesten Städte des Uralgebiets. Schon im 12. Jahrhundert existierte eine große Siedlung, die von den Komi-Permjaken gegründet und »Tscherdyn« genannt wurde, was »an der Flussmündung« bedeutet. 1451 als Siedlung der Komi-Permjaken erstmals urkundlich erwähnt, wurde Tscherdyn 1472 unter Großfürst Iwan III. (1440–1505) dem Moskauer Staat eingegliedert und war bis ins 17. Jahrhundert hinein Verwaltungs-, Militär- und Handelszentrum der Region.

473 **bis nach Kiew, wo die Regie-**
rungen einander in stetem Wechsel
ablösten
In Kiew wurde nach der Februarrevolution 1917 die Zentrale Rada,
ein nationales Parlament, installiert.
Im Januar 1918 rief die Rada in Übereinstimmung mit dem Deutschen
Reich und Österreich-Ungarn die un-
abhängige Ukrainische Volksrepublik
aus. Durch einen Putsch wurde der
Ministerpräsident der Volksrepublik,
Vsevolod Holubovič (1885–1939), nur
drei Monate später gestürzt und am
29. April 1918 das Hetmanat Ukraine
unter Pavlo Skoropads'kyj (1873–1945)
errichtet. Nach dem Ende des Het-
manats wurde am 14. Dezember 1918
die Ukrainische Volksrepublik wie-
derhergestellt. Zugleich entstand
im November 1918 ein sogenanntes
Direktorium unter der Führung von
Symon Petljura (1879–1926), das Sowjetrussland im Januar 1919 den Krieg
erklärte.

475 **der Heilige Nikolaj, der Wunder-**
täter
s. Anm. zu S. 38

481 **eine Fläche von zwei Arschin**
Länge und einem Arschin Breite
s. Anm. zu S. 375

NACHWORT

»Die russische Selbstherrschaft ist zerschmettert, und in unseren Tagen flanieren mit roten Bändern geschmückte Volksmassen durch die Straßen«, lässt Ossorgin seinen Zeugen der Geschichte in dessen Chronik zu den Ereignissen in Russland notieren. Das Ende der Zaren-Dynastie, das die russischen Revolutionäre seit Jahrzehnten herbeizubomben suchten, war im Februar 1917 mehr oder minder unblutig vollzogen. Zar Nikolaj II. hatte im dritten Kriegswinter angesichts der desaströsen Lage im Land, derer sein Regime nicht mehr Herr zu werden vermochte, seine Abdankungserklärung unterzeichnet; eine Provisorische Regierung unter der Führung des parteilosen Georgij Jewgenewitsch Lwow (1861–1925) wurde gebildet und die Einberufung einer Konstitutionellen Nationalversammlung beschlossen. Die Führer der revolutionären Parteien wurden von den Entwicklungen in Russland überrascht, »gerade wie die törichten Jungfrauen des Evangeliums«, so Sergej Mstislawski (1876–1943), einer der führenden Sozialrevolutionäre. Die fieberhaften Bemühungen derer, die ihr Leben der Idee der proletarischen Revolution verschrieben hatten, galten nunmehr dem Ziel, die »bürgerliche« Provisorische Regierung hinwegzufegen, was nach Lenins Rückkehr aus dem Exil in der Schweiz mit dem Oktober-Coup durch die Bolschewiki schließlich gelang.

Der 1878 in Perm geborene Journalist und Schriftsteller Michail Ossorgin war einer jener Vertreter der liberalen russischen Intelligenzija, denen die Ideen der Kämpfer für eine neue Gesellschaftsordnung nahestanden. In der Zeit seines Studiums der Rechtswissenschaften war er in Moskau mit radikalen politischen Kreisen zusammengekommen und 1904 der zwei Jahre zuvor gegründeten Sozialrevolutionären Partei beigetreten. Während der bewaffneten Erhebung im Dezember 1905 wurden seine Wohnung und Kanzlei konspirativer Treffpunkt für die von der Ochrana unerbittlich verfolgten Revolutionäre und Versteck für ihre Waffen und in Konfektschachteln transportierten Bomben. (Ausführlicher zur Biographie

Michail Ossorgins siehe das Nachwort in: Michail Ossorgin, *Eine Straße in Moskau*. DIE ANDERE BIBLIOTHEK, Berlin 2015)

Mit seinem 1928 im französischen Exil veröffentlichten Debutroman *Siwzew Wrashek* (dt. *Eine Straße in Moskau*), in dem Ossorgin die Ereignisse beschreibt, die Russland nach dem bolschewistischen Umsturz durchtobten, hatte der Schriftsteller internationale Berühmtheit erlangt. Die Romane *Zeuge der Geschichte* und *Buch vom Ende* sind zwar später erschienen als *Siwzew Wrashek*, berichten aber von den Ereignissen, die jenen des Jahres 1917 vorausgingen, deshalb werden die drei Werke gemeinhin als Trilogie betrachtet.

Ossorgin vergegenwärtigt in den beiden 1932 und 1935 veröffentlichten Folgeromanen das Revolutionsgeschehen und den Terrorismus in Russland vor, während und nach der ersten, von Vladimir Lenin als »Generalprobe der Oktoberrevolution« bezeichneten Revolution 1905 und das Leben der russischen politischen Flüchtlinge in der Emigration. Auch der Schriftsteller selbst wurde aufgrund seiner politischen Tätigkeit mehrmals verhaftet und lebte drei Jahrzehnte in der Emigration, bezieht sich also, ohne eigentlich politisch zu sein, auch in diesen beiden Romanen auf Ereignisse, die seine Biographie geprägt haben, und erzählt vom Terror und Kriegs- und Revolutionsgeschehen aus den Blickwinkeln der Zeugen jener Epoche. »Welch Chaos, vor dem der Historiker steht, welch Material für den Literaten«, schrieb der Schriftsteller.

Alles beginnt damit, dass der riesengroße Kutscher Pachom, zerzaust, übellaunig und verkatert, mit seinen riesengroßen Stiefeln den Hundewelpen Muschka tottritt. Die Tochter des Hauses, Natascha, ist untröstlich und verliert ihren Glauben an das Gute: »Wenn es möglich ist, Muschka zu töten, dann ist alles möglich! Nichts kann man nun noch glauben, nicht den teilnehmenden Worten noch dem freundlichen Lächeln!« Natascha wächst heran, schließt das Gymnasium ab, besucht Vorlesungen in Philosophie – besonders begeistert sie sich für den deutschen Modephilosophen jener Zeit, Friedrich Nietzsche – und verliert ihren Glauben an Gott.

»Natascha Kalymowas Jugendzeit fiel in die Tage des russischen Heldentums, als dieses ein erstes Mal aufflammte. Aber jener Frühling war allzu kurz, allzu rasch kam der Frost zurück, und gerade die jungen Pflanzen waren es, die den größten Schaden nahmen.« Die junge Frau aus gutem Hause träumt schon bald davon, nicht nur darüber zu streiten, wie die Welt eine bessere werden könne, sondern einer jener Helden zu werden, die die eingefrorenen Verhältnisse im russischen Zarenreich zu Beginn des 20. Jahrhunderts mit Gewalt zu verändern suchen. Der entschlossene Anführer einer Terrorgruppe, dem seine Kampfgefährten den Decknamen »Olen«, »Hirsch«, gegeben haben, wird für sie zum Sinnbild der nietzscheanischen »blonden Bestie«, zum Vertreter einer höheren Moral, dem es gestattet ist, für das hehre Ziel einer besseren Zukunft für die Menschen in Russland die Grenzen der Zivilisation zu verlassen und zum Herr über Leben und Tod zu werden. Natascha sagt sich los von ihrer Familie, um sich jenen anzuschließen, die »von den einen Verbrecher, von den anderen Heilige genannt wurden«, und wird Revolutionärin und fanatische Terroristin, wird selbst zur »blonden Bestie«, die mit ihrer »kindlichen Theorie von der Nichtexistenz des Todes« zwei junge Burschen als Selbstmordattentäter in den Tod schickt. »Wir kämpfen gegen Gewalt im Namen der Freiheit« – dass die Terroristen selbst Gewalt anwenden, scheint ihr in ihrem aufrichtigen und echten Glauben legitim. »Nietzscheanismus vermengte sich bei ihr mit russischem Aberglauben, ähnlich einem Kleidungsstück nach der neuesten europäischen Mode mit einem weißen Kopftuch oder einem Band, wie man es in der Provinz trägt.«

Gemeinsam mit Olen zeichnet Natascha für den aufsehenerregenden Bombenanschlag auf das Wohnhaus des Ministerpräsidenten verantwortlich, der zahlreiche Tote fordert, den Minister leicht, seine elfjährige Tochter jedoch schwer verletzt. Kurze Zeit später werden Olen und Natascha verhaftet und zum Tode verurteilt. Nataschas Urteil wird in lebenslange Haft umgewandelt, und nach einiger Zeit gelingt es ihr, aus dem Gefängnis und schließlich auch aus Russland zu fliehen. Auf ihrer Flucht erkennt sie, wie sehr sie sich »in den Netzen des Lebens verfangen hatte«, und dass es lediglich die romantische Vorstellung vom Heldentum war, für die sie sich begeistert hat. Ihr Weg ins Exil führt Natascha um die halbe Welt und wird sinnbildlich zu einem Weg der Läuterung – über Sibirien, die Mongolei und die Wüste Gobi, die sie als einzige Frau im Gefolge einer Handelskarawane durchquert.

Das *Buch vom Ende* erzählt vom Leben der geläuterten Terroristin in der Emigration, zunächst in Paris, wo sie das Programm der russischen Bildungsreisenden jener Zeit absolviert, doch das Lächeln der Mona Lisa rührt sie nicht an. Dann reist sie weiter nach Italien und findet dort Zuflucht in einem Palazzo, den ein wohlhabender Genueser Kaufmann russischen politischen Flüchtlingen zur Verfügung gestellt hat. Sie lernt Iwan kennen, die beiden bekommen zwei Töchter, denen Natascha hingebungsvolle Mutter ist. Ihre Träume von der Rückkehr nach Russland aber scheitern. Bei der Pflege ihrer kranken Tochter infiziert sie sich mit der damals in Europa grassierenden Spanischen Grippe und stirbt.

Auf ihrem Lebensweg begegnet Natascha immer wieder einem »ewigen Pilger«, dem »Zeugen der Geschichte«. Der Pope Vater Jakow, der seine Gemeinde verloren hat, wird auf seiner Pilgerschaft zum Beobachter und Chronisten, der seine Eindrücke von den Geschehnissen in Russland in linierten Schulheften notiert, die er, wenn sie vollgeschrieben sind, bei seinen zahlreichen Bekannten zur Aufbewahrung hinterlässt. Sein Wunsch, all diese Hefte irgendwann einmal zu einem Buch binden zu lassen und dieses dann dem vertrauensvollsten seiner Freunde zu übergeben, erfüllt sich nicht, und seine Chronik, die über ganz Russland zerstreut ist, wird so zum Symbol der Zerrissenheit, die die Umwälzungen der Geschichte mit sich bringen. Im Gegensatz zu Natascha, die die Zeitläufte durch Terror aktiv zu verändern sucht, bleibt Jakow stets unbeteiligter Zeuge, der durch seine Position der Menschlichkeit charakterisiert ist. Er nutzt etwa seine Stellung als Geistlicher, um der inhaftierten Terroristin ein Glas Kirschwarenje vom Vater zu überbringen, oder borgt dem flüchtigen Katorga-Häftling, in dem er auf seiner Reise durch Sibirien einen alten Bekannten wiedererkennt, fünf Rubel.

Seinem Roman *Zeuge der Geschichte* stellte Ossorgin die Bemerkung voran, dass »lediglich eine der Figuren dieses Romans als Porträt betrachtet werden kann, alle anderen Figuren sind, ebenso wie die beschriebenen Ereignisse, mit Mischfarben gemalt und erinnern nur zufällig und im Ausnahmefall an reale Personen und Ereignisse der ersten russischen Revolution.« Diese Einschränkung Ossorgins kann zweifellos als Formalität betrachtet werden, denn die »zufälligen« Übereinstimmungen mit den historischen Ereignissen und den biographischen Details nicht nur der Protagonistin, sondern auch ihrer Weggefährten sind derart zahlreich, dass der Schriftsteller all dieses Wissen sicherlich nicht nur aus zeitgenössischen Quellen erlangt hat, sondern auch aus dem direkten Kontakt mit den Kreisen der Terroristen.

Die historischen Vorbilder der beiden Hauptfiguren – die Terroristin Natascha Kalymowa und ihr Antipode, der heimatlos gewordene Pope Vater Jakow – sind leicht als die Revolutionärin Natalja Sergejewna Klimowa (1885–1918) und der Publizist und Landeskundler Jakow Wassiljewitsch Schestakow, Märtyrer der russisch-orthodoxen Kirche (1858–1918), zu erkennen. Natalja Klimowa entstammte einer Familie des Landadels, die ein Gut in der Nähe der südlich von Moskau gelegenen Stadt Rjasan besaß, ihr Vater Sergej Klimow (1850–1907) war als Vorsitzender der Rjasaner Sektion der Partei Bund des 17. Oktober Mitglied des Staatsrats, ihre Mutter die erste Ärztin Russlands. Klimowa schloss das Gymnasium mit einer Goldmedaille ab und besuchte im Anschluss die Höheren Kurse für Frauen der Baronesse Maria Alexandrowna Lochwizkaja-Skalon (1869–1905) in St. Petersburg. Im Mai 1906 trat Klimowa einundzwanzigjährig dem radikalen Flügel der Sozialrevolutionären Partei bei, dessen Programm den Terror als legitim ansah. Sie wurde Kampf- und Lebensgefährtin von Michail Sokolov (1880–1906), der die terroristische Kampfgruppe der Sozialrevolutionäre leitete. Wegen ihrer Beteiligung an dem Attentat auf den Premierminister Pjotr Stolypin am 12. August 1906, einem der blutigsten Anschläge in der Geschichte des Terrors in Russland, wurden Klimowa und Sokolov verhaftet und zum Tode verurteilt. Das Urteil gegen Sokolov wurde am 2. Dezember 1906 vollstreckt, Klimowas Urteil wurde aufgrund einer Petition ihres Vaters in lebenslange Katorga umgewandelt. Nach fast drei Jahren Haft gelang ihr am 2. Juli 1909 gemeinsam mit zwölf anderen politischen Strafgefangenen die aufsehenerregende Flucht aus dem Gefängnis und ins Exil nach Italien und Frankreich, wo sie bis zu ihrem Tod 1918 lebte, ohne je nach Russland zurückgekehrt zu sein.

Durch ihren Brief »An die Freunde in Rjasan«, den sie in Erwartung des Vollzugs des Todesurteils in den Kasematten des Untersuchungsgefängnisses schrieb, der als »Brief vor der Hinrichtung« im August 1908 in der Zeitschrift *Obrasowanije* veröffentlicht und in zahlreiche Sprachen übersetzt wurde, erlangte Klimowa internationale Berühmtheit. Der russische Philosoph Simon (Semjon) L. Frank (1877–1950) verglich Klimowas Aufschrei aus dem Kerker mit Oscar Wildes »De Profundis«: »Diese sechs Seiten übertreffen in ihrer moralischen Bedeutsamkeit die gesamte vielbändige zeitgenössische Philosophie«, heißt es in seinem Text »Die Überwindung der Tragödie«.

Während Klimowas Leben auch Autoren wie Warlam Schalamow (*Die Goldmedaille*, Erzählung) und Mark Aldanow (*Selbstmord*, Roman, 1956) literarischen Stoff bot, blieb ihr Antipode, der Priester Jakow Schestakow, von den Historikern und Schriftstellern nahezu unbemerkt. Als Sohn eines Dorfpopen im Uralvorland geboren, wurde Schestakow selbst Priester und verschrieb sein Leben der Erforschung der Landeskunde und Archäologie der Permer Region. 1905 gründete er den nach dem Fluss seiner Heimat benannten Verlag »Kama«, der historische und landeskundliche Werke zu verschiedenen russischen Regionen publizierte, er selbst verfasste über hundert Bücher und Broschüren sowie eine Vielzahl von Artikeln. Im Dezember 1918 wurde Schestakow von Rotarmisten verhaftet und erschossen und so zu einem jener Millionen, die im Fleischwolf der geschichtlichen Ereignisse zermalmt wurden.

Der historische Stoff ist für Ossorgin nicht nur literarisches Material, sondern zugleich autobiographische Reflexion über seine Beteiligung an den politischen Aktivitäten in den Reihen der Sozialrevolutionäre. Er sei »eher Zuschauer denn Teilnehmer« in den Kreisen der Revolutionäre gewesen, so der Schriftsteller später, »in ihrem Streitwagen war ich nur eine kleine Speiche.« Offensichtlich hat Ossorgin, nachdem er eine Wandlung vom Befürworter der Gewalt als politisches Mittel zu ihrem überzeugten Gegner durchgemacht hatte, seine Nähe zu den Sozialrevolutionären zu relativieren versucht. Details aus dem Roman wie zum Beispiel die Kenntnisse über Sprengstoffwerkstätten und den Sprengstofftransport bis hin zu den genauen Beschreibungen der Sprengstoffwesten offenbaren jedoch, dass er zumindest für einige Zeit dem Terrorismus sehr nahe stand. Die Romane *Zeuge der Geschichte* und *Buch vom Ende* sind somit nicht nur als literarische Werke zu lesen, sondern auch wichtige historische Quellen für eine Epoche der Geschichte, die bis heute wenig erforscht ist, da nach dem Umsturz durch die Bolschewiki diese die Deutungshoheit über die historischen Ereignisse übernommen und den Anteil konkurrierender revolutionärer Parteien aus der Historiographie getilgt haben.

Ossorgin erweist sich auch in diesen beiden Werken als Meister in der Beschreibung der anscheinend unbedeutenden Details, die tatsächlich aber das große Ganze ausmachen. In lakonischer Sprache erzählt er über eine furchterregende Zeit und nimmt den Leser in einer schicksalhaften Zeit mit dem ewigen Pilger Jakow auf eine Reise durch die großen Städte und weit entlegenen »Bärenwinkel« Russlands.

Im Gegensatz zu den anderen Romanen Ossorgins wurden diese beiden Romane bisher nicht ins Deutsche übersetzt. Übersetzungen des ersten Buchs liegen vor (zum Beispiel ins Französische), allerdings konnte der Schriftsteller mit diesen beiden Werken nicht an den Erfolg seines Erstlings anschließen. Dies liegt aber zweifellos nicht an der literarischen Qualität, sondern ist wohl eher der Tatsache geschuldet, dass das hier behandelte Thema nicht die damalige tagespolitische Aktualität besaß wie der »Revolutionsroman« *Siwzew Wrashek*.

Gleichwohl sind die von Ossorgin gestellten Fragen, ob und wie der Gang der Geschichte beeinflusst werden kann und inwieweit Gewalt als Mittel der politischen Auseinandersetzung zu akzeptieren ist, zeitlos und auch heute wieder von aktueller Brisanz.

Ursula Keller

INHALT

Erster Roman
ZEUGE DER GESCHICHTE

Zweiter Roman
BUCH VOM ENDE

Zeugen der Zeit
ist im Oktober 2016 als dreihundertzweiundachtzigster Band
der ANDEREN BIBLIOTHEK erschienen.

Die Herausgabe lag in den Händen von Christian Döring.
Beim Lektorat wurde er unterstützt von Ron Mieczkowski.

Die Originalausgabe des ersten Romans *Zeuge der Geschichte*
erschien 1932 in Paris und war bisher noch nicht ins Deutsche
übertragen.
Die Originalausgabe des zweiten Romans *Buch vom Ende*
erschien 1935 in Berlin und ist bisher ebenfalls unübersetzt
geblieben.

Über den Autor und die beiden Romane von Michail Ossorgin,
die wir unter dem Titel *Zeugen der Zeit* veröffentlichen und die
zusammen mit *Eine Straße in Moskau* (ANDERE BIBLIOTHEK
BAND 367) als Trilogie zu lesen sind, klärt uns Ursula Keller
in ihrem Nachwort auf. Sie hat aus dem Russischen übersetzt
und unter Mitarbeit von Natalja Sharandak auch die ausführlichen Anmerkungen beigegeben.

Die Übersetzerin Ursula Keller wurde für *Eine Straße in Moskau* in der Sparte Übersetzung für den Leipziger Buchpreis 2016
nominiert.

 transcript

The publication was affected under the auspices of the Mikhail
Prokhorov Foundation TRANSCRIPT Programme to Support
Translations of Russian Literature.

Dieses Buch wurde von Iris Farnschläder
(Farnschläder & Mahlstedt, Hamburg) gestaltet
und aus der Trump Mediäval gesetzt.

Die Herstellung betreute Katrin Jacobsen, Berlin.

Das Memminger MedienCentrum druckte
auf 100 g/m^2 holz- und säurefreies, ungestrichenes
Munken Pure. Dieses wurde von Arctic Paper
ressourcenschonend hergestellt.

Den Einband besorgte die Verlagsbuchbinderei
Conzella in Aschheim-Dornbach.

Die Originalausgaben der ANDEREN BIBLIOTHEK
sind limitiert und nummeriert.

1.–4.444 2016

Dieses Buch trägt die Nummer:

0975 ✳

ISBN 978-3-8477-0382-2
AB – Die Andere Bibliothek GmbH & Co.KG

Berlin 2016

Die Andere
Bibliothek